달러의 힘

21세기 금융전쟁 속
당신의 부를 지켜줄 최적의 정치경제학

달러의 힘

김동기 지음

해냄

혜선, 가희에게

저자는 달러의 탄생에서 출발하여 금본위제도 해체와 달러 중심 변동 환율제도 성립에 이르는 국제 통화제도의 변천사는 물론 2008년 세계 금융위기를 비롯한 금융국제화의 위기와 굴곡, 그리고 중국 런민비와 가상 화폐의 달러에 대한 도전을 섬세하고 명료하게 기술한다. 이 책은 국제금융의 과거를 이해하고 미래를 가늠하고자 하는 독자들에게 매우 유용한 내비게이터가 되어 줄 것이다.

— 송의영 | 서강대학교 경제학과 교수, 전 국제경제학회 회장

지난해 러시아-우크라이나 전쟁 이후 러시아에 가해진 미국의 강한 금융규제 중 하나가 미국 내 러시아 금융 자산에 대한 동결이었다. 한국 외환 보유고의 거의 3분의 4에 해당하는 3,000억 달러 상당의 금액이 사실상 미국에 압류가 되면서 비슷한 형태의 제재를 우려한 중국 등의 국가들이 외환 보유고 내에서 달러를 줄이기 시작했다는 소식이 들려왔다.

중국이 CBDC 사용을 가속화하고, 페트로 위안을 준비한다는 소식 그리고 브릭스(BRICs) 국가들이 달러 결제에 대해 불만을 품고 있다는 뉴스 등이 본격적으로 돌자 자연스럽게 달러의 패권이 약해지고 있다는 우려 섞인 전망이 흘러나왔다.

나에게 이런 전망이 그리 생소하게 느껴지지 않았던 이유가 있는데, 2004년부터 외환 시장을 모니터링한 결과, 달러화가 추세적인 약세를 보이거나 미국 경제에 이슈가 발생하거나 국제사회 분쟁이 강해졌을 때 어김없이 이와 비슷한 전망이 힘을 얻는 것을 보았기 때문이다. 그렇지만 수많은 불안 요인들에도 불구하고 미국 달러화는 여전히 강한 모습을 이어가고 있고, 금융시장이 어수선할 때는 '킹달러'로 돌변하기도 한다.

달러에 대한 비관론이 계속해서 나오는 이유가 무엇일까? 지금 당장의 뉴스에만 집중하면 달러가 약해지는 것은 일종의 필연으로 보이기 때문이다. 그러나 지금 우리가 만나는 달러가 하루아침에 나타난 것이 아니라 상당히 긴 시간 동안 현재의 위상을 구축해 왔다. 그 사실을 이해한다면 이런 막연한 비관론에는 근거가 부족하다는 점을 알 수 있다. 누구나 자신이 살아왔던 과거로부터 결코 자유로울 수 없듯, 달러 역시 달러가 만들어져왔던 지난 수백 년의 시간으로부터 결코 자유로울 수 없다. 그러니 달러를 제대로 이해하려면 당연히 달러의 긴 과거에 대한 깊이 있는 이해가 필요할 것이고, 그런 이해를 높이는 데 이 책『달러의 힘』은 가장 큰 도움을 줄 수 있는 교과서로 손색이 없다.

이 책에서는 식민지 미국에 화폐가 탄생하는 과정부터 달러가 중앙정부의 힘을 등에 업기 전 수많은 다른 화폐들의 견제를 받아온 과정들 그리고 금과 은이라는 족쇄에 매여 있다가 1800년대 말에 은에서 벗어나고 1970년대 초 금에서 벗어나 달러 본위제로 나아가는 과정이 상세히 다루어진다. 1920년대 대공황과 1950~1960년대 유로달러시장의 부상 및 1970년대 석유 파동을 거치면서 겪어온 달러의 1차 위기뿐 아니라 이후 나타났던 2008년의 금융위기, 2011년 유로존 사태, 브렉시트와 최근의 코로나 사태에 이르기까지 우리가 글로벌 금융시장의 역사 속에서 만나는 수많은 사건들이 달러의 위상에 어떻게 긴밀하게 엮여 있는지를 세밀하게 파고들고 있다.

이 책은 딱딱한 금융의 역사처럼 보일 수 있지만 우리가 학생 때부터 익숙하게 만나온 미국 독립전쟁, 대공황, 제1차·제2차 세계대전과 같은 이벤트들과 함께 버무려져 미국의 역사, 혹은 세계사를 읽는 것 같은 편안함을 느끼게 된다. 친숙한 세계사 책을 읽는 과정에서 달러가 왜 파운드화를 넘어서 국제통화가 되었는지, 그리고 수많은 도전 과정에서도 어떻게 현재의 지위를 공고화했는지까지 통화에 대한 이해 증진에 상당한 도움을 받을 수 있다.

사회과학은 자연과학과는 달리 실험을 할 수 없기에 과거 역사를 통해 교훈을 얻곤 한다. 투자를 하거나 금융에 대한 식견을 높이고자 할 때 금융시장의 역사를 공부해야 하는 이유가 바로 여기에 있다. 다만, 막연하게 역사를 다룬 책은 읽기 어려울 수 있다. 그런 점에서 달러라는 글로벌 금융 경제의 핵에 집중하며 자연스레 미국의 역사와 만날 수 있도록 구성된 이 책은 상당한 매력을 갖는다. 일독을 권한다.

— 오건영 | 신한은행 WM사업부 팀장

지배당할 것인가 아니면 지배할 것인가? 달러는 기축통화로서 세계 경제를 지배하는 위력을 가지고 있다. 2022~2023년 인플레이션 압력은 미국에 집중되었고, 미국의 금리 인상 속도가 격화되기에 이르렀다.

미국의 강한 긴축 기조가 강달러를 만들었고, 주변국들은 심각한 위협을 느낀다.

한국도 예외일 수 없었다. 대외 지급 결제와 무역 결제 등이 대부분 달러화로 이루어지는 기축통화의 가치가 변화할 때 상대국 통화의 가치는 당연히 변화할 수밖에 없다. 한-미 기준금리가 역전된 지 16개월 차가 되었고, 한-미 기준금리 격차가 2.0%p로 역사상 가장 큰 수준이다.

우리는 세계 경제가 어떻게 달러 기반으로 운용되는지를 알아야만 한다. 지배당하지 않기 위한 최소한의 대응이다. 이 책은 달러가 어떻게 세상을 움직이는지를 이해할 수 있게 도와준다. 달러가 어떻게 탄생했고, 그동안 달러가 어떻게 세계를 지배해 왔는지를 읽어나갈 수 있다. 자금 유출과 외환위기 우려가 고조되는 지금, 한국 경제의 대응법에 관한 인사이트를 얻고자 한다면 이 책을 추천한다.

— 김광석 | 한국경제산업연구원 경제연구실장, 한양대학교 겸임교수

세계 경제를 움직이는 힘, 달러

1997년 11월 25일, 초인종이 울렸다. 문을 열어보니 옆집에 사는 집 주인 아저씨였다. 당시 미국 코넬대학에서 유학을 하던 나는 오래된 주택을 빌려 지내고 있었다. 그는 근심 어린 눈으로 너희 나라에 큰일이 났던데 괜찮냐고 물었다. 아마 뉴스에서 한국의 외환위기 소식을 접하고 왔으리라. 그는 진심으로 나와 내 가족의 미래를 걱정해 주는 눈치였으나, 한편 앞으로 월세를 제대로 받을 수 있을지 불안해하는 기색도 역력했다.

불과 며칠 전까지만 해도 그와 나 사이에 거리감은 없었다. 하지만 달러를 화폐로 쓰는 그와 원화를 달러로 환전해야 하는 나 사이에 그 순간 엄청난 거리가 생겼다. 1996년 국내 연평균 원/달러 환율은 804.78원이었다. 그런데 이듬해 11월에는 평균 환율이 1025.58원이 되었고, 12월에는 1484.08원이 됐으며, 12월 24일에는 무려 1964.8원까지 치솟았다.

한국 유학생들은 삼삼오오 모여 이 사태가 어떻게 흘러갈지 전망했다. 시간이 좀 흐르자 타고 다니던 중고차를 파는 사람이 생겼고, 일부는 더 이상 버티지 못하고 귀국을 택했다. '한강의 기적'을 이룩한 한국 경제가 너무도 쉽게 무너졌다. 수많은 기업이 문을 닫았고, 그보다 더 많은 수의 사람이 일자리를 잃었다.

달러를 움직이는 미국의 지원하에 국제통화기금(이하 IMF)이 위기를 수습하기 위해 전면에 나섰다. 그런데도 엄청난 가치 폭락으로 원화가 헐값이 된 데다 당장 자금이 필요했던 우량 기업이 말도 안 되는 값에 연달아 매각되면서 한국 경제는 거대한 구조적 변화를 겪었다. 외환위기로 국가부도 사태 직전까지 이른 한국은 한국전쟁 이후 최대의 위기를 겪었다. '달러 부족' 사태로 호된 진통을 겪은 것이다. 달러는 공포의 대상이 되었다.

나는 그때부터 줄곧 외환위기의 원인을 찾으려 노력했다. 여러 자료를 살펴보고 달러가 가진 힘의 원천을 탐구해 국제금융과 경제의 움직임은 물론, 달러와 국제 정치 사이의 복잡한 역학관계에 관해서도 이해하게 되었다. 달러는 세계의 금융과 경제를 움직이는 혈액으로, 그 흐름이 막히는 순간 큰 위기를 동반한다. 달러의 발행국인 미국은 달러를 무기화해 정치적, 경제적 우위를 차지하려는 전략을 펼친다.

외환위기는 한국을 비롯한 많은 국가가 직면했던 일이고, 언제 또다시 경험할지 모를 일이다. 따라서 글로벌 기축통화로서 여러 국가의 운명을 좌우하게 되기까지 달러의 역사가 어떠한지 알아보고, 현재 달러 체제가 작동하는 모습과 그 미래를 고찰하는 것은 매우 의미가 있다.

무소불위 달러의 영향력부터 파란만장한 달러의 역사까지

달러와 달러 중심의 체제를 파악하려면 미국의 화폐·금융제도는 물론 달러가 곳곳에 어떻게 영향력을 미치는지를 총체적으로 이해해야 한다. 이 책에서는 먼저 달러의 국제적 영향력이 어느 정도인지 설명한다. 그리고 미국의 식민지 시대에 부족한 화폐 문제는 어떻게 해결했는지, 독립 후에는 새로운 화폐·금융제도를 어떻게 설계하고 운영했는지 알아볼 것이다. 사실상 중앙은행과 같은 기능을 수행했던 미합중국은행의 설립과 운영을 둘러싸고 벌어진 여러 논쟁과 대립에 대해서도 살펴본다. 또 남북전쟁 중 등장한 실험적 화폐제도와 새로운 금융제도를 통해 미국의 금융 발전사를 엿본다.

남북전쟁 후 미국은 계층과 지역에 따라 화폐·금융제도를 두고 치열하게 대립하는데, 그 내면을 깊숙이 들여다보는 것은 오늘날에도 시사하는 바가 크다. 이후 혼란과 대립이 끝나고 미국 중앙은행인 연방준비제도(Federal Reserve System, 이하 '연준')가 탄생한 과정 또한 지금의 미국을 이해하는 데 필수다.

이어서 달러가 국제적 도약을 이룬 계기가 된 제1차 세계대전과 전후에 통화 및 금융 질서를 놓고 세계적으로 전개된 여러 갈등 및 혼란을 살펴본다. 제2차 세계대전을 치르면서 달러는 공식적으로 국제통화로 우뚝 서는데, 이 과정도 심층적으로 들여다볼 것이다. 여기서 살펴볼 주요 사건이 폐허가 된 유럽을 재건하기 위해 미국이 리더십을 발휘한 마셜 플랜(Marshall Plan)이다. 이런 일련의 사건들을 통해 달러는 단기간에 국제적 위상을 확보했다.

그러나 유럽과 일본의 경제가 회복되고 미국의 재정 지출이 늘어나면서 근원적 딜레마에 봉착한다. 즉, 금으로의 태환을 보장하면서 달러를 충분히 공급하기 어려워진 것이다. 동시에 미국의 통제력이 미치지 않는 새로운 역외시장인 유로달러(eurodollar) 시장이 태동한다. 금과의 태환성을 보장한 브레턴우즈 체제의 질곡을 견디지 못한 리처드 닉슨 대통령은 금 태환을 정지하면서 미국 스스로 설계한 체제를 이탈한다. 이 과정을 심도 있게 추적할 것이다.

잠시 달러 가치의 변동성이 늘어난 시기를 거친 후 폴 볼커의 고금리 정책으로 달러는 다시 강세를 보이며 국제통화로 군림한다. 이후 세계는 달러 중심의 금융 체제로 급격히 전환하고 글로벌 자본 이동이 폭발적으로 늘어난다. 이런 흐름의 연장선상에서 아시아 금융위기와 한국 외환위기가 발생한다. 따라서 각각의 위기를 달러를 축으로 하는 국제금융의 흐름 속에서 살펴볼 것이다.

그다음으로 세계 금융이 통합되고 금융업이 미국과 유럽 중심으로 고도화되면서 글로벌 금융위기가 전개된 과정과 그 원인을 살펴볼 것이다. 최근 이슈가 된 가상화폐의 성격도 따져본다. 마지막으로는 과연 달러가 지금의 위상을 유지할 것인지, 아니면 런민비(人民幣, 중국 위안화)와 같은 도전자들의 거센 도전에 굴복할 것인지 앞으로의 향방을 알아보겠다.

달러의 힘을 알아야 경제의 미래를 엿볼 수 있다

달러는 미국의 통화인 동시에 국제통화라는 이중적 지위를 갖는다. 오늘날 우리는 달러 중심의 글로벌 금융 체제하에 살고 있다. 따라서 이 체제부터 정확히 이해해야 한국 금융과 경제의 전모를 파악할 수 있다. 외환위기 같은 극단적 상황에 또다시 내몰리지 않기 위해서라도 달러 체제가 세계 경제에 작동하는 방식을 면밀히 살펴야 한다. 한편 달러는 국제 정치의 한복판에 있어서, 미국 중심의 서방 세력과 중국, 러시아 중심의 대항세력 간의 지정학적 대결에서도 중심적인 역할을 한다. 이 대결의 결과는 달러의 운명에 큰 영향을 미칠 것이다. 결국 달러의 정치 경제학을 이해하는 것, 다시 말해 달러의 힘에 대해 아는 것은 우리의 미래를 위해서 매우 중요하다.

2023년 11월

김동기

2부

달러 패권은 어떻게 구축되었는가

"정부의 가장 긴요한 임무는
건전하고 단일한 통화를
국민에게 공급하는 것이다."
- 에이브러햄 링컨, 제16대 미국 대통령

1부

달러는 어떻게 탄생했는가

1장

무소불위의 화폐, 달러의 위력

미국의 힘은 어디서 나올까? 바로 달러가 세계의 지배적 기축통화라는 사실에서 나온다. 미국의 금융정책은 달러를 통해 전 세계에 직접적인 영향을 미치고, 미국이 금리를 올리면 전 세계가 힘들어진다. 미국의 중앙은행인 연준은 세계의 중앙은행 역할을 한다. '킹달러'라는 별명이 붙은 이유다.

미국 정부는 국제 거래에서 널리 쓰이는 달러의 사용을 통제함으로써 큰 힘을 갖는다. 달러를 이용한 결제를 차단하고, 달러를 이용하는 기업에게 큰 타격을 가할 수 있다. 달러에 대한 접근을 제한해, 한 국가의 경제에도 피해를 입힐 수 있다. 미국이 원하면 자유롭게 이런 조치를 취할 수 있는 '달러일방주의'가 오늘날의 국제 경제의 현실이다. 미국은 중국, 러시아, 이란, 북한 등 여러 나라에 달러를 이용한 제재를 가한 바 있다.

미국 정부가 구체적으로 어떤 과정을 거쳐 적대적 국가나 세력에게 제재를 가하는지, 그 제재가 효과를 발휘하도록 어떻게 움직이는지를 파악하는 것은 달러의 위상을 이해하는 데 매우 중요하다.

중국 화웨이 부회장, 미국에 붙잡히다

2018년 12월 1일, 캐나다 밴쿠버 공항에서 40대 중국인 여성이 체포됐다. 그는 홍콩을 출발해 멕시코행 비행기로 환승하기 위해 기다리던 참이었다. 그의 이름은 멍완저우(孟晩舟), 중국 최대의 통신장비 기업인 화웨이의 최고재무책임자(CFO)이자 부회장이었다. 런정페이(任正非) 회장의 딸이기도 한 그는 아버지의 뒤를 이어 차기 회장으로 유력한 인물이었다. 멍완저우는 2009년까지 캐나다 시민권자였으며 밴쿠버에 두 채의 저택을 보유하고 있었다. 그런데 미국이 범죄인인도조약을 맺은 캐나다 측에 그를 체포해 줄 것을 요청한 것이다.

12월 7일, 캐나다 검찰은 미국 뉴욕 동부지구 연방지방법원에서 복수의 국제기관을 속이려 했다는 혐의로 멍완저우에 대한 체포 영장을 발부했다고 밝혔다. 그는 이란 시장에 접근하기 위해 '스카이콤'이라는 유령업체를 동원해 여러 금융기관을 이용한 혐의가 있었고, 혐의가 입증될 경우 미국에서 최대 30년 징역형을 받을 예정이었다. 미국이 멍완저우의 신병 인도를 공식적으로 요청하면 캐나다 법무부는 30일 이내에 인도 여부를 결정해야 했다.

당시 화웨이는 최첨단 5세대(5G) 모바일 통신장비의 선두 기업이었다. 미국은 사이버 안보를 이유로 자국에 화웨이 제품이 들어오는 것을 제한하고, 영국과 호주 등 동맹국에도 화웨이 장비를 사용하지 못하도록 압력을 가하는 등 화웨이에 적대적인 태도를 보였다. 대중(對中) 압박 수위를 높이려는 것이었다.

미국은 왜 중국 기업의 불법행위를 겨냥했을까

화웨이가 대이란 제재를 위반했다는 보도는 2012년부터 새어 나왔다. 멍완저우는 자신에게도 수사의 압력이 미칠까 우려해 2017년 3월 이후로 미국에 입국하지 않았다.

체포된 이듬해인 2019년 1월 28일, 미국 법무부는 화웨이와 멍완저우를 기소했다. 공소장에 따르면 화웨이와 멍완저우의 범죄 사실은 다음의 네 가지다.

첫째, 2007년 이후 대이란 제한 품목인 통신기기를 수출하고 있던 스카이콤이 HSBC은행 등에 대이란 제재 위반 행위는 없다고 허위 보고했다는 것이다. 2012년 화웨이가 제한 품목을 이란에 수출한다는 보도가 나온 후, 화웨이와 거래하는 은행들은 이 기업의 무역 송금 업무를 맡게 될 경우 미국의 처벌 대상이 될 것을 우려했다. 이에 멍완저우는 2013년 8월, HSBC 간부 등과 회동해서 보도된 내용은 사실과 다르다고 설명했고, 이를 믿은 HSBC는 화웨이와 거래를 계속해 1억 달러가 넘는 금액을 송금했다.

둘째, 2007년 7월 미국 FBI가 화웨이의 대이란 제재 위반 사실을 수사하기 위해 런정페이 회장을 심문했을 때 그가 이란과 거래한 사실을 부인하고 이집트 수출이라며 허위 진술을 했다는 것이다.

셋째, 화웨이는 스카이콤을 이용해 대이란 제재 대상인 미국산 물품, 기술, 서비스를 허가 없이 이란에 수출했다. 또 스카이콤이 실질적으로는 화웨이의 자회사인데도 2007년 8월 이후 미국 정부와 은행에는 여러 차례 이를 부인해, 대이란 제재 관련 법 및 국제긴급경제권한법(International Emergency Economic Powers Act, IEEPA)을 위반했다는 것이다. 1977년 미국에서 제정된 이 법은 국가 안보상 중대한 위협을 가하는 국가나 단체, 개인과 미국 기업 간의 금융거래를 금지하는 권한을 미국 대통령에게 부여했다. 이는 미국 금융 시스템을 통한 무역 결제 등을 저지하는 강력한 도구로 기능한다.

넷째, 대이란 제재를 위반하는 무역 사업을 강행하며, 미국 은행을 활용해 위법 자금을 정당한 자금으로 탈바꿈했다는 것이다. 자금세탁 관련 법규 위반이었다.

핵심은 멍완저우가 HSBC 등 은행을 속여 달러를 송금함으로써 미국의 금융 시스템을 악용했다는 것이었다. 화웨이는 이란과의 거래를 미국이 적발할 수 없다고 자신했던 것일까? 아니면 중국 기업인 화웨이나 중국인인 멍완저우가 불법행위를 저질러도 미국 법 위반은 아니라고 여겼던 것일까? 국제법상 속지주의 원칙, 즉 외국에서 발생한 행위에 자국의 법을 적용하지 않는다는 원칙에 따르면 틀린 생각은 아니다. 그렇다면 미국이 그를 처벌한 근거는 무엇이었을까?

경제적 제재를 좌지우지하는 힘의 원천

외국에서 행해진 행위라도 자국 내에 영향을 미친다면 국내법을 적용해 관할권을 행사할 수 있다. 이를 역외 적용이라고 한다. 미국은 화웨이가 이란에 제품을 판 행위 자체를 자국 법령 위반으로 여긴 것이다. 경제 제재를 주관하는 미국 재무부 외국자산관리실(Office of Foreign Assets Control, 이하 OFAC)이 정한 대이란 제재 규정은 비(非)미국인이나 타국 기업이어도 미국 원산지의 물품, 기술, 서비스를 허가 없이 이란에 수출하는 것을 금지한다. 제3국을 경유해 이란에 수출하는 경우도 포함해서다. 화웨이가 이란에 판매한 통신기기는 미국산 반도체 등 미국에서 생산된 물품을 사용했으므로 수출 금지 품목인 것이다.

또한 미국 재무부는 화웨이가 HSBC은행을 속여 거액의 달러를 송금한 일을 수사하던 FBI에 런정페이 회장이 허위 진술을 했고, 이는 미국과 미국 기업을 속인 것이므로 미국 법 적용이 가능하다고 판단했다. 당시 화웨이는 뉴욕 연준은행(Federal Reserve Bank of New York)에 있는 HSBC 계좌를 통해 달러를 송금했다. 뉴욕 연준은행은 미국 내 조직이므로 송금 거래에 대한 관할권은 당연히 미국에 있다. 만약 이란을 대상으로 위법 송금을 했다면 미국이 수사권과 처벌권을 행사할 수 있다는 게 미국의 입장이었던 것이다.

국제 달러 결제는 대부분 미국 은행 시스템을 통해 이뤄진다. 따라서 제3국 간의 거래라도 미국 은행 시스템을 통한 모든 결제는 미국과 관련이 있으므로, 미국 법의 적용 대상이 된다는 게 미국의 입장이다. 미국 대통령이 부과한 제재 사항을 위반할 경우 국적을 불문하고 처벌이 가능하다는 것이다. 말하자면 미국은 외국인에게도 달러 거래를 금지할 힘을 가지고 있어서 국제 비즈니스를 하는 국제 기업이나 개인에게 매우 위협적이다.

이렇듯 미국이 제재를 가하는 힘의 원천은 바로 달러다. 세계 경제의 동맥인 달러와 달러를 사용하는 금융 시스템을 장악한 덕분에 미국이 오늘날 강력한 힘을 가지게 된 것이다.

2019년 1월 28일, 기소 사실을 발표하는 기자회견에서 미국 국토안보부 장관 키어스천 닐슨은 "화웨이와 멍완저우는 미국 법을 위반해 미국의 안전 보장에 유해한 행위를 했다"고 지적했다. 또 상무부 장관 월버 로스는 "수년간에 걸쳐 중국 기업은 미국의 수출 관련 법과 제재 사항을 어겼다. 미국의 금융 시스템을 이용해 위법 거래도 진행했다. 이런 행위는 이제 끝이다!"라고 경고했고, 당시 수사 책임자인 뉴욕 동부지구 연방검사 리처드 도너휴는 "미국 금융기관 및 외국의 협력 기관들을 속이려는 기업은 미국의 안팎을 가리지 않고 문책하겠다"라고 했다. 이 발언들을 보면 달러를 중심으로 한 금융 시스템의 존재 자체가 미국 패권의 중요한 도구임을 알 수 있고 이를 사수하려는 미국의 결의가 느껴진다.

21세기 가장 위력적인 무기

국가 간 경제 및 금융 제재는 일종의 전쟁으로 볼 수 있다. 외교와 군사전쟁의 중간에 위치하며 국가 안보의 핵심 도구로 그 중요성이 점점 더 커지고 있는 경제 제재의 역사는 오래전으로 거슬러 올라간다. 그리스의 도시국가 중 아테네는 교역을 발전시켜 힘을 축적했고, 스파르타는 전형적인 농경국가로 전체주의 체제였다. 기원전 432년경 아테네의 통치자 페리클레스가 '메가라 법령(Megarian Decree)'으로 불리는 교역 봉쇄를 감행했다. 이웃한 무역도시 메가라(Megara)의 주민들이 아테네의 전령을 사살한 데 대한 보복이었다. 법령이 공포된 후 메가라 상인들은 아테네 항구뿐 아니라 아테네가 주도하는 델로스동맹 국가들에 입항하는 것까지 금지되었다. 무역 제재의 전형적인 사례다. 경제 제재는 기원전부터 시작해 국가 간에 힘을 행사하는 수단으로 오랫동안 활용돼 왔음을 알 수 있다.

21세기 미국의 경제 제재는 금융 제재 중심이다. 달러 결제에 필요한 미국 금융 시스템 이용을 금지하는 것이다. 금융 제재는 외국 기업에 대해서도 미국 법을 역외 적용할 수 있고, 제재 대상국과 교류하는 국가 및 기업을 미국 시장에서 축출하는 이중 제재가 가능한 수단이다. 특히 복잡한 논의 끝에 약한 제재만 하기 일쑤인 UN을 통하지 않고 국제사회를 설득할 필요도 없이 강력하고 효과적으로 힘을 발휘할 수 있다. 금융 제재 방법에는 자산 동결, 투자와 원조 및 국가기관의 지원 금지, 금융 시스템으로부터의 배제 등이 있다.

9·11 테러 발생 후 미국 재무부는 신속히 움직였다. 알카에다와 그 지지자들이 미국 내에 보유한 자산을 동결하는 것을 시작으로, 외환 거래 금지, 송금 금지 등 모든 금융 제재를 광범위하게 발동했다. 해당 정책 입안에 참여한 전 재무부 테러 자금 및 금융범죄 담당 차관보 후안 자라테(Juan C. Zarate)는 『재무부의 전쟁(Treasury's war)』에서 당시 금융전쟁을 생생히 증언한다. 미국 정부가 금융 분야를 중점적으로 제재한 것은 금융 파이프라인이 테러 활동의 생명줄이고, 테러 조직의 네트워크를 파악하는 단서가 되기 때문이다.

무역 제재는 사업자 수가 많고 경로도 다양해 전모를 파악하기 힘들고, 무엇보다 제재를 피하기 쉽다. 이에 비해 금융 제재는 쉽고 효과적이다. 자금의 흐름은 은행 등 금융기관을 통하지 않을 수 없고 그 경로가 제한적이기 때문이다. 정부가 금융기관을 감시하는 것은 어려운 일이 아니므로 위반한 은행에는 거액의 과징금을 부과할 수 있다. 즉, 금융기관은 제재를 위반하면 평판이 훼손되는 위험을 감수해야 한다. 특히 국제기업에 달러 거래가 제한되는 금융 제재는 사형선고나 다름없다. 기축통화인 달러를 장악한 미국은 가장 위력적인 금융 제재를 자유롭게 가할 수 있다.

OFAC, 미국 정부의 경제 제재를 이끄는 핵심 기관

제2차 세계대전 중 미국 정부는 독일, 일본, 이탈리아 소속 기관들과 기업들의 자산을 통제하기 위해 재무부 내에 '통제실'을 설치했다. 통제실은 적국의 주요 자산을 추적하는 핵심 도구였다. 미국은 대적성국교역법을 근거로 제재를 부과했다. 해리 트루먼 대통령은 한국전쟁에 중국이 참전하자 1950년 12월에 국가비상사태를 선언하고, 이 법에 따라 북한과 중국에 무역·금융 제재를 가했다.

이때 통제실의 명칭이 OFAC로 바뀌었는데, 당시의 주된 업무는 중국의 자산을 추적하는 것이었다. 통제실은 1962년 쿠바 미사일 위기 후 쿠바에 대한 제재를 관장하는 핵심 기구 역할을 맡게 됐고 1979년 이란 인질 사태를 계기로 이란 자산을 동결하고 관리하면서 역할이 크게 강화된다. 미국의 외교 안보를 위해 경제·무역·금융 제재를 주도하는 핵심 기관이 된 것이다.

OFAC는 미국 정부 내에서 가장 힘 있는 부서 중 하나인데도 사람들은 잘 모른다. 매우 전문적이고 기술적인 업무를 수행하는 이 기관은 제재 대상 국가가 소유하거나 통제하는 개인이나 기업, 단체의 리스트를 만들고, 해당 국가를 위해 일하거나 지원하는 사람과 조직의 리스트도 발표한다. 테러리스트, 마약 밀수 조직 등 특정 국가와 무관한 대상도 포함된다. 이를 일컬어 '특별제재대상자(Specially Designated Nationals, 이하 SDN) 리스트'라고 한다.

이 블랙리스트에 오르면 위험군으로 인식되어 미국 국민이나 기업과 교류할 수 없고 전반적인 경제활동이 매우 어려워진다. 이는 1986년에 최초로 발표되었다. 1995년에는 콜롬비아 마약 조직 관계자들이 이 리스트에 게재되어 미국 기업 등과의 거래를 금지당했고, 미국 금융 시스템에서 완전히 축출됐다. 9·11 테러 이후 OFAC는 테러 예방을 주된 목적으로 삼는다.

미국 재무부 블랙리스트가 일으킨 파급 효과

미국 정부가 사용한 금융무기는 세 가지였는데, 그중 첫 번째는 블랙리스트였다. 대표적 사례가 마카오의 방코델타아시아(Banco Delta Asia)에 대한 제재다. 이 은행은 마카오의 도박왕이라 불린 카지노 운영자 스탠리 호가 경영했는데, 카지노 자금을 취급해 마피아 등이 자금 세탁을 했다는 의혹이 끊이지 않는 곳이었다.

사건의 시작은 이랬다. 2003년, 북한의 핵확산금지조약 탈퇴로 북미 관계가 급격히 악화됐다. 2005년 9월 15일, 미국 재무부 산하 금융 범죄 단속 네트워크 '핀센(FinCEN)'은 방코델타아시아가 북한 정부기관 및 산하 회사의 범죄 행위를 방조하면서 특별한 관계를 오랫동안 유지해 왔다고 발표했다. 그리고 애국법 제311조에 근거해 방코델타아시아를 북한의 불법 자금 세탁의 주요 우려 대상으로 지정하고, 최종 확정 시에는 미국 금융기관들이 방코델타아시아의 어떤 계좌도 개설 및 유지할 수 없도록 한다고 발표했다. 이는 예고일 뿐이었으나 엄청난 파장을 일으켰다. 일주일도 지나지 않아 은행 예금의 3분의 1 이상이 빠져나갔다.

마카오 금융 당국은 더 이상의 예금 인출 사태를 막기 위해 신속하게 은행 경영자를 교체하고, 예금 지불 유예 조치를 단행했다. 그리고 이 은행에 개설된 52개 예금계좌에 들어 있던 북한 관련 자산 2,500만 달러를 동결했는데, 그중 대부분은 북한산 귀금속 수출 대금으로 추정됐다. 곧이어 이 은행은 북한에 금융거래 중단을 통보했다. 미국이 동결한 게 아니라, 미국의 일방적 발표에 따라 방코델타아시아가 스스로 북한과 거래를 끊은 것이다. 당시 CIA 국장 마이클 헤이든(Michael Hayden)은 이를 "21세기 정밀 유도 무기"라고 평했다.[1]

미국은 국제금융계에 방코델타아시아가 북한과 불법 거래를 했으니 '금융왕따(financial pariah)'라고 메시지를 보냈을 뿐이었다. 나머지는 금융시장이 알아서 했다. 미국 금융시장에 대한 접근이 어려워지고 평판이 나빠질 것을 걱정한 금융계가 자발적으로 미국의 의도대로 움직인 것이다. 이런 일격에 방코델타아시아는 전 세계 금융계에서 소외됐다.

미국 정부의 조치는 방코델타아시아에 국한된 것이었지만, 그 여파는 순식간에 퍼져 북한의 해외 자금 거래에 영향을 미쳤다. 마카오 지역 은행들은 물론 싱가포르, 스위스 등 다른 국가의 은행들도 미국을 의식해 북한과의 금융거래를 중단했다. 북한은 일찍이 경험하지 못했던 금융시장의 냉대를 경험했다. 심지어 북한과 거래가 없는 은행들도 방코델타아시아와의 거래를 중단했다. 미국 재무부 관리들은 마카오, 홍콩, 베트남, 싱가포르, 중국 등지를 방문해 현지 은행들에 대북한 거래를 끊으라고 재촉했다.[2]

중국 국영은행들도 다른 은행과 마찬가지로 북한 관련 계좌를 봉쇄했다. 그들도 뉴욕 금융시장에 접근하고 정상적 국제 금융기관으로 인식되길 원했다. 다만 중국 금융기관들과 중국 외교 당국은 입장이 달랐다. 중국 외교부는 북한과의 외교 관계에 균열이 갈 것을 우려했으나 미국의 압도적 금융파워 때문에 미국 재무부의 조치에 따랐다.

북한은 사실상 전 세계 금융 시스템에서 고립되고 배제됐다. 금융 제재가 북한에 미친 영향은 컸다. 가장 고립된 국가였지만 국제금융 시스템을 이용할 필요는 있었던 것이다.

북한은 반발했다. 2006년 7월 장거리탄도미사일 대포동 2호를 일곱 발 발사했고, 이어서 10월 9일 핵실험을 최초로 감행했다. 또 금융 제재가 지속되는 한 '6자회담'에 복귀하지 않겠다는 의사를 내비쳤다. 나중에 밝혀진 바에 따르면, 2005년 겨울에 진행된 6자회담에 참석한 북한 대표단 중 한 명은 미국 측에 "너희 미국인들이 마침내 우리를 해칠 방법을 찾아냈다"고 고충을 토로했다고 한다.[3] 처음에는 단순한 제재라고 여겼으나, 4주 후 전례 없는 수준의 조치라는 것을 느끼고 질겁한 것이었다.

북한은 동결된 자금을 반환해 줄 것을 미국 측에 강력히 요청했다. 이는 액수가 커서라기보다는 국제금융계의 블랙리스트에서 벗어나야 다시 정상적 거래를 할 수 있다고 판단했기 때문이다. 이에 2007년 1월,

미국은 제재 해제를 결정했고 김정일 국방위원장은 더 이상의 핵실험 계획은 없다고 선언했다.

2007년 3월 14일, 미국 재무부가 최종적으로 방코델타아시아를 자금세탁 기관으로 지정해 미국 금융 시스템에서 영구적으로 축출했다. 그리고 같은 달 19일, 마카오 통화 당국의 협조로 방코델타아시아에 동결된 북한 자금 전액을 해제하고 반환하는 방침을 발표했다. 그런데 방코델타아시아가 낙인이 찍힌 바람에 이 자금의 송금 업무를 맡을 은행이 나타나지 않았다. 혹여 미국의 제재 대상에 오를지 몰라 두려웠던 것이다. 심지어 중국 은행들도 이 일에 관여하는 것을 꺼렸다.

결국 미국 중앙은행인 연준이 나섰다. 2007년 6월 방코델타아시아는 2,500만 달러를 마카오 행정부 중앙은행에 송금했고, 마카오 중앙은행은 이를 뉴욕 연준은행에 보냈으며, 뉴욕 연준은행은 러시아 중앙은행으로 송금했다. 2,500만 달러는 최종적으로 블라디보스토크에 있는 극동은행(Far Eastern Bank)의 북한 조선무역은행 계좌로 입금됐다. 전 지구를 일주한 돈을 돌려받고서야 북한은 6자회담에 복귀했다.

방코델타아시아 사건으로 미국은 전 세계 은행들에 영향력을 행사하는 데 큰힘을 들일 필요가 없다는 것을 깨달았다. 표면적으로는 한 민간은행에 대한 발표로 보였지만, 세계 금융시장이 스스로 북한과 방코델타아시아에 대항해 움직였다.[4]

미국이 특정 국가나 은행을 블랙리스트에 올리는 경우는 드물지만, 이는 여전히 중요하고 강력한 수단이다. 2011년에는 시리아 은행 두 곳을 블랙리스트에 올려 미국 은행들에 관계를 단절할 것을 요구하기도 했다. 외국 은행들은 법적 의무가 없어도 미국이 발표하는 블랙리스트에 늘 주의를 기울인다.

외국 은행을 활용해 이란 경제를 무너뜨리다

미국 정부가 사용한 두 번째 금융무기는 외국 은행을 활용하는 것이다. 외국 은행이 제재 대상과 거래를 계속할 경우, 미국 금융시장에 대한 접근을 제약하거나 봉쇄하는 것이다. 외국 은행을 활용하는 정책은 새로운 형태의 일방주의로, 듀크대학의 수잰 카첸스타인(Suzanne Katzenstein) 교수는 이를 '달러 일방주의(dollar unilateralism)'라고 부른다.[5]

외국 은행을 이용하면 제재 대상이 새로운 후원자를 구하거나 불법 활동의 새로운 통로를 찾지 못하도록 저지할 수 있다. 게다가 외국 은행과 협력하면 외국 정부나 다자 기구에 의존하지 않을 수 있다. 외국 은행은 금융거래 내역 등 개인정보를 더 많이 보유하고 있고, 제재 대상자가 외국 은행을 이용해 미국과 외국 시장에 접근하는 것을 제한할 수 있다. 그리고 미국 금융기관에만 의존해 금융 정보를 얻거나 자금 흐름을 차단하는 데는 한계가 있지만, 외국 은행을 통하면 미국에는 없는 방대한 국제금융 정보를 얻을 수 있다. 테러 자금 조달 및 핵 확산을 저지하고, 불법적 네트워크를 파악하기 위한 금융 데이터를 수집하기가 수월해지는 것이다.

달러의 지배력을 이용해 미국 정부는 외국 은행을 설득하고 강제할 힘이 생긴다. 외국 은행들은 미국에 지점이나 현지 법인이 없으면 미국 은행과 대리계좌(correspondent account) 혹은 대리지불계좌(payable-through account)를 개설해 달러 거래를 해야 한다. 미국 정부는 외국 은행의 계좌들을 폐쇄하거나 미국 내 영업 정지를 명령하는 식으로 미국 금융시장에 접근하는 것을 막을 수 있다. 이는 사실상 외국 은행에 사형 선고나 마찬가지다.

외국 은행을 활용한 대표적인 사례가 바로 이란에 대한 제재다. 1995년 OFAC는 이란 제재 방침과 별개로 제3국의 금융기관을 이용하는 유턴 결제(U-turn payments)를 허용했다. 이런 예외를 두지 않으면 거래 당사자들이 이란과 거래 시 달러 사용을 피할 것을 우려했기 때문이다. 그런데 2006년 9월 미국 재무부는 이란 국영은행 사데라트(Saderat)은행과 계약한 비이란계 은행을 대상으로 미국 은행에 대리계좌 개설을 금지했다. 이 은행이 친이란 성향의 레바논 무장단체 헤즈볼라와 미국이 테러 조직으로 지정한 기타 조직체에 자금을 이전했다는 이유에서였다.

그러자 외국 은행들은 사데라트은행과 거래하기가 매우 어려워졌다. 원래 이란은행은 미국 금융 시스템에 접근할 수 없어서 비이란계 은행을 이용해 왔는데, 이마저 봉쇄된 것이었다. 뒤이어 2008년 11월에는 미국 은행을 통한 이란 관련 거래 송금을 일절 금지했다. 이란은 더 이상 정상적으로 달러 결제를 할 수 없게 됐다. 이 제재의 목적은 이란산 원유 수출을 저지하는 데 있었다. 미국, 유럽은 물론 아시아도 이란산 원유 구입이 어려워졌다. 결국 이란은 유로, 파운드, 엔화, 런민비 등으로 원유를 거래해야 했다.

2009년 미국은 비밀리에 우라늄 농축 시설을 건설한 이란을 비난하고, 2010년에 좀 더 공격적으로 외국 은행들을 압박했다. 그리고 미국 의회는 이란에 대한 경제 제재를 대폭 강화한 이란 제재 관련 법을 제정했다. 이 법 제104조는 외국 은행이 이란 정부나 이란의 대량 살상 무기 개발 및 테러 활동과 연관된 조직과 거래하는 것을 금지했다. 또 외국 은행이 미국 금융시장에 접근할 권리를 박탈하는 권한을 미국 행정부에 부여했다. 이에 따라 OFAC는 외국 은행이 제재 대상자임을 알고도 거래했다고 인정하면 해당 은행이 미국 은행에 대리계좌 등을 개설하지 못하도록 명령을 내릴 수 있었다. 이 사실만으로도 강력한 위협이었다.

2012년 국방수권법을 제정한 미국 의회는 이란의 중앙은행이나 기타 제재 대상으로 지정된 이란 은행과 거래한 외국 은행이 대리계좌나 대리지불계좌를 개설하지 못하도록 철저히 금지했다. 또 이란과 원유를 거래하는 국가에 소재한 모든 은행(외국 중앙은행, 국영 혹은 국가관리은행 등 포함)과 미국 은행이 대리계좌 등을 유지하지 못하도록 금지했다. 이는 역사상 가장 심한 '금융채찍'이었다. 이어서 같은 해 1월 23일, 미국 애국법 제311조를 적용해 이란 중앙은행을 자금 세탁 주요 우려 대상으로 지정했다. 여기서 그치지 않고 2013년에는 미국 기업뿐 아니라 외국 기업까지 이란과 거래하면 제제를 가했다. 한마디로 미국과 이란 중 양자택일을 요구한 것이었다.

연이은 제재로 결국 이란 정부의 수입은 40%나 감소했다. 이란 리알(IRR)의 가치는 무려 80% 하락했으며, 외환 보유고는 1,100억 달러 감소했다. 수입이 힘들어지자 인플레이션이 발생했다. 한편 이란 제재의 위력을 미처 알지 못했던 스위스의 크레디트스위스, 네덜란드의 ING, 영국의 스탠다드차타드와 HSBC, 프랑스의 BNP파리바 등은 이란 제재 위반으로 거액의 과징금을 납부해야 했다.

SWIFT에 직접외교 카드를 쓰다

미국 정부의 세 번째 금융무기는 직접외교였다. 미국은 9·11 테러 이후 외국 은행 및 금융 관련 기관을 대상으로 한 직접외교에 주력했다. 외국 정부는 자국 은행 및 금융기관에 미국의 정책을 따르도록 압력을 가하지 않거나 거부할 수도 있다. 특히 자국에 불리할 경우에 그렇다. 따라서 미국은 민간에 직접 접근해 외국 정부가 난처한 입장에 처하지 않도록 한다.

직접외교는 전통적인 접근법보다 효과적이었다. 이는 비공식적으로 이뤄지지만, 외국 은행들과 금융 관련 기관들은 미국 금융시장과의 관계를 고려해 미국의 요구를 대체로 수용한다. 이를 보여주는 사례가 미국 정부가 SWIFT(Society for Worldwide Interbank Financial Telecommunication)로부터 금융 정보를 얻은 과정이다.

SWIFT는 송금 정보를 고도로 암호화하여 거래하는 통신 서비스 거점으로, 1973년 국제 결제 구조를 표준화하기 위해 외국 은행들이 공동으로 설립한 조직이다. 200개 이상의 국가, 11,000개 이상의 금융기관이 이에 속해 있다. SWIFT를 통과하는 송금액은 하루 5~6조 달러 규모로 국제 결제의 대부분을 차지하는데, 달러, 유로, 엔화, 런민비, 파운드 등을 취급한다. 따라서 '누가, 어디에, 얼마를 무슨 계좌로 송금하는가'에 관한 모든 정보를 파악할 수 있어서, 테러 조직 및 북한, 이란 등 블랙리스트 국가에 송금을 저지하는 금융 제재를 취할 때는 SWIFT가 필수 관문이다. 말하자면 이곳은 금융 데이터를 얻는 대광맥이다.

미국 정부는 1980년대부터 마약 조직과 테러 조직에 대처하기 위해 SWIFT의 협력이 필수적이라고 판단하고 접근했지만, SWIFT는 고객 비밀 보호를 이유로 거절했다. 9·11 사태 전까지 미국 정부는 최소 두 차례에 걸쳐 법률적 절차를 밟아 SWIFT 측에 데이터 제공을 요구했으나 모두 실패했다. 부시 정부는 강한 압박을 계속했지만, SWIFT는 운영 센터를 미국 밖으로 이전하겠다며 저항했다. 그런데 9·11 테러가 상황을 바꿨다.

9·11 테러 이후, 재무부 차관 케네스 댐(Kenneth Dam)은 SWIFT의 대표 레너드 쉬랭크(Leonard Schrank)를 재무부로 초대했다. 그는 매사추세츠 공과대학 출신의 미국인이었다. SWIFT가 금융세계에서 역할을 하기 위해서는 비정치적이어야 했지만, 쉬랭크는 9·11 테러에 큰 충격을 받았다. 그는 SWIFT의 중립성 견지 및 고객 비밀 보호라는 조직의 책임과 대규모 테러의 재발 방지라는 윤리관 사이에 고민하다, 결국 미국의 요청을 받아들였다. 딕 체니 부통령은 쉬랭크를 그의 집으로 몇 차례 초대하기도 했다.[6] SWIFT 데이터의 중요성을 보여주는 대목이다. 2001년 10월 말부터 미국 재무부는 SWIFT로부터 정보를 받기 시작했다.

미국은 5년간 SWIFT로부터 수만 건의 데이터를 확보했다.[7] 미국은 이렇게 제공받은 데이터를 기초로 테러리스트를 체포하거나 테러를 저지하고 테러 조직을 파괴했다. 결과적으로 많은 인명을 구조한 셈이었다. 이때 SWIFT 담당자가 재무부에 상주했다. 데이터가 온전히 테러 대책에만 사용되는지 확인하고 다른 용도의 사용을 금하기 위해서였다.

그러나 9·11 테러의 충격이 잦아들고 말 많던 이라크전쟁이 진행되자, SWIFT의 전면적인 협력 태도가 약해지기 시작했다. 2003년 봄이 되자 SWIFT는 데이터를 제공하는 데 소극적으로 변했다. 그러자 미국 정부는 직접외교에 주력했다. 특히 SWIFT 임직원에게 레드카펫을 깔고 환대를 베풀었다. 재무부 고위 관료와 연준의장 앨런 그린스펀뿐 아니라 FBI 수장까지 SWIFT 임원들과 회동한 것이다.

미국 재무부와 SWIFT 간의 협력은 2006년 6월에 《뉴욕타임스》가 폭로할 때까지 지속됐다. 사태의 진상이 밝혀지자 가장 큰 분노를 드러낸 곳은 유럽이었다. 유럽의 은행 규제 당국, 인권단체, 의회 의원들이 분개했다. 결국 미국은 유럽 내 금융거래에 접근하기 어려워졌고, SWIFT는

2007년에는 유럽 내 거래 관련 금융정보는 유럽에서만 보관하겠다고 선언했다. 이 결말은 직접외교의 한계를 드러냈다.

미국은 이란에 자금이 유입되는 것을 차단하기 위해 SWIFT뿐 아니라 외국 은행에도 직접외교를 펼쳤다. 은행 임원들과 직접 회동해 이란과의 관계 단절을 요구했던 것이다. 미국 내 지점을 보유한 외국 은행은 물론 미국에서 거의 영업하지 않는 외국 은행과도 접촉했다. 미국 재무부 고위 관료들이 직접 나서서 접촉한 것은 미국이 이란과 이란 은행을 고립시키려 한다는 메시지를 분명히 전달하기 위한 조치였다.

2005~2008년에 미국 정부는 직접외교를 통해 60개 국가, 145개 은행에 접근했다. 당시 미국 재무부 차관 스튜어트 레비(Stuart Levey)는 외국을 80회 이상 방문해 60여 개가 넘는 외국 은행 임원들과 회동했다.[8] 2011년에는 미국 재무부 관료들이 중국의 4대 은행과 접촉해 이란 운송회사와 거래를 중단하도록 설득하면서, 거래를 지속하면 미국 금융시장에서 축출될 것이라고 경고했다. 이런 압력에 외국 은행들은 불만을 가졌지만, 대다수는 수용할 수밖에 없었다.

9·11 사태 이후 SWIFT처럼 고객 비밀 보호 원칙을 저버린 곳이 있다. 바로 스위스 은행들이다. 이라크전쟁이 진행되던 중 사담 후세인 정권이 보유한 은행 계좌를 알려달라는 미국과 UN의 요청에 따라 스위스 은행들은 정보를 전달하고 자산을 동결했다. 미국의 제재 압력에 반하여 원칙을 고집할 경우 은행업을 할 수 없어서 결국 굴복한 것이다. 그렇게 유럽의 은행들은 자발적으로 고객의 정보를 미국에 제공하기 시작했다. 특히 SDN 리스트에 오른 고객과의 거래는 제재 위반의 위험이 있기에 은행이 알아서 자사 고객과 SDN 리스트를 대조하고 약간의 의혹이라도 있으면 미국 재무부와 각국 정부에 통보했다.

'킹 달러', 달러의 압도적인 위력

달러를 이용한 제재가 효과를 발휘하는 것은 달러가 세계시장에서 차지하는 위상이 그만큼 높기 때문이다. 구체적인 수치를 살펴보자.

2021년 기준 세계 외환 보유액 비중에서 달러는 60%를 차지했다. 유로는 21%, 엔화는 6%, 파운드는 5%, 런민비는 2%였다. 2021년 4분기 말 기준으로 미국에서 발권된 총 9,500억 달러 중 거의 절반은 외국인이 보유했다.

또 많은 국가에서 달러를 기준으로 환율을 유지한다. 즉, 달러가 기축통화로 기능한다. 2015년 기준 세계 GDP의 50%를 생산한 국가들이 달러를 기축통화로 사용했다.[9] 중국도 달러를 기축통화로 사용하는데, 2016년 초에서 2021년 1분기 사이의 약 90%에 해당하는 기간 동안 런민비 환율은 달러 대비 2% 이내로 변동했을 뿐이다. 한편 2015년 유로를 기준으로 환율을 정하는 비유로권 국가들이 세계 GDP에서 차지한 비중은 약 5%에 불과했다.

게다가 1999~2019년에 미국과 관련된 무역 대금의 결제통화 중 96%가량은 달러였다. 아시아·태평양 지역에서 74%, 유로가 지배적인 유럽을 제외한 나머지 지역에서는 79%를 점유했다.

국제금융에서도 달러는 지배적이다. 세계적으로 외화 채무(주로 예금)와 채권(주로 대출)의 약 60%가 달러 표시다. 이는 2000년 이후로 비슷한 수준을 유지하고 있다. 그다음으로 유로가 약 20%를 차지한다. 미국 연준은 외국에서 달러 자금 조달을 쉽게 하기 위해 외국 중앙은행들과 스와프라인을 개설하거나, 외국 통화 당국과 레포 제도(FIMA Repo Facility)를 도입해 자금을 제공한다. 실제로 2008~2009년 금융위기 당시 5,850억 달러를 제공했고 2020년 코로나 팬데믹 때는 4,500억 달러를 제공했다. 미국 연준이 세계의 중앙은행 역할을 한 것이다. 외화 표시 채권의 경우, 2010년 이후 미국 달러 표시 채권 발행액이 약 60%, 유로 표시가 약 23%를 차지했다. 달러를 사용하지 않는 국가들이 채권을 달러로 발행하는 이유가 무엇이겠는가. 그 국가가 달러를 필요로 한다는 뜻이다. 외환시장 거래에서 달러를 사고파는 거래의 비중은 매도 100%, 매수 100%의 총 200% 중 약 88%에 해당하고 유로는 약 32%에 그친다.[10]

이렇게 압도적인 달러의 위력은 세계 경제가 미국의 금융정책 변화에 따라 흔들리는 것만 봐도 확인할 수 있다. 2022년 9월 미국 연준의 금리 인상으로 달러 가치가 급등했는데, 원/달러 환율이 한때 1,400원을 돌파하기도 했다. 하지만 원화 가치만 떨어진 게 아니었다. 같은 해 9월 25일까지 엔화가 달러 대비 약 25% 하락했고, 유로가 약 17%, 원화가 약 20% 하락했다.[11]

문제는 달러 가치 상승이 세계 경제에 커다란 충격을 준다는 사실이다. 달러를 제외한 각국의 통화가치가 떨어지면 달러로 결제되는 에너지와 식량 등 원자재를 수입하는 국가에서 수입 가격이 높아져 인플레이션 압력이 커진다. 또 각국이 미국을 따라 금리를 올리면 경기가 둔화하고 이는 수입을 둔화시켜 전 세계적으로 무역과 경제가 정체되는 악순환을 불러올 가능성이 크다. 특히 달러화 부채를 많이 지고 있는 국가들은 달러 가치가 상승하면 부채 부담이 커져 감당하기 힘들어질 수 있다.

2022년 국제 금융시장에서 드높아진 달러화의 위상을 '킹 달러(King Dollar)'라고 부르기 시작했다. 세계 경제의 중심에 선 위력적인 달러는 어떤 과정을 거쳐 오늘에 이르게 됐을까? 지금부터 그 역사를 살펴보자.

2장

식민지 핍박 속에서 피워낸
미국의 화폐제도

영국 식민지 시절 미국은 처음에는 물품을 화폐로 사용했다. 왐펌, 옥수수, 비버 모피, 소맥, 쌀과 담배 등이 그것이다.

　　물품화폐는 사용하기가 불편해 주화에 대한 수요가 늘어났지만, 당시 영국은 중상주의 정책을 취해 식민지 미국의 주화를 최대한 흡인했다. 그러면서도 미국의 경제발전에 필요한 독자적 화폐 발행과 사용을 억제했다. 어쩔 수 없이 외국의 주화들이 대거 유통됐다. 그럼에도 화폐는 부족했고 이 문제를 해결하기 위해 식민지 미국은 '신용증권'이라는 불환지폐를 만들어 사용했다. 또 식민지 미국 정부는 토지은행을 만들어 주민들에게 대출을 해주면서 불환지폐를 발행하기도 했다.

　　그러나 이를 둘러싸고 영국과 식민지 미국은 갈등을 빚었다. 화폐주권을 갖고자 하는 식민지 미국의 열망은 커졌고, 결국 화폐 문제는 식민지 미국이 영국에 대해 독립전쟁을 벌이는 중요한 계기가 된다. 식민지 시절 미국 화폐제도의 변천은 미국의 초기 역사를 이해하는 데 매우 중요하다. 나아가 식민지 미국의 다양한 화폐실험은 화폐의 역사를 파악하는 데 많은 도움이 될 것이다.

'달러'라는 이름의 시작

식민지 미국 시대 초기에는 부족한 주화를 대신해 인디언이 쓰던 조가비 구슬, 즉 왐펌(wampum)이라는 화폐가 통용됐다. 이후 17세기 말부터 18세기 초 식민지 시대 말기까지 지역에 따라 여러 물품화폐가 유통됐다. 식민지 전 지역에서 옥수수를, 뉴잉글랜드 및 중부 식민지에서는 비버 모피와 소맥(小麥)을, 남부 식민지에서는 쌀과 담배를 지불 수단으로 사용했다. 당시 담배의 주 생산지였던 버지니아에서는 담배가 화폐로서 특별한 위치를 차지하기도 했다.[1] 그러나 물품화폐는 균질하지 않고 운반이 불편하며 관리와 보관이 어렵다는 결함이 있었다. 무엇보다 생산량에 따라 교환 가치가 달라지는 게 문제였다. 불만을 느낀 사람들은 점차 안정적이고 건전한 화폐를 요구하기 시작했다.

17세기 전반에 영국은 중상주의를 지향했기에 외국이나 식민지에 주화와 지금(地金) 수출을 금지했다. 식민지 미국에 주화 공급을 막았고, 식민지 당국이 스스로 주화를 주조하는 것도 제지했다. 유일하게 매사추세츠 식민지가 1652년에 조폐창을 설립해 소액 주화를 발행했는데,

영국은 1684년에 이마저 폐지했다. 정치적으로는 왕권에 속하는 화폐 주조권을 침해했고, 경제적으로는 영국 중상주의 정책인 식민지 화폐 규제 정책에 저촉된다는 게 그 이유였다. 식민지 미국은 통일된 주화를 발행하지 못하고 영국과 외국의 주화를 사용할 수밖에 없었다.

식민지 미국에서 가장 널리 유통된 금화는 스페인 금화 더블룬 (Doubloon)과 포르투갈 금화였다. 찰스 2세 시절인 1663년에 주조된 영국 금화 기니(English guinea)는 수출이 금지되어서 식민지 미국에서는 거의 보기 힘들었고, 프랑스와 독일의 금화 등이 소량이나마 유통됐다.

은화는 어땠을까. 당시 영국에는 크라운(english crown), 하프 크라운, 실링(Shilling), 6펜스(Six-pence) 등의 은화가 있었지만 식민지 미국에 유입된 양은 극히 소량이었다. 오히려 프랑스 은화가 식민지 미국 전역에 유통됐고, 뉴욕 식민지에서는 네덜란드 은화가 주로 쓰였으며, 그 밖에 포르투갈 은화와 덴마크 은화도 유입됐다. 은화 중에서는 무엇보다 스페인 은화인 페소(Peso)가 주로 쓰였는데, 당시 페소당 8헤알(reals)의 가치가 있었다. 그 후 '스페인달러'로 불린 이 은화는 식민지 미국에 유통된 금속화폐 중 압도적으로 다수를 차지했다.

1770년대에 들어서는 버지니아 식민지를 대상으로 동화(銅貨)가 주조됐으며, 17세기 후반에는 주석으로 만든 석화(錫貨)도 발행됐다. 이렇게 식민지 미국 시대에 유통된 외국 주화 총량은 1700년경에 100만 달러, 독립전쟁이 발발한 1775년에는 1,000만~1,200만 달러로 추산된다.[2]

6~17세기에 유럽에서 사용된 화폐는 주로 독일, 네덜란드, 스페인 은화였다. 그러나 18세기가 되자 스페인 은화, 즉 스페인달러가 압도적으로 많이 사용되면서 국제화폐가 되었다. 이는 스페인령 아메리카 식민지에서 대량의 은이 생산되면서 은화가 세계에 공급됐기 때문이다. 스페

인은 영국과 달리 식민지인 멕시코, 페루, 볼리비아 등에 조폐창을 설치하고, 은화를 주조해 공급했다. 1520~1700년에 아메리카 대륙에서 채굴한 은으로 공급된 약 15억 스페인달러 중 멕시코에서 6억 3,400만, 페루에서 8억 5,500만 스페인달러가 주조됐다. 이후 1810년까지 공급된 은화의 누적 총량은 35억 스페인달러였다. 이 중 멕시코에서 주조된 은화는 '멕시코달러'로 불렸다. 이 스페인달러는 아메리카, 대서양, 태평양 그리고 중국 등 동아시아에까지 확산되었다.[3]

스페인달러는 순은 함유량이 99.9%에 가까워 신용도가 높았다. 식민지 미국은 스페인령 서인도제도, 영국령 서인도제도, 네덜란드령 서인도제도 등과 무역을 통해 스페인달러를 풍부하게 획득했다. 해적들이 약탈한 스페인달러가 유입되기도 했다. 스페인달러가 식민지 미국에서 대량으로 유통된 것은 독립 후 '달러'가 미국 화폐 이름이 되는 데 결정적 계기가 된다. 새로운 화폐의 이름을 당시 가장 널리 유통되고 공신력 있던 스페인달러에서 빌린 것이다.

'달러'라는 말의 유래

달러는 신성로마제국의 보헤미아 지방에서 주조한 각종 은화를 '탈러(Thaler)'라고 부른 데서 유래했다. 탈러는 본래 요아힘스탈러(Joachimsthaler)로, 지금의 체코에 위치한 보헤미아 요아힘스탈(Joachimsthal) 지역에서 1519년에 처음 주조되었다. 1566년 신성로마제국의 은화에도 탈러라는 이름이 도입되어 제국탈러(reichsthaler)로 규격화되었다. 그 결과 주변 지역인 스칸디나비아나 네덜란드, 심지어 영어권 국가에서도 탈러를 현지화된 표현으로 사용했다. 영어권에서는 달러로 불리면서, 순도가 높은 대형 은화를 지칭하는 표현으로 자리 잡았다. 최초의 국제통화인 페소는 탈러를 비롯한 중부유럽의 고액 은화와 중량과 순도가 비슷했다. 그래서 16세기부터 아메리카 대륙에서 널리 유통되던 스페인 은화 페소가 영어권에서는 달러라고 불리게 된 것이다.

부족한 주화, 고조되는 갈등

식민지 미국의 인구는 약 250만 명으로 추정되는데, 이에 비하면 주화 유통량은 많지 않았다. 주화가 부족한 데는 여러 이유가 있었다. 영국에서 온 이민자는 대부분 빈곤해서 주화를 넉넉히 가져오지 못했으며, 챙겨 온 소량의 주화는 생필품을 구입하느라 다시 영국으로 유출됐다. 또 영국이 군사비나 관리의 급여로 보낸 주화와 해외 무역으로 획득한 외국 주화는 영국과의 무역수지 적자로 다시 영국으로 향했다. 북아메리카 대륙에서는 1848년 캘리포니아 금광이 발견될 때까지 귀금속이 생산되지 않아 주화를 만들 방도가 없었다.

영국은 한때 식민지 미국이 서인도제도와 무역을 하지 못하게 규제해, 외국 주화를 획득하는 길마저 막았다. 또 영국은 북유럽과 인도에 대해서는 무역 적자를 기록했지만, 식민지 미국과의 무역에서는 1716~1735년을 제외하고 항상 흑자를 기록했다. 식민지 미국에 유입된 외국 주화 및 지금을 흡수해 이를 영국의 재정에 축적하고 경제 발전에 활용한 것이다.

식민지 미국에서도 영국 화폐제도가 운용되었다. 영국 화폐 단위 파운드 스털링(Pound sterling)이 기준화폐와 계산화폐로 기능했고, 외국 화폐는 파운드 스털링으로 환산해 유통됐다. 예컨대 스페인달러는 4실링 6펜스였다. 그러나 주화에 대한 수요가 높아 일부 식민지 지역에서는 주화 부족을 해소하기 위해 외국 주화를 고평가하는 할증 정책을 취했다. 식민지 내에 외국 주화를 유보하고 유통시키려 했던 것이다. 이 정책은 매사추세츠 식민지에서 시작해서 곧 다른 식민지에도 파급돼, 1680년 이후 18세기 초엽에는 정점에 이르렀다.

이때 식민지 간의 할증전쟁을 규제한 사건이 1704년 앤 여왕의 선언(스페인달러의 환율을 최고 6실링으로 제한하는 규정) 및 1708년 영국이 제정한 주화규제법이다. 이 법률은 미국 중북부, 캐롤라이나 식민지 및 일부 서인도제도에서 두드러지던 외국 주화의 평가절상 경향을 일정한 한도로 억제해, 스페인달러 유입을 막으려는 목적으로 만든 것이었다. 화폐 자본의 축적을 방해하고, 상품 유통 확대를 저지하려는 영국의 의도였다.

식민지 미국 시절, 영국의 대외활동 목표는 금과 은의 증가였다. 영국은 당시 지배적이었던 중상주의의 영향으로 무역수지 흑자를 통해 금은을 확보하는 게 국력 신장, 국위 상승, 안보 증진과 직결된다고 믿었다. 식민지는 이를 확보하는 가장 중요한 수단일 뿐이었다. 식민지 미국은 영국의 무역수지 개선과 금속화폐 증가에 기여했으나, 금속화폐를 둘러싼 영국과 식민지 미국 간의 대립은 주화규제법으로 절정에 이르렀다. 이 법은 뉴잉글랜드, 펜실베이니아, 델라웨어 등 일부 식민지에 일시적으로 효력을 발휘했지만, 곧 전 식민지가 영국의 규제에 저항했다.

자치 화폐 발행의 시대가 열리다

영국의 주화규제법 발효 후, 식민지 미국에서는 신용증권(bills of credit)과 토지은행권 발행이 본격화됐다. 주화규제법 때문에 외국 주화, 특히 스페인달러를 사실상 확보하기가 어려워지자 독자적으로 대응하기 시작한 것이다. 이 중 신용증권 및 토지은행권 발행은 식민지 미국의 경제 발전을 막은 통화 부족을 완화하고, 독자적인 화폐 금융제도의 기틀을 마련했다.

1686년 9월, 매사추세츠 식민지 정부인 더들리위원회(Dudley Council)는 신용은행 설립을 허가했다. 이 은행은 토지 등록 외에 개인 토지를 담보로 제공한 사람들에게 불환지폐로 대출해 주는 획기적인 방안을 시도했다. 당시 존 블랙웰 선장(Captain John Blackwell)이 세운 이 은행은 미국 역사상 최초로 정부 인가를 받은 금융기관이었다.[4] 이곳에서 발행한 지폐 단위는 20실링 이상으로, 대략 3스페인달러 상당이었다. 그러나 이 정도로 고가의 지폐는 상인이나 토지 소유자 혹은 상당한 부자만이 이용할 수 있었기 때문에 실제로는 보조적인 역할에 그쳤다. 이후 1688년 7월에 블랙웰은 영국 정부 정책에 따라 은행 사업을 접는다.

1690년 12월, 매사추세츠 식민지는 최초로 불환지폐를 발행했다. 이는 미국 화폐사에 획을 긋는 일대 사건이었다. 놀랍게도 영국 관리들은 이를 모른 체했는데, 사실 이는 군사 작전의 결과였기 때문이다.

같은 해 가을, 윌리엄 핍스 경(Sir William Phips)이 지휘하는 매사추세츠 식민지 군대가 프랑스 식민지 퀘벡을 침공했다. 영국에 충성심을 보여 매사추세츠에 대한 새 칙허장을 쉽게 받아내기 위해 감행한 공격이었다. 이 전투에 비용이 꽤 많이 필요했는데, 조달하기 어려웠을 뿐만 아니라 보스턴 상인들도 돈을 빌려주지 않았다. 매사추세츠 식민지 정부와 군은 전쟁에 승리하면 전비로 쓰인 금액을 약탈로 회수할 수 있을 것으로 믿고 침공을 강행했다. 하지만 전투는 완전히 실패했다. 보스턴으로 돌아온 핍스 부대의 병사들에게 급여는 지불되지 않았고, 다른 전비도 밀린 게 많았다. 장병들은 반란을 일으키기 직전까지 갔다. 매사추세츠 정부는 거의 1,000명의 목숨을 잃었고, 10만 파운드에 달하는 부채를 안았다. 당연히 정부의 곳간은 텅 비어 있었다.

결국 이를 해결하기 위해 1690년 12월 10일, 매사추세츠 정부는

7,000파운드의 신용증권을 발행했다.[5] 일종의 불환지폐였다. 정부는 처음에는 이 지폐가 주화를 대체할 것으로 믿지 않았고 주민들도 실제 화폐라고 여기지 않았다. 하지만 이 지폐는 이후 정부가 회수하기 전까지 유통되면서 주화를 대신해 교환의 수단으로 사용됐고 사실상 화폐의 역할을 했다.

일반적으로 교환 수단으로 유통됐던 이 지폐는 사실상 차용증서에 불과했다. 그래도 세금과 벌금 납부 등 모든 공적 채무 이행에 사용할 수 있었다. 이 지폐로 군인들에게 밀린 급여를 지급하고 정부 부채를 상환할 수 있었던 것이다. 이 지폐는 정부가 수령하는 동시에 회수되고, 정부 부채는 그만큼 줄어들었다. 이 지폐의 가치는 정부의 수요가 지속적이고 유효한가에 따라 결정됐다. 그래서 정부는 세금 등을 정기적으로 부과해 이 지폐를 회수한 뒤 소각했다. 그렇지 않으면 가치가 하락했기 때문이다.

당시 식민지 의회가 지폐를 발행하겠다고 나선 것은 매우 파격적이었다. 영국이 임명한 주지사에 대립해 주민들이 선출한 식민지 의회가 주민들의 의사에 기해 주도적으로 나선 것이다. 식민지 의회는 신용증권을 발행했을 뿐만 아니라 공공자금 사용권도 확보했다.[6] 식민지 의회의 위상은 높아졌고 미국인들의 자치 의식도 강해졌다.

이후 신용증권 지폐는 느리지만 꾸준히 가치가 증가했다. 매사추세츠 식민지 정부는 이 지폐를 공적 채무뿐 아니라 민간 채무에 대한 법정통화(legal tender)로 인정했고, 영국도 이를 용인했다. 지폐 액면은 20파운드부터 1실링까지 다양했으며 절반 이상이 10실링 이하로 널리 이용됐다. 신용증권 지폐를 발행하는 식민지 정부는 늘어갔다. 그래도 영국은 새 지폐를 화폐로 여기지 않았다. 그들에겐 주화만이 화폐였기 때문이다. 그래서 1720년까지 영국은 이 불환지폐에 간섭하지 않았다.

두 번째 지폐는 의회 소속 기관인 토지사무소가 발행했다. 이 사무소를 통상 '토지은행(land bank)'이라 불렀지만 실제로 은행의 기능을 하는 건 아니었다. 토지은행은 화폐가 부족해서 힘든 중소농장주, 소상인, 농민에게 토지를 담보로 하여 장기 저리로 대출해 주면서 불환지폐를 발행했다. 주민들은 이곳에서 토지 시장가치의 절반까지, 주택 시장가치의 3분의 1까지에 해당하는 금액을 대출받을 수 있었다. 대출금은 대부분 다른 곳에 투자됐고, 생활비로 쓰이기도 했다. 대출 상환을 못 하는 경우 담보를 처분해 지폐 회수에 충당했는데, 채무불이행 사례가 적었고 손실도 드물었다. 담보 대출로 발생하는 이자 수입은 지방정부의 재정에 도움이 됐다. 토지를 담보로 발행된 토지은행권 지폐는 정부가 조세 수입을 담보로 발행했던 신용증권 지폐와 디자인이 같았다.[7]

이 지폐는 모든 채무 이행에 법정통화로도 인정돼 액면가액으로 수령하도록 규정됐다. 채무자가 상환한 지폐는 정부에 다시 회수되므로 새 지폐는 발행할 필요가 없어야 했다. 그러나 당시에는 지폐를 새로 발행하는 경우가 많았고 이로 인해 인플레이션이 발생했다. 결과적으로 채무자들은 실질적인 채무액이 감소하는 효과를 누렸다.

사우스캐롤라이나가 1712년 대출사무소를 운영하자, 버지니아를 제외한 나머지 식민지가 1755년까지 이 지폐를 채택했다. 이후 식민지 지폐는 경제성장을 위한 지역화폐로서 국제화폐인 금속화폐를 보완했다. 식민지 정부가 이 지폐들을 금속화폐인 정화(正貨)로 태환할 것을 공식적으로 약속하지는 않았지만, 평화로운 시기에는 잘 운용되었다. 일부 지역, 특히 중부 지역에서는 정화와 거의 동등한 가치를 장기간 유지했다.

지폐가 만들어낸 자주적 사상의 움직임

신용증권 지폐와 토지은행권은 특정 지역의 고유한 지역통화가 되었다. 식민지 의회가 지폐를 발행하고 지역민들이 이를 승인하면서 지역 공동체가 화폐를 창출했다는 인식이 형성됐고, 지역화폐로서 지니는 이점이 있었다. 금화나 은화는 사용을 제한하기 어려웠지만 지역만의 고유한 스탬프가 찍힌 지폐는 정화에 비해 통제하기가 쉬워 지역 내부에서 사용되기에는 더 나은 도구였다. 또 이런 지폐는 미국인들이 지역 공동체에 머물면서 가치를 창조하는 내부 과정에 자발적으로 참여하도록 했다. 그 결과 미국인들은 그들의 정치·경제를 자주적으로 창출한 결과물로 여겼고 이는 자기결정과 자율의 관념을 형성했다.[8]

벤저민 프랭클린은 화폐에 관한 초창기 저술에서 "공동의 이익을 위해 공동의 합의로 창출된 사회라는 관념에 부합"하는 방식으로 화폐가 창출됐다고 평가했다. 그는 "사람들이 화폐를 발명"했다면서, "화폐라는 매체를 어떤 물질로 만들 것인지에 대해 합의"하면 된다고 했다.[9]

지역화폐 운용은 입법자, 납세자, 거주자, 채권자 등 모두가 관여하는 정치적 행위였다. 화폐를 공동체에 기여한 산물로 여긴 미국인들은 화폐가 구성원 모두에게 평등하게 유익해야 한다고 전제했다. 또 유동성을 높이는 일은 경제 발전을 촉진하는 경우에만 허용했다. 식민지 주민들은 더 많은 화폐를 가진 사람들이 화폐 공급을 통제하거나, 이를 저장해 토지나 생산물 가격을 하락시키고 가난한 사람들을 파산으로 몰아넣을 것을 우려했다. 지폐를 옹호한 사람들의 목표는 소수가 장악한 시장을 개방하게 하여 진입하는 것이었다. 이들은 화폐가 피처럼 공동체 전체에 풍부하게 흐르는 생명력이 되어야 한다고 믿었다.

물품화폐를 대체하고 금속화폐와 공존하다

지폐는 뉴욕, 펜실베이니아, 뉴저지, 델라웨어, 메릴랜드 등 중부 지역 식민지에서 사용 비중이 높아지면서 사용하기 번거로운 물품화폐를 대체하기 시작했다. 이 중 펜실베이니아에서는 지폐 운영을 잘하여 인플레이션이 없었다. 이들 중부 지역 식민지에서 지폐를 옹호했던 사람들은 지폐가 경제 발전을 촉진하기 위해 발행되면 그 가치는 안정되고 경제에 유익하다고 주장했다. 실제로 개량된 토지를 소유한 농부들에게 이자를 받고 대출의 형태로 지폐를 발행하는 한, 발행량은 제한되고 물가도 오르지 않았다. 만성적으로 무역 적자를 겪던 당시 식민지 미국에서 농업의 역할은 컸다. 그래서 토지은행은 화폐 공급을 농업 성장과 연결시키는 최선의 방법이었다.[10]

그러나 지폐 운영을 잘못한 지역도 있었다. 매사추세츠, 코네티컷, 뉴햄프셔, 로드아일랜드 등 뉴잉글랜드 지역에서는 1730~1750년에, 캐롤라이나에서는 1710~1725년에 지폐 발행을 중단할 시기를 가늠하지 못해 문제가 생겼다. 이들 지역은 대량의 화폐 발행으로 인한 인플레이션 시기와 화폐 공급이 감소해 실질적 채무 부담이 늘어나는 디플레이션 시기를 오갔다.

이처럼 지역별 차이는 있었지만 지폐는 금속화폐와 공존하게 되었다. 영국의 예상과 달리, 식민지 미국 중부와 남부의 9개 주는 1750년 이후에도 지폐 발행 및 운용을 잘했고, 심각한 가치 하락은 발생하지 않았던 것이다. 지역 의회가 지폐를 무분별하게 발행하지 않은 덕분이었다. 특히 애덤 스미스는 식민지 미국의 지폐 제도에 대해 우호적이어서, 금속화폐 대신 지폐를 이용하는 게 합리적이라고 인정했다. 그는 미국의 여러 식민지가 지폐 제도 운용을 잘했고, 담보 대출로 이자 수입을 확보한 점도 적절했다며 긍정적으로 평가했다.[11]

영국과 식민지 미국의 갈등

지폐를 둘러싼 식민지 미국과 영국 사이의 주된 갈등은 민간 채무 변제에 관한 것이었다. 식민지 미국은 식민지 화폐가치를 유지하려면 법정통화 지위가 필요하다고 주장했다. 반면, 영국은 민간 채권·채무 관계에 법정통화 지위를 적용하는 것에 강력히 반대했다. 식민지와 거래하는 영국 상인들의 이익을 고려했기 때문이었다. 그들은 상품을 팔고 대금을 수령할 때까지 통상 18~24개월간 신용을 제공했다. 따라서 채무자들이 가치가 불안정한 식민지 화폐를 채무 이행에 쓰는 것을 우려했고, 정화 혹은 그에 준하는 것으로 거래가 이뤄지길 원했다.

영국 상인들의 압력으로 영국은 강력한 조치를 취했다. 1764년, 영국 의회는 공적·사적 관계를 불문하고 식민지 미국에서 법정통화인 지폐 발행을 금지하는 통화법을 통과시켰다. 이 법은 뉴잉글랜드 지역을 제외한 9개 식민지에 발효됐다. 식민지 미국의 주민들은 이 조치에 분개했다. 지난 수십 년 동안 지폐 제도는 잘 운용됐고 심각한 가치 하락도 없었기 때문에, 공적 관계에서 지폐에 법정통화 지위를 부여하지 못할 이유가 없다고 보았던 것이다. 그들에게 통화법 시행은 지폐 사용을 억제하려는 것으로밖에는 보이지 않았다. 이는 식민지 주민들의 의사에 반하는 조치였기에 지도자들은 저항했다. 일부 지도자는 영국이 식민지 미국에 대한 통제를 강화하려는 음모라고 강력히 비난했다.

이 논쟁은 1773년에 마침내 해결됐다. 영국 의회는 공적 채무 이행에 관해서는 법정통화 지위를 인정하는 지폐 발행을 허용했다. 민간 채무의 경우는 제외했기에 영국 채권자들도 만족했다. 하지만 이 논쟁과 갈등은 당시 동시에 진행되던 인지세법, 타운센드법이 규정한 새로운 세금 논쟁과 더불어, 영국과 식민지 미국 사이에 불신의 골을 깊게 했다. 결국 1764년에 통과된 통화법은 미국 독립운동의 중요한 원인으로 작용했다.[12]

독립전쟁 직전, 지폐는 식민지 미국의 절반 이상에서 광범위하게 사용됐고 특히 몇 지역에서는 거의 반 세기 이상 화폐로 기능했다. 그래서 당시 연방정부 역할을 했던 대륙회의와 새로운 주들이 독립전쟁 시 지폐를 많이 발행한 건 결코 우연이 아니었다. 결과적으로 식민지 미국의 불환지폐 실험은 큰 의미가 있었다. 이는 20세기에 들어와 전 세계적으로 금본위제를 폐기하고 불환지폐를 선택할 것을 예고한 셈이었다. 현대화폐이론(Modern Monetary Theory, MMT)의 대표적 이론가 랜들 레이(L. Randall Wray)는 식민지 미국 시대에 불환지폐를 발행한 경험이 현대화폐이론의 타당성을 증명한다고 주장한다.[13]

3장

해밀턴, 미국 경제의
밑그림을 그리다

식민지 미국은 영국으로부터 독립하기 위해 전쟁을 일으킨다. 그런데 전비를 조달할 방법이 없었다. 당시 연방정부 역할을 했던 대륙회의나 연합의회는 조세권이 없어서 국채를 발행할 수 없었기 때문이다. 식민지 미국은 어쩔 수 없이 지폐를 발행하는 등의 방법으로 힘들게 전비를 조달한다.

어렵게 독립전쟁에서 이긴 후, 미국은 전쟁을 치르면서 드러난 여러 문제를 해결하기 위해 강력한 연방정부를 건설할 헌법을 만들고 새로운 화폐 및 재정 제도를 도입한다. 그 주역이 알렉산더 해밀턴이었다. 그가 단기간에 주도한 금융혁명으로 미국은 통합을 이루고 산업국가로 발전할 발판을 마련한다. 새로운 제도를 만들고 정치적 타협을 통해 흩어졌던 주정부들을 한데 묶어 대국으로 성장할 기틀을 마련한 것이다. 오늘날의 미국은 당시의 제도적 성취 없이는 불가능한 것이었다.

한편, 이러한 타협을 이룬 과정은 녹록지 않았다. 상이한 세계관을 지닌 건국의 주역들은 화폐 및 금융 제도를 놓고 치열한 논쟁을 벌였기 때문이다. 그 논쟁 과정은 미국에서 정당정치가 시작되는 계기가 되었으며, 오늘날까지도 미국 정치와 경제에 영향을 미치고 있다.

독립선언 후 최초로 발행된 화폐

1773년 12월 보스턴 차 사건이 발생하고 1년 뒤, 영국은 보스턴항을 폐쇄하고 매사추세츠 자치정부를 강제로 해산했다. 이를 계기로 식민지 미국 내에서 민병대가 우후죽순 결성됐다. 1775년 4월 19일, 미국 민병대와 영국군이 맞붙은 렉싱턴-콩코드 교전으로 미국 혁명전쟁, 즉 독립전쟁이 시작됐다. 13개 식민지는 대륙군을 창설하고, 총사령관으로 버지니아의 대농장주였던 조지 워싱턴을 임명했다.

본격적으로 전쟁이 시작되자 영국으로부터 독립해야 한다는 목소리가 터져 나왔다. 이에 불을 붙인 것이 1776년 1월 토머스 페인(Thomas Paine)이 펴낸 『상식론(*Common Sense*)』이었다. 그는 이 책에서 미국이 공화국으로 독립해야 한다고 주장하며 독립으로 얻는 이점을 설명했다. 식민지 미국인들의 독립에 대한 열망이 더 불타올랐다. 그리고 마침내 1776년 7월 4일, 미국 내 식민지들은 정식으로 독립을 선언했다. 13개 식민지가 13개의 독립된 주가 된 것이다.

독립전쟁이 시작되자 전비 조달이 큰 문제로 떠올랐다. 그러나 13개

그림 1 대륙회의가 최초로 발행한 화폐, 콘티넨털 달러

식민지 대표들의 일시적 모임에 지나지 않았던 대륙회의는 과세권이 없었기에 조세 수입이 없었고, 외부에서 자금을 차용하기도 어려웠다. 대륙회의가 전비를 조달할 유일한 방법은 화폐 발행이었다. 전비 조달을 목적으로 1775년 6월 22일에 최초로 발행한 화폐가 콘티넨털 달러(continental dollar)다.

대륙회의는 콘티넨털 달러에만 의존했다. 1777년 말까지 대륙회의에서 발행한 총 화폐량은 독립선언 때의 2.5배에 이르렀다. 그런데 문제가 생겼다. 콘티넨털 달러의 가치가 떨어졌던 것이다. 이 지폐 표면에는 "지폐 소지인에게 1스페인달러 혹은 그와 동등한 가치의 금이나 은으로 지급한다"는 문구가 새겨졌는데, 실제로 이를 뒷받침할 재원은 없었다. 게다가 1775~1777년에 각 주정부도 개별적으로 화폐를 발행했다. 대륙회의와 각 주정부가 화폐 발행으로 서로 경쟁한 꼴이었다. 결과적으로 화폐의 공급 과잉이 이뤄져 급속히 인플레이션이 발생했고 콘티넨털 달러의 가치는 하락했다.

원래 대륙회의와 각 주에서 발행한 지폐는 불환지폐가 아니었고, 명시적으로 태환지폐라고 표시되었다. 예를 들면 사우스캐롤라이나에서 발행한 지폐에 "지폐 소지인은 4스페인달러 혹은 그와 동등한 가치의 금이나 은을 1776년 12월 23일 찰스턴에서 통과된 법에 따라 수령한다"라고 기재하는 식이었다.[1]

한편 영국 정부는 전쟁에서 자금 조달이 얼마나 중요한지 알고 있었다. 그래서 미국 독립군에 타격을 가하고자 콘티넨털 달러를 위조해 뿌렸다. 화폐에 대한 불신을 심어 화폐 체계를 교란하려 한 것이었다. 실제로 콘티넨털 달러의 가치는 이로 인해 더 떨어졌다. 1776년 하반기에 하락세를 보이기 시작해 1777년에는 무려 70% 이상 폭락했고 나중에는 거의 가치가 없어졌다. 이 사건으로 정말 무가치한 것을 지칭할 때 "콘티넨털만큼도 가치가 없다(Not worth a Continental)"라는 표현이 등장했다.

대륙회의는 대안을 모색했고, 프랑스에서 자금을 약간 차입했다. 1776년 후반에는 13개 주에서 일종의 차용증서를 발행했는데 실적은 미미했다. 화폐가치가 회복될 기미를 보이지 않자 대륙회의는 각 주정부에 화폐 발행을 자제하도록 요구했지만 이 역시 그다지 효과가 없었다. 대륙회의는 대륙군에 사유재산 징발을 인정하는 대신 차용증서나 영수증을 발행했다. 이런 노력에도 불구하고 대륙회의는 화폐정책에 관한 주도권을 확보하지 못했다. 1779년 내내 콘티넨털 달러의 가치가 하락하자, 결국 대륙회의는 화폐 발행을 중단했다. 그리고 각 주에 조세를 징수해 콘티넨털 달러를 회수할 것을 종용했다. 각 주에서 발행한 화폐 역시 가치는 떨어졌으나 주정부에 대한 납세에 쓸 수 있었기 때문에 어느 정도 가치가 유지되었다.

한편 1777년 10월 17일 사라토가전투에서 존 버고인(John Burgoyne) 장군이 이끄는 영국군이 패배했다. 이는 독립전쟁의 중대한 전환점이 됐다. 이후 영국을 견제하려던 프랑스와 유럽의 다른 나라들이 미국 독립군을 지원하기 시작했다.

'혁명의 물주', 거상 모리스

1781년 3월, 마침내 13개 주정부는 1777년 11월 대륙회의에서 마련한 연합규약에 비준했다. 연합규약은 1789년에 지금의 미국 헌법이 제정될 때까지 일종의 헌법으로 기능했다. 연합의 명칭을 '미합중국 (United States of America)'이라고 정하고, 13개 주가 참여한 연합의회를 설치했다. 연합의회는 종전의 대륙회의를 대체했다.

이제 13개의 주는 미합중국이라는 국가연합에 속했다. 국가연합 안에서 각 주는 고유한 권리, 즉 주권(州權)을 보유했다. 그러나 국가연합은 오직 공동 방위와 외교를 위한 제한적인 연합체일 뿐이었다. 연합의회에서 13개 주는 모두 한 표씩 행사했다. 연합의회는 대륙회의와 마찬가지로 과세권이 없었다. 군대를 유지하기 위해 각 주에 부담금을 배정했지만 강제로 집행할 수단은 없었다. 통상과 사법에 관한 권한도 없었다. 연합의회에는 중앙정부의 기능이 없었으며, 각 주에 자발적으로 지원해 달라고 요청할 수 있을 뿐이었다.

같은 해, 연합의회는 거상이었던 로버트 모리스(Robert Morris)를 지금의 재무부 장관에 해당하는 재무 책임자(Superintendent of Finance)로 임명했다. 독립전쟁은 7년째 이어지고 있었고 재정은 극심한 혼란 상태였다. 전황이 위험한 상태에서 재무 책임자 모리스는 대륙군에 필요한 전비를 자신의 신용을 이용해 조달했다. 일명 '모리스 어음(Morris notes)'이라는 개인어음을 발행한 것이었다. 당시 연합의회에 대한 신뢰는 모리스의 개인 신용보다도 낮았다. 모리스 어음은 대륙군에 물품을 공급하던 업자들과 대륙군 내에서 인기가 있었다.[2] 필라델피아, 보스턴 등지의 민간 머천트 뱅크(merchant bank)들은 국제 무역신용 네트워크를 활용해 전비를 조달하려 했다. 외국의 지원, 특히 프랑스의 전비 지원도 다소 도움이 되었다.

1781년 5월, 모리스는 연합의회에 정화로 태환하는 지폐를 발행하고 정부은행으로 기능하는 은행을 설립할 것을 요청했다. 이는 전비 조달 등 재정에 도움이 될 것이라는 설명이었다. 이는 이미 대륙군 총사령관 조지 워싱턴의 부관으로서 전비 조달을 고민하던 알렉산더 해밀턴이 그에게 제안했던 내용이었다. 1781년 말, 연합의회는 북미은행(Bank of North America, BNA) 설립을 인가했고 이듬해 초부터 은행 영업이 시작됐다. 북미은행은 신생 국가 최초의 근대적 은행이자 1783년에 전쟁이 끝날 때까지 미국의 유일한 은행이었다. 모리스는 이 은행의 독점권을 요청했고, 연합의회와 각 주는 이에 동의했다.

북미은행의 자본금은 40만 달러로, 대부분 프랑스로부터 빌린 정화였다. 모리스는 연합의회를 위해 빌린 정화 중 일부로 북미은행 주식을 매입했다. 은행으로부터 받은 대출금과 모리스 개인 신용으로 빌린 돈으로 전비를 조달했는데, 이 돈은 1782년부터 종전 때까지 큰 도움이 됐다.

전쟁이 끝난 후 모리스는 북미은행의 연합의회 지분을 모두 민간투자자에게 매각해 대출금을 상환했다. 이후 북미은행은 필라델피아의 지역 민간 은행이 되어 상인들에게 신용을 제공하고 정화로 태환 가능한 은행권을 발행했다. 이 은행권은 주정부가 발행한 화폐나 이미 신뢰를 잃은 콘티넨털 달러보다 더 인기가 있었다. 1784년 뉴욕과 보스턴에도 유사한 상업적 성격의 은행이 설립됐다.

모리스가 가장 아쉽게 여긴 점은 연합의회가 과세권을 갖지 못한 것이었다. 재정 수입이 없는 정부는 차입이 불가능했다. 모리스는 미국에 수입되는 물품에 5%의 관세를 부과하도록 요청했다. 그러나 이 시도는 좌절됐다. 13개 주 중 12개 주는 동의했지만 로드아일랜드가 반대했기 때문이다. 연합규약에는 만장일치로 의사결정을 내리도록 돼 있었다. 이후의 조세를 부과하려는 다른 시도도 실패했다. 결국 연합의회는 조세 수입을 확보할 수 없었다.

또 모리스는 1782년 7월 연합의회에 「공적신용에 관한 보고서(Report on the Public Credit)」를 제출해 여러 제안을 했다. 새로운 국가 재정 및 금융체제에서는 기본 통화로 금과 은을 선택하고, 국가 등 공적 기관에서 조세보다는 이자를 지급하는 채권을 발행해 자금을 조달하며, 새로운 통화로 채권을 발행해 이 통화의 사용을 확대하자고 했다. 즉, 사적 신용을 바탕으로 한 거래를 중시한 것이다. 모리스는 차입을 통해 생산적으로 투자하면 경제가 성장한다고 주장했다. 그래서 정부도 마찬가지로 차입한 돈을 유익하게 사용하면 된다고 판단했다. 경제가 성장하면 정부의 채무 상환이 더 쉽게 이루어진다고 본 것이다.

모리스는 과거와 달리 조세 부과 없이 차입만으로 국가 운영이 가능하다고 믿었다. 그는 미국이 공적신용에 기반한 자유정부가 될 때 국제적으로 자리 잡을 수 있다고 주장했다. 모리스의 이 제안은 훗날 미국의 새 헌법에 상당 부분 반영된다.

그러나 모리스의 관점은 식민지 시절 미국의 세계관과는 아주 달랐다. 과거에는 공동체의 독특한 위상을 중시했다면, 모리스는 정부를 이익 지향적 기업에 비유했다. 과거에는 채무자에 대한 배려가 우선됐다면, 이제는 채권자에 대한 배려가 우선되어야 한다고 여겼다. 미국이 필요할 때 채권자들이 다시 자금을 제공하도록 해야 했기 때문이다. 그래서 그 시스템을 구축하는 일이 중요했다.

그는 또한 공적신용이 전쟁 등 위기 시에 자금을 조달할 수 있게 하므로 안전을 보장한다고 여겼다. 모리스는 공동체적 협력보다 이익 중심의 원리로 조직화된 세계의 효율성을 더 높게 평가했다. 과거 유기체적 정치 대신 이제는 개인적 단위가 중심이 되는 사회를 이상적으로 그린 것이었다. 그의 관점에서 보자면 사업하는 개인이 새 세상의 중심이 되어야 했다. 과거에는 공동체에 영양을 공급하는 수단이 화폐 발행이었다면, 모리스가 꿈꾸는 새로운 세상에서는 이익을 추구하는 개인과 조직이 그 역할을 담당했다.[3]

한편 모리스는 미국 독립선언, 연합규약, 연방헌법에 모두 서명한 두 사람 중 한 명이다.● 그만큼 미국 건국 과정에서 중요한 인물이다. 그런데 그의 이름을 기억하는 사람은 거의 없다. 1797년, 모리스는 위기를 맞았다. 돈을 빌려 토지에 투자했는데 금융위기가 발생해 채권자들이 변제를 요구했던 것이다. 부채액은 거의 300만 달러로 당시로서는 상상하기 어려운 금액이었다. 그는 주식을 파는 등 대책을 마련했지만 결국

● 다른 한 명은 로저 셔먼(Roger Sherman)이다.

파산했다. 1798년 감옥에 수감돼 1801년까지 갇혀 있었으며 1806년에 사망했다.

미국인들은 독립전쟁을 혁명전쟁이라고 부른다. 그런데 '혁명의 물주'였던 인물이 투자 실패로 감옥에 갇히고 거의 무일푼으로 사망한 건 역사의 아이러니다.

종전 후 부채로 신음하는 정부

1781년 10월, 대륙군과 프랑스군의 연합군은 버지니아 해안의 요크타운에서 찰스 콘윌리스(Charles Cornwallis) 장군이 이끄는 영국군에게서 항복을 받아냈다. 이후 파리에서 영미 간 평화조약 협상이 시작되고, 1782년 11월 양국은 예비 조약에 합의했다. 1783년 9월 3일, 마침내 파리조약이 체결됐다. 전쟁이 막을 내린 것이다.

요크타운전투가 끝나고 2주 후, 연합의회는 각 주정부에 총 800만 달러의 전비 부담을 요청했다. 지불 기한은 1782년이었다. 그러나 1783년 1월까지 연합의회가 수령한 금액은 고작 42만 달러였다. 일부 주의 무임승차가 심각했다. 독립전쟁 중 대륙회의와 연합의회의 수입원을 자세히 살펴보면 1775~1777년에는 화폐 발행으로 86.47%, 차용증서 발행으로 12.91%, 해외 차입으로 0.62%를 조달했다. 1778~1781년에는 차용증서 발행으로 54.2%, 화폐 발행으로 34.3%, 해외 차입으로 7.4%, 각 주에서 징발하여 4.1%를 조달했다. 그동안 총 수입액은 7,435만 5,000달러였다.[4]

종전 후 연합의회는 결국 심각한 재정 문제에 직면했다. 영국에서 독립했지만 미국 경제는 일시적으로 마비되었다. 영국, 서인도제도와의 무역이 사실상 중단됐기 때문에 시장이 크게 축소되었던 것이다. 독립전쟁 중 자금 조달의 혼란으로 연합규약의 취약점과 연합의회의 단점이 드러났다. 무엇보다 독립전쟁 중에 진 빚이 큰 문제였다. 전쟁 부채 중 해외 부채가 800만 달러, 국내 부채가 4,200만 달러로 매년 지불해야 할 이자가 거의 250만 달러에 달했다.[5] 전쟁 후에 봉착한 재정 문제를 해결하기 위해 연합의회는 더욱 강력한 권한을 가진 연방조직체가 필요했다.

각 주도 부채로 신음했다. 일부 주에서는 부채 상환을 위해 강압적으로 조세를 부과했다. 그러나 시민들도 무거운 부채를 짊어지고 있었다. 결국 1786년, 매사추세츠에서 '셰이스의 반란'이 일어났다. 미국 역사상 초유의 무장폭동이었다. 농민들에게 부과된 과중한 부채와 가혹한 조세 때문이었다. 화폐가치가 하락하자 상인들은 농민들에게 금속화폐인 정화를 요구했는데 정화를 지불할 능력이 없었던 농민들은 부채를 상환하기 위해 주정부에 화폐 발행을 요구했다. 그러나 상인들이 반대하여 이것이 좌절되었다. 상인들에게 진 빚을 갚지 못하거나 세금을 납부하지 못한 농민들은 토지를 압류당했다. 이에 농민들이 저항해 봉기가 일어난 것이었다.

이 사건으로 13개 주의 기득권층은 심한 불안감을 느꼈다. 막 태어난 미합중국은 연방주의자와 반연방주의자의 치열한 싸움터였다. 재정 문제로 더욱 강력한 연방조직체의 필요성을 느끼고 있던 차에, 이 사건은 연방정부의 중요성에 대한 인식을 강화하면서 연방헌법을 제정하는 촉매가 됐다. 중앙정부를 강화해 사회적 혼란을 해결해야 한다고 믿는 연방주의자들의 의견에 힘이 실린 것이다.

강력하고 조화로운 연방국가 시대로

1787년 여름, 연방정부의 수립을 논의하기 위한 제헌회의가 필라델피아에서 열렸다. 13개 주 가운데 대표를 보내지 않은 주는 로드아일랜드뿐이었다. 로드아일랜드는 끝까지 독립을 지키려 했다. 제헌회의를 실질적으로 주도한 인물은 버지니아 대표인 제임스 매디슨과 뉴욕 대표인 알렉산더 해밀턴이었다.

제출된 헌법 초안 중 버지니아 안은 큰 규모의 주에 유리했고, 뉴저지 안은 작은 주의 입장을 대변했다. 뉴욕의 해밀턴은 강력한 대통령 중심의 정부를 제안했다. 각각의 입장이 타협을 이루기는 쉽지 않았지만 1787년 7월, 간신히 의견 일치를 이루어 새 헌법 초안이 탄생했다.

연방헌법을 지지한 사람들은 어느 한쪽의 이해관계에만 집착하지 않았고 '견제와 균형'의 원리를 토대로 연방정부를 세우려 했다. 그들은 나라의 주권을 연방과 주에 분산시키려고 했다. 새로운 연방제도는 무정부주의적 지역주의와 중앙집권적 국민주의의 조화를 이루고자 했다. 또 연방국가의 권력을 입법부, 사법부, 행정부로 분리시킴으로써 독재를 막으려 했다. 새 헌법이 효력을 발생하기 위해서는 13개 주의 3분의 2인 9개 주의 비준을 받아야 했다. 헌법 초안은 비준을 받기 위해 각 주 의회로 보내졌다.

각 주에서는 연방헌법 비준 문제를 놓고 찬반으로 나뉘어 격렬하게 대립했다. 비준을 찬성했던 연방주의자들은 기존의 국가연합이 너무나 약하기 때문에 강력한 연방정부의 수립이 필요하다고 역설했다. 비준 옹호를 위해 작성된 『연방주의자 논집(Federalist Papers)』의 상당 부분은 해밀턴이 쓴 것이었다. 비준을 반대했던 반연방주의자들은 새로 세워질 연방정부가 너무 큰 권력을 가지면 각 주의 자치권과 개인의 자유를 침해할 위험이 있다고 주장했다.

1788년에 법정 비준 요건을 충족하면서 1789년 3월 4일 미국 헌법은 마침내 미국의 기본법이 되었다. 끝까지 비준을 거부하던 노스캐롤라이나와 로드아일랜드도 연방정부가 수립되자 헌법을 비준했다. 이로써 13개 주를 통합한 새로운 연방국가인 미국이 탄생했다. 새 대통령으로 선출된 조지 워싱턴은 해밀턴을 초대 재무부 장관으로 임명했다.

독립전쟁에 참전했던 해밀턴은 1776년에 포병 장교로 임명되면서 조지 워싱턴 장군과 자주 만났고, 이듬해 그의 부관이 됐다. 종전 후 1783년부터 변호사로 일하며 미국의 초기 은행 중 하나인 뉴욕은행(Bank of New York)의 설립과 경영에 참여했다. 그는 유럽의 금융 역사를 연구했고, 당시 은행과 화폐가 근대 경제에서 하는 역할을 이해한 몇 안 되는 미국인 중 한 명이었다. 특히 국가와 개인에게 '신용'이 새롭고 중요한 힘이 될 것이라는 사실을 인식하고 있었다. 해밀턴은 데이비드 흄과 애덤 스미스의 저술도 읽었는데, 영국이 국채 발행으로 조달한 자금으로 군사력을 건설하고 전비를 지출하며 번영과 팽창을 이뤄냈다는 사실에 주목했다.

미국 초대 재무부 장관으로서 해밀턴은 1789~1795년에 미국의 금융혁명을 실행했다. 시대를 앞서갔던 해밀턴의 목표는 정치적 통합, 경제성장, 국력 증대였다. 그는 금융과 신용이 경제성장과 국력에 미치는 영향을 잘 알고 있었다. 미국의 경제성장은 그가 이끈 1790년대 금융혁명이 있었기에 가능했다.[6]

화폐 발행의 나쁜 예가 된 로드아일랜드

로드아일랜드, 뉴욕, 뉴저지, 펜실베이니아, 노스캐롤라이나, 사우스캐롤라이나, 조지아의 주정부는 전쟁 후 안정을 되찾은 1783년 이후에 추가로 화폐를 발행했다. 그런데 대부분의 미국인은 독립전쟁 중 경험한 화폐가치의 하락이라는 악몽을 떠올렸다. 실제로 펜실베이니아 화폐가치는 1788년 무렵에 정화 대비 30%나 하락했고, 뉴저지 화폐도 25% 떨어졌다. 노스캐롤라이나 화폐가 25~50%, 조지아 화폐가 75% 하락한 반면, 뉴욕과 사우스캐롤라이나 화폐는 가치를 유지했다. 최악은 로드아일랜드였는데, 이곳의 화폐는 1786년 발행 후 15개월 만에 7분의 6에 달하는 가치를 상실했다.[7]

어떻게 이렇게 짧은 기간 안에 막대한 화폐가치가 상실된 것일까. 1786년 로드아일랜드 주의회는 토지은행 지폐를 발행하고 법정통화로 선언했다. 1787년, 주정부 채권을 보유한 사람들에게 이 지폐로 변제하려고 했는데 채권자들이 이를 거부했다. 그러자 주의회는 채권자의 채권을 인정하지 않고, 지폐 수령 거부자를 벌금을 비롯한 제재 조치로 위협했다. 주정부가 지폐로 채무 이행을 할 수 있도록 강제하자 채무자들에게 유리했다. 그들은 가치가 떨어진 지폐를 법원에 공탁하는 방법으로 채권자의 의사와 관계 없이 채무를 변제했다. 대부분 상인이었던 채권자들은 다른 주로 떠났고, 결국 로드아일랜드의 경제는 멈췄다. 이 문제는 로드아일랜드 주민에 대한 채권을 보유한 다른 주의 주민들과도 마찰을 불러왔다.

로드아일랜드 주의회의 자의적인 행보는 헌법의 초안을 만드는 사람들에게 잘못된 방향으로 인식됐고, 주정부의 화폐 발행을 금지하는 계기가 됐다. 헌법 비준 관련 토론에서 로드아일랜드 사건이 자주 인용되면서 주의 화폐 발행 금지를 정당화하는 데 이용됐던 것이다. 강력히 헌법 비준을 반대한 로드아일랜드가 역설적으로 연방주의자들을 도와준 셈이었다.

제헌회의에서는 주정부가 발행하는 불환지폐에 대한 부정적 의견이 대세였다. 각 주의 화폐 발행권을 전면 부정하는 데 반대 의견은 거의 없었다. 불환지폐는 독립전쟁 후에 많은 주에서 사용됐는데도 이를 금지하는 데 대한 공감대가 형성된 것은 콘티넨털 달러에 대한 좋지 않은 기억 때문이기도 하다. 미국 독립 여론에 불을 붙인 『상식론』의 저자 토머스 페인도 독립전쟁 전에는 화폐 발행을 찬성했지만 전후에는 반대론자가 된다. 콘티넨털 달러에 대한 부정적인 기억 때문만이 아니라 불환지폐를 법정통화로 강제한 법률 때문에 여러 주 사이에 발생한 마찰과 손해를 고려해 새 헌법으로 각 주의 화폐 발행권을 폐지했다고 보는 견해도 있다.[8]

마침내 통일된 화폐를 쓰다

미국 헌법은 화폐 통일의 틀을 규정했다. 연방의회가 화폐를 주조하고 그 가치를 규제할 권한도 가졌다. 따라서 각 주는 더 이상 화폐를 주조하거나 불환지폐를 발행할 수 없게 됐다. 화폐주권을 잃은 것이다.

각 주정부는 정화나 태환지폐로 대출할 경우 토지은행을 설립할 수도 있었지만, 그렇게 하지 않았다. 새로운 시스템하에서 화폐 발행으로 얻을 수 있는 이익, 즉 토지은행 이자 수입과 화폐를 발행해 경제를 조절할 수단을 포기했던 것이다.

놀랍게도 반연방주의자들마저 각 주정부가 화폐주권을 포기하는 데 반대하지 않았다. 각 주정부는 화폐주권 외에도 수입관세부과권, 다른 주와 외국에 대한 수출관세부과권도 포기했다. 새 연방정부가 방위비를 부담해 이를 상쇄했기 때문이다. 제헌 전에는 방위비가 주정부의 큰 부담이었기에, 각 주의 화폐주권은 논쟁의 대상이 아니었다. 프랭클린, 워싱턴, 제퍼슨, 해밀턴, 존 애덤스, 제임스 매디슨 등 건국의 아버지 중 누구도 각 주정부가 불환지폐 발행권을 갖는 화폐주권을 옹호하지 않았다.

이에 대해 델라웨어대학 경제학 교수 팔리 그루브(Farley Grubb)는 다른 해석을 내놓는다. 제헌회의 대표자들은 대부분 국제무역과 관련이 있었는데, 국제무역에서 국제화폐인 정화에 대한 접근은 핵심 사안이었다. 정화가 외부로 많이 유출될 때 상인들은 채무불이행 발생을 막기 위해 예비 정화가 필요했다. 그래서 정화 유입이 부족할 때 사용할 수 있는 정화의 저장소, 즉 정화를 보유한 은행이 필요했던 것이다. 국제 거래를 하는 상인들이 정화를 은행에 집적하면 정화의 일시적 과부족은 단기 대차로 해결할 수 있었다. 또 은행을 세우면, 일반 시민들이 교환수단으로 정화를 사용하고 보관하도록 강제하고 무역업자들이 정화가 부족할 때 이용할 수 있었다. 그러려면 불환지폐를 제거해야만 했다. 따라서 모든 화폐는 정화로 하거나 정화로 담보된 화폐, 즉 요구 시 언제든 정화로 태환이 보장된 은행권 등으로 헌법에 규정했다. 이것이 건국의 아버지들의 의도였을 것으로 그루브는 추측한다. 결국 헌법상 화폐권력의 혁명적 변화는 화폐의 안정성보다는 소수의 이익을 위한 것이었다는 뜻이다.[9] 하지만 제헌 당시에는 이렇게 주장하는 사람이 없었다.[10]

통일된 화폐는 과거의 여러 제안을 토대로 만들어졌다. 일찍이 연합의회 시절, 모리스는 새로운 주화를 주조해 스페인달러를 축출하는 내용의 화폐제도를 제안했다. 새 주화는 마르크(Mark)로 부르고 스페인달러의 약 70%의 가치를 부여했으며, 1,000쿼터로 구성하고, 십진법을 사용했다. 이와 대조적으로 토머스 제퍼슨은 은행가나 상인보다는 일반 시민들이 교환 수단으로 이용하기 편한 주화 시스템을 제시했다. 그는 미국 달러를 일정한 무게와 순도를 가진 스페인달러와 같은 조건으로 맞춘 후 100등분했다. 이렇게 만들어진 달러는 유통 중인 스페인달러와 유사했다. 결국 제퍼슨의 단순한 제안이 채택됐다. 스페인달러는 이미 13개 식민지에서 널리 유통되는 가장 흔한 국제화폐였고, 질적으로도 최고 수준이었기 때문이다.

1785년에 연합의회가 채택한 제퍼슨의 제안을 제헌 이후 해밀턴이 구체화했다. 1791년 1월 28일, 그는 「주조 보고서(Report on the Establishment of a Mint)」를 제출했다. 해밀턴은 제퍼슨에게 미리 의견을 구했고, 제퍼슨도 그의 보고서에 만족했다. 1792년, 의회는 해밀턴의 제안을 토대로 화폐주조법을 제정하고 1달러를 금 24.75그레인(1.60그램), 은 371.25그레인(24.05그램)으로 규정했다. 금과 은의 가치비율은 15대 1로 정했다. 이는 당시 시장가격을 반영한 것이었다. 이제 금은을 쓰는 복본위제가 미국 화폐의 기초가 됐다. 일부 개인과 주에서는 그때까지 파운드, 실링, 펜스를 기준화폐(계산 단위)로 썼으나, 두 금속에 기반한 달러가 미국 전체의 단일한 기준화폐가 됐다. 화폐 통일을 실현하는 첫걸음을 뗀 것이다.

사실 해밀턴과 제퍼슨은 많은 이슈에서 대립했지만, 화폐 통일에 대해서는 의견 차이가 없었다. 미국의 건국자들은 단일통화가 주권의 표현이라고 판단했고, 단일통화 제공이 국가 통합을 촉진하는 길이라고 믿었다. 당시 각 주는 서로 다른 기준화폐를 쓰고 그 화폐들의 가치도 달라서, 주 사이의 거래와 통합에 많은 어려움이 있었다. 그러나 단일통화로 통합하자, 주와 지역 사이에 이뤄지는 거래 비용이 줄었고 가격 비교도 쉬워졌다. 그리고 환율 변동에 따른 위험 없이도 각 주나 지역 사이에 자본이 이동할 수 있게 되었다. 이렇듯 화폐 통일은 국가 통합에 핵심적인 고리였다. 화폐 통일 완성의 남은 과제는 이전에 각 주에서 발행된 화폐를 소각하는 일이었다. 일부 주에서는 이를 신속히 이행했지만, 20~30년이 걸린 곳도 있었다.

단일통화의 등장으로 미국 시장은 단기간에 세계 최대의 자유무역지대로 떠올랐다. 금과 은을 바탕으로 규정한 미국 달러는 세계적으로도 인정받았다. 이는 미국의 국제 상거래를 촉진하고 외국 자본의 유입을 촉진하여 화폐 통일 이후 상거래가 30~90% 증가했다.[11]

미국 달러 주화의 보급이 늦어진 이유

미국 달러 주화는 바로 시장에 보급됐을까. 애석하게도 그러지 못했다. 해밀턴의 요청으로 의회는 주화를 주조할 조폐창에 관한 법률을 제정했다. 그리고 1792년, 최초의 조폐창이 필라델피아에 문을 열었다. 1792~1834년에는 조폐창에서 주조된 금화는 대부분 제1차 미합중국은행에 저장됐고 거의 유통되지 않았다. 당시 조폐창은 예산과 기술력이 턱없이 부족했고 소량의 주화만 간헐적으로 주조했을 뿐이다. 미국 조폐창은 하프달러 주화를 주조해 은행 준비금, 가치 저장 수단, 국제무역 거래용으로 사용했다. 한편 남미와 서인도제도 등에서 유입된 스페인달러가 풍부해 은화 주조 수요도 적었다. 이런 상황에서 의회는 1793년부터 스페인달러에 법정통화의 지위를 부여했다. 그러자 더 작고 가벼운 스페인달러가 미국 주화보다 많이 쓰였고, 이 영향으로 미국 달러 주화의 보급이 늦어졌다.[12] 미국에서 외국 주화의 법정통화 지위는 1857년까지 유지됐다.

미국의 수도, 워싱턴 D.C.의 탄생

건국 이후 미국이 정치적으로 통합하는 데는 국가 부채가 중요한 역할을 했다. 종전 후 각 주에 엄청난 양의 부채가 남았는데, 그 액수는 모두 달랐다. 매사추세츠의 경우 코네티컷, 뉴욕, 뉴저지의 부채를 모두 합한 것보다 더 많은 부채를 안고 있었다. 이런 재정 불균형 문제는 새로운 국가의 통합을 해칠 수 있었다. 이는 연방주의자들이 바라던 안정된 국민국가의 모습이 아니었다.

이 문제를 해결하기 위해 해밀턴은 연방정부가 각 주의 부채를 인수해 국가 부채로 귀속시키자고 제안했다. 그러려면 연방정부 수입이 원리금을 상환할 정도로 충분해야 했는데, 이 조건은 새 헌법이 연방의회에 조세, 관세, 소비세 부과권을 부여함으로써 충족할 수 있었다. 1789년 7월 4일, 워싱턴 대통령은 연방정부가 수입 관세를 부과하도록 결정하고 관세청을 설립해 관세를 징수했다. 이로써 경제성장으로 늘어날 관세 수입이 보장됐고, 연방정부는 주정부에 돈을 요구할 필요가 없어졌다.[13]

연방정부가 각 주의 채무를 인수하자는 제안에 관한 논쟁은 치열했다. 북부 주들은 상환하지 못한 부채가 많았기 때문에 해밀턴의 제안을 지지했다. 반면 부채를 거의 갚은 버지니아 등 남부 주들은 부정적이었다. 해밀턴의 제안은 거부당할 처지였다.

이때 해밀턴이 남부 주 지도자들에게 정치적 타협안을 제시했다. 연방 수도를 남부에 조성하는 방안이었다. 연방헌법이 제정된 후, 연방정부는 뉴욕시를 연방정부의 직할시로 삼자고 제안했다. 하지만 뉴욕주 정부가 뉴욕시에 대한 관할권을 주장하며 연방의 요구를 거절했다. 이로써 새로운 수도의 위치에 관한 문제가 대두되었다. 메릴랜드, 버지니아, 뉴저지에서 새 연방 수도를 위해 부지를 제공하겠다고 나섰고, 뉴욕주는 뉴욕시를 제외한 다른 곳을 수도 부지로 내놓겠다고 했다. 북부 주들은 북쪽에, 남부 주들은 남쪽에 새 수도를 두고 싶어 했다.

해밀턴은 연방정부 수도를 뉴욕에서 메릴랜드주 포토맥 지역으로 이전하자고 제안했고, 제퍼슨과 매디슨 등 버지니아 출신의 지도자들이 이를 받아들였다. 이렇게 해서 북부 주와 남부 주 사이에 협상이 타결되었다. 수도를 옮기는 시간은 10년으로 잡았다. 워싱턴 대통령은 새 수도에 만족했다. 그의 농장이 있는 포토맥 강가에 새 수도를 건설하는 계획을 싫어할 리가 없었다. 이렇게 해서 미국의 수도 워싱턴 D.C.가 탄생했다.

각 주정부의 채무를 연방정부가 인수하면서, 연방정부와 주정부가 동일한 세원에 대해 조세를 부과하는 상황도 막을 수 있었다. 연방정부의 입장에서는 각 주의 채무를 인수하면서 화폐 통일이 용이해졌고, 국가 채무 관리가 더 쉬워졌다.

1790년 7월, 의회는 주정부 채무 인수 법안을 통과시켰다. 1791년에 정화 혹은 그에 해당하는 등가물로 국가 부채에 대한 이자를 지불하기로 하고, 1792년부터 인수한 각 주정부 부채에 대한 이자를 지급했다. 해밀턴이 1795년에 공직을 떠날 때까지 거의 모든 국가 부채와 주정부 부채가 1790년에 인가된 세 가지 새로운 채권으로 전환됐다. 연 6% 이자를 지급하는 채권, 10년간 이자 거치 후 10년 후부터 연 6% 이자를 지급하는 채권, 연 3% 이자를 지급하는 채권이었다. 외채는 네덜란드의 자본시장에서 새롭게 기채해 상환했다.

1790년 이후 각 주의 재정적 부담이 줄어들자, 주정부와 연방정부 사이의 긴장도 완화됐다. 연방정부로부터 채권 이자를 받기 위해 정부가 성공적으로 운용되기를 원하는 많은 채권자들은 연방정부를 지지했다.

채권시장의 등장

연방정부가 발행한 채권이 대폭 늘어나자 미국 채권시장이 활발해졌다. 채권시장을 효율적으로 운용하기 위해 해밀턴은 연방정부가 운영하는 감채기금(sinking fund)*을 설립하고, 주로 연방 우편 서비스에서 발생하는 초과 수입으로 유통시장에서 국채를 매입해 상환하도록 했다. 사실상 정부가 채권 가격을 지지하고 적시에 상환한다는 사실을 보여준 것이었다. 이 조치로 새 정부의 국채 신용도가 높아졌다.

해밀턴의 조치가 이뤄진 지 불과 1년 후 뉴욕, 필라델피아, 보스턴 등지에서 마켓 메이커들이 연방국채 거래를 시작했다. 초기 거래 장소는 카페였으나 점차 그럴듯한 장소로 옮겨갔다. 1791년 12월, 윌리엄 두어(William Duer)가 뉴욕에서 식스퍼센트클럽(Six Per Cent Club)을 설립해 거래를 이끌었는데, 그는 해밀턴 밑에서 재무부 차관보로 일하고 있던 인물이다. 이후에 공직자가 공직과 이해가 충돌하는 업무를 겸업할 수 없는 규칙이 생겨났지만, 그 당시에는 그가 재무부 차관보로 일하면서 국채 거래를 한다는 사실이 문제가 되지 않았다. 1792년 3월 8일, 월가에 뉴욕증권거래소가 설립됐다.

● 채권 발행자가 만기 일시 상환의 부담을 완화시키고 채권에 대한 신인도 제고를 위하여 정기적으로 재무 대리인이나 수탁자에게 일정 금액을 적립하는 기금.

채권시장은 성장했으나 원활하게 운영되지는 못했다. 두어는 6% 이자 국채를 시장에서 매점했으나 자금이 충분하지 않아 채권 가격이 하락하면서 결국 감옥에 갇혔다. 공황을 염려한 해밀턴은 감채기금을 동원해 시장에 개입함으로써 채권 가격을 안정시켰다.

미합중국은행 설립에 반영된 모델들

1790년 12월, 해밀턴은 의회에 미합중국은행(Bank of the United States)을 설립하자고 제안했다. 국가 재정을 건실하게 하고 경제성장의 동력을 만들기 위해서는 은행이 필요하다는 이유였다.

그는 1784년 뉴욕은행을 공동 설립했고, 재무부 장관이 된 초기에 북미은행과 뉴욕은행으로부터 차입하여 정부 지출에 이용할 만큼 은행 실무에 밝았다. 해밀턴이 염두에 둔 모델은 1694년에 설립된 잉글랜드은행(Bank of England)이었다. 잉글랜드은행은 영국의 전비 조달을 돕고, 국채를 인수하거나 해외 군사비 지출을 용이하게 했다. 또 신용공여와 은행권 발행, 환어음 등을 이용해 통화 공급을 조절했으며, 금융위기 시에는 시장을 안정시켰다.

또, 해밀턴은 애덤 스미스에게서도 영감을 얻었다. 스미스는 금이나 은 등 금속화폐에 전적으로 의지하는 것이 경제성장 촉진에 걸림돌이 될 것으로 봤다.[14] 금속화폐는 물건에 불과하고 너무 비싼 데다 관리와 이동이 번거로워 복잡한 경제에서 통화로 유통하기엔 부적절하다고 생각한 것이다. 따라서 경제성장을 촉진하기 위해서는 은행 대출이 필요하다고 보았다. 태환은행권은 대부분 화폐로 유통됐고, 실제 태환 비율은 아주 낮았다. 은행이 고객의 신뢰만 확보하면 보유한 금은의 가치보다 더 많은 대출이 가능했다. 다시 말해 스미스는 부분지급준비제도를 구상한 것이었다. 이 아이디어는『국부론』을 통해, 또 그와 비슷한 관점에서 통찰한 사람들을 통해 1780년대 미국에 알려졌다.

해밀턴이 또 다른 영감을 얻은 곳은 네덜란드의 암스테르담은행이었다. 이 은행은 잉글랜드은행보다 한 세기 더 앞서 국가 재정에 중대한 역할을 했다. 해밀턴은 프랑스에서 출간된 은행 관련 서적에서도 아이디어를 얻었다. 그가 1790년 12월 의회에 제출한「국법은행 보고서 (*Report on a National Bank*)」에는 네덜란드, 영국, 프랑스의 성공적 사례가 제시되어 있다. 또 스미스의 이론도 원용했다. 그가 제시하는 새로운 은행이 기업들을 지원해 국부를 증대시킬 수 있다고 주장했다.

해밀턴이 제안한 미합중국은행은 자본금 1,000만 달러 규모로, 당시 20년간 존속한 은행 서너 곳의 자본금을 더한 금액보다 훨씬 많았다. 해밀턴은 이 은행을 연방정부의 허가를 받은 유일한 은행으로, 국가의 법령에 따라 설립되었다는 의미에서 국법은행으로 부르고 특정 주가 아닌 전국에서 영업하도록 설계했다. 근대적 중앙은행은 아니었지만, 사실상 중앙은행으로서 기능 일부를 담당하는 기관을 구상한 것이다.

해밀턴이 구상한 미합중국은행은 화폐를 발행하고, 공적자금을 보관하는 안전한 장소였다. 상업 거래를 위한 은행 기능도 제공하고, 정부의 재정 대리인 역할을 하는 곳이었다. 즉, 조세를 수납하고 국채 상환 실무를 맡는 곳이었다.

미합중국은행은 잉글랜드은행을 모델로 했지만 몇 가지는 달랐다. 잉글랜드은행은 각 주주가 한 표를 행사했으나 미합중국은행에서 행사할 수 있는 표 수는 주주의 납입액에 비례했다. 또 해밀턴은 연방정부 채권으로 은행 주식 매수 대금의 4분의 3까지 납부하도록 했는데, 이는 간접적으로 미국 국채 가격을 지지한 셈이었다. 미합중국은행은 잉글랜드은행과 달리 지점 설치가 가능하고, 정화 대비 최고 대출액을 제한하는 은행이었다. 마지막으로 잉글랜드은행 주식은 전부 민간이 보유했지만 미합중국은행의 주식은 정부가 20%를 보유하도록 설계됐다.

그런데 미합중국은행의 설립을 둘러싸고 격렬한 논쟁이 벌어졌다. 정화로 태환이 보장된 화폐를 발행하는 것은 중요하지 않았다. 주요 논쟁 사항은 연방의회가 은행 혹은 다른 법인 설립을 허가할 권한이 있는지 여부였다. 이는 10년 전 북미은행을 설립할 때도 제기됐던 문제였다. 이것이 이번에 또다시 불거진 것이다.

헌법 해석에 대한 최초의 논쟁

버지니아 출신의 대농장주이자 노예를 소유하고 있던 제임스 매디슨은 해밀턴의 은행 법안에 반대했다. 은행이 금의 가치를 희석할 우려가 있고, 특정 세력과 대도시에 경제력을 집중시킬 우려가 있으며, 향후 은행이 패닉에 빠지면 그 피해가 더 클 것이라고 보았기 때문이다. 또 은행이 경제와 상업에 도움이 되려면 광범위한 접근이 가능해야 하는데, 이를 위해서는 소규모 지역은행이 분산돼 존재하는 것이 낫다고 주장했다.

나아가 매디슨은 각 주에서 은행 설립을 허가하고 규제할 권한을 갖고 있으므로 연방정부가 은행 설립을 허가하는 것은 주의 권리를 침해한다고 보았다. 또 헌법을 엄격히 해석하여 명시된 수권 사항이 아니면 연방의회에는 권한이 없다고 주장했다. 연방의회에 법인허가권이 없으므로 법인인 은행을 허가할 수 없다는 것이었다. 매디슨은 미합중국은행의 존재는 연방정부에 편리할 수는 있지만 필요하다고 볼 수는 없다고 해석했다. 조지아 출신의 제임스 잭슨 역시 은행은 소수의 상업 세력에게만 유리하고 농민들에게는 이익을 주지 못하며, 특히 은행이 독점적 지위를 갖는 것이 문제라고 지적했다.[15]

한편 은행 법안에 찬성한 사람들은 대체로 법률가나 상인으로, 대토지와 노예를 소유하지 않은 이들이었다. 그들은 가난하지는 않지만, 특권이나 특별한 지위가 없었다. 그들은 상업적 활동을 선호했다. 하원의원이자 대표적인 연방주의자 피셔 에임스는 미합중국은행과 같은 은행은 세계에 보편적으로 존재하고 거래에 유용하며 정부의 재정 수입 확보에 도움이 될 뿐 아니라, 공공 위기가 발생했을 때 필요하다고 주장했다. 그러면서 그는 유럽의 사례를 들었다. 유럽 중앙은행들은 전쟁 등 국가적 위기가 발생하면 전비 조달 등으로 존재 가치를 증명했다는 것이다. 그는 각 주의 상업 교류 진작과 국채의 이자 지불, 재정 수입 수납, 전비 조달 등을 위해서도 연방정부가 허가한 은행이 필요하다고 보았다.

에임스는 매디슨과 달리 헌법이 입법자들에게 최선의 정책이 무엇인가를 판단할 수 있는 폭넓은 재량권을 부여한 것으로 해석했다. 헌법에 명시된 '필요하고 적절한 권한'에 은행허가권이 포함되었다고 여긴 것이다.[16] 대륙회의 의장 출신인 엘리어스 부디너트(Elias Boudinot)는 헌법 전문에서 근거를 찾아 국가 안전에 주목해야 한다고 강조했다. 자금이 없어서 독립전쟁에서 패할 수 있었던 과거를 상기하며 이를 방지하기 위해 미합중국은행이 필수적이라고 여겼다.

이 논쟁에 뒤이은 투표에서 헌법을 해석하는 방식에 따른 분파가 출현했다. 한쪽은 북부와 상업을 중시하고, 다른 쪽은 남부와 농업을 중시했다. 해밀턴이 속한 북부파는 헌법의 이념은 활동적인 산업자본주의 육성을 지향한다고 풀이하고, 이를 위해 건전한 공적 금융, 인프라에 대한 투자, 신산업 육성이 필요하다고 여겼다. 매디슨과 남부파는 연방정부가 각 주의 연합체일 뿐이고, 경제는 각 주가 담당할 일이라고 주장했다. 미합중국은행 설립을 둘러싼 대립은 헌법 해석에 대해 근본적으로 다른 관점을 드러낸 최초의 논쟁이었다.

북부와 남부의 뚜렷한 차이, 정당정치의 발단

1791년 2월 8일, 해밀턴이 제안한 미합중국은행 법안은 의회에서 39 대 20으로 통과했다. 단, 영업 허가 기간은 20년으로 제한됐다. 대체로 북부는 찬성했고 남부는 반대했다.

남은 건 대통령의 서명뿐이었다. 워싱턴 대통령은 미합중국은행 법안의 서명을 앞두고 세 명의 장관에게 의견을 구했다. 먼저 의견을 구한 이는 초대 법무부 장관 에드먼드 랜돌프(Edmund Randolph)였는데, 그는 버지니아 대지주 집안 출신이었다. 그는 미합중국은행 허가는 헌법상 의회의 묵시적 권한에 속하지 않고, 조세권이나 복지 향상을 근거로 할 수도 없으며, '필요하고 적절한 경우'에 해당하지 않는다는 의견이었다.

한편 국무부 장관 제퍼슨은 법률가, 정치사상가, 자연철학자 등 여러 면모를 갖춘 인물이었다. 제퍼슨의 유토피아는 농민이 중심인 세상이었다. 그는 행정부의 수반보다는 입법부 우위를 선호했고, 자주적 주정부를 중시했다. 따라서 전국적으로 상업 발전을 도모하기 위해 연방정부가 허가하는 은행은 어떻게든 막아야 했다. 모든 농민이 토지를 소유하고 부와 정치 권력, 자연 자원에 대한 관리 의무를 공유하는 것이 그의 이상이었기 때문이다. 제퍼슨은 대규모 상업 추구는 정치 질서 파괴의 씨앗을 뿌리는 것이라고 판단했다. 프랑스 대사로 근무하던 시절에 그는 유럽 대도시의 상업활동을 목격했는데, 대도시 중심의 상업경제는 생존을 위해 다른 사람에게 의존해야 하는 노동자 계층을 만들어 결국 미국의 독립을 저해할 것이라고 여겼다. 제퍼슨은 오직 농본주의만이 도덕성, 자율, 개인적 독립을 보장한다고 믿었다. 미합중국은행 법안은 그의 이념을 위협하는 흉기와 같았다. 그래서 제퍼슨은 은행 설립 허가는 주정부의 고유 권한이라고 확고히 못을 박았다. 이는 헌법 해석상으로도 당연한 사실이고, 각 주의 사정에 따라 은행들이 협력하거나 경쟁하는 것이 더 효과적이고 바람직하다는 게 그의 결론이었다.[17]

마지막으로 법안을 제출한 재무부 장관 해밀턴은 연방국가의 주권을 강조했다. 헌법은 연방의회에 명시적으로 열거된 사항에 대한 입법권을 부여했는데, 이뿐만 아니라 해석상 추정되는 묵시적 사항에 대한 권한도 포함한다는 것이었다. 해밀턴이 보기에 연방의회의 법인허가권은 주권의 한 부분이었다. 또 헌법은 의회에 국가권력의 행사를 위해 필요하고 적절한 법을 제정할 권한을 부여했다. 여기서 '필요성'의 의미에 대해 매디슨은 '불가결'한 경우로 엄격히 해석해야 한다고 주장했는데, 해밀턴은 '편리하거나 유용'하다는 뜻이라며 맞섰다. 공공선을 위해서 정부의 헌법상 권한은 폭넓게 해석되어야 한다는 게 그의 결론이었다.[18] 해밀턴은 헌법에 열거된 의회의 권한 중 조세권, 차입과 지출권, 거래규제권, 국방권 등이 은행 설립 허가와 관련이 있다고 지적했다. 또 연방정부가 은행을 재정 운용, 부채 관리, 신용 관리, 국방, 경제, 외교 등의 수단으로 쓸 수 있다고 주장했다. 한마디로 연방의회는 여러 국가

기능을 위해 은행이라는 법인 설립을 허가할 권한이 있다고 봤다.

시카고대학의 헌법학자 윌리엄 크로스키(William Crosskey)는 은행을 둘러싼 논쟁이 사실은 새로운 연방정부의 수도를 메릴랜드와 버지니아 사이에 건설하기로 한 약속을 북부 측이 어길까 봐 걱정한 남부 측 의원들이 이슈화한 것이라고 지적했다. 같은 맥락에서 조지워싱턴대학의 역사학자 케네스 볼링(Kenneth Bowling)은 만약 미합중국은행이 설립돼 본점이 필라델피아에 세워지면, 아직 황량한 미개발지에 불과한 워싱턴 D.C.로 수도를 이전하기가 어려워질 것이라는 게 남부 측 정치인들의 우려였다고 본다.[19] 남부 측 정치인들이 미합중국은행 설립을 저지하려고 한 데는 숨은 이유가 있다고 풀이한 것이다.

결국 워싱턴 대통령은 해밀턴의 손을 들어주었다. 은행 설립을 둘러싸고 벌어진 대립으로 인해 연방주의자와 공화주의자는 분열됐고 이를 발단으로 미국 최초의 정당이 등장했다. 해밀턴이 주도하는 연방당과 제퍼슨, 매디슨을 중심으로 한 민주공화당이 그것이다. 미합중국은행 설립 이후 미국의 국가 경로는 새롭게 정해진다. 이제 제퍼슨의 농본국가는 물러가고, 해밀턴이 구상한 금융 시스템 기반의 상업국가로 발전한다. 한편 북부와 남부의 차이와 대립도 뚜렷해진다. 지역주의가 등장한 것이다.

강대국으로 성장하는 발판, 금융혁명

미합중국은행은 해밀턴이 주도한 금융혁명의 핵심 요소였다. 이 은행은 연방정부 수입이 일정 수준으로 확보되기 전에 국채 이자 지불을 위해 대출을 받을 수 있는 곳이었다. 미합중국은행은 국가 채무 관리에 도움이 되었고, 그 채무에 대한 이자는 다시금 은행에 도움이 됐다. 미합중국은행 출범 당시 자본금 1,000만 달러 중 200만 달러는 정부 지분이었고, 나머지는 민간에서 공모하여 마련한 금액이었다. 미합중국은행은 당시 최대 은행이자 최대 법인이었다. 주식 공모 규모도 최대 규모였으며 초기 투자자에는 외국인도 다수 포함됐다. 다만 외국인 주주에게는 투표권을 주지 않았다. 미합중국은행의 주식 공모는 1791년 7월 4일 성공적으로 이뤄졌다. 미합중국은행은 같은 해 12월 필라델피아에서 영업을 시작했으며, 이듬해에는 보스턴, 뉴욕, 볼티모어, 찰스턴 등지에 지점을 개설했다.

해밀턴은 미합중국은행의 주식 20%를 연방정부가 보유하게 해 정부와 은행 사이의 연결을 강화했다. 연방정부는 이 주식을 구입하는 데 필요한 200만 달러를 은행에서 차입하면서, 연 6%의 이자를 지급하고 원금은 10년 분할 상환하기로 했다. 연방정부가 미합중국은행 주식을 소유하도록 한 것은 이 은행이 발행하는 은행권을 가능한 한 빨리 유통시키려는 의도도 있었다. 이는 국가의 이익에 부합했는데, 은행 주식에 대한 배당금이 정부 대출금 이자를 초과해 정부가 이익을 낼 것이라는 해밀턴의 예측이 맞아떨어졌기 때문이다. 이는 은행 업무 확대로 쉽게 예상이 가능했다. 해밀턴은 이를 통해 주정부가 더 많은 은행과 법인을 허가하고 이에 투자하면 이익이 된다는 걸 알려주고자 했는데, 실제로 효과가 있었다.

해밀턴이 재무부 장관이 됐을 때, 신생 국가 미국에는 현대 금융 시스템이 갖춰야 할 여섯 가지 요소가 결여돼 있었다. 네덜란드는 1600년대 초에, 영국은 1688년 이후에 갖춘 안정적인 국가 재정과 공공 채무 관리, 안정된 화폐, 실질적인 중앙은행, 효과적인 은행 시스템, 유동적 증권시장, 사업 활동을 위한 법인 설립이었다.[20] 불과 2년 만에 해밀턴은 이 중 세 가지를 갖췄다. 국가 부채를 상환하기 위한 조세 수입을 확보했고, 연방정부의 재무 대리인으로 기능하면서 정부에 대출도 가능한 은행을 설립했으며, 금과 은을 가치의 근거로 하고 금은으로 태환이 가능한 단일 화폐로 달러의 도입을 실현한 것이다.

이러한 제도적 성공은 다른 요소의 도입을 촉발했다. 수천만 달러의 질 높은 국채와 미합중국은행 주식은 주요 도시에 증권시장을 형성했다. 뉴욕증권거래소의 기원이 1792년으로 거슬러 올라가는 것도 그 덕분이다. 새로운 증권과 채권에는 근대적인 거래 시스템이 필요했다. 나아가 각 주정부는 미합중국은행이 설립되는 과정을 보고 더 많은 은행과 법인 설립을 허가했다. 1790년에는 주정부가 허가하는 주법은행(state bank)이 불과 3개였으나 1795년에는 이것이 25개로 늘어났고, 여기에 미합중국은행의 지점 5개가 더해졌다. 1800년에 이르러서는 약 30개 은행이 주정부의 인가를 받았고, 그다음 15년 내에 200개가 넘는 은행이 추가로 주정부 인가를 받았다.

또 각 주정부는 은행에 신규 허가를 내주거나 허가를 갱신할 때 주정부가 지원하는 기관이나 기업에 대한 금융 지원을 조건으로 내걸었다. 미국 경제가 급성장하면서 은행 서비스의 수요가 확대될 것이었으므로 은행은 수익성이 매우 높은 사업이 됐다. 그래서 신규 은행은 설립 허가에 대한 대가를 주정부에 지불할 의사가 있었다. 그 덕에 주정부는 대상 기관이나 기업에 주 예산으로 지원할 필요가 없어졌고 그 결과 세율을 낮게 유지할 수 있었다.

미합중국은행이 여러 주에 지점을 설치하기 시작했을 때, 각 주에서는 연방정부가 주정부 권한을 침해한다고 생각했지만, 미합중국은행은 연방정부가 이 은행에 투자해 어떻게 이익을 내는지 보여줬다. 화폐주권을

연방정부에 넘겨도 주정부에 아무런 손해가 발생하지 않았던 것이다.[21]

19세기 전반에는 각 주가 재정 수입의 상당 부분, 때론 절반까지도 은행에 의존했다. 은행에 대한 과세와 투자 소득 덕분이었다. 1790~1791년에 제도화된 선진적 금융 시스템 덕분에 미국 경제는 탈바꿈했다. 금융혁명은 강대국으로 성장하는 발판이었다. 이는 미국 역사상 매우 중요한 의미를 갖는다.

달라진 미국 달러의 위상

1790년대 주정부는 과거의 고유한 계산화폐를 버리고 새로운 연방달러를 기준화폐로 택했다. 각 주정부와 주법은행에서 이렇게 선택한결정적 이유는 조폐창이 아니었다. 조폐창은 1834년 이전까지는 미국주화로 외국 주화를 대체하지 못했다. 그렇다고 1790년대에 주정부가발행한 불환지폐가 완전히 사라진 것도 아니었다. 파운드로 표시된 여러 주의 화폐나 상업은행이 발행하는 멕시코달러 지폐는 연합의회 시절부터 공존했다. 계산 단위를 파운드나 멕시코달러에서 연방 달러로전환해야 할 필연적 이유는 없었다. 그런데 사정이 달라졌다.

미합중국은행은 미국의 새로운 계산화폐인 달러로 은행권을 발행했고 자본금을 조달했으며 계좌를 운영했다. 이는 미국에서 이 시스템으로 운영한 최초의 은행이다. 미합중국은행이 개점하자 기존에 있던 4개의 상업은행은 종전처럼 운영할 수 없게 되었다. 더 이상 특정 지역에서독점할 수 없었을뿐더러 그때까지 계산화폐로 사용해 온 멕시코달러로 자금을 수령하고 지불하기가 어려워졌기 때문이다. 반면 5달러에서

100달러 사이의 균일한 액면가로 발행된 미합중국은행의 달러 은행권은 취급하는 데 문제가 없었다. 달러 은행권은 주법은행들이 발행한 멕시코달러 표시 은행권과 같이 유통됐다.

하지만 미합중국은행이 발행한 달러와 센트로 표시된 어음을 주법은행의 계산화폐로 전환하려니 복잡했다. 어음 규모가 작았다면 주법은행들은 관행을 바꾸지 않았을 테지만, 국채 상환으로 미합중국은행이 발행한 어음 규모는 커졌다. 독립전쟁 중 발행된 연방채권과 전쟁을 하기 위해 발행된 주정부 채권의 보유자들은 구채권을 신채권으로 교환했다. 내국인이 보유한 4,200만 달러 채권 상환을 위해 신채권이 발행됐다. 연방정부가 인수한 주정부의 채무액 2,100만 달러를 상환하기 위해 3개의 새로운 채권을 발행했다. 1795년에 6,300만 달러의 새로운 연방채권이 발행됐고, 모든 채권은 미국 달러로 표시됐으며, 원리금은 미국 달러로 상환되었다.[22]

또 고객 대출에 대한 담보가 주정부 채권에서 연방정부 채권으로 바뀌었다. 연방정부에 세금을 납부하려면 은행 고객들은 멕시코달러를 계산화폐로 하여 예금한 돈을 달러 표시 화폐로 바꿔야 했다. 또 미국 달러 표시 국채와 공공기관 발행 채권이 파운드 표시 공공기관 채권에 비해 압도적으로 많아졌다. 공공기관 채권, 특히 국채가 금융자산의 대부분을 차지했던 당시에는 미국 달러를 계산화폐로 선택할 수밖에 없었다. 그러자 상업은행들은 신속히 계산화폐를 달러로 전환했다.[23] 그리 어렵지 않은 일이었다. 미국 달러가 스페인달러나 멕시코달러 등 외국의 화폐를 계산 단위의 자리에서 몰아낸 것은 물리적인 주화나 지폐의 유통보다도 사람들에게 새로운 미국 달러의 존재를 인식하게 했다는 점에서 큰 의미가 있었다.

오늘날의 미국을 설계한 해밀턴의 최후

1800년, 미국 대통령 선거는 혼돈 그 자체였다. 당시 대통령이던 존 애덤스와 당시 부통령이던 토머스 제퍼슨이 4년 전 대선에 이어 두 번째 맞대결을 벌였다. 이번에는 제퍼슨에게 유리한 상황이었다. 기존의 선거 규정대로라면 가장 많은 표를 얻을 것으로 예상되는 제퍼슨이 대통령이 되고, 애덤스가 부통령이 될 가능성이 높았다.

그런데 대선 결과는 선거인단을 기준으로 제퍼슨이 73표, 애런 버 (Aaron Burr) 73표, 애덤스 65표, 찰스 핑크니(Charles Pinckney) 64표였다. 결국 미국 하원에서 득표 수가 같은 제퍼슨과 버를 대상으로 투표하여 최종 당선자를 결정하게 됐다. 당시 다수당은 연방당이었다. 총 16개 주였으므로 과반수인 아홉 표 이상을 얻어야 했지만 승부는 쉽지 않았다. 35차례나 치러진 투표에서 누구도 과반수 표를 얻지 못했다.

이때 해밀턴이 나섰다. 연방당 지도자였던 해밀턴은 제퍼슨과는 정치적 숙적이었지만 제퍼슨을 대통령으로 지지하기로 결정했다. 해밀턴에게 버는 정치 철학도 없이 사익이나 챙기려는 사이비 정치인으로 보였기에 차라리 제퍼슨이 대통령이 되는 편이 국가를 위해 낫다고 생각했다. 게다가 제퍼슨은 연방당의 핵심 정책, 특히 해밀턴이 중시한 국가 재정 및 금융 제도를 유지하겠다는 뜻을 간접적으로 밝힌 상태였다. 일종의 거래가 성립된 셈이다. 반면 버는 이를 거절했다.[24] 해밀턴의 지지 덕분에 제퍼슨은 36번째 하원 투표에서 대통령으로 당선되고, 버는 부통령이 되었다.

버는 1804년 뉴욕 주지사 선거에 출마했는데, 해밀턴은 평소처럼 버를 "위험한 인간" "정권을 맡겨서는 안 되는 인물"이라고 공격했다. 버

그림 2 알렉산더 해밀턴의 초상이 그려진 10달러 지폐

는 낙선했고 결국 해밀턴에게 결투를 신청했다. 1804년 7월 11일 아침, 뉴저지 허드슨강 근처 위호큰에서 두 명의 신사가 마주 섰다. 결투 장소는 1801년 해밀턴의 장남 필립이 아버지의 명예 회복을 위해 결투를 벌이다 사망한 곳에서 멀지 않았다. 두 사람은 상대방에게 총을 겨누고 동시에 방아쇠를 당겼으나 버의 총에서 총알이 먼저 발사됐다. 해밀턴은 오른쪽 골반에 총을 맞고 쓰러졌고 총알은 척추까지 관통했다. 이 후유증으로 그는 49세라는 이른 나이에 사망했다.

해밀턴이 사망하고 애덤스가 정계를 은퇴하면서 연방당의 구심점이 사라졌다. 연방당은 쇠락하고 제퍼슨의 민주공화당이 독주하는 시대가 열렸다. 버도 이 사건으로 정치 생명이 끝나 초라한 최후를 맞았다. 후대 사람들은 오늘날의 미국을 설계하고 드라마보다 더 극적인 삶을 살았던 알렉산더 해밀턴의 업적을 기려 10달러 지폐에 그의 초상을 그려 넣었다.

4장

미합중국은행을 둘러싼
권력 충돌, 은행 전쟁

미국 건국 초기, 미합중국은행이 설립된다. 이는 유일하게 연방정부의 허가를 얻은 은행이었다.

이 은행은 미국의 재정을 건실하게 하고, 기초적인 통화정책을 수행하여 사실상 중앙은행의 기능을 일부 담당했다. 무엇보다 미국의 새로운 통화인 달러가 널리 확산하는 데 결정적 역할을 한다. 그러나 설립 과정에서 격렬한 논쟁에 휩싸였던 미합중국은행은 정파 간의 대립으로 갱신 허가를 얻어내지 못하여 설립 20년 만에 사라진다.

그 후 등장하는 제2차 미합중국은행은 1812년 시작된 영국과의 전쟁을 계기로 설립됐다. 미국 지도자들이 전비 조달과 효율적 화폐제도 운영을 위해서는 미합중국은행이 필요하다는 것을 인정했기 때문이다. 하지만 앤드류 잭슨 등 반대파들은 정치적 책임을 지지 않는 미합중국은행의 힘이 너무 커지면 민주주의를 위협할 것이라며 허가 갱신을 반대한다. 이를 둘러싼 논쟁이 소위 '은행 전쟁'이다. 결국 제2차 미합중국은행도 소멸한다. 은행 전쟁은 거대한 금융 권력과 정치 권력이 충돌한 사건으로 이후 미국 정치와 경제에 큰 영향을 끼친다.

루이지애나 매입으로 국제 금융시장에 진출하다

1802년, 뉴올리언스 주재 스페인 총독은 스페인이 프랑스에 이 지역을 반환하기로 한 약정을 이행하기 위해 미국 선박들의 뉴올리언스 항구 기항을 금지시켰다. 이 조치는 미국 경제에 치명타를 가할 것으로 보였다. 당시 미국 통상물량의 약 3분의 1이 미시시피강을 통해 수송되고 있었기 때문이다. 더구나 뉴올리언스가 프랑스 같은 비우호적 세력의 손에 넘어간다면 미국 물류의 대동맥이라 할 수 있는 미시시피 수로가 막힐 위험이 있었다. 미국 선박의 자유출입권을 보장받는 것은 사활이 걸린 문제였다.

제퍼슨 대통령은 고심 끝에 스페인으로부터 이 지역을 반환받기로 한 프랑스에 사절을 보내 뉴올리언스를 포함한 일대의 땅을 매입하거나, 미국 선박들의 뉴올리언스 항구 이용권이라도 얻어내고자 했다. 제임스 먼로(James Monroe)가 이끄는 미국 사절단에게서 방문 목적을 들은 나폴레옹은 뉴올리언스를 포함한 루이지애나 지역 전체를 사라는 뜻밖의 제안을 내놓았다. 당시 나폴레옹은 유럽에서 치르는 전쟁을 위해 돈이 필요했다. 먼로는 그 제안을 기꺼이 수락하고 가격 협상에 들어갔다. 그리고 몇 번의 논의 끝에 1,500만 달러로 매입 가격이 정해졌다.

당시 루이지애나 지역은 오늘날의 루이지애나주와는 달리 남북으로는 미시시피강 입구에서 캐나다 국경까지, 동서로는 미시시피강에서 로키산맥에 이르는 총 면적 약 214만 4,520제곱킬로미터의 넓은 영토였다. 한반도의 열 배에 달하며 당시 미국 영토에 맞먹는 면적이었다. 이 지역을 사들이면서 미국 영토는 두 배 이상 커졌다. 이 거대한 땅을 평방킬로미터당 6.99달러라는 헐값에 매수했던 것이다. 소식을 들은 제퍼슨 대통령은 의회 비준 절차도 거치지 않은 채 매매계약서에 서둘러 도장을 찍었다. 의회도 별다른 이의를 제기하지 않았고, 제퍼슨의 인기는 하늘을 찌를 듯이 올라갔다. 이렇게 해서 미국은 덩치를 키웠고, 서쪽으로 쭉쭉 뻗어나가 태평양에 닿았다. 이렇게 해서 북아메리카의 중심 세력이 되는 기틀을 마련했다.

매입 자금 1,500만 달러 중 375만 달러는 미국 시민에 대한 프랑스의 채무를 미국 정부가 인수하는 방식으로 처리했다. 남은 1,125만 달러는 미국 국채를 발행해서 처리했는데, 채권 이자는 연 6%였다. 프랑스는 이 채권을 받은 즉시 투자은행인 네덜란드의 호프앤코(Hope&Co.)와 영국의 베어링브라더스(Baring Brothers)에 매각해 현금화했고 8분의 1을 할인해 달러당 87.5센트를 수령했다.

이 투자은행들은 1804년에 이 채권을 유통시장에서 매각했다. 런던, 암스테르담, 워싱턴 D.C.에서 매수자를 쉽게 구했다. 당시 미국은 고위험의 신흥시장이었다. 신생 미국이 최초로 선진 유럽 자본시장에서 국채를 발행한 것이었다. 루이지애나 땅을 매수하며 미국은 거액의 국채를 짊어졌지만, 국제 금융시장에 진출하는 성과를 거뒀다.

사실 제퍼슨은 그때까지 국채를 줄이는 일을 주된 정책 과제로 추진했다. 따라서 이는 제퍼슨이 아니라 금융혁명을 통해 국제적 신뢰를 얻을 수 있는 기틀을 만든 해밀턴의 아이디어가 빛을 발한 순간이었다고 하겠다. 국제 금융시장에서 미국의 신용은 이 국채를 발행하면서 확립됐다. 이자를 정시에 지급하고 원금을 조기에 상환했던 것이다. 심지어 1812년 영국과 전쟁을 치르던 때에도 미국은 원리금을 제때 상환했다. 이는 이후 유럽이 미국에 많은 투자를 하는 토대가 되었다.

연방정부를 위해 일한 미합중국은행

미합중국은행은 연방정부의 재무 대리인으로서 조세 수납, 정부 자금 보관, 정부에 대한 대출, 지점망을 통한 정부 예금 이전, 정부 자금 지출 처리 등을 맡았다. 또 유럽 채권자들에게 국채 이자를 지급하는 업무도 맡았다. 동시에 일반 시민들의 예금도 수령하고 개인과 사업체에 대출도 해주었다. 대출 이자는 6%가 상한이었고, 주정부나 외국인에게 대출할 때는 의회의 사전승인이 필요했다. 당시 미합중국은행과 재무부는 긴밀한 관계였다. 1791~1811년에는 재무부가 사실상 오늘날 중앙은행 역할을 하고, 미합중국은행은 실무를 담당했다.

미합중국은행이 발행한 은행권은 미국 국채 매입을 통해, 특히 대출 과정을 통해 유통되었다. 대출과 예금은 연계됐다. 예금이 많아지면 대출도 늘어났다. 이는 더 많은 은행권이 유통된다는 의미였다. 그래서 많은 주법은행이 미합중국은행을 시기했다. 미합중국은행은 정부의 모든 예금을 수취했기에 더 많이 대출할 수 있었고, 더 많은 은행권을 발행했던 것이다. 자연히 미합중국은행의 은행권은 널리 수용됐고 연방 조세를 납부하는 유일한 수단이기도 했다. 이 은행권은 달러로 발행되었기에 달러의 유통을 가속화시켰다.

한편 미합중국은행 지점은 항구도시에 위치해 연방정부가 관세를 수납하는 데 편리했다. 또 항구에 위치한 지점을 통해 국제무역에 관련된 기본 업무를 맡아 처리하면서 외국인에게 미국 국채를 판매하는 데도 유리했다. 지점망을 보유하고 있었기에 주법은행보다 쉽게 은행권을 전국으로 발행할 수 있었다. 이는 당시로서는 중요한 일이었다. 각 지점들은 자금을 제공하여 서부 진출을 촉진했다. 주법은행도 대출에 자체 은행권을 발행했지만 규모와 지리적 범위 면에서 미합중국은행의 상대가 되지 못했다.[1]

미합중국은행은 통화정책을 실시하지는 않았다. 다른 은행을 규제하지 않았고, 지급준비금을 관리하지도 않았으며, 최종 대부자로 기능하지도 않았다. 그러나 미국 최대 은행으로서 광범위하게 퍼진 지점망을 통해 기본적인 통화 흐름을 관리했다. 상당한 양의 금으로 뒷받침된 은행권은 훨씬 안정적인 통화였기에 대출 정책과 자금 흐름을 관리해 통화량과 신용 공급을 조절할 수 있었고 금리도 관리할 수 있었다.

오늘날의 통화정책과 유사한 운영 방식은 미합중국은행과 주법은행의 상호작용에서 명백히 확인된다. 운영 과정에서 미합중국은행은 주법은행권을 취득해 보유했다. 통화량을 줄이고 싶을 때에는 보유한 주법은행권을 정화로 태환하여 주법은행의 지급준비금을 감소시켜서 새로운 은행권을 발행하지 않도록 제동을 걸었다. 반대로 주법은행 은행권을 태환하지 않으면 주법은행들은 은행권을 신규로 발행할 수 있었다.[2]

미합중국은행은 연방정부가 외부 세력으로부터 독립하고 한 국가로서 내부 통합을 이루기 위해, 전후의 국가 재정 문제를 처리할 목적으로 설립됐다. 국가 재정을 관리하고 국가 건설에 일익을 담당하는 동시에 통화 안정도 이뤘다. 이 점에서 1913년에 설립되는 연준과는 대조적이다. 연준의 설립은 금융위기로 촉발되었지만 재정 악화가 계기는 아니었다. 연준은 제1차, 제2차 세계대전 중 전비를 조달하는 데 중요한 역할을 했지만, 이는 '상업은행에 대한 유동성 공급'이라는 핵심 역할에 비하면 부수적인 것이었다.

연방정부 입장에서 예금기관과 재무 대리인으로 주법은행을 이용하는 것은 두 가지 문제가 있었다. 첫째, 정화에 대한 통제다. 정화가 국제 결제의 궁극적 수단이었기 때문에 이를 확보하는 일은 매우 중요했다. 해밀턴도 이 사실을 알았다. 당시 연방정부의 채무액 6,300만 달러 중 외국인에 대한 채무는 1,200만 달러로 약 5분의 1을 차지했고, 채권자들은 런던, 파리, 암스테르담 등 선진국에 있었다. 그들에게 제때 채무를 이행하려면 정화를 확보해야 했다. 미합중국은행은 미국 정부의 재정 실무 담당 기관으로서, 정화를 집중적으로 보관해서 재무부가 이를 쉽게 이용할 수 있게 했다. 연방정부에 납세할 때 정화로 납부하면 이를 미합중국은행이 수납해서 집중적으로 관리했다. 만약 수많은 주법은행들에 정화가 분산되었다면 재무부가 이를 적시에 활용하기는 힘들었을 것이다. 둘째, 주법은행들이 주정부와 지역 경제를 위해 일한다는 점도 연방정부의 목적에는 부합하지 않았다. 연방정부는 그들의 이익을 위해 일하는 은행이 필요했고 미합중국은행이 그 목적에 부합했다.

나아가 미합중국은행은 연방정부에 자금을 공급했다. 1795년에 연방정부가 미합중국은행에 진 빚은 600만 달러에 달했다. 이는 은행 전체 자본금의 60% 수준이었다.[3] 은행 내부에서 우려가 제기되자, 연방

정부는 미합중국은행의 주식을 매각해 이를 상환했다. 또한 미합중국은행은 연방정부의 주된 수입원인 관세를 납부하는 기업들에 금융 서비스를 제공해 관세 납부가 제대로 이뤄지도록 도왔다. 그래서 1800년 이후부터는 관세 징수와 수납에서 핵심 역할을 담당했다. 이렇게 재정이 정비되자 연방정부의 신용은 올라갔고, 채무자로서의 신용도 국내외에서 모두 높아졌다.[4] 미합중국은행이 없었다면 불가능한 일이었다.

제2의 독립전쟁으로 연방정부의 부채가 증가하다

미합중국은행의 영업 허가 기간은 1811년까지였기에 허가 갱신은 훨씬 전부터 논의됐다. 1808년, 은행 주주들은 의회에 허가 갱신을 요구했다. 의회는 당시 재무부 장관 앨버트 갤러틴(Albert Gallatin)에게 의견을 물었다. 그는 갱신을 허가하는 동시에 자본금도 1,000만 달러에서 3,000만 달러로 증액하기를 원했지만, 1809년 3월에야 의회에 의견을 제시했다. 제퍼슨 대통령의 임기가 끝날 때까지 기다렸던 것이다. 제퍼슨은 이 은행에 대해 우호적이지 않았다. 갤러틴은 해밀턴이 구축한 금융 시스템에서 하자를 찾아달라는 제퍼슨의 요청에도 도리어 그 시스템은 건전하다고 보고했던 인물이기도 하다.[5] 그리고 1809년, 제임스 매디슨이 새 대통령으로 취임했다.

갤러틴의 보고서를 받은 하원은 1810년 1월까지 허가 갱신 문제를 유보했고 1811년 1월에야 상하 양원이 토론에 착수했다. 하원은 단 한 표 차이로 갱신안을 부결했다. 2월에 상원은 갤러틴에게 새로운 보고서를 제출하라고 요구했고, 그는 다시 허가 갱신을 제안했다. 이어진 상원

투표 결과는 찬반이 동수였고, 상원의장이자 부통령였던 조지 클린턴(George Clinton)의 캐스팅보트 행사로 갱신안은 부결됐다.[6]

처음에 미합중국은행 설립에 반대했던 많은 사람이 여전히 같은 이유로 허가 갱신에 부정적이었다. 해밀턴은 이미 세상을 떴고, 미합중국은행에 우호적인 연방당은 권력을 잃은 상태였다. 게다가 1811년에는 주법은행들이 많이 늘었다. 이 은행들은 미합중국은행의 힘을 두려워했다. 그래서 허가가 갱신되지 않도록 로비를 펼치기도 했다. 그렇게 해밀턴 금융 시스템의 핵심 요소인 미합중국은행이 사라졌다. 이 결정으로 1812년에 영국과 전쟁이 발발했을 때 전비를 조달할 금융기관이 없는 사태가 벌어졌다.

매디슨 대통령은 일명 '제2차 백년전쟁'이라 불리는 영국과 프랑스 간의 전쟁에 말려들지 않으려고 했다. 그래서 그는 미국 상인들이 영국, 프랑스와 통상을 중단하도록 했다. 애국심에 불타는 젊은 민족주의자들은 이러한 소극적인 정책에 반발했다. 이들 강경파는 주로 서부 출신의 젊은 의원들로, 대표적 인물이 켄터키 출신의 상원의원 헨리 클레이(Henry Clay)였다. 이들은 문제의 원인이 영국에 있다고 생각하고 영국과의 전쟁을 강력히 요구했다.

결국 매디슨 대통령은 1812년에 영국에 선전포고를 했다. 영국과의 전쟁을 지지한 사람들은 서부의 새로운 토지를 노리는 서부 및 남부의 농업 세력이었으며, 정치적으로는 민주공화파였다. 한편 전쟁을 반대한 사람들은 북동부와 중부의 상공업 세력이었고, 정치적으로는 연방파였다. 전쟁은 선포했지만 사실 미국의 군사력은 빈약했다. 그래도 1813년의 이리호전투와 템스전투에서는 영국군에게 승리를 거둔다.

그러나 1814년에 나폴레옹의 프랑스가 무너지면서 영국이 많은 병력을 전쟁에 투입할 수 있게 되자 곧 전세는 미국에 불리해졌다. 매디슨 정부는 큰 위기에 빠졌다. 영국과의 전쟁을 반대했던 뉴잉글랜드의 연방파는 다시 연방 탈퇴 운동을 벌였고, 연방은 해체의 위기를 맞았다.

전쟁이 장기화되면서 피해가 커지자, 1814년 12월 24일에 미국 대표단은 영국 대표단과 벨기에에서 만나 종전을 위한 겐트조약에 서명했다. 하지만 당시 통신이 발달하지 않아 조약 체결 소식이 미국에 도착하기까지는 몇 주가 걸렸다. 종전 소식을 듣지 못했던 미국 육군 소장 앤드루 잭슨(Andrew Jackson)은 그사이 1815년 1월에 부대를 이끌고 뉴올리언스 외곽에 있던 영국군을 공격해 대승을 거두었다. 이 전투로 잭슨은 일약 미국의 영웅이 됐다. 그러자 연방 탈퇴론도 사라졌다. 전쟁이 끝난 후 미국 국민의 자부심은 커지고 국민적 유대감은 공고해졌다. 그래서 1812년의 미·영 전쟁을 '제2의 독립전쟁'이라고 부르기도 한다.

하지만 영국과의 전쟁으로 미국 경제는 많은 피해를 입었다. 무역이 감소해 수입품 가격은 상승하고, 일부 국내 상품 가격도 올랐다. 게다가 무역 축소로 관세 수입이 급격히 감소해 재정도 악화됐다. 전쟁 전에 연방정부 수입의 90%는 관세가 차지하고 있었다. 전쟁이 시작되고 1년 후에야 의회는 토지, 재산, 양조장 등에 새로운 세금을 부과해 200만 달러를 조달했다. 당시 연방정부는 각 주에 세금으로 300만 달러를 부과했지만, 이는 1814년에야 징수됐다. 전비를 지출하기 위해 연방정부는 국채를 발행했고 자연히 부채가 증가했다. 미합중국은행이 없었기에 정부는 전비 조달에 주법은행들의 손을 빌려야 했다. 주법은행들은 연방정부 예금이 들어오자 더 많은 대출을 시행하고 은행권을 발행했다. 주법은행들의 은행권 유통이 증가하자 물가는 더욱 상승했다. 전쟁 중 대출 수요가 늘면서 금리는 상승하고 은행 수익은 늘었다.

주법은행들의 신용 공급을 제어할 수 있는 미합중국은행이 없으니 통화량을 조절할 방법이 없었다. 결국 미국은 독립전쟁 직후와 유사한 상황에 처했다. 늘어난 부채, 물가 상승, 통화가치 하락…… 이런 어려운 상황에서 많은 사람이 새로운 미합중국은행을 설립하면 미국의 침체된 경제를 살리고 전쟁 부채를 상환하는 데 도움이 될 것이라고 생각했다. 미합중국은행의 활약이 아직도 기억에 생생했던 것이다.

어렵게 다시 설립된 제2차 미합중국은행

제2차 미합중국은행은 여섯 사람이 주도하여 설립했다. 금융인 존 제이콥 애스터(John Jacob Astor), 데이비드 패리시(David Parish), 스티븐 지라드(Stephen Girard), 제이콥 바커(Jacob Barker), 알렉산더 댈러스(Alexander Dallas), 그리고 나중에 부통령이 된 존 캘훈(John C. Calhoun) 의원이었다. 1814년 초, 이들은 미합중국은행을 다시 설립하는 것이 전비를 쉽게 조달하고 통화를 안정시키며 국채의 가치를 높이는 유일한 길이라고 믿었다. 같은 해 1월, 제2차 미합중국은행 설립을 촉구하며 뉴욕시 사업가 150명이 서명한 청원서가 미국 의회에 접수되기도 했다.[7]

그해 4월, 미합중국은행 설립을 반대했던 매디슨 대통령도 제2차 미합중국은행의 필요성을 어쩔 수 없이 인정하고 의회에 새로운 미합중국은행의 설립을 담당할 위원회 창설을 제안했다. 그러나 영국이 종전을 원한다는 소문이 들리자 은행 설립 지지 의사를 철회했다. 그는 전비 조달만을 위해 은행이 필요하다고 생각했던 것이다. 그러나 정부의 재정 상황은 계속 악화되었고, 그해에 알렉산더 댈러스가 재무부 장관으로 취임했다. 10월, 하원에서 댈러스에게 국가의 재정 상황에 관해 질의하자 그는 새로운 은행 설립 계획이 포함된 답변을 보냈다. 하지만 의회는 이 계획을 거부했다. 11월에 존 캘훈이 하원에 새로운 제안을 건넸지만 이 역시 거절당했다.

1815년 초, 상하 양원은 새 은행 설립 법안에 찬성하는 의견을 모았으나 이번에는 매디슨이 거부권을 행사했다. 그해 2월, 의회가 새로운 은행 법안을 거의 통과시킬 무렵 영국과의 평화조약 체결 소식이 도착해 의회는 은행 설립을 무기한 연기했다. 12월, 매디슨 대통령은 의회에 통화 문제를 해결할 것을 요청했다. 주법은행들이 정화 부족으로 은행권 태환을 정지하자, 신뢰할 만한 통화 시스템을 구축할 때가 됐다고 느낀 것이었다. 댈러스는 정부가 현재 곤경으로부터 벗어나는 유일한 길은 국법은행을 설립하는 것이라는 의견을 내놓았다.

그러나 1816년 1월 말, 매디슨은 상하 양원을 통과한 새로운 은행 설립 법안을 또다시 거부했다. 2월에 다시 검토를 마친 하원은 국법은행 설립을 위한 새 법안을 만들고, 상원도 이를 일부 수정해 통과시켰다. 그렇게 1816년 4월 10일, 마침내 매디슨 대통령이 법안에 서명했다. 전비 조달은 더 이상 문제가 아니었다. 정부는 통화가치의 불안, 전쟁 부채 처리, 무역 재건, 슬럼프에 빠진 경제 등 산적한 문제와 씨름하고 있었다. 매디슨도 다른 방법이 없다고 판단하고 고집을 꺾은 것이다.[8]

제2차 미합중국은행은 1817년 1월에 필라델피아에서 운영을 시작했다. 영업 허가 기간은 제1차 미합중국은행과 마찬가지로 20년이었다. 은행 구조와 기능도 유사했다. 정부 예금 수취, 정부 지출 실행, 정부 채권 발행 지원 등 정부의 재정 대리인으로 기능했던 것이다. 제1차 미합중국은행처럼 주법은행들의 은행권 발행을 통제했고, 일반 시민과 기업의 예금을 수취하고 대출하는 상업은행으로도 기능했다. 대출 이자는 역시 6%가 상한이었다. 이사회는 25명으로 구성됐는데, 이 중 대통령이 다섯 명을 지명했다.

제2차 미합중국은행의 자본금은 3,500만 달러로 제1차 미합중국은행에 비해 대폭 늘었다. 당시로서는 엄청난 거액이었다. 은행 주식은 제1차 미합중국은행과 동일하게 정부에 20%, 민간에 80%를 배정했다. 주식 인수 대금에서 4분의 1은 정화로 지불하고, 나머지는 국채로 납부할 수 있었다. 3주에 걸쳐 20개 도시에서 제2차 미합중국은행의 신주를 공모했다.

제2차 미합중국은행의 우선 과제는 연방정부에 대출을 해주어 급한 채무를 이행하도록 하고, 관세를 납부할 상인들의 어음을 할인해 관세 징수를 도와주는 것이었다. 이는 제1차 미합중국은행의 역할과 유사했다. 제2차 미합중국은행도 상업은행으로 기능하면서 개인과 기업에 대출을 해주었으므로 대출을 통해 가장 많은 은행권이 유통 과정에 유입됐다. 주법은행들은 정부의 모든 예금을 수취하고 그만큼 더 많은 대출을 할 수 있는 제2차 미합중국은행을 부러워했다.

제2차 미합중국은행은 제1차 미합중국은행에 비해 훨씬 넓게 확산됐다. 운영 시작 당시 18개 지점을 개설했고 후에 8개 지점이 추가됐다. 그중 1개 지점이 폐쇄돼 지점은 총 25개였다. 제1차 미합중국은행은 지점이 8개였던 데 비하면 큰 발전이었다. 제2차 미합중국은행은 미국의 서부 영토 확장과 경제성장에도 도움을 주었다. 제2차 미합중국은행 지점은 연방 토지를 매각한 수입을 수취하고, 사업체와 농부들에게 대출을 해주어 상품과 농산물 생산, 운송에 필요한 자금을 제공했다. 한편 해외 무역으로 걷힌 관세는 각 지점들에 예치됐다. 지점 네트워크 덕분에 다른 지역으로 자금 이동이 편해졌다. 정부 지출 업무가 편리해지고, 지점의 신용 제공 능력도 확충됐다.

제1차 미합중국은행과 마찬가지로 제2차 미합중국은행도 공식적으로 통화정책을 실행하지는 않았다. 다른 은행을 규제하지도 않았다. 그럼에도 제2차 미합중국은행의 강력한 위상과 전국적인 지점망의 힘으로 기본적인 통화 관리 기능을 수행할 수 있었다. 상당한 양의 금으로 뒷받침된 제2차 미합중국은행 은행권은 안정적인 통화가 됐다. 제2차 미합중국은행이 발행한 은행권은 전국적으로 널리 유통됐고, 주법은행권과 달리 연방 조세를 납부하는 유일한 화폐였다. 대출 정책과 자금 흐름 관리를 통해 제2차 미합중국은행은 화폐와 신용 공급을 조절했고, 이를 통해 대출 이자를 관리했다.

제2차 미합중국은행의 과오와 공로

1819년, 금융위기가 발생했다. 미국에서는 이 위기의 원인을 제2차 미합중국은행의 운영에서 찾았다. 제2차 미합중국은행의 초대 은행장 윌리엄 존스(William Jones)는 정치적 목적으로 임명된 인물인데, 해군부 장관 출신으로 파산한 전력이 있었다. 그가 운영하던 시기에 제2차 미합중국은행은 초기에 대규모 대출을 실행했다가 예상치 못한 무역 적자로 정화 유출이 커지는 바람에 급히 대출을 축소했다. 이 영향으로 여기저기서 파산이 발생했고 압류, 주법은행 실패, 부동산 가격 하락, 농업과 제조업의 침체가 이어졌다.

1819년, 존스가 사임하고 랭던 체브스(Langdon Cheves)가 후임이 됐다. 그도 정치인 및 변호사 출신으로 금융 분야에는 비전문가였다. 체브스는 통화량을 절반으로 줄이고 대출을 줄였다. 주택담보권을 실행하고 각 지점에 대한 통제도 강화했다. 그는 주법은행권의 태환을 요구했고, 이를 이행하지 못한 많은 주법은행이 무너졌다. 이런 일련의 조치들로 경제는 더 악화되었다. 물가는 하락하고 실업률은 증가했다. 금융위기에 체브스가 이끄는 제2차 미합중국은행의 잘못된 대응으로 오히려 위기가 악화된 것이다.

은행에 대한 불만이 커졌다. 경제위기로 인한 예산 부족으로 군대에서 퇴역한 앤드루 잭슨도 1819년의 위기를 거치면서 제2차 미합중국은행에 대한 부정적 인식이 강해졌다. 1823년 체브스가 연임을 포기하고 제2차 미합중국은행 이사였던 니컬러스 비들(Nicholas Biddle)이 신임 행장이 되었다.

비들은 제임스 먼로 대통령이 지명하여 제2차 미합중국은행 이사로 일하며 펜실베이니아 주의회 의원도 역임했던 인물이다. 비들이 경영에 나선 후 제2차 미합중국은행에 대한 적대감은 어느 정도 완화됐다. 그가 행장으로 재직하던 시절, 미국은 새로운 확장과 경제적 성장기에 접어들었고 제2차 미합중국은행은 경제계의 귀중한 우군이 됐다.

제1차 미합중국은행과 달리 제2차 미합중국은행이 맞닥뜨린 문제는 더 엄중했다. 제1차 미합중국은행의 영업이 종료된 후 주법은행들이 대폭 늘어났던 것이다. 1820년에 제2차 미합중국은행 은행권과 예금은 미국 내 전체 은행권과 예금의 13%에 불과했지만, 1810년에 제1차 미합중국은행의 은행권과 예금은 24%였다. 초기에는 제2차 미합중국은행 지점이 많은 지역에 퍼져 있지 않았기 때문에 연방세금을 납부할 때 주법은행 은행권을 사용해야 했다. 그래서 제2차 미합중국은행의 과제는 우량 주법은행과 불량 주법은행을 차별하는 것이었다. 1826년 즈음에는 대부분의 연방세금이 제2차 미합중국은행의 은행권과 예금으로 납부됐다. 연방 지출도 제2차 미합중국은행의 재무부 예금계좌를 이용했다. 제2차 미합중국은행도 정부의 재정 담당 기관으로서 정화를 집중적으로 관리하는 역할을 담당했다. 1820~1834년에 제2차 미합중국은행은 미국 전체 은행 시스템이 보유한 정화의 34%를 차지했다.

비들이 이끌던 시기에 제2차 미합중국은행은 지점망을 이용해 상인들을 위해 장거리 지역 간의 자금 이전을 돕고 수수료를 받았다. 나중에는 외환 업무도 취급했다. 제2차 미합중국은행은 통화 통합과 미국의 내수시장 형성을 촉진하고 경제성장을 뒷받침했다.

미국 달러의 성공적인 보급

연방정부의 납세는 세 가지 방법으로 가능했다. 소량으로 존재했던 국내 정화, 외국 정화 그리고 미합중국은행 은행권과 예금이었다. 정화가 미국 정부에 수납되면 미합중국은행에 예치되어 은행 준비자산으로 축적됐다. 즉, 정화가 집중됐다. 미국 정부의 재무 대리인 역할을 수행하며 얻은 부수적 결과였다. 1811년에 제1차 미합중국은행은 미국 은행 시스템 내 전체 정화 준비금의 3분의 1을 보유했다. 제2차 미합중국은행은 1821~1834년에 평균 3분의 1 정도를 보유했다. 정화를 관리하는 기능은 제2차 미합중국은행이 운영되는 내내 수행했는데 이를 바탕으로 날로 커지던 미국 은행 시스템을 지원했다. 미합중국은행 금고에 정화가 축적되면서 각 주법은행들의 정화 부족에 적극적으로 대응했다. 미국 은행 시스템에서 정화가 유출되지 않도록 하기 위해서였다.

제1차, 제2차 미합중국은행은 주법은행에 비해 지급준비금 비율을 높게 유지했다. 때론 최종 대부자 역할도 했다. 미합중국은행이 주법은행들을 지원하지 않았다면 은행들이 발행한 은행권으로 금속화폐를 대체하려고 하지 않았을 것이다. 금속화폐가 대부분 외국 주화인 점을 고려하면 미국 달러의 확산도 그만큼 늦어졌을 것이다.

미국 내 총 통화 공급에서 스페인달러의 비중은 1810년대 25%에서 1830년대 초반 6%로 줄었다. 공급량은 줄었지만, 스페인달러는 일상에서 교환 수단으로 여전히 중요했다. 주화의 평균 액면가는 은행권이나 은행 예금에 비해 소액이었기 때문에 스페인달러가 일상적 거래에서 차지하는 비중이 컸던 것이다.

한편, 해밀턴의 금융혁명 이후 발행된 화폐의 28%가 달러 표시로 공급됐다. 이는 초기 상업은행들이 미국 달러로 변경했기 때문이었다. 그 비중이 1804년에 63%, 1810년 74%, 1820년대 초반 84%, 1830년대 초반 94%로 점차 증가했다. 이러한 달러의 확산에는 은행 시스템의 성장이 크게 기여했다. 1800년에 미국 주화는 겨우 정화의 20%를 차지했지만, 1830년대에는 더 줄어들어서 거의 사라지다시피 했다. 더구나 미국 내 화폐 중 정화의 비중은 1790년 70%에서 1830년대 초반 6%로 대폭 감소했다. 미국 조폐창이 주조한 은화는 무역이나 은행준비금으로 사용될 뿐, 시중에 유통되지 않았다. 일반 시민들은 은행권과 예금 형태로 화폐를 보유했다. 자연히 은행권이 확산됐는데 가치 보전 측면에서도 이전의 불환지폐에 비해 우월했다.[9]

잭슨의 은행에 대한 뿌리 깊은 불신

1828년, 뉴올리언스전투의 영웅으로 떠오른 앤드루 잭슨이 재선을 노리던 존 퀸시 애덤스(John Quincy Adams)를 누르고 대통령으로 당선됐다. 잭슨은 아일랜드 이민자의 아들로, 집안도 보잘것없고 학력도 별 볼일 없었다. 그러나 자수성가하여 변호사가 되고 100여 명의 노예를 거느린 대농장주가 되었다. 그는 테네시주 의원으로 당선되며 정계에 발을 들였다.

그는 1824년에 대선에 출마했다가 같은 민주공화당 후보였던 존 퀸시 애덤스에게 패배했다. 선거인단 수와 총득표 수에서는 그가 1위였으나 과반수에 미달해 하원에서 결선 투표를 진행했다. 이때 우호세력을 규합한 애덤스가 승리했고, 이에 불만을 품은 잭슨은 애덤스와 클레이가 야합했다고 비난을 퍼부었다. 이 사건을 계기로 1812년 영미전쟁 후 미국 정계를 지배했던 우호적 감정의 시대는 끝났다. 민주공화당이 10년 이상 미국 정치를 지배하던 때였다. 그러나 잭슨의 대중적 인기와 정당 기득권 간의 갈등이 표면화되면서, 1828년 대선에서 민주공화당은 잭슨 지지파와 반대파로 나뉠 조짐을 보이기 시작했다.

1829년 3월, 잭슨의 대통령 취임식이 열렸다. 역사상 가장 많은 군중이 모인 취임식이었다. 이른바 '잭슨 민주주의(Jacksonian Democracy)'가 출현한 것이다. 잭슨은 연방정부의 특혜와 독점 정책에 반대하는 지방분권주의자이자 주권주의자였다. 그는 농업 세력과 지방분권을 앞세우는 제퍼슨주의의 전통을 이어갔다. 동시에 동북부의 엘리트에 대항하여 평민을 대변하려는 민중주의자였다. 또한 모든 개인이 이익을 추구하기 위해서는 동등한 기회를 가져야 하고 이를 실현하려는 개인의 노력에 정부가 간섭해선 안 된다고 주장하는 자유방임주의자이기도 했다. 무엇보다 그는 모든 은행, 특히 제2차 미합중국은행에 적대적이었다.

개인적으로 잭슨은 은행에 좋지 않은 기억이 있었다. 과거 토지를 매도하면서 매매대금 일부를 매수인이 발행한 어음으로 수령했는데 그 매수인이 부도를 내는 바람에 곤경에 처했던 것이다. 당시 어렵게 극복하기는 했지만, 이후로 다시는 어음과 지폐를 믿지 않았다. 잭슨은 금속화폐인 정화만이 거래의 매개체가 되어야 한다고 믿었다. 지폐를 발행하는 곳인 은행에 대한 불신은 이때 생겼다. 신용 제공, 대출이라는 제도에 대해서도 회의적이었다.

제2차 미합중국은행은 1828년에 잭슨이 당선됐을 때의 주요 쟁점은 아니었다. 그런데 그는 1829년 12월 의회 연설에서 제2차 미합중국은행은 헌법에 반하고 국가에 건전한 통화를 제공하는 데 실패했다고 비난했다. 그리고 제2차 미합중국은행 같은 연방기구가 주정부의 권리를 침해한다고 주장했다. 당시 제2차 미합중국은행은 정부의 막대한 자금을 관리하면서 경제에 막강한 영향력을 행사하고 있었다. 그런 상황에서 잭슨은 제2차 미합중국은행을 독점과 특혜의 상징으로 규정했다. 게다가 제2차 미합중국은행의 존재는 극소수 민간인에게 과도한 권력을 부여하는 일이고, 그 힘이 정부에 손해를 입힌다고 판단했다. 실제로 제2차 미합중국은행에 대한 효과적인 규제가 마련돼 있지는 않았다. 대통령, 의회, 국민들의 감시와 견제를 전혀 받지 않았던 것이다.

상원의원 클레이 등 잭슨의 정적들은 제2차 미합중국은행장 비들에게 1832년 대선 전에 은행 허가 갱신을 조기 신청하라고 권유했다. 하원에서 통과되면 당의 분열을 원치 않고 내각 개편을 꺼렸던 잭슨이 거부권을 행사하지 못할 것이라고 판단했다. 재임이 결정되면 허가가 갱신될 확률이 거의 없어 보였다. 1932년 1월 9일, 비들은 허가 갱신 신청을 의회에 접수했다. 또 그는 제2차 미합중국은행을 지키기 위해 언론 등을 활용하여 여론전에 나섰고, 전방위 로비를 펼치며 우호적 여론을 조성하는 데 거액을 사용했다.[10] 당시 여론전에 5~10만 달러를 썼으며 유력 언론인들과 의원들에게 10~15만 달러의 대출도 해주었는데, 당시에는 엄청난 거액이었다.[11]

잭슨은 1828년 당선 후에 반대 성향의 정치인들도 내각에 기용했는데, 이들은 제2차 미합중국은행 해체를 추진하는 데 장애물이 되었다. 특히 부통령으로 임명한 캘훈은 은행에 매우 우호적인 인물이었다. 그 결과 잭슨의 반대에도 상원은 허가 갱신 법안을 28 대 20으로, 하원은 107 대 85로 통과시켰다. 그러나 1832년 7월 10일, 잭슨은 추가로 15년 간 허가 기간을 연장하는 허가 갱신 법안을 거부했다. 이른바 '은행 전쟁'의 시작이었다.

당시 법무부 장관 로저 터니(Roger B. Taney)의 의견이 잭슨에게 주효했다. 정부가 아닌 은행이 화폐 권력을 행사하는 게 문제라는 논리였다. 제2차 미합중국은행이 거대한 자본으로 화폐에 대한 절대적 지배권을 행사하고 이로써 정치적 힘을 얻는다는 것이 그의 주장이었다. 터니는 은행의 자금이 정치적 영향력과 권력을 얻는 데 이용될 것이며, 허가가 갱신될 경우 제2차 미합중국은행 은행장이 대통령보다 더 큰 권력을 행사할 것이라고 경고했다. 그러면서 대선을 이용해 은행을 완전히 제거해야 한다고 강력히 건의했다.

당시 잭슨이 내놓은 거부 의견에서도 정치적 세력 균형에 관한 우려가 핵심이었다. 일개 금융기관에 불과한 은행에 부여된 과도한 권력은 국가에 불필요하며 위험하다고 주장했다. 일반 시민들에 대한 정치적 책임이 없는 소수의 특권층에게 권력이 집중되면 외국인이나 부유한 미국인 주주들에게 엄청난 수익이 돌아갈 것이라며 이로 인한 해악이 발생할 것을 우려했다. 만약 은행의 독점권이 정기적으로 갱신되면 경영진이 그 이권을 이용해 선거에 영향을 미치고 국정을 통제할 것이라는 점도 문제 삼았다. 제2차 미합중국은행을 아무리 개혁한들 은행의 패권적 위상을 저지할 수 없다는 게 잭슨의 판단이었다. 그는 정부의 타락을 방지하기 위해서라도 거부권 행사가 필요하다고 확신했다.

그의 전면적 거부로 1932년 대선은 제2차 미합중국은행의 찬반에 대한 국민투표가 되었다. 당시 유권자들에게 잭슨은 일반 시민의 편이었다. 상대 후보였던 클레이는 "잭슨은 독재자이며 헌법을 무시하고 경제를 불안하게 만든다"며 공격했지만 먹히지 않았다. 결국 잭슨이 클레이보다 네 배 더 많은 선거인단을 확보하며 승리했다. 재선에 성공한 잭슨은 민의가 제2차 미합중국은행을 없애는 데 있다고 해석했다. 선거 직후 그는 제2차 미합중국은행에서 모든 연방정부 예금을 인출해 20여 개의 우호적 주법은행들에 예치했다. 허가 기간 만료 전에 제2차 미합중국은행을 약화시키기 위한 조치였다. 연방정부 예금이 빠져나가자 제2차 미합중국은행은 그 규모와 영향력이 크게 줄었다.

잭슨의 조치에 비들은 반격했다. 그는 신규 대출을 축소하고 기존 대출을 회수했다. 그는 이러한 금융긴축으로 경기가 나빠지면 잭슨도 어쩔 수 없이 고개를 숙일 것으로 기대했으나 오히려 이는 역효과를 낳았다. 1833년 가을에서 1834년 여름까지 제2차 미합중국은행의 긴축정책으로 인한 경제위기가 발생했던 것이다. 그러자 미합중국은행이 부유한 계층의 이익만을 위한다는 잭슨의 주장이 옳다는 여론이 더 강해졌다. 상인, 농민, 휘그당원, 보수적 잭슨주의자, 심지어 제2차 미합중국

은행의 일부 이사들마저 비들에게 등을 돌렸다. 비들의 자충수였다.

더구나 은행 전쟁이 진행되는 동안 잭슨 반대파들로 채워진 휘그당이 1834년 봄 의회 선거에서 패배하면서, 제2차 미합중국은행은 더 이상 설 자리가 없었다. 잭슨 지지자들은 자신들을 민주당이라고 지칭했다. 이제 민주공화당의 시대는 끝이었다.

은행 전쟁의 결말

민주당은 농업지대인 남부와 서부를 지지 기반으로 삼고, 주권론자인 잭슨과 캘훈을 대표로 내세웠다. 그들은 보호관세의 특혜와 제2차 미합중국은행의 독점을 반대했다.

이와 달리 휘그당은 상공업지대인 동북부와 노스캐롤라이나 등 일부 남부 지역에 기반을 두었다. 이들의 대표는 대니얼 웹스터와 클레이였다. 그들은 국왕의 폭정에 대항하여 싸우던 영국의 휘그당처럼 잭슨의 폭정에 대항하겠다고 주장했다. 휘그당은 클레이가 '미국 시스템'이라고 부른 정책을 지지했다. 미국의 산업 보호와 연방 재정 강화를 위한 높은 관세, 국법은행 유지, 도로와 운하 등의 확대를 주요 내용으로 하는 이 정책은 해밀턴의 이념을 따른 것이었다. 민주당과 휘그당은 본격적으로 경쟁을 시작했다.

1834년 4월, 하원은 제2차 미합중국은행 허가를 갱신하지 않기로 의결하고 연방 자금은 주법은행에 그대로 존치하기로 결정했다. 게다가 잭슨은 해밀턴 금융 시스템의 또 다른 요소인 국가 채무를 소멸시켰다. 1835년, 국채를 전부 상환했던 것이다. 연방정부의 잉여 수입은 각 주의 우호적 주법은행에 나누어 예치했다. 미래의 재정 수입은 연방정부 토지 매각 대금에서 주로 발생할 것으로 예상했다. 제퍼슨의 이상이 마침내 실현된 듯 보였다. 해밀턴의 시스템은 뼈대만 남았다. 아이러니하게도 미국인들이 많이 사용하는 20달러 지폐에는 잭슨의 초상이 그려져 있다. 지폐를 그렇게도 싫어하던 사람이었다. 아무리 봐도 짓궂다.

제2차 미합중국은행에 대한 허가 갱신을 불허한 후로 주법은행들은 토지 투기 등에 대출을 급속히 늘렸다. 1836년, 잭슨은 과도한 투기열풍의 원인을 지폐 사용 때문이라고 보고 정화유통령을 내려 연방 토지 매입에 은행권 사용을 금지했다. 국유지 매입 대금을 연방정부에 낼 때 금화나 은화 등 정화를 사용하도록 의무화한 것이었다. 투자자들은 패닉에 빠졌고, 많은 은행에서 지급준비금이 부족해졌다. 정화유통령은 통화량의 부족을 불러와 1837년의 금융공황을 일으키는 큰 원인이 되었다.[12] 결국 미국 토지시장이 붕괴됐다.

이에 대해 매사추세츠 공과대학 교수로 경제학과 경제사학을 연구하는 피터 테민은 반론을 제기한다. 그는 1830년대 미국 정치와 무관하게 외국 자본, 특히 영국의 자본이 대량으로 미국에 유입된 것이 화폐 공급 확대로 이어져 인플레이션이 발생했고 이 상황이 1837년에 역전되어 위기가 발생했다고 했다. 쉽게 말해 잭슨의 잘못이 아니라는 뜻이다.[13]

그렇다고 잭슨의 책임이 없다고 말할 수는 없을 것 같다. 제2차 미합중국은행으로부터 빼낸 연방정부 자금이 '잭슨의 애완 은행'이라고 불리던 소수의 주법은행에 집중적으로 예치됐는데, 이 은행들은 민주당과 밀접한 사람들이 경영했다. 그들은 특혜를 누렸고, 주법은행 중 일부는 부적절하게 운영됐다. 잭슨의 정책과 무관한 요인들이 1830년대 중반에 대출 붐을 일으켰지만 잭슨의 애완 은행들 또한 1837년 경제위기

를 악화시키는 데 기여했다.[14]

1836년에 치러진 대선에서는 집권당인 민주당의 마틴 밴 뷰런(Martin Van Buren)이 승리했다. 뷰런 대통령은 1837년 미국 역사상 가장 심각한 위기 중 하나인 금융공황을 맞았다. 그는 은행 시스템과는 분리된, 정부가 직접 통화량과 재정을 관리하는 독립금고 시스템을 제안했다. 이는 1840년에 입법되었으나 1년 만에 중단됐다. 이후 민주당 출신의 대통령 제임스 포크(James Polk)가 이 시스템을 1846년에 다시 도입해 운영했다. 이 제도하에 정부에 대한 모든 금전적 의무는 정화 혹은 재무부가 발행한 단기 채권으로만 이행하게 했다. 이후 이 시스템은 부분적으로 변경되면서 1914년에 연준이 운영되기 전까지 존속했다.

자유은행의 시대

미합중국은행이 없어지자 주법은행이 급속히 확대됐다. 1837~1860년은 소위 '자유은행' 시대다.

자유은행 시대는 1837년 금융공황 이후 미시간, 조지아, 뉴욕 등 8개 주에서 자유은행 제도를 도입하면서 시작되었다. 주의회에서 은행 설립을 허가하는 과정에서 발생하는 부패를 제거하고, 다른 한편으로는 주법은행의 은행권과 관련된 은행 패닉을 제거하려는 의도가 깔려 있는 제도였다. 자유은행제도하에서는 누구나 의회의 승인 없이 법정 자본금만 있으면 은행업을 할 수 있었다. 단, 은행권 발행 시 주정부 채권 혹은 연방정부 채권을 담보로 예치해야 했다. 자유은행은 예치된 채권의 시장가치 범위 내에서 은행권을 발행할 수 있었다. 또 자체 발행한 은행권에 대한 태환 요구가 있을 때는 금이나 은 등 정화를 지급해야 했다. 그 결과 자유은행제도를 도입한 주들은 물론이고 도입하지 않은 주들도 여러 주법은행을 허가했다. 그 결과 1836년에 536개 은행, 97개 지점이던 것이 1860년에는 1,371개 은행, 213개 지점으로 대폭 늘어났다.[15]

자유은행제도의 핵심은 은행권을 발행할 때 높은 등급의 우량 담보, 즉 주정부 채권 등을 명시적으로 요구했다는 점이다. 그런데도 은행권은 액면가에서 할인돼 거래됐고, 어떤 경우에는 25%나 할인됐다. 이 은행권으로 거래하기는 힘들었다. 예를 들어 은행권을 가게에서 쓰려고 하면 가게 주인은 은행권을 발행한 은행의 시장할인율을 《은행권 탐지기(Banknote Detector)》라는 신문에서 확인해야 했다. 이렇듯 은행권은 액면가로 거래되지 않아 유동성이 떨어졌고 효과적인 교환 수단도 아니었다. 그래서 이 은행권에 대해 비판적인 분위기가 강했다. 특히 소비자와 기업이 은행권 브로커들에게 휘둘리는 것이 큰 문제였다. 그들은 높은 할인율로 매입한 은행권을 발행 은행에 제시해 정화 지불을 요구하는 방식으로 이익을 얻었다.

자유은행제도는 나중에 국법은행제도의 기초가 되는데, 은행권 발행 시 무위험 담보가 필요하다는 사실을 전제했다는 점이 중요하다. 담보가 위험이 거의 없는 것으로 인식되면 은행권도 유통 시 액면가에서 할인되지 않을 수 있었다. 문제는 자유은행 시대에 담보로 요구한 주정부 채권이 무위험이 아니라는 데 있었다. 주정부는 채권 이자를 제때 지급하지 않기 일쑤였고, 때로는 아예 거부했다. 많은 자유은행에서 이런 주정부 채권을 보유했다. 주정부의 채무불이행뿐만 아니라 채권 가격 하락 때문에 자유은행제도는 결국 자리 잡지 못했다.[16]

5장

남북전쟁의 승패를 좌우한
링컨의 개혁

남북전쟁은 전쟁 비용을 누가 더 효과적으로 조달하는가 하는 '돈의 싸움'이었다.

링컨이 이끄는 북부의 국고는 개전 초기 텅 비어 있었다. 은행에서 차입하는 것도 한계가 있었다. 북부연방 정부는 다양한 실험을 했다. 많은 논란 끝에 불환지폐인 그린백을 발행하고, 국채를 대량으로 발행해 이를 평범한 시민들에게 성공적으로 팔았다. 이 경험이 이후 미국 금융계의 발전에 중요한 초석이 된다. 또 은행 개혁을 통해 국법은행제도를 도입했다. 신뢰할 만한 은행권이 탄생했고, 미국 국채의 판매에도 도움이 됐다.

반면 노예제도를 고집하고 지역분권에 집착해 지역 정부들을 통합해 내지 못한 남부연합 정부는 채권 판매 실적이 북부에 비해 저조했고, 금융혁신도 이뤄내지 못했다. 대신 불환지폐를 남발해 극단적 인플레이션만 초래했다. 그 결과 더 많은 전비를 적시에 조달한 북부가 전쟁에 승리했다.

이 전쟁을 통해 링컨은 새롭게 화폐 및 금융개혁을 하고, 연방정부의 위상을 대폭 강화했다. 이는 이후 미국의 행로에 중대한 영향을 미친다.

휘그당을 대체한 공화당의 이념

1854년, 민주당 정권은 캔자스, 네브라스카 지역에서 노예제를 택할지 여부를 지역 주민의 결정에 맡기기로 했다. 이는 미주리주의 북위 36도 30분을 경계로 그 이북에서는 노예제를 금지한다는 미주리타협을 파기한 것이었다. 북부에서는 격렬한 반대 투쟁이 전개되었고, 그 결과 휘그당도 분열했다. 1854년, 반노예제와 반민주당의 세력이 연합해 공화당을 새롭게 결성했다.

이때 휘그당 탈당 후 공화당 초기에 참여해 활약한 이들 중 에이브러햄 링컨이 있었다. 그는 정치에 입문한 초기부터 강건한 연방정부를 지지하며 높은 관세, 미합중국은행, 국내 경제 발전을 추구하는 휘그당의 주장을 지지했고, 특히 클레이가 주창한 '미국 시스템'이 옳다고 생각했다. 그러다 노예제 폐지에 반대하는 휘그당원들과 대립하게 됐고 뜻을 같이하는 이들과 새 당에 참여한 것이었다.

공화당은 주로 북부를 기반으로 했으며, 창당 4년 만에 휘그당을 대체해 민주당의 대항세력으로 확실히 자리 잡았다. 급기야 1860년 대선에서 민주당이 노예제 문제를 둘러싸고 북부와 남부로 분열된 것을 계기로 공화당 후보였던 링컨이 대통령에 당선되는 쾌거를 이뤘다.

다만, 공화당에서도 연방정부의 노예제 전면 폐지는 헌법상 허용될 수 없음을 인정했다. 문제는 노예제를 유지하는 15개 주 이외의 지역에서도 노예제를 인정할 것인가 여부였다. 공화당은 이 부분에 반대했다. 북부 사람들은 훗날 백인 정착민들의 이익을 고려해 노예제가 확대되는 것을 꺼렸다. 새 개척지에서 노예 노동과 경쟁한다면 누구도 이주하지 않으려고 할 것이 뻔했기 때문이다. 도시에 몰려든 백인들을 개척지로 유도하기 위해서는 노예제를 폐지해야 했다. 다만, 노예제가 폐지되면 해방된 흑인들이 북부로 몰려와 일자리를 놓고 경쟁하게 될 우려가 있으므로 북부 사람들은 남부 지역의 노예제 존속에는 반대하지 않았던 것이다.

링컨은 사람들이 경제적 기회를 갖도록 도와주는 게 정부의 임무라고 확신했다. 그래서 흑인도 경제적 행위자임에 초점을 맞춰서 그들에게도 동등한 기회를 주자고 주장했다. 링컨은 연방정부가 개별 주정부보다 더 완전한 자유를 보장할 수 있다고 믿었다. 휘그당원 시절부터 그는 경제적 관점에서 자유에 접근했다. 즉, 민주주의의 성공 여부는 경제적 사다리를 타고 더 높이 올라갈 수 있는 기회를 제공하는지 여부에 달렸다고 보았다.[1]

한편 남부 지역은 공화당의 강력한 중앙정부 이념에 적대적이었다. 연방 차원에서 개혁을 진행하면 노예제 자체를 위협할 가능성이 높았기 때문이다. 남부의 목표는 독립과 노예제 유지였다. 남부 노예는 시장가치가 1인당 675달러로, 전체 규모로 보면 총 27억 달러 정도였다. 이는 철도나 제조업에 투자된 자본보다 더 큰 규모였다. 하지만 남부의 인구는 900만 명이었고, 이는 북부의 2,200만 명에 비해 많이 적었다. 또 북부의 산업 규모는 남부의 다섯 배 정도였다.

링컨이 당선되면서 남부에 불안이 확산되었다. 이에 1861년 2월 4일, 남부의 7개 주가 참여한 남부연합이 결성됐다. 수도는 앨라배마주 몽고메리에 두고, 민주당 남부파의 중심이었던 제퍼슨 데이비스를 임시 대통령으로 지명했다. 그는 상원과 하원 의원을 지내고, 전쟁부 장관을 역임했던 인물이다. 이후 링컨이 취임한 지 얼마 되지 않은 4월 12일에 남부군은 사우스캐롤라이나주의 항구도시인 찰스턴을 지키는 섬터요새를 포격했다. 남북전쟁이 시작된 것이다.

전쟁은 시작됐지만 북부와 남부 모두 전쟁 준비는 전혀 안 되어 있었다. 그러나 북부는 강력하고 큰 중앙정부를 지향하는 공화당의 이념 덕분에 전쟁 자원을 확보할 수 있었고, 결과적으로 전쟁에서 승리했다. 전쟁이라는 긴급한 상황에서 링컨의 공화당은 전례 없는 거액을 조달해 지출했다. 국법은행 시스템을 구축하고, 소득세도 도입했으며, 연방정부 활동이 철도, 교육, 농업, 이민, 과학, 금융 분야 등에 영향을 미치도록 했다. 현대적이고 역동적인 산업사회를 구축하는 데 성공한 것이다. 그 과정을 자세히 살펴보자.

전쟁 초기 남북의 경제 상황

링컨은 전 오하이오 주지사이자 상원의원 출신으로 대선 후보 자리를 두고 경쟁했던 새먼 체이스(Salmon Chase)를 재무부 장관으로 선택했다. 어렸을 적 제대로 된 도로나 은행이 없는 시골에서 자란 링컨은 일찍이 은행의 중요성을 실감했다. 그는 화폐는 유통될 때만 가치가 있다고 통찰했다. 23세에 일리노이 주의원으로 입후보할 때부터 링컨은 금융을 근대화하고 제대로 기능하는 화폐를 제공하는 은행을 만들 것을 주창했다. 주의회 의원으로 네 번이나 재직하는 동안, 그는 휘그당의 정부 개혁 프로그램을 지지했다. 철도와 운하 건설 등 인프라 구축에도 관심을 가졌으며, 이를 위한 재정 확대의 필요성을 체감했다. 링컨이 연방정부에서 달성하고자 한 목표 역시 일리노이에서 추구했던 프로그램을 전국적으로 확장하는 것이었다.

반면 체이스는 경제 지식이나 경험이 제한적이었다. 그는 처음에는 휘그당원으로 정치를 시작했지만, 일찌감치 잭슨주의적 경제관을 택하고 연방정부의 경제 개입에 반대했다. 관세에도 소극적이었다. 경제 분야에 있어 링컨과 체이스의 철학은 정반대에 가까웠다.

당시 미국에는 국법은행이 없었고, 주법은행 중심의 민간 은행 시스템은 극도로 파편화되어 있었다. 약 1,600여 개 은행들이 각 주의 법에 따라 설립됐기에 이 은행들을 활용해 전비를 조달하기가 힘들었다. 앞서 말했듯, 남북전쟁 초기에는 남북 중 어느 쪽도 대규모 전쟁을 뒷받침할 만한 금융 시스템을 갖추지 못했다.

링컨의 전임 대통령이던 제임스 뷰캐넌(James Buchanan)은 퇴임 직전 연방정부의 유일한 세금인 관세의 세율을 평균 19%에서 27%로 인상했다. 하지만 링컨이 대통령에 취임할 당시 연방정부의 국고는 텅 비어 있었고 재정 상태는 엉망이었다. 뷰캐넌 정부에서 연방정부 부채는 늘어나 무려 6,500만 달러에 이르렀다. 개전 초기에 북부 소속 주정부나 군 정부 등이 자발적으로 3,100만 달러를 조성해 연방정부에 제공했다.

남부는 전 세계에 면화를 공급하는 능력을 이용해 빨리 종전하려 했다. 남부가 면화 수출을 중단하면 영국과 프랑스에서 우호적으로 움직일 것이라고 생각했다.

영국과 프랑스는 면화 수입이 중요했다. 특히 영국의 경우 섬유 산업에 거의 50만 명이 고용되어 있었고 면화의 4분의 3 이상을 미국 남부에서 수입하고 있었다. 남부는 영국과 프랑스의 섬유 공장이 면화 부족으로 어려움을 겪으면 두 나라의 정부가 개입해 전쟁이 끝날 것으로 예상했다. 이러한 계산에 따라 남부는 1억 달러 이상의 수입 손실을 감수하고 자체적으로 면화 수출을 축소했다. 하지만 영국과 프랑스가 남부 편에 서는 일은 일어나지 않았다. 사실 남부는 면화의 최저가 생산지이지, 유일한 생산지는 아니었기 때문이다. 이집트와 인도도 면화를 생산했다.

북부는 전쟁 초기에 남부를 굶주리게 해 항복을 받아내려는 시도도 했다. 남부의 주된 상품인 면화, 설탕 수출을 봉쇄하여 경제적으로 곤경에 빠뜨리는 전략이었다. 북부는 곧바로 남부의 항구를 봉쇄했다. 남부는 전쟁 초기에 연방정부의 관세 징수 기관을 약탈해 600만 달러를 확보했고 1,500만 달러 채권 발행도 성공했으나 주된 수입원인 면화 수출이 완전히 막히는 곤란한 처지에 놓였다.

북부 전비 조달의 주역, 체이스와 쿡

한편 북부연방 정부 재무부는 자금이 부족해지자 차입을 검토했다. 전쟁 전의 법률은 정화나 국채만으로 차입하도록 돼 있었다. 주법은행 은행권은 차입 대상에서 제외됐다. 그런데 재무부 장관 체이스는 장기 차입을 꺼렸다. 단기로 차입해 곤경에서만 벗어나면 훗날 금리가 유리해질 수 있다고 판단했던 것이다. 과거 미국은 전시 상황에서 소수의 엘리트 은행가에게 차입을 의존했다. 1861년 5월, 은행가들의 도움으로 체이스는 우선 730만 달러 채권 매각에 성공했다. 하지만 정부 신용등급을 낮게 평가한 은행가들은 그에 대한 보상을 원했다.

체이스는 은행가들이 낮은 이자로 채권을 매입하는 걸 거절하자, 그들을 의심했다. 그는 본능적으로 민주적이고 이상적인 방향을 떠올렸다. 일반 시민들에게 직접 채권을 판매할 수 있지 않을까 생각한 것이었다. 체이스는 같은 생각을 갖고 있었던 필라델피아 은행가 제이 쿡(Jay Cooke)과 의기투합했다. 자신만만한 성격의 쿡은 손익 계산에 빨랐다. 그는 시민들이 전쟁 승패에 결정적 열쇠를 쥐고 있다는 걸 직감했다. 오하이오 출신의 변호사 아버지 밑에서 자란 그는 자연스럽게 휘그당의 진보적 이념에 동조했다. 이리운하(Erie Canal)가 개통할 무렵인 1821년에 태어난 그는 당시의 낙관주의를 체현했다.● 쿡은 체이스와 친밀한 사이가 되었다.[2]

1861년 6월, 쿡은 신문 광고를 내서 300만 달러어치의 채권을 일반 투자자에게 직접 판매했다. 심지어 할인된 가격이 아니라 액면가 그대로였다. 이는 상업은행을 통하지 않고 에이전트를 동원해 직접 판매했다는 점에서 의미가 컸다. 투자은행의 선구적 모습을 보여준 것이었다. 이에 체이스는 강력한 인상을 받았다. 전비를 조달하려는 그의 노력이 한계에 부딪혔을 때였다.

● 이리운하는 1820년경 부분적으로 완공되었고 1827년에 완성되었다. 이 운하가 만들어지자 대서양 연안의 뉴욕시와 오대호가 연결되어서 그 일대의 큰 발전을 이루었다.

자금 사정이 악화되자 체이스는 6월 말에 뉴욕 은행가들에게 500만 달러를 차입하지만 은행가들은 체이스에게 60일 단기 대출만 허용했다. 은행가들은 믿고 자금을 조달할 만한 대상이 아니었다. 결국 다른 방법을 찾아야 했다.

체이스의 요구에 따라 의회는 2억 5,000만 달러 기채를 승인했다. 20년 장기 채권과 3년 단기 채권 발행을 허용했던 것이다. 또 의회는 재무부에 5,000만 달러 단기 증권을 소액으로 판매할 권한도 부여했다. 이는 주화로 태환을 보장하되, 무이자인 데다 요구 즉시 태환되는 요구불증권(Demand notes)이었다. 체이스는 이 증권이 화폐처럼 유통되기를 기대했다. 그 의도를 제대로 파악하지 못한 의회가 새로운 화폐 실험을 허용했던 것이다. 체이스는 요구불증권으로 병사들과 일부 공무원들에게 급여를 지급했다. 은행가들은 요구불증권으로 인해 당시 주요 화폐인 여러 주법은행 은행권의 가치가 떨어질까 염려했다.

이런 노력에도 불구하고 당장 필요한 거액을 구할 길이 여의치 않자 체이스는 다시 뉴욕 은행가들과 차입을 협상했다. 문제는 체이스가 채권 구입 대금을 금으로 지급하도록 요구했던 점이다. 은행은 은행 수표 형태로 지급해 정부가 필요할 때 은행에서 인출하길 원했다. 당시 뉴욕, 보스턴, 필라델피아 은행들의 금 보유액은 겨우 6,000만 달러 수준으로, 금은 금고에 남겨두길 바랐다. 그런데 재무부에 5,000만 달러 채권 매입 자금으로 보유 중인 금을 지급하면 유동성에 큰 문제가 발생할 게 뻔했다.

은행들이 주저하자, 체이스는 채권을 매입하지 않으면 재무부의 요구불증권을 대량으로 발행하겠다고 선언했다. 이는 물가를 대폭 상승시키는 요인이 될 수 있었다. 은행에서 가장 두려워하는 것이 인플레이션이었다. 은행들은 자신들의 은행권을 사용하길 바랐지만, 이에 대한 불신이 강했던 체이스는 금을 원했다. 근본적으로 상이한 화폐관이 대립했다. 결국 은행들은 체이스의 요구에 굴복했다. 1차로 5,000만 달러 단기 채권 매입 대금을 금으로 지급하기로 했다. 하지만 채권의 이자율은 7.3%로 높은 편이었다. 그래서 7-30채권(7-30 Bond)이라는 이름이 붙었다.[3] 그런데 은행들은 2차, 3차에도 각각 5,000만 달러 채권을 매입하라는 요구에는 확답을 하지 않았다. 추가로 매입하더라도 은행이 선택한 조건에 따라야 한다고 못을 박았다. 1차 채권 매입에 이미 질려버렸던 것이다.

이때 쿡이 나섰다. 그는 7-30채권을 수많은 신문에 광고하고 이 채권에 우호적인 의견이 기사로 실리도록 했다. 그가 내세운 판매 포인트 중 하나는 7.3%의 높은 이자였다. '100달러 채권 구입자는 매일 이자로 2센트를 수령한다'고 광고했다. 당시 채권이 무엇인지도 모르던 일반 시민들에게 이 광고는 아주 자극적이었다. 이런 사람들에게 집중적으로 채권을 팔았다. 또 쿡은 국채 매입자가 "북군의 보병과 같다"고 선전하며 애국심도 고취했다. 이때 그는 채권 매입자의 이름을 공개하는 기법도 도입했는데, 이는 후에 자선 기금 모집에 널리 쓰이게 된다. 한마디로 쿡은 영업의 천재였다. 이후 은행들이 추가로 5,000만 달러 채권을 금으로 매입하는 데 동의했다. 이것이 1861년 중반까지의 상황이다. 체이스와 쿡의 노력 덕에 북부의 전비 조달은 수월하게 이뤄지는 듯했다.

금, 은과 무관한 스폴딩의 지폐

하지만 1861년 말에서 이듬해 초까지 북부는 자금 조달에 어려움을 겪게 된다. 이미 채권 매입에 상당한 양의 정화를 쓴 은행들이 정화가 부족해지자 은행권의 태환을 거부하는 금융위기가 발생하여 자금 흐름이 막힌 것이다. 시민들의 7-30채권 매입 열기도 시들어서 은행들에 대한 의존이 커진 상황이었다. 영국 등 외국에서 자금을 구하려고 했으나 이 또한 힘든 일이었다. 국고는 비었고, 정부는 화폐가 없었다. 북부군은 전쟁을 멈춰야 할 상황이었다. 체이스에게도 아이디어가 별로 없었다. 이때 공화당 의원들이 나섰다. 하원 세입위원회에서 통화 문제를 다루는 소위원회 위원장인 엘브리지 스폴딩(Elbridge Spaulding)이 새로운 제안을 내놓았다.

1861년 12월 30일, 스폴딩은 새로운 정부 통화 창설을 위한 법안을 제출했다. 그는 보편적으로 수용되는 화폐를 원했다. 그가 제출한 법안은 재무부가 직접 지폐를 발행해 군인, 납품업체 등에 지불한다는 내용이었다. 혁명적인 아이디어였다. 다른 지폐와 달리 스폴딩의 지폐는 나중에 금이나 은으로 태환되지 않았다. 이는 정부가 금속화폐의 공급에 구속되지 않는다는 의미였다. 또 의회가 인정하는 범위 내에서 무제한 발행할 수도 있었다. 더구나 스폴딩의 지폐는 이자도 지불하지 않았다. 오늘날에는 당연하게 받아들여지지만 당시에는 거의 모든 정부의 채권이나 증권은 이자를 지급했다. 또 지폐의 만기도 없었다.

이자도 지불하지 않고 만기에 정화로 태환되지 않는 지폐를 사람들이 화폐로 받아들일까? 해결책은 바로 법정통화로 만드는 것이었다.[4] 즉, 스폴딩의 지폐를 모든 채무 이행과 상거래에 강제로 통용하게 만들면 됐다. 이는 금이나 은 같은 금속에 기초하지 않고 정부의 권한만으로 화폐로 인정하는 것인데, 은행가들은 정부의 지폐가 수많은 민간 은행들의 은행권을 대체할 것을 우려했다. 더구나 금, 은과 무관한 지폐라는 개념에 경악했다. 금과 은에 대해서는 전 세계적인 시장가격이 있다. 그래서 미국이 다른 나라들과 거래도 할 수 있었다. 그러나 스폴딩의 지폐는 이 연계를 단절한 것이다.

1862년 초, 이 법안에 놀란 은행가들은 대체 법안 마련을 시도했다. 하지만 그들의 입지는 약했다. 그들이 발행한 은행권들은 태환이 정지된 상태였기에 할인돼 거래되고 있었다. 결국 은행가들은 대체 법안 마련에 실패했다. 이제 정부가 은행을 뛰어넘어 직접 화폐를 발행하는 당사자가 되었다.

법정통화 논쟁은 전쟁 시기의 가장 심각한 논쟁거리 중 하나였다. 스폴딩은 자신의 법안이 전시의 긴급한 상황에서 고안된 거라며 반대론자들을 설득했다. 반대론자들은 지폐 발행이 파멸적인 인플레이션을 유발할 거라며 반론을 제기했다. 과거 독립전쟁에서도, 나폴레옹전쟁에서도, 영국과 프랑스 간 전쟁 때에도 추진됐던 지폐 발행은 결국 인플레이션으로 귀결되었다.

그러나 당시 북부의 상황에서는 지폐 발행이 불가피했다. 문제는 법정통화로 강제력을 인정할 것인가 여부였다. 공화당에서도 이를 우려하는 사람이 많았다. 그런 상황에서 하원 세입위원회 위원장인 새디어스 스티븐스(Thaddeus Stevens)는 법정통화 지위를 인정할 것을 강력히 지지했다. 그는 법정통화로 인정하지 않으면 오히려 인플레이션이 더 늘어날 것이라고 반박했다. 스티븐스는 무상 공교육 도입에 앞장섰고, 노예제 폐지를 적극 추진했을 뿐 아니라, 남북전쟁 승리 후 남부의 농장을 몰수해 해방된 흑인들에게 배분하자고 주장하는 등 매우 진보적인 정치인이었다.

법정통화 논쟁은 헌법 논쟁으로까지 비화됐다. 헌법에서는 명시적으로 이와 같은 통화를 허용하지도, 금지하지도 않았다. 가장 강력한 반대

이유는 도덕적 근거였다. 법정통화는 단순히 종이에 불과한 것을 화폐로 통용되게 하므로 사기라는 것이다. 과거 금본위제하에서 채무를 졌던 사람들이 지폐로 상환하는 것은 부당하다는 의견이었다.

결국 스폴딩의 법안은 지폐 발행 한도를 1억 5,000만 달러로 정했다. 이는 매일같이 200만 달러를 지출하던 당시 상황에서는 얼마 안 가 전부 소진될 금액이었다. 또 20년 만기 장기 채권을 5억 달러 규모로 발행하도록 허용했다. 이 채권의 이자율은 연 6%로, 5년 후 정부가 채권 금액을 조기상환하고 회수할 권리가 있었다. 이 채권은 5-20채권으로 불렸다. 공화당 지지자들은 법정통화인 지폐로 이 장기 채권을 구입하면 재무부로 지폐가 환류되므로 그때 다시 발행하면 된다고 주장했다. 이런 식으로 운용하면 법정통화인 지폐가 자금이 장기 채권으로 유입되는 통로 역할을 할 수 있다는 것이었다.

링컨의 지지로 탄생한 '그린백'

스폴딩 법안의 지지자들도 과연 시민들이 6%의 이자를 지급하는 장기 채권 대신 무이자인 법정통화를 보유하려 할지에 대해 확신하지 못했고, 이 문제에 관해 회의했다. 그런데 링컨은 법정통화 법안에 전적으로 찬성했다. 그리고 체이스에게 행정부의 입장을 정리하도록 했다.

1862년 2월 3일, 체이스는 스폴딩 법안을 전폭적으로 지지한다고 선언했다. 언론이 가장 우호적이었다. 찬성자들은 더 많은 화폐가 공급되면 임금이 올라 노동자에게 유리하다고 주장했다. 가장 설득력 있는 주장은 법정통화가 전쟁터의 군인에게 유리하다는 것이었다. 반면에 은행가들은 분열된 채 대안을 제시하지도 못했다. 그러나 체이스의 노력에도 불구하고 의회에서 법안이 통과될지는 여전히 미지수였다. 우선 하원은 1862년 2월 6일에 93 대 59로 법안을 가결했다. 상원의 결정만 남았다.

상원 금융위원회 위원장 윌리엄 페센든(William Fessenden)도 링컨처럼 휘그당의 경제적 어젠다인 교통, 은행, 관세 등에 관심을 가졌다. 페센든은 법정통화 반대론자들의 의견을 고찰했다. 그와 동료들은 이자도 만기도 없는 법정통화 지폐는 일종의 채무라고 생각했다.

사실 법정통화에 찬성하는 사람들마저 지폐는 임시방편이므로 미래가 불투명하다고 봤다. 채무라는 점보다 더 우려되는 사항은 이 지폐가 일종의 강제된 대출이라는 점이었다. 국민이 채권자가 되고 국가는 채무자가 되는 구조였고, 아무도 이에 저항할 수 없었다. 이 점이 페센든의 상업 윤리에 거슬렸다. 아무리 비상 상황이라도 이런 극단적 조치를 용인할 수 있는지 고민스러웠다.

페센든의 또 다른 걱정은 국제시장의 반응이었다. 외국 채권자들이 미국을 더 이상 신뢰하지 않게 될 것을 우려한 것이다. 충분히 근거가 있는 우려였다. 이 점을 고려해 페센든은 하원에서 통과된 법안을 수정했다. 원안에서는 공적, 사적 채무를 불문하고 모든 채무 이행 시 법정통화로 지불할 수 있도록 했으나 수정안에서는 국채 보유자들만은 예외로 두어 법정통화인 지폐가 아니라 주화로 이자를 지불받게 했다.[5] 이는 국내외 투자자들의 이익을 보호하기 위해서였다. 해외, 특히 영국 투자자들과 사업가들의 우려를 반영한 조치였다.

하지만 이 조치는 법안을 불평등하게 만들었다. 전쟁터의 병사들과 일반 시민들은 지폐로 지급받고, 채권 보유자는 주화로 지급받는 상황은 공평하지 않았지만 휘그당적 상업관에 충실한 페센든에게 이는 당연했다. 이 수정 법안은 상원에서 찬반 30 대 7로 통과됐다.

공은 다시 하원으로 넘어왔다. 상원에서 수정안을 냈기에 다시 투표에 부쳐야 했던 것이다. 상원에서 주화로 채권 이자를 지불하도록 한 수정안을 하원에서는 받아들이기 어려웠다. 이 안에 따르면 지폐보다 금에 대한 수요를 더 키울 것이었다. 스티븐스는 금융 계층과 그 외 계층 간의 불균형을 조성한다는 점에서 더욱 분노했다. 결과적으로 은행가들과 브로커들을 위한 통화와 일반 시민들을 위한 통화로 두 종류의 통화를 만든 셈이었기 때문이다. 스티븐스는 타협안을 제출했다. 관세, 연방 토지 매각 대금 또한 주화로 납부하도록 한 것이다. 이는 정부에 국채 이자를 지급할 주화를 마련할 길을 만들어주었다.

1862년 2월 25일, 링컨은 의회를 통과한 법정통화법에 서명했다. 이 법으로 미국에 불환지폐가 도입됐다. 금속화폐와 무관하게 오로지 국가의 권력만을 근거로 한 화폐가 창출되었다. 이는 제2차 미합중국은행 폐쇄 이후 처음으로 전국적으로 통용되는 화폐이기도 했다. 이 지폐는 뒷면이 녹색이라서 '그린백(Greenback)'이라는 이름으로 불렸고 '링컨 달러'라고 불리기도 했다.

하지만 처음부터 그린백은 금에 비해 2% 할인된 금액에 거래되었다. 가치는 계속 하락했고, 연말 즈음에는 1달러 금화 대비 1달러 그린백의 가치가 겨우 75센트에 불과했다. 1862년에 북부 물가는 12% 상승했는데 이는 그린백의 영향도 있었다.

그럼에도 그린백은 순기능이 더 컸다. 북부연방 정부 재무부는 병사의 월급 지급과 군수품 구입에 그린백을 사용했다. 북부연방 정부의 신용이 올라가 더 좋은 이율로 돈을 빌릴 수도 있게 됐다. 사용 가능한 화폐가 마련되자 은행도 활력을 찾았다. 그린백은 절박한 시기에 중요한 기능을 수행했다.

모든 시민들이 이 법정통화를 받아들였다. 1862년 이후에는 그린백, 즉 링컨 달러가 대세가 되었다. 이제 민간 은행의 영역이었던 화폐 발행에 연방정부의 권력이 미쳤다. 중앙집권적 국가로 한걸음 더 나아간 것이다. 미국 반독점법의 효시인 셔먼독점금지법을 주창한 존 셔먼(John Sherman) 의원은 그의 회고록에서 "법정통화법은 미국 역사의 전환점"이었다고 평가한다.

이와 별도로 체이스는 1862년 3월 1일에 의회의 승인을 얻어 군수품 납품업체에 1년 만기에 6%의 이자를 지급하는 일종의 차용증서를 발행했다. 법정통화는 아니었지만 이 차용증서도 화폐처럼 유통됐다. 이렇게 남북전쟁 중 5억 달러 이상의 차용증서가 발행됐다. 상당히 큰 금액이었다. 점차 화폐와 신용의 경계가 모호해졌다. 신용을 인정받은 차용증서는 유통할 수 있는 잠재적 화폐가 되었다.

힘겨운 남부의 전비 조달 상황

북부와 마찬가지로 전쟁 준비가 되어 있지 않았던 남부는 어떻게 전비를 조달했을까. 링컨이 법정통화법에 서명한 지 얼마 지나지 않아 남부에서도 법정통화를 신설하는 법안이 제출됐다. 하지만 이는 남부의 이념에 반하는 일이었다. 남부에서는 헌법에 명시적으로 허용된 것 이외의 어떤 권한도 정부가 행사하지 않아야 한다고 여겼기 때문이다. 남부연합의 재무부 장관 크리스토퍼 메밍거(Christopher Memminger)도 반대했다.[6] 하지만 전비 지출이 날로 급증하자 선택의 여지가 없었던 메밍거는 지폐 발행을 결정했다. 남부의 지폐는 뒷면이 회색이라서 '그레이백(Grayback)'으로 불렸는데, 법정통화는 아니었다. 1861년 말까지 1억 달러의 지폐가 발행됐고 이듬해 3월에는 발행량이 2억 달러에 이르렀다.

같은 해 봄, 남부연합 의회는 이자 8%인 5,000만 달러 채권 발행을 승인했다. 정부는 다양한 방법으로 대금을 받았다. 메밍거는 채권을 판매하고자 했으나 사람들이 관심을 갖지 않자 매우 혁신적인 방식을 고안했다. 농민들이 농산물을 담보로 제공하고 채권을 매입하는 방식이었다. 이 채권을 '농산물대출(Produce Loan)'이라고 명명했는데, 대부분 면화로 납부됐다. 여름 즈음, 의회는 추가로 1억 달러 채권 발행을 승인했다.

농산물채권은 처음엔 잘 팔렸지만 곧 판매가 줄었다. 면화 농장주들이 현금을 보유하기 위해 면화를 보존했기 때문이다. 1862년 봄에 의회가 세 번째로 2억 5,000만 달러의 채권을 발행하자 주민들의 호응은 격감했다. 전쟁 말기까지 남부연합이 발행한 채권은 약 7억 1,000만 달러에 달했다.[7]

남부연합의 상황은 북부연방에 비해 불리했다. 가장 큰 문제는 남부의 많은 주가 1837년 금융위기 후 채무를 이행하지 않았다는 점이었다. 미시시피나 앨라배마 같은 주들이 주정부가 발행한 채권 상환을 거부했다. 당시 많은 주민들은 은행들의 파산과 면화 값 하락으로 고통을 겪고 있었기에 주정부 채권이 도움이 되기를 희망했다. 그러나 그 기대를 배신당했던 것이다. 그러다 보니 북부와 같은 채권 매입 열기를 끌어내기가 쉽지 않았다.

또 남부인들은 토지나 노예, 항구에 발이 묶여 수출되지 못하는 면화가 자산의 대부분이어서 채권을 매입할 여력도 없었다. 외국인도 마찬가지였다. 런던, 파리, 암스테르담의 유럽 은행가들에게는 과거 남부 주들의 부도로 손해를 입었던 기억이 남아 있었다.

결국 메밍거는 의회에 조세 부과를 요청했고, 1862년부터 주정부들은 세금을 내기 시작했다. 1862년 말에 1,660만 달러의 세금이 납부됐다. 하지만 전쟁이 진행되면서 세금 납부는 점점 더 저조해졌다. 총 약 1,750만 달러의 세금이 징수됐는데 이마저도 시민들이 납부한 게 아니라 대부분 주정부가 금융기관 등으로부터 빌려서 납부한 것이었다. 1864년 2월에는 추가 과세를 근거로 8개 주에서 3,500만 달러를 징수했다. 전쟁 중 남부가 징수한 수입 관세는 고작 350만 달러에 불과하고, 수출 관세는 거의 전무했다.

한편 법정통화도 아닌 남부 지폐는 북부 지폐에 비해 인기가 없었다. 그럼에도 전쟁 초기에 화폐 발행은 남부연합에는 전비 조달의 주요 원천이었다. 여기에 더해 남부의 각 주정부에서 지폐를 발행해 약 15억 달러 규모의 여러 지폐가 유통됐다. 그 결과 인플레이션을 피할 수 없었다. 특히 1864년 봄부터 인플레이션은 격심해졌다.

채권 판매의 귀재 쿡

다시 북부 상황을 보자. 1862년 10월 말, 체이스는 5-20채권의 독점 판매 대리인으로 쿡을 지명했다. 쿡은 판매 수수료로 최초 1,000만 달러에 대해 0.5%, 그다음부터는 0.375%를 받기로 했다. 홍보 비용은 그가 부담했다. 쿡은 자신의 회사를 전국적인 판매 조직으로 만들었다. 전신을 써서 주문을 받기도 했는데, 이는 최초의 와이어하우스(Wire House)●였다. 그는 이후로도 월가에서 성행한 여러 업무 방식을 개척했다. 쿡은 지역 은행가들을 에이전트로 고용해 마케팅했다. 11월 둘째 주가 되자 농부, 상인, 기능공, 자본가를 대상으로 한 광고를 본격적으로 내보내기 시작했다. 이전에 했던 것처럼 애국심에 호소했다.

전투에서 고전할 때는 매입을 망설였지만, 북부 투자자들에게 5-20채권은 매력적이었다. 1년에 두 번 이자를 지급하는 데다 50달러짜리 소액채권도 있어서 상인, 농부 등 일반 시민들도 쉽게 매입할 수 있었다. 게다가 그린백의 가치를 온전히 인정받아 그린백으로 매입할 수도 있었다. 연 6% 이자도 매력적이었다. 이 채권의 이자는 금화로 지급됐는데, 쿡은 원금도 금화로 지불되리라는 식으로 교묘히 선전했다. 이는 보장된 건 아니었다. 그럼에도 사람들 사이에 채권 만기에 원금도 금화로 지급될 거라는 믿음이 널리 퍼졌다. 이런 인식이 마술을 부려 불환지폐가 정화가 되었다.

또 쿡은 이 채권이 북부연방 전체의 생산력을 담보로 한 것이라고 선전했다. 연방정부가 조세권을 가지고 있으므로 5-20채권은 국가 경제를 담보로 한 것이라고 말이다. 북부연방이 존속하리라고 믿는 사람들에게 이 채권은 좋은 투자 상품이었다.

쿡의 전략은 대성공을 거뒀다. 1862년 6월까지 5-20채권은 겨우 1,400만 달러만 팔렸는데, 그가 판매 대리인이 된 10월 말 이후 11월 말까지 추가로 1,000만 달러가 팔렸다. 해밀턴의 꿈이 결실을 맺는 순간이었다. 시민들은 연방정부가 충분한 재정 능력을 갖추는 것에 대한

● 본점과 각 지점에 전화, 전신 등의 통신 설비를 갖춰둔 증권 회사.

이해관계를 공유했다. 정부의 재정 능력 없이는 이 채권의 상환이 어려웠기 때문이다. 이제 통합적 연방국가를 지향하는 연방주의는 더 이상 애국심 차원에 머물지 않고, 경제적 실체를 갖게 되었다.

한편 그린백은 북부연방 의회에서 추가 발행을 승인해 3억 달러가 유통되었다. 하지만 그린백에 대한 사람들의 신뢰는 점점 떨어졌다. 사람들은 금을 저장했다. 금이 희소해지자 1달러 금화로 그린백 2.85달러를 매입할 수 있을 만큼 그린백의 가치가 떨어졌다. 그린백의 가치 하락으로 유통에 문제가 생겼다. 재무부는 은행으로부터 자금을 조달하기도 어려워졌다. 연방정부의 부채가 날로 급증하면서 금융계도 외면했던 것이다. 북부연방에는 새로운 돌파구가 필요했다.

중대한 금융개혁, '국법은행'의 탄생

링컨은 뛰어난 금융인이기도 했다. 켄터키와 인디애나의 시골에서 성장한 그는 신뢰할 수 없는 지폐와 부족한 신용 공급이 주민들을 얼마나 절망에 빠뜨릴 수 있는지 목격했다. 이런 경험이 그의 정치관을 형성했다.

그는 재무부가 직접 통화량을 관리하는 독립금고제도에 비판적인 입장이었다. 이런 그의 생각은 1839년에 대선 후보로 출마한 윌리엄 해리슨(William H. Harrison) 지지 연설에서 잘 드러난다. 그는 독립금고제도로 인해 막대한 양의 금과 은이 활용되지 못한 채 금고에 잠자게 되었다며 화폐 유통량이 감소하게 되면 그 피해는 일반 시민들이 입는다고 지적했다. 만약 정부가 금고의 돈을 은행에 예치했다면 이를 바탕으로 신용이 창출돼 생산적 활용이 가능하다는 것이다.

실제로 독립금고제도가 내세운 명분은 정부 자금을 안전하게 보관한다는 것이지만, 이는 사실상 비밀 금고였다. 링컨은 오히려 폐지된 미합중국은행의 장점을 강조하면서 국법으로 설립되는 통합된 은행 시스템을 주창했다. 이 점에서 그는 해밀턴과 생각이 같았다. 링컨은 이 연설에서 정부의 가장 긴요한 임무는 건전하고 단일한 통화를 국민에게 공급하는 것이라고 역설했다.

그는 부분지급준비제도에 대해서도 잘 알고 있었다. 건전한 화폐와 잘 운용되는 신용 시스템이 도로, 운하, 철도 등 인프라 건설 자금을 조달하는 데 핵심적이었다. 링컨이 중시한 삶의 개선을 위해 경제 발전이 필요했다. 1861년에 대통령으로 취임한 후, 그는 독립금고의 안정성과 부분지급준비제도의 유연성을 모두 갖춘 국가 금융 시스템을 원했다. 안정적인 금융시장이 성실한 노동의 결실을 보호할 수 있다고 믿었기 때문이다.[8]

그린백을 긍정적으로 평가했던 링컨이지만 전후에는 가능한 한 빨리 금속화폐를 바탕으로 한 체제로 돌아가기를 원했다. 불환지폐는 놀라운 방책이었지만 임시방편에 불과했기에 항구적인 통화가 필요했다. 그러나 체이스와 마찬가지로 링컨도 과거와 같이 각 지역의 주법은행 은행권과 주화로 구성된 체제로 복귀하기는 어렵다는 것을 알았다. 1,600개 주법은행이 발행한 총 8,000여 종의 은행권이 유통되던 시절을 경험한 그들에게 주법은행 은행권은 믿을 만한 것이 못 됐다. 이 은행권들은 너무 다양하고 가치도 상이한 데다 주마다 다른 법으로 규제되었으며 위조도 횡행했다. 체이스는 특히 이러한 은행권들이 인플레이션의 주범이라고 비난했다.

체이스는 민간 은행이 아닌 정부가 화폐 유통을 통제해야 한다고 믿었다. 그러나 미합중국은행 같은 힘센 은행을 다시 신설하는 것은 그의 선택지가 아니었다. 이제 남은 길은 연방정부의 규제하에 새롭게 신설되는 복수의 민간 국법은행들이 단일한 은행권을 발행하는 복합적 시스템이었다. 이 은행들은 연방정부의 허가를 받으므로 국법은행이지만, 어디까지나 독립적으로 영리를 추구하는 조직이었다. 다만 이 은행들의 은행권이 중요한 화폐가 되므로 발행, 유통과 관련해서는 정부의 강한 규제가 필요했다.

민간 국법은행은 일부 자본금을 연방정부 채권에 투자해야 할 의무를 부담한다. 그리고 그 채권을 정부에 예치하고 이를 근거로 은행권을 발행한다. 이 채권을 대량 매입해야 하는 민간 국법은행들은 연방정부의 새로운 자금줄이 된다. 민간 국법은행들이 미국 국채를 근거로 화폐를 발행하면 이 화폐를 사용하는 개인들도 정부와 경제적 운명을 같이하게 된다. 화폐발행의 최종 근거가 되는 국채의 신뢰가 무너지면 이를 근거로 한 화폐의 가치도 무너지는 것이다. 이는 공화당적 이념으로 잭슨주의에는 반한다. 중앙정부의 권력을 강화하는 것이기 때문이다.

체이스는 머지않아 국법은행 은행권이 주법은행 은행권을 대체해 연방정부 통제하에 단일통화가 될 것이라고 여겼다. 일단 이 시스템이 정착하면 새 국법은행들은 재무부의 고객이 될 것이고 그로 인한 재정적 효과도 커질 것으로 예상했다. 링컨도 이 개혁안을 적극적으로 지지했다. 나중에는 그답지 않게 직접 나서서 의원들을 상대로 설득하기도 했다. 하지만 주법은행들이 이를 반대할 게 뻔했고, 당시 의회에 미치는 그들의 정치적 영향력은 컸다. 그래서 법안이 통과될지는 미지수였다.

링컨의 지지에도 체이스의 제안은 의회의 강력한 반대에 부딪혔다.

법정통화법을 통과시키는 데 결정적 역할을 한 스폴딩도 이 제안에는 반대했다. 그는 주법은행 체제를 옹호했다. 체이스가 내놓은 제안의 기본 방향은 주법은행권에 세금을 부과해 주법은행권을 소멸시키고 주법은행을 압박해 국법은행으로 전환하도록 유도하는 것이다. 그러나 은행권 발행 권한은 화폐를 찍어내는 면허와 같아서 주법은행들은 이 특권을 유지하고 싶어 했다.

스폴딩은 뉴욕의 주법은행들이 잘 운영되고 있다고 생각했고 실제로도 그랬다. 체이스도 뉴욕의 주법은행 체제를 참고하여 국법은행 체제를 고안했다. 하지만 다른 주에서는 규제가 느슨해 문제가 많았다. 이것이 재무부에 명분을 제공했던 것이다. 국법은행 설립에 관한 논쟁은 주정부 대 연방정부의 싸움으로 점차 전환됐다. 체이스의 반대편 사람들은 "연방정부의 권력을 전례 없이 확대하는 일"이라며 비판하고 나섰다.

1863년 1~2월 내내 체이스는 의회와 협상했다. 그사이 그린백의 가치는 더 하락했다. 1월 20일경, 금의 그린백에 대한 프리미엄은 54% 상승했고 같은 달 말에는 60%까지 올랐다. 체이스는 상원 금융위원회 위원장 페센든에게 금값 폭등의 유일한 구제책은 국법은행법이라고 설득했다. 당시 발생한 금융위기로 채권 판매도 어려워진 상황이었다.

한편 쿡은 체이스의 제안대로 실행된다면 채권시장이 활성화될 것이므로 이에 찬성했다. 그는 자신의 특기를 살려 신문 광고를 미끼로 언론을 회유해 국법은행을 홍보했다. 신문에는 이 제안을 지지하는 기사가 넘쳐났다. 1863년 1월 하순, 체이스의 부탁으로 쿡은 평소 잘 아는 상원 금융위원회 소속 의원 셔먼에게 국법은행의 필요성을 역설했다.

셔먼은 며칠 후 국법은행 설립 법안을 제출했다. 주법은행의 영향력이 강하고 주법은행 은행권이 액면가에 가깝게 유통되던 동부 지역에서는 특히 반대가 심했다. 한편 다른 지역에서는 주법은행들의 신용이 이미 많이 추락해 있었다.

셔먼은 국법은행법 통과를 설득하기 위해 애국심에 호소했다. 그는 주정부보다 연방정부를 우위에 두는 것을 국가 건설이라고 설명했다. 해밀턴 이래로 그렇게 강력한 주장을 한 사람은 없었다. 연방국가로부터 분리하려는 남부 주들을 저지하기 위해 남북전쟁을 치르는 와중에, 연방정부를 강화하는 국법은행 법안은 이제 전쟁의 명분에 부합하는 것이 됐다.

셔먼은 또 주법은행의 부패와 일반 시민들에 대한 통화 공급 부족을 질타했다. 여러 주정부의 느슨한 규제로 난립한 주법은행들의 문제점을 시정할 필요성을 제기한 것이다. 그는 새 법안에서 자본금 요건을 강화해 안전장치를 더욱 튼튼하게 했다. 은행 설립 시 자본금은 10만 달러로 하되, 매우 작은 규모의 마을에서만 최소 자본금을 5만 달러로 정했다. 매우 까다로운 지급준비금과 더불어, 부동산 대출 금지도 규정했다. 또 은행 주주들도 은행 운영 실패 시 연대해서 책임지도록 했다. 다만 셔먼은 전체 국법은행이 발행할 수 있는 은행권을 3억 달러 규모로 제한했다. 새 법안에 따르면 연방정부와 은행들은 파트너가 될 수 있었다. 연방정부의 자금 수취 기관이 되면 새 국법은행의 위상도 높아지기 때문이었다.

나아가 셔먼은 모든 국법은행들이 단일한 디자인으로 발행하는 은행권의 이점을 강조했다. 이제 미국의 은행권이 잉글랜드은행의 은행권처럼 국제적으로 통용될 것이라고 설득했다. 셔먼은 동부 지역 의원들의 지지를 얻기 위해 일부는 타협했다. 주법은행이 발행한 은행권에 부과하는 세금을 2%로 제한하기로 한 것이다.

이렇게 완성된 은행 개혁 법안은 링컨의 생일인 2월 12일에 상원에서 23 대 21로 가까스로 통과됐다. 하원에서도 법안 반대파 일부가 입장을 바꾸면서 통과됐다. 중앙집권주의라는 공화당 이념의 승리였다. 2월 25일, 링컨은 국법은행법에 서명했고 국법은행을 감독할 기관으로 통화감독청을 신설했다. 미국의 금융 구조는 국법은행법 제정으로 크게 변했다. 미국 역사상 중대한 금융개혁이 이뤄진 것이었다. 국법은행제도는 발전된 은행 시스템으로 향하는 길을 열었다.

이후 3월, 연방 하원은 재무부에 단기 국채 발행 및 1억 5,000만 달러 규모의 그린백 추가 발행을 승인했다. 북부는 조세권, 새 은행 제도, 생산적 상업경제를 무기 삼아 전열을 정비했다.

남부의 새로운 시도, 면화 담보 채권

반면 남부는 물자 부족과 물가 상승으로 고전했다. 매월 물가 상승률이 10~15%나 되었다. 개전 초에 팔린 남부 채권 가격은 금화 대비 33%로 하락했다. 1863년 1월, 남부연합 정부는 젊은 독일 은행가 프레데리크 에를랑거(Frédéric d'Erlanger)와 계약을 체결했다. 에를랑거는 남부에 쌓인 면화를 담보로 채권을 발행하자고 제안했다. 이 채권의 총 발행액은 300만 파운드로, 20년 만기에 연 7% 이자를 영국의 파운드로 지급하도록 돼 있었다. 이때 투자자는 채권 액수만큼 뉴올리언스의 중등급 면화를 매수할 수 있었다. 또, 면화 매수 가격은 전쟁 전과 같은 파운드당 6펜스였다. 당시 영국 리버풀에서 거래되는 중등급 면화 가격은 대략 22펜스였으니 투자자에게는 매우 매력적인 조건이었다.

문제는 투자자가 면화를 남부에서 수령해야 한다는 점이었다. 전쟁 기간 중 남부 정부가 면화를 강이나 철도 역에서 10마일 이내까지만 운송해 주면 그 이후로는 투자자가 알아서 북부의 봉쇄를 뚫어야 했다. 종전 후까지 기다리겠다는 투자자에게는 남부 측에서 항구까지 운송해 주기로 했다. 대부분 투자자들은 남부의 승리를 믿고 기다렸다. 남부가 패배했을 경우의 위험은 고려하지 않았다. 거액의 이익을 얻을 가능성에 눈이 멀었던 것이다. 에를랑거의 면화 채권은 파리, 프랑크푸르트, 런던, 암스테르담에서 인기를 끌었다.

하지만 투자자들이 이 채권의 잠재적 위험을 인지하고 투자 열기가 식으면서 면화 채권의 가격이 떨어지자 당황한 에를랑거는 남부연합 정부 측에 채권 매각 대금 일부를 이용해 채권을 재매입해서 가격을 지지해 줄 것을 요청했다. 이에 남부연합 정부는 채권 매각 대금 중 상당액을 투입해 가격을 조작했으나 실패했다.[9] 남부 측이 여러 비용을 제외하고 실제 수령한 돈은 채권 발행가액의 60%에도 미치지 못했다.

채권 판매와 비례한 북부연방의 신뢰도

남부가 면화 채권을 발행한 지 얼마 지나지 않아, 체이스는 쿡을 앞세워 5-20채권 매각에 박차를 가했다. 1863년 4월부터 재무부는 매일 채권을 100만 달러 이상 팔았고, 5월에는 일간 판매액이 200만 달러에 이르렀다. 5-20채권 판매액은 새로 도입된 세금과 함께 북부 전비 조달의 주된 수단이 되어주었다. 6월 말까지 1년간 판매된 5-20채권 금액은 무려 1억 7,500만 달러에 달했다. 이 중 4분의 3을 쿡이 판매했고,

나머지는 재무부가 직접 팔았다.

그 결과 1863년 봄 즈음의 체이스는 여유로웠다. 북부연방의 부채는 11억 달러로 늘었으나 재무부는 이를 상환하고도 남을 자금이 있다고 믿었기 때문이다. 관세를 비롯하여 아직 초기 단계인 세금 수입이 총 1억 700만 달러 수준으로 전년 대비 두 배로 늘어난 상태였다. 이는 전쟁 부채의 이자 지급과 정부 운영에 쓰기에 충분한 금액이었다.

그러나 1864년 전쟁 상황이 불리해지면서 남부군이 북부의 수도 워싱턴 D.C.마저 위협했다. 그러자 금융시장에 패닉이 발생했다. 7월에는 금값이 치솟아 금화 1달러는 2.85그린백 달러가 됐다. 인기 있는 5-20채권을 추가로 발행할 수도 있었지만 이자를 금화로 지불해야 한다는 게 문제였다. 6월에 사직한 체이스의 후임 페센든은 새로운 채권을 4억 달러가량 발행했다. 3년 만기의 7-30채권이었다. 이자는 금화가 아닌 일반 화폐로 지급했다.

페센든은 채권 판매에 나섰지만 투자자들은 그다지 매력을 느끼지 못했다. 매일 약 300만 달러를 조달해야 할 상황이었던 그는 1865년 1월, 쿡을 판매 책임자로 고용했다. 이 소식이 전해지자 7-30채권은 인기를 얻고 판매에 불이 붙었다. 심지어 유럽에서도 인기가 있었다. 쿡은 국법은행을 대리인으로 활용하고 이전에 썼던 마케팅 기법을 동원했다. 5-20채권과 마찬가지로 일반 시민들도 채권을 매입한다는 민주적 색채를 강조했다.

쿡이 판매를 맡기 전 하루 판매량은 77만 1,000달러에 불과했으나 쿡이 손을 댄 이후 2~3월에는 채권이 300만 달러씩 팔리기 시작했다.[10] 이는 전비 조달과 국채 상환에 충분한 금액이었다. 3월 3일, 의회는 추가로 6억 달러의 채권 판매를 승인했다. 북부의 금고에는 돈이 넘쳐났다. 쿡은 북부 지역 인구의 5%에 해당하는 사람들에게 채권을 팔았다. 이는 당시 은행 계좌를 보유한 미국인이 1% 미만이었다는 사실을 고려했을 때 엄청난 성과였다.[11] 다수의 채권 보유자들의 등장과 채권의 보급은 나중에 미국 금융 발전에 지대한 영향을 미친다.[12]

페센든의 후임으로 재무부 장관이 된 휴 매컬러(Hugh McCulloch)는 쿡의 수수료를 올려 판매를 독려했다. 최종적으로 7-30채권은 약 8억 3,000만 달러가 팔렸다. 이는 미국 전비 조달 역사에서 가장 민주적인 캠페인이었다. 채권의 이자가 금이 아니라 지폐로 지불됐기에 정부에 대한 시민들의 신뢰가 전제되어야 했다. 계층, 인종, 지역과 무관하게 시민들을 결속시켰고, 시민과 연방정부는 전례 없이 하나가 되었다. 북부의 채권 판매에서 해외에 팔린 금액은 약 15%를 차지했다. 수억 달러의 채권이 유럽에 매각됐다. 이미 전쟁 전 철도채권을 매입했던 유럽 투자자들, 특히 독일과 네덜란드 투자자들이 주로 이를 매입했다.[13] 외국에서도 북부연방을 신뢰한 것이다.

한편, 북부연방 정부는 소득세를 도입했다. 1861년에 일률적으로 800달러 이상의 연소득에 대해 3%의 세금을 부과하기 시작했는데, 이는 어쩔 수 없이 임시로 부과되는 차악이었다. 그래도 이는 미국 최초의 소득세로 연방정부의 권한이 확장되었다는 뜻이었다. 시민과 정부의 관계를 새롭게 규정한 것이기도 했다. 관세도 급격히 인상해 1864년에는 관세율이 47%에 이르렀다. 전쟁 중 북부는 정부 예산의 21%를 조세로 충당했다. 당시 남부의 조세 충당 비율은 5~6%였다. 북부가 더 많은 조세를 징수한다는 사실은 채권 상환에 대한 신뢰를 더욱 높여주었다.

남북전쟁을 기회로 연방의 권력을 확대하다

1865년 4월 1일, 남부의 수도인 리치먼드가 함락됐다. 남부군 총사령관 로버트 리(Robert Lee) 장군은 더 이상 싸울 수 없는 상태에 이르렀다. 결국 4월 9일, 버지니아주 애퍼매톡스에서 북군의 율리시스 그랜트(Ulysses Grant) 장군이 지켜보는 가운데 리 장군이 항복문서에 서명하면서 남북전쟁은 사실상 끝났다.

북부연방의 승리는 미국의 성격을 바꾸었다. 미국 시민들은 채권을 통해 국가 대의와 결합했다. 평범한 소액 저축자들까지 채권시장에 포섭한 북부의 시도는 효과적이었다. 성공적으로 활약한 쿡이나 재무부가 아니라, 일반 시민들이 진정한 영웅이었다.

남북전쟁은 북부연방 정부의 잠재력을 보여주는 계기가 됐다. 전후 7-30채권은 다른 국채로 전환됐고, 쿡이 예견한 대로 연방정부 채권은 금으로 상환됐다. 많은 채권이 조기에 상환됐다. 정부의 채권 상환 능력은 북부연방 정부의 강력함을 입증했다. 전쟁을 겪으면서 북부연방 정부 채무는 전쟁 시작 시점에 비해 무려 41배나 늘어 26억 8,000만 달러에 이르렀지만, 북부연방 정부의 신용은 높아졌다. 전쟁 전 뷰캐넌 정권에 비해 더 낮은 이자로 훨씬 더 많은 금액을 시민 등에게서 차입했다. 제퍼슨부터 뷰캐넌까지 연방정부는 제한적 연방 권력이라는 원칙에 갇혀 있었다. 그러나 링컨의 공화당은 이 도그마를 깨고 전쟁을 기회로 연방의 권력을 확대했다.

이 같은 차이가 나타난 것은 전쟁 중 남북이 각각 다른 선택을 했기 때문이다. 우선 전비 지출을 살펴보면 북부는 약 32억 달러를, 남부는 약 20억 달러를 지출했다. 남부는 전비의 54~60%에 해당하는 자금을 화폐 발행으로 조달한 데 반해 북부는 전비의 약 62%를 채권 판매로, 20%가량은 세금으로 마련했다. 그린백의 발행량은 북부연방 정부 총 부채의 6분의 1에 불과했다. 이런 신중한 대응 덕분에 북부에서 나타난 인플레이션은 훗날 두 차례의 세계대전 때보다 덜했다.

북부 공화당은 전비 조달을 위해 새로운 국법은행 시스템, 대규모 국채 발행, 국세 부과 등을 택했다. 반면 남부 민주당은 노예제를 보호하기 위해 조세 부과를 기피했다. 노예가 가장 큰 자산이었는데 조세를 부과하면 당연히 이에 대해서도 세금이 부과될 것이기 때문이었다.

또 남부는 관세에도 반대했다. 남부의 농산물, 주로 면화의 최대 소비자인 영국의 보복을 두려워했기 때문이다. 남부 채권에 대한 시민들과 해외 투자자들의 소극적 반응과 오히려 부메랑이 된 면화 수출 금지로 인해 남부에서는 전비 조달이 힘들었다. 결국 남부는 돈싸움에서 진 것이었다. 중앙집중화와 과세 정책을 민주주의에 반하는 것으로 여겼던 남부인들은 과도한 화폐 발행으로 하이퍼인플레이션만 유발했다.[14]

남부에서 전쟁 기간 발생한 인플레이션은 무려 9,000%에 달했다. "양키●는 전투에서 우릴 이긴 게 아니라 우리가 재무부와의 싸움에서 졌다." 어느 남부 군인의 평가다.[15]

해밀턴과 클레이의 이념을 현실화하다

체이스는 법정통화법을 소극적으로 지지했다. 그가 재무부 장관일

● 남북전쟁 때에 남군이 북군을 조롱하여 이르던 말.

때 이 법이 만들어졌지만, 장관을 그만둔 후 그는 잭슨주의자로 돌아갔다. 링컨은 이를 간과하고 그를 대법원장으로 임명했다. 전쟁이 끝난 후, 그는 그린백에 대한 입장을 공개적으로 바꾼다. 실제로 그가 대법원장이 된 후 제기된 소송에서 그는 자신의 입장을 명확히 했다. 그 소송은 전쟁 전 빌려준 돈을 채무자가 그린백으로 갚자, 정화로 돈을 돌려받길 원한 채권자가 제기한 것이었는데, 1869년 11월 대법원에서는 4 대 3으로 법정통화법이 위헌이라고 선고했다.[16] 이 다수파 중 한 명이 체이스였다. 그는 자신이 만든 법을 부정한 셈이다.

당시 대통령이었던 율리시스 그랜트는 이에 경악해서 대법관 두 명을 바로 임명했는데, 두 사람은 법정통화는 합헌이라는 소신을 가지고 있었다. 이후 그린백과 관련된 다른 두 사건에서 새로 구성된 대법원은 기존 판례를 뒤집고 그린백을 합헌이라고 판결했다. 그린백이 주화와 동등한 가치를 가진 대체물이라고 인정한 것이었다. 그린백 시대는 1879년까지 지속되었고, 의회가 새 지폐를 금과 태환하도록 규정하면서 역사 속으로 사라진다.

오늘날 미국의 화폐도 그린백의 후예로, 미국 정부에 대한 완전한 신뢰와 신용만으로 가치를 갖는 불환지폐다. 체이스는 그의 또 다른 성과물인 국법은행 시스템이 확고히 자리 잡는 것을 지켜보았다. 체이스국법은행(Chase National Bank, JP모건체이스앤드컴퍼니의 전신)은 그의 이름을 딴 것이다.

금융개혁을 이끈 링컨은 연방정부의 권한을 대폭 확대하고 주정부와 연방정부의 관계를 크게 바꾸었다. 그리고 채권 발행, 국법은행법, 그린백 발행, 소득세, 관세 등을 이용해 남북전쟁에서 이겼다. 이로써 남부의 분리 시도를 저지하고 통합된 합중국을 유지할 수 있었다. 더 강력해진 중앙정부와 더 안정적이고 발전된 화폐 및 금융 시스템을 구축하여 국민들의 애국적 참여를 이끌어낸 그는 해밀턴과 클레이의 이념을 구체화하고 실현해 냈다. 미국이 빠르게 비약할 수 있도록 단단한 경제적 기초를 만든 것이다. 링컨은 암살당한 날에도 재무부 장관 매컬러에게 전쟁을 마치고 떠나는 군인들에게 지불할 돈을 마련해 달라고 부탁했다. 그는 죽는 날까지 미국 정부의 재정 문제를 걱정했던 것이다.[17] 미국인들은 5달러 지폐에 링컨의 얼굴을 그려 넣어 그의 업적을 기린다.

링컨 사후에도 미국은 그가 만든 거대한 국가에서 더 이상 후퇴하지 않았다. 연방정부는 그 권한과 책임을 크게 넓혔다. 1870년대 초반, 연방정부는 공공사업에 매년 3,000만 달러를 배분했다. 1870년대 연방정부의 평균 예산은 약 2억 5,000만 달러로, 이는 1850년대 예산의 다섯 배였다. 1890년에 들어서는 3억 5,000만 달러로 늘었다. 내국세와 관세 수입이 남북전쟁 전보다 몇 배는 증가했고, 강력해진 재정을 바탕으로 연방정부의 적극적인 활동이 늘었다.

6장

금·은·지폐의 각축전,
화폐전쟁의 시대

남북전쟁 후 미국에서는 금융긴축을 원하는 금융보수주의자들과 이에 반대하는 금융개혁가들의 대결이 이어진다.

종전 직후 정부가 전쟁 중 대량으로 발행된 불환지폐, 즉 그린백을 회수하는 긴축정책을 실시하자, 이로 인해 고통을 받는 계층의 반발이 거셌다. 이들은 그린백을 더 발행해 물가를 올리고 채무를 경감하자는 생각이었다. 반대편에서는 금본위제를 중심으로 엄격한 통화제도를 운용해 채권자의 이익과 국제적 신뢰를 중시하자는 세력이 맞섰다. 그린백이 사라진 후 화폐 부족으로 물가가 하락하고 채무 부담이 커졌다고 생각한 농민과 광산업계 등은 은화를 자유롭게 주조해 통화량을 늘리자고 주장했다. 이에 맞선 보수적 금융세력은 금본위제를 고수하려 했다. 결국 화폐제도를 놓고 장시간 진행된 정치적 대결은 1896년 미국 대선에서 그 정점에 이른다.

당시 민주당 대선 후보였던 윌리엄 브라이언의 '금의 십자가' 연설은 오늘날까지도 기억된다. 하지만 이 대선에서 보수세력이 승리한 후 미국에는 금본위제가 확고히 자리 잡았고, 금융계의 파워도 더 커진다.

금융긴축으로 불붙은 화폐 논쟁

1896년 7월 9일, 시카고에서 열린 민주당 전당대회에서 네브래스카주 출신 전 하원의원 윌리엄 브라이언(William J. Bryan)은 "금 십자가 위에 인류를 못 박아서는 안 된다"라고 연설했다. '자유로운 은'이 국가의 번영을 가져온다고 믿었던 그는 금본위제를 맹렬히 비판했다. 이 연설로 다크호스로 떠오른 브라이언은 겨우 36세의 나이에 민주당 대통령 후보로 지명되었다. 그렇게 된 과정을 알기 위해서는 남북전쟁 직후로 거슬러 올라가야 한다.

남북전쟁이 끝난 1865년 당시 재무부 장관은 매컬러였다. 통화 문제에 보수적이었던 그는 그린백 회수와 금본위제 복귀 정책을 추진했다. 이는 매우 긴축적인 정책이었다. 그의 견해는 중금주의와 종교적 도덕주의에 기반했다. 즉, 금은과 같은 금속이 유일한 가치 척도이고, 신이 그와 같은 목적에서 이런 금속들을 준비한 것이라고 굳게 믿었던 것이다. 매컬러는 유통되던 약 4억 3,100만 달러 규모의 그린백을 회수하기 시작했다. 유통량은 6분의 1 수준으로 빠르게 축소됐다.[1]

결국 디플레이션이 나타났고, 매컬러의 긴축정책은 인기가 없었다. 매컬러의 정책 탓에 1860년대 후반 미국 경제는 슬럼프에 빠졌다. 곡물과 기타 상품 가격이 폭락하자 인민주의자들은 더 많은 그린백을 발행할 것을 요구했다.

그러나 금융긴축은 계속됐다. 당시 기득권층이던 공화당 주류 인사들이 금본위제 유지와 국법은행 체제 수호 입장을 견지했기 때문이다. 민주당 주류 인사들도 남북전쟁 이후로는 더 보수적으로 변하면서 금본위제로의 복귀와 통화긴축에 찬성했다.

한편, 남북전쟁 자금 조달에 공을 세운 쿡 같은 보수적 공화당원들은 부채 상환을 도덕(국가의 채무를 이행한다)과 애국심(부채가 발생한 대의, 즉 연방 유지라는 대의를 존중한다)의 문제라고 주장했다. 이들은 국채를 금으로 상환해야 한다고 여겼다. 그래서 채권을 비싼 금 대신 값싼 그린백으로 상환하려는 사람들을 '지불거절자(repudiationist)'라고 불렀다. 처음 채권 발행 시 상환 방법을 명확히 규정하지 않아 논란이 발생한 것이다.

그린백주의 vs. 금융보수주의

1868~1888년, 그린백운동이 일어났다. 이는 그린백을 더 발행하여 통화량을 늘리자는 취지의 운동인데, 이를 주도한 세력은 농민이었다. 농산물 가격 폭락으로 피해를 입은 농민들이 물가 상승을 위해서는 통화량이 늘어나야 한다고 보고 그린백운동을 벌인 것이다.

서부의 농민들은 높은 철도 요금과 중소형 운송업체들에 대한 차별에 저항하기 위해 반독점운동을 시작했다. 농작물저당제도, 지역 내 은행과 통화, 신용 부족으로 인해 고통을 겪던 남부 농민들과 기업들은 국법은행 시스템과 통화긴축의 대안을 모색했다.

그린백주의는 1870년대 남부와 서부 농민들 사이에 정착했는데, 이들 그린백주의자들은 금융이 국가 경제 및 정치 문제의 핵심이라고 인식했다. 그들은 정부가 관리하는 유연한 통화 시스템을 원했다. 금융을 중시하는 태도는 근본적으로 금융보수주의자도 마찬가지였다. 다만 그들은 금본위제와 국법은행 시스템을 수호했다.

두 진영의 금융 논쟁은 1870년대 경제위기에 대한 처방의 차이에서 유래했다. 그린백주의자들은 금융 시스템을 민주화할 수 있다고 믿었고, 공적으로 창출되고 통제되는 화폐를 원했다. 반면 금융보수주의자들은 정부의 역할을 제한하고 금융 시스템이 시장의 힘과 민간은행권을 기반으로 하기를 원했다.

두 진영은 연방정부의 힘이 통화 공급에 영향을 미치는 가장 직접적 요인이라고 인식했다. 금융보수주의자는 이 힘을 이용해 통화긴축을 추진하고 금본위제를 재개하며 국법은행권의 지배적 위상을 확보하려 했다. 이것이 재무부 장관이었던 셔먼이 1875년 정화지불재개법을 통해 이루고자 했던 일이다. 한편 그린백주의자들은 1874년 인플레이션 법안을 제출해 통화팽창을 시도하고, 이듬해 셔먼의 법을 폐지하자고 주장했다. 이외에 상호전환공채를 도입하는 법을 만들려고 시도하기도 했다.

자율과 경제 발전을 주장한 금융보수주의

1865년 이후, 지폐의 정화 태환은 주요 의제였다. 금융보수주의자들은 지폐가 너무 많은 것이 태환을 재개하는 데 장애가 된다고 인식했다. 보수주의 진영은 금본위제야말로 시장이 주도하는 안정성을 제공한다고 믿었고 정부가 운용하는 화폐는 인플레이션을 유발하는 경향이 더 크다고 보았다. 따라서 남북전쟁 후 통화량이 너무 많다고 보고, 통화긴축정책을 선호했던 것이다. 그들은 금본위제의 규율이 없으면 인플레이션을 제어할 장치가 없다는 입장이었다. 오직 민간이 주도적으로 운영하는 화폐만이 경제의 필요에 따라 자연스레 확장되거나 수축된다고 판단했다. 그들은 1873년 금융위기도 화폐 과잉과 투기가 원인이라고 진단했다.

금융보수주의자들은 두 가지 화폐가 있다고 보았다. 내재적 가치에 기반한 상품화폐와 정부의 법령에 기반한 불환지폐다. 상품화폐는 금화와 은화가 대표적이고, 불환지폐는 그린백처럼 채무 이행과 조세 납부에 쓰이며 법률적으로 강제된 화폐다. 그들은 화폐가치가 사람이나 법에 의해 정해지는 것이 아니라 자연, 즉 금속에 내재된 가치에서 유래한다고 믿었다. 금은은 그 가치가 일정하고 경제 전체에 안정성을 제공하는 불변의 화폐인 데 반해, 그린백은 법으로 만들어진 인위적 화폐로 그 가치가 당파적 정치와 대중의 요구에 좌우된다고 여겼다. 따라서 그들은 금융 불확실성을 없애는 방법은 불환지폐를 폐기하고 그린백을 금으로 태환하여 금본위제로 복귀하는 것뿐이라고 믿었다.[2]

금융보수주의자에게 금은 국제적 금융거래를 위한 최선의 기초이고, 특히 미국과 같은 성장하는 산업국가에는 더욱 중요했다. 반면 수출이 불가능한 그린백은 미국 경제를 자급자족적인 방향으로 유도할 가능성이 높았으므로 이들은 그린백주의를 '고립주의'라며 공격했다.

금융보수주의자들이 또 하나 주장한 것이 국법은행 체제 유지였다.

금융보수주의자들은 국법은행 시스템이 문제가 있다 해도 주법은행 시스템보다 훨씬 우월하다고 여겼다. 민간 주도로 운영되고 전국적 금융 거래를 원활히 하기 때문이었다. 또 국법은행 시스템이 시장 법칙을 가장 잘 따르고, 경제 발전에 필요한 자원을 제공한다고 주장했다. 그들이 보기에 국법은행 체제는 금본위제로 복귀하는 데도 유리했다. 그들은 정부가 은행에 개입하는 것이 은행들의 자율 규제보다 후진적이라고 여겼다. 다수의 금융보수주의자들은 과거의 주법은행 체제로 회귀하거나 정부가 직접 화폐 및 금융에 개입하는 폭이 커지는 것을 크게 우려했기에 기존의 국법은행 시스템을 지키려 했다.

차별과 불공정 해소를 외친 그린백주의

그린백주의자들은 1870년대의 긴축에 따른 불황, 고금리, 파산, 실업, 지역 간 대립, 경제 집중화, 높은 세율 등을 겪으며 뼈 아픈 경험을 한 탓에 통화량 증가를 간절히 원했다. 그린백주의자들이 보기에 국법은행 시스템을 창설한 의회는 주어진 권한을 민간 이익단체에 위임한 것과 같았다. 즉, 국법은행 시스템이 소수의 민간인에게 화폐 창출 권한과 그에 따른 이익을 얻을 특권을 부여한 셈이라고 보았다. 그래서 그들은 국법은행법 입법을 '계급 입법'이라고 공격했다.

그린백주의자들은 은행보다는 의회가 화폐를 직접 통제하기를 원했다. 그들은 국법은행권이 미국의 독점적 화폐가 되어 힘을 더 키울 것을 우려했고, 이를 민주주의에 대한 위협으로 간주했다.

또 그린백주의자들은 국법은행의 은행권 배분 시스템이 상업 중심적

이어서 북동부에 편향됐다고 지적했다. 가장 문제가 되는 것은 지급준비금의 피라미드 구조(Pyramid Reserve Structure, PRS)였다. 국법은행 체제하에서 지급준비금의 구조는 지방은행, 도시은행, 뉴욕시 국법은행의 3단계로 이뤄졌다.

먼저 지방은행의 지급준비율은 15%로, 지급준비금의 5분의 3을 도시은행에 예치할 수 있었다. 도시은행의 지급준비율은 25%로, 지급준비금 중 2분의 1을 뉴욕시의 국법은행에 예치할 수 있었다. 뉴욕의 대형 은행은 이렇게 예치된 자금에 이자를 지급하므로 많은 자금이 뉴욕 은행들로 흘러갔다. 이것이 지급준비금의 피라미드 구조다. 이는 미국 은행 시스템이 보유한 자금을 뉴욕에 집중시켰다. 당연히 남부와 서부 지역에서는 은행권이 적게 공급되고 그에 따라 신용 제공도 힘들어 금리가 높다고 불평했다.

그린백주의자들은 남부와 서부는 경제적으로 경쟁할 기회를 잃었고, 이 지역의 주민들은 의존적인 약자가 됐다고 분석했다. 그래서 국법은행 체제가 공화정에 대한 위협이라고 생각했다. 그린백주의자들의 민주적 이상은 생산적 부의 분배를 규제하고, 공정한 경제적 기회를 유지하는 화폐제도였다. 그들은 그 대안으로 상호전환공채제도를 내놓았다. 이는 사업가이자 경제학자인 에드워드 켈로그(Edward Kellogg)가 제안한 아이디어로, 1860년대 연방 하원의원을 지낸 알렉산더 캠벨(Alexander Campbell)이 『진정한 미국 금융 시스템(The True American System of Finance)』에서 소개한 제도다.

이 제도는 재무부가 법정화폐인 그린백을 발행하는 동시에 연 이자 3.65%의 채권을 발행하는 것이다.[3] 보유자의 요구 시 채권은 그린백으로 전환할 수 있고, 역으로 그린백도 채권으로 전환된다. 경제 확장 시

화폐 수요가 증가하면 채권 보유자들이 채권을 그린백으로 전환하는 게 유리하다. 채권 보유자들이 채권을 그린백으로 전환하여 화폐 공급이 늘면 화폐 수요는 감소하고 전환은 정지된다. 반대로 통화량이 늘어나면 화폐가치는 하락하고 채권 보유가 더 유리해진다. 그러면 그린백을 가지고 있던 이들은 이를 채권으로 전환한다. 채권 이자율은 예상 경제성장률에 맞춰 설정한다. 이렇게 채권을 활용해 화폐 공급을 조절할 수 있는 것이다. 그린백주의자들은 이 제도가 제대로 운용되면 이자율은 낮고 화폐 공급은 매우 탄력적일 것이라고 주장했다. 하지만 이 제도는 끝내 채택되지 않았다.

금융 귀족층과 급진적 계층의 대립

켈로그는 화폐란 법적 창조물로 그 가치는 국가의 권력에서 유래한다고 풀이했다. 그린백주의자들은 이에 공감했다. 그들이 보기에 화폐는 본질적으로 사회적이고 정치적인 제도일 뿐이었다. 화폐는 교환의 매개체일 뿐이고, 내재적 가치를 갖는 것이 아니라고 본 것이다. 이는 정화본위제●를 고수한 잭슨주의 화폐 철학과의 단절을 뜻했다. 그린백주의자들에게 정부의 지폐 발행을 뒷받침하는 것은 궁극적으로 국가 경제였다. 정부는 항상 조세를 부과하므로, 정부 발행 지폐는 정부가 존재하는 한 화폐로서 가치를 지니며 기능한다. 그들은 금 대비 그린백의

● 금과 은 등 명목 가치와 소재 가치가 같은 화폐, 즉 정화를 본위화폐로 두는 화폐제도를 의미한다. 금본위제나 은본위제를 아우르는 개념이다.

시장가치가 하락한 것은 그린백에 완전한 법정통화 지위를 부여하지 않은 탓이라고 보았다. 당시 그린백은 관세 등 특정 조세에 대해서는 법정통화가 아니었다.

그린백주의자들에게 국법은행권과 그린백의 차이는 독점적 화폐와 민주적 화폐의 차이였다. 화폐 문제에서 가장 중요한 것은 '누가' 화폐를 제어하는가의 문제라고 인식한 것이다. 그들은 금융가들이 국법은행권의 독점을 통해 경제력을 축적하는 것을 용납하지 못했다. 모두가 동등한 경제적 기회를 누리려면 화폐와 신용을 특정한 소수가 아닌 모든 생산자가 이용할 수 있어야 한다고 생각했다.

또 그린백주의자들은 금은 국제주의의 소산이고, 영국의 지배 도구라고 인식했다. 국법은행권은 금본위제의 대용품에 불과하며, 태환은 국법은행들의 사익에 부합해서 추진하는 것이라고 생각했다. 일단 태환이 재개되면 금을 기반으로 하는 은행권은 더 유리해지기 때문이다.

다만, 대부분의 그린백주의자들도 금이 국제무역에 필요하다는 점은 인정했다. 그들은 금은 국제 거래에서, 그린백은 국내 거래에 사용하는 이중 화폐 시스템을 구축하는 것이 옳다고 여겼다.

그린백주의자와 금융보수주의자의 두 진영은 미국 사회의 변화에 주목했다. 그린백주의자들은 강한 권력을 갖는 금융 귀족층의 출현을 주시했고, 보수주의자들은 급진적인 계층의 출현에 놀랐다. 그린백주의자들은 농민, 노동자 그리고 소기업인으로 구성된 생산자층이 '진정한 사회(real society)'이고, 은행가와 채권 보유자 등 비생산자층은 그 사회에 기생한다고 보았다. 그린백주의자들은 통화긴축이 정직한 생산자들에게 피해를 주었다고 주장했다. 반면 금융보수주의자들은 사회적 조화를 중시해서, 노동자와 관리자층의 조화가 진보적 노동자층의 방해

를 받고 있다고 인식했다. 금융보수주의자들은 그린백주의가 공산주의적이고 계급에 기반한다고 공격했다.[4]

그린백주의자들은 본래 경제는 경쟁적이고 생산적이어야 한다고 보았고, 금융보수주의자들은 경제력 집중으로 효율성이 증가하는 게 중요하며 금융이 경제 발전의 기본이라고 보았다. 그린백주의자를 비롯한 금융개혁 진영은 채무자인 생산자층이 채권자인 비생산자에 비해 도덕적으로 우월하다고 여겼고, 금융보수주의자들은 채권자는 신중한 저축자이고 채무자는 무분별한 투기자라고 반박했다. 채권자와 채무자의 구분은 금융 논쟁의 기저에 깔려 있는 사회적, 정치적 갈등을 드러냈다.

화폐 논쟁은 경제 발전과 민주주의, 시장, 정부 역할에 대한 상이한 비전이 대립한 결과였다. 정부가 지폐를 발행하고 규제할 수 있다는 그린백주의자들의 이론은 현대적 관념과 일치한다. 그들은 경제 상황에 따라 통화량이 증가하기도 하고 감소하기도 하는 유연한 화폐제도의 필요성을 이해했던 것이다. 하지만 19세기의 사람들은 금의 가치를 믿었고, 정부는 화폐제도를 운용하는 데 미숙했다. 1879년 금 태환이 재개되고 불환지폐인 그린백이 소멸하자, 그린백주의자들은 더 이상 싸울 기반을 잃었다. 정통자유주의가 금융과 투자에서 지배적 흐름이 되었다.

은화 주조 중단에서 은화자유주조운동까지

1873년 그랜트 정부 시절, 미국은 화폐주조법을 개정해 은화 주조를 중단했다. 금화와 은화를 모두 화폐로 채택했던 건국 이래 제도를 변경해 사실상 금화만 주조하기로 결정했던 것이다. 복본위제의 포기였다. 이로 인해 은 수요는 감소하고 은의 가격도 하락했다. 이미 1871년 독일제국이 은화 주조를 중단해 은의 국제 가격도 하락하던 중이었다.

화폐주조법으로 미국 내 통화 공급량은 줄어들고 이자율은 상승했다. 가장 타격을 입은 것은 무거운 부채를 안고 있던 농민들이었다. 화폐주조법에 불만을 가진 사람들은 이 법을 '73년의 범죄(Crime of '73)'라고 불렀다.

한편, 남북전쟁 이후 미국에서는 철도 건설의 붐이 거세게 일면서 1868~1873년에 총 33,000마일(약 53,108킬로미터)의 신노선이 부설되었다. 당시 노동시장에서 농업을 제외하면 철도산업이 최대 고용주였다. 이때 철도산업에 투자하는 이들이 많았는데, 그중 한 명이 채권 판매의 귀재였던 쿡이다. 쿡은 1870년 오대호와 태평양 북서부를 연결하는 북태평양철도 건설에 나섰다. 규모가 큰 투자였다. 그러나 모세, 워싱턴, 링컨, 그랜트처럼 자신도 신이 선택한 도구라고 확신했던 쿡은 자금 조달을 위한 채권 판매에 실패했고, 그의 회사는 1873년 9월에 파산했다. 1873년 봄, 베를린, 비엔나, 파리, 런던 등 유럽에서 발생한 금융위기로 미국 철도에 대한 투자열기가 냉각된 게 가장 큰 원인이었다.[5]

이미 은화 주조 중단으로 통화량이 감소하고 투자자들의 심리가 불안한 상황에서 쿡의 파산은 미국 금융계에 직격타가 됐다. 극심한 공황이 발생했고 이후 심한 경제적 피해가 몇 년간 이어졌다.

남북전쟁 이후 금융정책을 주도한 것은 동부의 금융 엘리트들이었다. 그들은 먼저 1873년에 은화를 비화폐화하고 1879년에는 국법은행권과 정부의 법정화폐를 금으로 태환되도록 했다. 그린백의 시대를 끝낸 것이다. 이에 따라 지폐의 정화 태환이 확실해지고 통화긴축에 따른 경제난이 지속되자, 통화량을 늘리길 원하는 세력은 은으로 눈을 돌렸다.

그들은 금 태환 정책에 대해서는 양보하는 대신, 금과 함께 은을 화폐화하는 복본위제 채택을 요구했다. 이를 통해 화폐 공급을 늘릴 수 있다고 판단했기 때문이다.

이런 흐름 속에서 은화의 자유로운 주조를 주장하는 은화자유주조운동이 등장했다. 이 운동은 서부와 남부에서 강하게 일어났다. 은화자유주조는 정부가 달러당 412.5그레인(약 27그램)으로 정한 비율로 은괴를 무제한 매입해 은화를 주조하자는 것인데, 이 운동의 주도세력은 통화량이 늘어나면 상품 가격이 상승하고 은행의 통화에 대한 지배력을 약화시킬 수 있다고 믿었다. 그들은 은도 금처럼 자연적 화폐라고 믿었다. 실제로 1869~1879년에 미국 내 통화량은 연간 2.6%가량 증가하는 데 그쳤는데, 이는 실질 GDP가 연간 5.0%가량 증가한 것을 감안하면 낮은 증가율이다.[6] 그 당시 화폐 공급 부족으로 디플레이션 압력이 존재했던 것이다. 경제학자 밀턴 프리드먼(Milton Friedman)도 1873년 복본위제를 포기하면서 물가 불안이 커져 미국 경제에 장기간 해를 끼쳤다고 지적했다.[7]

은화자유주조를 주장한 인민주의자들이 분노한 건 디플레이션으로 채무자들이 극심한 고통을 겪는 상황이었다. 농민들의 소득은 하락하는데 채무는 그대로였다. 특히 서부 지역 농부들의 모기지 채무가 많았다. 캔자스의 경우 과세 대상 토지 중 약 60%가 모기지로 제공됐다.

은화자유주조운동의 의도는 은화의 다량 주조로 통화량을 늘려 물가를 오르게 하고 궁극적으로 채무 부담을 줄이자는 것이었다. 많은 미국인이 복본위제 없이는 번영을 달성할 수 없다고 여겼다. 은화자유주조운동을 지지하는 사람들은 1873년 이전으로 되돌아갈 것을 요구했다.

그러나 이에 반대하는 쪽에서는 인플레이션이 발생해도 소득은 물가가 오르는 만큼 오르지 않으며, 오히려 은이 금을 유통에서 몰아내 미국을 사실상 은본위제 국가로 만들 것이라고 반론했다.

이런 대립에 대해 정치적 절충이 시도됐다. 1878년 미국 재무부가 매월 최소 200만 달러의 은지금(銀地金)을 구입하도록 의무화하는 블랜드앨리슨법이 제정된 것은 통화팽창을 원하던 세력과 금융보수주의자들의 정치적 타협이었다.

그러나 1880년대에 농산물 가격이 급락했다. 이에 은화자유주조론자들은 정부가 통화량을 충분히 늘리지 못했기 때문에 농산물 가격이 떨어진 것이라고 주장했다. 금본위제 지지자들의 반론은 생산과 수송의 발전으로 가격이 하락했다는 것이었다.

1886년, 은화자유주조 법안이 최초로 제출되자 화폐 논쟁에 다시 불이 붙었다. 공화당은 이 법안을 저지했다. 1888년, 공화당은 대선에 성공했으나 곧 분열했다. 연방에 추가로 편입된 서부의 신규 주들은 은화자유주조를 원했는데, 이에 반대하는 공화당 주류에 대해 이 지역 출신 공화당원들의 불만이 높아졌던 것이다. 정당이 아니라 지역에 따라 선호하는 화폐제도가 달라지기 시작했다.

셔먼은구매법 제정에서 폐지까지

1890년, 정부는 셔먼은구매법을 제정해 은 구매량을 더 늘렸다. 매달 450만 온스(약 13만 킬로그램)의 은을 추가로 구입하기로 한 것이다. 정부는 이 법에 따라 은 매입 시 발행된 재무부 채권을 금이나 은으로 상환하기로 했다. 이에 따라 정부의 금 보유고는 그 후 3년간 감소했다. 1890년대 은값이 폭락하자 은행권 태환에 대한 불안이 커졌고, 결국 재무부에 대한 금 태환 요구가 쇄도해 금 보유액이 줄어든 것이다.

한편 남북전쟁 후 미국에서는 1890년대 초반까지 철도를 포함한 산업 전반에 과잉 투자가 이뤄졌고, 투자자들은 투자 회수에 어려움을 겪었다. 그 시기 일련의 국제 금융위기도 발생하면서 외국 투자자들은 투자금을 회수했고 수출도 감소했다. 이 영향으로 농업이 침체되고 국가 부채도 증가했다. 1893년 2월, 필라델피아앤드리딩철도의 파산을 계기로 금융시장에 불안이 커졌다.

당시 일어난 경제위기에는 여러 원인이 있었지만 민주당 출신 그로버 클리블랜드(Grover Cleveland) 대통령은 셔먼은구매법으로 인한 인플레이션이 주요한 요인이라고 보고 이 법을 폐지했다. 불안을 느낀 사람들은 은행으로 몰려가 예금을 인출했고 급작스러운 예금 인출 사태에 맞닥뜨린 여러 은행들은 은행권 태환을 정지했다. 은행과 철도회사의 파산이 이어졌다. 1893년 말에는 약 500여 개 은행과 1,600여 개 사업체가 무너졌다.[8] 결국 주식시장도 붕괴됐다.

클리블랜드는 은구매법 폐지로 금본위제를 고수하는 입장을 확고히 했다. 많은 민주당원이 배신당했다고 느꼈다. 민주당 내 은화주의자들도 더 강경해졌다. 인민주의자들은 클리블랜드가 북동부 금융계 이익을 대변한다고 규탄했다. 당은 분열하기 시작했다.

셔먼은구매법의 폐지로 화폐 논쟁은 다시 뜨거워졌다. 금본위제 옹호론자들은 은구매법으로 인해 화폐가치가 하락했고 금본위제의 지속성에 대한 회의가 생겼다고 지적했다. 이런 신뢰 하락으로 시장에서는 투자가 감소했고 사람들은 금을 저장했다. 이에 대응해 클리블랜드 정부는 은 구매를 정지하고 금을 매입해 금본위제를 지키려 했다. 통화긴축과 국가 부채 증가 위험이 따르더라도 어쩔 수 없다고 생각했던 것이다.

금본위제 반대론자들은 금본위제로 인해 미국 경제가 투기에 취약해지고 국제무역의 변화에도 민감해졌다고 지적했다. 금본위제 때문에 화폐 공급이 충분히 이뤄지지 않아 금융위기가 발생했다는 것이다. 이는 은 구매 여부와는 무관했다. 그들의 처방은 금본위제에서 복본위제로의 전환이었다. 금본위제 반대론자 중에는 민주당 하원의원 브라이언이 있었다.

국제적인 상황의 변화도 미국에 영향을 미쳤다. 독일 등 여러 나라에서 이미 은은 비화폐화되었다. 자연히 금의 중요성은 상대적으로 더 커졌다. 미국은 대외 채무를 부담하고 있었기 때문에 금을 비축해야 했다. 그러나 세계적으로 금이 감소하고 있었다. 그에 따라 금본위제 국가들에 긴축 압력이 커졌고, 영국의 은행들은 대외 채권을 회수했다. 게다가 1890년 영국의 머천트 뱅크 베어링브라더스(Baring Brothers&Co)가 무너졌고 아르헨티나, 호주 등에서 경제위기가 발생했다. 그 여파로 금본위제 국가들은 불황에 직면했다. 이런 상황에서 미국이 은의 화폐화를 추진하면 국제적으로 고립될 가능성도 있었다. 그렇다고 금본위제를 고수하면 디플레이션과 불황이 걷잡을 수 없이 퍼질 것이었다.

금본위제 지지자들은 은의 화폐화는 경제 불안정을 초래하고 새로운 부를 창출하지 못하며 국가 부채도 감소시키지 못한다고 주장했다. 복본위제론자들은 국제적 불황과 영국이 세계 금시장을 지배하고 있는 상황을 고려했을 때 금본위제를 피하는 게 맞다고 맞섰다. 이들은 은화 주조로 미국이 고립된다면 이는 오히려 미국의 경제적 독립성을 더 강화할 것이라고 주장했다. 1890년대 미국의 지배적 정치 이슈는 단연 화폐였다.

은구매법 폐지에도 경제난은 지속되었다. 결과적으로 은구매법 폐지는 클리블랜드의 실수였다. 1895년 초, 클리블랜드 행정부는 정부의 금 보유액이 감소한 상황에서 금본위제를 유지하기 위해 은행가 J. P. 모건 (John Pierpont Morgan)에게 금 매입 자금 조달을 요청했다. 모건은 국채 발행을 통해 이를 지원했다. 하지만 이 결정은 정치적으로는 재앙이었다. 금권정치를 우려한 사람들은 미국이 "금융권력과 채권보유자들의 수중에 장악됐다"라며 비난했다. 은구매법 폐지가 실패로 돌아가고 경제 불황이 닥치자 금융개혁을 주창하는 세력의 목소리가 커졌다.

은화자유주조를 바라보는 두 진영의 관점

금융보수주의자들은 은화자유주조운동이 그린백주의의 부활이라고 여겼다. 그들이 은의 화폐화를 반대한 이유는 네 가지였다. 첫째, 수요 공급의 법칙을 무시하고 인위적으로 가치를 창조하려는 시도다. 둘째, 1880년대에서 1890년대까지 가치가 크게 하락한 은은 화폐가 되기에 적합하지 않다. 셋째, 은을 화폐화하면 사람들이 양화인 금화를 저장하고 악화인 은화만을 사용해 은본위제가 된다. 넷째, 은화 발행으로 통화 팽창이 일어나 저축자와 투자자에게 악영향을 주고 투기와 부채를 조장할 것이다.[9]

금융보수주의자들은 물가 하락은 생산이 늘어나 발생한 일로, 물가 변동은 경제성장의 자연스러운 패턴이라고 해석했다. 즉, 그들에게 1890년대 경제난은 경제성장의 자연스러운 과정이었다. 그들은 무엇보다 화폐를 탈정치화하는 것이 경제성장에 도움이 된다고 주장했다.

또 그들은 은화는 남미나 아시아 국가 같은 열등한 국가에서 통용되는 화폐이고, 문명화된 선진 유럽 대국들의 화폐는 금을 기초로 하고 있다며 금본위제를 옹호했다.

반면 금융개혁가들은 1873년 은의 비화폐화로 금에 대한 수요가 급증해 금의 구매력이 상승한 결과 상품 가격이 하락했다고 생각했다. 국제적으로 진행된 은의 비화폐화도 그 효과를 증폭시켰다. 밀턴 프리드먼과 안나 슈워츠(Anna Schwartz)는 『미국 화폐사 1867~1960(*A Monetary History of the United States 1867~1960*)』에서 1879~1897년에 금본위제를 채택한 국가들은 이 시기에 디플레이션이 발생했다고 진단한다.

금본위제 반대운동은 은을 재화폐화하고 정부 발행의 법정통화가 더 큰 역할을 하기를 바랐다. 금융개혁가들은 금본위제로 통화긴축, 불황, 경제력 집중, 국제 의존의 문제가 발생했다고 비판했다. 그들이 보기에 금은 사회적, 정치적으로 해로웠다. 부자를 더 부유하게, 빈자를 더 가난하게 만들었던 것이다. 무엇보다 금본위제는 채권자의 이익을 우선시했다. 또 금융개혁가들은 채무국으로서 미국이 금에 억압되고 있다고 보았다. 그러므로 은화를 채택하면 미국이 다른 국가들과 동등한 자주권을 확보할 것이라 여겼다.[10]

은화자유주조운동에 크게 공헌한 것은 변호사이자 정치인으로 활동한 윌리엄 하비(William Harvey)가 1894년에 출간한 『코인의 금융 학교(*Coin's Financial School*)』다. 은의 화폐화에 찬성하는 메시지를 담은 이 책은 100만 부가량 팔렸다.

국법은행 체제를 둘러싼 양보할 수 없는 싸움

1890년대 또 다른 뜨거운 쟁점은 국법은행 문제였다. 금융보수주의자들은 국법은행 체제를 개선하길 바랐다. 은행권 발행 시 담보로 제공되어야 할 국채 가격이 높아져서 국법은행권의 수익성이 사라진 탓에 대다수 은행이 의무적으로 최소한의 양만 발행하는 현상을 시정해야 했다. 그 대안으로 높은 유동성을 갖춘 상업어음을 기초로 은행권 발행을 허용하자고 제안했다. 이로써 통화량 부족 현상을 해결할 수 있고 실물경제 상황에 탄력적으로 대응할 수 있다는 것이었다. 그들은 또 국법은행의 지점을 개설하여 서비스를 확대하길 원했다. 하지만 금융보수주의자들은 농업 신용 부족에 대해서는 무관심했고, 모기지 대출과 우체국예금제도(Postal Savings System)●에도 반대했다.

반대로 금융개혁가들은 국법은행 체제를 폐지하자고 주장했다. 주법은행권에 10%의 세금을 부과해 여러 지역에서 주법은행 설립을 어렵게 하고, 부동산담보대출 금지로 농민들에 대한 대출을 억제하며, 국법은행권이 그린백과 은화를 대체한다는 점을 그 이유로 들었다. 그들은 대안으로 우체국예금제도를 제안했다. 특히 남부 은행가들은 설립하는 데 큰 자본이 필요한 국법은행 대신 주법은행 체제의 부활을 요구했다.[11]

국법은행의 도움을 받지 못하는 남부, 서부 농민들은 은행이 아닌 모기지 회사와 상인들에게 의존했다. 모기지 회사는 동부에서 자금을 조달해 서부 농민들에게 고금리로 대여했다. 그래서 통화긴축 시 채무 상환이 어려워진 많은 농민이 농장을 잃었다. 한편 은행과 통화 부족으로

● 우체국이 은행을 이용하기 힘든 사람들에게 예금기관 기능을 제공하는 제도.

남부에서는 농작물, 주로 면화를 담보로 신용을 제공받는 농작물저당 제도가 출현했다. 농민들은 채무의 노예가 되었다.

이런 문제를 해소하기 위해 인민당은 "일부는 순수 지폐를 앞세우고 일부는 통화량 확대에 집중하자"라며 은화자유주조운동과 서브트레저리 플랜(Subtreasury Plan)을 동시에 추진했다. 서브트레저리 플랜이란 정부의 창고에 농작물을 보관하면 해당 농작물 가격의 80%에 상당하는 그린백을 발행하고, 그 농작물이 팔릴 때까지 1%의 이자를 그린백에 부과하는 제도다. 인민당은 이 제도로 농업 신용 부족을 해소하려 했다. 또한 판매가 가을에만 집중되는 농작물 사이클로 인한 부정적 효과, 즉 특정 시기에 집중되는 통화량을 분산시킬 수 있을 것으로 전망했다. 이 제도는 정화 보유자와 국법은행을 피하는 대신 정부의 역할을 강화하는 것이었다.

본위제의 논쟁을 끝낸 1896년 대선

남북전쟁 후 금융은 경제적 변화를 위한 논쟁의 중심에 서 있었다. 1872~1896년에 전국 범위의 반독점주의 정당이 다섯 곳 출현했다. 노동개혁당, 그린백당, 반독점주의당, 연합노동당 그리고 인민당까지 이들은 모두 금융개혁을 추구했다. 이들은 농민과 노동자를 대변하고, 금융권력의 독점에 반대하며, 기업자유주의를 견제했다.

이 중 그린백당과 인민당이 가장 성공적이고 중요한 역할을 해냈다. 이들은 기존 정당 시스템에 타격을 가했다. 이들은 노동계나 농업계의 후원을 받아 설립됐지만 일관되게 통화팽창, 은행 개혁, 금융 시스템의 민주적 통제를 주장했다. 단순히 농민과 노동자의 권익을 주장하기보다는 오히려 생산자층을 위한 활동을 벌였다. 인민당은 1892년에 창당해 1896년까지 주요 정치 세력으로 활동했다. 1892년 대선에서 인민당 후보는 8.5%를 획득하고, 1894년 의회 선거에서는 하원의원 일곱 명, 상원의원 여섯 명을 배출했다. 다만 이들의 지역적 한계는 명백했다.

1890년대 위기로 진보 진영과 보수 진영의 대결은 은과 금의 대결로 압축되었다. 이는 지역 간 대결이기도 했다. 인민주의자들이 원하는 대로 생산자 대 비생산자 간의 대립 구도가 아니라 북부 공화당 대 남부 민주당의 대립 구도가 형성됐다. 인민당과 민주당이 주장하는 노선이 겹치자, 1865~1896년에 금융보수주의를 견지한 공화당은 기업자유주의와 산업의 번영을 주창하는 세력으로 인식되었다.

이 같은 대결 구도가 형성된 가운데 펼쳐진 1896년 대선은 미국 정치사의 중요한 사건이 되었다. 화폐를 두고 벌이는 대결과 다름없었던 것이다. 공화당 후보는 윌리엄 매킨리(William McKinley), 민주당 후보는 윌리엄 브라이언이었다. '본위제 대결(Battle of the Standards)'로 불린 이 선거는 금융개혁을 원하는 그린백주의와 복본위주의자가 한 편, 금본위제를 수호하려는 세력이 나머지 한 편이었다. 화폐 문제를 두고 진행된 오랜 투쟁의 절정이었다. 궁극적으로 이는 미국의 미래에 관한 비전의 대결이기도 했다. 이 대선에서 인민당은 민주당과 손을 잡고 민주당의 브라이언을 대통령 후보로, 인민당의 토머스 왓슨(Thomas Watson)을 부통령 후보로 선출했다.

경제공황에서 회복되지 않았던 1896년 초, 기존의 두 주요 정당에 대한 사람들의 불만이 확산되고 있었다. 브라이언은 자신이 후보로 지명만 된다면 강력한 은화 캠페인을 전개하여 불만 세력을 단결시킬 수 있다고 믿었다. 그는 당을 향해 "어느 쪽에서 싸울 것인가? 게으른 자본가 편에서 싸울 것인가, 아니면 투쟁하는 대중 쪽에서 싸울 것인가?"라며 입장을 정하라고 외쳤다. 민주당 강령에 따르면 투쟁하는 대중의 편에 서야 했다. 브라이언은 "민주당은 이들(대중)을 '금의 십자가'에 못 박아서는 안 된다"라고 역설했다. 그는 화폐의 종류와 양을 결정하면 물가가 정해지고, 물가는 모든 가정에 중요하다고 강조했다. 뛰어난 연설 능력을 자랑하는 그를 사람들은 '소년 웅변가'라고 불렀다.

브라이언은 기존 정당에 불만을 품고 자신들의 경제적 이익을 지키기 위해 은화자유주조를 택한 많은 대중의 마음에 불을 질렀다. 그는 남부와 서부의 대부분 지역에서 승리를 거뒀다. 하지만 그의 선거운동은 노동자와 농민의 연대가 약화되는 시기에 진행되었고, 그가 내세운 생산자주의 정책에도 한계가 있었다. 생산자와 비생산자 간에 전국적인 대립구도를 형성하려는 시도는 오히려 지역 간, 산업 간의 경쟁으로 대체됐다. 특히 선거 핵심 공약을 은화자유주조로 제한하는 바람에 북동부 노동자층의 잠재적 동조를 이끌어내지 못했다.

대조적으로 매킨리는 금본위제를 찬성했지만, 선거 후에는 복본위제에 관한 국제회의를 요구하겠다며 반대편 지지 세력에서도 호감을 얻으려 했다. 또 그는 보호주의와 제조업 성장을 통해 경제 번영을 이루겠다는 공약을 걸었다. 급진적인 브라이언을 막기 위해 금융계와 재계는 매킨리를 적극적으로 지원했다. 그 덕분에 매킨리가 인구가 많은 북동부와 중서부의 표를 얻었다. 선거 초반 브라이언이 우세한 것으로 보였으나, 결과는 브라이언의 패배였다.

1896년 대선으로 남북전쟁 후 이어져온 경쟁적 정당 시스템은 종말을 고하고, 공화당 일당 독주의 시대가 열린다. 브라이언을 지지한 건

인민주의 운동의 실착이었다. 이미 저울추가 공화당으로 기운 상태에서 민주당을 지지한 것이 문제였다. 대선이 끝난 후, 새로운 광맥 발견과 정제 방법 개선으로 금의 공급이 늘었다. 농산물 가격도 올랐다. 국제적인 통화긴축이 끝나자 공화당 매킨리 정부는 힘을 얻었다. 1900년에 의회는 금본위제법을 통과시켰고, 미국은 정식으로 금본위제로 이행했다. 1900년 대선에서 브라이언은 다시 복본위제를 내걸고 출마했지만 화폐 이슈는 더 이상 유권자들의 공감을 얻지 못했다. 매킨리는 4년 전보다 쉽게 승리했다.

본위제와 『오즈의 마법사』

라이먼 프랭크 바움(Lyman Frank Baum)이 1900년 시카고에서 출간한 미국의 대표적 동화 『오즈의 마법사』는 당시 시대상을 반영한 작품으로, 지역주의, 계층, 인종, 젠더 등에 관한 수많은 비유를 담고 있다.

주요 배경인 오즈의 북부는 19세기의 미국 북서부와 유사하고, 동부는 대서양의 해안 지방을, 서부는 프런티어를, 남부는 과거 남북전쟁 시 남부를 닮았다. 또 'Oz(오즈)'라는 명칭은 금괴와 은괴의 중량 단위인 온스(Ounce)의 줄임말이다. 이야기 속에서 도로시가 '은색' 슬리퍼를 신자 '노란' 벽돌 길의 색이 변한다. 은과 금을 결합한 복본위제를 시각적으로 표현한 것이다. 대부분 금융개혁가들은 금과 은의 통합으로 통화량 공급이 더 유연해지고 풍부해진다고 생각했고 따라서 복본위제가 단일 금속 본위제보다 우월하다고 믿었다.

또한 금과 은은 19세기 계층, 지역, 인종을 의미하기도 했다. 그러나 20세기 초에는 더 이상 그런 의미는 사라졌다.

공화당 독주의 시대를 열다

1896년, 대선 결과의 영향은 지대했다. 금융개혁은 더 이상 주요 정치 이슈가 되지 못했고, 미국의 정치·경제는 변했다. 우선 미국 정당 정치에서 참여도가 줄어들고 경쟁도 감소했다. 연방정부 역할은 경제 규제에 더 중점을 두었다. 또 농업보다 산업을, 개인사업체보다 법인기업을 중시하는 분위기가 조성됐다. 금융시장이 뉴욕을 중심으로 전국적으로 통합되면서 대규모 산업 투자에 자금을 공급할 수 있었다.

공화당이 집권하던 1897~1907년에 경제는 폭발적으로 성장했다. 기업자유주의 이념이 부상하고 협동적 공동체 이념은 쇠퇴했다. 새로운 세기가 시작되면서 공화당은 북부 대부분 지역에서 우위를 차지했다. 1910년대 잠시 공화당이 실권한 때를 제외하고, 자유로운 자본주의와 공화당에 대한 신뢰는 1930년대 초까지 지속되었다.

균등한 투자 기회, 유연한 화폐제도, 농업과 산업이 공존하는 경제로의 이행을 추구한다는 반독점주의의 비전은 대선 패배 이후 설 자리를 잃었다. 한편 20세기 초는 개혁의 시기로 시어도어 루스벨트와 우드로 윌슨(Woodrow Wilson)의 시대가 열렸고 이 시기 미국은 뉴딜을 위한 토대를 닦는다. 이를 가능케 한 정치적 세력은 중산층 개혁가들인 진보주의자들이었다. 그들은 급진적인 인민주의와는 거리가 있었지만 여러 분야를 개혁했다. 또 다른 주요 흐름은 기업자유주의로, 당시 일어난 기업 합병 열풍에서 드러나듯 미국 자본주의의 통합된 힘이 정부의 현대화를 추동했다.

이런 흐름 속에서도 인민주의의 영향이 일부는 남아 있었다. 코넬대학 교수이자 정치학자인 엘리자베스 샌더스(Elizabeth Sanders)는

1910~1916년에 흔히 '신자유' 어젠다라고 칭해지는 여러 국가 정책들, 주로 윌슨 정부가 추진한 정책들은 사실 의회 내 인민주의 세력이 크게 작용한 것으로 해석한다.[12] 연준은 특히 세력 균형의 산물이다. 1913년에 등장한 연준은 상급 기관인 연방준비제도 이사회가 뉴욕이 아니라 워싱턴 D.C.에 위치하면서 정치적 통제를 받는다. 이는 농민, 노동자, 수공업자가 혼란스러운 도금시대(Gilded Age)에 노력한 결과이며 인민주의적 흐름의 연장이라는 게 샌더스의 설명이다.

7장

미국 화폐금융제도의 근간,
연방준비제도

1907년 금융위기를 계기로 미국은 금융제도의 근간을 다시 검토하기 시작한다. 이미 경제 대국으로 부상한 미국으로서는 이제 힘센 소수 금융인들의 능력에 의존해 어려운 위기를 해결할 수 없을 정도로 금융시장은 커지고 복잡해졌다.

미국의 의회와 행정부는 금융위기를 막고 금융을 선진화하기 위한 새로운 제도의 도입을 모색한다. 금융 권력이 중앙에 집중되는 걸 경계하는 잭슨주의적 전통과 이에 맞서 효과적인 화폐 및 금융 시스템을 구축하려는 세력 사이에 치열한 공방이 오간다. 결국 단일 중앙은행에 힘이 집중된 유럽식 제도 대신 미국의 정치 문화와 역사적 경험에 맞는 제도를 탐구한다.

윌슨 대통령의 리더십으로 복수의 지역에 연방준비은행을 설립하고, 이들을 감독하고 조정하는 연방준비제도이사회를 중앙에 설치하는 이원적 구조의 타협안이 만들어진다. 그 결과 1913년 탄생한 미국적 중앙은행제도는 혼란하고 후진적인 미국의 화폐와 금융 시스템을 혁신하여 달러가 세계 무대로 도약하는 데 중요한 발판이 된다.

현금이 사라진 1907년 시장

1907년 가을, 미국은 역사상 최악의 금융위기를 맞았다. 하룻밤 사이에 은행들은 지급준비금이 없어지고, 미국은 심각한 불황에 빠졌다. 모두가 현금을 원했지만 각자 현금을 껴안고 있었기에 시중에 유통되는 돈이 없었던 것이다. 어떤 정부 기관도 이 패닉을 관리하지 못했다. 아이러니하게도 당시 미국은 10년에 걸쳐 엄청난 경제성장을 이룬 상태였다. 대량 생산이 이뤄졌고 전기는 신속히 보급됐으며 인구는 8,000만명 규모로 증가하면서 미국은 산업대국의 반열에 올랐다. 그러나 금융시스템은 후진적이었고, 이것이 금융위기를 촉발한 것이다.

1907년, 뉴욕 내 모든 예금의 40% 이상이 신탁회사에 예치됐다. 이중 니커보커신탁회사의 신용에 의심이 생기자 자금 인출이 급증했다. 이에 신탁회사들은 주식시장에 빌려준 자금을 회수하기 시작했고 주식시장 자금도 바닥을 보였다. 당시 뉴욕 내 신탁회사에서 예금의 48%가 빠져나갔고, 전국적으로는 은행 예금이 3억 5,000만 달러가량 감소했다.[1] 시장에서 사라진 현금은 가정집 침대 밑이나 옷장 등에 숨어 있었다.

이때 구제에 나선 것이 모건이다. 그는 주도적으로 긴급한 자금을 공급했고 뉴욕시가 자금난에 처했을 때도 나서서 상황을 수습했다. '메디치 왕자'처럼 중앙은행의 공백을 메운 것이다. 하지만 이것만으로 위기가 해결된 것은 아니었다.

패닉이 발생하자 은행들은 예금을 통화로 지급하는 것을 중지했다. 그리고 뉴욕어음교환소의 회원은행들은 새로운 기능을 추가했다. 이 교환소의 회원인 뉴욕의 50개 은행을 결합해 하나의 중앙은행처럼 작동하게 만드는 작업이었다. 뉴욕어음교환소는 개별 은행 정보는 비공개로 하고, 회원은행 전체에 해당하는 정보만 공개했다. 일찍이 1857년 금융위기 때 은행들은 대출증서를 발행해 어음 정산 과정에서 통화 대신 사용하기 시작했다.[2]

그런데 1907년 위기를 맞아 뉴욕어음교환소는 새로운 화폐, 즉 어음교환소대출증서를 소액권으로 고객에게 직접 발행했다. 이 소액 대출증서는 일정 정도 할인되어 유통되었다. 이는 혁신이었다. 특정 은행의 채무를 회원은행 전체의 연대 채무로 만들어서 일종의 보험을 제공한 것이었기 때문이다. 위기 시 은행들이 마치 하나의 기관처럼 움직여 상호 간의 채무에 대해 책임을 진 것이다.[3] 주요 뉴욕 은행들이 모인 집합체의 위상은 유럽의 거대 중앙은행과 유사해졌다.

당시 은행을 믿지 못했던 예금자들도 현금을 수령하는 대신, 뉴욕어음교환소의 이 대출증서를 보유했다. 한층 안전해진 환경에서 예금자는 은행이 실패할까 봐 걱정하지 않아도 됐다. 뉴욕어음교환소의 조치가 위기 자체를 막지는 못했으나, 은행 시스템 전체의 붕괴는 막을 수 있었다. 은행들은 보유 자산을 더 이상 헐값에 팔지 않아도 됐다. 그러나 여전히 은행 전체의 실패에 대한 안전장치는 없는 상태였다.

중앙은행이 부재한 미국 금융 시스템 문제

미국은 국법은행의 지급준비금이 지방과 대도시에서 뉴욕으로 집중되는 피라미드 구조를 가지고 있었다. 뉴욕의 대은행에서 높은 이자를 지급했기 때문에 자연스럽게 돈이 몰린 것이다. 지점 설치를 인정하지 않는 단일은행제도도 여기에 한몫했다. 따라서 지급준비금은 뉴욕 대은행에서 관리하고 운영했다. 또 국법은행권 발행 시 국채를 담보로 제공하므로, 은행권 발행액은 국채 발행량에 의존했다. 1880년대에 경제 발전으로 수입이 늘어난 정부는 국채를 상환했고, 국채 잔고가 감소하자 은행권 발행액도 줄어들었다.

국채 발행 잔고는 1890년대에 더욱 감소했다. 유럽의 은행처럼 상업어음이 은행권 발행의 기초가 아니었기 때문에 경제활동의 변화에 따른 은행권 공급은 일어나지 않았다. 즉, 당시 미국 내 은행권 공급은 비탄력적인 상황이었다. 정작 위기 시에는 은행권이 부족했고 점차 국법은행제도에 대한 불만이 쌓였다.

국법은행제도에서는 은행들의 지급준비금을 집중적으로 관리하는 중앙은행이 없었다. 상업신용이 발달하지 않은 미국에서는 이 지급준비금을 어음할인시장에서 운용할 수도 없었다. 그 결과 뉴욕 대은행에 집중된 준비금의 상당 부분이 뉴욕의 콜시장(Call market)에 유입되었다. 콜시장은 대부분 증권회사가 고객이나 자사를 위해 증권을 매입할 때 필요한 자금을 제공하는 단기 대출시장이었는데 이 시장의 수익률이 높았다. 집중된 지급준비금에 대해 높은 이자를 지급해야 하는 뉴욕의 대은행들에는 이 콜시장이 자금을 운용하는 중요한 투자처였다. 그러나 증권회사 대출은 주식시장의 움직임에 크게 좌우되는 불안정한 시장이었다.

또한 미국 내 은행 자본을 합하면 상당한 규모였는데도 대부분이 활용되지 못했다. 지급준비금은 은행별로, 도시별로 분산됐기에 효용성이 많이 떨어졌다. 도시에 소방서가 없어서 각 가정에서 자기 집에 난불을 꺼야 하는 상황이나 마찬가지였다. 영국은 프랑스와의 전쟁 이후 큰 은행위기를 겪지 않았던 데 반해 미국에는 크고 작은 위기가 빈발했던 것도 이런 사정 때문이다.

1907년, 패닉이 발생하자 은행의 지급준비금이 감소하고 대출도 축소됐다. 주식시장은 40%가량 하락했다. 철강 생산도 크게 감소했으며, 많은 공장이 임금을 지불할 수 없어 문을 닫거나 일부만 운영했다. 위기 수습에 나선 모건의 노력에도 불구하고 미국 금융은 너무 복잡하게 얽혀 있어 힘센 은행가 한 명이나 유력한 몇몇 은행가들만으로 문제를 해결하기 힘들었다. 월가의 금융인들은 개혁의 필요성을 절감했다. 당시 선진 금융에 정통했던 금융 전문가 폴 워버그(Paul Warburg)는 유럽 은행은 중앙은행의 보호를 받는 덕에 대출에 적극적인데, 미국 은행들은 패닉이 일어나자 대출을 꺼리고 현금을 비축한다고 지적했다.

진보 진영은 은행을 공적 신탁기관으로 간주했다. 농민이나 서부 지역 사람들에게 금융위기 발생은 월가와 재계가 전반적으로 신뢰를 잃고 있다는 증거였다. 그들은 구제 과정에서도 모건과 다른 은행가들이 이익을 추구했다고 지적했다. 프린스턴대학 총장으로 재임 중이었던 우드로 윌슨은 금융인들의 탐욕과 부정을 비판하며 은행가가 사회에서 단순한 이익 추구자가 아니라 국가 경영자가 되어야 한다고 했다.

유럽의 은행제도를 본 올드리치의 변심

1907년 금융위기로 미국 은행 시스템이 얼마나 취약한지 드러났다. 사태의 심각성을 인식한 미국 의회는 즉각 움직이기 시작했다. 상원의원과 하원의원 각 아홉 명으로 된 국가통화위원회를 구성하고 상원의원 넬슨 올드리치(Nelson Aldrich)가 위원장을 맡았다. 그리고 곧바로 올드리치를 단장으로 금융개혁을 위한 조사단을 꾸려 유럽의 은행 제도가 미국과 어떻게 다른지 조사하도록 했다.

유럽 내 중앙은행의 역사는 일명 '스웨덴은행'으로 불리는 스베리어릭스은행(Sveriges Riksbank)에서 시작된다. 1668년 스웨덴 왕에게 대출을 하기 위해 신설된 은행이었다. 1694년에는 영국에서 민간 자본가들의 주도로 잉글랜드은행이 창설됐는데, 이 역시 프랑스와의 오랜 전쟁으로 궁핍해진 왕에게 자금을 제공하기 위한 것이었다. 영국 의회는 잉글랜드은행에 은행권 발행 독점 권한을 부여했고, 시간이 지나면서 잉글랜드은행의 특권과 함께 책임도 늘어났다. 은행권 발행 외에 정부의 재정 대리인, 금리 결정, 국가 보유의 금 관리, 파운드 가치 보호, 최종 대부자 등의 기능을 수행하게 된 것이다. 잉글랜드은행은 이익을 추구하는 기관에서 공적 책임을 부담하는 기관으로 발전했다.

1900년대 초 세계에는 대략 20개의 중앙은행이 존재했지만, 올드리치는 유럽의 영국, 프랑스, 독일의 중앙은행제도를 집중적으로 연구했다. 세 나라의 중앙은행 모두 주주가 민간인이고 국가 준비자산을 보유하고 있었지만, 차이점도 있었다. 프랑스은행(Banque de France)은 영국, 독일의 중앙은행을 합한 양보다 더 많은 금을 보유했고, 국가의 통제가 엄격했다. 잉글랜드은행은 매우 독립적이었고, 은행 이사진이 대부분 부유한 상인이거나 금융계 출신이었다. 독일 중앙은행인 제국은행 (Reichsbank)의 경영은 전문가들이 담당했고, 독일 총리는 이에 대해 명령권을 갖고 있었으나 거의 사용하지 않았다.

1908년 미국 조사단이 파견된 당시에도 잉글랜드은행은 공적 기능을 수행했지만 국가 조직은 아니었다. 중요한 점은 은행 이사들이 금융위기 시에 통화긴축을 억제할 필요성을 인정한 것이었다. 그들은 국가의 모든 구성원이 돈을 비축할 때 유일한 선택지는 은행이 돈을 푸는 것이라고 강조했다. 영국《이코노미스트》편집장으로 오랜 세월 일했던 월터 배젓(Walter Bagehot)이 말한 대로 중앙은행은 "우량 담보를 요구하되 충분히 대출하는 최종 대부자"가 되어야 했다.[4]

영국 은행제도의 견고함에 올드리치는 강한 인상을 받았다. 영국 상업은행은 현금 보유액이 매우 적었다. 잉글랜드은행마저 상대적으로 적은 양의 금을 보유하고 있었다. 제도에 대한 신뢰가 높아 많은 금이 필요 없었던 것이다. 미국과는 너무 달랐다. 미국의 은행들은 훨씬 더 많은 금을 보유했지만 화폐에 대한 신뢰는 영국이 더 강했다.[5]

미국 조사단원들은 잉글랜드은행이 수요를 충족하기 위해 어떻게 통화량을 조절하는지 물었다. 잉글랜드은행 직원은 '자동적으로' 이뤄진다고 설명했다. 즉, 상업어음을 잉글랜드은행이 할인하고 대신 은행권을 발행하면 그 은행권이 유통된다는 것이었다. 미국 은행에서 국채를 근거로 은행권을 발행하는 것과는 아주 달랐다. 독일의 경우, 시중 은행의 대출채권을 제국은행의 은행권과 교환하는 것이 핵심이었다. 독일에서는 일단 중앙은행이 설립되자 다른 은행들은 이에 의존했다. 또 프랑스은행은 금융위기 시에 은행의 자산을 화폐로 전환해 신속히 통화량을 늘렸다. 그래서 프랑스에서는 은행의 지급준비금 문제가 그다지 중요하지 않았다. 유럽은 고작 예금의 3~4% 이하로 현금을 유지하는 데도 중앙은행에 대한 신뢰가 민간 은행들이 보유한 현금에 대한 신뢰보다 더 강했다.[6]

유럽 중앙은행 관계자 및 외교관 등과 58회에 걸친 회의를 하며 미국 조사단이 확인한 것은 '잘 작동하는 시스템'이었다. 유럽 은행들은 중앙은행에 집중된 지급준비금을 위기 시에 활용했다. 즉, "큰 저수지에서 물을 끌어다 쓰는 것"이었다. 그러나 미국은 물을 낭비하고 있었다. 마침내 올드리치는 생각을 바꿔 중앙은행 설립에 동의했다. 그는 미합중국은행 같은 거대 은행이 미국인들에게 연방 지배 혹은 월가 지배의 두려움을 떠올리게 한다는 사실을 잘 알고 있었다. 이를 가리켜 그는 "앤드루 잭슨의 유령과 싸우고 있다"라고 표현했다.

진보주의 물결에 막힌 금융개혁

1908년 대선에서 윌리엄 태프트(William Taft)가 브라이언을 이기면서 공화당이 상하 양원을 모두 장악했다. 당시 올드리치는 금융개혁에 적극적이었다. 금융개혁 초기부터 관여했던 금융 전문가 워버그는 올드리치가 너무 적극적이어서 오히려 금융개혁이 좌초될까 봐 걱정했다. 유럽처럼 큰 힘을 가진 은행은 미국에서는 정치적으로 불가능했다. 연방 권력에 대한 미국인들의 깊은 불신 때문이었다. 공화당 내 지지가 필요했지만, 올드리치는 당 내 진보 세력의 거센 열풍에 직면했다. 진보 세력은 소득세 개혁, 상원의원 직선제, 노동자 보호, 기업 규제, 관세 감소 등을 주장했다. 공화당이 내부적으로 분열했다.

태프트 정권 출범 이후, 올드리치의 금융개혁 작업은 관세라는 폭발적 이슈에 묻혔다. 당론으로 높은 관세를 유지해 왔던 공화당에 변화가 생긴 것이었다. 1909년, 관세가 너무 높다는 공감이 당 내외에 형성됐다. 당의 진보 진영은 관세가 무역에 부담을 주고 농민에 불공정하다고 주장했다. 자유방임주의적인 민주당도 높은 관세를 비판했다.

올드리치는 난처했다. 그의 우군인 재계의 이익을 침해하는 관세 인하 입법에 동참하거나 당내 진보 진영을 적으로 만드는 것 중 하나를 택해야 했다. 진보 진영은 소득세로 관세를 대체하기를 원했다. 고민 끝에 올드리치는 재계의 편을 들었다. 그는 진보 진영의 적이 되었고, 금융개혁은 한층 더 힘들어졌다.[7]

중앙은행을 닮은 연합은행

워버그는 독일에서 태어나 미국인과 결혼한 후 1902년 뉴욕에 있는 장인의 회사인 다국적 투자은행 쿤뢰브(Kuhn, Loeb&Co.)에 합류한 인물이다. 그는 유럽의 선진 금융제도에 정통한 미국 내 최고의 금융 전문가로, 금융개혁에 관해 언론에 글을 기고하고 정치인들에게 자문을 하는 등 활발히 활동했다. 워버그는 '중앙은행'이라는 용어 대신 '연합은행(United Banks)'이란 표현을 썼다. 연방적인 구조를 암시하기 때문이었다. 미합중국은행의 부활이라는 부정적 인식을 불식하기 위해 그는 미국 전역에 분산된 20개의 준비은행(Reserve Bank)이라는 네트워크를 구상했다. 워버그의 연합은행 구상에서 여러 은행의 지급준비금은 단일한 거대 지급준비금의 일부였다. 그는 중앙에 집적된 준비금이 지방의 은행에도 도움이 된다고 주장했다. 월가에 의존하지 않을 수 있기 때문이다. 워버그는 연합은행이 시민들의 이익을 중시하는 민주적 제도라고 설득하며, 잭슨주의자들의 의혹을 가라앉히려 했다.

1910년 총선에서 민주당이 하원의 다수당이 되었다. 16년 만의 일이었다. 민주당은 상원에서도 약진했다. 공화당의 일부 세력과 협력하면 사안에 따라 민주당의 의사를 관철할 수 있게 된 것이다. 상하 양원 모두 진보주의 색채가 강해졌다. 이 선거에서 민주당의 뉴저지 주지사 후보였던 우드로 윌슨도 당선됐다.

같은 해 11월 20일, 조지아주 해안 근처 지킬 섬에 있는 오리사냥 클럽●에 여섯 명의 신사가 은밀히 모였다. 올드리치와 워버그를 포함해 모건의 파트너이자 뱅커스트러스트 대표인 헨리 데이비슨(Henry Davison), 뉴욕내셔널시티은행장 프랭크 밴더리프(Frank Vanderlip), 나중에 재무부 차관보에 임명되는 하버드대학 교수 피아트 앤드루(Piatt Andrew), 뉴욕 연준은행 초대 행장이 되는 벤저민 스트롱(Benjamin Strong, Jr.)이었다. 그들이 그동안 진행해 온 조사 활동을 종합해 화폐제도 개혁안을 만들기 위한 자리였다.

이 자리에서 워버그가 자신의 구상을 설명했다. 그는 금융개혁을 월가가 주도하지 않는다는 것을 보여주기 위해 정부의 역할이 더 강해지길 바랐다. 그는 이미 '연합준비은행(United Reserve Bank)'이라는 구상에서 연방적 구조를 제시했다. 반면 올드리치는 유럽의 중앙은행을 염두에 두었다. 그러나 결국 올드리치가 워버그의 구상을 받아들였다. 새 기구인 '미합중국준비연합'을 창설해 은행들의 지급준비금을 모아서, 탄

● J. P. 모건이 이 클럽의 회원이었다.

력적 통화인 준비연합지폐를 발행한다는 게 기본 골격이었다. 이 지폐는 금으로 뒷받침되며, 국법은행 은행권을 대체한다. 이 아이디어의 핵심은 지급준비금을 중앙으로 집중하되, 은행은 지역으로 분산하는 것이었다.[8] 더 자세히 들여다보면 각 가맹은행은 안정적인 어음교환소 역할을 하는 지역 협회에 소속되고, 이 협회는 준비연합의 15개 지점에 대표를 보낸다.

또 이 구조의 정점에는 워싱턴 D.C.에 소재한 준비연합을 두었다. 올드리치는 워싱턴 D.C. 본부에서 전국적으로 금리를 단일하게 정하자고 했다. 각 지점에서 자율적으로 금리를 정하자는 워버그의 견해와 달랐다. 뉴욕 은행들에 대한 유일한 당근은 국법은행들이 해외 사업을 허용하는 것이었다. 해외 진출을 강렬히 원했던 뉴욕내셔널시티은행장 밴더리프에게 워버그의 제안은 매력적으로 들렸다.

난항을 겪는 올드리치의 제안

올드리치가 구상한 새 기구의 지배 형태는 민주적이었고 유럽의 중앙은행과는 달랐다. 워버그의 표현에 따르면 이는 "은행가들의 은행(bankers' bank)"이었다. 가맹은행은 준비연합의 각 지점에 상업어음 같은 자산을 배서(背書)해서 제시하면 준비연합지폐, 즉 새로운 지폐를 수령할 수 있었다. 이는 기존의 국법은행 체제에서 정부 채권을 구매해야 화폐 발행이 가능했던 것과는 달라진 점이었다. 통상적으로 이뤄지는 상업 활동과 화폐 유통이 유기적으로 관련되었다. 이런 올드리치의 플랜은 워버그의 플랜과 유사했다.[9]

올드리치는 정부가 아니라 은행가들이 이 기구 운영을 담당하도록 했다. 총 45명의 이사진 중 39명은 은행가나 경제계 대표로 구성되도록 했다. 정부에서 임명할 수 있는 자리는 여섯 자리뿐이었다. 준비연합에 대한 정치적 영향력을 배제하려는 의도였다. 준비연합의 권한도 공개시장에서의 증권 매매에 한정했다. 일반 시민을 대상으로 운영하는 은행이 아니었으며, 은행을 위해서만 일하고 은행과 경쟁할 수 없었다. 개별 은행의 가맹 여부는 자발적으로 결정하도록 했다. 은행업계는 올드리치의 안이 업계에 유리하다고 보았다. 특히 밴더리프는 해외 진출의 길이 열리는 데 만족했다.

하지만 미국은행가협회는 올드리치 안에 대해 추가로 수정을 요구했다. 국법은행뿐 아니라 주법은행도 준비연합에 가입하도록 허용해 주고, 상업어음 할인에 유연성을 허용해 사실상 어떤 대출채권도 준비연합의 지폐로 교환할 수 있도록 해달라는 것이었다. 또 준비연합에 대한 정치적 개입을 철저히 반대했다.[10]

올드리치는 이런 은행업계의 요구를 반영한 수정안을 만들었다. 이 수정안은 준비연합의 주도적 역할을 인정했다. 이름도 전국준비연합으로 변경했다. 은행업계는 준비연합이 발행한 지폐를 보유한 은행에는 해당 지폐를 지급준비금으로 인정해 달라고 요구했는데, 이 또한 수용됐다. 이는 원래 워버그가 바라던 것이었다. 하지만 중서부 진보 진영에서 봤을 때 올드리치의 계획안은 '뉴욕 은행가들의 도구'에 불과했다. 당시 미국에는 2만 개 이상의 은행이 있어서 타 업종에 비해 경쟁적이었다. 특히 그들은 내셔널시티은행 같은 선도 그룹의 지배력이 강화될 수 있다며 그의 의도를 의심했다.

올드리치의 계획안은 국가통화위원회에 제출됐다. 이때 그는 준비연합이 "절대 중앙은행이 아니며 미국의 필요에 맞춘 제도"라고 설명했다. 그 목표는 크게 세 가지였다. 첫째, 통합적인 은행 시스템을 구축할 것. 둘째, 화폐에 대한 논리적 기반을 제공할 것. 셋째, 어음시장을 발전시켜 유동자금이 주식시장이 아니라 사업 분야에 대출될 수 있도록 하는 것이었다.

그러나 수정된 계획안이 통과되기 위해 넘어야 할 첫 번째 관문은 민주당 의원 브라이언이었다. 1896년 대선 실패 후 두 번이나 재출마하며 거듭 패배했지만, 그는 여전히 막강한 영향력을 행사하고 있었다. 그는 금융개혁이 필요하다는 사실은 인정했지만, 올드리치의 계획안에서 두 가지 문제를 지적했다. 바로 중앙집중화와 은행가의 지배력이었다. 브라이언은 은행을 지역별 연합으로 분리할 생각이었다. 각 지역 연합이 정부에서 자유롭게 차입하는 게 낫다고 생각했다. 그는 올드리치의 계획안은 결과적으로 상업과 산업이 은행의 노예가 되도록 할 것이라며 격렬히 비난했다.

진보적인 성향의 공화당 의원 로버트 라폴레트(Robert La Follette)도 은행 개혁에는 찬성했지만, 은행들이 운영하는 힘 있는 기관이 중서부 지역으로부터 자금을 흡수할 것을 우려했다. 특히 전국준비연합이 대도시 은행들에 의해 좌우되는 일을 우려했다. 라폴레트는 올드리치의 계획안이 돈을 대도시와 금융권력에 몰아주는 계획이라며 매도했다. 시어도어 루스벨트는 공개적으로 올드리치 계획안을 비판하지는 않았지만, 그의 대선 도전은 공화당을 분열시켰고 그 영향으로 올드리치의 계획안도 어려움에 부딪혔다.

거듭된 반대에 부딪힌 올드리치는 남부의 은행가들의 지지를 호소했다. 그는 미국이 전년도에 수출한 면화 6억 5,000만 달러어치가 대부분 런던, 파리, 베를린, 리버풀 등지에서 제공하는 무역 금융을 이용했다고 지적하며 이런 해외 의존적인 상황에서 벗어나기 위해서는 은행 개혁이 필요하다고 지지를 호소했다. 하지만 올드리치의 계획안 자체보다 대체로 이를 주도하는 올드리치에 대한 반감이 컸다.

결국 적대적 정치 환경 때문에 그의 계획안은 입법될 수 없었다. 당시 대중들에게 금융개혁은 진보주의적 어젠더가 아니라 올드리치라는 보수적 인물이 상징하는 보수주의적 어젠더로 인식되었다. 그럼에도 올드리치의 계획안은 훗날 연방준비법 제정을 위한 중요한 첫걸음이 되었다.

모건 청문회

1912년 12월 18~19일, 푸조가 이끄는 은행통화위원회 주최 청문회에서 모건이 증인으로 소환돼 증언했다. 위원회 측 변호사 사무엘 운터마이어(Samuel Untermyer)가 심문을 맡았다. 1907년 경제위기가 발발한 후 5년이나 지났지만, 뉴욕 은행가들이 시민들의 돈으로 자신의 배를 불린다는 여론은 여전했다.

모건에 대한 인식도 금융 시스템의 구원자에서 금융 독점가로 바뀌어 있었다. 증언을 통해 모건은 경쟁 은행가들과 공조한다는 혐의를 인정했다. 또 그는 대출 시 가장 중요한 것은 담보가 아니라 차입자의 성격이라고 답했다. 즉, 신뢰할 만한 사람에게만 신용을 제공한다는 것이다. 청문회를 거치면서 모건은 신화적 이미지가 많이 훼손되었다. 굴욕도 겪었다. 그는 이미 과거의 인물이었다. 더 이상 1907년에 보여준 영웅적 리더십을 기대하기도 어려웠다.

푸조 위원회는 청문회를 마치면서, 금융 독점 세력이 혁신을 저해하고 경쟁을 파괴하고 국가를 위험에 빠뜨렸다고 결론을 지었다. 윌슨도, 여론도 이에 동의했다.

청문회 증언을 마치고 몇 주 후인 1913년 1월, 모건은 유럽으로 여행을 떠났다. 그리고 3월 31일 그는 로마에서 세상을 떠났다. 밴더리프는 모건의 사망 소식을 듣고 "왕이 죽었다"라며 비통해했다. 당시 그의 나이 75세였다. 이후 모건그룹은 금융기관에 대한 지분을 줄이고 몸을 낮췄다. 그의 죽음은 한 시대의 종말을 상징했다. 한 개인이 한 국가의 금융 시스템을 좌우하던 시대가 끝난 것이었다. 미국은 이제 새로운 시대로 이행했다.

금융개혁에 관심이 높은 윌슨과 분열하는 공화당

윌슨은 금융 전문가는 아니었지만, 건국 과정에서 미합중국은행과 은행제도를 놓고 벌어진 오래된 논쟁을 잘 알고 있었다. 정치학자로서 윌슨은 연방주의자인 해밀턴을 높이 평가했고 제2차 미합중국은행에 대해서도 긍정적이었다.[11]

성장 배경으로 보면 그는 자유방임주의자였지만, 학문적 배경의 영향으로 중앙집권주의로 선회한 인물이었다. 그는 본래 사람들의 자기 결정권을 존중하고, 기업 간 경쟁이 필요하다고 믿었다. 그러나 프린스턴대학을 떠나 정계에 입문할 무렵, 그는 기업이 스스로를 규제할 수는 없다고 결론지었다. 그렇다고 민간 기업이 경제의 중심이라는 사실을 의심하지는 않았다. 윌슨은 연방정부가 개입해서 공정 경쟁의 장애물을 치워야 한다고 확신했다. 반독점에 대한 입장이 확고했던 것이다.[12]

그는 1896년 대선 당시 브라이언의 은화자유주조운동을 지지하지 않았지만 1910년에 뉴저지 주지사로 당선된 뒤로 진보적 성향으로 바뀌었고 월가에 비우호적인 입장을 취하게 됐다. 윌슨은 금융개혁이 매우 복잡한 문제라고 인식했고, 미국이 당면한 가장 큰 문제라고 판단했다. 그는 거대한 독과점 세력과 현대 산업의 거대한 규모에 놀랐다. 그 힘의 수준과 규모에 개인이 파묻힐 것을 두려워했다.

윌슨은 은행 문제를 독과점 문제의 하나로 파악했다. 미국에서 이뤄지는 최대 독점은 화폐 독점이고, 미국 내 모든 금융 활동은 소수가 좌우한다고 생각했던 것이다. 그는 거대한 금융세력이 개인과 소기업의 접근을 제한할 것을 우려했다. 하지만 이 무렵의 윌슨은 은행의 안정적인 신용 공급을 위해서는 지급준비금을 집중해야 한다는 데까지는 생각이 미치지 못했다.

그가 이렇게 금융계에 대해 개혁적인 시각을 갖게 된 이유는 브라이언의 도움 없이는 민주당 대선 후보가 될 수 없다는 사실도 한몫했다. 브라이언은 윌슨에게 월가에 비판적인 자세를 취하고 올드리치의 계획안에 대해서도 반대하기를 바랐다. 결과적으로 브라이언은 최종적으로 윌슨을 지지했고, 그 덕에 윌슨은 민주당 대선 후보로 선출되었다. 그러나 윌슨은 브라이언의 지지를 받았음에도 올드리치의 계획안에 절대적으로 반대하지는 않았다. 그는 은행가들의 지배에 대해 명시적으로 반대했지만, 금융의 중앙집중화에 대해서는 침묵했다.

본격적인 대선이 시작되고, 민주당은 올드리치의 계획안에 대한 대안을 마련하기로 했다. 그 과정에서 금융권력에 대한 청문회를 실시했다. 하원 은행통화위원회가 이를 주관할 소위원회를 만들어 루이지애나 출신의 아르센 푸조(Arsène Pujo) 의원에게 위원장을 맡겼다. 1912년, 이 청문회가 열리기 전까지 모건, 조지 피셔 베이커(George Fisher Baker), 밴더리프 같은 거물 금융가들은 한 번도 청문회에 불려간 적이 없었다. 금융 지배세력에 대한 청문회로 은행권에 대한 관심이 고조됐다.

금융개혁 입법을 준비할 소위원회 위원장은 버지니아 출신 카터 글래스(Carter Glass) 의원이었다. 그는 브라이언을 추종하는 민주당원이자 잭슨주의자였다. 하지만 신문 발행인으로 성공을 거둔 그는 신용의 가치에 대해 잘 알고 있었다. 남부 지역 출신으로서 그는 연방권력에 의구심을 가졌고, 중앙집중화에 적대적인 입장이었다. 민주당은 브라이언의 주도하에 올드리치의 계획안에 반대하는 것으로 입장을 정리했다. 또 주정부의 권한과 농부들에 대한 신용 공급을 강조했다. 글래스는 이런 점들을 고려해야 했다.

한편 공화당 대선 진행 상황은 복잡했다. 태프트와 루스벨트는 친구에서 적이 되어 서로 비방했다. 태프트는 루스벨트를 "위험한 에고이스트" "사람들에 대한 아첨꾼"이라고 비아냥거렸다. 루스벨트는 태프트를 "얼간이" "위선자"라며 맹공을 퍼부었다. 루스벨트의 출마 이유는 태프트가 그의 이념을 배반했다고 믿었기 때문이었다. 태프트가 진정한 진보주의자가 아니고, 올드리치와 같은 당의 구시대 지도자를 추종한다는 것이었다.

1912년 당시 루스벨트는 대통령 재임 시절보다 훨씬 강경한 진보주의자의 모습을 보였다. 그는 정부가 사회 정의 실현과 공정한 분배를 추구해야 한다고 주장했다. 또 독과점 기업의 필요성을 전면적으로 부정하지는 않았지만 이를 규제할 필요성을 강하게 느꼈다.

최종적으로 당 내 후보 경선에서 현직 대통령 태프트가 가까스로 다시 후보로 선출됐다. 그렇지만 만약 루스벨트가 제3당의 후보로 선거에 나선다면 태프트가 본선에서 승리할 확률은 매우 낮았다. 그렇게 루스벨트와 태프트의 분열로 공화당 표는 분산되었고, 윌슨은 남부와 서부에서 우세를 보였다. 많은 월가 금융인이 루스벨트보다 윌슨이 덜 공격적이고, 태프트보다는 당선 가능성이 높다고 분석했다.

대선 결과는 윌슨의 승리였다. 20년 만에 처음으로 상원에서 민주당이 다수당이 되었고, 하원에서는 3분의 2를 차지했다. 윌슨은 당선된 무렵에 여러 경로로 금융개혁에 관한 아이디어를 들었다. 그는 금융의 중앙집중화에 좀 더 우호적으로 바뀌었으며, 브라이언이나 당 내 일반 당원들보다 월가에 덜 적대적인 태도를 취했다.

준비은행 설립을 위한 진통

은행제도 개혁에 관한 여러 제안은 어느 정도 연방화를 전제로 했다. 문제는 중앙의 지배력을 어느 정도까지 인정할 것인가였다. 글래스와 금융 전문가 파커 윌리스(Parker Willis)는 이런 제안들을 참고해 계획안을 만들었다. 우선 15~20개 준비은행을 전국에 분산해 설립하도록 했다.

일반 은행은 가장 근접한 준비은행의 주주가 된다. 준비은행들은 국법은행권을 대체해 새로운 지폐를 발행하는데, 이 지폐는 국채가 아니라 은행 자산을 근거로 발행하게 했다. 즉, 상업어음 등 자산을 보유한 은행이 이를 새로 설립된 준비은행의 지폐와 교환하는 것이다. 이로써 비유동적인 자산을 화폐로 전환할 수 있었다. 이로써 은행들이 현금을 더 손쉽게 확보할 수 있게 되었다. 당연히 유동성 공급이 더 원활해지고, 금융위기가 발생할 가능성도 줄었다.

준비은행은 정부 예금을 수취하고, 정부가 소유한 금도 보관하도록 했다. 그래서 화폐 발행에 대한 안전장치를 강화했다. 또 글래스는 준비은행이 은행 예금을 보장할 것을 제안했다. 하지만 이 아이디어는 대도시 은행들이 반대했다. 글래스의 계획안에서는 각 지역의 준비은행을 서로 결합할 기구가 없기 때문에 올드리치의 계획안보다 중앙집중적이지 않았다. 이것이 글래스가 강조한 부분이었다. 은행들의 지급준비금을 뉴욕의 대은행이 아니라 새로운 지역 준비은행에 예치하도록 유도

했던 것이다. 이렇게 하면 지역 자금이 해당 지역에서 활용될 수 있었다. 뉴욕 중심의 금융 독점 체제를 바꾸려는 의도였다.

월슨은 글래스의 계획안을 살핀 후 각 지역 준비은행의 상위에 별도의 중앙이사회가 필요하다고 제안했다. 정부 구조를 연구했던 월슨은 지역 준비은행들에 대한 공적 통제 장치가 필요한데, 이를 위해 다양한 분파 간의 타협이 필요하다고 인식했다. 그의 제안은 워싱턴 D.C.에 정부 통제의 감독 기구를 설치하는 것이었다. 1913년, 결국 월슨의 구상을 반영한 계획안이 마련된다. 소규모의 인원을 갖춘, 주로 감독 기능을 하는 기구를 워싱턴 D.C.에 설치하기로 했는데, 이는 일종의 '갓돌(Capstone)'●이었다. 지역의 준비은행들은 민간이 주도해 운영하는 이원적 시스템을 구상했다.[13]

글래스는 월슨의 타협안을 토대로 다른 세부 사항에 대한 은행가들의 의견을 계속 청취했다. 그들은 유럽식 중앙은행 제도를 거부했다. 유럽의 중앙은행은 보통 일반 고객을 상대로 영업을 했는데, 미국 은행가들은 그로 인해 경쟁하길 원하지 않았다. 은행가들은 브라이언이 제안하는 정부 발행 불환지폐 혹은 연방 예금 보장도 거부했다. 브라이언식의 접근은 정부의 강력한 개입을 의미했기 때문이다.

워버그는 금융개혁 법안을 준비하는 소위원회 증언에서 그의 견해를 밝혔다. 우선 복수의 지역에 독립적인 준비은행을 설립하는 방식은 기존 금융 시스템의 결함을 되풀이할 것이라고 경고했다. 1902년 그가 처음 뉴욕에 왔을 때 경험한 자금 부족으로 인한 공포를 언급했다. 그러면서 미국 금융에 가장 필요한 과제는 지급준비금을 중앙으로 결집하는

● 빗물이 침투하지 않도록 성벽이나 돌담 위에 지붕같이 덮은 돌.

것이고, 이런 조치 없이는 통화 공급이 제때에 탄력적으로 이뤄질 수 없다고 지적했다. '탄력적 통화(elastic currency)'는 당시 유행어였다. 워버그는 당시 7,500개의 미국 국법은행이 각자 자금의 4분의 1을 안전금고에 묶어두고 전혀 활용하지 못하는 어리석음을 저지르고 있다고 날카롭게 비판했다.

나아가 그는 글래스 계획안이 극단적 이분법이라며 반대했다. 워버그는 여러 준비은행들이 존재하는 시스템에서는 뉴욕과 시카고의 준비은행이 지배적 위치를 점유할 것이라고 꼬집었다. 이는 글래스가 피하고 싶어 한 지적이었다. 워버그는 지역 준비은행들이 서로 협력할 것이라는 점에 대해서도 회의적이었다. 그럼에도 그는 형식적인 의미에서 중앙은행을 설립하지 않고도 지급준비금을 중앙에 집중할 수 있는 방법이 있을 것이라고 제안했다. 그러면서 4개의 지역 준비은행을 설립하되 이 은행들이 연대 책임을 지는 방안을 제시했다. 그는 지역 준비은행들이 너무 많으면 협력하기 어렵고, 지역의 힘이 약한 지역은 자금이 부족해진다고 지적했다. 글래스는 워버그의 제안을 불신했다. 그는 결코 지역별 준비은행 설치에 대한 원칙을 포기할 생각이 없었다.

글래스는 은행가들의 요구도 일부 반영하면서 예금보장제는 철회했다. 준비은행은 다른 은행으로부터 예금 수취가 가능하지만, 일반 시민에게서는 수취하지 않기로 했다. 이로써 '은행가의 은행'이 되도록 했다. 그럼에도 준비은행들은 공개시장에서 채권 매매는 할 수 있었다. 또 은행들의 준비은행 가맹은 의무였다. 글래스는 워버그의 제안과 달리 지역별 준비은행 수를 최소 15개로 정했다. 그의 계획안은 전체적으로 올드리치의 계획안과 상당히 유사했다. 가장 큰 차이는 올드리치는 중앙에 종속되는 지점을 설치할 것을 주장했으나, 글래스는 지역적으로 독립된 지역 준비은행 설치를 주장한 것이었다. 또 글래스 안은 은행들이 지급준비금을 의무적으로 새로운 준비은행에 예치하도록 했다. 지급준비금의 피라미드 구조를 철폐하기 위해서였다. 이는 올드리치 안에서는 별다른 방안이 제시돼 있지 않던 부분이었다.[14]

취임이 다가오자 윌슨은 브라이언을 내각에 포함시킬지 고민하다, 결국 그를 국무부 장관에 임명했다. 재무부 장관에 앉힐 경우 많은 갈등을 야기할 가능성이 있었다. 재무부 장관에는 민주당 의원 윌리엄 매커두(William McAdoo)를 임명했다. 그는 진보주의자로, 경제에 대한 정부의 규제 필요성을 인정했던 인물이다.

윌슨은 새로운 금융 체제를 구축해 경제계에 더 많은 자유를 제공하는 한편, 월가에 대한 통제력도 확보하려 했다. 윌슨은 글래스 법안이 통과되면 새로운 준비은행들이 뉴욕 금융계의 영향력을 축소할 수 있다고 보았다. 금융 독점 세력을 약화시키기 위한 금융개혁을 바라는 진보 진영의 요구는 강했다.

1913년 당시 미국은 눈부시게 발전했다. 포드자동차는 최초의 대량생산 자동차 모델T를 출시했고, 뉴욕증권거래소에는 3,000개 이상의 회사가 상장되었다. 은행업계도 예금이 늘어나면서 크게 성장했다. 당시 미국에는 약 2만 5,000개의 은행이 있었고 경쟁이 치열했다. 그중 절반은 1900년 이후에 설립됐다. 하지만 내셔널시티은행은 상거래와 관련해서만 대출하고 자동차 구입 등에는 대출해 주지 않았다. 또 국법은행들은 부동산 대출을 하지 않았고, 주법은행들의 경우 대출 능력이 부족해서 농민들은 여전히 금융권에서 소외되었다. 농민과 노동자 들에게 은행에 접근하는 일은 특권이었다. 따라서 하루빨리 개혁이 실현되어 일반 시민들이 은행에 갈 수 있게 되고 신용 공급도 널리 이뤄져야 했다.

윌슨이 조율한 글래스-오언 법안

상원의 은행통화위원회 위원장 로버트 오언(Robert Owen)은 브라이언의 열혈 추종자였다. 오언은 글래스 법안과는 다른 법안을 만들려 했다. 그는 새 기관의 지폐는 연방정부가 발행해야 한다고 주장했다. 또 감독 기구인 이사회의 이사 중 일부는 은행가들이 지명하자던 글래스와 달리, 대통령이 모두 임명할 것을 제안했다. 글래스 법안은 은행가들의 입장에 더 가까웠고, 오언 법안은 브라이언의 노선에 충실했다.

한편 매커두는 별도의 법안을 마련했다. 그 핵심은 재무부가 주도하는 중앙은행이었다. 정부의 통제를 원하는 브라이언과 중앙집중화를 원하는 월가를 동시에 만족시키려는 안이었다. 그의 안은 4~5개의 준비은행만 설립하고 재무부가 단일통화를 발행하는 것이었다. 그는 화폐 공급이 필요할 때 열차로 하루 만에 닿지 못하는 곳이 없도록 준비은행의 위치를 다시 정하려 했다. 그는 전국준비은행(National Reserve Bank)이라는 명칭을 연방준비은행(Federal Reserve Bank)으로 바꿨다.

윌슨은 매커두가 제시한 안에는 흥미가 없었고 글래스 법안에 더 기울었다. 즉, 당 내 급진 세력보다는 은행가들에게 좀 더 우호적인 태도를 취했다. 글래스와 오언은 협상을 시작했다. 마지막까지 '누가 통제할 것인가'에 관해서는 타협이 이뤄지지 않았다. 글래스는 일곱 명으로 구성된 이사회에 네 명은 대통령이 임명하고, 세 명은 은행 측이 지명하는 타협안을 내놓았다. 하지만 오언은 모두 대통령이 임명해야 한다는 입장을 고수했다. 결국 타협을 이루려면 브라이언이라는 장벽을 넘어야 했던 것이다. 윌슨은 직접 브라이언을 백악관으로 초청해 설득했다. 그러나 브라이언은 제퍼슨과 잭슨의 전통을 근거로 민주당의 정부 발행

화폐에 대한 오래된 원칙을 포기할 수 없다는 태도를 견지했다. 그는 무엇보다 은행가들이 이사회 구성원이라는 사실에 매우 부정적이었다.

브라이언의 도움 없이는 금융개혁은 물거품이 될지도 몰랐다. 매커두와 오언은 정부가 주도적으로 새 기구를 운영해야 한다고 역설했고, 글래스만 이에 반대했다. 글래스는 은행가들의 법안 반대를 우려해 그들의 편을 든 것이었다. 새 기구에 자본을 대는 건 은행들인데 그들의 참여를 배제하는 것은 부당하다고 생각했다. 윌슨의 결단이 필요했다.

최종적으로 윌슨이 제시한 타협안은 글래스 안을 기초로 한 것이었으나, 브라이언과 오언을 비롯한 진보 진영의 요구를 반영했다. 연방준비은행의 지폐 발행은 '미국 정부의 책임'이라는 점을 명확히 표명한 것이다. 새 지폐는 가맹은행들이 보유한 안전한 단기 자산과 교환하는 방식으로 연방준비은행들이 가맹은행들에 발행해야 했고, 이때 발행 지폐의 3분의 1에 해당하는 액수의 금을 보유하도록 했다.

연방준비은행의 지폐는 금으로 뒷받침된 은행 발행 화폐이지만 정부의 보증이 추가되었다. 정부가 관여한다는 형식을 갖춰 브라이언과 진보 진영을 달래려는 의도였다. 글래스는 정부가 발행에 개입하는 화폐가 이단처럼 느껴지긴 했으나, 타협안을 받아들였다.

윌슨이 조율한 최종 타협안은 '글래스-오언 법안'에 담겼다. 연방준비제도는 중앙과 지역이 권한을 분점하는 이원적 구조였다. 지급준비율은 축소되고, 지역 준비은행의 수도 감소돼 최소 12개로 조정되었다. 가장 주목할 만한 점은 윌슨이 첨가한 '갓돌'이었다. 즉, 연방준비제도 이사회가 한 지역 준비은행에 다른 지역 준비은행으로 대출을 하도록 요구할 수 있고, 각 준비은행의 화폐 발행을 감독하고 회계장부도 검사하며, 그 은행들의 임원들을 면직할 권한도 보유했다. 월가가 갈망한 중앙기관이 탄생한 것이다. 더불어 월가가 원했던 대로 준비은행이 무역 거래에 대해 금융 지원을 하도록 허용했다. 윌슨은 은행 분야에서 고전적인 자유방임주의를 버리고 공적인 참여와 운영을 지지하는 결정을 내렸다. 이는 연방정부의 역할을 강화하는 중대한 전환이었다.[15]

법안의 주요 목적은 지급준비금을 동원하고, 위기를 피하며, 은행 시스템을 현대화하는 것이었다. 그 핵심은 준비은행들이 가맹은행들로부터 단기 자산을 매입해 유동성을 공급하는 방식에 있었다. 나중에 연준의 가장 중요한 업무가 되는 금리 조정 기능도 이때 포함됐다.

마침내 언론에 법안의 내용이 공개됐지만, 언론의 반응은 매서웠다. 보수 언론에는 중요한 민간 분야를 연방정부가 통제한다는 것이 매우 충격적이었다. 그들은 법안이 브라이언의 철학에 굴복한 결과라고 지적했다. 《뉴욕타임스》는 이 법안을 급진적이라고 평하며 "은행을 혐오하는 인민주의자들의 작품"이라고 혹평했다. 또 《워싱턴포스트》는 정치적으로 임명된 사람들이 은행 시스템을 운영한다는 점에 기겁하고 새 연방준비제도 이사회의 권한이 대통령의 권한보다 더 강해질 거라고 예측했다.

법안 통과가 실패할 것을 우려한 윌슨은 직접 나서서 의원들을 설득했다. 그는 법안에 대해 세 가지 원칙을 설명했다. 통화는 수요의 변화에 대응해 탄력적으로 공급되어야 하고, 지급준비금을 집중해 적극적으로 활용해야 하며, 화폐가 소수에게 집중되는 것을 막아야 한다는 것이었다. 윌슨은 은행은 비즈니스의 도구이지, 그 주인이 돼서는 안 된다고 강조했다.

일부 은행가들의 반응도 좋지 않았다. 특히 중서부 은행가들은 법안에 대해 부정적이었다. 그들은 대체로 지역별 준비은행 설립에 대해서는 찬성했다. 은행가들이 소유하고 운영하는 '은행가들의 은행'이기 때문이었다. 하지만 그 위에 존재하는 이사회에 대해 불만이었다. 또 워싱턴 D.C.에서 일하는 이사회가 각 지역의 할인율, 즉 이자율을 결정하는 것에 대해서도 불안해했다. 또 다수의 은행가는 지급준비금을 의무적으로 준비은행에 이전해야 하는 것에 대해서도 반발했다.

하지만 이 새 기구에 관한 입법의 주된 목표는 기존의 지급준비금 운영 방식을 대체해 집단적인 지급준비금 관리 시스템을 설립하는 것이었다. 이후 은행가들과의 논의 과정을 거쳐 법안의 일부가 수정됐다. 할인율은 이사회의 승인을 전제로 각 지역 준비은행이 정하도록 바뀌었다. 새 시스템으로 이행될 시 과거 국법은행 시절 의무적으로 보유하던 국채에 손해가 발생할 우려도 해소한 것이다.

한편 농촌 출신 의원 집단을 이끌던 텍사스 출신 민주당 의원 로버트 헨리(Robert Henry)는 연준 이사회에 농민과 노동계 대표도 포함돼야 한다고 주장했다. 그는 새 법안이 1910년에 제안된 올드리치의 계획안과 다를 게 없다고 공격했다. 또 사우스캐롤라이나 출신 민주당 의원 제임스 랙스데일(James Ragsdale)은 은행이 신용 공급을 결정할 게 아니라 의회가 일반 사업 분야, 인프라, 농업 등 분야별로 신용 공급량을 정해야 한다고 주장했다.

연방준비은행의 탄생

새 법안과 관련해 민주당 내 핵심적 이견은 화폐 발행의 기초에 관한 것이었다. 글래스-오언 법안에서 연방준비은행은 가맹은행들이 상업어음과 무역 거래를 기초로 한 환어음 등 적격한 자산을 제공해야 비로소 지폐를 발행할 수 있었다. 이 점에서 은행들은 만족했다. 지폐가 남발되는 상황을 방지할 수 있기 때문이다. 법안은 상업에 유리했다. 이에 대해 민주당 의원 헨리는 농민들의 자산, 예컨대 농작물 창고의 영수증도 지폐 발행의 기초가 돼야 한다고 주장했다.[16]

법안에 따르면 지폐 발행은 금 보유액의 제약을 받고, 요구가 있을 땐 지폐를 금으로 태환해야 했다. 이는 화폐 발행에 대한 또 하나의 제동장치였다. 월슨에게 중요한 건 탄력적으로 화폐를 공급하되, 은행들을 통합해 더 견고한 신용 공급 시스템을 구축하는 것이었다. 결국 헨리의 반대에도 민주당에서 글래스-오언 법안이 승인됐다. 월슨은 브라이언이 요구한 문제, 즉 은행 이사진 문제를 후에 반독점 대책에서 다루겠다고 약속했다.

1913년 9월 둘째 주, 글래스는 법안을 하원에 제출했다. 하원에서 글래스-오언 법안은 285 대 85로 통과됐다. 세 명을 제외한 민주당 의원 절대다수가 찬성했다. 브라이언의 도움이 컸다. 하지만 상원 은행위원회 소속 공화당 의원들은 더욱 중앙집중화된 구조를 원했다. 하원과 달리 상원은 밀도 있는 청문회를 개최했다. 청문회에서 다양한 견해가 표출되었다. 상원 은행위원회는 준비은행을 4개로 축소하는 안을 제시했는데, 이는 연방적 성격을 약화하는 것이었다. 월슨이 이를 거부했다. 워버그의 끈질긴 설득으로 오언파가 준비은행의 수를 8개로 축소하자고 제안했다. 마침내 12월, 금융개혁 법안이 상원에 상정되었다. 월슨은 이 개혁안이 농민들에게 유리하다는 점을 강조하며 신속한 처리를 호소했다. 그는 크리스마스 휴가마저 미루고 의회의 승인을 압박했다.

상원의원들은 준비은행 은행권 자체가 법정통화인지, 아니면 단순히 금과 태환이 가능한 지폐인지를 두고 논쟁을 이어갔다. 그 구분은 다분히 이론적이었다. 실제 대부분 시민은 정화보다는 준비은행 은행권을 사용할 것이었다. 월가는 상원이 제시한 안을 더 선호했다. 또 농업지역 의원들의 압력으로 할인 적격 대상인 농업 관련 대출채권의 만기를 90일 이내에서 6개월로 연장했다. 농민들에게도 유리했다. 여기에 더해 국법은행이 처음으로 농민들에게 토지 담보 대출을 할 수 있도록 허용했다. 이는 농업 신용의 증대에 획기적인 일이었다. 인플레이션을 우려하는 일부 의원들의 의견도 반영해, 연방준비 은행권에 대한 금 보유 비율을 33%에서 40%로 인상했다.

그리고 이 법안에 안전장치 하나를 추가했다. 준비은행 허가 기간을 20년으로 정한 것이었다. 이는 이전의 제1차, 제2차 미합중국은행의 선례를 따른 것이었다. 이후 1927년에 이 규정이 개정되면서 연준은 항구적 기구가 되었다. 윌슨에게 다행이었던 점은 금융개혁안에 대한 여론이 우호적이었다는 사실이다.

상원은 이 법안을 53 대 34로 최종 가결했다. 여섯 명의 공화당 의원이 찬성에 가세했다. 하지만 상원과 하원에서 내놓은 법안의 차이는 컸다. 양원협의회를 통해 상하 양원은 의견을 조정하고 최종안을 도출했다. 대부분 상원의 법안이 반영됐다. 준비은행의 수는 최소 8개에서 최대 12개로 정했다. 구체적인 개수는 준비은행조직위원회가 정하도록 했다. 글래스가 이끄는 하원 협의위원은 법정통화 규정에 대해서는 양보하지 않았다. 연방준비 은행권은 이후 1933년에 법이 개정될 때까지 법정통화가 아니었다. 하지만 실제로는 처음부터 법정통화로 간주되었다. 인플레이션을 매우 우려했던 글래스는 1달러, 2달러 소액권 발행을 불허하고, 최소 금액을 5달러 지폐로 했다. 법안에서는 국법은행권을 점진적으로 회수하도록 했다.

가장 큰 쟁점은 예금보장제도였다. 은행들은 예금보장제도가 도입되면 모럴해저드에 빠져 무모한 대출이 발생할 것이라고 염려했다. 결국 예금보장 조항은 삭제됐다. 연방준비제도이사회 구성 방안도 쟁점이었다. 양원협의회는 재무부 장관과 통화감독청장 두 명을 이사회에 포함하기로 합의했다. 이사의 임기는 10년이었다. 상하 양원은 협의회의 최종안을 압도적인 찬성으로 가결했다. 윌슨도 법안에 서명한 후 홀가분하게 크리스마스 휴가를 즐기러 떠났다. 당시 농업부 장관인 데이비드 휴스턴(David Houston)은 일기에 "불가능한 일이 발생했다"고 썼다.

미국의 중앙은행 제도는 전국을 12개의 연방준비구로 나누고 각 구역에 하나의 연방준비은행을 설립해 해당 지역의 중앙은행 기능을 수행한다. 그리고 12개 연방준비은행이 원활히 운용되도록 워싱턴 D.C.에 연준 이사회를 두고 있다. 연방준비은행의 자본금은 각 지구의 국법은행과 주법은행이 출자하고, 이들을 가맹은행이라 부른다. 가맹은행은 연방준비제도 당국의 검사와 감독을 받고 법정 지급준비금을 유지해야 하지만 연방준비은행에서 자금을 차입할 수 있고 그 밖에 연방준비제도가 제공하는 여러 편익을 누릴 수 있다.

이 제도의 도입으로 인한 가장 극적인 변화는 흩어져 있던 은행들의 지급준비금을 집중해서 운용하는 시스템으로 바꿨다는 점이다. 금융위기 시에 최종 대부자로 기능할 준비은행이 탄생한 것이다. 이 법안으로 신뢰할 만한 화폐가 탄생했고, 은행들에 대한 감독도 강화됐다. 연준의 창설은 미국 은행과 선진 은행 시스템 사이의 격차를 줄였다. 또 미국이 금융 리더십을 발휘할 발판을 만들었다. 미국 역사에 강고히 흐르던 중앙권력에 대한 반대 흐름이 약화된 역사적 사건이었다. 미국은 화폐에 관한 한 중앙에 집중된 권력을 항상 터부시했던 것이다. 이 두려움 때문에 지난 75년간 효과적인 금융 시스템을 갖지 못했던 미국에서 비로소 앤드루 잭슨의 유령이 사라졌다.

비상의 발판을 마련한 달러

1914년 이전까지 미국 달러는 국제 무대에서 거의 존재감이 없었다. 미국 금융시장에서 뉴욕의 비중이 아무리 높아도 국제 거래에서 그 위상은 왜소했다. 1914년 당시 국제적 통화 이용 실태를 보면 파운드가 지배적이었다. 19세기 초만 해도 국제무역 결제에 80~90% 가까이 쓰였던 파운드는 19세기 후반에는 그 위상이 조금 하락했지만 제3의 통화 간에 간접교환을 매개해 주는 매개통화(vehicle currency)로 쓰이는 비중은 60~90%가량 되었다.[17] 그외에 독일 마르크화 사용이 증가되는 추세였고, 프랑스 프랑이 준비자산으로 일부에서 이용되었다.

미국 달러만 예외였다. 미국 은행이 해외 지점을 개설하지 못하도록 규제한 탓이었다. 외국 상인에게 신용을 제공하기 위해서는 그들의 활동 정보가 필요했는데, 영국 은행들은 광범위한 해외 네크워크를 통해 이를 확보했다. 프랑스, 독일, 네덜란드 은행도 비슷한 해외 네크워크를 활용했다. 그러나 미국은 해외는 물론 국내에서도 개별 주 외에 지점을 설치할 수 없었다. 심지어 어떤 주에서는 지점 개설이 원천적으로 금지되어 있었다.[18]

국제통화의 선택은 세계 언어의 선택과 비슷하다. 실질적으로 우수한가, 도덕적 가치가 있는가의 문제가 아니라 사용 규모가 결정한다. 무역과 국제금융에서 차지하는 비중이 증가하면 해당 국가의 통화 사용은 확산된다. 1914년 이전의 자료를 보면 미국 달러가 사용되지 않은 이유는 세계 무역에서 미국의 비중이 낮아서가 아니다. 미국의 수출은 1872년 14.1%에서 1913년 22.1%로 약 40년 만에 두 배가량 증가했다.[19] 1899년에 미국은 이미 세계 제2위의 수출국이었다. 그런데도 달러는 국제금융에서 아무런 역할도 하지 못했다. 미국 금융시장은 깊이(개별 자산의 가격에 중대한 영향을 미치지 않고 대량 거래가 가능)와 넓이(거래량과 경쟁이 충분해서 매도 호가와 매수 호가가 크게 차이 나지 않음)가 결여되어 있었다. 미국 금융시장의 중심인 뉴욕에서도 국제적 기준으로 보아 금융상품의 종류는 다양하지 못했고 그 규모도 크지 않았다. 1914년 전에는 금융시장 발달에 필요한 미국 단기, 중기 국채도 부족했다. 자금 운용은 콜시장 중심이었고 상업어음 유통시장은 발달하지 않았다.

특히 가장 중요한 건 당시 전 세계의 대표적인 금융상품인 은행인수어음의 발행시장이나 유통시장이 미국에서 모두 빈약했다는 점이다. 이 문제가 달러의 활용도를 심각히 제약했다. 잘 발달된 어음인수시장은 국제무역에서 사용되는 통화의 위상을 결정한다. 1914년 이전에 미국 은행법은 은행들의 어음 인수를 명시적으로 허용하지 않았다. 그래서 주로 런던과 베를린이 세계 은행 어음인수시장의 중심이었다. 런던은 어음 재할인(再割引)시장도 발달해 있었다. 반면 미국에서는 일부 주법은행, 신탁회사, 개인은행이 어음을 인수했다. 하지만 무역 금융에 관해서는 런던의 어음시장에 의존했다.

수입업자들은 거래 은행뿐 아니라 어음을 인수하는 해외 은행, 주로 런던 은행들에 수수료를 지불해야 했다. 당연히 국제 금융거래에서 런던의 중요성은 높아지고, 역으로 뉴욕 시장의 중요도는 낮아졌다. 달러 표시로 된 환어음은 환리스크로 거래가 어려워 환차손이 발생했고 그만큼 수출업자의 가격 경쟁력도 약해졌다.

이렇듯 어음시장이 없었던 미국은 국제 거래의 자금 조달에 참여할 수 없었다. 은행인수어음을 할인할 시장이 없었기에 외국인들에게 달러는 국제통화로서 전혀 매력이 없었다. 뉴욕 은행가들은 달러를 국제통화로 발전시키려면 미국의 어음할인시장을 육성하는 것이 선행 조건임을 알았다.

미국의 증권시장을 중심으로 한 금융 시스템을 개혁해 자금시장과 자본시장 간에 안정적 관계를 구축하는 것이 필요했다. 투자 자금이 모이는 증권시장이 조그만 저수지라면, 상공업 자금이 모이는 어음할인시장은 거대한 저수지였다. 유럽에서는 큰 저수지에서 작은 저수지로 물이 흘러 들어가는 양을 조절할 수 있었고, 그 중심에는 중앙은행과 어음할인시장이 있었다. 이 둘은 분리가 어렵다. 반면 미국은 콜시장의 움직임에 좌우되었다. 그러나 콜시장은 실물경제의 자금 수요에 대응하지 못하고 투기 자금의 흐름에 따라 변동하므로 위험이 컸다.

마침내 연방준비법은 국법은행의 어음 인수를 허용했다. 획기적인 변화였다. 달러 표시 은행인수어음이 광범위하게 이용될 바탕을 마련한 것이다. 외국 무역에 어음 인수를 허용한 것은 무역에서 달러 표시 거래를 증가시켜 파운드로부터 벗어나겠다는 의도였다. 미국 어음시장의 발전은 달러 무역 확대에 크게 기여했고, 연방준비은행이 어음을 재할인하면서 자금 거래가 원활해졌다. 이로써 미국 어음인수시장이 국내외에서 단기 금융시장의 역할을 할 수 있었다. 당초 어음 인수가 외국 무역에 한정됐으나 나중에 일정 조건하에 국내 거래에도 확대됐다.

통화가 국제화될수록 발행 국가의 금융기관을 통해 더 많은 채권 발행과 투자, 상품 구입 등이 이뤄진다. 그래서 은행들은 자국 통화가 국제통화로 기능하면 직접 이익을 본다. 뉴욕 은행가들이 국법은행 시스템을 개혁하겠다고 나선 것은 이런 이익 때문이었다. 그래서 여론을 조성하고 비용을 부담했다. 은행가들은 전국시민연맹을 조직해 전국적으로 홍보하고 교육했다. 그들은 금융개혁 과정에서 달러가 파운드나 마르크와 같이 국제통화로 부상해 경쟁하려면 이런 과정이 필요하다고 강조했다. 미국의 원시적 금융 시스템으로 인해 런던 금융시장에 조공을 바치지 않기 위해서는 달러를 국제화해야 했다. 내셔널시티은행은 영국 은행들이 1914년 이전까지 미국에 수출 관련 무역 금융 서비스를 제공하고 연간 1억 5,000만 달러를 벌었다고 추정했다.[20] 달러 국제화는 무엇보다 미국이 정치·경제 대국이 되기 위해 필요한 조치였다.

국제통화를 갖추고 세계 금융의 중심이 되는 능력은 국내의 제도와 정책에 의해 크게 좌우된다.[21] 우선 국내 정치가 중요하다. 미국은 연방준비법 제정을 비롯한 혁신으로 달러가 국제통화로 발돋움할 기초를 마련했다. 물론 기존의 질서에 균열이 생기고 새로운 기회가 만들어지지 않으면 그 사이로 비집고 들어가기는 쉽지 않다. 그러나 달러에게 이 기회는 뜻하지 않게 너무 빨리 찾아왔다.

"달러는 우리의 통화이지만 당신들의 문제다."

- 존 코널리, 전 미국 재무부 장관

2부

달러 패권은 어떻게 구축되었는가

8장

제1차 세계대전과 대공황,
달러의 도약

제1차 세계대전을 통해 달러는 단기간에 파운드와 함께 국제통화의 반열에 올랐다. 전쟁 당사국인 유럽 강국들이 전비를 조달하기 위해 거액의 부채를 짊어지는 동안 미국은 채권국이 되었고 막대한 물품을 판매해 많은 금을 보유하게 됐다. 또 달러를 이용한 무역 금융이 급격히 확대되고 달러 표시 채권 발행도 늘어난다.

이처럼 빠르게 성장하는 미국과 달리, 전쟁 후유증으로 혼란을 겪는 유럽의 주요 국가들은 여러 난제에 봉착한다. 영국은 금본위제로 복귀했다가 몇 년 만에 포기하고, 하이퍼인플레이션을 겪고 거액의 배상금과 대외 채무로 힘들어진 독일에서는 나치가 등장한다.

엎친 데 덮친 격으로 주식시장의 투기 과열로 인해 발생한 미국 대공황은 전 세계를 강타한다. 금본위제의 족쇄에 더해 연준 내부의 갈등과 리더십 부재 등이 복합적으로 작용한 결과다. 공황과 경제 침체로 달러의 국제적 지위도 하락한다. 이런 혼란 속에서 출범한 루스벨트 정부는 뉴딜정책을 펼쳐 미국을 새로운 방향으로 이끈다.

제1차 세계대전의 발발

1914년 6월 28일, 오스트리아-헝가리제국의 왕위 계승자인 프란츠 페르디난트 대공은 아내 조피 초테크(Sophie Chotek)와 함께 사라예보를 방문했다. 세르비아계 민족주의자들의 비밀결사 '검은 손'은 이들에 대한 암살을 계획했다. 결국 대공 부부는 가브릴로 프린치프(Gavrilo Princip)의 총격을 받아 살해되었다.

처음에 유럽 사람들은 이를 발칸에서 발생한 폭력 사태 중 하나로 대수롭지 않게 여겼다. 그러나 7월 23일, 오스트리아-헝가리제국은 세르비아 정부가 이 사건에 관련되었다며 세르비아에 최후통첩을 보냈다. 그제야 이 사건이 영국 신문의 헤드라인으로 언급되었고 사람들 입에 오르내리기 시작했다. 통보를 받은 세르비아 측이 48시간 이내에 답변을 내놓지 않자 7월 28일에 오스트리아-헝가리제국은 세르비아에 전쟁을 선포했다. 7월 29일엔 러시아에서 같은 슬라브족인 세르비아를 지원하기 위해 총동원령을 내렸다. 마침내 8월 1일, 오스트리아-헝가리제국과 군사동맹을 맺은 독일이 러시아에 선전포고를 하면서 제1차 세계대전이 발발했다.

1914년, 런던은 국제금융의 중심지였다. 앞선 40년 동안 유럽에서는 큰 전쟁도, 큰 혁명도 없었고 19세기 중반부터 철도, 증기선, 전신 등 기술이 발전해 전 세계가 가까워져 이동도 많아지고 교역도 늘었다. 유럽 자본이 자유롭게 전 세계로 흘러가면서 국제 상업이 번창했다. 금융위기가 있었지만, 불황은 단기적이었고 빠르게 회복됐다. 자유무역, 적은 세금, 작은 정부, 금본위제는 당시 경제적 토템이었다.

영국 저널리스트 노먼 에인절(Norman Angell)은 1910년에 펴낸 『거대한 환상(*The Great Illusion*)』에서 국가 간의 경제적 유대가 긴밀하므로 전쟁이 일어나기 힘들다고 주장했다. 만약 영국과 독일이 전쟁을 벌이면 영국 보험회사들이 독일에 보험금을 지급해야 하므로 전쟁이 일어나리라고 상상하기 어렵다는 것이었다. 당시 이 책은 1913년까지 100만 권 이상 팔리면서 큰 영향을 끼쳤다. 하지만 큰 경제적 피해가 예상된다고 해서 국가들이 항상 이성적으로 행동하리라는 기대는 지나치게 낙관적이었다.

거대한 패닉에 빠진 세계 금융시장

전쟁이 시작되자, 유럽 금융시장은 공포에 떨었다. 전쟁이 발생하면 국제금융으로 누리는 이익은 사라질 가능성이 컸다. 금 운송이 금지되기라도 하면 금본위제가 제대로 돌아가기는 힘들었다. 이제 유럽은 해외 거래 관련 채무를 변제하기 어려워질 수도 있었다. 머천트 뱅크들은 파산 위기에 놓였다. 세계 금융의 중심이던 런던 금융계는 국내 산업에 자본을 제공하기보다는 해외 금융에 더 집중해 왔기 때문이다. 특히 로스차일드, 베어링브라더스, 모건그렌펠, 라자드 등 머천트 뱅크들은 큰 규모의 국제 대출을 주도하고 있었다.

런던 금융계 대부분이 적자 상태에 빠질 것으로 보이자, 공포에 휩싸인 은행들은 잉글랜드은행에서 금을 인출하기 시작했다. 그 당시 잉글랜드은행의 금 보유고는 7월 20일경 1억 3,000만 달러에서 8월 1일 5,000만 달러 이하로 감소했다.[1] 그러자 잉글랜드은행은 금 유출을 방지하기 위해 금리를 10%로 대폭 인상했다.

당시 미국이 전쟁에 관여할 가능성은 낮아 보였으나, 전 세계에서 자본 수입을 가장 많이 하는 미국으로서는 국제 금융시장이 마비되면 충격을 받을 수밖에 없었다. 유럽에서 받은 약 5억 달러의 대출이 8월 초에서 그해 연말 사이에 만기였다. 통상 만기에 이르면 기간이 연장됐지만 비상 상황인 만큼 유럽 채권자들이 즉시 상환을 요구할 수도 있었다. 또 운송이 어려워져 수출에 차질이 생길 위험도 있었다. 미국 채무자들은 채무 상환을 위해 금과 유럽 통화, 특히 파운드 매입에 나서기 시작했다. 그러자 통상 파운드당 4.86달러에 유지되던 미국 달러의 가치가 하락하기 시작했다. 뉴욕 증시도 일시적으로 문을 닫았다.

1913년 당시 세계에 유통되는 통화량의 약 25%가 금화로 약 30억 달러였고 15%가 은화, 나머지 60%는 지폐였다. 화폐용으로 쓴 금의 3분의 2 정도는 유통되지 않고 안전한 중앙은행 금고에 보관됐다.[2] 이것이 은행 시스템의 준비자산이자, 화폐 발행과 신용 공급을 결정하는 금본위제의 근간으로 기능했다. 각 중앙은행은 화폐 발행액에 대응해 일정한 금을 보유해야 했는데, 미국 연준은 화폐 발행액의 40% 상당의 금을 보유해야 했다. 금이 증가하면 금리를 낮춰 통화량을 늘리고, 금이 감소하면 금리를 올려 통화량을 축소하기 위해서였다.

발행 가능한 통화량이 금 보유액에 의해 좌우되었기에 정부는 지출에 제약이 있었고 통화가치를 조작할 수 없었다. 그래서 인플레이션은 거의 일어나지 않았다. 금본위제는 안정적 통화의 상징이었고, 정통 금융정책을 따른다는 영예로운 표식과 같았다. 1914년 당시 59개 국가가 금본위제를 채택하고 있었다. 제1차 세계대전이 시작되자 금 보유액의 규모와 보유의 지속성이 초미의 관심사가 되었다. 금에 대한 집착은 거의 종교적이었다. 이미 지폐가 2세기 넘게 널리 사용되고, 상인과 무역업자가 매우 정교한 신용 공급 체제를 구축한 상태였는데도 그랬다. 수중에 있는 금의 양에 따라 전쟁이 제약을 받는다는 것은 시대착오적인 생각이었지만 당시 그런 인식이 강고했다.

케임브리지대학 킹스칼리지에서 경제학을 가르쳤던 존 메이너드 케인스는 1914년 9월에 그의 친구에게 전쟁이 1년 이상 지속되지 않을 거라고 단언했다. 그 기간 내에 전비가 고갈될 것이라는 게 그 근거였다. 당시 일반적인 예상도 비슷했다. 그러나 과거 대전쟁의 역사, 예컨대 나폴레옹전쟁이나 미국 남북전쟁 등의 역사를 살펴보면 금이 없다고 전쟁이 끝나지는 않았다. 죽기 살기로 싸우는 전쟁에서는 조세, 차입, 화폐 발행 등 모든 수단이 전비 조달에 동원됐다.

영국·프랑스·독일의 전비 조달 상황

1916년이 되자, 주요 전쟁 당사국인 영국, 프랑스, 러시아, 독일, 오스트리아-헝가리제국은 매달 30억 달러라는 거금을 전비로 지출했다.

이는 그들의 GDP 총액의 50%에 가까운 수준이었다. 나라마다 전비 조달 방식은 달랐다.[3] 유일한 공통점은 모든 정부에서 조세를 통한 전비 조달은 후순위였다는 점이다. 그들은 우선 차입에 의존했고, 차입이 어려워지면 화폐를 발행했다. 중앙은행들은 금이 뒷받침된 경우에만 통화를 발행한다는 원칙마저 버리고 화폐를 추가로 발행했다. 평화 시의 원칙은 전시에는 거추장스러울 뿐이었다.

전쟁이 치러진 4년 동안 영국은 총 430억 달러를 전비로 지출했다. 여기에는 주로 프랑스와 러시아 양국에 대출해 준 110억 달러가 포함된다. 430억 달러의 약 20%에 해당하는 약 90억 달러는 조세를 통해 조달하고, 270억 달러가량은 국내와 미국에서 장기 차입을 했다. 나머지는 여러 은행에서 차입했는데, 그중 상당 부분을 잉글랜드은행에서 차입했다. 그 결과 4년 만에 유통되는 통화량과 물가는 두 배로 상승했다.[4] 전비 조달로 잉글랜드은행은 큰 변화를 겪었다. 그 전까지 잉글랜드은행은 정부와 거리를 두며 스스로 국가기관이 아니라고 믿었고 그렇게 되는 것을 원치 않았으나, 전비 조달을 위해 금 보유량과는 무관하게 더 많은 화폐를 발행할 수밖에 없었고 점차 재무부에 종속됐다.

프랑스 정부는 총 300억 달러가량을 전비로 썼다. 전쟁 개시 후 2년간은 국민들이 거부감을 드러내 조세를 부과하지 않다가, 1916년 재정이 붕괴될 지경에 이르러서야 겨우 부과했다. 그래서 전비 중 조세의 비중은 5% 이하에 불과했다. 프랑스 정부는 국민들에게 채권을 매각해 150억 달러를 조달했다. 또 외국 정부, 주로 영국과 미국에서 총 100억 달러를 차입했다. 부족분은 추가로 화폐를 발행하여 충당하면서 프랑스 통화량은 약 세 배 증가했다.

독일제국은 당시 채권을 매입할 만한 중산층도 없고 외국 지원도 기대할 수 없었기에, 전비의 대부분을 화폐 발행으로 조달했다. 그 영향으로 독일제국의 통화량은 네 배나 증가했다. 총 470억 달러의 독일제국 전비 중 조세 충당분은 겨우 10%에 불과했다.[5]

　미국 입장에서 제1차 세계대전은 뜻밖의 횡재였다. 미국 물품에 대한 유럽의 수요가 급증했기 때문이다. 이 특수 덕분에 미국에 금이 대량으로 유입됐다. 미국 내 금 보유액은 전쟁 전 20억 달러 미만에서 전쟁 종료 무렵 40억 달러로 증가했다. 금본위제하에서 금의 유입은 통화량을 팽창시키므로 미국 통화량은 약 두 배 증가했다. 또 이 기간에 런던이 보유했던 대량의 미국 채권과 주식이 뉴욕으로 다시 회수됐다. 런던 시장에서 전비 조달을 위해 미국 철도 채권 등을 팔았기 때문이다.[6]

스트롱의 고민

　미국 연준은 설립 초기에 운영에 어려움을 겪었다. 인력도 충분하지 않았고 통화 당국으로서 경험이 전혀 없었던 데다, 수많은 정치적 타협의 산물인 연준의 규정은 여러 모순이 얽혀 있었기 때문이다.

　이런 상황에서 연준을 진두지휘한 것은 1914년, 뉴욕 연준은행 초대 행장으로 선출된 벤저민 스트롱이었다. 뉴욕 연준은행은 명목상 워싱턴 D.C.의 연준이사회 산하 12개 지역의 연준은행 중 하나였지만 규모로는 최대였다. 스트롱은 상부의 지시를 기다리는 편이 아니었고 그에겐 뉴욕 금융계의 넓은 인맥이라는 자산과 연준 시스템 설계자 중 한 사람이라는 전문성이 있었다. 그가 전체 연준 시스템의 조종사가 된 것은 자연스러운 일이었다.

　1917년 4월, 미국이 제1차 세계대전에 참전하자 스트롱은 전비 조달에 주력했다. 미국은 전비로 총 약 300억 달러를 지출했는데, 약 200억 달러를 미국이 직접 사용하고 100억 달러는 다른 나라에 빌려줬다. 전비 조달 압력을 받으면서도 유럽 중앙은행들과 달리 직접 국채를 매입하지 않고 간접적으로 화폐 공급 확대만 도운 것이다. 재무부 장관 매커두는 전쟁 채권을 일반 시민에게 매각하는 데 골몰했다. 정부은행으로서 연준은 이 채권, 즉 자유공채 매각을 주관했다. 거의 200억 달러를 매각했고 이 중 절반 정도를 뉴욕 연준은행이 팔았다.[7]

미국의 연준은행들에 금이 더 많이 쌓이기 시작하자 스트롱은 두 가지를 우려했다. 하나는 종전 후 보유한 금이 다시 유럽으로 유출되면 미국 은행 시스템이 불안해질 수 있다는 점이었다. 또 하나는 유입된 금이 미국에 머문다면 유럽은 준비자산이 부족해질 테고, 미국에 더 큰 인플레이션을 유발할 가능성이었다. 어느 경우든 미국 연준 단독으로는 대처할 수 없었다. 유럽 중앙은행들과 협력이 필요한 문제라고 판단한 스트롱은 유럽 중앙은행들을 직접 방문했고, 협력을 이끌어냈다. 당시 만났던 인물들 중에는 잉글랜드은행 총재 몬터규 노먼(Montagu Norman)도 있었다.

금융계 핵심 인물들의 등장

1918년 11월 9일, 전세가 불리해지자 독일제국 황제는 퇴위한 후 네덜란드로 망명했다. 그로부터 이틀 후 제1차 세계대전은 끝났고 프랑스 파리의 동북쪽에 있는 콩피에뉴(Compiègne)에서 휴전협정이 체결됐다. 실제 물질적 피해는 대부분 서부전선에서 파괴된 탄광, 농장, 공장 등이 었는데 그 복구 비용은 70억 달러 정도로 그리 많지 않았다. 그러나 유럽에서 1,100만 명이 사망하고, 2,100만 명이 부상당했다.

가장 큰 문제는 세계 금융 시스템의 붕괴였다. 런던을 중심으로 한 세계 금융 시스템은 전쟁 이후 완전히 붕괴됐다. 영국, 프랑스, 독일은 거의 파산 상태였다. 각 국가는 엄청난 부채를 떠안았고, 물가 상승으로 시민들은 빈곤해졌으며, 통화가치는 폭락했다.

대부분 유럽 국가의 경제가 후퇴했던 당시, 미국만이 경제적으로 강한 국가로 부상했다. 미국은 뒤늦게 참전해 비교적 피해를 적게 입은 데다 식료품, 원자재, 군수품 등 유럽을 대상으로 수출이 대폭 늘어났다.

전쟁 전 약 400억 달러였던 미국의 연간 GDP는 1919년이 되자 50%나 증가했다.

당시 주요 국가의 정부는 은행가들에게 금융을 맡기는 것이 최선이라고 여겼다. 그래서 전후 금융 시스템 복구는 4개의 강대국, 즉 영국, 프랑스, 독일, 미국의 중앙은행에 맡겨졌다. 그 결과, 1920년대 각국의 중앙은행은 막강한 권위와 파워를 지니게 됐다. 1920년에 잉글랜드은행 총재가 된 몬터규 노먼, 프랑스은행의 에밀 모로(Émile Moreau), 독일 제국은행의 알마르 샤흐트(Hjalmar Schacht), 뉴욕 연준은행의 스트롱이 당시 국제금융계의 주요 인물로 떠올랐다.

은행가는 아니지만 제1차 세계대전을 거치며 중요한 인물로 떠오른 사람이 있었다. 바로 케인스였다. 그는 앞서 언급한 네 명의 주요 인사보다 한 세대 뒤의 인물로, 젊은 만큼 사고도 달랐다. 케임브리지대학에서 수학을 전공한 그는 뒤늦게 앨프리드 마셜(Alfred Marshall)로부터 경제학의 기초를 공부하고 1910년에 애덤 스미스를 연구하며 빠르게 경제학 지식을 넓혀가기 시작했다. 전쟁이 터지고 1915년에 원하던 재무부로 갈 기회를 얻은 그는 재무부 경제 자문관으로 일하며 재무부 장관 레지널드 매케너(Reginald Mckenna)에게 신뢰받는 참모가 됐다. 대외금융을 맡은 케인스는 영국을 위해 전비를 조달해야 했다. 어렵고 복잡한 일이었지만, 한편으로는 큰 도전이었다. 하지만 전쟁이 길어지자 그는 염증을 느꼈다. 1917년 어머니에게 보낸 편지에서 그는 "전쟁이 계속되면 우리가 알던 사회질서는 사라질 것"이라며 우려했다. 특히 그는 사회가 전반적으로 궁핍해질 것을 염려했다.

제1차 세계대전 중 영국은 뉴욕에서 자금을 조달해 신용도가 떨어지는 다른 연합국을 지원했다. 군수품과 식량, 석유 등을 매입하여 보내기도 했다. 1916년 9월, 영국은 매월 2억 달러를 미국에 지출했다. 절반 가량은 금을 매각해 조달했고, 일부는 미국과 캐나다 증권을 매각한 대금으로 충당했으며, 부족분은 빌렸다.[8] 1917년 4월, 미국이 참전하면서 전쟁의 승리는 명백해졌지만 과거 영국을 중심으로 하는 금융 질서는 더 이상 유지되기 어려워졌다. 케인스는 제1차 세계대전으로 영국은 전 세계에서 누렸던 권리를 상실하고 도리어 미국에게 저당 잡혔다고 걱정했다.[9] 이 경험으로 그는 영국이 미국 달러에 의존하는 지정학적 대가에 대해 날카롭게 의식했다. 제1차 세계대전 때의 이 깨달음은 이후 제2차 세계대전 때 미국 재무부와의 협상 최전선에 섰던 그의 생각에도 큰 영향을 미쳤다.

전쟁 배상금을 둘러싼 논쟁

4년간의 전쟁이 유럽에 남긴 가장 나쁜 유산은 산더미 같은 부채와 늘어난 통화량이었다. 유럽 국가들은 약 2,000억 달러를 전비로 썼다. 이는 각국의 GDP를 모두 더한 금액의 약 절반에 해당했다. 미국에서도 통화량이 늘었지만, 금이 대량 유입되어 발생한 상황이라 경우가 달랐다. 이런 차이가 다음 10년의 역사를 결정했다. 유럽은 전쟁의 유산과 부담으로 부침을 겪고, 미국은 과도한 행운과 씨름해야 했다.

1919년 1월, 파리평화회의가 시작됐다. 전쟁이 끝났어도 갈등과 대립은 지속됐다. 독일 배상금 문제가 가장 머리 아픈 문제였다. 가장 큰 피해를 입은 프랑스가 배상 문제에 강경한 태세를 취할 것으로 예상됐지만, 의외로 영국도 매우 강경했다. 여론이 독일에 우호적이지 않자,

영국 수상 데이비드 로이드 조지(David Lloyd George)는 징벌적 배상을 옹호하는 강경파들로 대표단을 꾸렸다. 대표단 일원인 전 잉글랜드은행 총재 컨리프 경(Lord Cunliffe)은 독일이 1,000억 달러를 배상해야 한다고 주장했다. 전쟁 전 독일의 연간 GDP가 120억 달러였던 점을 고려하면 엄청난 금액이었다.

프랑스가 배상을 원했던 이유는 위기감 때문이었다. 지난 50년 동안 독일로부터 두 번이나 침공당한 프랑스는 독일의 부활을 두려워했다. 그들에게 독일은 더 젊고 부유하고 역동적으로 보였다. 당시 독일 인구는 6,000만 명이었고 프랑스 인구는 4,000만 명이라 인구도 약 50% 많았다. 프랑스 총리 조르주 클레망소(Georges Clemenceau)는 모든 수단을 써서 독일을 약화시키려 했다. 독일을 무장 해제하고 영토를 분할해 그 중 일부를 확보했으며, 더 많은 배상금을 받으려 했다. 다만 프랑스의 입장에서 배상금은 안전보장보다는 후순위였다. 안전보장 확보에 주력하고 이것이 불충분하다면 많은 배상금을 요구할 계획이었다. 프로이센-프랑스전쟁에서 패한 프랑스가 배상금을 지급했듯, 독일도 마땅히 배상금을 지급해야 한다고 믿었다.[10]

미국 대표단은 거액의 배상금은 휴전협정 조항에 어긋난다는 입장이라, 징벌적 배상은 독일뿐 아니라 유럽에도 무거운 짐이 될 것이라는 견해를 피력했다. 그렇게 배상금 협상은 10주간 이어졌다. 3월 말에 영국 대표단은 550억 달러 미만으로는 합의할 수 없다고 주장했고, 미국은 100~120억 달러 수준으로 협상을 타결하길 바랐다. 배상금 협상이 교착상태에 빠지자, 평화회의는 이 문제의 처리에 관한 정책 입안을 신설된 배상위원회에 위임했다.

당시 영국 재무부 대표로 참여한 케인스는 회의가 막바지로 치닫자

유럽 재건 계획을 제안했다. 배상 금액을 50억 달러로 하되 이는 독일이 연합국에 장기 채권을 발행하는 방식으로 지불하고, 이를 미국에 대한 전쟁 부채 상환을 위해 지급하자는 것이었다. 다른 모든 채무는 탕감하자고 제안했다. 이는 영리한 계획이었다. 미국이 독일에 돈을 빌려주면 독일은 그 돈으로 연합국에 배상금을 지불하고 연합국은 그 돈을 받아 미국에 대한 채무를 상환하자는 것이었다. 금이 넘치는 미국에서 돈이 나와 결국 다시 미국으로 환류하는 방식이었다.

또 케인스는 연합국의 독일에 대한 채권을 적정 수준으로 감액하는 동시에 영국에 대한 미국의 채권을 감축해야 한다고 주장했다. 그는 영국이 미국에 대한 부채를 감경하지 않으면 머지않아 미국의 압력에 노출될 것이라고 강조했다. 케인스의 제안을 들은 영국 수상은 미국의 윌슨 대통령에게 이 제안을 내놓았지만, 미국 대표단은 거부했다. 미국은 배상금은 일종의 벌금이고, 전쟁 부채는 계약상 의무라는 견해를 고수했다. 그러니까 전쟁 부채와 배상금은 연계될 수 없고, 부채는 그런 규모로 탕감될 수 없다는 것이었다.[11]

같은 해 5월, 파리평화조약의 내용이 알려지자 독일은 경악과 분노를 금치 못했다. 영토도 잃고 무장도 해제했는데 엄청난 배상금을 지불해야 한다는 사실에 충격을 받은 것이었다. 독일은 1921년 5월 1일까지 일차적으로 50억 달러를 지불해야 하는 상황에 놓였다. 가장 굴욕적인 조항은 231조였다. 이 조항에 따르면 독일이 제1차 세계대전의 책임을 부담하는 유일한 나라였다. 그러자 독일은 평화조약을 감당할 수도 없고, 받아들일 수도 없다고 대응했다. 평화조약에 대한 절망과 분노는 독일의 여러 정파와 지역을 하나로 묶었다. 독일인들은 이를 '딕타트(Diktat)'라고 불렀다. 패자에게 부과한 일방적인 절대명령이란 뜻이다.

배상금 논의 과정에 절망한 케인스는 평화조약의 구체적 조항이 공개되자 넌더리가 나서 영국 대표단에서 사직한다. 그해 11월, 케인스는 『평화의 경제적 결과(*The Economic Consequences of the Peace*)』를 출간했다. 이 책에서 그는 독일이 연합국에 배상금으로 지급할 돈을 벌기 위해서는 수입보다는 수출이 많아야 하고 이를 위해 무역 파트너인 국가들이 독일 상품을 많이 수입해야 하는데, 이는 연합국 경제에 피해를 줄 수 있다고 지적했다. 그러면서 그럴 각오가 돼 있는지 날카롭게 물었다.

케인스는 연합국이 무리한 요구를 할 것이 아니라 배상금을 적정하게 조절하는 게 자국의 이익에 부합한다고 조언했다. "독일에서 젖을 짜내려면 무엇보다 독일이 망가져서는 안 된다"라는 것이었다. 그러면서 세계 무역에 큰 장애를 일으키지 않고 독일이 감당할 수 있는 배상금은 약 60억 달러 수준이라고 계산했다. 이 책은 즉시 베스트셀러가 됐고, 출간 후 6개월 만에 전 세계에서 10만 권 이상 팔렸다. 케인스는 36세의 젊은 나이에 일약 전 세계 유명인사가 됐다.

케인스의 책은 전 세계적으로 배상금 문제에 대한 관점을 변화시키는 데 크나큰 영향을 미쳤다. 영국 사업가들은 독일이 유럽의 경제적 중심이란 사실을 다시금 깨달았고, 영국은 점차 독일에 동정적인 태도로 바뀌었다. 미국은 유럽에서 발을 빼려 했다. 독일은 배상금 협상이 길어질수록 종국에는 지불할 금액이 줄어들 것으로 예상하며 협상에 소극적인 태도를 취했다. 숙적에 대한 적대감이 굳건했던 프랑스의 입장만 변함이 없었다.

독일의 하이퍼인플레이션

1921년 5월, 영국 재무부는 독일이 치러야 할 배상금을 125억 달러, 즉 전쟁 전 독일의 GDP 정도로 축소해 제안했다. 이 부채에 대한 연간 원리금은 독일 연간 GDP의 5% 수준인 6~8억 달러였다. 그러나 독일은 이마저도 감당할 수 없다며 형식적으로만 동의했을 뿐 지불을 이행하려는 실질적 노력은 하지 않았다. 제때 지불한 경우는 딱 한 번이었으며, 그나마 첫 18개월 동안 내놓아야 할 12억 달러 중 절반만 지불했을 뿐이었다.[12]

패전 후 독일은 정치적으로 끊임없이 불안정했고, 국내 경제도 날로 악화됐다. 사회보장 지출을 더 늘린 것이 그 원인 중 하나였지만, 배상금 지불이 상황을 더 악화시켰다. 부족한 돈을 확보하기 위해 독일 정부는 제국은행에 화폐 발행을 요청할 수밖에 없었다. 제국은행은 정부의 화폐 발행 요구를 거절하더라도 정부가 어떤 방법을 써서든 돈을 차용하려 할 것임을 알았고, 이는 금리상승으로 이어져 대량 실업과 정치·경제적 위기가 발생할 것을 우려했다. 정치적 격변을 피하고자 했던 제국은행은 결국 화폐 발행을 늘렸다.

1914년에 달러 대비 마르크 환율은 4.2마르크였지만, 1920년 초에는 인플레이션으로 65마르크가 되었다. 물가는 1914년 대비 아홉 배로 올랐다. 1920년 이후 18개월간 마르크 상승을 예상한 미국 등에서 해외 투기 자금 약 20억 달러가 유입되어 환율은 안정됐다. 그러나 1921년 중반에 배상금에 대한 프랑스의 완고한 입장, 독일의 정치적 불안 등을 이유로 독일 금융 문제가 해결될 것이라는 기대가 깨졌다. 해외 투기 자금은 다시 빠져나갔다.

마르크화가 곤두박질치자 독일은 악순환에 빠졌다. 게다가 1922년
6월에는 배상금 이행을 주관하던 독일 외무부 장관 발터 라테나우
(Walther Rathenau)가 암살되면서 패닉이 발생했다. 물가는 같은 해에 무
려 40배 오르고, 마르크/달러 환율은 190에서 7,600이 됐다. 1923년
초, 독일이 배상금을 지불하지 않자 프랑스와 벨기에는 독일을 침공해
산업 중심지 루르(Ruhr) 지역을 점령했다. 독일은 소극적으로 저항했다.
당시 독일을 통치하던 바이마르 정부가 루르 지역 노동자들에게 태업
을 요구한 것이다. 노동자들에게는 독일 정부에서 지폐를 발행해 임금
을 지불했다.

독일의 재정 적자는 두 배나 증가해 약 15억 달러가 됐고, 이 부족분
을 메우기 위해 정부는 돈을 계속 찍었다. 1922년 약 1조 마르크가 추가
발행됐고, 1923년 상반기에만 17조 마르크가 더 발행됐다. 그 결과 마
르크/달러 환율은 1923년 1월에 1만 7,000이었으나 이후로 7월에 35만
3,000, 8월에 462만 455, 9월에 9,886만, 10월에 252억 6,028, 11월에
2조 1,936억, 12월에 4조 2,000억으로 상상하기 어려울 정도로 상승해
마르크는 폭락했다.[13] 주초에 받은 돈의 가치가 주말이 되면 10분의 9가
사라지는 사태가 벌어졌다. 물가를 말하는 것조차 무의미한 상황이었다.

하이퍼인플레이션으로 독일의 계층구조가 변했고, 어느 혁명보다 거
대한 변화를 초래했다. 특히 부유한 기업인들에게 유리한 상황이 펼쳐
졌다. 그들이 보유한 공장, 토지, 상품 같은 실물자산 등의 가치가 상승
한 동시에 부채는 인플레이션으로 거의 소멸했다. 가장 크게 횡재한 사
람들은 투기꾼들이었다. 그들은 주택, 보석, 그림, 가구 등의 실물자산
을 현금이 급한 중산층으로부터 헐값에 매입하거나, 공급이 부족한 상
품을 매점매석해 막대한 돈을 벌었다. 수입 상품으로 이익을 얻고, 화폐

가치의 추가 하락에 베팅을 해서 떼돈을 벌어들였던 것이다.

초기에는 노동자들에게도 어느 정도 유리했다. 1922년까지 인플레이션의 영향으로 임금도 상승했고 일자리도 풍부해졌다. 하지만 마지막 단계인 1922년 말에서 1923년에는 화폐 시스템에 대한 신뢰가 무너져, 독일 경제는 물물교환 시대로 돌아가고 일자리도 없어졌다. 독일의 중산층이라고 할 수 있는 공무원, 의사, 교사, 교수 등이 가장 큰 타격을 받았다. 평생 동안 저축한 돈으로 매입한 국채나 은행 예금 등이 졸지에 휴지 조각이 됐다. 생존을 위해 당장 무슨 일이든 해야 하는 상황이 됐다.

제대로 기능하는 화폐가 없어지자 결국 경제는 마비됐다. 1923년 가을, 독일의 실업률은 20%로 치솟았다. 독일은 악화된 경제의 책임을 배상금 문제로 떠넘겼다. 외국의 과도한 요구로 인해 인플레이션이 발생했다는 것이다. 그러나 이는 사실 독일 정부가 화폐의 남발이 화폐제도에 대한 신뢰를 떨어뜨려 파멸적인 결과로 이어질 것을 예측하지 못한 탓이었다.

전쟁 부채를 둘러싼 미국과 유럽의 신경전

독일의 배상금 문제는 미국에 대한 전쟁 부채 문제로 더욱 복잡하게 얽혔다. 유럽 국가들이 전비를 조달하기 위해 미국에 진 빚이 상당했기 때문이다. 전비 조달을 위해 유럽 각국은 가능한 한 많은 돈을 차용하려 했다. 이는 세계 자본 흐름에 큰 변화를 가져왔다.

영국과 프랑스는 해외 투자를 회수해 그 돈으로 필요한 물품을 구입하고, 양국 모두 미국에서 거액을 차입했다. 전쟁이 끝난 후 유럽의 16개

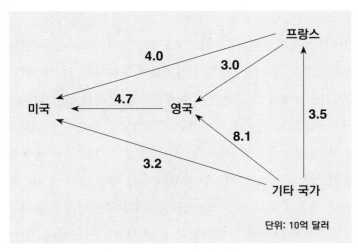

그림 3 제1차 세계대전 후 연합국 간 전쟁 부채

연합국이 미국에서 약 120억 달러를 차입했는데, 그중 영국이 약 47억 달러를, 프랑스가 40억 달러를 각각 차용했다. 반면 영국은 17개국에 110억 달러를 대출했고, 프랑스에 30억 달러, 러시아에 25억 달러어치의 채권을 보유했다. 그러나 러시아에 대한 채권은 볼셰비키혁명 후 회수가 불가능해졌다.[14]

런던 은행가들은 미국이 새롭게 획득한 금융자산으로 런던을 제치고 세계의 은행가로 군림하지 않을까 걱정했다. 심지어 그들은 미국이 의도적으로 전쟁으로 유럽이 약해지기를 기다렸다가 뒤늦게 참전해 전리품을 챙겼다고 의심했다. 이에 따라 미국에 유럽 연합국의 전쟁 부채 일부를 탕감해 줄 도덕적 의무가 있다고 주장했다. 특히 영국은 미국으로부터 47억 달러를 빌렸지만 프랑스, 러시아 등의 국가에 110억 달러를 대출해 줬으므로, 실제 미국에서 빌린 돈을 다시 연합국에 빌려주는 통

로 역할을 했을 뿐이라고 주장했다. 하지만 이 주장도 미국에 먹히지 않았다. 런던 금융가에 비관적인 분위기가 팽배했다.

이 와중에 미국은 전쟁 부채 문제를 지렛대로 이용해 영국이 일본과의 동맹을 파기하도록 압력을 가했다. 영국으로서는 전쟁 부채 경감에 대한 미국의 호의를 기대했기에 미국과의 협력을 우선시할 수밖에 없었다. 이에 1921~1922년에 열린 워싱턴 회의에서 영국은 일본과의 동맹을 파기했다.[15]

전쟁 부채 문제로 유럽에서 미국의 인기가 떨어졌다. 이기적인 '엉클 샤일록(Uncle Shylock)'●이라는 별명이 붙을 정도였다. 전쟁 부채의 부작용으로 프랑스는 독일 배상금 수령을 더욱더 고집하게 됐고, 유럽은 전반적으로 악순환에 빠졌다. 전쟁은 끝났지만 종전 후 몇 년간은 희망 대신 절망의 시기가 이어졌다. 미국은 유럽과 멀어졌다. 유럽 통화는 불안정한 상태였고, 미국이나 영국의 중앙은행은 배상금 문제로 수렁에 빠진 독일과 프랑스를 돕기 어려웠다.

1922년 10월, 영국 보수당이 집권하면서 수상에 앤드루 보너 로(Andrew Bonar Law)가, 재무부 장관에 스탠리 볼드윈(Stanley Baldwin)이 임명된다. 볼드윈은 미국과 전쟁 부채 협상을 시작했다. 미국 정부는 의회의 채무 탕감을 불허하는 제한에도 불구하고, 20%를 탕감하는 안을 제시했다. 협상은 진통 끝에 영국이 이 안을 수용하며 끝났다.

● 샤일록은 소설 『베니스의 상인』에 등장하는 냉혹한 고리 대금업자의 이름이다.

금본위제 복귀, 두 갈래 길에 선 국가들

전후 미국과 유럽 은행가들 사이에서는 가능한 한 신속히 금본위제로 복귀해야 한다는 암묵적 합의가 존재했다. 화폐의 기초는 금이라는, 거의 종교적 수준에 가까운 믿음이 바탕에 깔려 있었던 것이다.

금본위제로의 복귀를 주도한 사람은 영국의 노먼과 미국의 스트롱이었다. 그들이 보기에 금본위제 복귀에 가장 큰 방해물은 전쟁 중 각국이 발행한 산더미같이 쌓인 지폐였다. 영국의 경우, 1913년의 총 통화량은 약 50억 달러였는데 이 통화량을 뒷받침하는 금 보유액은 약 8억 달러였다. 놀랍게도 그중 1억 5,000만 달러 상당의 금만 잉글랜드은행 금고에 보관됐고, 나머지는 유통되는 금화와 상업은행들이 보유한 금괴였다. 1920년 잉글랜드은행은 정부에 전비로 거액을 대출해 통화량이 120억 달러로 팽창했다.[16] 이렇게 통화량이 과도하게 늘어났지만 영국의 금 보유액은 거의 변화가 없었던 탓에 전쟁 전 환율의 금본위제로 복귀하기에는 무리가 있었다.

미국을 포함해 전쟁에 참여한 모든 국가가 동일한 딜레마에 봉착했다. 정도의 차이만 있을 뿐 인플레이션에 직면한 것이었다. 금 보유액의 가치와 총 통화량 사이의 과거 비율을 복원하는 데는 두 가지 방법이 있었다.

첫째, 인플레이션 과정을 역으로 진행해 통화량을 축소하고 디플레이션을 유발하는 것이다. 하지만 이는 고통을 수반한다. 심한 금융긴축으로 경기 침체와 실업이 발생하기 때문이다. 디플레이션의 고통은 노동자와 기업, 채무자가 부담하게 될 것이었다.

둘째, 이제 과거로 되돌아갈 수 없다는 사실을 받아들이고 금 대비

화폐가치를 인하하여 금과 화폐 사이의 새로운 환율을 정하는 것이다. 즉, 화폐가치 절하다. 이는 겉보기에 고통이 없는 것처럼 보인다. 그러나 이 방법에도 치러야 할 대가가 있었다. 화폐가치가 하락하는 동안 중앙은행에 대한 평판에 오점이 발생해 신뢰가 떨어지는 것이었다. 그러면 그 후로는 차입할 때 더 많은 이자를 지불해야 했다. 또한 금본위제를 절대적으로 신뢰했던 세대에게 화폐가치 절하는 강제수용과 다름없었다. 즉, 저축자와 투자자, 채권자들의 자산을 탈취하는 것으로 여겨졌다. 결국 세계 경제의 운명은 각국이 어떤 경로를 선택하는가에 달려 있었다. 결과적으로 미국과 영국은 디플레이션의 길을, 독일과 프랑스는 통화가치 절하의 길을 선택했다.

당시 미국의 금융 사정이 제일 양호했다. 전쟁 중 통화량은 약 250% 증가했고 물가는 두 배 상승했지만, 유럽에서 20억 달러 이상의 금이 유입되면서 미국의 금 보유액도 두 배 이상 늘었다. 1920년에 미국은 40억 달러에 가까운 금을 보유하고 있어서, 인플레이션을 고려해도 팽창한 통화량을 뒷받침할 만한 양의 금이 있었던 것이다. 그래서 종전 후 바로 금본위제로 복귀했다.

하지만 이런 미국에서마저 고통이 따랐다. 전쟁 중 검소한 생활을 했던 소비자들은 전후 뜨거운 소비 열기를 보였다. 인플레이션이 다시 가속되었고 통제가 어려워 보였다. 스트롱은 이 상황에 강력히 대응해 금리를 7%로 인상하고 이를 1년 동안 유지했다. 스트롱의 긴축 조치를 통해 연방정부는 균형 상태로 재정을 회복했다. 침체된 경기로 인해 250만 명 이상의 실직자가 발생했고 도산이 늘었지만, 1921년 말 물가가 거의 3분의 1 정도 하락하자 경제는 회복되기 시작했다. 이후 7년 동안 미국 경제는 자동차, 통신 등 신기술 주도로 전례 없는 고속 성장을 이루면서도 낮은 인플레이션을 기록했다.

독일은 미국과 반대되는 상황이었다. 독일은 전쟁 중 사람들의 저항이 가장 적은 길을 택하는 바람에 통화량이 네 배 증가했다. 1920년 말, 독일의 물가는 1913년에 비해 열 배 수준으로 올랐고 너무 많은 화폐를 발행해 통화량을 축소하기가 어려웠기에 전쟁이 끝난 후 대폭 평가절하를 할 것으로 보였다. 그러나 독일 정부는 금융을 재건하는 대신 조직적으로 인플레이션을 방치했다. 이는 한편으로는 배상금 지불을 용이하게 하기 위한 것으로, 정상적인 통화정책의 틀에서 벗어난 조치였다.

프랑스의 경우 전쟁 중 통화량이 350% 증가했고, 물가 역시 비슷한 수준으로 상승했다. 전후 프랑스은행은 신규 화폐 발행을 제한해 독일식의 하이퍼인플레이션을 피했다. 그러나 프랑스는 재정 적자가 5억 5,000만 달러에 달해 끊임없이 위기에 직면했다. 이런 상황에서도 프랑스 시민들이 국채를 매입한 덕에 살림을 꾸려나갔다. 프랑스은행 내에서도 전쟁 전 환율 수준으로 금본위제를 되돌리자는 그룹이 있었다. 하지만 대부분 합리적인 사람들은 프랑스가 금본위제로 복귀하려면 그 환율은 아주 낮은 수준이어야 하고, 한참 후에나 가능하다고 판단했다.

영국은 디플레이션과 평가절하 사이에서 심각하게 고민하던 유일한 강대국이었다. 영국은 전후 경제적으로 경쟁력이 약화됐고 해외의 많은 자산을 처분했지만, 대폭 줄어든 해외 소득에 겨우 의존해 경제 충격을 완화했다. 수출 경쟁력 확보를 위해서는 영국의 화폐가치를 떨어트려야 했다. 그러나 노먼과 영국의 대다수 지배층의 정신세계는 아주 달랐다. 그들에게 평가절하는 새로운 현실을 위한 조정이 아니라 통화에 대한 집단적 신뢰를 떨어뜨리는 무원칙의 표현이었다.

영국이 파운드를 지키기 위해 치른 대가

전쟁 전에는 금이 가장 우수한 국제통화였고, 파운드가 가장 유력한 대체재였다. 무역 규모가 큰 국가들은 대외준비자산 중 일부를 런던에 파운드 예금으로 보유했다. 파운드는 금본위제 체제에서 특별한 위상을 차지하고 있었기에 평가절하 조치는 세계 금융 질서에 타격을 가할 것으로 보였다. 무엇보다 파운드의 가치 절하는 통화로서의 위상이 저하되는 결과로 이어질 것이고, 이는 금융대국으로서 영국의 위상을 근본적으로 훼손하는 것이었다.

100여 년 전 나폴레옹전쟁 중 통화량이 크게 늘어났지만 종전 후 통화량을 대폭 줄였던 잉글랜드은행은 1920년에 다른 유럽 국가와는 달리 디플레이션을 선택했다. 미국 연준과 보조를 맞춰 금리를 7%로 인상하고 재정은 균형을 이뤘다. 그러자 경제는 급격한 침체에 빠졌고, 200만 명이 실직했다. 1922년 말, 잉글랜드은행은 물가를 50% 떨어트리는 데 성공했고, 파운드는 외환시장에서 파운드당 3.20달러까지 하락했으나 다시 상승해 전쟁 전 환율인 파운드당 4.86달러의 90% 수준까지 회복했다.

하지만 경제가 역동적인 움직임을 보이고 대규모 부채가 없었던 덕에 신속히 침체에서 벗어난 미국과 달리, 영국은 불황의 수렁에 빠졌다. 실업자는 이후 20년간 100만 명 이하로 감소하지 않았고, 전쟁 중 입은 경제적 손해는 치명적이었다. 영국은 한때 면화, 석탄, 조선 등 산업에서 세계 선두였으나 현대화에 실패했고 전통적인 시장은 경쟁자에게 뺏겼다. 심지어 노동 비용은 더 상승했다. 잉글랜드은행으로서는 실업률을 높게 유지할 수밖에 없었지만 이 역시 여의치 않았다. 전쟁 전이었다면 국민들 역시 통화가치를 유지하기 위한 높은 실업률을 감수했겠지만, 전후 노동자들의 목소리가 커지는 등 정치 환경이 변하면서 다른 대안을 모색하라는 압력이 거세졌던 것이다.

1922년, 영국은 다른 국가들에 금 대신 파운드를 준비자산으로 택하도록 제안했다. 파운드에 대한 수요를 늘려 국제통화 체제에서 파운드의 특권적 위상을 확보하고, 금본위제로 복귀하기 쉽게 하기 위해서였다. 그러나 그 제안은 받아들여지지 않았다.

전후 유럽 은행가들의 고민은 전 세계에 금이 부족한 상황이 아니라 금이 미국에 집중돼 있다는 사실이었다.[17] 1923년, 미국은 국가 경제 운영에 필요한 수준을 훨씬 초과한 약 45억 달러의 금을 보유했다. 이 중 약 4억 달러를 주화 형태로 유통하고, 나머지는 연준과 재무부 금고에 보관했다. 이런 미국에 비해 유럽, 특히 영국과 독일은 만성적인 금 부족에 시달렸다. 전쟁 전에는 30억 달러 상당의 금을 기초로 운영됐던 유럽의 세 대국에 남겨진 금의 양은 고작 절반 정도였다. 금에 대한 수요가 계속되자 유럽의 중앙은행들은 여러 조치를 취했는데 유통 중인 금화를 회수하는 경우도 있었다. 1920년대 중반에 금화를 쉽게 찾을 수 있는 곳은 미국뿐이었다. 당시 전 세계 금본위제 체제는 마치 한 플레이어가 거의 모든 칩을 차지한 포커게임과 같았다. 그런 상황에 놓인 게임은 계속되기 어려웠다.

스트롱의 혁신적 정책

케인스는 1923년에 펴낸 『화폐개혁론(*A Tract on Monetary Reform*)』에

서 "지난 2년간 미국은 금본위제를 유지하는 척했지만, 실제로는 달러 본위제를 설립했다"고 갈파했다. 실제로 금이 넘쳐흘렀던 연준은 이제 미국의 중앙은행이 아니라 세계의 중앙은행이 되었다. 케인스의 우려는 금에 굶주린 유럽 국가들이 자국 경제에만 주로 관심을 기울이는 미국의 통화정책에 옭아매이는 상황이었다. 실제로 당시 유럽 금융의 팔다리는 고전적 금본위제 원칙에 묶여 있는 데 반해 미국 금융의 팔다리는 미국 연준의 의사에 따라 자유롭게 움직였다.

케인스는 이 상황을 타개하기 위해 금 보유액과 신용 창출의 연결을 끊어내야 한다고 말했다. 그리고 금본위제의 자동 조절 기능은 관리통화 제도로 대체하고, 신용 정책은 국내 물가 안정을 위해 실시되어야 한다고 역설했다.

아이러니하게도 이 제안은 스트롱이 미국에서 제도화했다. 그는 금본위제의 고전적인 원칙을 포기하고 금의 과다 유입으로 인한 부작용을 최소화하려고 했다. 만약 전통적인 금본위제에 따른다면, 금의 과다 유입은 국내 신용의 팽창으로 이어지고 이는 높은 인플레이션을 유발한다. 스트롱의 계산으로는 물가가 두 배 더 상승할 것으로 전망됐다. 스트롱은 금의 추가 확보가 화폐 공급에 미치는 영향을 제한하기 위해 은행에 대한 신용 공급을 축소했다. 이로써 금의 유입에 따른 유동성 창출을 억제했다. 또 스트롱은 새로운 통화정책을 시도했다. 그는 연준의 주요 목표는 물가 안정이지만, 경제활동이 약해지면 신용을 공급하고 강해지면 신용 공급을 줄이는 방식으로 경제를 조율해야 한다고 믿었다. 이는 당시로서는 혁신적인 발상이었다. 그 전까지 중앙은행의 주요 임무는 통화가치 보호와 금본위제의 원활한 운용이었다. 당시 미국은 금이 넘쳐나서 화폐가치는 보장됐다. 스트롱의 주도하에 미국 연준은 중앙은행으로서 새로운 역할을 맡게 된 것이었다.

스트롱이 금의 국내 유입으로 생기는 신용 창출 효과를 없애는 정책을 실시하자, 실질적으로 그만큼 금이 유통되지 않는 효과가 나타났다. 이는 힘겹게 파낸 금을 다시 땅속에 묻는 것과 같았다. 이런 그의 정책은 모순이 있었다. 그는 국제적 금본위제 복귀를 옹호했으나, 한편으로는 금본위제의 원칙을 훼손하고 나아가 금이 유럽으로 재순환되는 것을 막았다. 이는 유럽이 금본위제로 복귀하는 것을 더 어렵게 만든 셈이었다. 이는 스트롱이 해결하지 못한 딜레마였다.

스트롱은 유럽의 중앙은행 제도를 연구하기 시작했다. 그 결과 연준의 최대 혁신이라 할 수 있는 공개시장운영을 주도적으로 도입했다.[18] 연준 설립 시에는 가맹은행에 대한 이자율(할인율)을 통해 신용 공급을 조절했는데 이는 너무 수동적이었다. 스트롱은 공개시장에서 국채를 사고파는 방식으로 직접 통화량을 조절할 수 있다고 판단했다. 그러나 공개시장운영에 대한 주체가 누구인가를 놓고 내부에 갈등이 일었다. 자체 보유증권 매매는 지역 연준은행의 소관이었다. 그러나 1923년 연준 이사회는 이를 직접 운영하려 했다. 논란 끝에 이사회는 공개시장운영에 대한 감독권만 행사하는 것으로 결론지었다. 실제 운영 과정은 각 지역의 연준은행, 특히 뉴욕 연준은행이 주도했다. 스트롱의 비중이 컸다.

하지만 전후 경제적 혼란이 가중되면서 여러 나라의 통화는 여전히 불안했고, 미국을 제외한 각국의 금 보유량은 만성적으로 부족했다. 이런 상황에서 국제통화 체제의 새로운 지휘자로 부상한 미국 연준은 그에 부여된 역할을 제대로 인식하지 못했고, 그럴 의지도 없었다. 스트롱을 제외하고는 국제금융이나 중앙은행 업무에 대한 전문성이 없는 사람들로 지도부가 채워졌던 것이다.

인플레이션을 안정화한 렌텐마르크의 기적

바이마르공화국 시절, 독일의 경제적 고통은 매우 심했다. 정치 붕괴의 근본 원인이 하이퍼인플레이션에 있다고 판단한 구스타프 슈트레제만(Gustav Stresemann) 총리는 화폐 문제에 관심을 기울였다. 조세 수입이 정부 지출의 10% 미만에 불과해 부족분을 화폐 발행으로 메우던 상황이었다. 금이 뒷받침되지 않은 독일 마르크는 파피어마르크(Papiermark), 즉 '종이 마르크'로 불렸다. 모멸적인 호칭이었다.

슈트레제만은 1923년 11월, 샤흐트를 통화위원으로 임명했다. 통화제도를 개혁하는 임무를 지닌 새로운 자리였다. 이로써 샤흐트는 재무부 장관보다 더 강력한 힘을 가진 독일 금융의 '차르'●가 되었다. 당시 그는 국제금융계에서 잘 알려진 인물이었으며, 국내 정치적으로는 중도파와 좌파의 지지를 받았다. 샤흐트는 독일렌텐은행(Deutsche Rentenbank)을 설립했다. 이 은행은 국내 토지에 대해 설정한 지대(地代) 청구권을 근거로 해서 1923년 11월 15일에 새로운 화폐인 렌텐마르크(Rentenmark)를 발행했다. 농업 및 산업 재산에 연 5%의 부담금을 부과해 이를 화폐 발행의 기초로 삼은 것으로, 렌텐마르크와 파피어마르크의 교환 비율은 '1 대 1조'로 결정했다. 이는 실질적으로 마르크를 1조분의 1로 평가절하했다는 말이다.

샤흐트는 독일렌텐은행의 통화 발행량을 32억 렌텐마르크로 제한하고, 국채 인수액도 12억 렌텐마르크로 한도를 정했다. 렌텐마르크는 법정통화가 아니었다. 금과 태환이 되지도 않았고, 토지 가치와 결부되어

● 차르는 '군주'를 의미하는 말이다. 라틴어 카이사르(Caesar)에서 유래했다.

있어도 특정 토지와 교환될 수는 없었다. 어떤 의미에서는 사실상 허구의 기초 위에 성립된 통화에 불과했다. 그러나 렌텐마르크는 토지 가치를 일정 부분 반영한 데다 발행액이 제한되고 정부기관에 대한 지불 수단으로 인정되었기에 조금이라도 안정적인 통화를 갈망했던 독일인들은 파피어마르크를 렌텐마르크로 교환했다. 그렇게 해서 독일의 인플레이션은 급속히 안정됐다. 이를 '렌텐마르크의 기적'이라고 부른다.

독일 정부는 과거 발행했던 마르크 표시의 채권을 재매입했다. 발행 당시 300억 달러였던 채권을 1억 9,000만 렌텐마르크, 즉 약 4,500만 달러에 다시 매입한 것이었다. 이로써 정부 부채는 사실상 소멸됐다. 어쩌면 하이퍼인플레이션의 최대 수혜자는 독일 정부였다.

그렇지만 샤흐트는 새로운 대책에 회의적이었다. 통화는 금처럼 유동성이 높고, 양도가 용이하며, 국제적으로 통용되는 자산으로 담보되어야 한다고 믿었기 때문이다. 여전히 문제는 금 보유액이었다. 전쟁 전 독일은 약 10억 달러 상당의 금을 보유했는데, 전후 5년간 배상금 지급과 통화 붕괴로 1억 5,000만 달러 미만의 금만 남아 있었다. 더구나 대부분의 금이 제국은행에 있었다.

같은 해 12월 20일, 샤흐트는 제국은행 행장에 임명됐다. 렌텐마르크는 국제적으로 수용되지 않았고, 수입에도 사용할 수 없었다. 독일 경제의 진정한 회복은 국제 거래의 회복에 달려 있다고 판단한 샤흐트는 노먼에게 잉글랜드은행이 제국은행의 새 자회사에 일정 금액을 대출해 파운드 표시 준비자산을 구축할 수 있도록 해달라고 부탁했다. 그가 요구한 금액은 불과 2,500만 달러였다.

당시 독일은 벼랑 끝에 몰린 상황이었다. 잉글랜드은행 같은 권위 있는 기관의 대출은 독일에 대한 신용을 높이는 데 매우 중요했다. 샤흐트의 제안 중 노먼이 매력적으로 느낀 부분은 독일이 새 은행의 기준화폐를 파운드로 삼는 것이었다. 자본금도 파운드로 표시되고, 대출도 파운드로 하며, 독일 내 유통되는 파운드화 표시 은행권을 발행하겠다고 했던 것이다. 약화된 파운드의 위상을 높이고 싶어 했던 노먼은 이 제안을 기꺼이 받아들였다.

배상금 문제 해결에 전환점이 된 도스 플랜

미국은 배상금 문제를 다룰 위원회에 공무원이 아닌 민간인을 파견했다. 국가가 대외 문제에 개입하지 않겠다는 고립주의를 반영한 행위였다. 미국 대표단의 리더는 찰스 도스(Charles Dawes)였다. 그는 제1차 세계대전에 참전했던 시카고 출신의 은행가였다. 그의 동료는 오언 영(Owen Young)으로, 제너럴일렉트릭(General Electric) 이사회 의장이었다. 1923년 11월 30일, 배상위원회에서 위원으로 선정된 두 사람은 배상금 문제를 처리할 해결책을 모색하기 시작했다.

당시 독일과 프랑스의 의견 차이는 심각했다. 독일은 마르크의 붕괴가 독일의 파산을 증명하는 것이며, 배상금을 지불할 능력이 없다고 주장했다. 이에 대해 프랑스는 마르크의 붕괴는 독일이 자본을 유출한 증거라고 맞섰다. 프랑스와 벨기에의 루르 지역 점령 후 유럽의 여론은 독일에 우호적으로 변했다. 영국은 배상금 감액을 주장했다.

위원회는 독일이 가까운 장래에 지불해야 할 금액을 적절한 수준으로 감액하는 데 주력했다. 1924년 4월 9일, 위원회는 도스의 이름을 따서 도스 플랜(Dawes Plan)이라고 하는 새 계획을 발표했다. 일부러 배상금 총액과 상환 기간을 명시하지 않고 향후 몇 년간 지불해야 할 금액만 발표했다. 그 내용에 따르면, 독일은 첫해에 2억 5,000만 달러를 지불하고, 매년 그 금액이 증가해 10년 후에는 6억 달러를 지급하도록 돼 있었다. 일부 추산에 따르면 도스 플랜은 독일의 배상금을 125억 달러에서 약 80~100억 달러 수준으로 줄였다. 독일이 지급한 배상금은 제국은행 에스크로 계좌에 예치해 두었다가 마르크화 가치를 훼손하지 않는 적절한 시기에 해외로 송금하도록 했다.[19]

또 도스 플랜은 첫해의 배상금 지불을 돕고, 제국은행의 자본금을 확충하고 독일 경제 발전을 위해 충분한 금을 보유하도록 외국에서 2억 달러를 대출해 주도록 했다. 이 부분이 중요했다. 도스 플랜은 유럽 전체의 전환점이 됐다. 배상금을 둘러싸고 지난 5년 동안 이어진 소모적 논쟁은 끝난 듯 보였다.

9월, 도스 플랜의 초석이 될 채권 매각이 뉴욕과 런던에서 성공적으로 이뤄졌다. 이는 미국 은행들의 독일에 대한 투자 붐이 시작되는 계기가 되었다. 미국에서 유입되는 돈으로 독일 경제는 회복됐고, 새 통화도 안정을 찾았다. 독일의 새로운 번영은 케인스의 표현을 빌리자면 대서양 사이의 '종이의 대순환'이었다. 달러 지폐가 돌고 돌아 제자리로 돌아간 것이다. 즉, 미국이 독일에 투자하고 독일은 그 돈을 연합국에 배상금으로 지불하면 연합국은 다시 돈을 미국에 대한 채무 이행에 썼다.

어쨌든 독일은 도스 플랜으로 자금 사정이 개선되면서 마르크화가 안정되어 금본위제로 복귀했다. 이 일로 도스는 일약 유명인사가 되어 1925년 노벨 평화상을 수상하고 미국의 부통령이 됐다. 하지만 도스 플랜은 임시방편이었다. 배상금 총액은 물론 수많은 이슈가 남아 있었기 때문이다. 독일 내의 원한은 물밑에 계속 가라앉아 있었다.

금본위제를 둘러싼 노먼과 케인스의 철학 차이

1924년 가을, 파운드는 정체 상태였다. 근 2년 동안 1파운드는 4.35달러 수준에서 더 이상 오르지 못했다. 높은 실업률, 고금리에도 불구하고 영국의 물가는 미국에 비해 여전히 10% 정도 높았다. 이런 상황에서 전쟁 전 환율로 금본위제 복귀를 진행하면 수십만 명의 실직자가 발생할 것이 자명했다.

영국 경제는 아직도 통화가치 상승과 금본위제의 엄격함을 견뎌낼 상태가 아니었다. 일부에서는 현실을 반영하여 새로운 환율을 선택하자고 주장했다. 그러나 노먼과 잉글랜드은행의 전통적 순수주의자들은 이를 받아들일 수 없었다. 그들은 전쟁 전 환율인 파운드당 4.86달러로 복귀할 것을 주장했다. 이는 영국을 믿고 자산을 맡긴 사람들 그리고 영국과 파운드를 신뢰하는 전 세계에 대한 영국의 도덕적 의무라고 역설했다. 또 노먼은 금본위제를 택한 마르크화가 유럽대륙에서 가장 강한 통화가 될까 봐 우려했다. 당시 독일, 스웨덴, 폴란드, 오스트리아, 헝가리 등이 이미 금본위제를 택했는데, 영국만 뒤처진다면 파운드의 위상은 심각히 저하될 것이었다.

일찍이 영국 정부는 전쟁 막바지에 이르렀을 즈음 전후 통화정책을 구상할 위원회를 설립했다. 당시 위원들은 모두 전쟁 전 환율 수준으로 금본위제에 복귀하는 것에 찬성했다. 과거 환율로 금본위제로 복귀하는 것이야말로 세계 금융 시스템의 중심으로서 영국의 위상을 유지하기 위해 필수적이라고 판단했던 것이다. 영국은 금본위제 복귀를 서둘렀다.

미국의 스트롱 역시 세계 경제에서 파운드의 중요성을 고려할 때 영국이 금본위제를 택해야만 전 세계의 금본위제가 가능하다고 판단했다. 그와 미국의 은행가들은 노먼에게 신속히 금본위제로 복귀하도록 요청했다. 영국의 금본위제 복귀를 지원하기 위해 스트롱은 뉴욕 연준 은행에서 2억 달러를 지원하겠다고 약속했다. 모건상회도 3억 달러 지원을 약속했다.

하지만 영국 내에서도 금본위제 복귀를 반대하는 목소리가 소수이지만 있었다. 그중 대표적 인물인 케인스는 『화폐개혁론』에서 구체적으로 주장을 펼쳤다. 그도 처음에는 정통 주류 경제학 이론을 따랐다. 자유무역, 자유로운 자본 이동, 금본위제 등이 그 핵심이었다. 그러나 전쟁을 겪고 나서 세계 경제 구도가 바뀌자 그의 생각도 변했다. 전쟁 전에는 금본위제를 옹호했지만, 이제는 화폐와 신용 공급을 금에 연계시키는 제도가 물가 안정을 가져올 이유가 없다고 여겼다.

그는 통화 당국이 화폐 공급보다는 수요를 먼저 안정시켜야 한다고 주장했다. 물가 안정이 통화정책의 일차적 목적이고, 당국이 적극 개입해 화폐 공급과 지급준비율을 변화시켜야 한다는 생각이었다. 이는 금본위제와는 상반되는 관점이었다. 심지어 그는 금본위제가 "평화의 주된 악당"이라고 판단했다. 이 제도에서 당국은 금 보유량의 움직임에 따라 기계적으로 반응해야 했다. 19세기 후반에는 금본위제가 성과를 냈지만, 이제 상황이 변했다. 가장 중요한 점은 전 세계 화폐용 금의 상당 부분이 미국에 집중해 있다는 사실이었다.

"야만적 유물(barbarous relic)"인 금본위제를 복원하는 것은 물가와 신용 관리를 미국의 연준에 맡기는 것이라는 케인스의 생각에는 민족주의가 깔려 있었다. 그는 미국 연준이 막대한 금을 기반으로 달러본위제를 조성할 것을 우려했다. 그러나 『평화의 경제적 결과』와 달리 『화폐

개혁론』은 영향력을 미치지 못했다. 당시 중부유럽의 통화가 완전히 붕괴되고 프랑스의 프랑도 폭락 위기에 처한 시기에, 국가의 통화정책 운용을 중앙은행과 정치인이나 관료에게 맡기는 데 찬성할 사람은 없었다. 금본위제의 규율에서 벗어난 나라들의 실패 사례가 너무 많았다. 이 책은 시대를 앞서갔다.

노먼과 케인스의 결정적 차이는 철학과 세계관이다. 노먼에게 금본위제는 단순히 화폐 공급을 조절하는 제도적 도구가 아니라 자유사회의 원리, 즉 재산권 보호, 인신보호제도 등과 같이 서양 자유주의 세계에서 정부의 권력을 견제하기 위한 기본 원리 중 하나였다.[20] 제1차 세계대전에서 전비 조달을 위해 분투하던 여러 나라에서 인플레이션이 발생했다. 이러한 화폐가치의 하락을 압박하는 움직임에 대한 유일한 방어책이 금과의 연계라는 것이 그의 소신이었다.

반면 케인스는 영국과 미국의 물가 차이가 줄어들 때까지만이라도 금본위제 복귀를 연기해야 한다고 주장했다. 그는 미국의 금 보유량이 매우 지배적인 상황에서 파운드화를 금에 연계하는 것은 사실상 달러에 연계하는 일이고, 이는 영국 경제가 미국과 월가에 구속되는 것을 의미한다고 지적했다. 그는 미국의 입맛에 따라 영국 경제가 좌우되는 일을 절대 용납할 수 없었다.

금본위제 복귀를 결정한 처칠

영국의 금본위제 복귀를 맡을 재무부 장관에 윈스턴 처칠이 임명된 것은 예상 밖의 일이었다. 처칠은 금융과 경제에 관심도 없었고 이 분야는 잘 알지도 못했다. 영국 재무부와 잉글랜드은행은 금본위제로 복귀해야 한다고 일관되게 조언했다. 노먼과 당시 총리였던 볼드윈은 가까운 친구였다. 처칠이 금본위제 복귀를 반대하면 노먼과 적이 된다는 의미였다. 한편 케인스와 매케너는 전쟁 전 환율로 금본위제 복귀를 진행하면 파운드 과대평가로 수출 분야가 타격을 입을 테고, 이에 대한 대응으로 임금이 삭감되면 노동자들이 동요할 것이라고 우려했다. 그러나처칠은 이들의 경고를 무시했다.

처칠은 전쟁 전 환율로 복귀하지 않으면 영국 정부가 다시 평가절하할 것이라는 신호를 시장에 보내는 셈이라고 판단했다. 파운드 평가절하는 런던에 파운드로 예치하고 거래하던 외국의 정부나 중앙은행, 기업에 불안감을 줄 테니, 그들이 다른 대안을 모색할지도 몰랐다. 국제금융에서 밀리는 건 영국에 큰 손해였다. 당시 영국에서는 고전 중이던 산업계보다 금융계의 이익을 우선하는 태도가 강했다.[21]

결국 1925년 4월, 처칠은 금본위제로 복귀하기로 결정했다. 그는 영국 파운드가 누구나 알고 신뢰하는 화폐가 아니라면 영국과 유럽의 거래는 파운드 대신 달러로 이뤄질 것이고, 이런 상황이야말로 큰 불행이라고 설명했다. 전쟁 전 환율로 금본위제 복귀가 이뤄지자, 영국의 고금리가 해외 자금을 충분히 흡인했다. 그해 영국의 금 보유액은 실제로 증가했고, 뉴욕 연준은행과 모건상회가 약속한 자금은 필요 없었다.

케인스는 『처칠 씨의 경제적 결과(The Economic Consequences of Mr. Churchill)』를 펴내며 금본위제 복귀를 비판했다. 이 새로운 환율에서 파운드는 10% 이상 고평가되었고, 이를 시정하기 위해서는 임금과 물가 인하가 필요한데 이는 곧 실업의 증가를 의미했다. 그는 실업자가 이미 100만 명 이상인데 긴축을 조성하는 건 부당하다고 통렬히 비판했다.

실제로 고평가된 파운드는 수출 산업, 석탄, 철강, 조선 등 분야에 악영향을 미쳤다. 임금을 삭감하자, 1926년 광부들의 파업이 전국으로 확대됐다.

결과적으로 전쟁 전 환율로 금본위제에 복귀한 건 실책이었다. 당시 고금리로 유입된 자금은 투기적인 '핫머니'였다. 영국은 유입된 자금이 다시 유출되지 않도록 타국에 비해 상당한 고금리를 유지해야 했다. 매년 물가는 약 5%씩 하락하고 채무자들의 부담은 가중됐다. 또 가격 경쟁력을 상실한 영국 제조업은 계속 부진을 면치 못했다. 1927년 즈음, 처칠은 금본위제 복귀가 오판이었음을 깨달았다. 하지만 그걸 깨달았을 땐 그가 할 수 있는 일은 거의 없었다. 후에 처칠은 금본위제 복귀가 일생 최대의 실수였다고 인정한다. 영국은 1925~1931년에 고평가된 환율을 유지하기 위해 비싼 대가를 지불했다.

프랑스, 환율과 재정 안정을 이루다

프랑스는 전쟁 복구에 약 40억 달러를 썼다. 1923년, 이 작업이 거의 끝나자 재정 적자도 많이 줄어들었다. 도스 플랜 이후 프랑스 정부는 현실적인 예산을 수립했다. 배상금을 이용해 재건할 수 있다는 기대를 버린 것이다. 프랑스은행은 유럽에서 가장 보수적이었다. 화폐 발행을 뒷받침하기 위해 비정상적일 정도로 과다한 금을 축적했는데, 1914년에 이미 유럽 최대 규모인 10억 달러 이상의 금을 보유한 상태였다.

독일 제국은행과 달리 프랑스은행은 종전 후 다시 독립성을 강조하며 정부 지출의 부족분을 화폐 발행으로 메우는 역할을 거부했다. 1919년

4월, 프랑스 의회는 정부에 대한 대출을 제한했고, 이듬해 9월에는 프랑스은행 은행권 유통액을 410억 프랑으로 제한했다. 이 조치는 1925년에 프랑스 내부 위기가 발생할 때까지 지속됐다.

1926년 4월, 미국과 프랑스는 마침내 전쟁 부채 협상을 타결했다. 미국이 부채를 60%를 탕감해 준 덕에 프랑스 정부 예산은 균형을 이뤘다. 그러나 프랑화는 계속 하락했다. 만성적인 정치 불안으로 정부의 재정 능력에 대한 의구심은 여전했기 때문이다. 100억 달러 이상의 단기 부채도 부담이었다. 프랑스은행은 10억 달러 이상의 금을 보유했지만 이를 활용하기를 거부했다. 6월에 조제프 카요(Joseph Caillaux)가 재무부 장관으로 취임하면서 프랑스은행장으로 에밀 모로를 임명했다. 그리고 프랑스은행 경영진을 대폭 교체해 정부에 대한 저항을 줄였다.

7월에는 대통령과 총리 등 요직을 맡았던 레몽 푸앵카레(Raymond Poincaré)가 다시 총리로 임명됐다. 극심한 금융위기가 백전노장인 그를 다시 소환했던 것이다. 푸앵카레는 통합적 내각을 구성했고, 취임 후 곧바로 환율이 안정을 되찾았다. 이는 심리적 효과가 얼마나 큰지를 보여주었다. 그가 총리가 되던 날, 환율은 달러당 50프랑이었으나 그의 복귀 소식만으로도 투자자들의 심리가 안정되면서 이틀 만에 환율은 43프랑으로 상승하고, 다음 주에는 35프랑으로 다시금 상승했다.[22]

프랑화가 상승하자 수입 가격이 하락하고 물가도 떨어졌다. 그러자 지난 2년간 프랑스를 이탈했던 자본이 다시 유입되기 시작했다. 미국과 영국의 금융 지원이 필요 없어졌다. 가을에는 자금 유입이 불어나 달러당 30프랑이 되었다. 그러나 너무 강한 프랑화는 수출에 불리했다. 12월 중순, 프랑스은행장 모로는 달러당 25프랑에 이르자 결국 시장에 개입해 환율이 더 이상 상승하지 못하도록 했다. 이후 2년간 모로는 외환시장에 계속 개입해 환율을 일정 수준으로 유지했다.

1927년 중반, 모로의 성공이 명백해졌다. 프랑스은행은 5억 달러 정도의 외환을 보유했고 대부분이 파운드였다. 달러당 25프랑의 환율이라면 프랑스 상품은 경쟁력이 있었다. 수출이 증가하고 물가는 안정됐다. 프랑스는 독일식 인플레이션과 영국식 디플레이션을 피해 가장 올바른 답을 찾은 듯 보였다. 하지만 프랑스가 간과한 것은 프랑스 같은 주요 경제대국의 통화가치는 자국의 문제만이 아니라는 사실이었다. 환율은 성격상 여러 통화가 관계하는 다자적 시스템이다. 모로는 그의 환율 결정이 세계 금융 시스템에 미치는 영향을 무시했다.

파운드를 따라잡은 달러

달러로 표시된 무역어음이 해외에서 사용되기 위해서는 미국은행이 해외로 진출해야 했다. 연방준비법은 100만 달러 이상의 자본금을 가진 은행의 해외 지점 개설을 허용했다. 무역 금융도 허용했다. 마침 제1차 세계대전이 발발하면서 수출이 급증한 미국은 세계의 공장이자 곡물창고가 되었다. 미국의 기업들이 남미와 아시아에 진출했고, 이제 미국은 채무국에서 채권국으로 변신했다. 특히 스트롱이 이끄는 뉴욕 금융계는 잉글랜드은행을 대체해 국제금융의 중심이 되길 바랐다. 그래서 워싱턴 D.C.의 많은 정치인이 은행가들에게 적대적이었다. 심지어 그들 중 일부는 은행가들이 미국을 전쟁으로 이끌었다고 생각했다.[23]

제1차 세계대전으로 유럽은 무역 금융을 제공하기가 어려워졌다. 전비에 자금을 먼저 써서 무역 금융에 쓸 여력이 없었던 것이다. 독일과 영국의 은행들은 무역 금융을 뉴욕의 은행들에 의존하기 시작했다. 제공된 신용은 달러화로 표시됐다. 1915년부터 당시 여전히 기축통화 역할을 하던 파운드의 가치가 급격히 하락했다. 금으로 뒷받침된 달러가 더 매력적인 통화로 부상했다. 미국뿐 아니라 남미, 아시아 기업에서도 달러 사용이 늘었다.

해외 진출에 적극적인 내셔널시티은행은 해외 무역 부서를 신설해, 수출 기업에 미국 상품에 대한 해외 수요, 고객의 신용에 관한 정보를 제공하며 이를 금융 서비스와 통합했다. 이 은행은 곧 매년 2,000만 달러 정도의 무역어음을 인수했다. 그리고 1915년 유럽과 아시아에서 지점을 늘려오던 인터내셔널뱅킹기업(International Banking Corporation)을 인수했다. 다른 미국 은행들도 내셔널시티은행을 따라 해외 지점을 늘려 1920년도 말에는 총 181개의 해외 지점이 있었다. 해외 무역업자들도 미국 은행들의 해외 지점을 통해 달러 사용을 확대했다.

그런데 달러의 국제화에 중대한 장애물이 있었다. 미국 은행들은 아직 달러 표시 어음인수시장을 발전시킬 능력이 부족했다. 가격이 너무 높고 투자자가 적어서, 인수한 어음을 재판매하기 어려웠다. 문제는 투자자들이 무역어음에 익숙하지 않다는 것이었다. 이에 스트롱이 뉴욕 연준은행을 앞세워 문제 해결에 나섰다. 그는 어음인수시장 육성이 미국의 산업 경쟁력을 제고하고 해외 무역 성장에 기여하리라 믿었다. 그래서 지도력을 발휘해 각 지역 연준은행에 직접 무역어음을 매입하도록 했다. 어음할인율을 낮추고 시장을 안정화하기 위해서였다. 할인율이 우호적으로 변하자 시장은 성장하기 시작했다.

1920년대 전반, 미국 연준은행들은 무역어음 딜러의 거래 상대였다. 그러자 이 시장을 알고 있는 다른 투자자들, 주로 외국 은행들이 적극 참여했다. 미국에 대해 흑자를 기록하던 외국 중앙은행들은 적극적으로 무역어음에 투자했다. 점차 무역어음에 전문화된 딜러들도 등장했다. 최대 규모의 회사는 국제인수은행(International Acceptance Bank)이었다.

1920년대 후반, 미국 수출입의 절반 이상이 달러화로 표시된 무역어음으로 자금을 조달했다. 미국뿐 아니라 다른 나라와 무역을 하는 상인들도 런던보다 금리가 낮은 뉴욕에서 자금을 마련했다. 1920년대 말이 되자, 제3국 사이에 미국이 제공한 무역 금융 액수가 미국으로 수입을 위해 제공된 무역 금융 액수에 가까워졌다. 이 흐름은 국제 거래에서 미국의 비중이 날로 커지는 사실을 반영했다. 또 스트롱은 유럽 국가들이 뉴욕에서 필요한 대출을 받도록 독려했다. 그렇게 1920년대 내내 자금이 풍부한 미국에서 유럽으로 자금이 흘러갔다. 미국 은행들은 유럽 정부와 기업을 위해 달러 표시 채권 발행을 주선하고, 이를 미국 투자자들에게 판매했다.

1925년, 미국 기업의 수익은 1913년과 비교했을 때 두 배 증가했다. 다우지수도 1921년에 67p였으나, 4년이 지난 당시 150p 이상을 기록해 마찬가지로 두 배 이상 올랐다. 1920년대 중반에 약 10억 달러가 매년 신규로 투자되고 상장기업 수는 다섯 배 증가했다. 주식시장 시가총액은 1913년 150억 달러에서 1925년 300억 달러로 증가했다.

1914년에 국제 무대에 등장한 달러는 11년 후인 1925년이 되자 영국의 파운드를 추월했다.[24] 달러는 중앙은행이나 정부의 외환 보유액 중에서 파운드보다 비중이 커졌다. 선발 주자로 기득권을 누리던 파운드가 짧은 시간에 추월당한 것은 선발 주자의 이익이 절대적이지 않다는 사실을 반증했다. 제1차 세계대전이라는 사상 초유의 충격과 미국 연준의 노력이 달러의 급속한 지위 향상을 가져왔다.

그러나 달러가 꽃을 피운 지 얼마 지나지 않아 암운이 닥쳤다. 1923년을 제외하고 미국은 해외에 대규모로 투자했다. 해외 채무자를 위한 신규 채권을 발행해 팔았는데, 외국 정부 및 기업을 위해 달러 채권을 발행하는 것은 미국 투자은행의 새로운 사업이었다. 이는 1927~1928년에 가장 활발하게 이뤄졌고 채권 발행 규모도 매우 커졌다. 1914년에는 약 20만 명의 미국인이 채권에 투자했는데, 1929년에는 무려 다섯 배로 증가했다.[25] 이러한 채권의 과열된 열기에는 위험이 내재했다. 경험이 없는 미국 금융기관들이 위험한 대출을 감행했고, 특히 독일과 남미 국가들을 상대로 대출이 늘어났다. 이는 1920년대 말에 커다란 문제로 불거졌다.

유럽을 뒤흔드는 영국과 프랑스의 마찰

도스 플랜은 성공했다. 미국 은행들은 이 플랜으로 배상금보다 우선적으로 상환받을 수 있다는 보장 때문에 너도나도 독일에 투자했다. 도스 플랜 시행 후 2년 사이에 15억 달러가 독일에 유입됐다. 독일은 배상금 5억 달러를 지불하고도 남는 자금이 생겼고, 그중 일부를 산업 재건에 사용했다. 그러나 자금의 상당 부분이 주정부나 하급 자치단체에 흘러가 수영장, 극장, 스타디움, 오페라하우스 건설 등에 사용됐다. 수입은 폭증하고 1925년에는 정부의 긴축정책을 완화하라는 압력이 커졌다. 결국 1926년, 독일 정부의 재정은 적자로 돌아섰다.

샤흐트는 배상금 문제에 집착했다. 도스 플랜 초기부터 그는 독일이 배상금을 지급할 능력이 있는지, 지급하는 게 옳은지에 대한 확신이 없었다. 그는 마지못해 도스 플랜을 지지하고 그에 따라 유입되는 해외 차입금을 수용했다. 그러나 독일은 해외에서 너무 많이 차입한 상태였다. 샤흐트는 대외 채무가 너무 커져서 상환 시점이 되면 지급불능 상태가 되고, 국가파산을 초래하지 않을까 걱정했다. 독일이 미국 달러를 빌려서 오페라하우스 등을 짓는 것은 무의미했다. 그런 시설이 부채 상환을 위한 외화를 창출하는 것도 아니었다.

1927년 5월, 샤흐트가 주식시장에 대한 대출을 축소하라고 은행들에 지시한 후 주가가 폭락했다. 그는 독일에 대한 장밋빛 신뢰를 부숴 해외 자금 유입을 제어하려 했다. 하지만 독일 지방정부들의 해외 차입은 여전히 멈추지 않았다.

한편 프랑화의 기적적인 회복은 당연히 프랑스에는 유리했지만 유럽 전체에는 부담이었다. 프랑스로 해외 자금이 흘러들어 가는 상황은 1927년에도 계속됐다. 프랑스은행은 프랑화 가치의 지나친 상승을 막기 위해 외화를 계속 매입했다. 5월 말, 외환 보유액은 7억 달러에 이르렀고 그중 절반이 파운드였다. 프랑스은행에 대외준비자산이 쌓이고 프랑화가 안정되자, 모로는 이를 이용해 프랑스를 금융 중심지로 다시 세우려 했다(제1차 세계대전 이전에 파리는 세계의 두 번째 금융 중심지였다).

모로는 잉글랜드은행장 노먼에게 우호적이지 않았다. 프랑스가 위기를 겪을 때, 그가 지원에 소극적이었다는 것을 잊지 않았던 것이다. 노먼 역시 프랑스에 적대적이었다. 1927년 2월, 프랑스은행은 잉글랜드은행과 프랑스의 금을 담보로 1916년에 차입한 대출 조건에 대해 재협상을 시도했다. 여전히 노먼이 비협조적이자, 프랑스은행은 5월에 차입액 전액을 상환하고 담보로 제공한 9,000만 달러 상당의 금을 되찾아 가겠다고 선언했다. 그리고 다음 달, 프랑스은행은 영국에 상의도 없이 1억 달러 상당의 파운드를 금으로 태환해 달라고 요구했다. 거액의 금이 잉글랜드은행에서 유출될 판이었다. 이는 노먼에게 충격을 주었다.

금본위제에는 금 보유량의 변화에 대응하는 전통적인 안전장치가 있다. 예를 들어 금을 상실해 보유량이 줄어든 나라는 자동적으로 신용을 축소하고 금리를 인상한다. 이 영향으로 구매력은 하락하고 해외에서 자금이 유입된다. 반대로 금이 쌓이는 나라는 신용을 확대하고 구매력이 상승한다. 이 원칙은 국가 사이에 금의 이동에 따른 변화를 자동적으로 조절하는 메커니즘이다. 그러나 1927년 초, 잉글랜드은행과 프랑스은행은 이 원칙의 적용에 관해 합의하지 못했다.

노먼은 영국이 금융긴축을 단행하기 어렵다며 금이 유출되어 물가가 오르면 폭동이 일어날 것이라고 호소했다. 그는 오히려 프랑스로 유입되는 돈은 대부분 프랑화의 가치 상승을 예상한 투기 자금이므로, 프랑스에서 금리를 낮출 것을 요구했다. 하지만 높은 인플레이션을 경험한 모로는 다시 금융완화를 할 생각이 없었다. 그는 금본위제 원칙에 따라 자국이 보유한 파운드를 금으로 태환할 권리가 있고, 영국이 금 보유액 감소를 우려한다면 잉글랜드은행에서 금리를 올려야 할 것이라고 응수했다. 영국도 방어만 한 것은 아니었다. 프랑스가 약 3억 5,000만 달러 상당의 파운드를 보유하고 있으니 이를 금으로 태환해 달라고 요구할 수 있지만, 영국은 전쟁 부채로 약 30억 달러의 프랑스 채권을 보유하고 있으므로 즉시 상환을 요구할 수 있다고 지적했다.

결국 양국은 서로 양보해서 잉글랜드은행은 소폭 금리를 인상하고 프랑스은행은 금리를 인하하는 것으로 논의를 마무리 지었다. 유럽의 상황을 방관할 수만은 없었기 때문이다.

주식시장을 위한 위스키 한 모금의 폭발력

1927년 7월, 미국, 영국, 프랑스, 독일의 중앙은행 수뇌부는 미국 롱 아일랜드에서 모여 영국의 금 보유액을 늘리는 방안과 유럽 국가들의 통화 상황 개선 방안을 논의했다. 그 직후 스트롱은 금리를 4%에서 3%로 인하하고, 1,200만 파운드를 매입한 후 그 대가를 잉글랜드은행에 금으로 지불했다. 이런 금리 인하 조치에 시카고 연준은행 등 4개의 연준은행이 반대했다. 그러자 스트롱은 주식시장을 위한 "위스키 한 모금"으로 여기고 금리를 인하하자고 설득했다. 또 금리 인하로 유럽 통화가 몰락하지 않아야 미국의 수출이 늘어날 것이라고도 말했다. 하지만 미국인들은 스트롱이 노먼을 도와 파운드 약세를 저지하기 위해 금리를 인하했다고 여겼다.[26]

당시 미국의 물가 흐름과 경제활동을 봤을 때 금리를 인하할 수 있는 상황이었다. 하지만 이는 결과적으로 역사상 악명 높은 사건이 되었다. 문제는 주식시장에 대한 영향이었다. 위스키 한 모금은 주식시장으로서는 몸을 가눌 수 없을 정도로 취하게 만드는 다량의 위스키가 됐다.

연준의 금리 인하 후 주식시장은 즉시 타올랐다. 1927년 말, 다우지수는 20% 이상 상승해 200p를 돌파했다. 이듬해 1월에 연준은 전년도에 33억 달러였던 주식 브로커 대출이 44억 달러로 상승했다고 발표했다. 이는 역대 최고 기록이었다. 그해 초, 주식시장에 대한 조치를 취하라는 아우성이 거세졌다. 2월이 되자 스트롱은 금리 인하가 실책일 수 있다는 점을 인식하고, 이후 3개월간 금리를 5%로 인상했다. 그는 파운드 지지를 위해 미국 금리를 인하했지만, 그의 정책이 영국의 가장 근본적인 문제인 고물가와 과대평가된 통화 문제를 해결할 수는 없다고 생각했다. 게다가 의도치 않았지만, 그는 월가의 버블을 점화하고 국제 문제에 너무 집중한다는 내부 비판을 받았다.

주가는 수익에 기반해야 한다. 1922~1927년에 미국 기업의 수익은 75% 상승하고, 주가도 같이 상승했다. 자동차 등 신산업이 이를 주도했다. 1928년 중후반에는 수익은 감소했지만 다우지수는 150p에서 약 200p로 올랐다. 경제 실체와 무관한 투기적 열풍이었다. 여기서 멈추지 않고 이후 15개월 동안 다우지수는 200p에서 380p로 상승했다. 전형적인 거품 장세였다. 1929년에는 200~300만 가구, 즉 열 가구 중 한 가구가 주식투자 열기에 빠졌다. 주식시장으로 돈이 몰리자 중개회사도 1925년에 700개에서 1929년에는 1,600개로 급증했다.[27] 그러자 미국 정치권에서 주식시장 과열을 경계하기 시작했다. 그러나 미국 의회는 주식시장을 진정시키기 위해 금리를 인상하면 농민 등 일반 사람들에게 더 큰 피해가 가지 않을까 우려했다. 지금 금리를 올리면 더 많은 금이 미국으로 유입되고, 어쩌면 영국이 금본위제를 이탈할지도 몰랐다. 1925년에 이미 스트롱은 금융완화로 금본위제로 복귀하는 영국을 도왔다. 당시에도 주식시장을 제어할 수 있을 거라 판단했고 이는 옳았다. 그리고 다시 두 번째로 도박을 했는데, 이번에는 일이 잘못됐다.

1928년 10월 16일, 스트롱은 장에 농양이 생겨 수술을 받았지만 사망했다. 겨우 55세의 나이였다. 후임자로 조지 해리슨(George Harrison)이 취임하지만 그의 죽음으로 미국 연준 시스템에는 정치적 공백이 생겼다. 이에 워싱턴 D.C.의 연준 이사회는 연준 시스템 내 의사결정 과정에서 이사회의 권한을 강화하려 했다. 연준 이사회 내 다수가 금리 인상이 투기 열풍을 제어하지 못하고 도리어 경제에 피해만 입히지 않을까 우려했다. 미국 연준은 1928년 7월 금리를 5%로 인상한 다음, 같은 해

중후반에 주식시장이 과열됐는데도 방관했다. 그들은 금리를 인상하는 대신 투기꾼들에 대한 대출을 중단하거나 축소하라고 요청했다.

1929년 초, 미국에서 발생한 금융버블은 이제 단순히 미국 연준만의 문제가 아니라 유럽 각국 중앙은행들의 문제가 되었다. 유럽에서 미국의 돈이 필요할 때, 도리어 외국에서 뉴욕으로 투기 자금이 흘러갔다. 가장 약한 고리가 독일과 중부유럽 국가들이었다. 잉글랜드은행도 금 보유량이 감소했다. 1928년 초에는 8억 3,000만 달러 이상의 금이 있었는데 1929년 초에 약 7억 달러 수준으로 감소했다.

뉴욕 연준은행은 수차례 금리 인상을 시도했지만 연준 이사회가 이를 승인하지 않았다. 그들은 오히려 중개회사에 대한 대출을 통제하는 직접 조치를 주문했다. 이에 뉴욕 연준은행은 그 정책의 효과가 없을 것이라며 반박했다. 결국 연준 시스템은 내분으로 마비됐다. 연준 이사회는 월가의 자금 수요가 매우 강해서 콜머니 금리가 평균 10%로 매우 높아진 상황에서 연준이 금리를 7%까지 올린다 해도 효과가 없을 것으로 보았다. 오히려 금리를 10~15%로 올리면 경제가 불황에 빠질 것을 우려했다.

한편 뉴욕 연준은행의 반박도 일리가 있었다. 연준은행이 중개회사에 대한 대출을 줄여도 유동자금을 보유한 일반 기업이나 외국의 중개회사, 금융회사 등을 통해서 자금이 증시로 유입될 것이라고 판단했다. 즉, 미국 연준의 통제가 미치지 않은 곳에서 자금이 유입돼 증시를 가열한다는 것이 뉴욕 연준은행의 견해였다. 결과적으로 미국 연준은 아무 행동도 못 하고 수수방관했다.[28]

미국발 금융버블에 휘청이는 유럽

미국 금융버블의 가장 부정적 결과는 국제 자금 흐름의 변화로 인한 독일의 경기 침체였다. 5년간 많은 미국 은행이 독일에 자금을 공급했다. 1924~1928년의 5년간 독일은 매년 6억 달러를 차입해 이 중 절반을 배상금 지불에, 나머지는 소비에 썼다. 이 기간에 발생한 총 30억 달러의 차입금 중 10억 달러 이상이 핫머니로 고금리를 좇았다. 1928년 후반, 미국 증시가 달아오르고 콜머니 금리가 상승하자 미국 자금은 더이상 독일에 공급되지 않았다. 미국 자금의 유입이 줄어들고 독일 경제에 대한 신뢰가 저하되자 곧바로 침체에 빠졌다.

독일은 배상금조차 지급하기 어려운 처지에 놓였다. 1929년 2월, 연합국은 파리에서 회의를 개최해 배상금 문제를 다시 협의하기로 했다. 각국 대표단은 협상팀 대표로 미국의 오언 영을 선출했다. 연합국 측은 독일이 미국에 전쟁 부채를 충분한 금액만큼 상환해야 한다고 강조했다. 최소 금액은 매년 5억 달러 정도로 제안했다. 독일이 이 안을 수용하면 프랑스는 종전 후 연합군 점령하에 있던 독일의 라인란트(Rheinland)로부터 철수하고, 독일은 경제주권을 회복할 수 있다고 강조했다. 샤흐트는 독일이 향후 37년간 매년 2억 5,000만 달러를 지급하겠다고 제안했다. 프랑스의 모로는 62년간 매년 6억 달러 이하는 수용할 수 없다는 입장이었다. 연합국 측은 미국에 부채를 상환하기 위해 배상금을 낮출 수 없다고 강조했다.

협상팀은 독일이 처음 37년간 매년 5억 2,500만 달러를 내고, 이후 21년 동안은 연합국 측의 미국에 대한 부채에 상응해 매년 4억 달러를 지불하라는 조정안을 내놓았다.[29] 이 내용이 영 플랜(Young Plan)이다. 샤흐트는 독일의 파산을 감수하겠다며 강경하게 버텼지만, 독일 정부는 다시 고립되는 상황을 우려해 연합국 측의 제안을 원칙적으로 수용했다. 몇 주 후 협상을 거쳐 타협안이 성립됐다. 독일은 향후 36년간 매년 5억 달러에 조금 못 미치는 금액을 지불하고, 그 후 22년간 매년 3억 7,500만 달러를 지불하기로 했다.[30] 그리고 국제결제은행(Bank of International Settlements, 이하 BIS)을 신설해 독일의 향후 지불액을 근거로 채권 발행을 담당하는 등 배상금 분배 문제를 처리하도록 했다.

미국 금리가 오르고 뉴욕이 전 세계 자금을 흡인하자, 프랑스를 제외한 유럽 각국은 자국의 금이 미국으로 유출되지 않도록 너도나도 금리를 인상했다. 유럽은 월가에서 수천 마일이나 떨어져 있었지만 강한 영향을 받았다. 1929년 2월, 잉글랜드은행이 금리를 5.5%로 인상했다. 실업자가 150만 명이 넘는 상황이지만 무리한 선택을 한 것이다. 3월에는 이탈리아, 네덜란드가 뒤를 따랐다. 영 플랜 협상 중 금 유출 사태를 겪은 독일은 금리를 7.5%로 인상했다. 심지어 오스트리아, 헝가리는 8%로 더 인상했다. 7월에는 벨기에도 인상했다. 이러한 금리 인상 효과로 유럽 경제는 하강했다.[31]

이런 와중에 뉴욕 증시에는 투기적 흐름이 이어졌다. 1929년 8월 8일, 뉴욕 연준은행은 금리를 5%에서 6%로 인상했다. 다음 날 다우지수는 15p 하락했지만 곧바로 상승했다. 금리 인상 효과는 없었다. 월가가 세계 자금을 끌어들인 결과 유럽 금융에는 진공이 발생했다. 1929년 여름에도 영국의 금은 계속 유출됐다. 7월 말에는 8억 달러 상당의 금 중 1억 달러의 금이 유출됐고, 8~9월에도 주로 미국으로 빠져나갔다. 프랑스은행은 다시 보유한 파운드를 금으로 태환했고, 1929년 중반에는 12억 달러의 금과 12억 달러의 외환을 확보했다. 이런 상황에서 노먼은 8월 말경 잉글랜드은행의 금 보유량이 최저점에 달하자, "앞으로 변화가 없으면 영국을 포함한 유럽 국가의 대부분이 금본위제를 버려야 할지 모른다"며 경고했다.

1929년 세계 대공황의 시작

버블이 길어질수록 붕괴도 피할 수 없었다. 1929년 9월 3일, 다우지수는 381p에 도달했다. 역사적 기록이었다. 그리고 이후 끝없는 하락세를 보이기 시작했다. 자동차 판매와 건축 경기도 하락세로 접어들었다. 미국에서 주식시장 붕괴는 은행위기와 밀접하게 관련된다. 콜론(call loan)을 제공하던 은행이 주식시장에서 자금을 회수하자 시장은 더 하락했던 것이다. 10월 중순부터 매도가 강화됐다. 주식시장이 하락하자 그동안 중개회사에 자금을 제공하던 일반 기업, 해외 기업, 소형 은행도 등을 돌렸다.

10월 24일, 소위 '검은 목요일'에 주식시장은 11% 폭락했다. 이후 20억 달러 이상의 자금이 이탈했다. 추가 하락 압력이 컸다. 일부에서는 주식시장을 일시적으로 폐쇄할 것을 제안하기도 했지만 이는 근본적인 해결책이 될 수 없었다. 대신 뉴욕의 은행들이 중개회사에 10억 달러 이상의 자금을 제공하도록 했다. 뉴욕 연준은행장 해리슨은 주식시장의 추가 붕괴를 방지하고 은행위기도 막고자 했다.

1929년의 산업 생산은 미국 30%, 독일 25%, 영국 20% 정도 각각 감소했다. 실업자는 미국 500만, 독일 450만, 영국 200만 명 정도가 발생했다. 전 세계적으로 물가가 하락했다. 투자자의 공포심리 때문에 안전을 지향하는 자금은 이미 다량의 금을 보유한 미국, 프랑스로 유입됐고 영국, 독일 등 금 보유액이 소량인 국가에서는 자금이 이탈했다. 문제는 자금 흐름의 붕괴였다. 1930년 초 잠깐의 시기를 제외하고 미국은 유럽에 투자하지 않았다. 신중해진 미국 은행들은 유럽에서는 신용 있는 차입자를 찾기 어렵다고 여긴 것이다. 미국 자금이 자국 내에 머물고, 유럽 상품에 대한 미국의 수요는 감소했다. 이는 미국의 침체된 경제와 1930년 6월에 도입된 스무트-홀리 관세법의 영향이었다. 유럽은 수입과 채무 상환을 금으로 해야 했다. 1930년에는 총 3억 달러 상당의 금이 미국으로 들어갔다.

국제 자금 흐름을 더 심각하게 왜곡한 것은 프랑스로 금이 유입된 일이었다. 1929~1930년에 프랑스 경제는 상대적으로 견조했고, 안전한 곳을 찾는 자금이 프랑스로 유입됐다. 1930년에만 총 5억 달러의 금이 프랑스로 흘러갔다. 전후 불신이 컸던 프랑스가 일약 세계의 금융피난처가 됐다. 1930년 말, 프랑스은행은 파운드와 달러 등 10억 달러의 외화와 함께 20억 달러 이상의 금을 보유했다. 이는 영국의 약 세 배 수준이었다.

그 결과 같은 해 말, 미국과 프랑스가 전 세계 화폐용 금의 60%를 보유했다. 문제는 두 나라 모두 이를 재순환하지 않았다는 사실이다. 1930년, 프랑스은행은 의도적으로 금의 유입에 따른 통화량 팽창을 제어하는 불태화정책을 펼쳤다. 인플레이션을 우려했기 때문이다. 5억 달러의 금이 유입되어도 통화량은 2억 5,000만 달러 미만 수준으로만 증가했다. 하지만 너무 많은 양의 금이 한쪽에 편재하면서 전 세계의 자금 흐름이 막혀버렸다.[32]

.

미국의 민간 은행인 미합중국은행(The Bank of United States)●은 뉴욕주에만 57개 지점을 두고, 예금자가 40만 명 이상에 달하는 대형 은행이었다. 이 은행은 경영 부실로 사실상 파산 상태였고 연준은 이 사태의 영향이 파급되는 것을 방지하기 위해 1931년에 은행을 폐쇄했다.

1920년대 미국에는 약 2만 5,000개의 은행이 있었는데, 그중 다수가 소규모 지역은행들이었다. 매년 대략 500개의 은행이 파산하곤 했는데, 1930년에만 첫 9개월 동안 경제 악화로 700개 은행이 무너졌다. 이미 미합중국은행의 위기가 발생하기 두 달 전에 중서부와 남부에서 가뭄이 발생하여 테네시의 투자은행인 콜드웰(Caldwell and Company)이 몰락했다. 이 은행은 남부 최대의 은행 체인을 운영하고 있었기에 이후 120개 은행이 연쇄적으로 문을 닫았다.

미합중국은행 파산 이후 예금자들은 은행에 대한 불신이 커졌다. 어느 은행이 건전한지 알 수 없었기에 무차별적으로 자금을 인출했다. 은행은 유동성 확보를 위해 인출된 현금의 서너 배에 달하는 대출을 회수했다. 대출이 회수되자 차입자들은 다른 은행에서 예금을 인출했다. 이 악순환으로 전체 은행 시스템에서 유동성이 급속히 줄었다. 1931년 중반, 은행의 신용 공급은 50억 달러나 감소했다.

연준도 사태의 심각성을 인식했다. 연준 이사회는 공격적인 정책을 주문했다. 하지만 그들은 정책을 실행할 권한이 없었다. 각 지역 연준은행은 행동에 나서기를 꺼렸다. 문제가 있는 대다수 은행, 특히 소규모 은행들은 연준 시스템에 가맹하지 않았다. 전체 은행 중 절반 정도만 연준에 속한 상태였다. 지역 연준은행은 비가맹은행에 책임을 질 이유가 없

● 과거에 있었던 제1차, 제2차 미합중국은행과는 전혀 무관하다.

다고 보았고 실제 문을 닫는 은행들은 지불 능력을 상실한 파산 상태였다. 영국의 저명 저널리스트 월터 배젓(Walter Bagehot)이 『롬바드 스트리트(*Lombard Street*)』에서 제시한 원칙을 보면, 건전은행에만 지원하는 게 옳았다.

연준은행들은 문제 은행들이 파산하게 두는 게 옳다고 보았다. 그러나 그들은 그런 사태가 결국 은행 시스템 전체에 대한 대중의 신뢰에 영향을 미친다는 사실을 간과했다. 그렇게 당시 전 세계 신용 공급이 고갈되기 시작했고, 각 국가의 중앙은행들은 해법을 전혀 찾지 못했다.

또다시 파산 직전에 몰린 독일

1929년 8월, 파리에서 영 플랜에 대한 서명을 마치자 독일에서는 영 플랜 이행을 거부하려는 움직임이 거세졌다. 12월, 샤흐트는 영 플랜의 최신 수정안을 공개적으로 비판했고 몇 주 후에는 독일 정부가 뉴욕에서 대출을 받으려는 시도를 방해하기도 했다. 평화로웠던 시절 과도한 지출과 해외 차입을 통제하지 못한 독일이 같은 실수를 되풀이하려 한다고 여긴 그는 독일 경제가 파산에 이를까 우려했다. 그리고 1930년 3월, 샤흐트는 제국은행장직을 그만뒀다. 그는 사회주의 세력이 중심이 된 정치연합이 독일을 금융 재난으로 이끌 것이라고 보았다. 그리고 피할 수 없는 대외 부채 위기로 재난이 촉발되리라고 예상했다.

그가 예상한 재난은 오스트리아에서 시작되었다. 크레디트-안슈탈트(Credit-Anstalt)은행은 오스트리아 역사상 가장 오래된 대형 은행이었다. 1931년 5월, 오스트리아 정부는 농산물 가격 하락으로 채권 회수가 어려워지면서 은행의 자본이 잠식되자 이를 구제했다. 이 소식을 들은 저축자들은 통화 평가절하나 외환 통제가 실시될 것을 염려해 은행 예금을 인출해 해외로 자금을 빼돌렸다. 며칠 사이에 이 은행뿐 아니라 오스트리아의 다른 은행에서도 대규모 예금이 빠져나갔다. 결국 이 사태는 외환위기로 발전했고, 오스트리아의 중앙은행은 1억 1,000만 달러의 금 보유량 중 4,000만 달러 상당을 잃었다.

오스트리아에 위기가 발생하자, 독일에서도 금이 유출되기 시작했다. 오스트리아 은행에 심각한 문제가 있다면 독일 은행도 그 뒤를 이을 것이라는 추측이 무성했다. 독일에서 자금이 이탈하자 배상금 지불을 정지할 것이라는 소문이 퍼졌다. 미국 금융계는 독일에 대해 10억 달러 상당의 단기 채권을 보유한 상황이었다. 만약 독일이 외환을 통제하면 미국 은행들의 지불 능력에 문제가 생길 가능성이 컸다. 독일 경제 상황이 악화되자 사회적 혼란도 심해졌다. 나치와 공산주의 세력이 날로 커졌다. 6월에만 독일 전체 금 보유량의 절반 이상인 약 3억 5,000만 달러 이상이 유출됐다. 이러한 은행위기는 중부유럽 국가들로 확산되었다.

독일의 국제수지는 자본 유입에 달려 있었다. 당시 약간의 흑자를 보이긴 했으나, 배상금 지급에 겨우 쓰일 뿐 대외 부채 상환에는 어려움이 있었다. 독일의 단기 해외 부채가 중앙은행 준비자산의 세 배인 상황에서 중앙은행의 행동 반경은 아주 좁았다. 제국은행은 대외준비자산 방어를 위해 신용 공급을 제한했고, 그 결과는 은행위기 발발로 이어졌다.

같은 해 6월, 독일 다나트은행(Danat Bank)이 채무 초과 상태가 되었다. 만약 제국은행이 이 은행을 구제하는 데 나선다면 의무적으로 보유해야 하는 최소한의 준비자산 이하로 금 보유량이 줄어들 것이었다. 그런 상황이 벌어질 경우 독일 통화위기를 촉발할 것은 불 보듯 뻔했다.

당시 독일의 GDP는 130억 달러로, 지불해야 할 배상금이 90억 달러, 해외 민간 채무가 60억 달러였고 이 중 35억 달러는 언제든지 빠져나갈 단기 채무였다. 금 보유량은 고작 2억 5,000만 달러 수준이었기에 많은 금을 가진 프랑스가 독일에 장기 대출을 해주는 것만이 유일한 희망이었다. 그런데 프랑스는 3억 달러 상당의 금을 지원하는 대가로 독일에 오스트리아와 추진 중에 있는 관세동맹과 전함 건조 포기, 금리 인상 등을 요구했다. 독일은 이를 거절했다.

그 시기, 미국의 허버트 후버 정부는 미국이 영국, 프랑스, 이탈리아 등으로부터 전쟁 부채의 1년분 원리금 2억 4,500만 달러를 포기하는 대신, 연합국도 독일로부터 배상금 3억 8,500만 달러 징수를 유예하는 플랜을 제시했다.

독일 주재 미국대사는 워싱턴 D.C.에 전문을 보냈다. 그 내용은 독일이 당장 3억 달러를 지원받지 못하면, 국가 파산을 선언하고 미국의 은행과 투자자들이 부담한 채무 30억 달러도 이행 거절을 통보할 것이라는 예측이었다. 당시 독일 은행들이 휴업하면서 내부 경제활동은 사실상 정지된 상태였다. 높은 실업난에도 불구하고 금리는 15%로 상승했다. 독일의 해외 단기 부채 상환은 중단됐고 엄격한 외환 통제가 실시됐다.

종전 후 위기에서 8년이 채 지나지 않았을 때 독일은 두 번째 경제적 위기를 맞은 것이다. 1931년 여름, 은행 시스템 붕괴로 독일 경제는 하강하기 시작해 이후 6개월간 전체 생산이 20% 더 감소했다. 1932년 초, 독일의 산업 생산은 1928년 대비 60% 수준으로 떨어졌고, 노동인구의 3분의 1에 해당하는 약 600만 명이 실업 상태에 놓였다. 독일에서 나치가 세력을 얻을 토양이 마련된 것이었다.[33]

영국, 금본위제에 작별을 고하다

세계 금융 시스템이 혼란에 빠지자 전 세계에 걸쳐 비즈니스를 하던 런던 금융계는 심한 타격을 받았다. 런던 금융계가 해오던 일은 프랑스에서 3%로 차입해 독일에 6%나 8%에 대출하는 것이었다. 그런데 오스트리아와 독일에서 은행 붕괴로 위기가 발생하자 잉글랜드은행은 지원에 나설 수밖에 없었다.

이 상황이 프랑스의 입장에서는 독일, 오스트리아, 영국 세 국가가 서로 얽혀 있는 것처럼 보였다. 두 나라가 이미 무너졌으니 영국도 붕괴될 가능성이 있다고 판단했다. 그래서 프랑스는 잉글랜드은행에서 예금을 인출했다. 그러나 영국의 문제는 재정 적자가 아니라, 더 이상 자금이나 자원도 없이 세계가 경제적으로 매우 위험한 상황에서 세계의 은행가로서 역할을 계속하려고 고집한 것이었다.

프랑스에서 시작된 예금 인출은 전 세계로 퍼졌고, 파운드로부터의 이탈이 한동안 지속됐다. 잉글랜드은행에서 매일 2,500만 달러의 금이 유출됐다. 대공황 위기가 시작된 이래 잉글랜드은행에서 10억 달러 상당의 금이 빠져나갔다. 영국이 더 이상 금본위제를 유지할 수 없다는 사실이 명백해졌다. 결국 1931년 9월 20일, 영국은 공식적으로 금본위제 정지를 선언했다.

이때 노먼은 캐나다 여행에서 돌아오던 중이었다. 당시 잉글랜드은행 직원이 노먼에게 보낸 전문은 "노부인이 월요일에 떠난다(The old lady goes off on Monday)"였다. 이를 본 노먼은 자신의 어머니가 월요일에 휴가를 떠난다는 말로 착각했다.[34] 그러나 이는 평소 노먼이 잉글랜드은행을 그의 '유일한 애인'이라고 비유했던 것을 이용한 표현이었다. 그에게 금본위제를 버린 잉글랜드은행의 상황은 마치 심장을 도려낸 것과 같았을 것이다.

영국의 금본위제 포기는 전 세계에 큰 충격을 주었다. 첫 반응은 경악이었다. 대부분 신문은 한 시대의 종말이라고 통탄했다. 은행, 특히 유럽 은행들은 영국의 금본위제 이탈은 매우 불명예스러운 일이며, 잉글랜드은행을 믿었던 많은 사람에게 피해를 입혔다고 지적했다. 발표 후 며칠이 지나지 않아 파운드는 외환시장에서 파운드당 4.86달러에서 3.75달러로 폭락하고, 12월에는 3.50달러 이하로 하락했다. 파운드의 가치 하락으로 피해를 입은 것은 아이러니하게도 파운드를 대규모로 보유했던 프랑스은행이었다. 거의 1억 2,500만 달러의 손해를 입었고, 이는 은행 자본금의 일곱 배에 달하는 규모였다.

이후 영국의 뒤를 이어 캐나다, 인도 등 25개국이 금본위제를 이탈했다. 그런데 캐나다를 제외한 영연방 소속 국가들과 포르투갈, 스칸디나비아제국, 일부 남미 국가들은 파운드에 자국 통화 환율을 고정했다. 이 국가들을 '스털링 블록(sterling block)'이라고 한다. 이후 영연방 내 국가들 사이에 긴밀한 경제 관계가 형성되었다.[35]

1932년에는 캐나다 오타와에서 일명 '오타와 회의'라 불리는 영연방 경제회의를 열었다. 이 회의에는 영국을 비롯해 캐나다, 오스트레일리아, 뉴질랜드, 아일랜드, 인도, 남아프리카 등 영연방 소속 자치령들이 참여했다. 여기서 모든 영국 식민지와 자치령은 파운드에 대해 고정환율을 유지하고, 영제국특혜제도를 도입했다. 영연방 소속 국가들 사이에 관세를 인하하거나 철폐하고, 영연방이 아닌 외국으로부터 수입되는 상품에 대해선 200%의 높은 관세를 부과하기로 한 것이다. 자유무역을 거부하고 영국을 중심으로 한 배타적인 블록 경제를 형성한 것이었다.

이것이 당시 세계적인 경제 대공황에 맞선 영국의 대응이었다.

스털링 블록은 파운드의 국제통화 지위 회복에도 결정적 영향을 끼쳤다. 1931년 전 세계 외환 보유액을 보면 파운드가 50%, 달러가 40%로 파운드가 달러를 앞섰다. 이는 스털링 블록이라는 제국의 유산 덕분이었다.[36]

결과적으로 금본위제 이탈은 영국에는 축복이었다. 30% 정도의 파운드 가치 하락이 일어나면서 1931년 후반에서 1932년 사이 불어닥친 세계 대공황의 한파에도 영국 경제는 비교적 잘 버텼다. 1932년, 세계 물가는 10% 하락했지만 영국 물가는 도리어 조금 상승했다. 파운드를 금에 고정시킬 필요가 없어지자 영국은 금리를 2% 인하했다. 디플레이션이 끝나고 저금리와 파운드의 절하 등으로 영국 경제는 경쟁력을 갖추게 됐고, 그 결과 불황에서 가장 먼저 벗어난 최초의 대국이 됐다.

금이라는 족쇄와 무능한 연준

영국이 금본위제를 이탈한 후 금융위기는 미국으로 확산됐다. 대부분 유럽 중앙은행들은 이후 5주 동안 미국도 달러 평가절하를 할 것을 우려해 7억 5,000만 달러를 금으로 태환했다. 금 유출 사태는 특히 미국 은행 시스템 위기가 한참 진행 중인 시점에 이뤄졌다. 뉴욕 연준은행에서는 금리를 올려 달러를 방어했다. 달러는 안정됐지만 은행 시스템은 불안해졌다. 시카고에서 봄부터 시작된 은행 파산은 9월이 되자 오하이오, 피츠버그, 필라델피아로 확산됐다. 영국의 금본위제 이탈 후 1개월 만에 522개의 미국 은행이 도산하고, 그해 말에는 총 2,294개의 은행이 무너졌다. 미국의 은행 10개 중 1개가 문을 닫은 셈이었다.[37] 금융 위기 시에 금리를 올린 것이 이러한 부정적 효과를 낳았다.[38]

은행 파산이 이어지자 현금 비축 현상이 심해졌다. 5억 달러의 현금이 은행에서 인출돼 대부분 개인 금고 등에 보관됐다. 1931년 초, 연준은 47억 달러의 금을 보유했다. 그런데 기술적 이유로 금 보유량이 부족해졌다. 규정상 연준은 100달러 은행권에 대해 최소 40달러의 금으로 뒷받침해야 했다. 나머지 60달러는 상업 거래를 기초로 한 우량 어음이 적격 자산으로 인정돼 보유할 수 있었다. 그러나 양질의 상업어음은 희소했다.

연준은 화폐 발행을 위해 금에 의존할 수밖에 없었다. 그 무렵 미국은 20억 달러의 금을 보유하고 있었는데도 금 보유량을 유지하려고 안간힘을 썼다. 경제 상황과 무관한 시대착오적 규정 때문에 불필요한 금에 집착하느라 통화량을 늘릴 수 없었다. 당시 연준은 은행권 발행을 뒷받침할 적격 자산으로 국채를 사용할 생각은 못 했다. 금본위제의 족쇄였다.

10월 초, 미국 중서부에서 은행 예금 인출 사태가 확산되고 수많은 사업체가 문을 닫았다. 공황으로 물가가 하락하자 은행 차입자들은 채무 상환이 더 어려워졌다. 담보 가치 하락으로 만기 연장도 어려웠다. 소기업은 운전자본 확보도 어려웠다. 새로운 사업 기회가 있어도 자금 조달이 힘들었다.

이런 상황에서 연준은 금리를 1.5%에서 3.5%로 인상했다. 물가가 연 7% 하락하는 가운데 이뤄진 금리 인상이었기에 실질 금리는 연 10% 이상이었다. 금의 유출을 막기 위한 연준의 이러한 조치는 오히려 경제 악화를 부채질했다. 은행들은 보유한 자산을 연준은행에 담보로 제공하고 차입할 수 없어서 파산해야 했다. 예금 인출이 이어지자, 은행들은 기존 대출을 회수하고 자산을 헐값에 팔았고 결국 지불 능력을 상실했다.

연준의 요청으로 대형 은행들이 총 1억 달러의 자금을 조성해 파산 위기의 은행들을 구제에 나섰으나, 그 이상의 구제는 없었다. 예금 인출 사태, 통화 비축의 급증, 금리 상승으로 이미 취약했던 미국 경제는 한순간에 대규모 신용경색으로 얼어붙었다. 1931년 9월~1932년 6월에 미국의 은행 신용 공급은 총 430억 달러에서 360억 달러로 20% 정도 감소했다. 기존 대출이 회수되자 작은 기업들은 망했다. 은행들이 손해를 부담하면서 자본금이 줄어들자, 예금자들은 불안함을 느끼고 또 예금을 인출했다. 이는 은행의 추가 대출 회수로 이어졌다. 예금자와 은행은 개별적으로는 이익을 보호하기 위해 이성적으로 행동했지만, 결과적으로 경제는 무너졌다.

추가로 물가 하락이 일어날 것을 우려한 소비자와 사업체는 소비와 투자를 더 줄였다. 그러자 모든 경제지표가 악화되었다. 1932년은 미국 역사상 최악의 불황이었다. 1931년 9월~1932년 6월에 미국은 생산 25%, 투자 50%가 감소했고, 물가는 추가로 10% 더 하락했다. 실업자 수는 1,000만 명 이상이었는데 이는 전체 노동인구의 20% 이상에 해당했다. 앞서 언급한 1929년 9월 3일 다우지수 381p가 1932년 7월 8일에는 41p로 대폭 하락했다. 버블이 최초로 꺼진 후 2년 반 동안 거의 90%가 하락한 것이다.[39]

미국 정부는 1932년에 재건금융공사(Reconstruction Finance Corporation, RFC)를 설립해 총 15억 달러의 공적자금을 은행 시스템에 투입했다. 그리고 그해 2월, 의회는 뒤늦게 법을 개정하여 국채가 통화 발행의 기초자산이 되도록 했다. 금 부족으로 생긴 문제를 해결하려고 했던 것이다. 미국 연준은 공개시장 운영을 통해 10억 달러를 은행에 투입했다. 하지만 조치를 취하는 시기가 너무 늦었다. 좀 더 일찍 조치가 이루어졌다면 역사는 바뀌었을 것이다. 지난 2년간의 충격으로 은행들은 투입된 자금을 대출보다는 준비자산 확보에 사용했다. 결국 전체 은행 신용 공급은 계속해서 연 20%씩 감소했고, 은행에 대한 불신은 더욱 커졌다.

사실 연준 시스템은 스트롱이 사망한 후 거의 1년간 내부 갈등으로 인해 제대로 기능하지 못했다. 연준 이사회와 뉴욕 연준은행이 통화정책을 놓고 대립하는 바람에 1929년이라는 중요한 1년을 헛되이 보내버린 것이다. 연준은 금리를 인상하고 통화량과 신용 공급을 축소하는 디플레이션 정책을 실시했는데, 이것이 대공황의 원인 중 하나였다. 1929~1932년에 미국 내 통화량은 사실상 25% 감소했고 이는 대공황의 악순환을 더 증폭시켰다. 스트롱이 1년만 더 살았더라도 이런 사태는 막을 수 있었을 거라고 보는 견해가 많았다.[40] 예일대학의 경제학자 어빙 피셔(Irving Fisher) 역시 1934년 의회 증언에서 "만약 스트롱이 살아 있었다면 사정이 달랐을 것"이라고 증언했다.

구원투수 루스벨트, 뉴딜정책을 실시하다

1932년 대선은 공황이 이슈였다. 민주당 후보 프랭클린 루스벨트는 경제 회복을 위해 적극적인 정책을 제시했다. 이는 후버와 대조적이었다. 루스벨트가 2,280만 표를 획득하여 1,570만 표에 그친 후버를 압도적으로 이겼다. 그가 후버를 이긴 것에는 악화된 경제 상황이 큰 영향을 미쳤다. 후버 정부는 금본위제 유지를 위해 확장적 정책을 배제했다.[41]

루스벨트가 취임하기 전에도 은행 파산은 계속 이어졌다. 이번 파산은 서부에서 시작됐는데, 포드자동차 계열사인 디트로이트가디언신탁회사(Guardian Trust Company of Detroit)에서 발생한 예금 인출 사태가 전국적 위기로 번졌다. 미시간주를 비롯해 많은 주에서 은행 휴업 선언이 연달아 일어났다. 그사이 전국에 총 통화량의 3분의 1가량인 약 20억 달러가 은행에서 인출됐다.

미국의 은행위기가 심화되자, 해외에서는 달러를 기피했다. 루스벨트가 금본위제를 버릴 것이라는 우려가 더해져 달러를 회피하는 분위기가 더 심해졌다. 미국에 대한 불신이 커지자 뉴욕 연준은행마저 풍랑에 휩싸였다. 1933년 2월 마지막 2주간에 뉴욕 연준은행은 보유량의 거의 4분의 1에 해당하는 2억 5,000만 달러 상당의 금을 상실했다. 이후 3월 3일 하루에만 총 3억 5,000만 달러의 금이 유출됐다. 의무적으로 요구되는 준비자산 금 보유량에서 2억 5,000만 달러가 부족해진 뉴욕 연준은행은 시카고 연준은행에서 금을 빌리고자 했지만 거절당했다. 이로써 연준 시스템마저 무너질 위기에 처했다.

취임 첫날 루스벨트가 취한 첫 조치는 전국 은행의 임시 휴업을 선포한 것이었다. 동시에 금의 수출과 비축을 금지했다. 미국 시민들은 이에 협력했다. 루스벨트 플랜은 후버의 임기 말에 준비된 안과 대동소이했다. 법을 개정해 연준이 금이 아니라 은행 자산에 근거해 화폐를 추가로 발행할 수 있도록 허용했다. 또 연방정부에 은행을 지원하도록 각 지역 연준을 상대로 지시할 권한을 부여했다. 또 연준이 은행들을 구제하는 과정에서 입은 손해에 대해서는 재무부가 이를 면책하도록 했다. 이런 조치들로 연준은 비로소 은행 시스템의 최종 대부자가 되었다.

3월 13일 월요일, 은행들은 영업을 재개했다. 시민들은 예금을 인출하는 대신 더 늘렸다. 루스벨트의 리더십에 대한 국민들의 신뢰가 결정적으로 작용했다. 그렇게 3월 말까지 3분의 2에 해당하는 은행이 다시 문을 열었다. 루스벨트는 여러 개혁 조치를 내놓았다. 35억 달러 상당의 공공 근로 프로그램을 시행하고, 글래스-스티걸법*을 제정해 상업은행과 투자은행을 분리했으며, 최대 2,500달러까지 예금을 보호했다.

은행 시스템이 안정되자 루스벨트의 참모들은 전통적 수단, 즉 신용 확대와 공개시장 운영 등을 통해 경제를 운영할 수 있다고 생각하며 정책을 구상하기 시작했다. 누구도 금본위제 포기를 생각하지 않았다. 그러나 루스벨트의 생각은 달랐다. 그가 보기에 대공황은 물가 하락과 연관됐기 때문에 물가가 상승할 때만 회복할 수 있었다. 이 단순한 논리는 주류 경제학에서 검증을 거친 이론이 아니었다. 루스벨트는 직관적으로 디플레이션을 끝내야 한다고 확신했다.

농업경제 전문가 조지 워런(George Warren)은 상품 가격 변화가 세계의 금 수급과 밀접한 관련이 있다는 사실을 밝힌 학자였다. 그가 루스벨트의 마음을 사로잡았다. 그의 연구 성과는 『금과 물가(*Gold and Prices*)』에 상세히 설명됐는데, 금본위제하에서 은행의 신용 공급과 금 보유량은 직접적인 관련이 있어서 금이 풍부할 때 신용 공급도 풍족해지고 가격도 상승한다는 것이 그의 견해였다. 하지만 이런 주장은 매우 논쟁적이었다. 상품 가격이 금 부족으로 하락한다면 가격을 올리는 방법은 금의 상대적 가격을 올리는 것, 즉 달러를 평가절하해야 한다는 말이었다. 달러 평가절하는 루스벨트의 경제 참모들에겐 금기나 마찬가지였다. 당시 미국은 다량의 금을 보유하고 있었으므로 굳이 달러 가치를 조작할 이유가 전혀 없었던 것이다. 이는 오히려 미국 정부에 대한 신뢰를 위협하

● 공식 명칭은 '1933년 은행법(Banking Act of 1933)'이다.

고, 경제 회복을 저해할 것이라는 게 그들의 견해였다.

루스벨트는 달러 가치를 금에 대해 50%까지 절하할 권한과 금의 뒷받침 없이도 불환지폐를 30억 달러까지 발행할 수 있는 대통령의 권한을 근거로 달러 평가절하를 결행했다.[42] 즉, 금본위제 이탈이었다. 이 소식을 접한 루스벨트의 참모 중 한 명인 루이스 더글러스(Lewis Douglas)는 "서양 문명의 종말"이라며 통탄했다. 사람들 대부분이 세계 최대 금 보유국에서 왜 평가절하를 해야 하는지 이해하지 못했다. 특히 은행가들은 정부의 자의성을 제어할 장치가 하나 사라졌다며 분노했다. 노먼은 미국의 금본위제 이탈이 세계 경제의 리더 자리를 포기한 것이라고 진단했으며, 달러 평가절하로 전면적인 화폐전쟁이 시작될지 모른다고 염려했다.

케인스는 루스벨트의 결정을 칭찬한 몇 안 되는 경제학자였다. 미국이 금의 속박에서 벗어나자 캐나다와 아르헨티나 등이 뒤따랐다. 미국과 경제적 관계가 깊은 '작은 달러 블록'이 형성됐다.

루스벨트의 결정으로 달러는 평가절하됐지만 경제는 호전됐다. 은행에 대한 신뢰가 회복되고 정부의 물가 상승에 대한 의지가 뚜렷하자 디플레이션 심리는 사라졌다. 이후 3개월간 도매 물가는 45% 올랐고, 주가는 두 배 상승했다. 물가가 오르자 실질금리가 낮아지고, 제조업도 활기를 되찾았다. 전체적인 산업 생산은 50% 증가했다. 1933년 여름, 런던에서 열린 세계경제회의에 참석한 대표단에게 루스벨트는 통화 안정보다 미국의 경제 회복에 주력하라고 지시했다. 그는 국제적 변수가 미국 경제의 회복에 방해가 되는 일을 받아들이지 않겠다고 분명히 밝혔다. 달러 평가절하는 경제 회복의 핵심적 수단이었다.

그런데 10월이 되자 달러가 30% 이상 하락했는데도 상품 가격이 다시 떨어지고 경기도 정체되었다. 이에 루스벨트는 새로운 방법을 시도했다. 시장에서 금을 직접 매입하는 방식으로 달러를 다시 하락시키려한 것이다. 10월 23일부터 금을 직접 매입하기 시작했고, 매일 아침 9시에 재무부 장관 헨리 모건소(Henry Morgenthau), 재건금융공사 대표 제시 존스(Jesse Jones), 조지 워런 등과 함께 그날그날의 금값을 결정했다. 첫날은 온스당 31.36달러에서 시작해 다음 날은 31.53달러, 그다음 날은 31.76달러, 31.82달러…… 이런 식으로 순차적으로 가격을 인상했다.

가격 결정의 근거는 없었다. 전날보다 조금씩 올리면 그만이었다. 어느 날, 루스벨트는 21센트 인상을 제안했다. 21이 3과 7을 곱해서 나오는 수이니 행운의 숫자라는 이유였다.[43] 그해 연말, 루스벨트는 이 게임에 흥미를 잃었다. 그리고 1934년 1월에 그는 금 가격을 온스당 35달러로 고정하도록 지시했다. 결과적으로 달러는 40% 이상 절하되었다.

예상과 달리, 달러 평가절하는 경제의 흐름을 바꿨다. 달러 하락으로 물가는 대략 연간 10% 상승했고, 물가가 오르자 실질금리는 감소해 기업들이 적극적으로 차입하고 소비자들은 지갑을 열었다. 선순환이 이뤄진 것이다. 루스벨트 첫 번째 임기 동안 미국의 산업 생산은 두 배 늘어나고, GDP는 40% 증가했다. 그럼에도 고용 사정은 빠르게 호전되지 않았다. 1933년 이후 4년간 연준의 금 보유액은 거의 세 배가 증가해 120억 달러 수준이 됐다. 기존 금값이 오른 데다 약 10억 달러 이상의 새로운 금이 유입됐기 때문이었다. 이는 금값의 상승으로 금광업계가 적극적으로 채굴에 나선 결과였다.

연준은 풍부한 자금을 저금리로 제공하며 경제 회복에 기여했지만 대공황기에 상실한 권위를 회복하기는 어려웠다. 1935년 의회는 연준을 개혁하는 은행법을 통과시켰다. 이제 주요 결정 권한은 연준 이사회로 집중됐다. 지역 연준은행은 많은 권한을 상실했고, 공개시장은 12명으로 구성된 새 위원회에서 운영했다. 일곱 명의 이사와 지역 연준은행장● 중 다섯 명이 번갈아 위원이 되며, 재무부 장관과 통화감독청장은 당연직 이사에서 빠졌다. 표면상으로는 행정부로부터 독립성이 강화됐다. 1934년에 매리너 에클스가 연준 이사회의 새 의장으로 임명됐다.

루스벨트가 공황을 극복하기 위해 실시한 정책을 '뉴딜정책'이라고 한다. 이는 경제적 난국을 벗어나기 위한 정책 기조의 혁신이라고 할 수 있다. 그는 자유방임주의의 한계를 비판하면서 정부의 직접적 시장 개입과 통제를 제창했다. 뉴딜정책의 핵심은 경제 질서의 개혁, 경제적 약자에 대한 배려, 그리고 경제 부흥을 위한 정책 등이다. 루스벨트는 새로운 사업을 국가가 직접 시행하여 공공사업 등을 추진하고, 문제 산업이었던 은행 등 금융 부문과 농업 부문에서는 구조적 변화를 도모했다.

미국, 영국, 프랑스의 3국협정

프랑스는 주요 국가 중 금본위제를 마지막까지 고수한 국가다. 1931년, 파운드의 금본위제 이탈로 큰 타격을 입은 데다 달러 평가절하로 프랑스의 경제 상황은 더 악화됐다. 프랑스는 스스로 주요 대국 중 가장 고비용의 국가로 남게 되리라고는 전혀 예상하지 못했다.

프랑스는 1936년 사회주의 정부 인민전선(Popular Front)이 정권을 잡은 후에야 금본위제를 포기했고 같은 해 9월 미국, 영국, 프랑스 간 3국협정이 체결됐다. 그 내용은 통화전쟁을 종식하고 미국과 영국이 프랑화 30% 절하를 용인한다는 것이었다. 각국은 외국환평형기금을 이용해 환율을 안정시키기로 합의했다. 3국협정과 함께 미국이 영국, 프랑스에 다시금 금을 매각하기로 하면서 세계 경제는 다소 안정을 회복했다.

그해 11월, 벨기에, 네덜란드, 스위스도 협정에 합류했다. 그러나 무역과 자본 이동은

● 이때 명칭이 '프레지던트(president)'로 변경된다.

늘지 않았다. 주요 세 국가 모두 국내 경기 회복에만 주력했기 때문이다. 이듬해 프랑스는 프랑을 재차 절하하고 이후 파운드에 고정했다. 파운드는 제2차 세계대전 전까지는 관리 통화로서 파운드당 4.03달러 수준의 환율을 유지했다.

나치의 경제 정책

1931년 여름, 위기를 맞은 독일은 배상금 지불을 이행하지 않고 외환 통제를 실시했다. 공식적으로 독일은 금본위제를 포기하지 않았다. 여전히 하이퍼인플레이션의 악몽을 잊지 못했기 때문이다. 실제로는 금 보유량이 거의 없는데도 독일은 마치 금본위제를 유지하는 것처럼 행동했다. 평가절하 이익을 포기했던 것이다.

그런 상황에서 영국이 파운드를 절하하자 독일의 대외 무역은 무너졌고, 1932년 5월 하인리히 브뤼닝(Heinrich Brüning)이 총리직에서 물러났다. 다음 달 프랑스와 영국은 더 이상 독일로부터 돈을 쥐어짜내는 일이 불가능하다고 보고, 공식적으로 모든 배상금 채무 이행을 유예해 주었다. 최초로 배상금을 부과한 후 14년간 실제로 수령한 금액은 40억 달러였다.

1933년 1월, 아돌프 히틀러가 총리가 되고 두 달 후인 3월 16일에 샤흐트가 제국은행장으로 복귀했다. 취임 후 그는 독일경제신계획을 발표했다. 이때 군비 확대를 위한 새로운 어음이 도입되었다. '메포 어음'이라는 것이었는데, 이는 1933년 8월 15일에 설립된 야금연구유한책임회사(Metallurgische Forschungsgesellschaft m.b.H.), 줄여서 '메포(MEFO)'로 불리던 곳에서 발행한 어음이었다. 메포는 국방부로부터 수주한 기업이 발행한 어음의 인수인이 됐다.

독일 제국은행은 이 어음의 할인을 보장했는데, 결국 독일 정부가 지급 의무를 지는 것이었다. 지급 보증을 위한 별도의 재원은 마련되지 않았다. 메포 어음을 받은 기업은 대부분 만기 전에 민간 은행이나 제국은행에서 현금화했다. 그래서 메포 어음의 대부분은 금융시장으로 흘러갔지만, 은행에 유리한 투자상품이었기에 환영받았다. 1938년에는 메포 어음의 발행 총액이 120억 마르크에 이르렀다. 당시 국채 규모가 190억 마르크였으므로 엄청난 금액이었다.[44]

비밀리에 재무장하는 것은 베르사유평화조약의 위반 사항이었지만 나치 정권은 더 이상 이 조약을 신경 쓰지 않았다. 훗날 샤흐트는 외환위기를 초래하지 않으면서 전쟁을 일으키지 않을 정도로 군비를 확대하는 것을 전제로 이 어음을 고안했다고 말했다.

샤흐트는 또 나치가 공약한 실업문제 해결을 위해서 학교, 병원, 도로 건설 등 대규모 공공 근로 프로그램을 실행했다. 자금은 중앙은행에서 차입했다. 나중에 '케인스 경제학'으로 알려진 실험, 즉 정부의 재정 지출 주도로 경제성장을 시도한 것이었다. 그 결과, 실업자 수는 1932년 말 600만 명에서 4년 후 150만 명으로 감소했고, 같은 기간에 산업 생산은 두 배 증가했다. 하지만 생산 증가의 대부분은 군수 관련 산업, 자동차, 화학, 철강, 항공 등이었고 일상 소비재 분야는 여전히 정체됐다. 샤흐트는 독일의 외채도 다시 조정해 줬었다.

다른 유럽 국가들이 금에 대해 자국 통화를 절하했지만 샤흐트는 인플레이션에 대한 두려움과 위신 때문에 절하를 거부했다. 독일 상품은 세계시장에서 비싼 편이었기에 수출이 힘들었다. 대외 무역과 관련해서 샤흐트는 인접국과 쌍무협정을 체결했다. 즉, 일정 금액을 독일이 수입하면 동일한 금액만큼 상대국에 수출하는 방식이었다. 수입에 대한 지불은 상대 국가의 중앙은행이 제국은행에 개설한 계좌에 입금하되 인출은 봉쇄됐다. 이는 독일이 수출할 때 지불수단으로만 이용하기로 합의했던 것이다. 실제로는 바터무역(barter trade)이었다. 이런 샤흐트 시스템하에서 독일은 동유럽과 발칸반도 중심의 폐쇄 경제로 이전했다. 하지만 1937년 샤흐트는 경제부 장관 자리에서 쫓겨나고, 2년 후 제국은행장 자리에서도 물러난다. 날로 늘어나는 재정 적자에 대한 지원을 중앙은행이 거부한 탓이었다.

미국, 세계 은행가로 부상하다

1930년대 후반, 국제 거래는 감소하고 정치가 경제를 압도했지만 달러가 파운드와 더불어 국제통화가 됐다. 뉴욕은 국제금융의 중심이라는 지위를 놓고 런던에 도전했다. 1916년 달러는 지불수단으로서는 파운드를 크게 넘어섰고, 미국의 수출뿐 아니라 제3국 간 무역에서도 사용 비중이 빠르게 높아졌다. 1919년에 이르자 달러 표시 인수 어음은 총 10억 달러에 도달했다. 이는 전쟁 전 런던과 같은 수준이었다. 뉴욕의 어음재할인시장은 런던시장을 크게 잠식했다. 상대적으로 차입자들에게 저리의 신용을 제공한 덕이었다. 그리고 안정적 가치 저장 수단을 찾는 외국인들에게 믿을 만한 투자 기회를 제공했다.

달러는 제1차 세계대전을 통해 아주 짧은 시간에 국제통화로 부상했다. 1920년대 국제무역과 국제 금융시장에서 달러는 한때 파운드를 제치고 최대의 기축통화가 됐다. 요컨대 미국은 새로운 '세계의 은행가'로

부상했던 것이다.[45]

1930년대에 들어서면서 세계 경제위기로 무역과 금융이 축소되자 달러의 비중도 낮아졌지만 이미 세계 최강의 경제대국으로 자리 잡은 미국은 거기서 멈추지 않았다. 달러가 진정한 패권 통화로 등극하기 위해서는 또 한 번의 전쟁이 필요했다.

9장

제2차 세계대전 이후
국제금융의 중심에 서다

제2차 세계대전을 거치면서 달러는 기축통화로 확고히 자리 잡는다. 전후 세계의 경제 질서를 새롭게 구축하기 위한 브레턴우즈 회의에서는 달러 중심의 체제를 확립하려는 미국과 이를 견제하려는 영국의 대결이 펼쳐졌다.

당시 영국 측 대표는 케인스였는데, 그는 국제적 중앙은행 격인 국제청산동맹과 국제화폐인 방코르를 핵심으로 한 새로운 국제금융 질서 구축을 제안했다. 하지만 국제적 위상이 더 강해진 미국 측의 치밀한 노력으로 인해 케인스의 구상은 좌절되고 미국 측이 제안한 IMF가 설립된다. 또 전후 재건을 지원하기 위해 국제부흥개발은행이 설립된다. 무엇보다 큰 변화는 달러가 금과 같은 반열에 올라 기축통화가 됐다는 점이다.

한편, 전후 폐허가 된 유럽 재건에 필요한 자금을 제공하기에는 새롭게 탄생한 국제기구들의 역량이 턱없이 부족했다. 결국 미국 정부가 직접 나섰다. 마셜 플랜을 통해 대규모로 지원한 것이다. 또 유럽은 유럽결제동맹을 만들고 미국에 대한 수출도 늘려 달러 부족으로부터 벗어난다. 이와 더불어 미국 기업들의 유럽 진출이 가속화된다.

전후 패권의 방향을 가를 브레턴우즈 회의

1944년 7월 1일, 미국 동북부 뉴햄프셔주 브레턴우즈에 있는 마운트 워싱턴 호텔에 사람들이 몰려들었다. 2년 동안 문을 닫았던 호텔에서 국제회의가 열린 것이다. 워싱턴 D.C.의 정치적 잡음이나 압력을 피하기 위해, 또 심장 질환이 있어서 더운 곳은 피하고 싶다는 영국 측 대표 케인스의 요청에 응하기 위해 미국 측이 준비한 장소였다. 회의 준비는 한 달 만에 신속하게 이뤄졌다.

회의가 열리기 한 달 전인 6월 6일에 연합국이 노르망디상륙작전을 개시했다. 동부 전선에서는 소련군이 6월 22일 벨라루스 일대의 나치 중부집단군을 상대로 대반격을 시작했다. 바그라티온작전이다. 그리고 며칠 후 연합국은 브레턴우즈에서 전후 국제 경제 질서를 논의하는 회의를 열었던 것이다. 제1차 세계대전이 끝나고 열린 파리평화회의 이후 가장 중요한 회의였다.

총 44개국에서 당초 예상의 세 배인 700여 명의 대표들이 모였다. 미국 대표단이 44명으로 최대 규모였고 당연히 미국이 회의사무국을 조직해 운영했다. 미국의 요청으로 각국의 대표가 온갖 어려움을 무릅쓰고 모였다는 것 자체가 초강대국으로서 미국의 위상과 힘을 보여준 것이었다. 회의 기간은 7월 1~21일로 예정됐다. 미국 입장에서 이 회의는 루스벨트 대통령이 4선에 도전하는 데 '쓸모 있는 꽃'이 되어야 했다.

케인스는 세계적 미디어 스타였기에 미국 여론은 브레턴우즈 회의가 그의 주도로 진행될 것을 우려했다.《시카고 트리뷴》은 그의 사진을 싣고 "미국을 지배하는 영국인"이라는 설명을 붙였으며,《월스트리트저널》은 이 회의의 실질적 목적은 영국의 구제라고 평했다.[1] 미국의 많은 의원들이 브레턴우즈 회의가 미국의 금을 노리는 영국의 묘책이라고 믿었다. 실제로 미국 재무부 장관 모건소가 미국 대표단장과 회의 의장을 겸했지만 케인스의 명망에 가려졌다. 또 미국 협상단의 실질적 주역인 해리 덱스터 화이트(Harry Dexter White)도 주목받지 못했다.

1933년에 로렌스대학의 경제학 교수가 된 화이트는 진보적 성향이어서 루스벨트 정부에 참여하고 싶어 했다. 시카고대학 경제학 교수 제이콥 바이너(Jacob Viner)의 소개로 모건소의 자문팀에 합류하고 그의 핵심 참모가 된 화이트는 꼼꼼한 성격이었지만 성질이 급하고 야심이 강했다. 특히 여러 경제 문제의 세부적인 부분을 명료하고 상세히 설명하는 데 뛰어났으며 경제 원리와 국제 정치 상황을 연결해 사고하는 능력도 있었다. 그의 경제학적 관점은 케인스와 유사했으며 국가 경제에서 정부의 적극적 역할을 중시했다. 1938년 3월 화이트는 통화조사국장직을 맡았고, 1941년 12월부터 국제 업무를 담당했다. 이후 모건소가 "국제 경제의 뉴딜"이라고 명명한 계획을 입안했다.

브레턴우즈 회의는 제2차 세계대전 후 세계 통화·금융 및 경제 질서를 새롭게 규정한 중대한 회의였다. 이 회의가 열리기 전까지 미국과 영국은 세계 경제 및 금융 패권을 놓고 소리 없는 전쟁을 벌여왔다. 따라서 그 전쟁의 최종 승부처가 된 브레턴우즈 회의의 과정을 아는 것은 제2차 세계대전 후 패권 흐름의 변화를 이해하는 데 꼭 필요하다.

무기대여법을 둘러싼 영미의 긴장

제2차 세계대전이 일어난 당시의 상황부터 살펴보자. 1939년 9월 1일, 나치가 폴란드를 침공했다. 이어 1940년 5월 10일에는 벨기에, 네덜란드, 룩셈부르크, 프랑스를 공격했다.

그 무렵 영국에서는 처칠이 네빌 체임벌린에 이어 신임 수상으로 취임했다. 케인스는 1941년 1월에 재무부 장관 경제 자문관을 맡고 10월에는 잉글랜드은행 이사가 됐다. 전쟁 초기부터 케인스는 미국과의 협력이 영국의 전쟁 수행에 필수적이라고 느꼈다. 제2차 세계대전 발발 이전 영국의 준비자산은 약 45억 달러였다. 전쟁 개시 후 달러와 금은 빠르게 고갈됐다. 영국은 현금 구매 방식으로는 고작 5개월치의 전비밖에 조달할 수 없었다. 영국의 생존은 미국의 원조에 달려 있었다. 당시 미국 재무부는 영국의 적자가 다음 해 6월경 20억 달러에 이를 것으로 전망했다.

케인스는 영국 재무부의 대외 전략 수립에 깊이 관여했다. 그는 미국이 원조 대가로 정치적, 경제적 요구를 할 것으로 보았다. 미국의 위성국으로 전락하지 않기 위해서는 영국에 충분한 자산을 남기는 일이 가장 중요했다. 다시는 전쟁 채무 불이행이라는 불명예를 안아서는 안 되고, 영국의 시장을 미국에 뺏겨서도 안 됐다. 당시의 위기로 미국이 영국의 두 눈을 뺄 기회를 제공해서는 안 된다는 게 케인스의 신념이었다.

1940년 6월 10일, 이탈리아의 무솔리니가 프랑스를 침공하자 위기 의식이 더 높아진 루스벨트는 의회의 승인을 얻지 않고 영국을 주축으로 한 연합국을 지원하는 방안을 마련하도록 지시했다. 그해 12월에 처칠은 루스벨트에게 편지를 보내 지원을 요청했다. 당시 화이트는 영국이 미국에 요청한 최소 50억 달러 규모의 지원은 영국의 상환 능력 밖이라고 추정했다.

한편, 미국은 1935년에 중립법을 제정해 전쟁을 치르는 외국에 무기, 탄약 등의 수출을 금지하고 있었다. 게다가 제1차 세계대전 중 영국 등 연합국에 빌려준 돈도 제대로 돌려받지 못한 기억이 아직 생생했다. 지원금을 제공하는 것은 무리라고 판단한 미국 정부는 무기 등 전쟁 물자를 연합국에 일시적으로 빌려주는 내용의 정책을 준비했다. 루스벨트는 이 정책을 옆집에 불이 났을 때 호스를 빌려주는 일에 비유했다. 마련된 법안의 명칭도 무기대여법이었다. 이 법안을 부정적으로 봤던 반대파는 미국을 파산시키고 국익과는 무관한 분쟁에 말려들게 한다며 목소리를 높였다.

고심 끝에 미국 의회는 결국 무기대여법에 따라 지원이 이뤄지더라도 동종의 물품 혹은 대통령이 만족할 만하다고 인정하는 다른 대가로 반환하게 했다. 루스벨트가 말한 '호스'는 무상 지원품이 아니라 가격표가 붙은 대여품이었을 뿐이었다. 이 법안은 1941년 2월 8일에 260 대 165로 하원을 통과했고, 3월 11일에는 상원에서 60 대 31로 통과했다. 미국은 마침내 고립주의로부터 벗어났다. 그렇게 1945년 9월 전쟁 종료 시까지 총 501억 달러 상당의 물자가 지원됐고, 그중 314억 달러가 영국에, 113억 달러가 소련에 각각 제공됐다. 이 법안의 통과로 영국은 크게 안도했다. 처칠은 무기대여법을 가리켜 "역사상 가장 천하지 않은 법률"이라고 격찬했지만, 그도 미국에서 마지못해 지원한 것임을 잘 알고 있었다. 그러나 당시로서는 전후에 얼마나 값비싼 대가를 치러야 할지 확실히 알 수 없었다.

모건소, 화이트, 국무부 장관 코델 헐(Cordell Hull) 등은 무기대여법을 이용해 영국으로부터 대가를 얻어내려 했다. 모건소는 영국이 무기대여법을 이용해 전쟁 물자를 확보하고, 귀중한 금과 달러를 보존해 전후 영향력을 유지하려 한다고 판단했다.

재무부는 영국에 상대적으로 우호적인 국무부를 견제하기 위해 의회를 활용했다. 무기대여법을 통과시키면서 의회는 이 지원 자금은 법안이 통과된 일자 이전에 발주된 물자의 대금 지급에 쓰이지 못하도록 규정했다. 또 더 많은 자산을 신속히 매각해 사용하도록 요구했다. 영국은 이에 응할 수밖에 없었다.[2] 케인스는 미국 재무부의 의도를 간파했다. 이는 전후 라이벌인 영국을 약화시키려는 의도였다. 그는 모건소가 영국의 약점을 이용해 무기대여법이 발효되기 전 영국의 유동자산을 최대한 축소시키려 한다고 비난했다.

결국 케인스는 무기대여법과 관련해 영국의 입장을 반영하기 위해 직접 나섰다. 1941년 5월 8일, 그는 최초로 미국을 방문해 미국 재무부와 회담했고 이후로 총 여섯 번에 걸쳐 공식 방문한다. 고위 관직 타이틀은 없었지만 케인스는 미국에서도 유명인이었다. 화이트도 케인스를 경제학자로서 존경했다. 그러나 미국은 스스로 협상의 우위를 차지하고 있다는 걸 알았기에 경제력이 뒷받침되지 않은 논리에는 흔들리지 않았다. 케인스는 미국 특유의 복잡한 권력분립적 정치 구조에 대한 이해가 부족했다. 모건소는 케인스와 만난 뒤 오히려 영국이 무기대여법을 이용해 영국의 재정을 보강하려 한다는 의심만 커졌다. 케인스는 모건소를 설득하는 데 실패한 것이다.

제2차 세계대전이 일어나자 영국 정부는 1939년에 긴급조치로 파운드가 자유롭게 사용되는 특정 지역을 지정하고 외환 통제를 실시한다. 이 지역을 스털링 지역(sterling area)이라고 한다. 스털링 지역 내 자본 이동에는 자유를 허용하고, 비스털링 지역 사이의 자본 이동에는 제한을 둔 것이다. 스털링 지역 내 국가들은 영국에 대한 수출대금을 즉시 요구하는 대신, 파운드에 대한 청구권 형태로 보존하기로 합의했다. 또 전비 조달을 위해 스털링 지역에서 취득한 달러는 영국에 집중시켜 관리하도록 했다.[3]

이는 일종의 통화 공동관리로, 전쟁 전의 관행과는 달랐다. 게다가 1932년 오타와협정으로 만들어진 영제국특혜제도 때문에 미국 상품에 대한 관세장벽이 있었다. 그 결과 높은 관세와 달러 사용 제한으로 영국은 미국 수출에 대한 수요를 인위적으로 저하시켰다. 이에 불만을 품은 미국 수출 기업과 의회는 영연방 시장에 대한 완전하고 평등한 접근을 주장해 왔다. 전후 차별 없는 다자 무역 시스템 구축은 국무부 장관인 헐의 오랜 신념이었다.

7월 28일, 미국 국무부는 무기 대여 협상에 관한 제안서를 영국에 보냈다. 헐의 자유무역 원칙이 제7조에 규정됐다. 케인스에게 헐의 아이디어는 모든 무역 규제와 외환 통제를 철폐하자는 것으로 보였다. 이는 영국의 국가 경제 운영을 부정하는 것이나 다름없었기에 케인스는 미친 제안이라고 혹평했다. 전후 국제수지 문제에 직면할 게 분명한 영국으로서는 일정한 보호주의 무역은 필요했다. 영국 내각의 4분의 3이 무기대여 협정에서 스털링 지역과 무역 특혜에 대한 언급을 반대했다. 이는 전쟁 물자를 대가로 대영제국의 경제적 기반을 포기하는 것이라고 역설했다.

처칠과 루스벨트는 8월 9일에 캐나다 뉴펀들랜드에서 직접 만났다. 루스벨트는 처칠을 향해 영국이 미국 의회와 국민에게 미국의 지원으로 더 나은 전후 세계를 위해 싸운다는 것을 보여달라고 요구했다. 미국이 또다시 구세계의 파워 게임에 말려드는 것이 아님을 보여주기 위해서였다. 그는 아직 군사적 개입에 대해서는 결심하지 못했다.

최종적으로 루스벨트는 차별 없이 전면적 자유무역을 요구하는 헐의 입장을 고집하지 않고 협정문 문안을 일부 수정했다. 그리고 양국이 합의한 대서양헌장에는 두 나라가 각자 기존의 의무를 존중하며 모든 국가의 자유, 공정 무역을 위해 노력한다는 다소 추상적인 문구를 담았다. 루스벨트는 미국 의회에 이번 원조의 대가로 받을 직접적 이익은 영국을 포함한 연합국이 전후 상업 및 금융정책을 수립할 때 미국의 입장을 반영하는 것이라고 설명했다.

모건소와 화이트의 전후 세계통화질서 구상

진주만 공습 발발 일주일 후인 1941년 12월 14일, 모건소는 화이트에게 '연합국안정기금(Inter-Allied Stabilization Fund)' 설립 계획을 입안하도록 지시했다. 전후 세계통화질서를 주도적으로 구상하려는 의도였다. 그는 통화정책과 중앙은행에 대한 정부 통제를 염두에 두었다. 각국이 외환 통제를 하지 않고 경쟁적으로 통화절하를 하지 않도록 관리할 국제기구 창설이 필요하다고 생각했던 것이다. 이제 막 미국이 참전했을 뿐인데 그때부터 전후 질서를 구상하는 그의 자신감과 치밀함이 매우 놀랍게 느껴지는 대목이다. 모건소의 목적은 금융의 중심을 런던과 월가에서 미국 재무부로 이동하고, 미국 달러를 전후 세계 통화의 기본 단위로 만드는 것이었다.[4] 이 야심 찬 구상은 화이트도 공유했다. 그 역시 뿌리 없고 이기적인 금융인들에 대한 정부의 통제를 강화해야 한다고 믿었다. 나중에 브레턴우즈 회의에서 모건소는 국제금융계에서 고리대금업자 같은 금융인들을 축출해야 한다고 역설했다.

1942년 3월, 화이트는 연합국안정기금 설립 계획의 1차 초안을 완성했다. 그는 전후 미국이 직면할 세 가지 과제를 설정했다. 외환시장의 교란과 통화신용 시스템 붕괴 방지, 국제무역의 회복 보장, 재건과 경제 회복을 위한 전 세계에 대한 자금 공급이다. 이를 실행하기 위한 국제기구 창설도 구상했다. 이때 중요한 전제는 미국이 자금 제공의 책임을 모두 떠맡지 않는 것이었다. 또 미국의 핵심 목표는 모든 국가가 국제 경제에서 새로운 원칙에 구속되게 하는 것이었다. 금본위제와 달리 새로운 협정으로 출현하는 '다자적 주권' 체제는 각국이 자국의 경제 정책을 추구하는 데 더 큰 자율성을 부여했지만, 그와 동시에 새롭게 구축된 국제금융 시스템 내에서 새로운 제약과 책임을 져야 했다.

신속히 움직이지 않으면 세계는 다시 혼란스러운 경쟁, 무질서한 통화 체제, 경기 침체와 정치적 분란을 겪을 수 있었다. 주요 국가들 사이에 밀접하게 협력하지 않으면 조만간 경제전쟁에 휘말리게 될 것이고, 이는 결국 더 큰 규모의 군사전쟁으로 귀결될 것이었다. 화이트는 자신의 업무가 얼마나 중요한지 깨달았다. 다만, 그에게 무역 문제는 곧 환율 문제였으므로 무역 문제를 해결할 별도의 기구는 필요 없었다.

화이트가 준비한 플랜의 최종안은 1943년 7월 10일, 「연합국의 국제안정기금안(*Proposal for an International Stabilization Fund of the United and Associated Nations*)」으로 발표됐다. 여러 번 수정을 거쳐 마련된 이 안은 '국제안정기금'이라는 기구를 설립하여 유동성을 안정적으로 관리하는 데 역점을 두고 설계됐다. 국제안정기금의 자금 규모는 총 50억 달러로, 가맹국들이 할당량(쿼터)을 출연하여 조성하는 방안이었다. 이렇게 조성된 국제안정기금의 발언권은 쿼터에 비례하여 배분되도록 했다. 기금은 가맹국 간 환율을 고정하되, 환율 변경은 국제수지의 기초적 불균형 발생 시 5분의 4에 해당하는 가맹국이 찬성할 경우에 인정했다. 가맹국은 자국 통화를 대가로 기금이 보유하는 다른 가맹국 통화를 구입할 수 있었다. 이때 기금에 출연한 쿼터의 두 배까지 필요한 다른 가맹국 화폐, 주로 미국 달러를 구입할 수 있도록 했다. 이 계획에 따르면 전체 기금 중 미국이 출연할 몫은 20억 달러였다.

또 최종안에서는 이전 안과 달리 새로운 국제통화 단위로 '유니타스(Unitas)'를 도입하고, 소위 '희소통화' 조항도 추가했다. 유니타스는 미화 10달러에 상당하는 금(순금 137.142그레인, 약 8.8그램)과 같은 가치를 지녔다. 그러나 이는 단순한 계산 단위에 불과했고, 실제 화폐는 아니었다. 국제통화 창설에 대한 요구를 무력화시키기 위한 의도였다. 화이트는 유니타스의 가치를 금과 달러에 고정시키고 이를 근거로 금환본위제●를 채택할 생각이었다. 미국의 입장을 대변한 이 플랜은 국제유동성 공급보다는 안정성 유지에 초점을 맞췄다.

● 금환본위제도는 금본위제도를 채택하지 않은 나라가 이를 실시하는 타국에 대해 고정환율 제도를 채용해 그 타국 통화와 자국 통화 사이에 일정한 환율로 교환을 보증하는 제도로, 실제 금을 보유하지 않고도 금본위제를 실시하는 것과 같은 효과를 거둘 수 있다.

국제안정기금의 주된 목적은 국제무역과 이에 연관된 자본 이동의 장벽을 제거 내지는 축소하는 것이었다. 화이트에게 가장 중요한 것은 달러의 위상을 세계의 유일한 금 대체물로 높이는 것이었다. 그는 국가 간금 이동이 더 이상 미국의 통화정책 방향을 제약하지 못하게 하려 했다.

그래도 화이트는 케인스보다는 금의 역할에 우호적이어서 금의 뒷받침이 있어야 달러가 세계통화로 역할을 할 수 있다고 생각했다. 적절한양의 금을 보유한 국가는 자유롭고 효과적으로 무역과 금융에 관여할 수있다고 믿었다. 그래서 그는 미국이 달러를 일정량의 금과 교환해 줄 수있을 때 달러가 금을 대체하게 될 거라고 생각했다. 미국 달러에 대한 신뢰가 높은 것은 미국이 금을 많이 보유하고 있기 때문이라고 보았던 것이다.

화이트 플랜에서는 최초에 회원국 간 합의로 기준환율이 결정되지만, 이를 방어할 의무는 회원국에 있었다. 이로써 회원국은 외환시장 동향을 살피고, 기준환율에서 벗어나는 경우 책임을 지고 시장에 개입해야 했다. 예외적으로 중대한 기초적 불균형이 발행한 경우 기준환율의변경은 합의하에 가능했다. 화이트가 제안한 국제안정기금은 국제 외환시장을 안정시켜 각 국가의 통화가 고정된 환율로 다른 통화와 교환되도록 하는 동시에, 회원국 정부에 1914년 이전의 금본위제 시절보다는 경제 운영에 더 많은 재량을 발휘하고 개입할 여지를 제공했다. 이플랜에서는 경상 거래가 아닌 자본 거래를 위한 자금 이동도 제한했다.

화이트 플랜은 미국의 경제 이익에 부합했다. 미국 수출 기업은1930년대에 존재했던 외국의 무역장벽 및 환율 경쟁으로부터 보호받을 수 있었다. 한편 미국은 자국 경제 운영에서 무제한의 재량권을 갖게 됐다. 미국 달러는 전 세계 화폐용 금의 3분의 2에 달하는 양에 의해 뒷받침됐기에 미국은 국제안정기금에서 차입할 필요가 없었다. 나아가 미국은 의사결정 시 거부권을 확보했다. 다른 나라들은 달러에 대한 접근권을 얻기 위해 이 기구에 참여할 것이라고 화이트는 확신했다.

국제안정기금과 더불어 화이트가 제안한 것이 국제부흥개발은행 (International Bank for Reconstruction and Development, 이하 IBRD)이다.● 화이트는 통화가 안정되고 배당금이나 이자 수령에 대한 제약이 사라져야 민간 자본이 공급될 수 있다며, 그 전에는 공적자금이 공급되어야 한다고 보았다. 이런 목적으로 전후 경제 재건을 위해서는 별도의 은행이 필요하다고 본 것이다. 그는 초기에는 이 은행을 유럽에 대량의 장기적 공공대출을 아주 저금리로 제공하는 기구로 구상했다. 그러나 나중에 미국 재무부와의 내부 논의 과정에서 이 은행의 역할이 재조정되면서 직접대출은 이차적인 것으로 정해졌다. 이 은행의 주요 역할은 민간 투자자들의 리스크를 공유하고, 그들과 함께 대규모 프로젝트에 참여해 민간 자본이 해외에 생산적으로 투자하도록 독려하는 일로 변했다.

초국가적 국제통화 질서를 구상한 케인스 플랜

한편, 영국에서는 케인스가 전후 세계 통화질서를 주도하기 위한 구상을 세우고 있었다. 케인스가 새로운 국제통화 시스템에 대한 구상을 처음 작성한 때는 1941년 9월이었다. 화이트가 공식적으로 플랜을 준비하기 몇 달 전이었다. 케인스 플랜은 화이트 플랜보다 더 복잡하고 더

● IBRD는 이후 '세계은행'의 일부가 된다.

야심 찼다. 케인스 플랜은 1940년 말에 발표된 독일의 '유럽경제신질서계획'에 포함된 나치의 외환청산협정, 즉 샤흐트와 발터 풍크(Walther Funk)류의 쌍무주의를 참고한 것으로 보인다.[5]

일찍이 1934년 9월에 독일 경제부 장관 겸 제국은행 총재가 된 샤흐트가 발표한 '신계획'에는 무역과 외환에 관한 쌍무주의가 포함돼 있었다. 독일은 이미 1932~1933년에는 유럽 및 발칸, 남미의 여러 국가와 쌍무적 외환청산협정을 체결했다.

1940년, 서유럽과 중부유럽을 정복한 히틀러는 사실상 전쟁이 끝났다고 보고 평화 공세를 펼치기 위해 당시 경제부 장관 발터 풍크에게 전후 경제 시스템을 구상하도록 지시했다. 그리고 7월에 풍크는 '유럽경제신질서계획'을 발표했는데, 그 내용은 외환청산협정 등 나치가 시행한 정책의 연장선에 있었다. 주된 의도는 유럽의 경제적 독립을 위한 자급자족 경제를 확립하는 것으로, 금본위제 부정과 다각적 청산협정 계획이 포함되었다. 즉, 마르크화를 본위화폐로 하고 제국은행이 청산기구가 되어서 베를린을 중심으로 하는 다각적 청산 시스템을 구축하려 한 것이다.

청산협정 내 동맹 국가들 사이에 고정환율을 정하고 무역을 하되, 거래는 청산 시스템을 통해서 원칙적으로 상계할 수 있었다. 또 동맹 외 국가와의 무역은 바터무역으로 하도록 했다. 예컨대 미국으로부터의 수입은 미국으로의 수출과 균형을 이뤄야 했다. 동맹 내외 관계를 불문하고 금은 더 이상 지급 수단으로 기능하지 않았다. 결국 미국의 금을 쓸모없게 만드는 것이었다. 풍크의 이 플랜은 사실 영국의 전시 스털링 지역 제도에서 영향을 받았다.

1940년 11월, 영국 정보부의 해럴드 니컬슨(Harold Nicolson)은 독일의 유럽경제신질서계획을 케인스에게 보여주며 그의 의견을 구했다. 원칙적으로 케인스는 독일의 계획을 긍정적으로 평가했다.[6] 계획에 담긴 시스템의 본질은 상품과 상품의 거래였다. 케인스는 독일의 계획이 이웃 국가를 착취해 전쟁을 이끌어낸 악의 수단으로 이용되긴 하지만, 국제적으로 통화 사용을 지양하는 대신 '상품 대 상품' 방식의 무역을 추구한다는 점에 주목했다. 이는 영국의 사정을 고려한 것이기도 했다. 영국이 중심인 스털링 지역과 미국 간 무역이 청산하는 방식으로 진행되면, 스털링/달러 환율이나 채무자와 채권자 조정 같은 통화 문제는 부차적인 사안이었다.

제1차 세계대전과 제2차 세계대전 사이의 전간기(戰間期)에 나타난 환율 조작이나 관세장벽은 금본위제의 속박에서 벗어나려는 나라 간에 일어난 싸움이었다. 이는 군사전쟁으로 발전할 수 있었다. 케인스는 샤흐트-풍크 시스템이 '상품과 금의 교환'이 아니라 '상품과 상품의 교환'을 보장해 이런 질곡에서 벗어나게 한다고 보았다. 실제로 케인스는 전집 제25권에서 샤흐트의 시스템을 긍정적으로 언급했다.[7]

케인스가 가장 고민한 대목은 금이 미국에 편중되어 전후 유럽 국가들이 극심한 유동성 부족에 시달리는 상황이었다. 그렇게 되면 국제무역은 침체되고 전후 유럽의 경제 회복에 심각한 차질을 빚을 것으로 예상됐다. 그래서 그는 가능한 한 금이나 달러를 사용하지 않는 국제 거래 시스템에 관심을 갖게 됐다.

이러한 인식을 토대로 케인스는 1943년 3월에 자신의 구상을 체계화하여 「국제청산동맹 설립에 관한 제안(*Proposal for an International Clearing Union*)」을 발표했다. 케인스의 구상은 원활한 국제유동성 공급을 주안점으로 했다. 즉, '국제청산동맹'이라는 국제적인 중앙은행을 설립해 일정량의 금과 같은 가치를 갖는 '방코르(Bancor)'●라는 국제통화를 발행하자는 것이었다. 이 화폐는 실생활에서 사용할 수는 없지만 세계 각국의 중앙은행이 서로 결제할 수 있는 화폐로, 각국 화폐의 가치는 방코르와의 상대 환율로 표시됐다. 케인스는 이를 통해 국제수지 적자가 발생한 국가가 국제청산동맹에서 당좌대월 방식으로 자금을 인출해 적자를 해결하는 방안을 제시했다.

케인스 플랜에서 다각적 결제는 모든 외환 거래를 중앙은행으로 집중시켰다. 국제 거래는 국제청산동맹에 개설된 가맹국의 계정을 통해 가맹국 중앙은행들 간에 청산됐다. 민간 외환시장은 역할이 없었다. 외환 공급은 중앙은행이 독점하되, 일반 은행을 통해 대중과 거래했다. 그 정치적 배경은 제1차 세계대전 이전에 영국이 담당했던 패권적 역할을 미국이 맡지 않도록 하는 것이었다.[8]

케인스는 일찍이 1930년에 펴낸 『화폐론(A Treatise on Money)』에서 초국가적 중앙은행(Supernational Central Bank, SCB)을 설립하여 각국의 중앙은행들이 이 초국가적 중앙은행과 거래 관계를 형성하는 것이 이상적이라고 주장했다. 그리고 초국가적 은행화폐(Supernational Bank Money, SBM)를 발행해 이를 국제화폐로 사용하자고 제안했다.

국제청산동맹은 국제중앙은행이고, 방코르는 단순한 계산 단위가 아니라 지불 수단으로 기능하는 새 국제통화였다. 즉, 금을 사용하지 않고 무역 결제를 할 수 있는 새로운 국제화폐를 뜻했다. 하지만 민간 외환시장에서는 사용되지 않고, 각국의 중앙은행 간 공적 결제에 한정된 준비통화였다. 각 나라에서 보유하는 방코르에는 상한을 설정했는데, 이는

● 프랑스어로 '은행(banque)'과 '금(or)'을 조합한 단어다.

294

국가들이 과도한 적자나 흑자를 축적하는 것을 방지하기 위해서였다. 각 가맹국에는 과거 세계 무역에서의 비중에 비례해 방코르 쿼터가 배정됐다. 이와 같이 방코르 쿼터를 설정하는 것이 영국의 이익에 부합했기 때문이다. 초기에 정한 쿼터의 한계에 도달하면 적자국은 통화절하가 허용됐고 흑자국은 절상하도록 했다.

케인스는 이와 같은 신용 공급 없는 세계 경제가 긴축 압력에 직면할 것이라고 우려했다. 자본과 금이 넘치는 미국 같은 나라가 자본을 적극적으로 제공해 생산적으로 활용되도록 해야 한다고 생각했다. 이런 시스템은 세계 경제의 부흥을 위해서도 필요했지만 무엇보다 영국에 긴요했다. 케인스는 방코르가 국제적으로 수용되면 쌍무청산협정이 불필요할 것으로 보았다. 또 각국의 통화를 질서 있게 통제할 수 있어서 경쟁적 평가절하를 방지할 수 있고, 금보다 훨씬 덜 변덕스러운 글로벌 화폐인 방코르의 공급으로 전후 각국이 세계 경제에 기여할 능력을 확보한다고 믿었다.

또 케인스 플랜은 자본 이동의 엄격한 제한을 강조했다. 외환은 중앙은행에 집중하고, 경상 거래에 관한 외환 거래는 중앙은행에서 공급하며 자본 거래에 관한 외환 공급은 현저히 제한하는 것이다. 전쟁이 발발하기 전에는 자금 도피, 투기 혹은 투자 목적에 따른 자금의 해외 이동을 자유롭게 허용했다. 그 결과 국제적으로 자유롭게 이동하는 자본은 국제수지 균형을 어지럽히는 핫머니로 변했다. 국내 경제의 운영은 외국의 이자율과 무관하게 자국의 적정 수순 금리에 따라야 한다는 논리에 근거해, 케인스는 자본 이동 통제가 필요하다고 여겼다. 대외 균형을 고민하지 않고 대내 균형을 달성하는 정책상의 자율성이 케인스 플랜의 근간이었다.

케인스는 금리 차이로 생기는 자본 이동에 신경 쓰지 않고 저금리 정책을 실행할 수 있는 환경을 원했다. 그래서 금본위제하의 잉글랜드은행의 금리 정책, 즉 외국 자금을 유인하기 위해 금리를 인상하는 것에 일관되게 반대했다. 자본 이동 규제는 자유방임과의 결별을 의미했다. 케인스는 영국이 처한 당시 현실을 직시했다. 20억 파운드 이상의 외국인 계좌가 런던에 있었고 이 자금이 바로 유출되는 것은 큰 문제였다. 자본 이동 통제는 전후 영국에 반드시 필요했다.

케인스는 국제수지 조정 과정에서 대칭성을 강조했다. 각 가맹국의 수입이 누적되면 방코르가 부족해지는데, 이때는 이자를 물고 방코르에 대한 자국의 화폐가치를 올려야 했다. 그렇게 되면 해외 자본이 유입돼 무역수지 적자분을 메울 수 있기 때문이었다. 반대로 수출이 많아 방코르가 쌓일 경우에도 일정액 이상이 쌓이면 해당하는 금액에 대해 이자를 물고 화폐가치를 내려야 했다.

그렇게 되면 자본이 유출되므로 케인스는 이 시스템으로 국제수지 균형을 유지할 수 있다고 여겼다. 흑자국도 일정 부담을 안는 '흑자국 책임론'이었다. 케인스는 흑자국이 실제 부담금을 내기보다는 수입을 늘리는 방식으로 이를 피할 것이라고 예상했다. 이는 두 번의 세계대전을 통해 세계 최대 흑자국이 된 미국의 재량적 정책에 브레이크를 거는 의도가 담겨 있었다. 흑자국으로부터 적자국으로의 자본 재분배는 강제적이어야지, 재량적이어서는 안 된다는 것이 그의 핵심적 구상이었다.[9] 물론 이 시스템은 영국에 유리하기도 했다.

케인스 플랜에서는 가맹국의 할당액이 전쟁 전 3년간 수출입 평균액의 75%로 정해졌다. 이 할당액의 합계는 260억 달러에 달한다.[10] 이 중 30억 달러가 미국의 몫이므로, 미국의 대출 잔고는 다른 가맹국에 대한 전체 할당액인 230억 달러에 달할 수 있다.

하지만 중앙은행 간의 공적 교환만을 상정했기 때문에 케인스가 내놓은 플랜은 민간 시장의 교환성이 회복되기 이전의 과도기적 제안이었다. 민간 시장이 주도하는 외환 거래와는 양립하기 어려운 구상이어서 시장교환성이 회복되면 케인스의 아이디어는 설 자리가 없었다.

화이트 플랜 vs. 케인스 플랜

화이트 플랜과 케인스 플랜을 비교해 보자. 우선, 화이트 플랜에서 회원국은 자국의 통화와 금을 담보로 국제안정기금에서 차용할 수 있는데, 케인스 플랜에서 국제청산동맹은 자유롭게 담보 없이 대출할 수 있었다. 그래서 회원국은 케인스 플랜을 따를 때 더 많이 차용할 수 있었다. 실업과 수요 부족이 국제수지 적자의 원인이라고 믿었던 케인스는 금융완화로 이를 극복하려 했다.

케인스의 국제청산동맹안은 채무자, 특히 영국의 자유를 확대하고 채권국인 미국의 자유를 제약하도록 고안되었다. 한편 화이트는 채무자들이 경쟁적 평가절하와 채권국, 주로 미국에 대한 차별에 나서지 않을 정도의 유인책만 제공했다. 또 화이트는 고정환율을 선호했는데, 이는 다른 국가들의 달러에 대한 평가절하를 방지하려는 의도였다. 반대로 파운드가 지속적으로 과대평가되는 것을 경계한 케인스는 변동환율을 선호했다.

케인스는 화이트 플랜이 실제 이용할 금의 양을 늘리는 것을 전제로 한 사실상의 금본위제에 불과하다고 분석했다. 그는 새로운 초국가적 화폐를 신설해야만 확장적 정책이 가능하다고 믿었다. 반면 화이트는 정통 금융원리에 따라 균형 잡힌 정책을 선호했다. 이러한 관점의 차이는 영국과 미국이 처한 당시 상황을 반영한 것이기도 했다. 케인스는 새로운 국제통화를 창출하려고 했고, 화이트는 기존의 국제 교환 매체인 금 보유량에 기반한 체제를 우선시했다.[11]

화이트가 케인스의 국제청산동맹에 대해 반대한 이유는 미국 달러가 국제통화 역할을 맡으면 되는 상황에서 굳이 새로운 초국가적 국제통화를 만들어 글로벌 통화량을 확장하거나 축소할 권한을 초국가적 기구에 양보할 생각이 없었기 때문이다. 국제수지 조정 면에서도 케인스 플랜은 흑자국에도 부담을 부과해 시정하게끔 하지만, 화이트 플랜은 미국이 지배적인 채권국이자 흑자국인 점을 고려해 흑자국에 대한 제약을 반대했다.

이렇듯 각 국가의 상황과 관점에서 내놓은 제안이었지만 화이트와 케인스는 모두 투기적 자본 이동이 경제를 불안정하게 만들고 정부의 경제 운용을 저해한다고 여겼다. 또 두 사람이 내놓은 플랜에는 공통적으로 관세와 무역장벽 축소도 포함됐다.

미국 재무부는 영국과의 협상을 중시했다. 영국이 미국과 나머지 세계 사이의 다리 역할을 한다고 여겼기 때문이다.[12] 화이트 플랜과 케인스 플랜의 차이에도 불구하고 2개의 안은 발표와 동시에 교환되었고, 워싱턴 D.C.와 런던에서는 절충안을 마련하기 위한 검토에 들어갔다. 1943년 9월, 화이트와 케인스는 워싱턴 D.C.에서 만나 두 달 동안 의견을 교환했다. 이 과정을 통해 어느 정도 의견 절충이 이루어지면서 국제 안정기금 설립에 관한 전문가들의 공동성명이 발표됐다. 미국의 우월한 힘이 작용하여 화이트 플랜을 기초로 합의가 이루어졌다. 케인스의 제안으로 국제안정기금은 국제통화기금(International Monetary Fund, 이하 IMF)으로 이름을 바꾼다.

화이트는 영국 측에 자신의 안을 통해서만 미국 의회에서 동의를 얻을 수 있다고 주장했다. 그는 달러가 보편적 신뢰를 얻고 있다고 지적하며, 전후 안정적 국제통화 시스템의 초석이 될 것이라고 말했다.

다만, 화이트는 케인스 플랜에서 강력하게 주장했던 흑자국 책임론을 고려하여 희소통화 조항을 신설했다. 어느 특정 통화, 예를 들어 달러에 대한 수요가 공급을 상회하여 희소해질 경우 IMF의 신용 공급 능력에 의문이 생기게 된다. 희소통화로 선언되면 달러 할당이나 미국 수출에 대해 차별적 대우를 인정해야 했다. 이 부분에서는 화이트가 한 발짝 양보한 것이다.

케인스는 미국이 방코르를 수용하기 어렵다는 것을 알고 화이트가 제안한 유니타스를 사실상 방코르화하려고 시도했다. 즉, 자국 통화와 교환하여 기금으로부터 수령하는 통화는 유니타스가 되어야 하고, 국제적 결제는 기금에 개설된 유니타스 표시 예금계좌 이체를 통해 하자고 제안한 것이다. 미국 측은 유니타스 화폐화가 달러를 실체가 없는 국제 단위에 구속시키는 일이므로 미국 의회가 결코 승인하지 않을 것이라며 반발했다. 결국 영국은 유니타스 화폐화를 단념했고 이후 공동성명에서 유니타스 개념은 사라졌다.

또 다른 의견 충돌이 있었던 부분은 환율 변경 문제였는데, 케인스는 회원국이 환율 변경에 상당한 재량권을 행사하기를 원했지만 화이트는 재량권을 엄격히 제한하고 불가피하고 중대한 경우에만 기금의 승인을 얻어 변경하자고 했다.

이 공동성명에 대해 양국은 국내 의견을 수렴했다. 미국 재무부는 이 플랜을 민주당 선거 공약으로 내세울 계획이었다. 그러면서 이 플랜에 대해 거부하는 공화당 측을 국제적 협력에 반대하는 고립주의자로 낙인 찍겠다는 전략이었다.

한편 뉴욕 은행가들은 미국의 대외 금융에 대한 통제권을 민간 부문에서 워싱턴 D.C. 행정부로 이전하는 것을 못마땅해했다. 그들은 소위 '기축통화 제안'을 지지했는데, 이는 하버드대학 경제학자이자 뉴욕 연준은행 부행장인 존 윌리엄스(John Williams)가 주장한 것이었다.[13]

그 내용은 기존에 기축통화 역할을 하던 달러와 파운드의 지위를 유지하여 국제통화 시스템을 운영하자는 것이었다. 다만, 파운드가 달러에 비해 불안정한 상태였기에, 이 문제는 미국이 영국에 대규모 차관을 제공하거나 무상원조를 해야 했다. 이로써 두 기축통화, 즉 달러와 파운드의 환율을 안정시키자고 주장한 것이다. 윌리엄스는 이 방안을 금환본위제 복귀의 핵심으로 보았다. 이 제안은 새로운 국제기구나 국제통화를 신설해 문제를 해결하는 것 대신 국제통화 역할을 해오던 달러와 파운드 중심의 체제를 선호한 뉴욕 및 런던 민간 금융계의 의도가 반영된 것이다.

영국에서는 케인스의 핵심 아이디어가 관철되지 못하자, 이 플랜이 달러 부족을 극복하는 데 도움이 될 거라는 믿음이 사라졌다. 잉글랜드은행은 외환 통제와 스털링 지역을 유지하자고 주장했다. 한편 제국주의자들은 이 플랜으로 스털링 지역이 파괴되고 제국 간 특혜도 사라질 것을 염려했다. 이 플랜이 실제로는 금본위제로 회귀하는 것을 뜻하며, 영국 경제를 침체시키고 파운드의 국제적 역할을 축소시킬 거라는 시각도 있었다. 영국의 태도는 브레턴우즈 회의가 시작되기 6개월 전부터 이미 싸늘해졌다.

이에 대해 케인스는 특히 잉글랜드은행이 현실을 직시하지 못하고 있다고 불편해했다. 그는 감당할 수 없는 부채를 안고 전쟁을 끝내야 하는데, 미국의 한시적 지원에 뒤이어 국제기구의 원조가 없다면 전후 경제 운영이 어렵다고 지적했다. 케인스는 미국과 협력하지 않으면 대영제국의 스털링 지역 같은 경제적 기초가 붕괴될 것이라고 여겼다. 파운드의 교환성이 보장되지 않는다면 스털링 지역 내 국가들이 이탈할 가능성이 높기 때문이었다. 그는 또한 제1차 세계대전 이후 전간기까지 영국의 대외 채무는 거의 대부분 미국에 집중됐는데 영국이 이를 교묘히 회피했고, 제2차 세계대전 중에도 영국은 시간과 돈을 빌려 생존했다고 말했다. 무엇보다 전쟁 직후 3년간 60~90억 달러의 국제수지 적자가 예상되는데 자금을 어떻게 조달할 것인가에 대한 구체적 해법도 필요하다고 역설했다.

영국 내부의 강한 반발에도 이 공동성명안이 생존한 이유는 무기대여법 때문이었다. 당시 영국은 미국의 지원 없이는 전쟁을 치를 수 없었다. 물론 케인스는 더 강해지고 야심만만해진 미국과 협상하는 일이 위험하다는 것을 알았다. 미국 내 일부 세력은 전후 신용 공급을 이용해 국제 경제 시스템에 대한 미국의 우위를 관철하려 했다. 영국의 외환 통제나 무역장벽을 제거하고, 무엇보다 달러를 국제통화 시스템의 왕좌에 올리려는 게 분명했다.

금의 반열에 오른 달러

1944년 6월 23일, 영국 대표단은 뉴욕에 도착해 애틀랜틱시티로 향했다. 브레턴우즈 본회의 전에 소집된 사전 준비회의에 참석하기 위해서였다. 19개국의 유럽 대표단도 합류했다. 그곳에는 이미 13개국의 전문가가 모여 있었다.

IMF에 관해서는 두 나라 간에 여전히 의견 차이가 컸다. 첫째, 영국은 회원국의 환율 변동 재량권을 강조했고, 미국은 환율 안정을 중시했다. 둘째, 영국은 회원국의 기금에 대한 권리를 강조했는데, 미국은 기금의 회원국에 대한 권한을 강조했다. 셋째, 영국은 큰 규모의 기금을 원했으나, 미국은 소규모를 선호했다. 넷째, 영국은 회원국이 무역과 통화정책에 관해 행동의 자유를 갖는 과도기를 장기간 둘 것을 바랐지만, 미국은 이 기간이 가능한 한 짧길 원했다. 다섯째, 영국은 미국 측 쿼터 배분 방식에 불만이 있었지만, 미국은 이에 대한 논의를 7월에 시작되는 브레턴우즈 본회의로 미뤘다.

IBRD 안에 대해서는 영국에서 제시한 안을 미국 측이 대체로 수용하여 큰 문제가 없었다. 공동성명안의 제2조 제3항에서 금의 출자액은 할당액의 25% 혹은 보유한 금이나 금과 교환 가능한 외화의 10% 중 적은 쪽을 납입하도록 명시됐고, 제4조 '가맹국의 평가'에서 각국 통화는 금으로 표시되는 것으로 규정됐다. 그런데 미국 대표단은 사전 준비회의에서 '금과 교환 가능한 통화나 외화'를 달러로 교체할 수 있게 하자고 했다. 이 제안에 케인스는 반대했다. 가맹국의 통화가 장차 금과 교환성을 회복할지도 모르는데, 미국 측 제안대로 하면 달러에만 특별한 지위가 부여된다는 것이 그 이유였다. 그는 '금과 교환 가능한 통화'라는 개념 때문에 달러와 파운드 외의 통화가 국제통화의 위치를 점하거나 달러가 파운드를 넘어 특별 통화로 자리를 차지해 국제통화로서 파운드의 입지에 위협이 될 것을 염려했다.

7월 1일, 브레턴우즈에서 본회의가 시작됐다. 회의 의장인 모건소는 개막 연설에서 통화의 경쟁적 절하와 무역장벽이 경제적 무기가 됐다고 지적하면서 이를 시정하자고 촉구했다. 본회의는 3개 분과로 위원회를 구성해 진행했다. 제1전문위원회는 IMF를 다루었고, 전후 이 기구의 역할을 중시했던 화이트가 위원장을 맡았다. 제2전문위원회는 IBRD를 다루었고 케인스가 위원장이 됐다. 케인스는 유럽 국가들이 전후 부흥을 위해 원조가 절실하다는 사실을 절감하고 IBRD 창설에 더 의욕적이었다. 제3전문위원회는 기타 국제금융 협력 문제를 논의했다.

공동성명이나 사전회의와 가장 달라진 점은 달러의 위상이었다. 7월 1일에 나온 협정문 초안에는 제4조 제1항 '평가의 표시' 조항에 돌연 "금과 교환 가능한 통화 단위"라는 문구가 삽입되었다. 본회의에 제출된 당초 문안에는 "가맹국의 통화 평가 단위는 금으로 표시된다"라고 되어 있었다. 이후 7월 16일 회의에서 각 가맹국 통화 평가의 기준이 되는 통화 단위가 금 혹은 미국 달러로 수정됐다.[14] 이 부분은 최종적으로 IMF 협정문에 "각 가맹국의 평가는 공통척도인 금 혹은 1944년 7월 1일 기준 무게 및 순도를 가진 미국 달러로 표시되어야 한다"●라고 명시됐다. 여기서 미국 달러는 금과 교환 가능한 통화 단위로, 1944년 7월 1일을 기준으로 화폐용 금의 순도와 무게를 반영할 경우 금 1온스는 35달러인 것을 근거로 한 것이다. 즉, 금 혹은 앞선 비율로 금과 교환 가능한 달러가 각 가맹국 통화 단위를 표시할 때 사용되게 된 것이다. 케인스가 우

● 원문은 다음과 같다. "The par value of the currency of each member shall be expressed in terms of gold as a common denominator or in terms of the United States dollar of the weight and fineness in effect on July 1, 1944."

려했던 일이 현실이 됐다.

화이트와 미국 금융계는 달러가 국제통화가 되기를 간절히 원했다. 반대로 케인스는 달러에 특별한 지위를 부여하는 일에 대해 일관되게 반대했다. 그런데 본회의가 시작되자 갑자기 이런 변화가 일어났던 것이다. 어떤 경위로 변경이 이뤄졌는지 남아 있는 공식 기록으로는 알 수 없다. 다만 화이트가 치밀하게 준비해서 영국 등 다른 나라들이 미처 제대로 상황을 파악하지 못한 틈을 이용했을 것이라고 추측할 뿐이다.[15]

이렇게 해서 오직 달러만이 금의 반열에 올랐다. 마침내 달러가 세계 통화의 왕좌에 등극했고 공식적으로 금·달러본위제가 탄생한 순간이었다. 그 외에 다른 나라의 통화는 금이나 달러를 기준으로 환율을 고정하되, 상하 1%의 범위 내에서 변동할 수 있었다. 환율 안정을 위한 고정환율제를 기본으로 하되, 약간의 조정은 가능했다. 대부분의 나라가 달러에 자국 통화의 환율을 고정했다. 이로써 달러가 공식적인 기축통화가 되고 달러 패권 시대의 문이 열렸다. 결국 브레턴우즈 체제는 초국가적 국제통화가 없는 국제통화 시스템이 됐다. 미국 달러가 사실상 국제통화의 역할을 하게 된 것이다. 미국이라는 개별 국가의 통화에 국제통화 역할을 맡긴 이 체제는 이후 여러 문제를 야기한다.

또 다른 쟁점은 IMF에 출자할 할당액이었다. 회의에서 각국은 더 많은 할당액을 원했다. 할당액은 향후 IMF에서 더 많은 외화를 인출할 근거도 되지만, 국가의 위상 및 평판과도 직결됐기 때문이다. 중국은 네 번째, 프랑스는 다섯 번째 지위를 각각 요구했다. 인도 역시 중국과 동등한 할당액을 요구했다. 이 문제는 최종적으로 총 출자금 88억 달러에서 미국 27억 5,000만 달러, 영국 13억 달러, 소련 12억 달러, 중국 5억 5,000달러, 프랑스 4억 5,000달러, 인도 4억 달러 등을 출자하는 것으

로 마무리됐다.[16]

영국은 이 회의에서 자국의 채무인 파운드 잔고 문제가 이슈화되는 것을 피했으나, 영국에 대한 최대 채권국인 인도는 IMF가 다각적 결제에 사용할 자금을 배분하는 방식이므로 전후 영국의 인도에 대한 막대한 파운드 부채를 달러로 전환해야 한다고 주장했다. 이에 이집트도 가세했다. 하지만 이는 묵살됐다. 미국이 영국 측의 입장을 고려해 이 문제는 영국과 당사국들이 협상하도록 했던 것이다.

한편, IMF와 IBRD의 소재지에 대해 미국은 최대출자국인 미국이 되어야 한다고 제안했고, 영국은 IMF와 IBRD의 제1차 회의에서 결정해야 한다고 주장했다. 결국 이 문제는 투표를 거쳐 미국의 뜻이 관철됐다.

흥미로운 쟁점은 BIS 처리 문제였다. 미국 내에서는 나치와 BIS의 연관성을 비판하는 세력과 BIS를 중심으로 한 국제 금융 협력을 추진하는 국제은행계 간에 대립이 있었다. 미국 대표단 중 재무부는 BIS 청산을 원했고, 국무부나 연준, 은행계 등은 이에 반대했다. 영국 대표단도 의견이 나뉘었다. 외무부, 잉글랜드은행 등은 청산에 반대했고, 재무부는 찬성했다. 이는 재무부 주도의 IMF 창설로 새로운 국제금융협력의 방식을 택할지, 중앙은행을 중심으로 하는 BIS를 택할지에 관한 노선 대립의 사안이었다.

결국 BIS는 '가능한 한 빠른 날'이 아니라 조금 완화하여 '가능한 한 빠른 시기'에 청산할 것을 권고하는 방향으로 타협했다. BIS를 둘러싼 논란이 한창이었던 7월 19일에 케인스는 가벼운 심장발작을 겪기도 했다.

본회의는 7월 22일에 종료됐다. 폐막식에서 케인스는 국제 협조의 중요성을 호소했다. 회의 의장인 모건소의 폐회사가 끝나자 마지막으로 미국 국가가 연주됐다. 이어서 케인스가 퇴장하자 각국 대표는 일어서서 박수로 경의를 표했다. 이때 〈그는 쾌활하고 좋은 사람이다(For He's a Jolly Good Fellow)〉라는 노래의 합창이 울려 퍼졌다.

케인스의 착각

영국 대표단이 브레턴우즈를 떠난 후 얼마 되지 않아, 협정 문안의 해석을 둘러싸고 영미 간에 논쟁이 발생했다.

문제가 된 사항은 이랬다. 케인스는 협정문 제8조 제4항의 '공적 교환성'을 중앙은행 간의 교환에 한정하고 외환 거래를 중앙은행에 집중하도록 한 것으로 해석했다. 교환성이란 자국통화를 외화로 교환하는 것을 의미한다. IMF 협정의 모든 의무는 중앙은행에만 적용되는 것이고, 중앙은행과 비거주자 사이에 적용되는 건 아니라는 것이 그의 해석이었다.

이에 대해 영국 측 대표로 IMF 설립에 관한 실무 협상에 참여한 데니스 로버트슨(Dennis Robertson)은 정부나 중앙은행이 외환 거래를 독점하는 것은 아니라고 해석했다. 미국이 보기에 외환시장 독점 자체가 경상적 국제 거래를 위한 지급과 자본 이동에 대한 제한을 의미했다. 즉, 시장에서의 교환성은 제한할 수 없다는 것이 협정문의 본뜻이라고 보았다. 실제로 이것이 미국 측 입장이었다. 케인스는 이럴 경우 영국이 금과 달러 유출을 통제할 수 없다며 염려했다.

로버트슨의 해석이 옳다면 기금으로부터 차입할 권리를 잃은 경우에도 영국은 민간 및 개인에 대해 파운드를 외화로 교환할 의무를 부담했다. 이는 통화주권 상실은 물론 외환 준비금이 고갈된다는 것을 의미했다. 로버트슨은 이런 중대한 가능성을 내포한 조문 수정을 인정한 것을 두고 후회했다. 그는 케인스가 당연히 이 중대한 사건의 경위를 기억하고 있을 것이라고 생각했다. 케인스는 로버트슨을 비난했다. 그가 실수한 원인은 IMF 협정문이 혼란한 상태에서 작성됐다는 점이었다. 그러니까 해당 조문의 의미를 잘 이해하지 못하고 서명했던 것으로 보인다.[17]

케인스는 제8조의 내용을 수정하려고 했지만, 여의치 않았다. 영미 양국은 이 문제에 관한 해석을 IMF 이사회에 차후 요청하기로 타협했다. 결국 이 문제로 10개월을 허송하는 바람에 영국에서 협정 비준은 늦어졌다. 그 결과 영국 정부는 과도기 대응이 늦어져 곤경에 처했다.

브레턴우즈 회의 폐막 직후에는 브레턴우즈 협정이 영국 통화외교의 승리라고 평가되었다. 최소 5년의 과도기 조항이 포함되면서, 기금의 본래 목적인 통화, 환율의 안정화, 경상거래 자유화는 장기간 연기될 수 있었기 때문이다. 이 조항 덕에 영국은 전후 과도기에 파운드 교환성을 제한해 경상거래에 수반하는 통화교환성 회복 의무를 면하게 된 것이었다.

하지만 전쟁 말기에서 전후 과도기 사이에 현실적 문제에 대처하는 데 브레턴우즈 협정이 도움이 되지 않는다는 사실이 점차 명확해졌다. 영국으로서는 당장 눈앞에 닥친 현실이 문제였다. IMF의 자금은 국제 수지 단기 불균형을 시정하는 데 사용되는 것이지, 부흥과 개발 원조가 목적이 아니었다. 한편 개발과 함께 부흥 금융을 담당할 IBRD의 대부 능력은 제한적이었다. 총 100억 달러의 수권자본에 비해 자금력이 약했다. 최초의 차관은 1947년 후반에 2억 5,000만 달러였고, 이후 유럽의 전후 재건을 위한 차관은 4억 9,700만 달러에 그쳤다. 턱없이 적은 금액이었다.

영국 전시 내각은 브레턴우즈 협정을 비준하지도 않았고, 전후 문제 해결에도 대응하지 못했다. 영국 측은 과도기의 심각한 곤란에 대처하기 위해서는 무기대여법에서 얻을 수 있는 원조를 가능한 한 지속하고, 이와 별도로 양국 간 협정으로 금융 원조를 받아야 한다는 인식에 도달했다. 돈이 나올 곳은 미국밖에 없었다. 화이트는 IMF와 IBRD 활동으로 세계 경제가 호전되면 영국이 수출을 늘려 충분한 외화를 획득해 수입에 필요한 자금을 조달할 수 있을 것으로 낙관했지만, 이는 비현실적인 기대였다.

밀고 당긴 끝에 타협한 영미금융협정

1945년 4월, 루스벨트가 세상을 떠났다. 그해 7월, 영국에서는 처칠의 보수당이 선거에서 지고 노동당의 클레멘트 애틀리 정권이 출범했다.

12년간 루스벨트와의 친분으로 국무부를 제치고 권력을 유지했던 재무부 장관 모건소는 정치적 기반을 잃었다. 결국 모건소는 재무부 장관에서 물러났고 프레더릭 빈슨(Frederick M. Vinson)이 후임으로 임명됐다. 그해 1월에 차관보로 승진했던 화이트 역시 타격을 입었다. 트루먼은 이 틈을 타 루스벨트 시대에 힘이 셌던 재무부의 위상을 낮추고 국무부와 전쟁 관련 부서가 정책을 주도하도록 했다. 그는 의회와 군 지도부가 내놓은 영국에 대한 추가 지원에 반대하는 의견을 수용했다. 무기 대여에 관해서 영국에 강경한 입장을 표명했다. 이로써 미국과 영국의 관계는 개전 초보다 훨씬 더 멀어졌다.

영국의 예상보다 9개월 빠른 8월에 일본이 항복했다. 그 직후인 8월

17일, 트루먼이 영국에 대한 무기 대여를 종료했다. 갑작스럽게 전개된 사태로 영국의 처지는 난감해졌다. 영국은 무기 대여를 활용해 1946년까지 버티려 했기 때문이다. 당시 케인스는 약 56억 달러의 국제수지 적자를 예상하고 자금 조달의 필요성을 절감했다.

영국은 미국에 지원을 요청했고, 타협을 앞두고 영미는 밀고 당겼다. 영국은 금융 지원이 합리적 조건에 이뤄지지 않으면 브레턴우즈 협정이 실패할 것이라고 미국에 경고했다. 9월부터 양국 간 금융 협상이 시작됐다. 이 협상을 앞두고 당시 주미 영국대사였던 핼리팩스(Halifax) 경은 케인스에게 "저쪽은 금 상자를 가지고 있지만, 이쪽은 모든 두뇌를 가지고 있다"라고 속삭였다. 그만큼 영국은 케인스의 머리를 믿었다. 케인스 역시 자신만만했다. 미국으로부터 60억 달러 상당의 무상원조도 얻을 수 있을 것이라고 여겼다.

그러나 막상 협상이 시작되자 미국은 완고한 태도로 나왔다. 점차 협상이 어려워지자 케인스는 미국 측 제안의 상당 부분을 수용할 수밖에 없었다. 우선 미국의 스털링 지역 달러풀링제● 폐지 요구가 받아들여졌다. 스털링 지역이 경상거래로 취득한 달러도 타 지역과의 경상거래에 차별 없이 자유롭게 사용할 수 있도록 한 것이다. 이로써 미국 기업이 스털링 지역에 수출을 늘릴 기회가 마련됐다. 영국의 금융독립성을 상실할 수도 있으므로 미국의 협상 조건을 경계해야 한다는 케인스의 초기 지론은 찾아볼 수 없었다. 결국 케인스는 미국에 굴복했다. 파운드

● 스털링 지역에 속한 영연방 자치령이나 국가들이 수출을 통해 획득한 달러를 잉글랜드은행에 매각하고 이에 상당한 파운드화를 수령하도록 한 제도. 이 제도를 통해 영국은 달러를 축적할 수 있었고, 달러를 집중적으로 관리할 수 있었다.

교환성에 관한 브레턴우즈 협정상 과도기 권리, 무역 특혜, 채권자우선권 등 아주 민감한 영역마저 미국에 양보했던 것이다.

특히 파운드 교환성을 조기에 회복하는 조건이 치명적이었다. IMF 협정에서는 IMF의 업무가 개시되는 1947년 3월 1일부터 5년 후인 1952년 2월 말까지를 과도기로 예정했다. 그러나 영미금융협정은 협정 발효일부터 1년 이내에 파운드 교환성을 회복해야 했다. 그에 따라 영국은 IMF 협정에 규정된 5년의 과도기 혜택을 포기하고 4개월 만에 과도기를 끝내야 하는 불이익을 감수했던 것이다.

물론 영국도 잃기만 한 것은 아니었다. 영미금융협정에 따른 미국의 총 금융 지원액은 37.5억 달러로, 2% 이자에 원리금은 5년 거치 후 50년 분할상환하는 것으로 합의됐다. 협정에는 국제수지나 금 보유액 등 사정이 좋지 않으면 이자 지불을 면책하는 조항도 포함됐다. 이 무렵 영연방국이던 캐나다에서도 추가로 12.5억 달러의 차관을 제공했고, 결과적으로 영국은 총 50억 달러의 지원을 받게 됐다.

무기 대여에 관해서도 타협했다. 영국이 미국에 역으로 대여한 48억 달러를 제외하고도 미국이 영국에 대여한 금액은 약 270억 달러에 달했다. 최종적으로 영국은 6억 5,000만 달러를 지불하고 금리 2%로 50년에 걸쳐 상환하기로 했다. 결과적으로 200억 달러 이상의 채무를 면제해 준 것이었다. 이는 미국의 전례 없는 관대한 조치였다. 이외에 인도, 이집트, 아르헨티나 등의 국가가 영국에 대해 가지고 있는 청구권, 즉 파운드 잔고 문제는 당사국끼리 협의해 해결하기로 했다.

1945년 12월 6일, 영미금융협정은 조인됐고 그로부터 12일이 지난 12월 18일에는 영국 상원에서 동시에 제출된 IMF 협정과 함께 비준되었다. 케인스는 낙담했고 불안했고 피로했다. 이 일로 그는 영국 정부와 잉글랜드은행의 격심한 비판에 시달렸다. 케인스는 이 지루한 밀고 당기기가 가장 괴롭고 힘든 협상이었다고 나중에 술회한다.

성급한 파운드 교환성 회복은 참담한 결과를 초래했다. 트루먼이 1946년 7월 15일에 영미금융협정에 서명한 직후부터 파운드는 하락하기 시작했다. 파운드 교환성 회복은 1947년 7월 15일부터 시작하기로 예정돼 있었다. 미국의 차관은 이 충격에 대비하기 위한 것이었다. 그러나 달러 유출은 놀라운 속도로 진행됐다. 금융협정으로 제공된 차관 37.5억 달러는 이미 1946년에 6억 달러, 1947년 7월까지 23억 달러가 사용됐고 미국으로부터 확보한 차관은 불과 8.5억 달러밖에 남지 않았다. 협정에서 상정하지 않았던 거액의 자본이 유출되었다.

많은 국가가 경상거래를 가장한 자본거래를 통해 파운드를 달러로 교환했다. 특히 1947년 7월 20일에서 8월 16일에는 매주 막대한 달러가 유출됐다. 결국 영국은 견디지 못하고 교환을 시작한 지 약 한 달 후인 8월 20일에 다시 교환을 정지했다.

미국이 교환성 조기 회복을 고집한 것은 영국의 영제국특혜제도에 대한 불만 때문이었다. 파운드는 달러와 함께 중요한 준비통화이자 매개통화였다. 그래서 교환성을 회복하면 미국의 수출 기업들에 더 많은 기회가 올 것이라고 믿었다. 영국의 교환성 회복을 개방적인 다자 무역 시스템 형성의 중요한 발걸음으로 여긴 것이었다. 하지만 이런 미국의 인식은 현실과 거리가 있었다. 1947년 파운드 위기는 미국에 경각심을 불러일으켰다. 더 이상 교환성 조기 회복을 주장하기 어렵다고 판단하고, 교환을 연기하자는 유럽의 입장을 수용했다. 유럽 문제의 심각성을 파악한 미국은 미국 수출에 대한 유럽의 차별을 어느 정도 허용했다.

케인스와 화이트의 최후

1946년 2월 19일, 케인스는 IMF와 IBRD의 영국 측 초대 이사로 임명됐다. 이후 3월 5일, 그는 워싱턴 D.C.에서 미국 재무부 장관 빈슨과 회담을 진행했다. 미국은 IMF를 통해 미국 정부가 국제금융을 통제할 힘을 얻었다고 생각했다. 케인스는 달러 외교의 자의성에서 벗어나 IMF를 국제 신용을 공급하는 통로로 만들려 하는 영국의 입장을 설명했다. 그리고 3월 8일, 조지아주 사바나에서 IMF 창립 총회가 열렸다.

결과적으로 IMF는 방대한 규모의 임직원이 운영하는 미국 주도의 기구가 됐다. 나머지 국가는 모두 밀려났다. 케인스에게는 굴욕적인 회의였다. 그의 건강도 악화됐다. 영미금융협정으로 시달리고 또 그 결과에 실망하면서 그의 병은 더 나빠졌다. 4월 21일, 부활절 일요일에 케인스는 심장마비로 최후를 맞는다. 당시 그의 나이는 62세로, 충분히 더일할 수 있는 나이였다. 그의 사망 소식을 접한 동료 라이오넬 로빈스(Lionel Robbins)는 케인스의 부인에게 편지를 보내 "케인스는 전쟁터에서 쓰러진 것처럼 조국을 위해 목숨을 바쳤다"라며 위로했다.[18]

영국 경제사학자 로버트 스키델스키(Robert Skidelsky)는 제2차 세계대전이 시작됐을 때 미국 지도자 대부분이 독일이 아닌 영국을 라이벌로 인식했다고 지적한다. 그리고 처칠은 대영제국을 나치로부터 보호하기 위해 싸웠고, 케인스는 미국에 대항해 영국을 강대국으로 보존하기 위해 싸웠다고 평가했다. 덧붙여 영국은 독일과의 싸움에서는 이겼지만, 제국이라는 지위와 그 위대함을 모두 잃었다고 아프게 말한다. 그는 케인스와 화이트 두 사람의 투쟁은 제2차 세계대전 중 있었던 거대한 정치적 투쟁 중 하나였다고 기록한다.[19] 영국의 두뇌였던 케인스의 사망은 영국과 파운드의 몰락을 상징하는지도 모른다.

한편 화이트는 1946년 5월에 IMF 미국 측 이사로 취임하지만 이듬해 3월에 사임한다. 그는 이후 8월에 FBI로부터 소련 간첩 혐의로 조사를 받았다. 9월 초에 그는 심각한 심장마비를 겪은 후 12월까지 투병했다. 1948년 3월 24~25일, 대배심에 출석해 진술했고 대배심에서는 그를 기소할 만한 증거를 발견하지 못했다. 8월 13일, 하원 반미활동위원회에 출석해 증언한 그는 모두진술에서 자신이 진보주의적 전통에 따라 애국적으로 활동했다고 주장했다. 당시 위원회의 최연소 의원이었던 35세의 리처드 닉슨은 화이트를 매섭게 추궁했다. 그리고 23년 후 대통령이 된 닉슨은 화이트가 설계한 브레턴우즈 체제를 무너뜨린다.

증언을 마치고 나온 화이트는 워싱턴 D.C.를 떠나 자신의 별장이 있는 뉴햄프셔로 향하는 열차를 탔다. 이는 2년 전 케인스의 여정을 떠올리게 한다. 화이트는 열차 안에서 격심한 흉통을 느껴 심장마비 진단을 받았고, 그다음 날 세상을 떠났다. IMF의 역사가 제임스 버튼(James Boughton)은 화이트가 IMF 창설의 주역이라고 평가한다.[20]

세계가 다시 혼란에 빠져들지 않도록 전후에 안정된 질서를 구축하려 했던 케인스와 화이트는 이렇게 자신들이 설계한 체제가 제대로 운영되는 것을 미처 보지 못한 채 세상을 떠났다. 두 사람의 땀이 배어 있는 브레턴우즈 체제의 앞날도 그리 밝지 않았다.

미국 금융계의 IMF 견제

루스벨트 정부는 결코 자본의 국제 이동에 대한 엄격한 통제를 하지 않았다. 그래도 은행들은 IMF를 통해 이런 통제가 도입되지 않을까 우려했고 이에 대해서는 확고히 반대했다. 1945년 루스벨트 사후에 모건소와 화이트가 퇴진하고 뉴딜정책이 전반적으로 퇴조하자 금융계가 선호하는 기축통화 접근이 브레턴우즈의 다자주의보다도 더 힘을 얻었다. 특히 이는 1946년의 영미금융협정과 1947년의 마셜 플랜에 대한 이론적 기초를 제공했다.[21]

화이트의 제안 중 외국의 자본 통제에 미국이 협력하도록 한 조항이 초기에 사라진 것은 미국 재무부가 금융계의 이익과 힘에 민감하다는 사실을 반영했다. 뉴욕 은행가들도 미국을 제외한 다른 나라에서는 전후 자본 통제가 필요하다는 것은 인정했다. 그러나 그런 통제는 임시적이어야 한다는 입장이었다. 과거 뉴욕으로 유입된 자본을 운용해 큰 수익을 냈기 때문에 그들은 자본 이동이 전후에 신속히 재개되기를 원했다. 또한 뉴욕 은행가들은 런던 금융계를 확실히 제치고 싶어 했다.

무엇보다 월가에 비우호적인 경제학자나 관료들이 국제기구에서 주도적 역할을 하는 걸 우려했다. 특히 재무부가 은행가들 스스로 만든 BIS를 IMF가 대체하기를 원한다는 뜻이 명백해진 이래 그 반대는 더 심했다.[22] IMF와 국제부흥개발은행은 케인스의 영향을 받은 터라 은행가들은 물가 안정보다 완전고용이 각국 정부의 우선순위가 될까 노심초사했다. 완전고용으로 인해 생기는 인플레이션을 우려했던 것이다.

재무부는 IMF가 자본 통제를 위한 수단이라는 월가의 주장은 틀렸다고 반박했다. 대부분의 자본 수출은 자유롭게 일어날 수 있고, 오로지 소수의 경우에만 외환규제가 부과된다고 주장했다.[23] 이후 실제로도 그렇게 운영되었다. 미국 의회에서 브레턴우즈 협정 비준은 마지막에 재무부가 미국은행협회 및 월가의 주요 은행들과 합의를 이루고 나서야

확실해졌다.

월가가 브레턴우즈 협정에 대한 미국 의회의 찬성을 이끌어내는 조건으로 내세운 것은 범부처적 기관인 국가자문위원회를 창설해 미국의 국제 경제 정책을 감독하는 일이었다. 이는 훗날 정치경제학자들이 말하던 브레턴우즈 협정의 내재적 자유주의(embedded liberalism)가 뿌리를 내리는 데 처음부터 한계가 있었다는 걸 보여준다.[24] 즉, 완전고용 등 사회적 안정과 발전을 우선시한다는 케인스주의적 사고는 브레턴우즈 체제 출범 시 이미 금융계의 강한 견제에 부딪혔던 것이다.

국가자문위원회는 세계은행(World Bank)●이 뉴욕 금융계의 영향력 아래서 민간 국제 투자자, 정부 관료, 경제 전문가 사이의 협력을 촉진하는 국제기구가 되도록 했다. IMF에 대해서도 국가자문위원회 역할은 상당했다. 여기서 미국적 이해가 반영된 IMF 자원의 조건부적 사용이 정책으로 확립됐다. IMF의 지원을 받기 위해 재정, 금융 분야 등에 부과된 조건을 수용해야 했다.

이는 사실상 IMF가 런던 소재 해외채권보유자협회(Corporation of Foreign Bondholders)가 1868년 이래 작동하던 방식을 수용하겠다는 의미였다. 이런 배경 때문에 브레턴우즈 협정은 의회에서 345 대 18로 압도적인 찬성을 얻어 비준되었다.

의회에서 이뤄낸 이 승리는 미국 행정부가 제2차 세계대전 종전 시까지 발전시켜 온 엄청난 국정운영 능력을 상징했다. 이는 제1차 세계대전 이후 윌슨 행정부가 국제연맹에 관한 조약 비준에서 의회에 패배

● 세계은행은 전 세계의 빈곤 퇴치와 개발도상국의 경제 발전을 위해 설립된 다자개발은행이다. 1945년에 설립됐으며 IMF, WTO와 함께 세계 3대 국제 경제기구로 불린다.

했던 역사와 대조된다. 또, 다른 국가들을 미국 중심의 새로운 구도 안에 포섭하는 능력도 이미 브레턴우즈 회의에서 증명되었다.

그렇지만 출범 직후 IMF와 IBRD는 여러 제약 때문에 설립자들이 의도했던 핵심 역할을 충분히 할 수 없었다. 1947년 유럽 경제위기를 구제할 곳은 이제 막 신설된 국제기구나 미국 민간자본이 아니라 미국 정부뿐이었다.

유럽 재건을 위한 마셜 플랜

1947년 6월 5일, 미국 국무부 장관 조지 마셜은 하버드대학의 296회 학위 수여식에서 명예 법학박사 학위를 받았다. 그날 마셜은 11분이 채 안 되는 연설에서 당시까지 가장 큰 규모의 국제 경제 원조 프로그램 추진을 선언했다. 미국이 4년간 130억 달러 규모의 유럽부흥프로그램(European Recovery Program)을 가동해 유럽 국가들을 지원하는 플랜이었다. 이후 이는 '마셜 플랜'으로 불린다.

연설에서 그는 제2차 세계대전이 끝나고 파괴된 유럽 경제가 2년 넘게 어려움을 겪는 중이며 굶주림이 유럽을 휩쓸고 있다고 말했다. 경제적 혼란이 계속되면 정치적 혼란이 발생할 것이고 서유럽에 소련 주도의 공산주의가 득세할 것이라고 그는 판단했다. 트루먼도 같은 생각이었다. 당시 마셜은 매우 인기가 있었고 널리 존경받았다. 마셜은 5성장군 출신으로, 제2차 세계대전 때 육군 참모총장이었다. 그는 1944년 연합국의 프랑스 탈환 작전, 즉 오버로드 작전을 계획했고 미국 역사상 가장 빠르게 큰 규모의 병력을 조직해 승리에 기여한 인물이었다. 이런 그를 1947년 트루먼이 국무부 장관에 임명했다.

그해 4월 마셜은 모스크바에서 스탈린과 소련 외무부 장관 뱌체슬라프 몰로토프(Vyacheslav Molotov)와의 회담을 통해 미국과 소련 사이에 균열이 일어났음을 감지했다. 미국과 동맹국이 소련과 협력하는 것은 끝났다고 확신했다. 서독과 서유럽 대부분은 경제적, 사회적으로 붕괴 직전이었다. 스탈린은 상황이 더 악화되기를 기다리는 것 같았다. 마셜은 모스크바 회담 실패 후 본격적으로 서유럽의 전면적 붕괴를 막기 위한 구상에 착수했다. 그는 조지 케넌(George Kennan)이 실장으로 있는 정책 기획실에 유럽부흥계획을 입안하라고 지시했다. 그리고 하버드대학 연설에서 이를 발표했던 것이다.

케넌이 전략적 논리를 제공하고, 경제 담당 차관보 윌 클레이턴(Will Clayton)이 구체적인 운영 계획을 맡았으며, 경제협력청을 이끄는 폴 호프먼(Paul Hoffman)과 독일 미국관할지역 군사 책임자 루셔스 클레이(Lucius Clay)가 구체적인 실행을 담당했다.

2년 전 공화당은 상하 양원을 모두 장악해 14년에 걸친 민주당의 지배를 끝낸 바 있었다. 트루먼 대통령이 준비된 법안을 통과시키려면 공화당의 협력을 얻어야 했다. 자신의 이름이 들어간 법안이 의회에서 통과될 수 없다고 생각한 트루먼은 마셜의 명성을 이용하기로 했다. 프랑스 외무부 장관 조르주 비도(Georges Bidault)는 마셜을 "살아 있는 미국인 중 가장 위대한 사람"이라고 칭송했을 정도였다. 트루먼은 최악의 공화당 의원도 마셜의 이름을 딴 법안에는 찬성할 거라고 말했다.

의회에서는 상원 외교위원회 위원장인 공화당 아서 밴더버그(Arthur Vandenberg) 의원의 적극적인 역할이 마셜 플랜의 통과에 크게 기여했다. 제2차 세계대전 전에는 가장 유명한 고립주의자 중 한 명이었던 그는 영국의 몰락과 소련의 부상을 지켜보며 미국이 서유럽을 재건해 공산주의에 맞설 통합적 방어벽을 구축해야 한다고 믿었다. 미국 의회를 설득하는 데 가장 유력한 논거는 마셜 플랜이 공산주의 확산을 막는 데 유용하다는 것이었다. 만약 소련이 이 플랜에 참여했다면 의회 통과는 어려웠을 것이다.

트루먼 대통령은 마셜의 하버드 연설 이후 불과 1년 안에 마셜 플랜에 서명했다. 훗날 2015년에 국무부 장관이었던 헨리 키신저는 마셜의 연설은 국제 질서 구축에 미국이 항구적 역할을 해야 한다는 강력한 요청이었다고 풀이했다. 또 마셜 플랜으로 미국의 고립주의는 끝나고 절망과 혼란에 대한 전쟁을 선포함으로써, 미국이 서유럽 복원과 세계 질서 구축에 대해 장기적 책임을 지게 됐다고 평가했다.[25]

마셜 플랜의 핵심 아이디어는 유럽 국가들이 공동으로 플랜을 입안하면 미국은 서유럽 재건을 지원하겠다는 것이었다. 미국의 목표는 서독의 생산을 진흥하고, 서유럽 국가 사이의 경제적 통합을 확대하는 것이었다. 이를 통해 무역, 소비, 경제성장이 증진되길 바랐다. 지금은 당연한 것으로 여겨지는 서유럽의 통합은 사실 마셜 플랜으로 시작됐다.[26]

마셜 플랜은 실용적으로 문제에 접근했다. 1947년 겨울은 유럽에 매우 힘든 시기였다. 거의 모든 것이 파괴됐고, 사람들은 굶주렸으며, 경제는 엉망이었다. 이탈리아와 프랑스의 물가상승률은 각각 62%, 49%였다. 이런 참담한 상황에서 미국은 유럽이 전쟁 전 생활수준으로 회복하기 위한 핵심 열쇠는 독일 경제가 부활하는 것이라고 결론지었다. 그렇다면 미국의 지원으로 독일을 재건하고 다른 유럽 국가들의 경제를 부흥해야 했다.

2년 전 히틀러가 사망한 후, 독일은 4개 지역으로 분할됐다. 독일 사람들은 혐오의 대상이 됐고, 승전국인 소련과 프랑스는 자국의 경제 회복을 위해 독일에 배상금 청구를 고려 중이었다. 나치의 피해국이었던 많은 유럽인, 특히 프랑스와 소련이 독일의 부흥을 경계했다. 이 우려를 불식하기 위해서는 미국이 유럽에 개입해야 했는데, 소련이 이를 경계했다. 반면 대부분의 미국인은 더 이상 외국의 사정에 개입하고 싶지 않아 했다. 나중에 국무부 장관이 된 딘 애치슨(Dean Acheson)은 당시 미국인들의 입장을 이렇게 요약했다. "군인들은 귀국시키고, 산타클로스가 되지 마라."[27]

당시 유럽의 총 무역 적자는 1946년 58억 달러에서 1947년 75억 달러로 증가했는데, IMF는 달러 부족 문제에 무력했다. 세계 무역으로 급속히 진전된 거대한 불균형을 감당하기에 기금의 규모는 너무 작았다. 전후 달러 부족은 IMF가 예견하지 못한 사태였다. 이 기구는 가맹국 간 국제수지의 단기적 불균형에 대응하는 것이 주요 기능이었고, 더구나 가맹국들이 아직 과도기 기간이었기에 직접 개입할 근거도 빈약했다. IBRD도 지원 능력이 현저히 부족했다. 결국 이 달러 부족 문제를 해결한 것은 마셜 플랜이었다.

마셜 플랜은 성공적이었다. 1948~1952년에 미국은 133억 달러를 지원했다. 이는 유럽이 IMF에서 인출할 수 있는 금액의 네 배 이상이자 IMF 협정상 규정된 미국 부담액의 여섯 배에 이르는 금액이었다. 대부분의 돈은 처음 2년 동안 지출됐다. 마셜 플랜에 참여한 16개 국가에서 GDP와 투자가 증가하고, 산업은 근대화되고, 채무는 줄었다. 마셜 플랜으로 참여국의 산업 생산이 60%가량 성장했다. 이렇게 촉발된 경제성장으로 서유럽에는 민주주의와 자본주의가 확고히 뿌리를 내렸다. 공산주의가 확산할 토양이 사라진 것이었다.

참여국들은 민주주의 국가로 남고, 서독은 주요 경제대국이자 민주주의 국가로 재부상했다. 마셜 플랜의 유럽 측 실행 기구로 유럽경제협력기구가 설립되었고, 이는 후에 유럽석탄철강공동체의 창설로 이어졌다. 이런 과정은 훗날 유럽연합(European Union, 이하 EU)과 유럽 단일통화 '유로(EURO)' 창설의 기초가 된다.

NATO의 탄생, 냉전의 시작

마셜 플랜을 입안하면서, 리얼리즘이 미국의 전략적 사고로 자리 잡았다. 지정학에 대한 관심이 늘어났고, 영국의 지정학자 핼퍼드 매킨더(Halford Mackinder) 같은 인물들의 사고가 영향을 미쳤다.[28] 마셜 플랜이 선언되기 2년 전부터 이미 미국은 적국이나 적대적 연합세력이 유라시아를 지배하지 못하도록 저지하는 것이 국가 안보의 과제라고 인식했다. 이는 나치와 일본을 상대로 전쟁을 치른 경험에서 도출된 것이었다.

스탈린은 마셜 플랜이 반소련적인 독일군을 다시 부활시키려는 계획이라고 보았다. 또 미국이 유럽을 정치적, 군사적으로 지배하기 위한 악의적 기획이라고 비난하기도 했다. 폴란드, 체코 등에서 마셜 플랜에 관심을 보이자 동유럽마저 잃어버릴까 우려했다. 소련은 1947년 7월, 동유럽 국가들에 마셜 플랜 관련 회의에 참석을 금지하는 전문을 보냈다. 이 시점에서 이미 미국과 소련의 냉전 시대가 시작되었다.[29]

스탈린은 마셜 플랜으로 서유럽에서 미국이 항구적으로 힘을 갖게 됐다고 판단하고, 동유럽 지배에 더욱더 주력했다. 1947~1948년에 체코에서 공산주의 세력이 집권하도록 조종하고, 1948~1949년에는 베를린을 봉쇄했다. 중부, 동부 유럽은 소련의 영향권에 귀속되었고, 독일은 분단되었다. 마셜 플랜은 냉전 질서가 본격화되는 기점이 되었다.

마셜과 그의 참모들은 독일 서부가 유럽의 전반적 재건에 핵심이라고 판단했다. 특히 독일의 석탄은 다른 지역의 산업 생산에는 필수적이었다. 케넌의 최우선순위도 루르 계곡에서 석탄 생산을 확대하는 것이었다. 유럽의 재건을 위해서는 독일의 산업 생산이 부활해야 했는데 특히 석탄, 식량, 철강, 비료 등의 생산이 선행되어야 했다. 라인강 주변 자원의 효과적 이용에 달렸던 것이다. 하지만 독일 산업의 부흥은 나치로부터 받은 상처가 깊은 유럽 국가들에 위기감을 불러일으켰다.

서유럽 국가들은 동유럽 국가들에 지배력을 강화하던 스탈린에 대해서도 우려했지만, 여전히 히틀러의 유령도 두려워했다. 프랑스는 안전보장 없이는 미국이나 영국이 서독에 관해 추진하는 부흥 정책에 찬성할 수 없다는 입장이었다. 이런 프랑스의 우려를 고려해 미국은 이전에는 하지 않았던 개입을 하기로 결정했다. 미군을 유럽에 주둔시켜 불안해하는 유럽 국가들에게 안정감을 제공한 것이다. 이렇게 해서 1949년 4월 북대서양조약기구(North Atlantic Treaty Organization, 이하 NATO)가 설립됐다. NATO는 마셜 플랜의 직접적 결과였다.[30] NATO 초대 사무총장 헤이스팅스 이즈메이(Hastings Ismay)의 말을 빌리면 NATO의 목적은 "소련 배척, 미국 참여, 독일 억제(the Soviet Union out, the Americans in and the Germans down)"였다.[31]

요컨대 NATO는 서유럽 동맹국들이 부활한 독일과 경제적 상호의존 관계를 받아들이기 위해서 필요한 군사 전략이었다. 하지만 이는 케넌의 의도와 달리 소련 봉쇄 전략이 군사화되는 것이기도 했다.

마셜 플랜은 NATO의 설립 없이는 성공하기 어려웠을 것이다. 마셜플랜의 정치적 성과도 컸다. NATO는 프랑스, 이탈리아에서 공산당 세력 확산을 저지했다. 마셜 플랜의 최대 성과는 서독의 부활이었다. NATO가 설립되고 한 달 후 서독이 건국되었다. 마셜 플랜은 서독을 유럽에서 가장 역동적인 경제 대국으로 만드는 틀을 제공했다. 소련도 1949년 10월에 동독을 건국했다. 사실 NATO는 미국이 예상하지 못한 결과였다. 하지만 이 기구 설립이 오히려 유럽 통합의 계기가 되었다.

유럽결제동맹의 등장

전후 유럽에서는 달러 부족으로 수입을 제한하는 상황이었다. 미국은 높은 관세와 풍부한 국내 상품으로 유럽 상품을 대체했다. 그 결과, 사실상 유럽산 소비재 수출이 부족해 달러 공급은 미국 내에서만 이뤄졌다. IMF 설립 시 고평가된 유럽의 통화가치로 인해 수출은 더 힘들었다. 이 문제를 해결하기 위해 유럽은 세 가지가 필요했다. 달러 공급을 늘리고, 달러 대비 통화가치를 낮추고, 달러 수요를 줄이는 것이었다.[32]

마셜 플랜으로 유럽에 달러가 대량 공급됐지만 이것만으로는 달러 부족을 해소하기 어려웠다. 특히 영국이 그랬다. 1948~1949년에 미국의 경기 침체로 유럽 상품에 대한 수요가 더 감소됐고, 그 결과 달러 부족은 심화됐다. 달러 지역과의 무역이 조기에 균형을 이룰 것이라는 유럽의 희망은 사라졌다. 스털링 지역으로부터 미국 수입이 1949년 1분기에서 3분기 사이에 50% 감소했다.[33] 스털링 지역이 생산하는 원자재 수입이 미국 수입의 대부분을 차지하는데, 경기 침체로 인해 타격을 입었다.

1949년 9월, 영국 정부는 파운드당 4.03달러에서 2.80달러로 30.5%
평가절하를 단행한다. 경기 침체는 평가절하의 직접적 계기가 되었다.
IMF 협정은 무의미했다. 영국은 IMF에 겨우 24시간 전에 평가절하를
통지했다. 23개국이 일주일 내에 뒤이어 평가절하를 단행했다. 평균적
으로 달러 가치는 유럽 통화권에서 약 20% 상승했다. 그러자 유럽 상품
이 더 수출 경쟁력을 갖게 됐다. 미국은 유럽의 평가절하에 대해 공식적
반대에서 용인하는 쪽으로 입장을 바꾸었다. 영국의 준비자산은 2년 내
세 배 증가했다. 프랑스도 외환 규제를 완화할 수 있었다. 절하 폭이 큰
나라에서 국제수지가 더 많이 개선됐다. 하지만 달러 부족은 완전히 해
소되지 않았다.

무엇보다 유럽 내 달러 수요를 줄여야 했다. 이를 위해 유럽의 무역
과 결제 문제를 해소하려는 유럽결제동맹(European Payments Union, 이
하 EPU)이 1950월 9월에 설립됐다. 미국이 EPU 초기 운영에 필요한 자
금 2억 7,160만 달러를 제공했다. 통화교환성이 회복되지 않은 과도기
에 케인스의 국제청산동맹 아이디어에서 영감을 얻은 것이다. 이 동맹
에서 유럽 국가는 자국의 통화를 이용해 다른 유럽 국가에 수입 대금을
결제했다. 가맹국에 제공된 신용은 IMF 협정이 정한 쿼터 및 인출권과
유사했다.

EPU는 1950년에 시작돼 2년간 운영될 예정이었으나, 1958년까지
지속되었다. EPU의 결제 정산 시스템의 실무적 관리는 BIS가 담당했다.
EPU가 종료된 1958년 당시, 거의 30억 달러의 신용이 잔존했다. 이는
IMF 협정이 정한 쿼터의 50% 이상에 달하는 수준이었다. 이는 IMF 협
정에서 정한 쿼터와 인출액이 부족하다는 사실을 보여줬다.[34]

가맹국들은 EPU 내 무역장벽을 조기에 제거했지만, 미국의 수입 제

한은 오래 유지했다. 미국은 이런 무역 차별을 용인했는데, 마셜 플랜에도 불구하고 달러 부족이 전후 심각한 문제라는 점을 인정했기 때문이다. 전후 국제통화 질서는 미국과 달러가 예외적 역할을 한 비대칭적 시스템이었다. EPU를 통해 서유럽 국가들은 유럽 내부에서 달러를 사용하지 않고 무역을 늘릴 수 있었다. 서유럽의 수입은 미국에서 서독으로 대상이 바뀌었다.

이러한 일련의 조치는 유효했다. 서독은 원자재를 수입해 자본재를 수출했다. 서유럽이 대부분의 석탄과 산업 자재를 미국에서 달러로 수입해야 하는 상황도 끝났다. 유럽 내에 분업 체제가 들어섰다. 수에즈 운하 사태 기간을 제외하고, 미국의 서유럽에 대한 경상수지는 1950년 내내 하락세였고, 1950년대 말에 이르러서는 대규모 적자 상태에 빠졌다. 같은 기간에 자본 수출 및 경제 원조는 미국의 무역흑자를 훨씬 넘어서는 규모였다. 그 결과 1950~1956년에 유럽의 달러 보유액이 두 배 증가하고, 미국에서 금이 유출되었다. 1958년이 되자 화폐용 금 보유량은 미국과 나머지 IMF 가맹국 사이에 반반 정도가 됐다. 유럽이 달러로 수입하는 것을 기피할 이유도 점차 없어졌다. 달러 보유량이 증가하자 유럽은 EPU를 종료하고, 그해 12월에는 경상거래에 대해 통화교환성을 회복했다.

IMF와 세계은행은 전후 초기 위상이 약화되었다. 세계은행이 1947년 5월에 최초로 대출을 실행한 후 1953년까지 이뤄진 총 대출액은 7억 5,300만 달러에 그쳤다. 한편 IMF는 1947~1951년에 인출액이 8억 1,200만 달러 정도였다. 마셜 플랜에 비하면 아주 소액이었다. IMF는 당시 통화교환성 회복이 지연되고 만성적으로 국제수지 문제가 발생하는 세계에 적응하는 데 시간이 걸렸다.

미국은 마셜 플랜과 그 이후 다른 지원과 군사비 지출 등을 통해 막대한 자금을 유럽 등에 공급했다. 다시 말해 케인스가 방코르 설계 시 내세웠던 흑자국의 책임을 자발적으로 부담한 셈이었다.

일본의 마셜 플랜과 같았던 한국전쟁

1950년 한국전쟁이 시작되자 미국은 일본으로부터 군수품을 조달하기 시작했다. 이는 일본 경제에 큰 선물이었다.

당시 일본의 GNP는 평균적으로 매년 10% 이상 성장했다. 산업 생산은 50% 이상 증가했으며 전쟁 개시 후 2년간 수출은 53%, 전체 무역은 84% 늘었다. 1950년 6월부터 1954년 7월에 미국은 거의 30억 달러를 군수품 구입으로 일본에 지출했다. 이는 미국이 여러 비공산권 국가에 지원한 금액의 거의 60%에 해당했다. 그만큼 한국전쟁은 일본 경제 회복에 결정적 사건이었다.

미국 국제정치학자 찰머스 존슨(Chalmers Johnson)은 한국전쟁은 일본에 있어서 서유럽의 마셜 플랜과 같은 역할을 했다고 평가했다.[35] 일본은행의 이치마다 히사토 총재는 한국전쟁 시 미국의 전비 지출을 "신의 도움"이라고 말했다.

1950년대에 나타난 미국의 변화

1950년대 미국 경제에는 세 가지 변화가 있었다. 첫 번째는 1950년에 체결된 디트로이트협약이다. 미국 최대 제조기업 제너럴모터스와 전국 자동차노조가 맺은 이 협약은 기업 차원의 임금과 복지 혜택을 늘리되, 조합은 공장 생산에 대한 경영진의 통제를 받아들이는 것을 골자로 한다. 이 협약 이후로 노조는 더 이상 생산을 관리하는 사용자 측의 권리에 도전하지 않게 되었고, 1930년대에 제기되었던 자본주의 시스템에 대한 의문도 사라졌다. 디트로이트협약은 생산주의의 본보기였다. 이를 통해 기업의 임금 인상을 국가 생산성 증가 추정치와 연계하고, 생활비지수를 통해 인플레이션으로부터 보호할 수 있게 됐다. 이 모델은 마셜 플랜과 함께 유럽에 수출되기도 했다.

두 번째는 미국 금융기관들이 노동자층의 소비 증가를 이용하여 수익을 얻기 시작한 점이다. 금융기관들은 특히 주택담보대출과 소비자대출, 건강보험과 연금 등에 관여했다. 뉴욕 투자은행은 상업은행 업무에서 배제돼 전통적으로 느린 상업은행 문화와는 다른 비즈니스를 창출했다. 이들은 인프라 건설의 자금 조달이나 기업, 국가, 세계은행 등의 채권 발행에서 독보적 역할을 했다. 금리는 낮았지만 상업은행들은 높은 수익성을 유지했다. 1950년대 10년간 평균 수익증가율은 은행업이 제조업에 비해 40% 높았다.

한편 1947년, 법무부가 투자은행들이 독점을 하고 있다며 소송을 제기했지만 대법원에서 패소했다. 이는 월가가 독점시장이 아님을 인정받은 사건이었다. 이로써 월가는 독점자본의 본고장이라는 이미지에서 벗어났다. 이런 상황을 반영해 제도적으로 정리된 것이 연준과 재무부 사이에 이뤄진 1951년 협약이었다. 이 협약에서 연준의 거시경제 안정과 물가 안정 책임을 강화했다. 이는 행정부가 인플레이션을 유발하는 금융정책을 실시하지 못하도록 하는 장치였다. 협약 전에는 뉴욕 연준은행이 재무부의 대리인이라서 국채 매도 가격은 재무부가 일방적으로 정했다. 그러나 이제 새 협약으로 연준이 주도적으로 시장을 운영하게 됐던 것이다.

세 번째로 시장의 힘이 채권 가격을 결정하게 됐다. 월가의 채권 딜러들은 자치적인 조합을 조직해 자유로운 국채시장이 되도록 했다. 충분한 깊이와 넓이를 갖춘 국채시장이 형성되자, 딜러들은 투기적 거래도 할 수 있게 됐고, 시장의 힘이 세진 것이다. 이런 상황에서 연준의 공개시장위원회는 무질서한 상황일 때만 개입했다. 금융자본의 인플레이션에 대한 적대감은 금융정책을 시행할 때 반드시 고려해야 했다. 인플레이션이 우려되면 시장의 국채 수요는 감소했다. 이로써 월가의 힘은 커졌다. 머지않아 재무부는 채권 딜러들을 초대해 재무부의 자금 조달 계획에 대해 자문을 얻기도 했다.

10장

흔들리는 달러와 유로달러의 태동

기축통화가 된 달러는 딜레마에 봉착한다. 달러가 전세계에 널리 공급되면서, 늘어난 달러를 금으로 태환해 달라는 요구를 받게 된 것이다. 미국의 금 보유량이 감소하면서 금에 대한 달러 가치를 일정한 수준으로 유지하기가 힘들어졌다. 트리핀딜레마가 현실화된 것이다.

달러 가치 안정을 위해 미국 주도로 골드풀 제도도 실시했지만 한계가 있었다. 미국은 달러 가치 유지를 위해 유럽에 정치적 압박도 가하고 자본 이동 통제도 한다. 한편, 미국 밖에서 유통되던 달러가 역외시장을 형성해 독자적으로 움직이는 유로달러시장이 탄생했다. 역외에서 달러 표시 채권 발행을 하는 유로본드시장도 출현했다. 흥미로운 사실은 이 시장이 탄생하는 데 공산권 국가들이 깊이 관여한 것이다.

유로달러시장을 통해 대규모의 달러 자금이 이동하게 되자 고정환율제를 근간으로 하는 브레턴우즈 체제에 큰 틈이 생겼다. 또, 유로달러시장의 규모가 커지면서 금융당국이 아니라 민간이 주도하는 이 시장의 위상도 날로 강화되었다. 결국 브레턴우즈 체제는 흔들린다.

수에즈 운하 사태로 드러난 미국의 금융 파워

1956년 10월 29일 밤, 이스라엘군은 수에즈 운하로 진격했다. 이틀 뒤인 31일에 영국과 프랑스군이 수에즈 운하의 군사 시설에 공중폭격을 가하자, 11월 1일에 이집트 대통령 가말 나세르는 수에즈 운하를 봉쇄했다.

이 분쟁의 발단은 3개월 전으로 거슬러 올라간다. 7월 19일, 아스완하이 댐 건설을 위해 서방 측이 약속한 세계은행 차관 2억 달러가 취소되었다. 이집트의 친소련 행보가 원인이었다. 이에 이집트인들은 분노했다. 7월 26일에 나세르는 수에즈 운하의 국유화를 선언하고 운하의 수입으로 아스완 하이 댐을 건설하겠다고 발표했다. 수에즈 운하의 이권을 포기하고 싶지 않은 영국과 장기화되는 알제리 문제를 수습하기 위해 나세르 정권을 타격할 필요가 있었던 프랑스, 이집트군을 시나이 반도에서 몰아내려는 이스라엘의 이해가 일치하면서, 세 나라는 10월 말에 군사적으로 문제를 해결하기로 결정했다.

하지만 미국의 아이젠하워 대통령은 오히려 영국과 프랑스의 태도를

'신식민주의'라고 지적하며 이집트에서 철수할 것을 요구했다. 이때 미국은 사실상 영국, 프랑스와 적대하고 이집트를 지지하던 소련과 협력했다. 11월 2일, UN에서는 미국 측 주도로 휴전과 철군을 요구하는 결의안이 통과됐다. 당시 미국이 내놓은 비장의 카드는 금융무기였다. 같은 달 5일, 뉴욕 연준은행은 재무부 지시로 파운드를 대량으로 팔기 시작했다. 그 매도 규모는 통화가치 조작을 의심하기에 충분했다.[1] 실제 의도 역시 파운드의 약세를 유발하려는 것이었다. 영국의 대외준비자산은 빠르게 고갈되어 11월에만 2억 7,900만 달러가 감소했다.

영국은 파운드당 2.80달러를 방어하지 못하면 스털링 지역도 붕괴되고 준비통화로서 파운드의 지위도 몰락한다고 판단했다. 미국 정부는 UN 결의를 따르지 않으면 영국을 도울 수 없다고 명확히 공언했다. 또 영국이 미국의 요구를 수용하면 IMF에서 자금 인출을 저지하지 않고 추가로 5억 달러의 무역신용을 제공하겠다고 제안했다. 영국은 굴복하지 않을 수 없었다.

결국 11월 6일에는 영국과 프랑스가, 8일에는 이스라엘이 각각 정전을 수락했다. 이후 잉글랜드은행은 IMF로부터 즉시 5억 6,100만 달러를 인출하고 추가로 7억 3,900만 달러에 대해 스탠바이 협약*을 맺어 총 13억 달러의 지원을 받았다. 가까스로 파운드 몰락을 피했던 것이다.

12월 3일에 영국은 주둔군 철수를 발표했고, 프랑스와 이스라엘도 뒤를 이었다. 이집트는 수에즈 운하 통제권을 확보하고 이듬해 운영을 재개했다. 나세르는 군사적으로는 패배했지만 정치적으로는 큰 승리를

● IMF 가맹국이 국제수지 적자로 단기적인 보전 재원이 필요한 경우, 쿼터의 일정 비율에 해당하는 금액을 일정 기간 및 조건에 인출하여 사용할 수 있도록 하는 제도를 의미한다.

거두었다. 이로써 친(親)나세르 아랍 민족주의가 전 아랍 지역에서 힘을 얻었다. 영국, 프랑스의 굴욕적인 철수는 세계의 패권이 미국과 소련으로 완전히 넘어갔음을 상징적으로 보여준 사건이었다. 특히 미국의 금융무기는 막강한 위력을 발휘했다.

국제 금융시장에 나타난 변화의 조짐

미국에서 다국적 기업은 19세기 말에 등장하여 1920년대에 해외 투자를 가속화했지만 대공황 이후 약 30년간 정체됐다. 그러던 1950년대 후반, 미국 기업들은 유럽 경제 재건으로 투자에 유리한 환경이 형성됐다고 보고 직접투자를 폭발적으로 늘렸다. 1958년, 유럽 내 주요 국가들의 통화교환성 회복과 1959년에 훗날 유럽공동체(European Community, 이하 EC) 구축을 향한 로마조약 체결이 구체적인 계기였다. 미국 기업들은 직접투자를 이용해 유럽의 관세장벽을 우회할 수 있었고 이익을 본국으로 자유롭게 송금할 수 있었다.

국내 시장에서 경쟁력을 갖춘 미국 기업들이 보기에, 통합된 유럽시장은 매력적이었다. 유럽 정부들은 특혜를 제공하며 미국 자본 유치를 위해 조세, 노사관계 등의 영역에서 미국 기업에 유리한 정책을 내세웠다. 이로써 제조업 분야의 직접투자가 1955~1965년에 세 배로 증가했다. 이는 타 지역보다 2.5배나 더 빨리 증가한 셈이었다. 1966년 미국의 외국인직접투자(Foreign Direct Investment, 이하 FDI) 중 40% 이상이 유럽으로 향했다. 그 무렵 유럽에는 미국 기업의 자회사 9,000개 정도가 세워졌다. 투자 재원은 유보이익이 50%를 차지하고, 유럽 금융시장으로부터의 차입이 추가로 30%를 차지해 미국에서의 자본 유출은 20%에 불과했다.

미국 기업 진출로 유럽 기업도 변화했다. 미국 스타일의 기업 소유구조, 다부서 업무 구조 등 기술과 업무 조직, 기업 경영 측면에서 유럽기업에 큰 변화가 일어났던 것이다. 그 영향으로 유럽 사회구조는 독자적 성격을 유지한 반면, 유럽 국가들의 경제 발전은 미국이 개척한 모델을 따랐다. 이에 대해 프랑스 사회학자 레몽 아롱(Raymond Aron)은 유럽이 "캐나다화(canadianized)"●되었다고 표현했다.[2]

그러던 중 런던에 유로달러시장이 생겼다. 제2차 세계대전 종전 후런던 금융계는 점차 활동을 재개했다. 금시장, 외환시장, 상품시장 등이다시 문을 열었고 국제 어음 인수 업무도 재개됐다. 수에즈 운하 사태로파운드의 허약성이 노출되자 런던의 은행가들은 새로운 길을 모색했다. 런던의 머천트 뱅크와 국제은행이 규제받지 않는 국제적 역외 달러시장인 유로달러시장을 자발적으로 만든 것이다.

1950년대 후반부터 점진적으로 국제 자본 이동 규제를 완화하면서영국의 글로벌 금융파워가 다시 부상했다. 영국은 이로써 런던시티를다시금 세계 선도적 금융센터로 복원하고자 했다. 이는 국제금융 관계에 나타난 근본적 변화의 시작이었다. 유로달러시장을 통해 그나마 남아 있던 자본 통제를 우회할 수 있었던 것이다. 즉, 국제금융이 점차 국제무역 흐름과 분리되고, 공적인 국제통화 질서가 사실상 민간 주도의질서로 변화했다.

유로달러시장은 냉전 초기 공산국가들이 달러를 뉴욕 소재 은행에서

● 미국 주변에 있는 캐나다가 미국의 힘에 의해 미국화된 현상에 비유한 표현이다.

파리와 런던에 있는 은행으로 옮긴 데서 기원한다. 유로는 역외라는 의미로, 한국에 있는 은행에 예치된 달러는 유로달러이고 싱가포르에 있는 금융기관에 예치된 한국 원화 예금은 유로원이다. 달러 이외의 다른 통화들도 거래되므로 유로통화(eurocurrency) 시장이라고도 표현하지만, 이 시장에서 달러의 비중이 압도적이어서 통상 유로달러시장이라고 한다.

저술가인 아르만트 판 도마엘(Armand Van Dormaell)은 1950년 한국전쟁이 발발하자 미국이 달러 자산을 몰수할 것을 우려한 중국 정부가 사실상 소련 정부에서 경영하던 북유럽상업은행(Banque Commerciale pour l'Europe du Nord, BCEN)에 헝가리국립은행(Magyar Nemzeti Bank) 이름으로 예치한 것이 유로달러의 시작이라고 주장한다. 원래 유로달러라는 명칭도 이 은행의 텔렉스(telex) 주소가 'Eurbank'였기 때문이었다. 이를 따서 유로은행 달러라는 명칭이 생기고, 유로달러라는 단어가 출현했다는 것이다.[3]

반면 미국 경제학자 하워드 워치텔(Howard Wachtel)은 미국이 중국혁명 때 미국 은행에 있는 중국 계좌를 동결했던 것에서 시작됐다고 본다. 영국 국제정치경제학자 수전 스트레인지(Susan Strange)는 1940년대 후반 미국이 뉴욕에 보관 중이던 유고슬라비아의 금을 몰수하자 중국과 소련 정부가 이에 놀라 그들의 달러를 유럽에 예치하면서 시작됐다고 주장한다. 또 브루킹스연구소 객원연구원이자 저술가인 마틴 메이어(Martin Mayer)는 1956년에 미국이 수에즈 운하 사태에 참여한 나라들의 자산을 동결하겠다고 하자, 소련 정부가 달러를 유럽 은행에 예치한 것이 시작이라고 한다. 세계은행 소속 경제학자 외젠 베르슬루이센(Eugene Versluysen)은 소련 정부가 무기대여법에 따른 대출금 상황을 지연하자 미국이 자산을 압류할까 두려워 유럽에 예치했다고 본다.[4]

이렇듯 다양한 견해가 있지만, 공산권 진영 국가들이 형성한 비거주자 달러 예금이라는 점에서는 모두가 일치한다. 공산국가들이 역설적으로 개방된 역외 달러시장을 만든 것은 흥미로운 일이다.

1958년에 서유럽에서 비거주자의 통화교환성이 회복되고 외환 통제가 완화되자, 유럽에 달러 공급이 더 늘었다. 1959년에는 네덜란드, 서독, 스칸디나비아 및 스위스 은행들 그리고 중동의 산유국들이 베이루트와 런던의 은행을 통해 유로달러시장에 달러를 공급했다. 1950년대에 파리나 캐나다 소재 은행들도 런던과 경쟁해 유로달러 예금 확보에 나섰다. 캐나다 유로달러는 캐노달러(Cano-dollar)라고 불렸다. 그런데 서독과 스위스 은행들, 나중에는 프랑스 통화 당국에서 외국인 보유예금에 대한 이자 지급을 금지하자 유로달러는 런던으로 집중됐다. 중요한 것은 제2차 세계대전 후 미국의 감독이 미치지 않는 역외시장에 달러 예금이 출현했다는 사실이다.

정치경제 전문 저널리스트였던 퍼울 에인지그(Paul Einzig)는 1959년에 쓴 《이코노미스트》 기사에서 "우연히 시장의 존재를 알게 됐다"라고 썼다. 당시 그에게 이 시장의 존재를 알려준 런던 은행가들이 이를 공개하지 말아달라고 부탁했다고 말했다. 1950년대 은행가들은 고의적으로 유로달러시장 논의를 기피하고 비밀로 유지하고 싶어 했다. 런던 금융계의 느슨한 규제로 유로달러시장은 번성했고, 사실상 영국 은행 시스템은 더 엄격하게 규제되는 국내 은행 시장과 느슨한 역외시장으로 양분됐다.

런던 금융계, 유로달러시장을 발명하다

유로달러시장은 런던의 19세기 어음시장과 자유로운 국제금융 시스템에서 유래하는 제도에 따라 달러를 운용하는 것이었다. 더 이상 국제통화 기능을 하지 못하는 파운드 대신 미국 밖에서 유통하는 대량의 달러를 이용하면서, 규제받지 않는 자금시장이 다시 부활했다. 민간 주도의 금융이 다시 자리 잡은 것이었다. 런던의 금융 엘리트들은 유로달러시장을 만들어 1931년에 상실했던 독립적인 위상을 다시 회복했다. 이때 잉글랜드은행의 역할이 컸다. 1946년, 잉글랜드은행은 형식적으로는 국유화되었지만 기본적인 독립성은 유지했다. 여러 면에서 과거처럼 민간 기구의 성격을 간직했던 것이다.

1688년 명예혁명으로 왕, 의회, 시민의 관계가 재조정된 후 1694년에 잉글랜드은행이 설립되었다. 프랑스에 우호적인 가톨릭 왕 제임스 2세를 축출한 후 선포된 '권리장전'은 군주의 절대적 권력을 종식하고 금융혁명을 이끌어냈다. 이 혁명을 통해 영국은 잉글랜드은행을 중심으로 근대적 금융시장의 제도적 기초를 정립했다.[5] 그 덕에 충분한 자금을 확보해 프로테스탄트였던 윌리엄 3세가 프랑스를 상대로 성공적으로 9년전쟁을 수행하고, 영국을 강력한 재정·군사 국가로 변모시켰다. 그 결과 영국은 18세기 유럽에서 지배적 위상을 차지했다. 이후 휘그(Whig) 세력이 중심이 된 금융파워는 정부 내에서 확실히 자리를 잡고, 국가와 시민 사이에서 중개인의 역할을 수행한 런던 금융계는 점점 더 부유하고 힘이 강해졌다.[6] 금융에 관한 한 영국 정부의 권한은 약했다.

이렇듯 유로달러시장의 기원을 살펴보면 19세기 코스모폴리턴적인 중상주의, 국제주의 시대를 넘어서 1688년 명예혁명과 휘그당의 금융

파워까지 거슬러 올라간다. 유로달러시장은 영국의 발명이었다. 영국 은행가 조지 볼턴은 잉글랜드은행의 경영에도 참여하고 후에 런던남 미은행(Bank of London and South America, BOLSA) 회장으로 일했는데, 그가 1950년대 후반 유로달러시장 창설을 선도했다.

1957년 유로달러시장의 출현은 오늘날의 국제금융 시스템의 초석이 됐다. 1931년에 참담하게 몰락했던 민간 은행과 중앙은행이 다시 자유주의적 국제주의의 주역으로 등장하게 된 것이다. 특히 민간 은행들은 유로달러시장을 통해 1931년에 시작된 영국 정부의 공적인 규제와 브레턴우즈 협정에서 이탈할 수 있었다. 국제금융 시스템에 틈을 만들어 자본이 역외로 도피할 수 있게 된 것이다. 이 움직임은 처음에는 물방울처럼 사소하게 시작했지만 마침내 거대한 파도가 됐다. 신자유주의적 입장에서는 긍정적인 발전이었다.

1957년 파운드 위기 후 유로달러시장이 이륙하기 시작했고, 이듬해 말 유로달러시장의 예금 금리는 미국 금리보다 높았다. 게다가 유로달러시장은 최소 지급준비금 의무도 없고 만기 제약도 없어서 미국 시장에 비해 유리했다. 또 글래스-스티걸법도 적용되지 않아 투자은행, 상업은행의 구분도 없었다. 유로달러시장은 미국 은행들이 규제가 심한 자국에서 벗어날 수 있는 해방구였다. 여기에 달러를 공급하고 또 필요한 달러를 조달하기도 했다.

런던의 유로달러시장은 서유럽에서 자본 통제가 완화될 때 폭발적으로 성장했다. 이때는 무역 및 FDI의 증가로 자금 조달의 필요성이 커지고, 유럽에도 달러가 풍족했던 시기였다.

유로달러시장이 초기에 이륙하는 동안 가장 중요한 자금원은 유럽 중앙은행들과 BIS였다. 유럽 국가들이 국제수지 흑자를 기록하자 각국의 중앙은행들은 잉여달러를 이 시장에 공급했다. 브레턴우즈 체제 내에서 자국통화 환율을 유지하고 국내 통화 공급량을 제어하기 위해서였다. 그들은 잉여달러를 유로달러시장에 직접 혹은 BIS를 통해 예치하거나, 자국 상업은행들과의 스와프 거래를 통해 맡겼다.[7] 유럽 중앙은행들은 또 유로달러시장에서 달러를 차입하기도 했다. 이는 자국 환율을 방어하거나 대외준비자산을 비축하기 위해서였다. 그래서 1963년 유로달러시장에 있는 총 자금에서 적어도 3분의 2는 유럽 중앙은행들로부터 나온 것이었다.[8]

1960년대 초, 유럽 중앙은행들이 약 30억 달러 규모의 런던 내 유로달러 예금을 보유했다. 또 다른 몫은 미국 기업들이 가지고 있었다. 이들에게 런던에서 영업하던 은행들은 유로달러 예금에 대해 높은 이자를 지급할 수 있었다. 반면 미국 내에서는 금리 규제로 인해 높은 이자를 지급하기가 어려웠다. 또, 미국 은행들은 유로달러시장에서 자금을 들여와 미국 내에서 영업을 확대하기도 했다. 이렇듯 런던 유로달러시장은 뉴욕 금융시장과 밀접한 보완 관계를 맺었다.

유로달러시장의 역설

유로본드는 채권의 발행자가 발행지의 통화가 아닌 다른 통화로 발행하는 채권을 지칭한다. 예를 들면 런던에서 달러로 채권을 발행하는 것이다. 역외 달러시장인 유로달러시장이 단기 자금시장이라면 역외 채권시장인 유로본드 시장은 장기 자금을 조달하는 시장이다. 이 두 시장을 합쳐서 유로시장이라고 부르기도 한다.

최초의 유로본드 발행은 1963년 7월로, 이탈리아 회사 오토스트레이드(Autostrade)가 발행하고 이탈리아의 국영기업인 산업재건공사가 보증한 채권이었다. 유로달러시장에서 달러 표시로 발행된 이 채권의 발행은 영국의 머천트 뱅크인 SG워버그컴퍼니(S. G. Warburg&Co.)가 주도했다. 볼턴은 잉글랜드은행에 유로본드 발행의 길을 열어주도록 요청했고, 1963년 초에 승인을 얻었다. 유로본드 개척자들은 외국 통화를 취급하는 국제 자본시장으로서 런던의 역할을 복원하는 것이 영국이 유럽과 더 깊게 통합되는 데 도움이 된다고 믿었다.

한편 미국의 국제수지 문제가 악화되자, 당시 재무부 장관 더글러스 딜런(Douglas Dillon)은 1962년부터 유럽인들이 자체적으로 국제 채권시장을 발전시키도록 장려했다. 그는 이를 통해 뉴욕 채권시장을 통한 자본 유출 압박에서 어느 정도 벗어날 수 있다고 판단했던 것이다. 국내 자본 통제를 강화하는 대신 유럽이 자본시장을 자유화해 미국의 압력을 덜어줄 것을 기대한 조치였다.[9] 딜런이 의도한 바는 아니었지만 그의 조치는 주로 달러 표시 채권 발행이 이루어지는 역외 채권시장, 즉 유로본드시장 발전을 장려한 것이었다. 유럽의 장기 자본시장 복원은 그 후 수십 년 동안 매우 중요한 의미를 갖는다.

유로달러 채권 발행은 1963년 1억 4,800만 달러에서 1970년 27억 달러로 급성장했다. 뉴욕의 투자은행들이 이 시장을 지배했다.[10] 단기적인 성격의 도매 달러 자금 시장인 유로달러시장과 함께 장기적인 성격의 자본을 제공하는 유로본드시장은 매우 성공하여 1963~1973년의 첫 10년 동안 330억 달러 상당의 유로본드가 발행됐다. 1985년경에는 그 규모가 연간 580억 달러로 성장한다. 유로본드시장에서는 다른 통화로 표시된 채권도 발행됐지만, 주로 달러 표시 채권을 발행했다.

한편 미국 연준은 1960년경 유로달러시장의 존재를 알았다. 그들은 이 시장이 미국 국제수지와 국제금융 시스템에 미치는 영향에 관심을 기울였다. 1962년 뉴욕 연준은행에서는 런던에 실무자를 보내 유로달러시장을 조사했다. 그들은 미국의 금리 규제로 국제 대출시장의 중심이 대서양 건너편으로 이동하고 있다는 증거를 확인하고 우려했다. 한편 미국 재무부는 이보다 좀 더 늦게 유로달러시장을 인지했다. 미국 은행가들은 훗날 미국 당국에 런던과 비슷한 수준으로 미국 금융시장을 자유화하도록 압력을 가했다.

유로달러시장의 상대적인 고금리가 미국 달러 자금을 흡인했다. 그러나 유로달러시장은 국제수지 문제를 해결하려는 미국의 시도를 방해했다. 금이나 다른 통화로 전환될 수 있는 달러가 역외에 더 많이 집적되면서 달러가 투기적 공격에 취약해졌던 것이다.

그런데 다른 한편으로 미국 당국은 유로달러시장의 의외의 효과에 주목했다. 민간 채권자들이 유로달러시장에서 달러를 보유하는 것은 중앙은행의 외부에 달러를 보유하는 것이므로, 미국 금 보유액의 지속적 하락을 방지할 수 있었던 것이다. 당시 미국 연준은 외국 중앙은행 등 통화 당국의 금 태환 요구에 응할 의무만 있었고, 민간인은 금 태환을 요구할 권리가 없었다. 그 결과 잠재적으로 외국 중앙은행의 미국에 대한 금 태환 요구 가능성을 낮춰서 달러를 강하게 하고 브레턴우즈 체제를 유지할 수 있었다.

이는 유로달러시장의 역설이다. 유로달러시장은 한편으론 투기적 공격에 대한 달러의 취약성을 키운 데 반해, 달러 사용이 크게 확대되도록 함으로써 달러 패권을 더 강화했던 것이다.

미국 은행들의 런던 진출

이런 배경 속에 1960년대 미국 은행들은 런던으로 대거 진출하기 시작한다. 1959년에는 7개에 불과했던 미국 은행 지점이 10년도 지나지 않아 36개가 됐고, 1975년에는 58개로 늘어난 것이다. 이로써 미국 은행의 영국 내 예금은 70배 증가했다. 1970년이 되면 영국의 머천트 뱅크들은 퇴조하고, 미국 은행들이 런던 유로달러시장에서 가장 힘센 플레이어로 활약하게 된다. 런던이 사실상 뉴욕 금융시장의 연장이 된 셈이었다. 유럽에 진출한 미국 기업들도 뉴욕보다는 유로달러시장에서 돈을 빌렸다. 1960년대 초 유로달러 금리가 미국의 연방기금금리보다 약간 높았는데, 미국 시장에서 자금을 유치하기 위해서였다. 미국이 1960년대부터 금융긴축을 실시하고 뉴욕 은행들이 런던 지점을 통해 자금을 조달하자, 유로달러시장 금리도 올랐다.

잉글랜드은행은 1963년부터 미국 은행들의 활동에 주목했다. 미국 은행들의 진출 덕에 유로달러시장의 위상이 올라갔고, 그 결과 잉글랜드은행의 지위도 상승했다. 잉글랜드은행은 유로달러시장에서 최고 권위자가 됐다. 영국과 국제금융계에서 잉글랜드은행의 중요성을 다시 내세울 수 있게 된 것이었다.

하지만 미국 은행들의 진출로 인해 잉글랜드은행은 외국 은행에 대한 책임과 권한을 고민해야 했다. 고민의 결과, 잉글랜드은행은 위기 시에는 영국 은행들 외에는 책임을 부담하지 않겠다고 결론지었다. 외국 은행의 런던 지점과 관련된 일은 본점 소재지 국가의 책임으로 규정했다.

BIS에서도 유로달러시장의 존재를 인지했다. 잉글랜드은행은 이미 1963년 BIS 회의에서 미국 은행들의 런던 지점들이 유로달러시장에서 매우 적극적이라는 사실을 인정했다.

미국 재무부와 연준 입장에서 미국 은행들의 유로달러시장 진출은 양면적인 사건이었다. 금융규제를 피하고 국내 달러 공급에 대한 의존으로부터 벗어난 미국 은행들은 미국의 금융정책을 크게 훼손할 수 있었다. 이는 1960년대 중반부터 명백해졌다. 그러나 이 시장의 영향으로 미국에서 자본 유출 규모가 일부 감소하기도 했다. 그런 면에서 미국의 국제수지 문제를 어느 정도 완화할 수 있었다.

영국 은행들 입장에서 미국 은행들의 유로달러시장 진출은 반가운 일이었다. 미국 은행들과 경쟁하다 보니 시장점유율은 떨어졌지만 유로달러시장이 성장하여 영국 은행들의 자산이 증가했기 때문이다. 유로달러시장에서 미국의 점유율 확대는 놀라웠다. 영국 은행들의 시장점유율은 1962년 약 40%에서 1970년 약 25%까지 하락한 반면, 미국 은행들의 경우 1962년에 약 20%였으나 1970년에는 55%로 급상승했다.[11]

미국 은행들은 국제 컨소시엄대출을 개발하고 더욱 혁신적 금융 상품을 도입했다. 가장 유명한 것이 국제적으로 양도 가능한 CD(Certificate of Deposit)였다. 미국 은행들은 자국에서는 규제 때문에 제공할 수 없었던 발전된 서비스를 비교적 자유로운 런던에서 제공하기 시작했다. 미국의 유로달러시장 진출로 뉴욕 시장과 런던 시장은 더 긴밀히 통합됐고, 금융정책에서 상호의존성이 더 강화되었다. 하지만 이는 동시에 양국 금융 당국의 자율성에 제약이 되기도 했고 훗날 국제금융 질서의 혼란을 일으킨 원인이 되었다.

영국과 미국을 포함한 은행 간의 재예금(re-deposits)을 제외하고 총 유로달러 예금은 1960년 10억 달러에서 1967년 190억 달러, 1970년 570억 달러, 1975년 2,150억 달러, 1983년 1조 500억 달러로 성장했다. BIS에 따르면 1965~1978년에 매년 30%의 성장세를 보였는데, 이는 세계 통화량 증가율의 세 배에 달하는 수치였다.[12]

1960~1970년대에 글로벌 자본이 출현하면서 런던은 세계 유수의 국제 금융센터로 다시 떠올랐다. 유로달러시장은 국가의 간섭을 받지 않는 자율적 시장으로 발전했다. 반면 영국의 산업은 점점 명성을 잃었다.

만약 유로달러시장이 없었다면 1960년대 국제무역의 확대에 필요한 국제유동성 공급이 미국 금 보유고의 급속한 감소로 이어지고, 브레턴우즈 체제의 몰락은 더 빨라졌을 것이다. 유로달러시장은 영국의 오래된 금융전통 속에서 출현했지만, 미국 은행들의 진출로 그 규모와 성격이 변화했다. 영국과 미국의 상호작용은 이후에도 지속됐다.

한편 싱가포르는 1970년대 초부터 이뤄진 정부의 적극적 노력으로 아시아 유로달러시장의 중심지로 부상했다. 한국 산업은행은 1970년 6월에 20여 개의 미국 및 영국 은행들로부터 2,500만 달러를 유로달러시장에 조달했다. 이는 한국 국제금융사에서 중요한 사건이었다. 이후 한국 정부는 유로달러시장에서 민간 차입을 장려했다. 한국은 비산유 개발도상국 중 유로달러시장을 적극적으로 활용한 나라가 되었다.[13]

세계로 확장된 금융시장

미국 연준이 자국 국채시장에서 뉴욕 은행들의 시장 조성을 중심으로 금융정책을 운영하면서, 미국 채권시장은 가장 중요한 국제 채권시장이 되었다. 이 시장을 통해 해외 투자자들에게 미국 국채가 공급되었다. 미국 국채시장의 유동성을 활용한 단기 금융시장이 확장되고 이를 근거로 은행들이 CD 같은 새로운 상품을 개발하도록 하는 효과도 있었다. 그 결과 고객들이 은행에 예금하는 대신 은행으로부터 CD 같은 금융자산을 구입하는 전환이 빨라졌다.

미국 달러가 국제적으로 안전한 가치 저장 수단으로 여겨졌기에 뉴욕에서 외국인이 달러로 발행하는 채권, 즉 양키본드는 특히 매력적이었다. 이는 달러 부족으로 허덕이던 유럽이 1960년대에는 달러가 풍족해진 요인 중 하나였다.[14]

규제받지 않는 유로달러시장이 발전하고 다국적 기업과 미국 은행들이 세계로 뻗어나가면서 미국 금융은 이제 뉴딜 시대의 틀을 넘어 확대됐다. 통신기술 혁신으로 더 용이해진 미국 금융의 국제화는 국내 경쟁도 격화시켰다. 이 모든 일이 글래스-스티걸법으로 규정된 상업은행과 투자은행의 칸막이를 걸림돌로 만들었다. 특히 투자은행의 수수료에 대한 통제를 철폐하고, 상업은행이 예금에 지불하는 이자의 제한을 없애자는 압력이 커졌다. 런던 유로달러시장의 자유로운 규제가 미국의 엄격한 규제를 약화시킨 것이다.

이런 금융 발전의 과정은 금융시장에서 노동자들을 저축자이자 차입자로 수용하면서 더 강화되었다. 컴퓨터의 발전으로 인해 1960년대 중반 노동자들의 신용카드 사용이 크게 늘었던 것이다. 1960년대의 강력한 노조의 활동으로 고용주후원연금이 늘어났다. 또 조세 혜택도 주어지면서 1950년에는 민간 분야 노동자의 20%에만 적용됐던 연금 혜택이 1970년에는 거의 50%로 확대되었다.

연준은 1960년대에 BIS와 긴밀히 공조했다. EPU가 종료된 후 1958년에 유럽 내 통화교환성이 회복되면서, BIS는 유럽만이 아니라 모든 선진국의 중앙은행 관련자들이 모여 국제금융 문제를 해결하는 공간으로 새롭게 태어났다. 이렇게 중앙은행들이 다시 전면에 나선 것은 자본 이동을 점진적으로 자유화하는 데 우호적인 환경을 창출했다.[15]

트리핀딜레마

1958년, 국제수지 적자로 인해 미국 금 보유량이 처음 감소했다. 이는 매우 중대한 사건이었다. 1959년에는 유통되는 달러의 양이 이를 뒷받침할 금 보유액을 초과했다는 지적이 나왔다. 국제수지 악화로 달러는 흔들리고, 1960년대가 되자 유럽의 전후 경제 구원자였던 미국은 유럽의 금융 안정을 해칠 수 있는 국가로 인식되기 시작했다. 이것이 최초로 발현된 사건이 1960년 달러 위기였다.

달러에 대한 신뢰가 약해지자, 런던 금시장에서 투자자들이 달러를 매도하고 금을 매입했다. 그러자 금 가격이 온스당 35달러에서 40달러로 올랐다. 브레턴우즈에서 정한 달러/금 기준환율을 넘어선 수준이었다. 이에 아이젠하워 대통령은 독일 총리 콘라트 아데나워(Konrad Adenauer)에게 달러 안정을 위한 도움을 요청하며, 만약 독일이 이를 거부하면 독일에서 미군을 철수하겠다고 위협했다. 그러나 아데나워는 이 요청을 묵살했다.

유럽에 달러가 쌓이자 미국과 유럽은 자유무역과 자유로운 자본 이동을 위태롭게 하지 않으면서 달러를 축으로 한 고정환율 체제를 어떻게 유지할 것인가 하는 난제에 봉착했다.

"미국의 적자가 지속되면 달러에 대한 신뢰가 깨질 수 있고 이는 금의 유출로 이어진다. 그렇게 되면 브레턴우즈 체제의 근간이 흔들린다.” 이 문제를 최초로 이론적으로 제기한 사람은 벨기에 출신의 미국 경제학자 로버트 트리핀(Robert Triffin)이었다. 그는 1960년 미국 의회 증언에서 금과 태환되는 유일한 통화인 달러를 발행하는 미국이 달러를 공급해야 외국에서 그 달러를 획득해 국제수지를 개선하고 자국 통화 가치도 유지할 수 있다고 지적했다.

미국이 달러 공급을 지속하기 위해서는 무역 적자가 지속되어야 하는데, 그럴 경우 외국에 달러는 많아지겠지만 그 달러가 금으로 태환 가능한지에 대한 불안감이 커져 결국 달러에 대한 신뢰가 저하될 수 있다는 딜레마 상황을 포착한 것이다. 이 경우 결국 달러 가치는 하락 압력을 받을 테고, 이는 고정환율제의 동요로 이어질 수 있다는 주장이었다. 이는 어느 한 국가의 통화가 국제통화 역할을 할 때 피할 수 없는 딜레마라는 것이 그의 결론이었다. 이를 ‘트리핀딜레마(Triffin Dilemma)’라고 한다. 그의 이론은 『금과 달러 위기: 태환성의 미래(Gold and the Dollar Crisis: The future of convertibility)』에서 상세히 논술된다.

1960년 달러 위기를 지켜본 당시 대선 후보 존 케네디는 금값을 안정시키겠다고 약속했다. 1961년 케네디 정부가 출범하고 미국 국제수지가 계속 악화되자, 미국은 적극적인 대응에 나섰다. 케네디 정부는 국제수지 적자를 줄이고 달러에 대한 투기를 진정하는 데 집중했다. 재무부 차관보 로버트 루사(Robert Roosa)가 실무 책임자였다. 미국은 중앙은행들 사이에 스와프 약정을 맺고, 일반차입협정(GAB)을 통해 IMF의 자금 제공 능력을 확충하려고 했다.

스와프 약정은 중앙은행 사이에 상호 간 자국의 통화를 교환하는 약정으로, 미국은 이를 통해 외국 통화를 확보하여 환율 방어에 이용했다. 이런 스와프라인 활용은 연준이 국제통화 시스템 관리에 개입한다는 의미였다. 1962년 말, 연준은 8개의 유럽 중앙은행과 캐나다 중앙은행을 상대로 스와프라인을 개설했다. 이 조치를 통해 달러 가치 방어에 사용할 9억 달러 상당의 외화를 확보했다. 그렇게 1962~1969년에 연준은 약 70억 달러 상당의 스와프 약정을 체결했다. 이로써 한 외국 중앙은행으로부터 확보한 외화를 이용해 제3국의 중앙은행이 보유한 원치 않는 달러를 대체해 과잉 달러가 금으로 태환되는 일을 막을 수 있었다. 1960년대 국제통화 질서를 안정시키기 위한 이런 초기 시도는 이후 글로벌 금융위기 시 미국이 외국 중앙은행들에 스와프라인을 제공하는 역사적 선례를 제공했다.

한편 재무부 차관보 루사는 '루사본드(Roosa Bonds)'를 도입했다. 루사본드는 양도 불가능한 미국 국채로, 달러가 아닌 외화로 표시되고 외국 중앙은행에 판매할 수 있었다. 이는 외국 중앙은행들이 보유한 과잉 달러를 장기 채권으로 전환하고, 달러에 대해 투기하는 유동자금을 줄이려는 의도였다. 또 이 채권을 이용해 외환시장에 개입할 외화를 획득하고자 했다.

미국의 외환안정기금은 1930년대에 외환시장 안정을 위해 설립됐는데, 외화를 사고파는 데 쓰이는 기금이다. 이를 관리하는 재무부는 외화 잔고를 보충하기 위해 IMF의 대출 능력을 확장하려 했고, 그 결과 1961년 12월에 체결된 것이 일반차입협정이다. 이는 미국에 추가 유동성을 공급하기 위한 것이었다. 이 협정에 참여한 10개국이 통화 문제 등을 논의하기 위해 만든 기구가 G10으로, 이 국가들이 IMF에 추가로 60억 달러의 크레디트 라인을 제공했다. 흑자국 중앙은행들이 적자국인 미국과 영국을 지원하는 것이었다. 미국은 IMF를 통해 달러와 외화를 교환하고 이를 이용해 민간 외환시장에서 달러 가치를 부양하면 미국내 금 보유량을 지킬 수 있을 것으로 기대했다.

1960년 달러 위기 시 잉글랜드은행은 미국 재무부와 협력해 금 가격을 그해 말까지 떨어트렸다. 또 금값 안정을 미국이 홀로 감당하기 어려워지자, 1961년 11월, 런던 금시장에서는 골드풀(Gold Pool)제가 실시됐다. 이는 금 가격의 투기적 변동과 이에 수반하는 국제적 환율제도 혼란을 방지하기 위해 미국과 7개 유럽 국가가 합의해 시행됐다.

참가국 중앙은행들이 보유한 금의 일부를 모아서 필요에 따라 런던 금시장에서 금을 매매해 금 가격 변동을 막으려 한 것이었다. 미국이 50%를 출연하고, 나머지 50%는 독일, 영국, 프랑스, 이탈리아, 벨기에, 네덜란드, 스위스가 갹출했다. 하지만 1965년부터 만성적인 파운드 불안과 미국 국제수지 적자로 금의 매도액이 많아지면서, 1967년에 프랑스가 여기서 탈퇴했다. 1968년에 금의 이중가격제가 채택되자 골드풀은 종료됐다.

케네디 정부의 통화정책과 대외 전략

케네디 대통령은 가장 두려운 것이 핵무기와 국제수지 적자라고 말하곤 했다.[16] 그는 전임자인 아이젠하워가 유럽에 관대한 안보정책을 펴고 서독에 미군을 주둔시킨 것이 국제수지 악화의 주 원인이라고 여겼다. 금 유출이 통제되지 않고 달러 가치가 흔들리면 선거에서 불리한 이슈가 될 것이 분명했다.

케네디 정부는 국제수지 적자 문제를 해결하기 위해 유럽의 흑자국인 프랑스, 서독과 협력하는 것과 미국의 대외 지출을 줄이는 것 중 하나를 선택해야 했다. 미국의 대외 지출 대부분은 NATO 관련 비용이었기에 이를 줄인다는 것은 서유럽에 주둔한 미군의 대규모 철수를 의미했다.[17] 재무부와 국방부는 미군 철수에 동의했지만 국무부는 서독이 NATO를 이탈하고 핵무장할 수도 있다는 이유로 반대했다.

케네디는 서독에 미국으로부터 군사 장비와 무기 등을 구매하지 않으면 미군을 철수하겠다고 압박을 가했다. 그 결과 1961년 10월, 서독은 미국으로부터 군수품 13억 달러어치를 2년에 걸쳐 구입하기로 했다. 서독 주둔 미군에 지출한 비용을 상쇄하기 위한 조치였다. 또 서독의 중앙은행인 분데스방크(Bundesbank)와 비공식적 합의를 통해 서독이 보유한 달러를 금으로 태환하는 대신 미국 채권을 매입하기로 했다. 그런데 1966년경 이 합의 이행이 느슨해지자 미국은 국제수지 문제로 군비 지출을 축소하기로 했고 서독과의 관계는 악화됐다.

프랑스와 서독은 소련에 대한 케네디 정부의 데탕트 정책에 불만을 품었다. 두 나라는 달러를 금으로 태환하거나 미국 달러 가치 유지를 위한 상쇄협정을 이행하지 않는 방식으로 불만을 표시했다. 케네디는 프랑스에도 달러의 금 태환 요구를 중지할 것을 요구하고, 그렇지 않으면 협력을 중단하겠다고 통보했다.

한편 케네디 정부는 달러 안정의 근본 대책은 미국 기업의 수출 경쟁력 강화에 있다고 보고 케인스주의적 경제 활성화 대책을 입안했다. 1962년에 제정된 무역확대법은 행정부에 관세 인하권을 부여하고, 특별무역대표부를 설치하도록 했다. 당시 정부의 희망은 이런 조치들을 통해 1960년대 중반쯤에는 달러 문제를 해결하는 것이었다.

하지만 미국의 해외 직접투자가 국제수지 적자에 미친 영향은 컸다. 1961년 미국 다국적 기업들의 해외 수익에 대한 조세 연기를 종료하자는 제안에 업계가 반대했다. 그러자 1963년 재무부는 이자평형세를 도입했다. 외국 증권 구입에 과세하여 미국 투자자들의 해외 투자를 억제하려는 것이었다. 하지만 이미 국제적 통합이 진행된 자본시장에 그런 식의 개입은 여러 문제를 일으킬 수 있었다. 일부 예외를 인정해야 했다. 또 비거주자가 미국에서 채권을 발행하는 경우에 1%의 세금을 부과해 달러 유출을 막으려고 했다.

이런 자본 통제 조치로 유럽인들은 미국에서 차입하기를 꺼렸고, 동시에 미국 은행들은 유로달러시장으로 더 적극적으로 진출했다. 달러를 유로달러시장에서 조달해 미국으로 유입하기 위해서였다. 이는 국제수지 개선에는 도움이 됐다. 그러나 그에 따라 국내 이자 제한과 금융정책 운용은 더욱 어려워졌다.

미국의 장기적인 전략은 유럽 자본시장을 더 개방하고 심화하는 것이었다. 유럽 내에 자본시장이 충분히 자유화되지 않아서 미국에서 자본 유출이 계속 발생한다고 인식했던 것이다. 유로달러시장을 지지한 이유도 이런 맥락이었다. 재무부는 경제협력개발기구(Organization for Economic Cooperation and Development, 이하 OECD)가 1961년에 만든 자본이동자유화규약을 근거로 유럽에 자유화를 요구했다.

존슨 정부의 적자 증가

1960년, 남베트남이 민족해방전선을 결성하면서 베트남이 본격적으로 내전에 돌입했다. 이후 미국은 린든 존슨 대통령 시절부터 북베트남 타격을 개시하는 등 베트남 내전에 적극적으로 개입했다. 1966년에는 미군 30만 명 이상이 파병됐는데, 그 결과 미국 군사비 지출은 GDP의 약 10%에 이르렀다. 1967년에는 베트남전쟁 관련 지출이 연간 200억 달러를 초과해 국방비의 거의 절반을 차지했다. 이런 와중에 유럽 경제는 견고했으며, 유럽 내 금 보유액은 증가했다.

또 1964년 존슨은 '위대한 사회' 프로젝트를 추진하겠다고 선언했다. 빈곤을 퇴치하고 범죄를 줄이며 불평등 해소와 환경 개선에 나서겠다는 야심 찬 계획이었다. 그러나 이는 막대한 재정 지출을 수반했다. 베트남전쟁에 대한 지출에 더불어 추가적인 지출이 늘어났다. 세금을 인상하지 않아 물가는 상승했고, 달러에 대한 신뢰는 약해졌다.

1965년, 존슨 정부는 베트남전쟁으로 인해 국제수지가 더욱 악화되자 자본 유출을 억제하기 위해 자발적신용제한프로그램을 실시했다. 자국 기업과 은행이 해외 자금 유출을 늘리지 않도록 하기 위한 조치였다. 이는 1967년 12월까지 시행됐는데, 미국 다국적 기업들은 해외 사업을 위한 자금을 유로달러시장에서 구했다. 또 뉴욕 은행들은 국내의 신용 제약과 1966년 연준의 통화긴축을 피해 런던 지점을 통해 유로달러시장에서 자금을 조달했다. 이로써 미국 은행들에게 유로달러시장 확대는 비즈니스 전략의 필수적인 부분이 되었다. 이는 또한 미국이 국내 은행 시스템 관리를 위해 런던과 영국 당국을 주시하는 요인이었다.

마침내 존슨 정부는 1968년 제2차 세계대전 후 처음으로 자본 유출을 강제적으로 통제했다. 그해에만 직접투자액을 10억 달러 감축하겠다고 선언한 것이었다. 재무부는 이 자본 통제를 일시적 조치로 간주하고 많은 예외 조항을 만들었다. 그러자 미국 기업과 은행은 유로달러시장에 더 의존하게 되었다. 이에 대해 시카고학파뿐 아니라 케인스학파 경제학자들도 반대했다. 브레턴우즈 체제가 지향하는 자유주의적 국제 경제 질서를 훼손한다는 이유에서였다. 월가는 이 문제의 해법으로 금리 인상을 제시했다. 이는 1969년에 연준이 실행했다. 또 은행 대출에 대한 제한, 미국인 해외여행 제한, 해외 군비 지출 감소 등의 조치도 취했다. 달러 유출을 저지해 달러 가치를 유지하려는 노력이었다.

하지만 미국 정부가 자본 통제를 실시한 것과 별개로 1960년대 미국의 금융산업은 약하지 않았다. 미국 금융업계는 국제적으로 확장했고, 1960년대 후반에는 많은 수익을 냈다. 정부의 자본 통제는 긴 흐름 속의 한 과정에 불과했다.

'눈물 없는 적자'를 누리다

1960년대에 미국의 국제수지 적자 확대로 국제금융 시스템의 불안이 심화되자, 이에 가장 날카로운 비판의 목소리를 높인 사람은 프랑스의 경제학자 자크 루에프(Jacques Rueff)였다. 그는 1920년대부터 프랑스를 대표했던 경제 이론가로, 많은 재무 관료가 그의 영향을 받았다. 그의 경제 사상은 독창적인 신자유주의 이론이었다. 앵글로색슨류의 이론과 달리 독일의 질서자유주의에 가까웠다. 그는 1947년 창설된 몽펠르랭소사이어티의 부회장으로 선출됐다. 당시 회장은 프리드리히 하이에크였다.

1958년, 대통령으로 선출된 샤를 드골은 루에프를 재정금융개혁위원회 위원장으로 임명했다. 그의 계획은 평가절하 후 외환 통제를 끝내고, 프랑스의 프랑이 자유롭게 달러로 교환되도록 하는 것이었다. 또 긴축정책도 포함됐다. 이 계획은 드골 집권 후 경제성장의 기초를 닦았다.

루에프는 브레턴우즈 체제에 금환본위제와 같은 약점이 있다고 지적했다. 고전적 금본위제하에서는 모든 국가의 중앙은행이 금을 보유했다. 하지만 브레턴우즈 체제에서는 미국 연준을 제외한 중앙은행들은 금으로 태환 가능한 미국 달러, 대부분 미국 국채를 달러와 고정환율을 유지하기 위해 준비자산으로 보유해야 했다. 이런 구도에서 미국은 달러를 제공하고 다른 국가들로부터 상품과 서비스를 취득했다. 외국이 달러로 취득한 미국 국채는 원금이 미래에 상환되므로, 브레턴우즈 체제하에서 미국은 달러의 특권적 지위를 이용해 즉각적인 비용은 거의 지불하지 않으면서 즉각적인 이익은 얻을 수 있었다.

전후 초기에는 달러가 부족했던 유럽은 시간이 지나면서 풍족한 달러를 손에 쥐었다. 그 결과 유럽은 원하는 것보다 더 많은 미국 국채, 즉 미국의 달러 표시 차용증을 보유하게 됐다. 미국은 외국 중앙은행들이 달러를 금으로 태환하지 못하도록 정치적, 외교적 압력을 행사했다. 하지만 유럽 내 중앙은행들에 달러 자산이 계속 쌓이면 그런 외교적 압박도 효과가 없을 것이라고 루에프는 진단했다.[18]

루에프는 새로 등장한 달러 시스템은 인플레이션을 유발하고 불공정한 데다 미국의 만성적 국제수지 적자 문제까지 더해져 세계 경제의 붕괴가 초래될 것이라고 전망했다. 미국은 금이 아니라 달러로 해외 거래 결제를 할 수 있기에 적자 사태가 일어난다고 해서 미국의 신용 공급이 축소되지는 않았다. 신용 공급이 축소되지 않는다면 수요에도 제한이 없으므로 국제수지 적자는 감소하지 않았다. 루에프는 미국이 "눈물 없는 적자"를 누릴 놀라운 비법을 발견했다고 비꼬았다.[19] 드골 정부에서 재무부 장관을 했던 지스카르 데스탱(Giscard d'Estaing)도 미국 달러의 우월적 지위를 지적하며 "과도한 특권"이라고 표현했다.

루에프는 미국의 적자가 글로벌 신용을 확장하기 때문에 세계적 인플레이션으로 이어지고, 해외에서 보유하는 달러의 증가는 세계 신용 시스템에 위협이 된다고 지적했다. 이에 그가 대안으로 내놓은 것은 금본위제였다. 순수한 금본위제로 복귀하면 미국은 달러로 적자를 메울 수 없고, 통화에 대한 자율적 수급을 가능하게 하므로, 물가 안정에 더 효과적이라고 주장했다.

드골의 맹공

1965년 2월 4일, 드골은 기자회견에서 달러가 중심적 역할을 하게 되면서 미국은 외국에 자유롭게 빚을 질 수 있게 됐으며 외국 기업을 빼앗고 군사력을 수출하게 됐다고 비난했다. 그러면서 달러가 아니라 금을 국제통화 체제의 유일한 중심으로 삼아야 한다고 목소리를 높였다. 일찍이 1961년 루에프는 드골에게 브레턴우즈 체제의 위험성을 경고했고, 이후로 1965년까지 몇 차례 더 만남을 가지면서 자신의 견해를 전달했다.[20]

드골은 루에프를 신뢰했고 프랑스가 물가를 잡는 데 실패하자 루에프의 진단이 힘을 얻었다. 게다가 미국 기업이 프랑스 기업을 인수하는 사례가 늘면서, 내부적으로 미국이 프랑스 경제에 부당한 영향을 미친다는 인식이 확산됐다. 달러 체제와 미국 적자가 불만의 대상이 됐다. 금본위제 복귀를 주장한 것은 단순히 인플레이션 책임을 미국에 전가하기 위한 것이 아니라 미국의 글로벌 파워에 대한 공격이었다. 드골에게 달러의 역할과 국제통화 시스템의 구조는 주권의 문제였다. 한 국가의 경제가 다른 나라의 정책에 의해 좌우되는 것은 그에게 용납하기 어려운 일이었다. 1965년부터 1966년 후반까지 프랑스는 금본위제 복귀를 고집했다. 결국 1966년 3월, 프랑스는 미국이 주도하는 NATO에서 탈퇴하기에 이르렀다.

사실 루에프와 드골의 인식에는 차이가 있었다. 드골은 미국 파워가 유럽에서 축소되길 바랐다. 드골의 미국 적자에 대한 관심은 주로 정치적이었다. 반면 루에프는 미국의 적자 사태로 경제적 민족주의가 발흥하고 국제 경제가 파편화되는 것을 우려했다. 그가 염려한 부분은 달러 시스템이었다.

루에프는 금본위제 복귀는 금값 인상으로 가능하다고 여겼다. 미국의 금값은 1934년 기준에 고정됐고, 미국 물가는 그때에 비해 1966년까지 두 배 상승했다. 1966년, 루에프는 선진국들이 달러나 파운드 보유를 늘리지 말고 금값을 두 배로 인상할 것을 제안했다. 여전히 금 보유액이 많은 미국과 영국이 금값 상승으로 빚을 갚을 수 있을 것이라고 추산했다. 그는 금본위제로 돌아가더라도 디플레이션을 염려할 필요는 없고, 새로운 신뢰와 안정적인 장기 성장을 가져올 것이라고 전망했다.

그러나 미국으로서는 금값 인상을 긍정적으로 검토할 수 없었다. 달러의 지위에도 문제가 생길 것이었고 미국에 적대적이었던 주요 금 생산국 남아공과 소련이 횡재를 하게 될 것이 명백했기 때문이다.

1966년 말까지 2년간 프랑스는 루에프의 주장을 따랐다. 그러나 프랑스는 고립적 독자 노선을 고수하기가 점점 더 어려워졌다. 1966년 12월, 미국과 프랑스는 타협했다. 프랑스는 금값 인상을 더 이상 요구하지 않고, 미국은 금과 연계되지 않는 준비통화를 추진하지 않기로 했다. 그 대신 1967년 9월, 미국과 프랑스 등은 IMF가 달러를 대체할 새로운 국제 준비자산으로 특별인출권(Special Drawing Rights)을 도입하는 데 합의했다. 이는 프랑스가 계속 금본위제 복귀를 주장하며 달러 지위를 흔들자 프랑스를 달래기 위해 미국이 보인 제스처였으나, 루에프가 원하던 바와는 거리가 멀었다.

1968년 5월, 학생 시위로 68혁명이 발생하자 드골은 노동자들이 이에 가담해 대규모 파업에 나서는 걸 막기 위해 큰 폭의 임금 인상을 받아들였다. 그는 금본위제하에서는 이런 조치를 취할 유연성이 없다는 사실을 알았을 것이다. 오래지 않아 프랑스는 금본위제 복귀라는 꿈을 버렸다.

미국의 금 보유고 감소

미국 국제수지와 관련해 당시 지배적 견해는 미국의 무역 흑자만이 달러를 안전하게 만들 수 있다는 것이었다. 이에 대해 매사추세츠 공과대학 교수이자 저명한 국제경제학자인 찰스 킨들버거(Charles P. Kindleberger)는 1960년 중반 FDI의 증가와 금융자본 이동으로 미국 국제수지가 악화되자, 이를 무역 불균형 측면에서만 고려할 게 아니고 미국이 세계의 은행가로서 역할을 하는 과정에서 발생한 일로 이해해야 한다고 주장했다.[21] 킨들버거는 유럽 자본시장이 아직 발달하지 않고 미국보다 규모가 작아서 외국 중앙은행들과 민간이 보유한 달러 자산은 단기 은행 예금과 마찬가지이고, 미국 FDI와 달러 표시 장기 채권은 은행 대출과 같다고 말했다. 그는 더 이상 달러의 금 태환을 고집하지 말고, 달러를 기축통화로 한 글로벌 금융 시스템을 구축하자고 유럽에 제안한 것이었다.

그렇지만 유럽 중앙은행들이 일부 달러를 태환하면서 1960년대 내내 금이 유출됐다. 미국의 금 보유고가 줄어들자 금 태환 속도가 더 빨라졌다. 유럽 중앙은행들은 미국 금 보유고가 감소하자 달러의 평가절하 위험성을 인식했던 것이다.

민간 해외채무가 거대해지고 유럽과 미국 자본시장이 실질적으로 더욱더 통합된 결과, 단기 자본 이동이 심해지고 고정환율제를 유지하기도 점점 힘들어졌다. 고정환율을 유지하기 위한 중앙은행들의 협조적 개입도 점점 부담스러워졌다. 유로달러시장의 핫머니 이동이 달러와 파운드를 불안정하게 만들었다. 이 두 통화가 투기적 공격에 노출되면서 유로달러시장은 고정환율제 몰락에 작지 않은 역할을 했다.

1967년 파운드 평가절하로 영국 금융계는 마침내 파운드의 국제적 역할은 끝났다는 사실을 받아들였다.

루에프는 1970년 2월 《르 몽드》 기고문에서, 달러를 금이나 다른 외환으로 태환해 달라는 요구가 미국이 응할 수 있는 양보다 더 커지면 미국 통화 당국은 금 태환을 정지할 것이라고 경고했다.[22]

11장

달러본위제의 시대,
더욱 긴밀해지는 세계

닉슨 대통령이 1971년 금 태환을 정지함으로써 달러는 더 이상 금에 묶이지 않게 됐다. 1973년, 세계는 고정환율제에서 변동환율제로 이동한다. 브레턴우즈 체제는 종말을 맞이한 것이다. 국제통화 체제는 크게 동요하고 혼란을 겪지만 대안이 없어서 사실상 달러본위제로 이동한다.

미국은 달러 가치 하락을 막기 위해 산유국들이 원유를 판매할 때 달러를 결제통화로 쓰도록 한다. 산유국들이 원유를 팔고 받은 달러, 즉 페트로달러는 유로달러시장을 통해 리사이클링되고 이 시장을 키운다. 비산유 개발도상국들은 유가 상승으로 인한 국제수지 적자를 주로 유로달러시장에서 조달한 부채로 메운다.

1970년대 높은 인플레이션에 대한 대응으로 미국은 볼커 쇼크, 즉 고금리 정책을 펼친다. 경제가 침체하지만 미국은 고금리 정책으로 세계의 자금을 흡인해 재정 적자를 메우고 금융시장을 키운다. 이후 경제의 금융화는 본격적으로 가속화된다. 미국 정부 주도로 국제통화 체제를 안정화하고 자유로운 자본 이동을 촉진하며 금융시장 개방을 추진한다.

달러의 금 태환 정지

1971년 8월 15일 일요일 저녁, 닉슨 대통령의 긴급 연설이 TV로 방송됐다. 그 내용은 충격이었다. 달러의 금 태환을 일시 정지하고, 90일간 임금을 동결하며, 수입 과징금 10%를 부과한다는 것이었다. 무엇보다 미국이 공식적으로 더 이상 달러를 금으로 교환해 주지 않겠다고 선언한 것은 전 세계에 엄청난 영향을 미칠 수밖에 없었다. 일방적이고 전격적인 이 선언을 미국 내에서는 환영했으나, 전 세계 사람들은 '닉슨 쇼크'라고 불렀다.

닉슨이 이같이 결정한 배경에는 1960년대 후반부터 시작된 무역 흑자 감소가 있었다. 미국은 1960년대에 무역수지가 흑자였기에 해외 지원이나 군사비 지출에 따른 자본 유출을 상당 부분 상쇄할 수 있었다. 그러나 1969년경부터 경계음이 울리기 시작했다. 안팎에서 미국이 경쟁력을 상실한 것이 아니냐는 우려가 나왔고 1969년에 취임한 닉슨은 이 문제를 해결하기 위해 특단의 조치를 취한 것이었다.

한편 1960년대가 지나면서 민간 자본시장 규모가 급격히 커졌다. 특히 유로달러시장에서 통화를 사고팔면서 투자자들이 미국과 서유럽의 고정환율제를 위협했다. 중앙은행들은 환율 방어를 위해 민간 투자자들과 전투를 치러야 했다.

미국에서 저금리로 자금이 대거 빠져나갔다. 1970년에 100억 달러, 1971년에는 300억 달러로 그 규모는 기하급수적으로 커졌다. 외국은 더 많은 달러를 흡수했다. 그러자 달러의 금 태환 가능성에 대한 의구심이 커졌다. 닉슨 취임 시 이미 미국에서는 화폐용 금 보유량보다 네 배나 많은 달러가 유통 중이었다. 미국은 달러의 평가절하를 원했지만 달러 가치는 금에 고정되었기 때문에 불가능했다.

국제적으로 달러에 대한 불신이 퍼질 것이라는 우려가 커지면서 미국 내에서도 전후 경제 질서에 대해 근본적으로 재검토했다. 이 와중에 보호주의적 법안들도 제출되었다. 닉슨 정부는 보호주의에는 반대했지만 우방 국가에 힘을 행사해서 그들이 시장을 더 개방하게끔 압력을 가하기도 했다.

막바지에 다다른 브레턴우즈 체제

사실 닉슨 쇼크는 유로달러시장의 불안정한 자금 흐름으로 예견된 사태였다. 이런 흐름은 국제금융 질서에 중대한 결과를 초래할 수 있었다. 그 불안정한 흐름에 대한 대응으로 서유럽과 일본은 협력적 자본 통제와 유로달러시장 규제를 추진했다. 특히 서독의 분데스방크는 1969년부터 유로달러시장에 비판적 태도를 보였다. 유로달러 자금이 독일 내 인플레이션 억제 정책에 부정적인 영향을 미칠 것을 우려했기 때문이다.

1971년 2월, 유럽 국가들은 기존의 유로통화 전문가들의 연간 모임을 대체하여 유로달러시장에 대한 상설위원회를 제안했다. 위원회 첫 모임에서 중앙은행들은 유로달러시장에 자금을 추가로 공급하지 않기로 합의했다. 이런 상황에서 잉글랜드은행이 유로달러시장의 가장 강력한 옹호자로 등장했다. 벨기에, 룩셈부르크 등도 이에 동참했다.

영국은 고정환율제 유지라는 서유럽의 입장을 공유했지만, 유로달러시장의 미래를 위협할 규제 조치에 대해서는 소극적이었다. 이때 영국이 유로달러시장을 방어하지 못했다면 글로벌 금융은 지금과 매우 달라졌을 것이다.

1971년 5월 초, 드디어 우려했던 위기가 닥쳤다. 5월 3일, 저명한 서독 경제학자들이 서독 마르크화 절상을 요구했다. 그러자 다음 날 민간 자금 12억 달러가 미국과 유로달러시장에서 이탈해 독일로 유입되었다. 투자자들이 서독 마르크가 상승할 것으로 전망했던 것이다. 이는 독일 마르크에 대한 신뢰와 달러에 대한 불신을 동시에 보여준 장면이었다. 서독은 견디지 못하고 결국 마르크의 변동을 허용했다. 고정환율제를 이탈한 것이었다.[1] 브레턴우즈 체제의 불안정성이 그대로 드러났다.

한편 5월 들어서 2주간 네덜란드, 프랑스, 벨기에가 달러의 금 태환을 요구했다. 미국 금 보유량은 줄어들고, 태환 요구는 늘어날 것으로 전망한 미국의 불안은 커졌다. 5월 12일, 공화당 상원의원 제이컵 재비츠(Jacob Javits)가 미국이 금 태환을 확약하는 것은 낡은 생각이라며, 금 태환을 정지하고 새 통화 시스템을 구축할 것을 주장했다.[2] 금융시장에서는 미국과 우방 국가들의 정책 공조가 무너졌다고 느꼈다.

그렇다고 미국이 금리를 올리거나 재정 긴축을 하여 국제수지를 개선할 수도 없었다. 실업이 증가할 것이기 때문이었다. 미국과 우방 국가들 사이에 군사 문제와 경제적 부담을 포함한 상호 책임에 관해 광범위한 조정이 필요했다. 사실 닉슨의 주된 관심은 소련과의 군비 통제 협상이나 중국의 개방 등 전통적인 외교 안보 정책이었다. 그런 때에 경제 이슈가 이를 방해하는 것을 용인할 수 없었다. 닉슨 행정부는 달러는 과대평가됐고 서독과 일본을 비롯한 다른 나라의 통화들이 과소평가됐다고 보고 이를 시정하려 했다. '강달러'가 미국 수출 경쟁력을 저해하고 수입 증가를 초래해 국제수지를 악화시킨다고 여긴 것이다.

닉슨 쇼크를 준비한 캠프 데이비드 회의

닉슨 행정부는 1971년 5월 말부터 8월 초까지 금융 재난 방지 대책을 마련하기 위한 논의를 진행했다. 이후 8월 13~15일 3일간 대통령의 별장인 캠프 데이비드에서 비밀 회담이 열렸다.

회담의 주요 참석자 중 한 명은 당시 백악관 관리예산실 책임자 조지 슐츠(George Shultz)였다. 그는 시카고대학 경영대학장 출신으로, 밀턴 프리드먼의 자유시장론 지지자였다. 슐츠는 달러 절하보다는 변동환율제를 원했다. 다른 참석자인 피터 피터슨은 유일한 산업계 출신으로 국제 경제 정책 조율을 담당했다. 그는 미국에 정작 필요한 것은 노동력과 하이테크에 대한 투자라고 믿었다. 또 연준 의장 아서 번스(Arthur Burns)는 연준의 독립성을 고려할 때 참석하지 않는 것이 당연했지만, 닉슨은 나중에 그가 자신의 결정에 의문을 제기할까 우려해 참석하게 했다. 국무부 장관 윌리엄 로저스(William Rogers)는 닉슨이 그다지 신용하지 않았던 인물로 참석 대상에서 제외됐고, 특히 신뢰했던 국가안보보좌관 키신

저는 당시 파리에서 북베트남과 협상을 하고 있어 참석이 어려웠다.

이 비밀 회담에서 결정된 파격적 조치를 구체화하고 실행할 핵심 인물이 재무부 장관 존 코널리(John Connally)였다. 텍사스 주지사 시절 그는 1963년 11월 22일 댈러스에서 케네디가 암살될 때 같은 차에 동승했다. 당시 그도 두 발의 총탄을 맞고 큰 부상을 입었다. 민주당원이지만 보수적인 그는 닉슨과 가치관이 비슷했다.

1972년 대선을 염두에 두고, 가장 취약한 경제 문제를 다룰 사람으로 닉슨은 코널리를 선택했다. 하지만 그는 금융계 경험도, 국제금융 지식도 전무했다. 국제 문제에 대해 외교적 해법을 찾지도 않았다. 그는 달러가 미국의 무역수지나 일자리 영역에 긍정적인지 부정적인지에만 관심을 기울였다. 그의 이런 관점은 닉슨이나 미국 의회, 미국 시민들의 생각과도 일치했다. 코널리는 미국에 유익하다면 어떤 일이든 할 수 있었다. 닉슨이 보기에 그는 '벽을 부수는 망치'로는 최적이었다.[3]

극단적 국익주의자인 코널리는 우방 국가들이 관용을 베풀고 돈을 대준 미국을 오랫동안 이용해 왔다고 생각했고, 특히 서독과 일본에 불만이 많았다. 두 나라는 안보를 미국에 의존하면서 미국을 상대로 흑자를 거뒀다. 그가 보기에 그들은 이기적 약탈자였다. 서유럽과 일본은 미국에 대한 상품 수출을 지난 5년간 두 배나 늘린 상태였다. 과거 미국 관료들은 우방과의 관계에 신중을 기했지만, 1970년대 초반이 되자 미국 의회와 노조의 태도는 훨씬 보호주의적으로 변했다.

코널리의 핵심 참모는 당시 44세의 폴 볼커였다. 그는 통화 문제 담당 차관으로, 코널리와 함께 달러에 관한 중요 협상을 담당했다. 볼커는 정치인이 아니라 관료에 가까웠다. 그는 국제금융을 안팎으로 잘 아는 전문가였으며, 국내외 금융계 인사들과도 두루 친했다.

고정환율제를 포기하다

닉슨의 연설 후 코널리와 볼커는 핵심 국가들과 본격적인 협상을 시작했다. 1971년 11월 22~23일에 로마에서 열린 G10 장관 회담에서 코널리는 "달러는 우리의 통화이지만 당신들의 문제다(The dollar is our currency, but your problem)"라고 폭탄발언을 했다.

로마 회담으로부터 3주 후, 워싱턴 D.C.의 스미스소니언 박물관에서 스미스소니언 협정이 체결됐다. 이를 통해 달러는 금에 대해 약 8.5% 절하돼 온스당 금값은 38달러로 인상됐다. 다른 국가들은 달러에 대해 평가절상을 하기로 했다. 서독 마르크는 13.6%, 프랑스 프랑은 8.6%, 영국 파운드는 8.6%, 이탈리아 리라는 7.5%, 일본 엔은 16.9%가 절상됐다. 그 결과 달러는 다른 주요 통화에 비해 평균 약 10.7% 절하됐다. 각 통화의 변동폭은 상하 2.25%로 설정됐다.

하지만 스미스소니언 협정은 브레턴우즈 체제에 대한 신뢰를 회복하기에는 역부족이었다. 1972년, 주요 유럽 통화에 대한 투기 세력의 공격이 이어졌다. 투기 세력의 1차 목표물은 파운드였다. 이 협정을 통해 8.6% 절상된 파운드는 당초부터 과대평가된 상태였다. 파운드 매도 압력이 커지자 개입 한계에 이른 영국이 1972년 6월, 변동환율제로 이행했다. 그다음 투기의 창 끝은 달러로 향했다. 1972년 중반에 금값은 60달러로 오르고, 1973년 초에는 온스당 90달러로 치솟았다. 1973년 2월 12일, 미국은 달러를 추가로 10% 절하해 온스당 공식적인 금값은 42달러가 됐다. 1973년 이탈리아, 스위스가 외환시장 개입을 정지하고, 일본도 변동환율제로 이행했다. 결국 그해 3월, 독일 등 주요 국가들이 변동환율제로 이행해 스미스소니언 체제는 1년 반 만에 붕괴했다. 고정

환율제를 근간으로 한 체제는 이로써 완전히 붕괴됐다. 1976년에 IMF
도 공식적으로 변동환율제를 받아들였다.

사실 서유럽과 일본은 변동환율제로 넘어가기를 주저했다. 그러나
그들도 자유로운 금융시장, 투기적 자본 이동, 국제수지 불균형 증가 등
의 상황에서 고정환율제를 유지하기는 어려웠다. 브레턴우즈 체제 해
체 후, 미국은 다른 국가들과 환율을 재조정해 미국 무역의 경쟁력을 높
이려 했다. 이런 전략은 미국의 구조적 금융파워를 인식한 결과였다.

고정환율제의 포기를 일찍부터 주장한 학자가 프리드먼이었다. 그는
1953년에 발표한 「변동환율제 찬성(The case for flexible exchange rates)」에
서 수요 공급에 따라 환율이 결정되는 것이 바람직하다고 주장했다. 프
리드먼은 브레턴우즈 체제하에서는 갑작스러운 평가절하를 수반한 통
화위기가 빈발하는데, 이를 변동환율제에서는 피할 수 있다고 했다. 시
장 기반의 환율 시스템에서는 통화가치의 변화가 점진적이라고 분석했
던 것이다.[4] 닉슨 쇼크로 브레턴우즈 체제가 와해되자, 프리드먼의 아
이디어는 더 주목받으며 확산되었다.

국제금융의 트라일레마(trilemma)●는 고정환율제, 자유로운 자본 이
동, 독자적 금융정책을 동시에 실현할 수 없다는 것이다. 그러므로 셋
중 무엇을 포기할 것인지 결정해야 한다. 미국은 자유로운 자본 이동과
독자적 금융정책을 택하고 고정환율제를 포기했다. 닉슨 정부는 브레
턴우즈 체제를 유지하기보다는 국내 정책의 자율성을 우선시했다.

미국은 브레턴우즈 체제가 끝나고도 자국 적자를 외국 자본 유입으로

● 세 가지 목표 가운데 두 가지 목표는 동시에 성취할 수 있지만 세 가지 목표를 한꺼번에 성
취할 수 없는 문제를 뜻하는 말로, 우리말로는 삼중모순이라고 한다.

메우면서 미국 투자자들이 해외 자본시장에 접근하길 원했다. 브레턴우즈 체제의 포기가 국제 금융시장의 개방성에서 물러서겠다는 의미는 아니었던 것이다. 1974년, 미국은 1960년대부터 유지해 온 자본 규제를 폐지했다. 그 대신 금과 고정환율의 족쇄에서 벗어난 미국은 달러가 갖춘 구조적 힘을 바탕으로 달러본위제를 구축하려 했다. 미국은 이미 기축통화로 기능해 온 달러의 공급 및 이용 가능성을 통제함으로써 세계의 신용 흐름을 좌우할 능력을 어느 정도 갖추고 있었다. 이 능력의 유지와 확대가 미국의 과제였다. 유로달러시장의 혁신과 확대로 달러의 국제적 파워는 더 강화됐다.

이제 세계는 변동환율제의 변동성과 리스크를 관리하기 위해 미국이 주도하는 고도의 국제 협력 시대로 접어들었다.

국제금융 시스템에 변화를 가져온 페트로달러

1973년 10월 6일, 이집트군이 이스라엘을 공격하면서 제4차 중동전쟁이 시작됐다. 이 전쟁이 시작되자마자 중동 산유국들이 이스라엘에 협력적인 국가에 석유 수출을 금지하고 유가를 인상했다. 당시 배럴당 2~3달러였던 유가는 몇 달 새 약 12달러로 네 배 넘게 올랐고, 산유국들에 달러가 넘쳐흘렀다. 이를 '페트로달러'라고 한다.

1974년 7월, 미국 신임 재무부 장관 윌리엄 사이먼(William Simon)과 차관보 게리 파스키(Gerry Parsky)가 4일간 사우디아라비아를 방문했다. 사이먼은 사우디아라비아가 넘쳐나는 페트로달러로 미국 국채를 매입하게 하는 임무를 떠맡았다. 회담이 실패하는 순간 미국의 금융은 위험해지고, 소련이 아랍 세계에 파고들 기회를 제공할 수도 있었다. 다행히 회담은 성공적으로 이뤄졌다.

미국은 사우디아라비아에서 원유를 매입하고 사우디아라비아에 군사를 지원하고 장비를 제공하는 대신, 사우디아라비아는 페트로달러로 미국 국채를 매입하기로 합의했다. 다만 파이잘 국왕은 국채 매입을 비밀로 해달라고 요구했다. 미국에 적대적이던 중동의 정서를 고려했던 것이다. 이에 따라 사우디아라비아는 미국 국채를 정규 입찰이 아니라 비공식적 방식으로 매입했고, 사우디아라비아의 국채 매입액은 공개되지 않았다. 1977년 외국인의 미국 국채 보유액 중 사우디아라비아의 보유액은 약 20%였던 것으로 추정된다.[5]

사우디아라비아를 비롯한 산유국들이 미국 달러로 원유를 팔면서 미국 달러는 원유 구입에 필수적인 통화가 됐다. 금 태환 정지 후 달러 지위가 흔들리던 중에 이는 달러의 위상을 강화하고 유지하는 데 큰 역할을 했다. 날로 원유 가격이 상승하던 시기에 달러를 원유와 연계하면서, 달러가 세계 경제의 중심에 선 것이다.

문제는 비산유 개발도상국들이었다. 유가 폭등으로 무역 적자가 대폭 늘어난 개발도상국들의 국제수지 적자가 1974년에 110억 달러에서 약 370억 달러로 늘었다. 1981년 이들 국가의 채무는 2,450억 달러에 이르렀다. 1973~1974년에 사우디아라비아의 외환 보유고는 40억 달러에서 147억 달러로 급증했고, 외환의 약 80%가 미국 달러 자산이었다.

한편, 페트로달러가 대량 유입되면서 1970년대 국제금융 시스템에 큰 변화가 생겼다. 특히 1974~1982년에 유로달러시장은 페트로달러를 운용하면서 크게 성장했다. 페트로달러 유통의 주요 채널이 된 것이었다. 유로달러시장은 상대적으로 규제가 없고 유동성이 풍부하며 국제적 위상을 갖춘 데다 특정 국가와 직접적인 관련이 없다는 점에서 자금을 예탁하기에 매력적인 시장이었다. 유로달러시장이 페트로달러를 활용해 세계 경제에 신규 신용 공급의 주요 원천으로 등장했다. 1973~1974년에 페트로달러의 리사이클링이 이뤄진 첫해에 유로달러시장은 무려 34% 성장한 1,770억 달러를 기록했다. 이후 1975년 2,050억 달러, 1976년 2,470억 달러, 1977년 3,000억 달러, 1979년 4,750억 달러 규모로 성장했다.[6]

당시 오일쇼크 문제 대응에 나선 IMF의 석유자금특별융자제도는 성과를 내지 못했다. IMF 석유자금특별융자제도는 156억 달러를 원유수입국에 융자했으나 규모가 작고 실행에 시간이 걸리면서, 민간 부문이 페트로달러를 운용하는 데 지배적 역할을 담당했다. OECD의 금융지원기금 역시 대량의 페트로달러 자금을 리사이클링하기에는 적합하지 않았다.

1974~1980년에 산유국은 3,830억 달러 상당의 금융 자산을 취득했다. 주로 런던과 뉴욕의 국제 상업은행들이 총 1,540억 달러의 단기 은행 예금을 수취했다.[7] 이 예금은 국제은행계에 요긴했다. 국제은행들에 예치된 단기 페트로달러 예금이 복수의 금융기관이 공동으로 대출을 하는 신디케이트론 형태로 대출되었다. 1974~1979년에 유로달러시장에서 신디케이트론과 유로본드 발행이 대폭 증가했다. 1974년 이후에는 여러 신디케이트론 차입자가 기업에서 비산유국으로 바뀌었다. 페트로달러 리사이클링과 국제수지 적자국의 대규모 차입이 유로달러시장의 팽창을 추동했다. 동시에 적자국의 부채는 날로 증가했다.

달러를 통한 미국의 파워 확산

미국은 달러의 우월적 지위를 유지하는 것이 매우 중요했다. 그래서 반드시 달러로 원유 거래가 이뤄지도록 해야 했다. 금 태환 정지, 변동 환율제 실시 후 달러 패권을 유지하려는 미국에 있어서 이는 전략적 과제였다. 이를 위해 1978년 미국은 사우디아라비아와 타협을 이뤘다. 사우디아라비아가 원유 대금을 특별인출권으로 거래하지 않고 오로지 달러만 사용하는 대신, IMF에서 사우디아라비아의 쿼터를 350% 늘려서 사우디아라비아가 여섯 번째 지분을 갖는 국가로서 IMF 이사 임명권을 행사하도록 한 것이었다.[8]

또한 미국은 1970년대 내내 달러 체제를 공고히 하기 위해 국제 경제 협력에 주의를 기울였다. 달러를 금으로부터 분리시켜 미국에 대한 제약을 제거하고, 동시에 연준과 재무부의 국제적 위상과 책임을 확대했다. 실제 미국 달러와 국채를 중심으로 하는 변동환율제에서 미국은 자본주의 세계화를 실현하기 위한 법적·제도적 인프라 확립에 중점을 두었다.

캐나다 워털루대학의 국제정치경제학 교수 에릭 헬라이너는 미국 금융시장의 탁월한 깊이와 유동성 때문에 민간 투자자들은 국제적으로 투자할 기회가 주어지면 미국 자산을 계속 보유함으로써 미국의 적자를 메우게 됐다고 설명한다.[9]

국제적으로 미국 달러-미국 국채 중심의 체제가 워터게이트 사건 같은 미국 정치 위기에 시작되었다는 점은 주목할 만하다. 금융시장에 대한 정치의 영향력은 제한적이었던 것이다. 그 결과, 달러는 1973년 후반에서 1975년 초까지 심각한 경제위기 상황에서도 상승했다. 볼커는 투자자들이 어려운 시기에는 결국 미국을 상대적으로 안전한 투자처로 인식한다고 설명했다.[10] 재무부와 연준은 이 시기 미국 은행의 실패가 국제적인 큰불로 번지는 것을 방지했다. 이러한 리더십 덕에 초기 예상과 달리 변동환율제의 불확실성과 불안정성을 관리할 수 있을 것으로 기대했다.

결과적으로 1960년대 미국 경제·정치 엘리트들이 우려했던 자본 유출과 국제수지 적자는 미국의 파워 축소로 이어지지 않았다. 오히려 1970년대 달러 기반의 신용 확장과 국내외 금융 혁신을 이루는 발판이 되었다. 코펜하겐 비즈니스스쿨 교수이자 국제정치경제학자인 레너드 시브룩(Leonard Seabrooke)은 이를 "달러를 통한 파워의 확산"이라고 지칭했다.[11] 달러를 통한 미국 파워의 집중이라고 말할 수도 있다. 브레턴우즈 체제가 붕괴한 후 더 많은 자본이 미국으로 유입됐기 때문이다.

1973~1974년, 미국 국무부 경제 담당 차관으로 재직한 윌리엄 케이시는 국무부의 기존 견해와 달리 전통적 무역은 더 이상 국제수지에서 수익의 유일한 원천이 아니라고 주장했다.[12] 그는 닉슨 정부 시절 미국 증권거래위원회 의장직을 맡고 레이건 정부에서는 CIA 국장으로 임명된 인물이었다.

케이시는 전통적 무역에 집중하는 대신 채권 등을 수출해서 세계의 발전된 자본시장을 창출하고, 자본시장 간의 더 나은 상호 관계를 형성하는 데 집중해야 한다고 말했다. 또 세계의 자본시장이 점차 국제화되면 금융 노하우가 미국의 가장 큰 자산이 될 것이므로 자본 수출에 대한 통제를 단계적으로 폐지하여 미국 금융계가 더 발전하도록 해야 한다고 역설했다. 그는 다른 나라들이 자본시장에서 공통의 규칙을 정립하면 미국 금융기관들이 세계 자본시장에서 리더가 될 것이라고 보았다. 미국이 상품 수출이 아니라 달러 자산의 강점과 미국 금융계의 기술적 능력을 결합해 세계 금융시장에서 수익을 창출해야 한다는 그의 인식은 향후 미국의 행로를 예상하게 한다.

더 긴밀해지고 틀을 갖추는 국제금융 시스템

1974년, 뉴욕 연준은행은 외환 투기로 파산 위기를 맞은 프랭클린은행에 17억 달러를 지원했다. 이 은행의 실패가 전반적인 유동성 확보 경쟁으로 이어질 것을 우려했기 때문이었다. 또 국제적 영향도 고려했다. 프랭클린은행이 국제적 계약을 이행하지 못하게 되면 미국 외환시장에 대한 신뢰가 흔들리고, 어쩌면 국제적인 은행위기를 초래할지 모른다고 판단했던 것이다.[13]

연준이 프랭클린은행을 대신해 외환을 매입하자, 해외 채권자들은 자신들의 돈을 지급받게 되리라고 확신했다. 연준은 나아가 프랭클린은행의 런던 지점에 대해서도 최종 대부자 역할을 맡았다.

이와 대조적으로, 같은 해 독일 분데스방크는 독일 최대 민간 은행 중 하나인 헤르슈타트은행의 몰락을 방치했다. 이는 국제 금융위기가 악화되는 결과를 초래했다. 분데스방크는 전통적으로 금융긴축정책을 고집했는데, 이런 원칙과 별개로 문제가 많은 은행을 구제하는 일은 모럴해저드라는 입장이었다. 즉, 투기꾼들이 손해를 보게 해 그들에게 교훈을 줘야 한다는 의견이었다. 하지만 분데스방크의 방관으로 헤르슈타트은행이 위기에 처하자 그 영향이 즉시 국제은행 간 자금시장에 파급됐다. 대규모 외환 거래를 포함한 거액 결제 시스템인 미국의 칩스(Clearing House Interbank Payments System, CHIPS)가 붕괴 직전까지 몰렸던 것이다.

결국 사태의 심각성을 인지한 분데스방크가 나섰다. 그해 말 분데스방크는 헤르슈타트은행의 채권자들에 대한 지급 의무를 인수하는 데 동의했고, 특히 외국 은행들을 독일 은행과 기업보다 우선시했다. 분데스방크도 결국 미국의 기조를 따르게 된 것이다. 문제를 일으킨 은행들의 본점이 소재한 국가의 중앙은행이 유로달러시장에서 활동하는 은행들에도 최종 대부자 역할을 해야 한다는 원칙을 수용하는 입장으로 선회했다.[14] 국제화된 금융 현실에서 얻은 교훈이었다.

이 사태 이후 세계의 금융 당국은 서로 긴밀히 접촉해 국제 금융위기에 공조할 수 있도록 준비했다. 1974년 여름, 미국 연준의 주도로 G10 국가의 중앙은행들이 스위스 바젤에 있는 BIS에서 회합했다. 그리고 이듬해인 1975년 바젤은행감독위원회가 도출한 협약은 국제은행의 본국이 해외 지점의 지불 능력에 문제가 있을 때 책임을 부담하고, 지점 소재국이 해당 국가에 소재한 모든 은행에 감독 책임이 있다는 원칙을 담았다. 이는 국가의 규제 기능을 상당히 확대하고 재조정한 것이었다. 바젤은행감독위원회의 역할은 회원국들이 서로 정보를 공유하고 위기 대응 능력을 제고해 국제금융 시스템의 안정을 확보하는 것이었다.

이후 잉글랜드은행은 역사상 처음으로 런던 금융계에서 영업하는 모든 은행에 외환 거래에 관한 내부 통제 시스템을 강화하는 교육을 제공했다. 또 미국 통화감독청은 미국 은행들의 국제 업무를 감독할 다국적 은행부를 신설했다. 분데스방크는 독일 은행업계가 참여한 유동성컨소시엄은행을 신설하여 최종 대부자 역할을 강화했다.

금융의 자유화, 경쟁의 가속화, 자본 이동으로 변동성이 커지면서 더 많은 국가의 개입과 협력이 필요했다. 이를 위해 각국 재무부 간의 연계를 강화하는 것도 중요했다. 선진국의 고위 관료들이 모여 10년 이상 브레턴우즈 체제를 살리려고 노력했던 그 틀이 이제 변동환율제를 제도적으로 정립하는 통로가 되었다. 이 과정에서 미국, 영국, 독일, 프랑스가 주축인 G7이 설립됐다.

1975년 G7 1차 정상회담인 랑부예회담에서 환율의 안정적 시스템은 주로 시장의 힘으로 결정되고, IMF의 책무는 개별 국가들이 시장의 규율을 확보할 정책을 고수하는지 감독하는 것이라는 인식을 같이했다. 이러한 IMF의 감시자 역할은 이후 세계 금융 시스템 체제 구축에 중요한 비중을 차지한다. 미국은 글로벌 자본주의를 만드는 데 국제 금융기구의 역할이 크다는 점을 알게 됐다. 서방의 시장중심적 틀을 개발도상국에 이식하는 데 국제 금융기구가 중요하다고 본 것이다.

1973년, IMF 집행부를 구성하는 20개국의 재무부와 중앙은행 수뇌부가 참여하는 20개국위원회가 설립됐다. G10이 부유한 국가들의 모임처럼 인식되면서 국제금융 시스템의 근본적인 개혁에 정당성을 부여하기에 부족하다고 판단해 별도로 구성한 것이었다. 1976년, 자메이카에서 개최된 회의에서 마침내 20개국위원회는 새로운 변동환율제에 정당성을 부여하기 위해 IMF 협정을 개정했다. 여기서 미국은 일시적 자본 통제를 허용하자는 IMF의 제안을 막고, 국제금융 체제의 목적을 상품과 서비스의 국제 교환뿐 아니라 자본의 국제 교환을 가능하게 하는 것이라고 규정하는 데 성공했다. 미국 재무부 장관 윌리엄 사이먼 (William E. Simon)은 자메이카 회의 후 세계가 IMF 협정에서 외환 시스템 운영에 관한 미국의 관점을 수용하도록 하는 데 성공했다고 자평했다.[15]

일부 제3세계 국가들도 이런 관점을 수용했다. FDI가 증가하고 상업은행 대출이 늘어나도 더 이상 제3세계 국가들이 외국 재산을 몰수할 위험은 없어졌다. 제3세계 국가들의 경상수지 적자를 메우기 위한 자금 조달의 절반 이상을 민간 은행이 담당하고, 나머지는 IMF와 세계은행 그리고 다른 국제기관의 공식적 대출이 차지했다. 이렇게 국제기관이 관여한다는 사실이 민간 은행의 불안을 감소시켰다. 채무국들은 민간 상업은행 채무를 불이행하면 국제기관의 공적 원조를 받기 힘들어졌다. 이로써 국가와 민간 금융이 개발도상국에서 상호 연결되었다.[16]

어떤 경우에도 피해야 하는 건 IMF 신용 공급 조건의 불이행이었다. 개발도상국에 신용을 공급하는 민간 기관들도 해당 국가들을 변화시키기 위한 IMF 조건을 중시했다. 신용 공급을 받는 개발도상국들이 국제 무역 및 지급에 관해 제약을 하지 않는 것은 물론이고, 정부가 외환시장에 개입하는 일은 자제해야 했다. 이렇게 IMF가 부과하는 조건들, 이를 전제로 한 민간 은행들의 융자를 지렛대로 해서 개발도상국들의 금융 시장은 점차 국제적인 규칙을 따를 수밖에 없었다.

이는 제3세계 국가들과 월가의 연계성이 점점 더 강화되도록 만들었다. 특히 급격히 유가가 상승하고 미국의 자본 통제가 폐지된 후 이 국가들은 국제금융과 더 깊은 관계를 형성했다.

금융 고도화를 촉진한 미국

1975년, 월가에 빅뱅이 일어났다. 미국 증권거래위원회는 1930년대 이래 자본시장을 지배해 온 카르텔 같은 구조를 크게 개혁했다. 규제를 대폭 완화하고, 월가의 고정 수수료도 폐지했다.

주목할 점은 결코 이런 규제 완화가 국가의 파워를 감소하는 것이 아니었다는 사실이다. 한편으로 증권거래위원회는 가격 경쟁과 시장 진입에 대한 장벽을 제거하고, 다른 한편으로는 더 큰 파워를 확보해 경쟁적 시장 구조의 발전을 도모했다. 시장 투명성을 제고하고, 내부자 거래를 규제하기 위해 개입하며, 투자은행의 부채 비율을 제한했다. 미국 금융시장의 고밀도 공적 규제는 개혁의 핵심이었다.

특히 중요한 점은 브레턴우즈 체제 붕괴 후 곧이어 시카고상품거래소가 통화선물시장을 개설해 파생금융상품 혁명을 낳았다는 것이다. 밀, 옥수수, 콩 등을 거래하는 선물시장의 중심이던 시카고거래소는 미국 국채선물시장을 개설했다. 이 과정에서 정부는 1974년에 상품선물거래위원회를 신설해 파생상품을 규제하기 시작했다. 상품선물거래위원회 같은 국가기관들이 리스크 분산과 관리를 촉진했다. 많은 비금융기업도 파생금융상품에 투자해 급변하는 상품 가격, 변동환율, 이자율 변동 등으로 인해 발생하는 리스크를 관리했다. 미국 국채에 관한 파생금융상품은 미국 국채 보유에 따르는 리스크를 더 줄이는 수단이 되었다.

이런 파생금융상품시장의 국제화가 다음 10년 사이에 비약적으로 진행됐다. 1982년, 영국에도 런던국제금융선물거래소가 개설됐다. 파생금융상품 혁명은 고정환율제가 끝난 후 통화시장을 안정시키는 데 매우 중요했다. 이는 미국 국채시장 국제화와 밀접한 관련을 맺었다. 미국 투자은행들은 미국 국채가 세계적으로 확산되도록 촉진했다.

1974년, 자본 규제 폐지 후 뉴욕에서 양키본드시장이 약 230% 성장했지만 장기적으로 봤을 때 이 같은 성장이 유로본드시장의 성장을 저해하지는 않았다. 이 두 시장은 1970년대 내내 함께 성장했고, 여기서 중심적 역할을 한 것은 미국 은행들이었다.

케인스주의와 결별한 영국

영국에서는 노동당이 1974년 선거에서 승리했다. 노동당 정부가 출범할 당시 영국에는 급격한 인플레이션과 유동성 위기, 주식시장 슬럼프, 국제수지 악화 등의 문제가 산적해 있었다. 이런 상황에서 신 정부는 1945년 이후로 가장 급진적인 산업정책인 대안경제전략을 내세웠다. 이는 국영지주회사를 만들고 주요 은행과 보험회사, 20~25개의 제조 기업을 강제로 국유화한다는 계획이었다. 이에 대해 영국 재무부와 잉글랜드은행은 반대했고, 런던 금융계도 적대적인 입장을 보였다.

마침내 영국에 위기가 닥쳤다. 1975년 4월부터 계속 약세였던 파운드의 매도세가 강력해진 것이다. 영국 정부는 그해 12월, IMF에 공식적으로 자금 지원을 요청했고 이듬해 1월 말에는 이용 가능한 자금을 모두 차입했다. 하지만 1976년에 들어서면서 파운드에 대한 투기적 매도가 더욱 강해졌고 환율은 파운드당 2.02달러에서 1.70달러로 가치가 하락했다. 정부 정책에 대한 우려에 언론의 공격까지 더해져 정부에 대한 불신이 커졌고, 결국 위기가 심화된 것이다.

그해 6월, 영국은 미국에 지원을 요청할 수밖에 없었다. 미국의 자금 지원에 대한 대가로 영국은 재정 지출을 줄이고 과도한 유동성을 제어하겠다고 약속했다. 당시 제임스 캘러헌(James Callaghan) 총리는 6개월 후 미국에 자금을 상환하지 못하면 IMF가 부과하는 조건을 수용하겠다고 선언했는데, 결국 상환에 실패하면서 IMF의 조건을 받아들였다. IMF 조건이 주요 선진국에 부과된 첫 사례였다. 이후 영국의 금융주권을 심각히 약화시키는 협상이 시작되었고, 영국이 미국의 휘하에서 국제화되는 과정이 가속화됐다.[17]

런던에 유로달러시장과 미국 은행들이 존재하고, 파운드가 주요 국제 통화로 기능하며, 영국이 역사적으로 개방적인 자유주의적 국제 경제의 한 축이라는 점에서 영국은 미국에 매우 중요했다. 은행 국유화 등 노동당의 급진적 계획은 런던 금융계의 국제적 역할을 위협하고, 런던에서 얻는 미국의 금융 이익을 위협했다. 무엇보다 대안경제전략은 외환 규제, 수입 제한 등을 주요 내용으로 하고 있어 유로달러시장의 개방성을 직접적으로 위협했다. 미국은 영국의 위기를 이용해 자유주의적 국제금융 질서라는 미국의 비전에 부합하는 방향으로 영국을 이끌었다.

브레턴우즈 체제 해체 후 국제금융 질서는 더 이상 달러의 고정가치를 유지할 정치적 책무도 없어져서 빠르게 성장하는 민간 금융시장이 달러의 국제적 위상을 결정하는 데 핵심적 역할을 했다. 런던의 거대한 외환시장은 달러의 국제적 확산을 뒷받침하는 중요한 인프라가 되었다. 그래서 영국이 개방적이고 자유주의적인 국제 시스템을 유지하는 것이 미국으로서는 특히 중요했다. 달러의 구조적 힘은 영미의 독특한 금융 체제 유지에 달려 있었다.[18]

결국 노동당 정부는 사회민주주의적 이념을 버렸다. 복지정책을 줄이고, 노동계 공세에 맞서고, 자본 통제를 완화했다. 노동당 정부가 케인스주의를 명확히 거부한 것은 세계화의 흐름에서 결정적 순간이었다. 정부가 IMF의 긴축정책을 수용하자 노동당과 노조의 관계는 나빠졌다. 인플레이션 억제를 위해 캘러헌 내각이 도입한 임금인상률상한제에 반발하여, 영국 노동조합들은 1978~1979년 겨울에 총파업을 강행했다. 이른바 '불만의 겨울'이었다.

당시 보수당 대표였던 마거릿 대처와 언론은 이런 갈등을 노동당의 실패로 인해 일어난 국가의 근본적 위기라고 공격했다. 이후 1979년에 출범한 대처 내각은 급진적인 구조 변화를 진행했다. 그들은 물가와 싸우기 위해 통화주의를 채택하고, 신자유주의가 확산하는 데 결정적 역할을 했다. 영국과 세계의 금융자유화를 위한 동력을 제공한 것이다.

난국을 타개하지 못한 카터 정부

당시 미국의 상황을 보자. 1975년, 뉴욕시의 재정위기 때에 민간 은행들은 구제금융을 제공하면서 후에 '신자유주의'라고 불리는 정책에 부합하는 조건을 부과했다. 중과세 지양, 사회 복지 지출 삭감, 임금 동결, 공공서비스와 자산의 민영화 등이 그것이었다.

한편 1976년 대선에서 지미 카터는 케인스주의 경제 자문가들의 자문을 받아 실업률 인하를 강조했다. 그러나 민주당이 대선에 승리하자 경제계가 소비자 보호 및 노동자 권리 강화에 반대했다. 1978년 10월, 항공산업규제완화법이 통과되자 항공업계 노동자 임금과 혜택은 삭감되었다. 이후 1980년 말까지 재정적자를 이유로 새로운 일자리 창출 프로그램은 본격화될 수 없었다. 노동계의 패배였다.

또 1978년, 카터 정부는 G7을 통한 '기관차 전략(locomotive strategy)', 즉 일본과 독일이 세계 수요를 진작해 성장을 추진한다는 전략을 내세웠다. 일본과 독일은 마지못해 동의했다. 하지만 미국이 금융긴축에서 방향을 전환하려는 듯 보이자 금융시장에서는 달러에 대한 매도세가 강해졌다. 중앙은행들의 공조로 이를 방어했지만 일시적일 뿐이었다. 중앙은행들의 개입도 무력해지자, 카터는 1979년 7월 "달러처럼 건전하다"라는 문구가 절대적 안정감을 표현하던 시대가 끝났다고 한탄하는 연설을 한다. 이것이 유명한 '신뢰의 위기' 연설이다.

이제 국제적인 공조로 경제를 살리는 전략은 실패했다. 이란 혁명으로 인한 오일쇼크로 물가는 더욱더 올랐고, 그 영향은 금융과 산업에 크게 미쳤다. 실질금리가 지속적으로 마이너스를 기록하자, 저축자와 투자자 사이를 매개하는 금융 시스템 역할이 혼란스러워졌다. 1973~1975년에 단기간 회복했던 기업 수익은 다시 하락했다. 1970년대 후반, 심각한 부채를 안은 크라이슬러의 파산 위협은 기업들에 대한 신뢰를 흔들었다. 게다가 카터가 처음 연준 의장으로 임명한 윌리엄 밀러(William Miller)가 인플레이션 압력에 대처하기 위해 케인스주의 스타일의 소득정책을 유지하자, 금융시장은 불만으로 가득 찼다.

인플레이션이 통제되지 않자 투자자들은 달러를 매도했고, 달러의 가치는 떨어졌다. 덩달아 미국 국채의 가치가 하락하자 채권 보유자들은 미국 통화 당국에 인플레이션 억제를 요구했다.

결국 기업 신뢰를 회복하기 위해 카터 정부는 1979년 8월, 폴 볼커를 연준의장으로 선택했다. 그는 카터나 민주당과 정치적 인연은 없었으나 금융의 건전성과 안정성에 대한 확고한 의지를 보여 평판이 좋았다. 볼커는 인플레이션을 영원히 퇴치해 달러를 구하기로 결심한다. 그 무렵 기업들 대부분은 인플레이션 퇴치가 가장 우선이라는 데 공감했다. 당시 국제사회의 압력도 커졌다. 서독은 특히 미국의 긴축정책 실시와 인플레이션 억제를 요구했다. 보유 중인 달러 자산의 가치 하락과 자국의 수출 경쟁력 약화를 우려했던 것이다.

볼커의 인플레이션 총력전 선언

1979년 10월 6일 토요일, 볼커는 긴급 기자회견을 열어 통화 공급을 축소하고 은행 측에 투기적 경제활동에 대한 대출 중단을 요청하겠다고 발표했다. '새터데이 나이트 스페셜'로 불리는 인플레이션 총력전 선언, 이른바 '볼커 쇼크'다.

연준이 이렇게 금융정책 대상을 통화 공급 축소로 전환한 것에는 금리 인상 결과에 대한 직접적 책임을 회피하려는 정치적 의도가 깔려 있었다. 하지만 경제에 미치는 영향은 명확했다. 볼커가 지휘하는 금융정책에서 중요한 것은 통화량 목표가 아니라 바로 긴축이었다. 그는 물가를 안정시키고 달러의 국제 가치를 복원하고자 했다.

달러의 국제적 역할을 고려할 때 이 방향이 전략적으로 중요했다. 사실상 국제통화 질서는 달러 가치에 닻을 내리고 있었다. 이 시스템을 유지하기 위해서는 달러의 미래 가치에 대한 안정적 기대가 필요했다. 달러 표시 금융자산의 매력을 유지하고, 다른 대체 준비통화의 등장을 저지하려면 달러 가치 안정은 필수였다.

볼커의 금융정책이 효과를 발휘하기 위해서는 아주 높은 금리 인상이 필요했다. 수요가 감소하고 실업률이 높아지며 생산 능력이 과잉되어도 어쩔 수 없었다. 인플레이션 기대를 낮추기 위해서는 경기 침체도 감수해야 했다.

당시 이란의 오일쇼크로 인플레이션이 강화되고 있었다. 볼커가 연준의장이 된 1979년 8월 소비자물가는 11.8%로 상승했고, 이듬해 4월에는 14.6%를 기록했다. 연준은 대폭적인 금리 인상은 통상 정치적인 반발을 불러오지만 통화량에 관심을 모으는 방향으로 접근하면 저항을

덜 받으면서 실질적으로 금리 인상 효과를 거둘 수 있다고 판단했다.[19]

통화량을 이용하려는 볼커의 또 다른 목적은 인플레이션 기대 심리를 제거하는 것이었다. 일반 시민들도 통화량과 인플레이션의 관계에 대해서는 직관적으로 이해했다. 통화량을 축소하면 인플레이션에 대한 기대가 줄어들고 그에 따라 경제 행위를 하리라고 여겼던 것이다.[20]

고금리에 대한 불만이 생겨도 연준은 통화주의 이론을 방패로 삼았다. 연준의 업무는 통화량 관리이지 금리 관리가 아니라며 회피했다. 하지만 연준이 통화주의를 채택한 것은 어디까지나 편의 때문이고 통화주의 이론을 엄격히 추종한 탓은 아니었다.[21] 실제로 연준의 통화량 관리는 엄격한 룰을 따르지 않고 상당히 유연하게 운용됐다. 통화주의의 대표적 이론가인 프리드먼은 연준의 정책이 통화주의 정책이 아니라고 비판했다.[22]

볼커의 긴축정책으로 1979년 10월의 뉴욕 증시는 단기간에 10% 넘게 급락세를 보였다. 연준의 기준금리는 1980년 4월 17.6%에서 1981년 1월 19.1%로 올랐다. 1980년에 실질 GDP는 마이너스 0.2%까지 떨어졌고 실업률은 7%를 넘었다. 나빠질 대로 나빠진 경제 상황에 이란의 미국 대사관 점거 사건까지 겹치면서, 그해 11월 대선에서 카터는 공화당의 로널드 레이건에게 참패했다.

당시 볼커 쇼크로 GDP는 3% 이상 감소하고 산업 가동률은 60%로 떨어졌다. 1982년 4분기에는 실업률이 10.6%까지 오르는 심각한 사태에 빠졌다. 건설, 농업 부문 등이 심각한 타격을 받았고, 무거운 채무를 부담한 농민들이 워싱턴 D.C.로 트랙터를 몰고 가서 연준 본부가 있는 에클스빌딩을 봉쇄하는 사태까지 발생했다.

그렇지만 마침내 정책의 효과가 나타났다. 1980년 3월에 전년 동월 대비 14.8% 상승했다가 1981년 13.5%에 달했던 물가상승률은 1983년에는 무려 10% 이상 감소해 3.2%까지 하락했다. 이후 저물가는 계속됐다. 물가는 잡았지만 경제난이 심각해 긴축 기조를 계속 이어가는 것이 곤란해지면서 1982년 후반, 연준은 긴축정책을 중단했다. 통화정책 목표도 통화량에서 금리로 다시 전환했다. 미국 경제는 점차 활기를 되찾았다. GDP와 산업 가동률은 향상됐고 실업률은 떨어졌다.

볼커의 긴축정책으로 레이건 시대에는 국민의 인플레이션 기대 심리가 사라져 '인플레이션 없는 성장'을 위한 여건이 마련된 것이었다. 1984년 11월 대선에서 레이건이 민주당의 월터 먼데일(Walter Mondale)에게 승리한 것은 볼커 정책에 힘입은 바도 있다.

금융규제 완화와 저물가 정책 기조

미국 금융규제 완화의 분수령이 된 것은 1980년에 제정된 예금기관규제완화 및 통화통제법이었다. 이 법에 따라 모든 예금기관은 의무적으로 연준에 지급준비금을 예치해야 했다. 이로써 연준이 민간 은행 파워를 더 이용할 수 있게 되어 연준의 정치적 기반이 강화됐다. 또, 이 법으로 뉴딜 시대를 상징하던 금리상한제도 폐지되었다.

그 전까지 월가뿐 아니라 소액 저축자도 고물가 시대에 은행 예금 이자를 제한하는 것에 대한 불만이 높았다. 이제 신용은 시장금리가 올라도 자유롭게 경제 전반에 공급되었다. 과거에는 금리상한제가 금융 시스템 내에서 일종의 밸브 역할을 했다. 즉, 일정 상한선을 초과해 금리가 오르면 신용 공급을 억제했는데 이제 신용은 금리, 즉 가격이 오를

뿐 공급량 제한은 없어진 것이었다. 금리 상한 폐지, 고금리, 변동금리가 결합하면서 미국 내에서는 점차 산업과 제조업 투자에 비해 금융 활동에 유리한 환경이 조성되었다.

나아가 이 법은 연준의 감독과 통제를 확대하는 한편, 은행과 다른 금융기관의 자유화를 추진했다. 은행의 인수합병도 용이해졌다. 연방 예금보험의 구제 대상도 확대했다. 연준은 통화감독청, 연방예금보험 공사와 공동으로 대마불사(大馬不死)*의 은행들을 선별적으로 구제해 볼커 쇼크로 인한 후과를 줄였다. 대출 이자를 제한하는 주법도 폐지하고, 저축대부조합에는 대출 등에 관해 폭넓은 권한을 부여했다.

한편 1980년 선거 후, 레이건 정부는 복지 지출, 푸드스탬프(식료품 지원 방안), 메디케어, 공공연금, 실업 보장 등을 축소했다. 노동자층에 대해 강경한 자세를 취했던 것이다. 1981년 항공 관제사 직원 해고가 결정적이었다. 1만 2,000명에 이르는 관제사를 해고하고 군 병력을 투입해 공항을 운영했다. 이 사건은 노동계의 패배를 상징했다. 볼커는 항공 관제사 조직의 파괴가 노동자층을 약화하는 데 큰 역할을 했다고 평가했다. 노동자층은 예전처럼 임금 인상을 요구하기가 힘들어졌다.

볼커 쇼크는 미국 사회에서 계층 간 힘의 관계를 변화시켰다. 인플레이션 기대는 노동자층의 갈망과 이를 실현하는 집단적 능력을 약화하지 않고는 깨질 수 없었다. 볼커는 의회에서 저물가는 연준의 최고 목표이고 그에 따라 실업이 발생해도 어쩔 수 없다며, 저물가가 궁극적으로 높은 고용률을 달성하는 주요 수단이라고 강조했다.[23]

● 바둑에서 유래한 말로, 대마는 쉽게 죽지 않음을 이르는 말이다. 흔히 영어로 'Too big to fail'로 표현한다.

볼커 쇼크의 승자와 패자

연준의 고금리 정책이 길어지자, 미국 은행들은 긴축정책을 우회해 유로달러시장에서 자금을 조달하고 대출을 점차 늘렸다. 그 결과 금리 변동에 취약해졌다. 이에 은행들은 변동금리제를 도입해 금리변동 위험을 소비자에게 전가했다.

또 다른 변화는 변동금리와 차환제도를 결합하는 것이었다. 단기 대출의 만기인 3~6개월마다 새롭게 금리를 조정할 수 있었다. 은행 이자는 시장 금리의 변동에 맞춰 조정됐다. 그 기준은 유로달러시장의 중심인 런던의 은행 간 금리인 리보금리(LIBOR)로 삼았다. 런던 시장의 국제적 우위를 반영한 것이었다. 유로본드시장에서도 변동금리 제도가 확산됐다. 자금 수급에 따른 가격을 결정하는 데 있어서 대출에 대한 양적 통제에서 오로지 금리에 기반한 시장 중심적 시스템으로 전환했다. 미국에서 볼커가 고금리 정책을 취하자, 잉글랜드은행도 그 뒤를 따랐다. 독자적 금융정책 운용이 어려워졌던 것이다.

볼커 쇼크로 미국 상업은행은 제2차 세계대전 이후 가장 수익성이 좋은 시대를 맞았다. 미국 경제가 전반적으로 침체되었던 1980~1981년에도 금융계는 영업이익이 증가했다. 볼커의 대책은 대형 은행들에 가장 유리했다. 반면 소형 저축대부조합들은 볼커 쇼크 전후로 심한 어려움에 봉착했다. 다른 업종도 피해가 컸다. 달러 강세로 수출업종, 특히 농업과 철강업이 피해를 입었다. 제조업체는 수출 규모를 축소한 데다 수입이 더 싸지면서 국내 시장점유율도 하락했다.

그렇다고 미국 경제에서 인플레이션이 없어진 것이 아니었다. 그 영역이 임금과 소비자 가격에서 금융 분야와 자산 가격으로 전이된 것이었다. 1979~1983년, 이자 수입으로 발생한 개인 소득은 70% 이상 증가한 반면 임금은 33% 올랐다. 볼커의 고금리 정책으로 자금이 기업, 저축자, 해외 투자자들로부터 미국 금융 시스템으로 유입돼 이미 진행 중인 금융화가 가속되었다. 임금이 하락하면서 노동자들은 소비자 신용에 더욱 의존하게 되었다.

한편 연준은 유로달러 자금이 미국 자금시장에 유입되면 통화긴축 정책에 장애물이 될까 우려했다. 1970년대 후반 유로달러시장은 연간 20%씩 성장했다. 1981년, 유로달러시장은 대략 미국 M3(총유동성) 통화량의 10% 수준에 달했던 것으로 추정된다.[24] 연준의 규제가 미치지 않는 추가 자금 공급의 주요 원천이 된 것이다.

이런 도전에 직면한 미국이 BIS 회의에서 유로달러시장에 지급준비금 제도를 도입하자고 제안했다. 독일은 찬성했지만, 잉글랜드은행과 스위스중앙은행이 강력히 반대했다. 1980년 4월, 독일 분데스방크마저 변심해 미국의 제안에 반대하자 이는 결국 좌절됐다.

연준의 규제 시도가 실패하고 국제 금융시장의 성장은 계속됐다. 그 결과 영미의 금융자유화를 수용하고 글로벌 금융 기업을 자국에 유치하기 위해 국제적으로 규제 완화와 개방이 이어졌다.[25]

미국 내에 일종의 역외시장을 허용하기 위해 1981년 6월 국제은행업무제도 도입이 승인되었다. 연준이 이 제안을 수용한 것은 유로달러시장 규제에 실패한 탓이 컸다. 영미 양국의 은행들이 정부를 압박해 국제 경쟁에 유리한 규제를 만들자, 기존의 체제는 점차 무너졌다.

남미의 잃어버린 10년

미국 은행들은 1970년대 오일쇼크로 국제수지 적자에 빠진 남미 국가들에 페트로달러가 유입되도록 중개했다. 그러자 남미에는 미국 상업은행과 다른 기관으로부터 차입이 폭증했다. 1970년 말에는 겨우 290억 달러였던 채무액이 1978년 말에 1,590억 달러로 증가하고 1982년에는 무려 3,270억 달러까지 늘어났다.[26]

게다가 볼커 쇼크의 영향으로 금리가 급상승하자 대외 부채에 대한 이자가 1979년 240억 달러에서 1981년 418억 달러로 증가했다. 1979~1981년에 남미 부채 국가들의 이자 지불액은 당시 전체 수출 소득의 33%에서 59%로 증가했다.

1981년, 세계 경제가 침체되자 상업은행들은 상환 기간을 단축하고 금리를 인상했다. 남미 국가들은 더욱더 부채 부담을 감당하기 어려워졌다. 마침내 1982년 8월에 멕시코가 800억 달러의 채무를 이행할 수 없다고 선언했다. 다른 나라들도 뒤를 이었다. 많은 은행이 해외 대출을 중단하고 기존 대출을 회수하기 시작했다. 결국 남미의 국가 경제는 극심한 침체에 빠졌다.

1982년 8월, 미국 연준은 세계 중앙은행들과 회의를 통해 멕시코에 브리지론을 제공하기로 결정했다. 연준은 미국 은행들에 멕시코에 대한 대출을 재조정하도록 권고했다. 미국이 구제 협조를 주도했다. 미국 상업은행들은 남미 국가들의 채무를 재조정하고 IMF와 다른 기관들은 자금을 지원했다.

남미 국가들은 구조조정을 수용하고 재정 적자 축소에 착수했다. 복지, 교육 등 지출을 삭감하고 임금 동결, 공무원 해고 등을 단행했다. 실업은 늘었고 소득은 감소했으나, 성장은 미미했다. '잃어버린 10년'을 맞이한 것이었다.

당시 IMF의 심각한 구조조정 프로그램은 이후 다른 나라들에 대한 본보기가 되었다. 1980년대 내내 IMF가 대출 시 부과한 엄격한 조건에는 즉각적 재정 긴축뿐 아니라 신자유주의 정책 채택과 함께 금융 자산의 보호를 위한 프로그램도 포함되었다. 남미 국가 등 개발도상국 차입국들은 국제은행의 신디케이트론에만 의존하지 않고 점차 국제 자본시장으로 향했다.

위기의 레이거노믹스를 살린 외국 자본

레이건 정부에서 공급경제학은 세금을 줄여 경제성장을 유도하고 투자를 촉진한다는 의미로 사용되었다. 하지만 이는 재정위기만 초래했다. 선거를 치르는 정당은 지출 삭감을 주저하는 데다, 레이건 정부는 오히려 군비 지출을 확장했다. 재정 적자가 늘어날 수밖에 없었다.

그런데 뜻밖에도 볼커 쇼크가 유발한 고금리로 자본 유입이 증가해 레이건 시대에 발생한 적자를 메웠다. 특히 1983년에는 경제 불황이 예상됐지만 전혀 예기치 못한 새로운 자본이 유입됐다. 해외 투자자, 특히 일본이 미국 국채를 놀라울 정도로 사들인 것이다. 1979년 이후, 일본 재정은 흑자로 전환됐고 국내 저축이 해외 투자로 방향을 바꾸었다. 1980년 일본의 금융시장 규제 완화로 일본 자본의 해외 유출이 더 용이해진 것도 원인이었다.[27]

일본의 국채 금리보다 미국의 국채 금리가 많게는 5% 더 높아지자,

일본 투자자가 대거 매입에 나섰다. 그 액수를 보면 1983년 850억 달러, 1984년 1,030억 달러, 1985년 1,290억 달러, 1986년 2,210억 달러였다. 이는 미국에 최상의 결과를 가져왔다. 해외자금이 미국 국채와 달러 자산을 매입해서 재정 디플레이션을 피하고 세금 인상을 피할 수 있었던 것이다. 풍부한 달러 유동성이 미국 금융시장에 공급되자 국가와 지방정부 등 공적 채무자가 민간 차입을 어렵게 할 것이라는 우려도 기우로 끝났다.[28]

1980년대 초에 레이건 정부가 미처 인식하지 못한 사실은 국제 금융시장 통합이 진행 중이었다는 점이다. 레이건의 참모 중 누구도 외국 자본이 재정 적자를 보충하는 데 쓰일 것이라 예측하지 못했다. 당시에는 재정 적자를 외국으로부터 자본을 수입해 보충한다는 아이디어 자체가 아직 낯설었다. 누구보다 국제 경제를 잘 아는 볼커마저도 갑자기 출현한 외국 자금의 규모를 예측하지 못했다.

미국 재무부는 외국 자본의 유용성을 인식하고, 1984년 7월부터 외국 투자자들을 유인하는 조치를 취한다. 외국인의 미국 투자 소득에 부과하던 30% 세금의 원천징수를 폐지했고, 같은 해 가을 재무부는 외국인, 특히 일본과 유럽에 성공적으로 채권을 발행했다. 또 10월에 재무부는 외국 투자자들이 선호하는 무기명 채권을 발행할 수 있게 했다.

대통령경제자문회의 의장 마틴 펠드스타인의 이름을 딴 '펠드스타인 독트린'의 핵심 내용은 달러 가치 상승과 이와 관련된 자본 유입은 미국 경제의 안전밸브 역할을 하고, 국내 투자의 구축(驅逐)을 피할 수 있다는 것이었다.

그 결과 미국으로 유입된 자본은 미국 내 투자 붐을 조성하고, 생활 수준을 향상시키는 데 기여했다. 또한 브레턴우즈 체제하의 고정환율제와 자본 이동 통제의 시대와 달리, 레이건 시대의 예산은 더 이상 정부를 제약하지 않았다.[29] 외국 자본 유입이 없었다면 미국은 레이건 정부 시대에 전면적 재정위기를 겪었을 것이다. 물론 문제가 완전히 해결된 것은 아니었다.

외국 자본이 유입되자 미국에서는 신용 확대를 제한할 수 없게 됐다. 1980년대에 전례 없이 금리가 상승했지만, 신용시장에서 차입자를 몰아낼 정도로 오르지는 않았다. 높은 가격을 지불할 의사가 있는 사람들에게 신용은 공급되었다. 화폐의 가격이 오르자, 점차 투기 분야로 자금이 이동했다. 기업들이 생산 시설과 장비에 투자하기보다는 금융 수익을 노리는 쪽으로 전환하는 움직임이 나타났다. 개인들도 주택, 토지, 예술작품, 보석 등에 투자했다. 볼커가 달러 가치를 복원하자 기업과 개인은 상품과 서비스 경제를 회피하고 자금을 금융시장에 투입했다. 그 결과 인플레이션은 비금융 분야에서 금융 분야로 전이됐다.

미국 금융시장이 넓어지고 깊어지면서 해외에서 더 많은 자금을 유인할 수 있었고, 이는 미국 기업에 상대적으로 저리의 자금을 공급할 수 있게 했다. 이는 상업어음시장과 기업채권시장의 엄청난 성장 그리고 비금융기업의 금융화를 재촉했다.[30]

부채로 매입한 자산 가격이 상승하자, 소비가 늘었다. 소비가 증가하자 외국 자본 공급자들에게 수출시장이 제공됐다. 외국 자본이 미국에 유입되고, 미국 기업과 개인이 소비를 계속하는 한, 이 순환은 지속될 수 있었다. 1980년대부터 2000년대 중반까지 이어진 미국의 호시절은 그래서 가능했다.

처음 외국 자본을 미국에 유인할 때는 볼커의 고금리 체제가 필요했는데, 이마저 불필요해졌다. 2000년대가 되면 아시아의 중앙은행들은 자국의 수출을 유지하고 미국의 그칠 줄 모르는 소비욕에 접근하기 위해 낮은 수익도 감수했다. 아시아는 미국이 '달러로 빚은 술'을 마실 수 있도록 했다.[31]

이 시절을 가장 즐긴 것은 미국의 시민이나 기업이 아니라 정부였다. 외국 자본이 미국의 거대한 적자를 보완해 주었고 금융긴축은 과도한 신용 팽창에 따르는 물가 압력을 억제했다.[32]

1980년대 월가를 살찌운 일본의 자금

브레턴우즈 체제가 몰락하자, 일본에서는 달러 축적이 여러 문제를 야기했다. 달러를 팔고 엔화를 받으면 엔화가 절상되어 수출이 감소하므로 수출 주도의 경제 구조 자체를 위협하는 결과를 낳을 수 있었다. 엔화 강세는 수입을 억제하는 정책에도 반하는 것이었다. 변동환율제에 맞닥뜨린 일본은 수출이 지속되도록 하기 위해 엔화 가치 상승을 억제할 장치가 필요했다. 즉, 일본이 벌어들인 달러가 엔화로 교환되지 않고 달러 그 자체로 리사이클되어야 했다.[33]

일본의 금융 당국과 민간 금융기관 대다수는 달러를 해외에서 운용하는 방법으로 미국 국채나 기관채 매입을 선택했다. 일본의 대형 투자자들에게 미국 국채는 매력적이었다. 일본에는 비슷한 수준의 대체 투자 대상이 없었기 때문이다.[34] 뉴욕 연준은행이 외국 중앙은행을 위해 수탁한 7,000억 달러가 넘는 자금의 상당 부분은 일본 소유였다.

또 일본은 해외의 경제활동에 필요한 자금을 제공했고, 이 경제활동의 일부는 일본 수출에 대한 수요로 이어졌다.[35]

1980년에 다시 축적하기 시작한 일본의 경상수지 흑자는 미국 정부의 폭발적인 자금 수요 증가를 충족시켜 주었다. 달러 수요가 세계적으로 증가하자 달러는 강세를 보였고, 일본이 우려한 엔강세가 사라졌다. 엔약세에 1982년에 미국의 경제 회복이 더해지면서, 일본 수출은 일시적으로 다시 황금기를 맞이했다.

브레턴우즈 체제 붕괴 후 10년간 일본 금융의 국제화는 빠르게 진행되었고, 1980년대 내내 이 흐름은 이어졌다. 일본으로부터의 장기 자본 이동은 1977년 30억 달러, 1978년 120억 달러에서 1986년에는 1,320억 달러 이상으로 증가했다.[36]

미국 금융자산에 대한 일본 은행들의 끝없는 욕망은 1980년대 월가를 살찌웠다. 그들은 대형 신디케이트론의 중요한 참여자가 됐으며, 월가의 통화 트레이딩과 헤징(hedging) 분야의 혁신을 모방하기 시작했다.

일본이 미국 국채와 증권에 의존하는 정도가 커지면서 1980년대 초기 달러 가치는 극적으로 상승했고, 이는 1982년 이후 다른 국가들이 저성장세를 보이던 시기에 미국 경제성장의 재개에 중요한 영향을 미쳤다. 다른 한편으로 1980년대 내내 미국은 일본의 가장 중요한 수출시장이었다.

환율의 국제 정치

외국 자본 유입으로 1981년에서 1985년 초까지 강달러가 지속됐다. 그러자 인플레이션이 꺾이고 호경기가 시작되면서 국제적 투기 자금도 유입됐다. 외국 자본은 금리 차이와 환차익을 노렸다. 강달러로 수입이 늘어나자 미국의 경상수지 적자는 더 증가했지만, 외국 자본의 유입으

로 달러 가치는 상승했다. '경상수지 악화 → 강달러 → 경상수지 악화'
라는 악순환이 발생한 것이었다. 세계 최대 채권국이던 미국은 단기간
에 급격히 채무가 늘었고 1985년에는 공식적으로 채무국이 되었다. 기
축통화국이 채무국이 되는 기묘한 현실이 눈앞에 펼쳐진 것이다.

달러 가치 상승으로 미국 수출은 타격을 입었다. 수출 기업들은 캐터
필러 보고서에서 몇 가지 대책을 제시했는데 그중 하나로, 미국에 대해
무역 흑자를 많이 내던 일본의 자본시장 개혁이 포함됐다. 일본으로 자
본 유입이 늘어나면 엔화 강세가 될 것이라고 판단했던 것이다. 당시 일
본은 자본 유입보다 유출을 더 규제하고 있었다. 효과는 미지수였지만
미국 재무부는 이를 추진했다. 국제 자본시장의 자유화를 촉진하는 일
은 재무부의 핵심적 과제였기 때문이다.

높은 실업률, 산업·농업 분야의 큰 피해, 무역 적자 확대로 미국 내에
서는 보호주의 정책에 대한 압력이 커졌다. 하지만 미국의 주요 다국적
기업은 국제시장을 개방하려는 의지가 강했고, 레이건 정부의 자유방임
주의적 태도가 강화되면서, 보호주의는 선별적이고 일시적으로 수입을
제한하는 데 국한됐다. 다른 나라들과 협상할 때 보호주의를 취하겠다며
위협해 양보를 얻어냈을 뿐이다. 특히 외국의 자본 통제로 인해 외국 자
본의 미국 유입이나 미국의 대외 투자가 방해받지 않도록 했다.

1985년 달러 강세가 지속되자, 그해 7월 미국 의회는 대미 무역 흑
자가 큰 나라, 주로 일본에 대한 보복 조치를 담은 법안을 제출했다. 규제
완화, 자유화 촉진을 내세운 미국 정부 정책에는 역행하는 일이었다. 그
러나 미국 정부는 외환시장에 개입해 강달러를 시정하는 정책을 선택
했다. 선진국 간의 정책 조정이 7~8월에 진행되었다. 그리고 9월 22일,
뉴욕에서 5개의 선진국 재무부 장관들이 모여 '플라자 합의'에 이르렀

다. 내용은 크게 세 가지였다. 첫째, 달러에 대해 주요 비달러 통화의 절상에 협력한다. 둘째, 서독과 일본이 내수 진작에 힘을 쏟는다. 셋째, 일본은 강력한 규제 완화 조치를 실시해 금융 및 자본시장 자유화와 엔화국제화를 추진한다.

일본으로서는 약달러, 강엔화를 유도하기 위해 미일 간의 금리 차이를 역전할 필요가 있었기에 10월부터 단기 금리를 올리는 정책을 구상했다. 문제는 미국 통화 당국이 이에 반대한 것이었다. 미국은 금리 차이 역전으로 대량의 일본 자금이 미국에서 이탈하게 되면 달러가 폭락할 것을 우려했다. 미국은 점진적인 달러 하락을 원했다. 이에 대한 논의 끝에 1986년 1월, 일본은 협조적 금리 인하에 합의했다. 일본 은행은 금리를 5%에서 4.5%로 인하하고 3%까지 낮췄다. 서독도 3%로 금리를 낮췄고, 미국은 7.5%에서 5.5%로 금리를 인하했다.

그러나 달러 하락 속도가 예상보다 빨랐다. 1986년 내내 급락이 계속됐고, 1987년 5월에는 엔화와 마르크에 대한 환율이 고점에서부터 46% 하락했다. 엔/달러 환율은 140.54, 마르크/달러 환율은 1.79까지 떨어졌다. 문제는 달러 폭락에도 일본, 서독과의 미국 무역수지는 개선되지 않았다는 점이다.

여기서 중요한 점은 달러 폭락을 일으킨 것이 민간자본이라는 사실이다. 정부의 시장 개입은 계기에 불과했다. 1984년 4월, 일본에서는 외화선물거래실수요 원칙이 폐지되면서 외화선물거래가 급증했다. 환리스크를 헤지하기 위해 선물 매도가 급증했다. 대량의 달러 선물 매도가 대량의 달러 현물 매도로 이어졌던 것이다.[37] 이것이 달러 급락의 원인이었다. 여기에 투기 세력도 가세해 달러 폭락을 심화했다.

차익 거래 및 투기 목적으로 현물과 선물 거래액이 급증했다. 외환시장은 경상수지나 기초수지라는 실물경제 수요와 무관하게 방대한 단기 자본 이동으로 결정됐다. 그 변동의 폭이나 규모는 미국 통화 당국이 조정할 수 있는 범위를 크게 벗어났다. 이제 미국은 경제의 하드랜딩*을 우려해야 했다. 달러 폭락으로 금융시장과 외환시장에 균열이 발생할 수 있었다. 예컨대 금리 상승이 나타나고 이 문제가 미국 경제의 불황을 초래할 수도 있었다. 엔/달러의 환율이 150엔이던 1987년 1월 말, 대규모 시장 개입이 진행되었지만 달러 하락은 지속됐다.

다시 외환시장 안정을 위해 국제적 협조에 대한 합의가 이뤄졌다. 바로 1987년 2월의 '루브르 합의'다. 엔/달러는 153.50, 마르크/달러는 1.8250 수준에서 유지하기로 합의했다. 아울러 미국은 재정 적자 축소를 위해 노력하고, 일본과 서독은 내수 확대 및 금리 인하를 추진하기로 했다. 그 결과 달러 하락세가 약간 진정되는 듯했으나 완전히 멈추지는 못했고 추가 하락이 있었다. 1988년 2월에는 결국 최저 수준에 도달했다. 엔화 및 마르크에 대해 달러 가치는 3년 사이에 거의 절반 수준으로 하락했다. 하지만 일본 흑자는 감소하지 않았고, 독일은 오히려 흑자가 늘었다.

1987년 블랙 먼데이

1982년 여름에 미국에서 금융완화 정책이 시작된 후 5년 사이에 주

● 경기가 활황에서 불황으로 갈 때 급격한 경기 침체나 실업 증가를 겪는 것을 하드랜딩(hard landing)이라 하고, 그 반대의 경우를 소프트랜딩(soft landing)이라고 한다.

가는 거의 세 배가량 상승했다. 그러나 1987년 10월 19일 '블랙 먼데이'로 불리운 날, 다우존스지수는 508p가 하락해 무려 22.61% 폭락했다. 이는 1929년의 대규모 주가 폭락 사태를 포함해 역사상 일일 주가 하락폭으로는 최대치였다. 플라자 합의 이후 엔화는 달러당 240엔에서 140엔으로 불과 18개월 내에 급격히 상승했지만, 이는 미국 무역수지에 영향을 미치지 못했다.

미국 무역 통계가 발표되자 실망한 시장에서 달러 자산을 매각했다. 금리가 급상승하고 주식시장에서 자금이 빠져나갔다. 여기에 더해 주식 거래에서 프로그램 거래 및 포트폴리오 인슈어런스가 급속히 커진 데다 기관 투자자나 대형 트레이더의 거래 비중이 급증해 하락폭을 키웠다.

이에 연준이 대응을 주도했다. 패닉에 빠진 뉴욕증권거래소와 시카고상품거래소가 문을 닫지 않고 개장하도록 한 후, 연준은 충분한 유동성을 공급하겠다고 선언했다. 이는 시장 정서 안정에 크게 기여했다. 뉴욕 연준은행도 기준금리를 인하하고, 월가 은행들에 지속적으로 신용을 공급하겠다며 안심시켰다. 은행들은 증권 딜러들에게 계속 자금을 제공했다.

일본 재무성도 1987년 미국 및 글로벌 주식시장 붕괴를 저지하는 데 나섰다. 1987년 10월, 뉴욕 증시가 붕괴하자 그 영향으로 달러가 약세로 전환할 가능성에 놀란 일본 당국은 달러 환율을 유지하기 위해 달러 자산을 매입하도록 일본 금융기관들을 독려했다. 그 자산들이 수익성이 있기 때문이 아니라 일본 당국의 지시이기에 일본 금융기관들은 이에 따랐다.

일본 금융기관들의 단기 자본 공급으로 달러 폭락은 멈췄다. 주식시장 붕괴 직후 몇 달 동안 일본 은행들이 대규모의 달러를 단기로 차입한 일도 달러의 하락을 저지하는 데 도움이 됐다. 달러 하락이 멈추자 주식시장도 안정을 되찾았다. 일본 당국의 주된 관심은 달러 가치의 하락을 저지해 상대적으로 엔화 가치가 상승하는 것을 막는 것이었다. 그것이 일본의 수출 경쟁력을 유지하는 길이었기 때문이다. 달러의 글로벌 역할이 유지되는 것은 일본의 전략적 목표에 부합했다.[38]

또 1987년 붕괴 이후 여러 관련 기관들의 공조를 위해 레이건 정부는 1988년 3월 금융시장에 관한 대통령워킹그룹을 창설해 이를 제도화했다. 이는 변동성이 큰 금융시장이 번창하도록 하는 동시에 그에 따라 발생하는 금융위기를 관리하고 제어하기 위한 것이었다. 아슬아슬한 줄타기를 선택한 셈이었다.

미국 경제 재건에 앞장선 일본

루브르 합의와 플라자 합의로 세계 경제에서 미국을 제치고 지도적 플레이어로 부상하는 듯했던 일본은 오히려 미국 주도의 국제금융 시스템에 점점 더 통합되었다. 일본은 런던과 뉴욕 소재의 미국 금융기관의 행태에 영향을 받았고, 미국 금융시장의 변동성에 종속되었다. 플라자 합의는 미국의 오래된 엔화 약세의 용인, 즉 사실상 일본의 대미 수출에 대한 보조금을 끝낸 것이었다.[39]

한편 일본 은행들은 역사상 전례 없는 해외 자산 매입에 신용을 제공하고, 일본 내 부동산시장과 주식시장 버블 형성의 통로가 되었다. 짧은 시간 동안 일본의 은행들은 세계 최대 금융기관의 상위 랭크를 점령했다. 하지만 방대하게 팽창된 자산에는 매우 의심스러운 대출이 포함되어 있었다. 또 그들의 규모나 랭킹에 비해 기술적으로도 후진적이었다. 플라자 합의 전에도 일본 은행들은 이미 콘티넨털일리노이은행의 몰락●에 연루되었고, 플라자 합의 후에는 1987년 미국 주식시장 붕괴에도 깊이 관계됐다.

일본 재무성과 중앙은행인 일본은행의 자국 금융시장에 대한 통제는 점차 비효과적으로 변했다. 일본은 엔화가 세계 기축통화로서 달러를 대체하는 데 관심이 없었다. 글로벌 금융 리더로서 책임을 맡는 데는 더욱더 무관심했다. 일본은 1987년 붕괴 이후 미국 재무부와 연준에 대한 지원에서 볼 수 있듯 미국의 "충성스러운 신하"로 머무는 데 만족했다.[40] 당시 일본 재무성은 일본 펀드매니저들을 압박해 달러에 투자하도록 요구하고, 일본 은행은 적극적으로 연준과 협력해 금융안정 회복을 위해 유동성 공급에 나섰다.

1980년대 일본의 가장 근본적 역할은 일본의 자본을 수출해 미국 경제 재건을 돕는 것이었다. 이는 일본 경제가 구조적 문제를 안고 있다는 증거였다. 미국이 강하기에 자본이 미국으로 향했다는 설명도 있다.[41] 1985~1989년에 일본의 미국에 대한 해외 직접투자는 26억 달러에서 212억 달러로 증가했다. FDI 비율은 40%에서 50%로 늘었다. 일본 자동차 기업들은 엔고와 보호주의 정책을 피해 대거 미국으로, 특히 남부 지역으로 진출했다.

● 1970년대에 공격적 경영으로 급성장해 한때 미국 내에서 예금 순위 7위를 차지했던 콘티넨털일리노이은행이 1984년 경영파탄에 이르자, 미국 금융 당국이 나서서 구제했던 사건. 소위 '대마불사'의 한 사례로 언급된다.

1980년대 미국 금융시장의 변화

1980년대는 대공황 이후 미국 금융 역사상 가장 격동의 시대였다. 오랫동안 시행되어 온 금리 상한 규제 등 과거의 규제는 볼커 쇼크로 문제가 있다는 게 드러나고, 신자유주의적인 규제 완화가 시작되었다. 하지만 시장 원리만으로는 금융 시스템에 내재된 리스크를 제어할 수 없었다. 이를 단적으로 보여준 사례가 저축대부조합업계의 운명이다.

저축대부조합은 뉴딜 시대에 노동자층을 통합하기 위해 만들어진 미국 특유의 주택금융제도였다. 저축대부조합의 위기는 은행위기로, 1982년에 발생하여 1989년까지 약 8년 동안 지속되었다. 연준의 고금리 정책으로 인해 저금리로 단기 자금을 조달하여 장기 주택담보대출에 자금을 운용하던 저축대부조합들의 수익성은 크게 악화됐다. 이들은 경영 악화를 극복하기 위해 위험자산 투자를 확대했지만, 부동산 가격이 급락하고 주가가 하락하면서 조합 자체의 부실만 더 심화되었다.

결국 1984~1992년에 파산한 조합들이 1,000개가 넘는 등 저축대부산업의 위기가 급속하게 확대되면서 금융위기로 발전했다. 이 문제를 해결하기 위해 정부는 공적 기구들을 설립해 공적자금을 투입했다.

저축대부조합은 더 이상 주택금융의 중심이 되기 어려웠다. 이후 주택금융의 무게 중심은 주택저당증권시장으로 이동했다. 1984년, 미국은 주택저당증권의 2차시장을 더 활성화하는 조치를 취했다.

미국의 새로운 금융 시대를 주도한 것은 월가의 투자은행들이었다. 이들은 미국 국채를 담보로 레포 시장(repo market)에서 저리의 현금을 확보하고, 이를 단기 금융시장에 투자했다. 상업어음시장이 기업들의 단기 자금 조달에 있어 은행 대출을 대체하는 주요 수단으로 떠올라

1980년대에 폭발적으로 성장했다. 투자은행들은 이 시장에서 막대한 수수료 수입을 얻었다.

월가의 투자은행들은 1970년대 규제 완화로 주식시장 중개회사 간 경쟁이 치열해지자 채권 발행 인수, 기업 인수 합병, 신금융상품과 시장 조성 분야에 무게를 실었다. 변동금리 시대가 시작된 후, 채권 가격 변동이 심해지자 트레이딩 업무도 확대했다. 이는 투자은행이 투기적인 성격의 사업으로 전환하는 데 매우 중요한 역할을 했다. 단적으로 당시 살로몬브라더스 투자은행의 사원이 과거 일주일에 500만 달러 상당의 상품을 운용했다면, 이제는 매일 3억 달러 상당의 상품을 운용하게 된 것만 봐도 그랬다.[42] 금융상품의 주된 공급자로 살로몬브라더스, 골드만삭스 같은 회사들이 새롭게 부상했다.

또 투자은행들은 해외에서 대량의 자금이 유입되는 주된 통로였다, 미국 투자은행은 런던에서 영업을 대폭 늘리고, 대상을 유럽 대륙 전체로 확대했다. 이들은 미국 연방정부, 주정부, 지역정부들의 늘어나는 채권을 인수하고 국내외 국영기업의 민영화를 돕고 1980년대 상업어음, 기업채권, 주식시장의 중심이 됐다. 당시 골드만삭스, 모건스탠리, 메릴린치, JP모건 등이 시장의 주요 플레이어였다. 또 경제학자, 수학자, 금융공학자 등의 전문가들이 정교한 컴퓨터 프로그램으로 투자 리스크를 관리하는 시대가 시작되었다.

금융계는 이제 과감한 행보를 보였다. 고수익·고위험 트레이딩과 공격적인 딜 메이킹에 나섰다. 경쟁은 치열했다. 1980년대 초 살로몬브라더스가 처음으로 IBM과 세계은행 사이에 이뤄진 파생 채권 스와프 거래를 수행하자, JP모건은 런던 지점을 이용해 글래스-스티걸법을 우회해서 고객들이 파생금융상품시장을 이용하도록 했다. 또한 거래소에

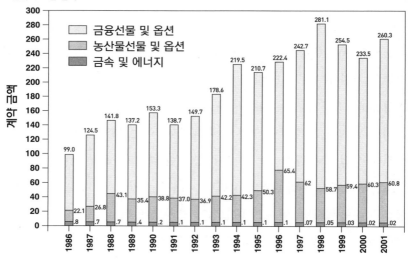

단위: 100만 달러

그림 4 금융파생상품의 증가 추이로 본 금융화 진전

서 거래되는 표준화된 상품 및 통화 파생상품이 아니라 은행들이 자체
적으로 만든 장외시장으로 중심이 이동했다. 연금펀드와 뮤추얼펀드가
성장하면서 새로운 헤징 상품에 대한 수요도 증가했다.

　미국의 대형 상업은행 지주회사는 1980년대 초 이미 투자은행, 브로
커리지, 보험, 금융 자문 등의 업무를 포괄적으로 시작했다. 뉴딜 규제
의 상징이었던 글래스-스티걸법이 형식적으로 1990년대 말까지 존속
했지만, 기존의 규제로는 한계가 있었다. 1986년 연준 보고서에는 은행
과 금융계에 대한 높은 수준의 공적 감독과 규제가 필요하다는 인식이
드러난다.

높아진 연준의 위상

　1960년대 초만 해도 연준은 금융계와 대학 경제학과 외에 다른 영역에서는 거의 알려지지 않았다. 그러나 20년 후인 1980년대에 당시 연준 의장인 볼커가 미국에서 가장 유명한 인물 중 한 명이 되었는데, 이는 새로운 금융 시대에 연준의 위상이 높아진 결과였다.

　연준은 유동성 높은 금융상품이 폭넓고 다양해지면서, 이제 사실상 통화량을 정의하고 통제하기도 어렵다는 사실을 발견했다. 이 폭넓고 다양한 상품 때문에 금융시장은 연준의 기준금리에 매우 민감해졌다. 이 금리가 다른 금융상품에 대한 리스크 계산의 기초가 되기 때문이었다. 연준은 점차 미국 경제의 버팀목으로 거듭났다.[43] 1982년 중반에 볼커는 금리를 통화정책의 운영 목표로 삼았다. 이 정책은 볼커에 뒤이어 1987년에 연준 의장이 된 앨런 그린스펀이 이어갔다.

　미국 금융의 대변화가 주로 규제 완화 때문이라는 인식에는 오해의 소지가 있다. 사실 미국 금융시장은 미국에서 가장 무겁게 규제되는 영역이다. 규제 기관의 감독 부담은 1980년대 내내 더 늘어났다. 다만 새로운 금융시대의 특징이 된 금융위기를 금융 감독만으로는 막을 수 없다는 사실이 점점 분명해졌다. 이는 최종 대부자로서 연준의 기능이 점차 더 필요해졌다는 의미였다.

　그렇게 연준의 역할은 국제금융에 큰 영향을 미칠 문제 은행을 구제하는 데까지 확대되었다. 대형 은행과 합병되지 못한 소형 은행은 연준과 재무부가 폐쇄하고, 예금주들에 대해서는 연방예금보험공사가 그 예금을 지급했다. 중요하지 않은 소형 은행을 파산하게 하고 대마불사의 은행을 구제하는 관행은 1980년대에 정립되었다.

연준은 물가 상승을 계속 경계했다. 한편으론 자산 인플레이션에 대해서는 느슨한 태도를 유지했다. 뉴욕 연준은행은 1987년 주식시장 붕괴 이후 발행한 보고서를 통해 금융시장 변화가 양날의 칼임을 밝혔다. 금융거래의 범위를 넓히고 비용을 절감하면서 시장 변동성이 커지자, 금융위기의 발생 가능성이 더 높아진 것이다.

미국 경제에 일어난 네 가지 구조조정

1980년대 미국 경제의 특징은 쇠락도, 안정도 아닌 구조조정이었다. 금융화와 사회적 변동을 통해 경제적 기반이 재구성되는 시기였다. 규제 완화로 기업 간 경쟁은 강화되고, 노동조합은 약해졌다. 실질임금은 하락하고, 소비자물가 상승율도 낮아졌다. 스태그플레이션은 해소됐다. 노동생산성이 상승하고, 1983년 이후 미국은 장기 호황 국면으로 진입했다. 강달러로 수출 경쟁력이 저하되자, 기업은 경쟁력 상실 부문을 정리하고 구조조정을 했다. 생산 거점을 임금 및 통화가치가 낮은 개발도상국으로 이전하거나 부품을 아웃소싱하고 위탁생산하는 일이 많아졌다. 미국 기업은 고수익 부분에 집중했다.

1983~1999년에 발생한 변화의 폭은 컸다. 새로운 제품, 기술, 산업이 등장했다. 동시에 기업 파산율도 1973~1982년의 위기 시대보다 두 배에 육박했다. 1980년대 시작된 인수 합병 붐은 기업 집중을 증가시켰다. 미국 기업들은 전략적 제조업과 서비스, 컴퓨터 하드웨어, 컴퓨터 서비스 같은 분야에서 리더가 되었다. 당시 전 세계 연구 개발의 절반이 미국에서 이뤄졌다.

미국에서 특히 중요한 네 가지 변화가 있었다. 첫 번째, 산업과 금융의 관계 변화다. 전체 기업 수익 중 금융 분야가 차지하는 비중이 커졌다. 1960~1984년에 기업 수익 중 금융 분야의 비중은 평균 17%였으나, 그 이후 2007년까지 그 비중은 평균 30%로 늘어났다. 금융화가 좀더 진전된 시대에 기업들은 장기적인 성장보다는 주주 가치 극대화를 중시했다. 기업들은 금융 자회사를 만들어 소비자를 상대로 수익을 얻기도 했다. 금융시장은 비효율적으로 운영되는 기업들을 시장에서 퇴출하는 한편, 벤처캐피털이 혁신 스타트업 기업들을 육성했다. 1980년대에만 벤처캐피털 투자는 열 배나 증가했다.

두 번째 변화는 제조업의 구조조정이다. 1979~1983년에 자동차산업 내 고용은 25만 명 감소하고, 1980년대 말이 되면 외국 생산자들이 미국 자동차시장의 거의 절반을 차지하게 된다. 자동차업계는 구조조정을 겪었다. 일부 조립 공장과 부품 공장은 폐쇄됐지만 신설되기도 했다. 한국, 일본 기업들이 미국에 공장을 신설했다. 미국 공장의 재조직화로 린 생산 방식(lean production)과 아웃소싱이 확대되었다.

세 번째 변화는 하이테크 제조업으로의 이행이다. 신산업혁명은 컴퓨터, 통신장비, 제약, 우주항공 등의 분야에서 이뤄졌으며, 대체로 미국이 주도했다. 1960년대 등장한 새로운 컴퓨터와 정보기술은 1980~1990년대에 경제 전반을 새롭게 변모시켰다. 노동계 저항이 대폭 약화된 상황에서 기업들은 공장과 장비에 새로운 투자를 더해 최신 기술을 경영 시스템, 노동 과정, 부품 공급망 운영에 도입했다. 금융기업들은 정보 혁명에서 초기의 핵심 플레이어였다.

미국 기업은 새로운 연구 집중적 분야로 더 확장했다. 미국 대기업들은 1990년대를 통과하며 가장 중요한 글로벌 산업 18개 중 12개 분야에서 글로벌 시장점유율을 늘렸다. 하이테크 분야의 활약으로 1983~1999년에 미국 제조업 생산은 전체 GDP보다 더 빠르게 성장했지만 제조업 고용은 거의 증가하지 않았다.

네 번째 변화는 컨설팅, 법률, 회계, 시장조사, 엔지니어링, 컴퓨터 소프트웨어, 시스템 분석 등 다양한 전문적 서비스 산업이 성장한 것이었다. 이 분야의 발전은 1960년대부터 빨라진 금융 분야의 성장과 관련이 있었다. 금융기관들이 단순한 신용 제공을 넘어 다양한 비즈니스 서비스, 예컨대 회계, 급여 지급, 정보 시스템 등의 서비스도 제공하고, 은행들은 고객 서비스도 대폭 확대했다.

이런 큰 구조적 변화 속에서 미국인 대부분은 전반적으로 금융 시스템에 통합됐다. 노동자들은 저축을 줄이고, 부채를 늘렸으며, 정체된 임금을 보전하기 위해 조세 감면을 원했다. 그들은 자신의 연금을 좌우하는 주가 상승에 열광하고, 새로운 대출을 받기 위해 담보인 주택의 가격 상승에 의존했다. 노동자들 사이의 불평등이 더 커지면서 노동자층은 개별화되고 파편화됐다.

또 미국 다국적 기업은 국내보다는 국제적으로 더 빠르게 성장했다. 핵심 연구 개발 기지를 제외한 나머지 기술을 해외로 이전했다. 하이테크 제조업은 외국의 저임금 노동력에 기반한 글로벌 생산 네크워크를 이용했다. 미국 법률, 회계, 컨설팅 기업들은 글로벌 자본주의 경제에서 경쟁하려 하는 외국 기업과 정부에 서비스를 제공했다. 미국이 정립하고 운영하는 글로벌 전략과 원칙이 세계 경제에 큰 영향을 미쳤다.

1992년 "문제는 경제야, 바보야!(It's the economy, stupid!)"라는 슬로건은 빌 클린턴이 대선에서 이기는 데 도움을 주었다. 그러나 클린턴 정부는 1990년대 내내 이뤄진 미국 생산성 상승의 수혜자였다. 이는 이전

10년간 이뤄진 계층 간 이해 조정과 산업 구조조정의 결과였다. 1990년대 초의 짧은 침체 이후, 전례 없는 장기적 경제 확장기가 이어졌다. 이 기간 동안 실업률은 4%로 하락했다. 새천년이 시작되자 주류 경제학자들은 1980년대 중반 이후의 시기를 '대안정기'라고 불렀다.

응집된 유럽을 꿈꾼 미테랑의 좌절

브레턴우즈 체제가 해체된 후 유럽 국가의 통화 환율은 달러를 중심으로 고정되었다. 변동환율제 초기에 유럽 국가들은 '터널 안의 뱀(snake in the tunnel)' 시스템을 적용하여 일정한 범위로 환율 변동을 제한하려 했다. 하지만 당시의 환율 변동폭은 불안정했다. 여기서 짐작할 수 있듯 1970년대 유럽의 협력 수준은 낮았다. 이후 1979년에 도입된 유럽통화제도(European Monetary System, EMS)는 유럽 공동의 통화를 향한 최초의 행보였다. 이에 대해 미국은 반대하지 않았다. 미국이 우려한 것은 서유럽의 급진적 사회주의 세력이었다.

1981년에 출범한 프랑스의 프랑수아 미테랑 정부는 1930년대 이래 최악의 경제 상황 속에 긴축 재정이라는 글로벌 기조에서 벗어났다. 공공 부문 일자리를 6만 개 이상 창출하고, 추가로 15만 개의 일자리를 만들어낼 것을 약속했다. 또 프랑스 최대의 머천트 뱅크 두 곳과 5개의 기업을 국유화하겠다고 나섰다. G7 국가들은 이 정책에 대한 적개심이 상당했다. 미국과 서유럽을 배신한다는 의심을 받고 싶지 않았던 미테랑에게 이 적대감은 감당하기 어려웠다. 게다가 미국, 영국 그리고 특히 독일이 시행하던 고금리와 긴축정책하에서 프랑화에 대한 시장의 압박은 매우 심했다.

개별 국가가 단독으로 케인스주의를 시도하기는 어렵다는 것을 알게 된 미테랑 정부는 유럽의 집단적 대응을 제안했다. 유럽경제공동체가 공동으로 긴축정책과 레이건 정부로부터 거리를 두자는 것이었다. 이 제안은 해당 국가들이 협력해 환율을 결정해서 공동으로 실업률을 낮추고 노동 환경을 개선하며 복지 시스템을 개선하자는 내용이었다. 하지만 독일 사회민주당 헬무트 슈미트 정부에서도 이를 거절했다. 슈미트는 분데스방크의 통화주의 입장을 견지했다.[44]

결국 프랑스는 1982년 6월 베르사유에서 열린 G7 정상회담에서 긴축정책에 동의하고, IMF의 지원을 받기로 했다. 이후 일주일 내로 프랑화는 절하되고 마르크는 절상됐다. 프랑스 정부는 재정 적자를 GDP의 3% 이하로 축소하겠다고 약속했다. 이는 그 이후 25년간 유럽에서 재정 규율의 척도가 되었다. 이듬해 3월, 미테랑 정부는 종전의 방침에서 선회해 유럽통화제도 잔류를 선언하고, 여러 자본 이동 규제를 철폐했다. 미테랑의 유턴 이후 유럽에서 자본 이동의 자유는 더 가속화된다.[45]

미테랑은 사회주의와 거리를 두었다. 프랑스 사회당 지도자들은 곧이어 자신들이 국유화했던 기업들의 민영화를 지지했으며 계급, 자본주의 심지어 사회주의라는 단어마저 그들의 어휘에서 사라졌다.[46] 유럽의 다른 사회민주주의 정당도 동참했다. 영국 노동당은 토니 벤(Tony Benn) 세력이 퇴조한 이후 1990년대 신노동당을 향한 길을 걸었다.

사회주의적 흐름이 퇴조하면서 강화된 단일 유럽시장을 향한 움직임은 단일화폐 추진을 재촉했다. 단일화폐는 내부적인 무역수지나 환율 제약 문제를 제거할 수 있었다. 이는 자본 통제 완전 철폐의 정당성을 더 강화했다. 유럽의 중앙은행 수장들은 1988년 자크 들로르(Jacque

Delors)가 위원장인 들로르위원회 주관으로 마련된 자리에서 만나, 10년 내 통화동맹 실현을 목표로 설정했다. 그런데 문제는 들로르위원회가 통화 통합 프로세스 초기에 자본 통제 폐지를 권고한 것이었다. 그러자 단기간에 자본 통제로 더 이상 보호되지 않은 유럽 통화들에 대한 투기 열풍이 불어닥쳤다. 이 영향으로 금융위기가 확산되고 공공 부문 긴축에 대한 금융시장 압박이 커졌다. 통화위기로 유럽통화제도가 불안정해지자, 유럽 각국의 통화 당국은 환율조정메커니즘(Exchange Rate Mechanism, ERM)을 훨씬 유연하게 운영했다.

특히 중요한 건 유럽 금융시장이 미국의 방향을 따라 변화했다는 것이다. 유로달러시장 중심인 런던은 금융혁신의 실험실로, 미국화의 선도적 장소가 되었다.[47] 영국은 1979년에 자본 통제를 철폐하고, 1987년에 런던 금융계의 빅뱅을 실행했다. 그해에 도입된 영국의 금융서비스법은 영국에서 추진된 규제 개혁 중 가장 중요하다고 평가되는데, 이는 미국 모델을 자세히 연구한 후 도입한 것이었다. 미국의 나스닥을 모방한 새로운 주식 거래 시스템 도입도 여기에 포함됐다. 이 모든 것은 뉴욕과 균등한 무대에서 경쟁하려는 의도였지만 런던에서 활약하는 미국 투자은행의 압력도 작용했다. 미국 투자은행들은 유럽 대륙에서 핵심 플레이어가 되었다. 미국 연금펀드는 분산투자를 위해 해외 주식과 채권에 투자했는데, 런던의 미국 은행들은 이런 자금을 런던 주식시장으로 끌어오는 데 유리한 위치에 있었다.

양방향 FDI는 미국과 유럽의 상호의존성을 더 강화했다. 1990년대에 이르면 미국의 IT기업이 유럽의 소프트웨어와 컴퓨터시장에서 높은 점유율을 차지하고, 유럽의 정보기술 혁명이 진행되면서 미국과 더 통합된다. 주요 유럽 국가에서 경제 및 생산성 증가는 1980~1990년대 미국에 뒤처졌고, 유럽의 실업률은 계속 높은 수준을 유지했다. 해법으로 제시된 것은 노동시장 유연화와 사회적 임금의 축소였다. 이제 경쟁력이 새로운 핵심 목표가 되고 협력적 자본주의와 조합주의적 협약은 퇴조했다. 20세기 말 미국 FDI의 절반 이상이 서유럽을 향했고, 미국에 대한 전 세계 FDI의 3분의 2를 서유럽이 차지했다. 유럽과 미국의 글로벌 자본주의 통합이 계속됐다.

미국 중심의 세계화 원칙, 법의 지배

1990년대가 되자 '세계화'로 알려진 현상이 전 세계를 뒤덮었다. 시장이 자신의 고유한 생명력을 갖는다는 사고가 널리 퍼졌다. 세계화는 시장 경쟁을 심화하고 확장하는 입법 및 행정의 변화와 긴밀한 관련이 있고, 이 목적을 달성하기 위한 국가 간 방대한 조약과 협력을 필요로 했다. 자유시장의 운영을 위한 규칙을 새롭게 규범화하는 것은 국가의 후퇴가 아니라 국가와 시장 사이의 연계를 확대하는 것이었다. 더 많은 자본이 국제화될수록, 더 많은 국가가 규제 체제를 국제무역과 해외 투자를 용이하게 하는 방향으로 바꿨다.

글로벌 자본주의를 형성하는 데 중심적 역할을 한 것은 미국이었다. 미국 시장의 크기와 중요성을 지렛대로 이용해 미국 당국은 외국 기업과 규제 당국에 미국이 원하는 법률과 관행을 채택하도록 했다. 하지만 미국 법률을 주권국가들에 적용하는 것은 무리이므로 국제기구, 즉 WTO나 세계은행, BIS, IMF 등을 통해 협력적으로 조정했다.

제3세계 국가들의 외국인 투자 자산 몰수는 1980년대가 되면 더 이상 발생하지 않게 된다. 1975년만 해도 83건이던 것이 1979년 17건으로 감소하고, 1980년 다섯 건, 1981년 네 건, 1982년 한 건, 1983년 세건, 이후 1984~1986년에는 매년 각 한 건씩 발생했을 뿐, 1980년대 후반에 이르면 완전히 사라지게 된 것이다. 미국은 WTO 깃발 아래서 자유무역을 규범화하고, IMF와 세계은행의 대출 조건을 활용해 개발도상국들의 구조조정을 실행했다. 그리고 여러 양자 간 협정을 통해 각 국가가의 투자자 권리를 보호하도록 했다.

다자 간 무역 협상을 통해 투자 협정에 도달할 가능성은 제한적이다. 대신 투자자 권리에 관한 법의 지배 원칙을 발전시키기 위해 양자간투자협정이 많이 이용됐다. 이 협정들이 집합적으로 새로운 국제적 규범의 틀을 형성했다. 모델이 된 양자간투자협정은 캐나다-미국자유무역협정과 1994년 북미자유무역협정(North American Free Trade Agreement, 이하 NAFTA)에 포함되었다.

미국은 1990~1995년에 27개 이상의 양자간투자협정을 체결했다. 투자에 관한 국제법은 1990년대 자본주의의 발전을 촉진하는 데 유용하게 활용된다. 미국화된 법의 지배 원칙이 국제적으로 정립되고 확산되는 데 미국 국무부와 미국무역대표부, 국제법 전문학자들도 깊이 관여했다.

하지만 자유무역과 투자에 관한 새로운 법률과 제도를 적용하는 것만으로는 부족했다. 인플레이션 퇴치, 자본 통제 철폐, 사회 갈등 제어가 이뤄지도록 하기 위해 국가의 심층적 구조조정이 필요했다. BIS, IMF, 세계은행 등 국제기구들은 개발도상국이 선진국 사이에서 조율된 시장 기반의 법규를 채택하도록 유도했다.

1990년대 국제적 인플레이션 퇴치가 어느 정도 이뤄지자 국제기구들은 점차 금융자유화와 그 운영의 중요성을 강조했다. 자유화된 금융의 감독 방식은 초기에 민간 기구에서 자체적으로 발전시켰다. 여러 민간 기구가 형식적 규칙과 업계 표준을 만들고, 글로벌 금융 운영에 핵심 역할을 했다. 이와 동시에 미국 정부는 주도적으로 규제를 혁신하고, 민간 규제 기구를 지원해서 자국과 타국의 법령과 규제 체제가 금융거래 당사자 간 신뢰 관계를 촉진하도록 했다. 이것이 금융시장의 지속적 성장의 기본 조건이었다.

여기서 특히 중요한 기구가 BIS의 은행감독위원회였다. BIS 새 정책의 핵심은 국제은행들에 대한 리스크기반자본규제기준 도입이었다. 1970년대 중반 이후, 연준과 잉글랜드은행은 은행의 유동성이 낮아 대중적 신뢰가 낮아지는 일을 우려했다. 그들은 바젤 협약을 이용해 이런 리스크에 대한 완충장치를 제도화하려고 했다. 미국 연준과 영국 잉글랜드은행 주도로 1988년 말에 공개된 바젤 I 협약은 자본적정성● 기준 강화에 관해 국가들이 합의한 1차 협정이었다. 다른 나라의 중앙은행들은 두 국가의 규제 협력에 따랐다.

바젤 I 협약은 더 위험한 자산에 대해 더 많은 자본을 보유할 것을 국제은행들에 요구하면서, 이들이 안전한 투자 포트폴리오를 구성하도록 했다. 이런 과정에서 미국과 달러의 중심적 위상을 강화했다. 최종 협약에 따르면, 미국 국채는 리스크가 제로인 데다 가장 유동성이 높은 자산이어서 은행들이 이를 보유할 만했다. 1996년, 바젤 I 협약이 개정돼 다른 나라들도 미국처럼 대형 국제은행의 경우 자체적으로 내부 등급 기준 자본적정성시스템을 채택하게 됐다. 대형 은행 규제를 완화해 이들

● 위험가중자산 대비 자기자본 비율을 말한다.

은행이 높은 부채 비율과 낮은 자본 비율을 유지할 수 있도록 허락한 것이다. 바로 여기에 위기의 씨앗이 숨어 있었다.

국제적인 자본 이동 그리고 BIS의 리스크 기준 은행 규제를 통한 국가들의 협조로 채권 등급 평가 기관들의 역할과 업무 범위는 빠르게 늘어났다. 특히 미국의 평가 기관들이 채택한 평가 기준들이 미국 밖에서도 핵심적 규제 수단이 되었다.

국가의 규제가 강화되면서 동시에 중앙은행 독립도 추진됐다. 글로벌 기준에 부합하는 원칙을 제도화해 금융 시스템의 신뢰성을 높이는 것이 그 목표였다. 중앙은행 독립은 주로 금융정책 수립에서 국내 압력을 차단하는 동시에 다른 중앙은행과 글로벌 금융시장 안정 및 자본 이동 촉진에 관해 협력하기 위해 필요한 과제였다.

자유로운 자본 이동의 시대가 열리다

1989년 미국 정치경제학자 존 윌리엄슨은 '워싱턴 컨센서스'라는 용어를 만들었다.[48] 재정 적자 축소, 정치적 목적의 지출 감소, 조세 개혁, 금융자유화, 무역 장벽 제거, FDI 장벽 제거 등이 그 주요 내용이었다. 이 워싱턴 컨센서스가 규정한 조건을 수용해야 IMF 등이 긴급 자금을 제공했다. '구조조정(structural adjustment)'이란 용어는 1979년 당시 세계은행 총재 로버트 맥나마라가 세계은행의 대출 정책을 프로젝트 중심에서 정책 목적 실현을 위한 대출로 변경하면서 만들었다. 채무위기가 발생하면서 세계은행의 구조조정 대출이 시작됐다. 구조조정은 또 IMF가 자금 제공 시 부과하는 조건에 포함됐다. 즉, IMF와 세계은행 등은 자금수요국에 자금을 제공하면서 워싱턴 컨센서스가 핵심 내용인 조건을 부과하고 이를 실현하기 위해 해당 국가의 구조를 바꿨다.

IMF의 조건은 1976년 영국에 스탠바이론을 제공하면서 엄격한 조건을 부과하자 비로소 큰 의미를 갖게 됐다. 전통적인 금융 강국 영국에게마저 이런 조건을 부과했다는 것은 이런 조건 부과가 일반적 원칙으로 확립됐음을 뜻했다. IMF는 민간 대출기관들이 회원국에 대출 여부를 결정할 때 판단의 주요 근거가 될 만한 조건을 부과했다. 그리고 이후 부과된 조건을 해당 국가가 이행하는지도 모니터링했다. 결국 민간 금융시장은 IMF의 판단과 행태에 큰 영향을 받았다.

IMF가 많은 국가들에 시장 원리를 요구한 것은 1987~2000년까지 총재를 맡은 미셸 캉드쉬 시절이었다. 그는 1980년대 미테랑 사회주의 정부의 유턴을 실행했던 관료였다. 그가 전 세계에 시장 원리를 관철하는 역할을 한 것이다.[49]

여러 국가가 1990년 이후 FDI 관련 규정 700개를 개정했다. 1997년 76개국이 실행한 151개의 개혁 중 89%가 FDI에 유리했다. 개발도상국 GDP에서 FDI가 차지하는 비중과 다국적기업의 해외 자회사 매출은 폭발적으로 증가했다. 해외 증권 거래는 전 세계 주식·채권시장에서 흔한 일이 되었다. 외환시장에서는 매일 1조 달러 이상 거래가 이뤄졌고, 이는 1980년대 초에 비해 20배가 증가한 수준이었다.[50]

1942년, 《포춘》《타임》《라이프》 등 미국 주요 잡지사에서는 1939년부터 공동으로 미국의 미래를 놓고 벌인 토론의 결과를 〈미국의 제안 (An American Proposal)〉이라는 기사로 발표했다. 그 후 반세기 동안 이 선언이 제창했던 '보편적인 자유무역'이라는 궁극적 목표는 대체로 실현됐다. 미국 주도로 1990년대 자유로운 자본 이동의 시대가 열렸지만,

자유로워진 만큼 붕괴 위험도 커졌다. 만일의 붕괴 사태에 잘 대응하고 글로벌 자본주의를 유지·확대하는 것이 새로운 도전 과제가 되었다.

금융자유화의 어두운 불씨

민주당 클린턴 정부는 1992년 이후 친기업 노선을 택했다. 금융규제 완화에 대한 전통적 반대를 버리고 균형 예산, 민간 공공 파트너십 그리고 성장의 추진체로서 금융 분야의 중요성을 강조했다. 미국 금융기관의 규모, 복잡성, 부채 비율을 크게 높이는 법안에도 찬성했다.

월가와 정부 사이도 더 긴밀해졌다. 1995년, 클린턴이 골드만삭스 회장 로버트 루빈을 재무부 장관으로 임명한 일이 대표적이다. 루빈은 1990년대 형성된 중도적 민주당과 글로벌 은행가 간 연계의 화신이었다.

또 클린턴 정부는 IMF가 추진한 자본시장 자유화를 지지했다. 이때 유럽 대륙도 영미를 따라 1990년대 중반 이후 금융규제를 완화했다. 전례 없는 성장기에 세계적인 규제 완화에 따르는 위험은 감춰졌다.

1990년대 미국의 저금리로 인해 약 1조 3,000억 달러 상당의 세계 민간 자본이 1990년대 신흥시장의 기업 등 민간 분야로 흘러갔다. 당시 민간 자본 이동 중 일부는 은행 간 대출이었다. 또 FDI도 많았다. 신흥시장에 대한 직접투자 비중은 1990년 15%에서 1996년 40%로 상승했다. 신흥시장 기업 주식과 채권에 대한 막대한 포트폴리오 투자 증가는 기관 투자자들이 주도했다. 그들의 운용 자산은 1988년 7조 달러에서 1995년에는 20조 달러로 증가했다.

신흥시장도 투자를 유인하기 위해 자본 통제를 철폐하고 금융 시스템을 자유화하는 한편, 상대적으로 고금리를 유지했다. 이들 국가는 국제 금융자본의 신뢰를 얻고자 달러에 자국 통화를 고정했다. 또 자본 이동에 대한 안전판을 확보하기 위해 외환 보유액을 늘렸다. 1990~2000년에 신흥시장 국가의 외환 보유액은 두 배로 증가했다. 하지만 자본 이동의 규모를 볼 때, 이 안전판으로는 불충분하다는 것은 이 10년 사이에 발생한 금융위기의 횟수만 봐도 알 수 있었다. 글로벌 자본 이동의 직접적 결과로서 저개발국가나 신흥시장 국가에서 1990년대에 72건 이상의 금융위기가 발생했다.[51] 이 위기들은 그 전염 효과도 컸다.

갈수록 국제 금융시장이 통합되고, 통화가 교환되고, 지역은행과 기업들이 단기 민간 차입을 크게 늘리고, 통화 트레이더들이 특정 국가의 통화를 확보해 투기하기가 쉬워졌다. 금융자본의 성장으로 신흥시장은 금융 변동성에 더 쉽게 노출되었다. 신흥시장에 대한 투자 포트폴리오 구성이 이자율 변동에 매우 민감했기에 미국의 금리가 조금만 변동해도 다른 곳에 큰 영향을 미쳤다. 신흥시장에 대한 투자자가 포트폴리오를 약간만 조정해도 신흥시장에는 큰 불안을 야기할 수 있었다.[52] 이 근원적 비대칭성이 문제였다.

미국의 글로벌 경제위기 관리 능력

미국으로의 자금 유입은 여전히 다른 나라들보다 그 규모가 압도적이었다. 그래서 뉴욕은 갈수록 금융 시스템의 중심이 되고, 미국 정부가 글로벌 최종 대부자 역할을 맡을 필요성이 더 커졌다. 이 점에서 재무부의 중요성도 더 확대됐다. 1980년 멕시코 부채 위기 이래 연준은 미국

위기 관리의 최전선에 있었다. 거대 상업은행에 대한 감독을 맡았으며, 외국 중앙은행과의 협조를 주도했다. 형식적으로는 정부에 소속된 조직이 아니었기에 미국 납세자가 직접 부담을 안을 것이라는 우려의 시선도 피할 수 있었다. 물론 재무부도 조용히 관여했는데 특히 재무부가 운영하는 외국환평형기금을 널리 이용했다.

하지만 1990년대가 되자 재무부는 주목을 피하기 어려워졌다. 외국환평형기금이나 IMF 자원으로도 해결 불가능한 위기들이 발생했기 때문이다. 게다가 미국 경제의 금융화로 미국 내에서 재무부의 목소리는 더 커졌다. 1995년 루빈이 재무부 장관이 되자, 이제 재무부가 월가의 목소리를 듣는 곳이 됐다. 재무부가 월가에 미치는 직접적 영향력도 커졌다. 재무부의 위상은 곧바로 다가온 위기 때 확인되었다.

1994년, 연준이 금리를 인상하자 미국의 채권 및 파생금융상품 시장이 흔들렸고, 이는 특히 멕시코에 부정적으로 작용했다. 멕시코 중앙은행이 150억 달러 규모의 외환 보유액을 투입해 통화가치를 유지하려 했지만, 자유화되고 자본력이 취약했던 멕시코 은행 시스템은 자본이 대량 유출되는 통로가 되었다. 외환 보유액이 60억 달러 이하가 되자, 멕시코는 1995년에 만기인 페소 표시 멕시코 국채 약 300억 달러를 상환하기가 어려워졌다. 멕시코 채무 이행에 대한 실질적 보증이 즉각 이뤄지지 않으면 상파울루와 부에노스아이레스, 심지어 뉴욕과 런던, 도쿄 금융시장까지 멕시코 경제위기로 인한 부정적 영향, 즉 테킬라 효과가 파급돼 투자자가 패닉에 빠질 상황이었다.

1995년 1월, 재무부 장관으로 취임한 루빈의 첫 임무는 멕시코 위기의 해결이었다. 재무부는 400억 달러가 넘는 규모의 구제 계획을 수립했다. 이는 1982년 멕시코 위기 때 동원된 금액의 거의 여섯 배에 달했다. 이는 압도적인 규모의 구제만이 멕시코의 채무 불이행을 걱정하는 시장을 안심시킬 수 있다는 전제하에 수립된 것이었다. 여기에 필요한 자금 규모는 연준이 스와프 거래로 해결할 수준을 넘어섰고, 재무부의 외국환평형기금이나 IMF 자원으로도 부족했다.

재무부는 의회에 호소하는 동시에 범정부적인 대응에 나섰다. 미국 경제가 월가뿐 아니라 여러 분야에서 멕시코와 긴밀히 연관됐기 때문이다. 의회는 명시적으로 찬성표를 던지지는 않겠지만 재무부 주도로 시장 신뢰 회복을 위해 단기적으로 필요한 조치를 취하는 것은 묵인한다는 입장이었다.

재무부는 마셜 플랜 이후 최대 규모의 비군사적 조치를 취했다. 외국환평형기금에서 200억 달러, BIS에서 100억 달러, IMF에서 180억 달러를 모아 지원 자금으로 조성했다. 추가로 세계은행이 수십억 달러를 멕시코 은행에 제공했다. 이는 당시까지 역사상 최대 규모의 특정 국가 구제 계획이었다. 국제기구들을 동원한 이 계획은 그 규모와 신속함이 전례 없는 수준이었다. 이는 1960년 이래 형성되어 온 미국 주도의 글로벌 금융 협력 네크워크의 중요성을 보여주었다.

이 위기는 새로운 차원의 글로벌 금융불안 조짐이었지만, 중요한 것은 결과적으로 놀라울 정도로 효과적으로 제어됐다는 사실이다. 1994년 멕시코 위기의 전염은 아주 제한적인 범위로 번지는 수준에서 그쳤다. 그리고 1980년대와 달리 멕시코는 불과 7개월 만에 민간 자본시장에 다시 접근할 수 있을 정도로 회복됐다. 멕시코 정부는 신자유주의적 개혁에 박차를 가했다.

12장

금융국제화의 직격탄을 맞은
한국의 외환위기

1997년 동아시아에 금융위기가 닥친다. 한국도 이를 피하지 못한다. '한강의 기적'은 끝나고 '제2의 국난'이 시작된 것이다. 그 원인에 대해 여러 분석이 있었지만, 가장 결정적 계기는 대부분이 달러 표시인 단기 외채에 대해 주로 일본의 은행들인 외국 금융기관들이 만기 연장을 거부하고 갑자기 일시에 융자금을 회수했기 때문이다.

일본의 은행들은 원래 일본 내의 풍부한 유동성을 활용해 적극적으로 동아시아에 융자했지만, 자국 내의 불안한 금융시장, BIS 규제, 그리고 태국에서 시작된 외환위기, 국제 신용평가기관들의 한국에 대한 신용등급 하락 등을 이유로 만기연장을 거부했다.

한국 및 동아시아 금융위기는 국제적으로 자본 이동이 자유로워지면서, 그에 내재하는 변동성 위험이 폭발적으로 현출된 사태다. 한국의 경우 경제의 기초 여건은 상대적으로 건전했는데, 일시적으로 유동성이 부족했을 따름이었다. 미국과 IMF가 이 문제를 도와줬으면 해결할 수 있었는데, 마치 경제 구조 자체에 결함이 있는 것처럼 과잉 대응을 하고 여러 변혁을 요구해 한국으로서는 비싼 대가를 치렀다.

예상 밖의 사태, 한국 외환위기

1997년 11월 22일 대국민 담화에서 김영삼 대통령은 긴급히 외환을 확보하기 위해 국제통화기금에 자금 지원을 요청하기로 했다면서, "우리 모두가 다시 한번 허리띠를 졸라매고 고통을 분담하여 위기 극복에 나서야 할 때"라고 호소했다. 한국전쟁 이후 최대의 국난이었다. 12월 3일, IMF 총재 미셸 캉드쉬는 한국에 550억 달러를 지원하기로 결정됐다고 발표했다. 그 조건은 한국 금융기관에 대한 외국인 투자자들의 인수 합병 허용, 노동시장의 유연성 확보, 기업 회계제도 개선 등이었다. 곧 대한민국은 IMF 관리 체제에 접어들었다.

당시 한국의 경제 상황은 심각했다. 1997년 하반기, 한국은 외환 보유고가 부족해지면서 환율이 급등하고 국가부도 직전까지 몰렸다. 자본 유출이 본격화되기 시작한 10월 23일~12월 23일에 원/달러 환율은 112.8% 상승했다. 같은 기간에 604p였던 종합주가지수는 350p로 하락했으며, 단기 이자율은 40%대로 급등했다. 또 IMF의 구제금융 지원이 확정된 후에도 외환 보유고의 감소세는 지속되어 12월 18일에는 가

용 외환 보유고가 38.4억 달러에 불과했다.[1]

게다가 총외채는 1,208억 달러로 1992년 말에 비해 780억 달러나 증가했다. 이처럼 대외 부채 규모가 크게 증가한 것은 경상수지 적자가 누적되고 해외 자금이 대량으로 유입되었기 때문이다. 외채 규모를 산정하는 지표인 총대외채무는 1996년 말에 1,607억 달러, 1997년 9월 말에 1,706억 달러로 세계은행 기준 외채 통계인 총외채보다 500~600억 달러나 많았다. 총대외채무에는 비금융기관인 기업의 현지 금융 차입은 포함되지 않으므로 이들을 포함한 외채 규모는 이보다 훨씬 클 것이었다. 이런 우려는 1997년 말 한국의 대외 신인도를 떨어뜨리는 데 중요한 역할을 했다.[2]

미국의 주도하에 IMF에서 자금을 지원받고 대외 부채를 조정한 덕에 한국은 국가부도 위기를 넘겼다. 1997년 12월 18일에 5.1%였던 외채 만기연장률도 1998년 1월 15일에는 77.4%로 급속히 회복했다. 그러나 외환 및 금융 분야의 위기가 실물 분야까지 전파되었고, 유례없는 규모의 대량 해고가 발생했다. 1997년 12월, IMF 사태가 시작된 직후의 국내 실업률은 3.1%였으나, 1998년 1월에는 4.7%를 기록했다. 게다가 1년 전에 비해 세 배나 많은 3,300여 개 업체가 도산했다. 그로부터 1년 후인 1999년 2월, 실업률은 1966년 이후 처음으로 8.7%에 달해 전무후무한 경기위축을 실감할 수 있었다.

이러한 위기는 예상 밖의 사태였다. 1980년대 후반의 놀라운 성장률에 비해서는 다소 둔화되었으나, 1990년대에 들어서 한국 경제는 여전히 거시경제 지표상으로는 안정적이고 견실한 성장세를 보였기 때문이다. 1994년과 1995년에는 8%대의 높은 성장률을 기록하기도 했다. 물가상승률도 안정적이어서 대체로 4~6%대에 머물러 있었다. 물가가 안정되자 금리도 지속적으로 하락하여, 회사채수익률은 1993년 이후 12% 내외로 유지되었다.

통화 관리와 재정 운용 상태도 비교적 건전했다. 해외 자본이 유입되면서 화폐 발행이 증가하는 현상, 즉 통화 증발(增發) 요인이 발생했지만 1990년대 초반 18%대에 이르던 총통화증가율은 중반 이후 15%대로 감소했다. 1980년대 전반기에는 재정 적자폭이 국내총생산의 2.5%에 달했지만, 1993년 이후로는 소폭이나마 흑자를 유지했다.[3]

한국은 다른 나라에 비해 상대적으로 건전하게 재정을 운용하고 통화를 관리해 왔기에, 방만한 재정 운용 및 통화 증발로 외환위기를 맞았던 남미와는 상황이 달랐다.

1990년대에 들어 한국 경제에서 위기의 징후가 드러난 곳은 대외 부문뿐이었다. 경상수지는 1990년 이후 1993년을 제외하고는 적자를 기록했고, 1995년과 1996년에는 그 폭이 크게 증가했다. 단기 외채 대비 외환 보유액, 수입 금액 대비 외환 보유액, GDP 대비 총외채 등도 전반적으로 악화되었다. 반면에 경상수지는 1997년 2분기부터 다소 개선되었다.

IMF 구제금융 요청은 1960년대에 시작하여 1980~1990년대 초반까지 이어진 '한강의 기적'이 사실상 끝났다는 신호였다. 한국은 국제기관의 감독 아래 회생을 도모해야 할 만큼 뼈아픈 상태에 처했다. 그래도 2001년 8월 23일 한국은행이 IMF 구제금융 차입금 195억 달러를 전액 상환하면서 당초 예상보다 3년이나 빨리 관리 체제로부터 졸업했다.

단기간에 위기를 극복하긴 했지만 사회적, 경제적으로 막대한 후유증이 따랐다. 사회 양극화, 고용 불안, 청년 실업 등의 사회적 문제가 심화되었고, 자살률 급증, 실직 가정의 붕괴와 이혼 등 수많은 사람들에게 큰 상처를 남겼다. 'IMF 사태 이후 가장 힘든 시기'나 'IMF보다 힘든 시기' 같은 표현이 관용구처럼 쓰이면서, IMF는 경제적 고난을 상징하는 대명사가 되었다.

동아시아 금융위기의 원인

한국을 포함한 아시아의 금융 및 외환위기의 원인에 대해서는 금융 기관의 부실화, 이를 초래한 정경유착 등 정실자본주의, 관치금융, 감독 소홀, 모럴해저드, 기업의 과다 채무, 과잉 투자, 경제 펀더멘털 문제 등 다양한 견해가 있다. 그러나 무엇보다도 아시아 금융위기는 자본이 지나치게 대량으로 유입됐다가 단기간에 유출되면서 발생한 것이었다.[4] 특히 한국 금융위기의 직접적 계기는 일본 자본이 대량으로 유입됐다 가 단기간에 급격히 유출된 것이었다. 한국 외환위기의 원인이나 해결 과정을 살펴보면 외채 위기의 성격이 강하다.[5]

외국 금융기관이 투자 자금을 회수하면서 한국은행의 외환 보유고를 고갈시키고 외환위기를 초래한 사실은 외채 규모와 만기 구조, 외채 관 리 등에 문제가 있었음을 시사한다. 그러므로 동아시아와 한국의 위기 를 전체적으로 이해하기 위해서는 먼저 국제 자본의 흐름을 이해할 필 요가 있다.

1990년대 동아시아 국제 자본의 흐름에서 보이는 가장 큰 특징 은 민간 자본 이동이 두드러지게 증가한 것이다. 선진국의 기나긴 불 황으로 투자 수익이 저하되자, 국제 투자자들은 새로운 투자처를 찾 아 고금리·고수익 지역으로 움직였다. 1986년과 1991년을 제외하고, 1980~1990년대에 동아시아 민간 자본 순유입은 계속 늘어났다. 1980년대 전반에는 연간 150~200억 달러였다가 1987년 128억 9,760만 달러에서 대폭 증가해, 1995년에는 956억 2,860만 달러, 1996년에는 싱가포르를 제외하고도 1,166억 2,970만 달러로 1,000억 달러대에 진입했다.[6] 그 결과 국제 총자본흐름에 대한 민간 자본 흐름의 비중은 1989년 71.2%에서 1996년에는 95.6%로 변화하여 동아시아 지역에 유입되는 자본의 대부분을 민간 자본이 차지했다.

한편 한국은 1980년대 말에 자본 순유출국이었는데, 1990년대에는 다시 순유입국이 됐다. 유입된 자본 규모는 1990년 15억 7,230만 달러에서 1996년 92억 8,750만 달러로 확대됐다.[7]

그런데 특히 1990년대 동아시아의 단기 자본에서 일본 은행의 거액 융자가 큰 비중을 차지했다. 이유가 무엇일까? 강력한 금융규제를 실시하던 동아시아 국가들이 왜 1990년대에 갑작스레 금융자유화를 추진했을까? 물론 미국과 IMF의 금융자유화 압력도 있었지만, 여기에는 동아시아 특유의 사정도 작용했다.

1980년대 후반, 동아시아 경제성장의 원동력은 일본이 주도한 직접투자였다. 자금 조달, 기술 형성, 자본재-중간재 조달 면에서 외국 자본 중에서도 일본 자본이 큰 역할을 했고, 일본계 기업을 중심으로 한 계층적 생산 네트워크가 구축되었다. 그런데 1990년대에 들어와 새로운 국면이 펼쳐졌다. 중국이 적극적으로 개방 정책을 펼치며 외자의존형 수출 지향 정책을 추진한 것이다. 그러자 1991년 이후로 중국에 FDI가 집중됐다. 1996년에는 홍콩과 대만을 제외한 동아시아에 유입된 전체 FDI 중 중국의 비중이 61.7%나 되었다. 인도네시아, 필리핀을 비롯하여 한국과 태국에서는 FDI보다 포트폴리오 투자가 급증했다.

중국에 FDI가 집중되자, 아세안 국가는 FDI로는 외자를 유치할 수 없었기에 다른 방식으로 자금을 조달해야 했다. 그 결과가 금융자유화였다. 그러나 금융자유화로 인한 과도한 대외 차입은 아세안 국가에 버블경제를 불러왔고 그들의 국내 금융 시스템은 취약해졌다. 간략히 정리하면 '금융자유화 → 과잉 민간 자본 유입 → 버블경제화 → 금융 시스템 취약화 → 통화 및 금융 위기'라는 과정을 밟은 것이다.

그러나 한국은 다른 아세안 국가들과 달랐다. 한국은 적극적으로 국내 시장과 자본을 육성했다. 한국이 기업에 대한 금융규제를 철폐하고 금융자유화를 추진한 이유는 OECD에 가입하기 위해서였다. 가입 조건을 충족하기 위해 많은 규제를 철폐한 결과, 기업 간에 경쟁이 과열됐고 기업들은 과도하게 외채를 도입해 과잉 투자를 지속했다. 그래서 결과적으로 다른 아세안 국가와 같이 외환위기를 맞게 된 것이다.

아세안 국가들과 한국에 유입된 거액의 민간 자본은 두 가지 경로를 통했다. 하나는 일본 은행들이 직접 융자한 것이었다. 일본의 은행들은 버블경제가 붕괴하자 일본 국내에 우량 대출처가 사라진 데다 사상 최저 수준의 저금리에 직면했다. 게다가 서방의 은행들은 남미를 중시해서 아시아에 대한 대출 비중이 적었다. 그러자 일본 은행들은 새로운 대출처로 성장 가능성이 높은 동아시아를 선택했다. 일본 은행의 자금이 아시아 전체 대출액의 71.7%를 차지했는데, 특히 위기 발생 5개국[●]에서는 56.3%로 절반 이상을 차지했다.[8] 그 결과 일본 은행들은 일본계 기업을 중심으로 한 생산 네트워크의 금융허브 역할을 하게 됐다. 아시아에 대해 일본 은행이 융자해 준 금액의 약 44%가 일본계 회사, 42%가 현지 대기업을 대상으로 한 것이었다.

● 한국, 태국, 인도네시아, 필리핀, 말레이시아를 말한다.

일본 은행들이 제공한 거액의 자금으로 동아시아 국가들의 생산 능력이 과잉되었고, 1990년대 중반을 지나면서 수출 감소로 경제성장이 둔화되었다. 이는 특히 한국에서 심각했다. 동아시아에 유입된 자금이 전부 생산 부문에 투입된 것은 아니었다. 적지 않은 자금이 부동산 및 주식 등 자산 부문으로도 흘러들었고, 자산 가격이 상승하면서 버블이 형성됐다.

또 다른 경로는 글로벌 자금이었다. 홍콩 및 싱가포르 금융시장을 통해 적지 않은 은행 대출이 이뤄졌지만, 그 자금의 반 이상은 유로달러시장에서 조달된 것이었다.[9] 1990년대 국제 금융시장은 미국이 독주하는 양상을 보였고, 풍부한 유로달러와 일본계 자금이 미국으로 몰려들었다. 일본의 버블이 붕괴된 후 디플레이션과 불량 채권을 해소하지 못한 일본의 중앙은행은 0.5%라는 초저금리를 유지하면서 유동성을 공급해 일본 경제를 지탱하려 했다. 늘어난 유동성은 일본 은행들의 은행 간 거래를 통해 상당 부분 외부로 유출되어 미국과 유로달러시장으로 흘러갔다. 그 결과 글로벌 유동성 역시 증가했다.

한편 미국의 투자자는 일본에서 저금리로 엔화를 조달하여 이를 달러로 전환한 다음, 수익성이 높은 국내 시장 및 신흥시장 포트폴리오에 투자하거나 재융자하면서 글로벌 캐리 트레이드를 전개했다. 동아시아는 달러에 자국 통화의 환율을 고정해서 외환리스크가 없는 데다 고금리 정책을 채택하고 있었기에, 캐리 트레이드의 중요한 종착점이 되었다. 즉, 미국을 중심으로 한 글로벌 자금 순환의 구조를 자세히 살펴보면 일본 자금이 상당 부분 미국과 유로달러시장을 통해 동아시아로 유입된 셈이었다.

또 1990년대에 동아시아에 제공된 은행 융자의 과반수는 만기가 1년 미만인 단기 대출이었다. 그러면서 동아시아는 단기 성향이 점점 강해지는 글로벌 자금 순환에 합류했다.

동아시아 금융위기의 특징

1990년대 동아시아의 금융위기에는 몇 가지 특징이 있다. 동아시아 금융위기의 첫 번째 특징은 1990년 이래 단기 은행 대출에 크게 의존했다는 점이다. 위기 발생 5개국의 대외 채무는 1990년 7월 말에 710억 3,900만 달러이던 것이 1994년 7월 말에는 1,354억 4,300만 달러, 위기 직전인 1997년 7월에는 2,744억 7,500만 달러에 달했다. 필리핀을 제외하면 1990~1994년, 1994~1997년의 두 시기에 두세 배가 증가했다.

특히 만기 1년 미만의 단기 채무의 비중이 늘었다. 1990년 7월 말 376억 9,400만 달러이던 위기 발생 5개국의 단기 채무가 1994년 7월에는 917억 9,000만 달러로 두 배 이상 증가했으며, 1997년 7월에는 1,749억 7,100만 달러로 늘어난 것이다. 그 결과 채무 총액에서 단기 채무 비중은 1990년 53.06%에서 1997년 63.75%로 상승했다. 그중에서도 한국과 태국의 단기 채무 비중이 높아서 1994년에는 두 나라 모두 70%를 돌파한 적도 있었으며, 1997년에 한국은 67.85%, 태국은 65.68%를 기록했다.[10]

그 후 1997년 후반에 자본 흐름이 돌연 역전한다. 1,032억 달러가 유입되던 것이 110억 달러가 유출되면서 반전했던 것이다. 1년 새 변동액은 1,142억 달러로, 이는 위기 발생 5개국의 GDP 총액의 약 11%에 해당한다. 2년 새 가장 큰 변화를 보인 것은 은행 대출로, 1996년 653억 달러가 순유입되던 것이 1997년에는 256억 달러가 순유출되며 대변화가 일어났다. 그 변동폭은 909억 달러로, 전체 변동의 80%가량이 은행 대출 부문에서 일어났다. 1997년 전반에 195억 달러가 순유입됐던 것을 고려하면 1997년 후반에만 451억 달러가 유출된 셈이다.[11]

동아시아 금융위기의 두 번째 특징은 태국에서 시작한 통화위기가 주변국으로 전염됐다는 점이다. 위기는 한 국가에서 이웃국가로 급속히 전염됐다. 최후에는 통화위기와 함께 은행위기가 발생했고 결국 이것이 전반적인 금융위기, 경제위기로 발전했다. 그 결과 11월에 한국에서는 64억 8,500만 달러가 유출됐고, 12월에는 유출액이 최고조에 이르러 184억 2,900만 달러에 달했다. 자본 유출로 통화가치가 하락하고, 통화가치의 하락이 다시금 자본 유출을 유발하는 악순환이 발생했다.

무엇보다 위기 발생 5개국의 공통점은 국제금융의 변동성으로 인해 자본 흐름이 역전되었다는 것이다. 이는 금융 시스템의 취약성 때문이다. 위기가 발생하기 전에 단기 자본이 현저하게 많이 유입되다가, 위기가 발생하자마자 외환 보유액이 급격히 감소한 나라에서 가장 심각하게 타격을 받았다. 즉, 단기 외채의 유입과 대외준비자산, 주로 달러의 부족이 금융위기 발생과 전파의 중요한 요인이었던 것이다.

한국의 외채 구조

1993년까지 한국의 단기 외채 비중은 43.7%로 장기 외채의 비중이 더 높았다. 그러나 앞에서 살펴본 것처럼 민간 자본이 유입되면서 1994년부터 갑자기 단기 외채의 규모가 급증했고, 1996년 말에는 단기 외채 비중이 58.2%로 상승했다. 한국의 단기 외채 비중은 개발도상국 전체의 평균은 물론이고 외환위기를 경험한 다른 아시아 국가보다도 훨씬 높았다.

이처럼 외채 만기가 단기화된 이유로 크게 네 가지를 들 수 있다. 첫째, 외자를 도입할 때 장기 차입에 대한 규제가 단기 차입에 비해 훨씬 심했다. 둘째, 단기 금리가 장기 금리에 비해 낮았다. 셋째, OECD에 가입하면서 국가의 신용도가 높아져 국제 단기 금융시장에서 차입할 수 있게 되었다. 넷째, 금융기관 간에는 장기적 유대 관계가 있어서 금융기관의 단기 차입은 별문제가 없는 한 자동적으로 만기 시 연장되었기에 장기 차입처럼 운용되었다. 따라서 단기 차입을 통해 외자를 조달하여 기업에 장기 대출을 하는 방식으로 운용하더라도 유동성 위험이 적다고 믿었다.

1997년 6월 말의 부문별 차입 비중은 금융기관이 65.1%, 기업을 포함한 비금융기관이 30.6%, 정부 부문이 4.2%였다. 태국과 인도네시아를 비롯한 다른 위기 국가에서는 기업의 대외 부채가 가장 큰 비중을 차지한 것과 달리, 한국은 금융기관에서 차입하는 비중이 높았다. 이는 한국이 택한 자본시장 개방 전략 때문이었다. 국내외 금리 차에 따라 급격한 자본 유입을 초래할 국내 채권시장과 단기 자금시장의 개방을 가장 뒤로 미루는 대신 금융기관에서 금리가 낮은 외자를 도입하고 이를 다시 국내 기업에 공급하는 방식을 택한 것이다. 이는 정부가 금융기관을 감독하여 금융자유화에 따른 국내 금융시장의 혼란을 제어할 수 있다고 믿었기 때문이다.[12]

문제는 1990년대에 들어서 김영삼 정부의 금융자유화 정책에 따라 30개의 종합금융회사(약칭 종금사)가 난립했다는 것이다. 장기 외자보다 단기 외자 차입의 금리가 싸고 이용하기 쉬웠기 때문에 종금사는 단기 차입금의 숨겨진 리스크도 모른 채 닥치는 대로 외자를 끌어들였고, 이를 수익성이 높은 장기 대출에 사용했다. 차입금의 만기는 단기인데 대출금의 만기는 장기로, 만기가 일치하지 않았다. 이는 당시 외환 업무에 경험이 없었던 종금사와 이를 미리 감독하지 못한 당국의 잘못이었다. 이들이 외환위기를 증폭시키는 데 일익을 담당한다.

한국의 외환위기가 근본적으로 단기 외채 위기의 성격을 띤다는 사실은 만기가 도래한 단기 외채 중 차환된 외채의 비중을 나타내는 차환율의 변화로도 알 수 있다. 한국의 단기 외채 차환율은 10월 상반기 85.5%, 하반기 83.7%였으나, 외환위기가 본격화된 11월에 접어들자 각각 68.4%와 51.2%로 감소했다. 특히 IMF 구제금융 지원이 합의된 12월 상반기부터는 차환율이 27.5%로 급감했고, 이에 따라 가용 외환보유고가 고갈되면서 국가부도 위기에 직면했던 것이다.[13]

앤드루 셩(Andrew Sheng) 전 홍콩증권선물위원회장은 외국 금융기관들이 한국에서 급히 투자금과 융자금을 회수한 건 패닉으로 인한 고전적인 금융위기로, 최종 대부자가 없어서 발생한 유동성 위기라고 진단한다.[14]

그렇다면 외국 금융기관들은 왜 그랬을까? 이를 이해하기 위해서는 태국에서 시작된 금융위기를 살펴봐야 한다.

동아시아 금융위기의 방아쇠

태국의 경우, 1990년대에 유입된 민간 외자 대부분이 생산적 투자,

특히 수출 부문으로 향하는 대신 부동산 및 주식 등 자산 부문으로 흘러갔다. 금융위기 전에는 평균 9%의 경제성장률을 기록했지만, 버블 경제로 인해 1996년에는 이미 붕괴 국면에 진입했다. 1996년 7월, 방콕상업은행이 파산하면서 태국 중앙은행이 금융 시스템을 지키기 위해 유동성을 공급했고, 이는 태국 바트화에 대한 첫 압력이었다. 두 번째 압력은 많은 투자자가 재정 상황 및 수출 실적에 실망한 1997년 1월에 일어났다. 이때 국제 투자자들은 태국에서 자금을 회수하기 시작했다.

게다가 1997년 초 일본 재무성이 엔화의 하락을 저지하기 위해 금리를 인상할 수 있다고 밝히자, 태국 시장에 유입됐던 일본 자금 일부가 이탈하면서 태국 바트화 투매와 태국 자산 가격 하락이 더 가속됐다. 1996년 민간 자본의 순유입은 태국 GDP의 9.3%였는데, 1997년에는 순유출이 GDP의 10.9%였다. 단기간에 대규모 자본이 유출된 것이다. IMF는 태국 중앙은행이 바트화를 인위적으로 떠받치면서 얼마나 개입했는지 밝히지 않자, 이 상황을 우려했다. 미국 재무부는 일본이 최종 대부자 역할을 할 것으로 기대했지만, 일본은 태국에 지원을 거절했고 태국은 IMF의 손으로 넘어갔다. 일본 은행들이 앞장서서 태국 시장에서 탈출하자, 다른 외국 금융기관도 뒤를 이었다. 태국의 불은 빠르게 큰불이 되어 인접 국가로 번졌다.

그렇다면 동아시아 금융위기의 결정적 방아쇠는 무엇일까? 우선, 헤지펀드가 주범이라는 견해가 있다. 그러나 헤지펀드가 이용할 수 있는 자금에는 한계가 있어서, 동아시아에서 거액의 자본 유출을 일으킬 정도의 영향력이 없었다. 물론 태국은 거액의 민간 자본 유출로 인해 달러에 대한 고정환율을 포기했는데, 여기에 헤지펀드의 투기적 통화 선물 매도가 작용한 것은 사실이다. 그 탓에 태국 중앙은행의 외화 준비액이 급격히 감소했기 때문이다. 그러나 헤지펀드의 활동은 태국에 한정될 뿐, 필리핀, 한국 등에서는 거의 움직임이 없었다.

다음으로, 서방 기관 투자자의 포트폴리오투자 유출이 원인이라는 견해도 있다. 한 국가의 자산 가격이 폭락하면, 여러 나라에 투자하는 펀드매니저는 보유하고 있는 포트폴리오의 전체 리스크 대비 수익을 최적화하기 위해 다른 나라의 보유 자산을 매각한다. 동아시아 금융위기 때도 통화위기만 연쇄적으로 일어난 게 아니라 이에 연동해 주식시장도 붕괴됐다. 그러나 이 견해는 서방 기관 투자자들의 역할을 너무 과대평가한 것이다. 서방의 헤지펀드나 연금펀드는 1997년 7월 전에 거액을 회수했기에, 금융위기가 전염될 때는 이미 동아시아에서 투자액이 대폭 감소했다. 특히 미국 기관 투자자는 아시아의 주식이나 채권을 그다지 많이 매각하지 않았다. 오히려 1997년 3~4분기에도 투자했고, 주식을 매도한 건 주로 국내 투자자들이었다. 그보다는 동아시아의 은행과 비은행 금융기관에 대한 자금 공급이 끊긴 것이 더 치명적이었다.

사실상 위기의 진범은 민간 자본 유출로, 특히 인도네시아와 한국에서 결정적인 영향을 미쳤다.[15] 외국 은행들이 만기 연장을 거부하고 융자금을 회수한 것이다. 외국 은행의 만기 연장 거부는 이미 태국 바트화 폭락 이전에 시작되었고, 위기 발생의 마중물이 된 셈이었다.[16] 미국 금융투자사 메릴린치의 경제 전문가 론 베바쿼(Ron Bevacqua)는 1997년 4~6월, 불과 3개월 만에 동아시아에서 회수된 은행 융자금이 총액의 30%나 된다고 말했다. 또 볼로냐대학의 얀 크레겔(Jan A. Kregel) 교수에 의하면, 1997년 5월에는 일본 경제가 회복될 것이라는 기대로 엔화가 절상돼 단기 이자율이 상승하자 일본이 아시아에 대한 융자금을 회수했다고 분석한다.[17]

국가별로 살펴보면 외국 은행이 융자금을 회수하면서 얼마나 위기가 심화됐는지 분명히 드러난다. 1997년 3분기에는 태국에서 105억 2,200만 달러의 융자금을 회수했는데, 이는 해당 기간에 위기 발생 5개국에서 회수된 금액 중 가장 큰 금액이었다. 4분기에는 한국 173억 7,600만 달러, 태국 84억 1,300만 달러, 인도네시아 43억 1,900만 달러, 말레이시아 32억 9,100만 달러로 거액의 자본이 유출됐다. 유출금 대부분은 은행 대출금이 압도적이었다.

외국 은행의 융자금 회수는 위기에 빠진 나라를 악순환의 구렁텅이로 몰아넣었다. 융자금 대부분은 외화, 특히 달러였기에 통화가치 하락은 민간 부문의 대차대조표를 현저히 악화시켰다. 이는 외국 자본에 대한 국내 기업 및 은행의 수요를 늘렸고, 통화가치 하락 압력을 유발했다. 통화가치 하락은 외화 채무 액수를 더 불려서 채무불이행 상태에 빠진 기업 및 은행을 양산해 냈다. 이렇듯 동아시아 국가들은 완전한 채무 디플레이션 사이클에 빠졌고, 그 결과 발생한 급격한 신용 축소는 위기에 빠진 나라를 심각한 경제난에 몰아넣었다.[18]

일본 은행들의 융자금 회수

서방 은행들이 동아시아 지역에서 이뤄진 은행 융자에서 차지하는 비중은 높지 않았다. 압도적인 비중을 차지한 것은 일본 은행들이었다.[19] 1996년 12월 말, 일본 은행의 동아시아 대출은 2,639억 4,000만 달러로, 동아시아 신용 공급 총액의 35.1%를 차지했다. 그중 일본 은행들이 한국, 대만을 비롯한 아세안 국가들에 대출한 금액은 1993년 말에서 1996년 말 사이에 76%나 상승했다. 이에 비해 미국 은행의 대출액은 불과 6.3%로 476억 8,000만 달러에 불과했다. 유럽계 은행은 총액의 43.2%를 차지하여 동아시아 최대의 대출자였지만 이는 유럽 14개국의 총액으로, 일본에 비할 나라는 없었다.[20]

일본의 중앙은행인 일본은행은 엔화 약세를 유도하기 위해 1995년 7월에 기준금리를 0.5%로 인하했고, 일본의 시중 은행들은 해외 대출 자금을 일본 내에서 값싸게 조달할 수 있었다. 추가로 유로달러시장뿐 아니라 미국에서 후순위채권을 발행해서 조달하기도 했다.[21] 그렇게 마련한 달러 자금을 아시아의 민간 기업과 금융기관에 단기로 빌려주었다.

위기 발생 5개국 중에서도 태국이 가장 많은 융자금을 받았다. 375억 3,000만 달러의 융자액 중 53.5%가 일본 은행에서 온 것이었다. 다음으로 많은 융자금을 받은 국가는 한국 243억 2,000만 달러(24.3%), 인도네시아 220억 4,000만 달러(39.7%), 말레이시아 82억 1,000만 달러(36.9%), 필리핀 15억 6,000만 달러(11.7%) 순이었다.

위기 발생 직전인 1997년 6월 말과 위기가 가장 심화된 12월 말의 위기 발생 5개국의 외자 융자 잔고를 비교해 보면, 필리핀을 제외한 4개국에서 융자금이 회수된 사실을 알 수 있다. 가장 많은 융자금이 회수된 곳이 태국으로 105억 2,200만 달러였고, 한국 99억 6,800만 달러, 말레이시아 12억 7,200만 달러, 인도네시아 3억 4,500만 달러 순이었다. 그중에서도 일본 은행의 융자 회수액은 태국 45억 6,900만 달러, 한국 34억 5,400만 달러, 말레이시아 19억 3,800만 달러, 인도네시아 11억 달러였다.[22]

융자 회수는 태국과 한국에 몰렸다. 유럽계 은행들은 태국과 한국에서 각각 35억 4,500만 달러, 33억 2,200만 달러를, 미국 은행들은 태국으로부터 14억 6,400만 달러를 회수했다. 위기 발생 5개국 전체로 보면, 유럽계 은행이 47억 1,400만 달러, 미국계 은행이 21억 7,900만 달러만 회수한 반면, 일본계 은행은 110억 9,600만 달러나 회수했다. 일본 은행들은 이 시기 싱가포르에서도 63억 8,600만 달러를 회수했다. 이 중 상당액이 아세안 국가에 대한 신디케이트론이란 점을 고려하면, 이 지역에서 일본 은행들이 회수한 자금의 규모는 훨씬 더 클 것이다. 그러므로 동아시아 금융위기를 논하는 데 일본 은행들이 중요하지 않을 수 없다.

동아시아에 제공된 융자는 만기 연장이 암묵적으로 전제됐기에 이렇게 대규모의 자본이 일제히 회수되리라고는 누구도 예상하지 못했다. 게다가 아세안 국가에는 일본계 제조 기업들이 대규모로 진출해 있었기에, 실물경제 면에서도 일본 은행의 대규모 융자금 회수는 뜻밖의 일이었다.

한국 외환위기의 결정적 원인

중요한 것은 왜 금융위기가 동아시아 국가들을 휩쓴 후 특히 한국을 직격했는가 하는 점이다. 한국 경제 전체로서는 일시적으로 국제유동성이 부족해졌다 해도, 위기 발생 당시 지불 불능 상태에 이르렀다고 할 수는 없었다.

김영삼 정부는 경제력 집중을 억제하기 위해 재벌 기업의 출자 총액 제한 비율을 줄이고 상호지급보증 한도도 축소했으나, 재벌 기업은 규제가 적은 제2금융권에서 대거 차입하기 시작했다. 재벌 기업들은 단기적 상업어음을 발행해 장기 투자 자금을 조달했는데, 여기에는 위험이 내재돼 있었다. 결국 1997년 들어 한보그룹을 시작으로 외환위기가 일어나기 전까지 8개 재벌이 연이어 도산했다. 재벌에게 대출을 해준 금융기관의 채권이 부실화됐기 때문에 대규모 금융위기가 불가피했던 것이다.

다만 이 같은 대규모 금융위기가 외환위기의 직접적 원인은 아니었다. 금융기관이 부실채권으로 인해 도산 위기에 처하더라도 중앙은행이 최종 대부자 역할을 충실히 수행하고 정부가 공적자금을 투입하면 국내 금융위기는 스스로 해결할 수 있다. 1997년 금융위기도 외화 부채만 없었다면 그런 식으로 해결할 수 있었을 것이다.

한국 정부도 단기 외채의 위험을 전혀 모르고 있지는 않았다. 그래서 1990년대 한국 정부는 미국 등 선진국의 자본시장 개방 압력에도 불구하고 점진적 개방 방식을 택했다. 그런데 신중히 개방하는 사이에 단기 외채 사정이 급격히 나빠졌다. 정부가 1993년에 예외적으로 은행들에 무역 관련 금융과 해외 지사 단기 차입을 허용함으로써 단기 외채가 유입될 빈틈이 생겼던 것이다. 일단 빈틈이 보이자 은행들은 금리가 낮은 일본 등에서 대규모로 차입했다. 여기에 더해 OECD 가입 요건을 충족하기 위한 규제 완화, 종금사 난립 등으로 인해 단기 외채가 증가했다. 그런 상태에서 1997년 여름, 일본 은행들이 자금을 회수하기 시작했다.[23]

일본 은행들이 거액의 융자금을 회수한 배경에는 한국의 신용등급 하락도 작용했지만 다른 이유도 있었다. 한국 기업에서 인도네시아에 많은 금액을 투자했는데, 이 채권이 불량화될 위험이 발생하자 한국 기업의 경영 상태가 더 악화되리라는 비관적인 전망이 생겨났던 것이다. 여기서 주목할 점은 인도네시아를 위험에 빠뜨린 민간 자본 회수를 일본 은행들이 주도했다는 사실이다. 따라서 인도네시아의 위기가 한국으로 파급된 데는 일본 은행들의 탓도 있었다.

한편 일본 내부의 금융불안도 원인으로 작용했다. 한국에서 융자금을 거둬들이기 직전인 1997년 11월, 일본에서는 산요증권이 도산하면서 전후 최초로 디폴트를 경험한 일본의 은행 간 자금시장이 불안에 빠졌고, 그로 인해 홋카이도척식은행, 야마이치증권은 자금 조달에 어려움을 겪으며 결국 유동성 위기로 도산했던 것이다. 당시 두 금융기관의 주가가 폭락한 주된 원인은 외국 투자자들의 공매였다. 그 당시 외국계 헤지펀드는 거액을 벌어들였다. 이들 금융기관들의 도산은 다른 일본 금융기관 주식을 연쇄적으로 폭락시켰고, 일본의 19개 대형 은행 중 절반이 은행 간 자금시장에서 위험 수위에 이른 것으로 여겨졌다. 그래서 한국에서 급하게 융자금을 회수한 것이다.

일본 금융불안의 또 다른 원인은 BIS 자기자본비율의 규제에도 있었다. 1997년, 미국은 일본에서 502억 달러를 조달했고, 거액의 엔화가 유출되면서 달러 강세, 엔화 약세가 발생했다. 일본 은행들의 동아시아 융자는 대부분 달러로 이뤄졌기에, 엔약세 국면이 되면 엔으로 환산한 해외 자산 액수가 증가하고 이는 자기자본비율을 낮추는 압력으로 작용한다. 그러자 일본 은행들은 BIS에서 정한 자기자본비율을 유지하기 위해 달러 표시 해외 자산을 줄이는 방법으로 동아시아 융자금을 회수하고 신규 융자를 거부한 것이다.

돌이켜보면 1997년 1분기 한국은 1월 한보그룹의 부도를 계기로 어음부도율은 급속히 상승하고 국내 신용 역시 빠르게 증가하고 있었다. 그러다 7월 15일, 기아의 사실상 부도 사태와 8월에 이뤄진 후속 처리와 관련된 논란이 일었다. 8월 5일, 무디스(Moody's)는 한국의 국가신용등급 중 단기 등급을 P1에서 P2로 하향 조정하고 S&P 역시 8월 6일 한국의 국가신용등급 전망을 '안정적'에서 '부정적'으로 조정했다.

이후 10월 24일과 28일, 무디스와 S&P는 재차 한국의 국가신용등급을 하향 조정했다. 대기업의 연쇄 부도 및 이에 따른 금융기관 부실을 정부가 지원해 줌으로써 공공 부문의 부담이 증가할 우려가 있다는 것이 주된 이유였다. 한편, 10월 말에는 국제 금융시장이 극도로 불안했다. 10월 22일과 24일에는 아시아 주식시장이 폭락했고, 일본에서는 일부 은행과 주요 증권회사의 부도가 예견되고 있었다.

이와 같이 국내외 상황이 매우 부정적으로 전개되면서, 결국 11월에 외국 채권자들, 특히 일본 은행들이 한국의 은행들로부터 무차별적으로 자금을 회수했다. 이 사태에 당면한 국내 은행들은 자체 능력으로는 외화 자금 수요를 조달할 수 없었다. 다만, 그렇다고 해서 바로 외환위기가 일어난 것은 아니다. 국내 은행들의 외채 지급 불능이 한국의 외환위기로 발전하기 위해서는 또 다른 연결 고리가 필요했다.

한국 정부는 이미 1997년 8월 은행의 외채에 대해 지급 보증을 했다. 정부가 지급 보증을 한 후로는 은행의 채무 변제 능력이 아니라 정부가 은행의 외채를 대신 변제할 능력이 있는지 여부가 외환위기 발생을 결정하는 최종 관건이었다. 따라서 한국은행은 외환 보유고에서 긴급 자금을 지원했다. 문제는 단기 외채/외환 보유고 비율이 1997년 4분기에 312%에 달했다는 점이다.[24] 엄청난 규모의 자금 회수로 한국은행의 가용 외환 보유고는 빠르게 고갈되었다.

결국 한국은행의 환율 방어 능력이 무력화됨에 따라 폭발적인 환율 절하, 즉 외환위기가 발생했던 것이다. 일차적으로는 외채를 부담한 금융기관들에 달러가 없었고, 이차적으로는 한국은행과 한국 정부에 달러가 부족해 외환위기가 발생한 것으로 정리할 수 있다. 외환 보유고 고갈에 직면하여 한국 정부는 11월 21일에 IMF 구제금융 신청 사실을 발표했다. 그러나 이 같은 발표에도 불구하고 인출 사태는 가속화되었고, 12월 4일 IMF 구제금융안의 발표에도 사태는 호전되지 않았다. 은행의 차환율은 12월 첫 3주간 20%대로 하락하고 환율은 폭등했다.

버클리대학 배리 아이켄그린(Barry Eichengreen) 교수는 자국 통화로 국제 금융시장에서 채권을 발행하지 못하고 외국의 통화로 채권을 발행해야 하는 국가들의 운명을 일종의 '원죄'라고 했다.[25] 외국 통화로 채권을 발행했거나 외국 통화로 채무를 부담한 경우 상환할 때 그 외국 통화를 구하지 못하면 채무를 이행할 수 없다. 이는 주요 국제통화를 갖지 못한 나라들의 근원적 불리함이다. 한국의 외환위기도 달러 표시 단기 외채가 결정적 문제였다.

브레턴우즈 체제가 붕괴되고 변동환율제로 이행하면서, 국제 금융 시스템은 불안정성을 내포하게 됐다. 자본 이동의 자유가 보장되면 효율적으로 자원이 배분되어 지속적 성장과 번영이 가능하다는 믿음을 바탕으로, 각국은 외국 자본에 접근하기 위해 금융규제를 완화하고 금융자유화를 추진했다. 이로 인해 국제 금융자본의 활동 영역이 넓어졌지만, 여기에는 높은 변동성으로 인한 위험이 병존했다. 이런 흐름 속에서 일본 은행들의 달러 표시 단기 외채를 한국 금융기관들이 많이 이용하면서, 갑자기 달러 유동성 부족 사태를 맞은 것이다. 단기적인 국제 자본 이동의 위험성에 충분히 대비하지 못한 금융기관들과 금융 당국도 그 책임에서 자유롭지 못하다.

AMF의 국제정치학

동아시아에 금융위기가 발생했지만 멕시코 금융위기 때와 달리 미국의 대응은 느렸다. 동아시아의 금융위기는 멕시코 금융위기에 비해 미국에 끼치는 영향력이 제한적이었기 때문이다.

미국은 일본이 최종 대부자 역할을 해주길 기대하면서도, 일본이 어디까지나 미국의 지휘하에 움직이길 바랐다. 이런 상황은 일본 재무성이 1997년 9월 1,000억 달러 규모의 아시아통화기금(Asian Monetary Fund, AMF)을 제안했을 때 명백히 드러났다.

일본은 아시아통화기금 제안서를 미국에 미리 알리지 않고, 한국, 말레이시아, 홍콩, 싱가포르, 인도네시아에 보냈다. 이 기금으로 IMF 쿼터가 작은 국가들에는 좀 더 많이 지원하고, 대출 조건을 유연하게 할 수도 있었다. 그런데 미국 재무부는 일본의 이런 행보를 미일 동맹의 통상적 범위에서 벗어난 것으로 보았다. 또 G7의 관행에도 어긋난다고 여겼다. 당시 재무부 차관이었던 로런스 서머스(Lawrence Summers)는 일본의 재무성 차관에게 전화를 걸어 "나는 너희가 친구라고 생각했어!(I thought you were my friend!)"라고 소리쳤다.[26]

결국 미국은 일본의 힘이 강대해질 것을 우려한 중국 등 아시아 일부 국가들의 반대를 이끌어내서 아시아통화기금을 좌초시켰다. 아시아통화기금에는 일본 은행들도 미국 못지 않게 반대했다. 아시아통화기금의 제안이 미국 및 유럽 은행과의 관계를 악화시킬 것을 우려했기 때문이다.[27]

경제를 근본적으로 구조조정하다

1997년 가을, 인도네시아의 금융위기가 심각해지자, 미국 재무부가 구제를 주도했다. 재무부 국제 업무 담당 차관 데이비드 립튼(David Lipton)이 실무를 주관하고, 골드만삭스 출신의 개리 겐슬러(Gary Gensler)도 참여했다. 10월 말, IMF가 인도네시아의 구제를 위해 180억 달러 규모의 구제금융안을 내놓자, 미국 재무부는 외환안정기금에서 30억 달러를 추가로 지원했다. 긴축재정과 구조조정 같은 통상적인 IMF 조건이 부과되고, 여기에 인도네시아 수하르토(Suharto) 대통령의 이너서클과 밀접한 은행을 폐쇄하는 조건도 더해졌다.

금융위기가 한국으로 번지자 미국 재무부에 비상이 걸렸다. 미국 입장에서 한국은 무너져서는 안 될 방화벽이었기 때문이다.[28] 한국은 당시 가장 최근에 OECD에 가입했고 세계 경제 순위는 11번째인 국가였다. 한국이 무너지면 자칫 전 세계 금융 시스템이 위험에 처할 수 있었다. 재무부 장관 로버트 루빈은 전 세계에서 미국만이 이렇게 크고 중요한 이슈에 대처할 리더십이 있다고 믿었다.[29] 일본이 한국의 긴급 대출 요구를 거절하자, IMF가 관여했다. 그러자 미국 재무부에서는 즉시 립튼을 서울로 보내 협상 과정을 모니터링했다.

IMF는 한국 정부에 대해서 처음에는 약 300억 달러 규모의 구제금융 플랜을 생각했다. 주요 조건으로는 긴축정책과 종금사의 폐쇄가 있었다. 그러나 미국 재무부는 더 큰 구제금융 패키지를 제공할 것을 주장했다. 결국 구제금융은 두 배 가까이 증액됐다. 대신 미국이 조건을 걸었다. 미국은 IMF 협상을 기화로, 1990년 미국과 한국의 금융정책회담이 시작된 이래 한국이 매우 소극적으로 대응했던 여러 문제를 한꺼번에 해결하려 들었다.

미국 재무부는 한국의 금융 시스템이 취약하고 구조적인 문제가 많다고 주장하며, 대대적인 개혁만이 시장의 신뢰를 회복할 수 있다고 했다. 예를 들어 미국 재무부는 IMF 협약의 중심 항목에 외국인 투자 상한을 26%에서 50%로 인상할 것을 포함시켜서 이를 관철했다. 미국 경제학자 루디거 돈부시(Rudi Dornbusch)는 미국 방송 프로그램에 출연해서, 아시아 금융위기의 긍정적인 부분이 있다면 미국 재무부가 한국을 소유하고 운영하게 됐다는 것이라고 말했다.[30] 미국 정부 내에서도 국무부나 국방부에 비해 재무부의 위상이 올라갔고 한국에 대한 지배력이 더 강해졌다는 점을 지적한 것이다.

대선에서 승리한 후, 김대중 당선자는 IMF가 구제금융 대가로 요구한 구조조정 등의 조건을 이행하겠다고 미국 정부에 명백히 약속했다. 립튼은 직접 서울에 와서 김대중 당선자에게 노동 문제가 핵심이라고 설명했다. 김대중 당선자는 노동자의 권리를 옹호해 왔기에, 나라를 위해 희생할 필요가 있다는 명목으로 노동자들을 설득하기에 적합한 인물이라고 여겼던 것이다. 립튼은 일자리 안정성은 IMF 패키지에 규정된 신자유주의적 경제 조정보다는 중요하지 않다고 강조했다.

이런 약속을 얻어낸 후, 미국 재무부는 연준, 일본 재무성, 분데스방크, 잉글랜드은행과 협력해 세계 굴지의 민간 은행들이 한국 은행들의 대출 만기를 연장해 주도록 했다.[31] 립튼이 서울에서 김대중 당선자를 만나고 있을 때, 미국 재무부는 미국의 상위 6개 상업은행 대표들을 뉴욕 연준은행 사무실로 불러들였다. 연준 뉴욕은행장이었던 윌리엄 맥도너(William McDonough)는 채무의 만기를 조정해 주지 않으면 한국이 채무를 이행할 수 없는 상태라고 설명했고, 그들도 이에 동의했다. 또 서머스는 G7 재무부 차관에게 연락해서 각국의 은행들이 채무 만기 조정에 동참하도록 요청했다. 미국 재무부가 주도하지 않았다면 국제은행들은 위기를 수습하지 못했을 것이다.[32]

한국 노사정은 외환위기라는 긴박한 상황에서 대외 신인도를 높이고 외환위기를 극복하기 위해 1998년 2월 6일 '경제위기 극복을 위한 사회협약'을 체결했다. 이는 한국 역사상 처음으로 노동계가 국가 경영에 참여할 수 있는 제도적 위상을 형식상으로나마 인정받은 사건이었다. 하필이면 진보적 성향의 김대중 정부가 IMF 조건을 수용하면서 한국 노동계에 신자유주의적 제약을 하게 된 것은 아이러니하다. 1976년 IMF의 지원을 받은 영국의 노동당 정부, 1980년대 초 사회주의적 정책을 포기한 프랑스의 미테랑 정부와 비슷한 상황이었다.

외국인 투자자에게 전례 없는 인센티브를 제공하는 한편, 대량 해고가 단행됐다. 한국의 사회복지 지출은 OECD 국가 중 최저였고, GDP는 1998년 1분기에 4% 가까이 하락했으며, 실업은 세 배나 증가했다. 그러나 1999년에 경제는 10% 이상 성장했다. 동아시아 금융위기 당시 IMF가 지원에 따른 조건을 내걸었는데, 태국은 70개, 한국은 90개, 인도네시아는 140개나 되었다. 한국은 이 중 약 90%를 이행했다.

미국과 IMF는 원했던 성과를 얻었다. 한국의 자본시장이 완전 개방되었고, 그 과정에서 외국 자본이 한국 자산을 대규모로 인수했던 것이다. 극심한 불황으로 인해 구조조정을 갑자기 추진하는 과정에서 국내 자산이 헐값에 외국인에게 넘어갔다. 그 결과 2004년이 되면 상장 기업 시가총액의 42%를 외국인이 소유하게 된다.[33]

하지만 한국의 위기에 대한 IMF의 처방에 비판적인 견해도 있다. 레이건 대통령 시절 경제자문위원장을 역임한 하버드대학 경제학 교수 마틴 펠드스타인은 IMF의 잘못을 상세히 지적한다.[34] 한국은 11번째 경제대국으로 동남아 국가들과는 달리 과대평가된 환율이나 과도한 경상수지 적자 때문에 문제가 발생한 게 아니었다. 1990년대 실질 성장률이 8%대, 인플레이션도 5% 이하, 실업률도 3% 이하로 한국 경제는 양호했다. 다만 1997년 중반 단기 외채가 외환 보유고보다 과도하게 많아서 문제가 발생한 것이다. 한국의 총외채는 GDP의 약 30%에 불과했고, 이는 개발도상국 중 최저 수준이었다. 한국은 근본적인 지불 능력에 문제가 있는 게 아니라 일시적 유동성 문제에 봉착한 것일 뿐이었다.

한국에 필요한 건 채권은행들이 협력해 단기 부채를 조정하고, 만기를 연장하는 한편, 이자 지불을 위해 일시적으로 추가 신용을 제공하는 것이었다. 이와 관련된 협상이 조기에 이뤄졌으면 한국은 금융위기를 피할 수도 있었다. IMF가 나서서 채권자들에게 한국에 외환이 부족한 건 일시적인 문제라고 설득했으면 됐다. 그런데 IMF는 오히려 한국 경제에 구조적이고 제도적 문제가 있는 것처럼 강조해, 채권자들에게 부정적 인상을 심어줬다. 채권자들은 IMF의 진단을 듣고 한국 경제의 전반적 구조조정 없이는 채무를 상환할 수 없다고 결론지었던 것이다.

IMF는 구제금융의 대가로 한국 경제의 근본적 구조조정을 요구하고, 높은 세금, 재정 지출 감소, 고금리 등을 내용으로 하는 긴축정책을 요구했다. 이는 불필요한 조치였다. IMF의 요구 조건은 한국이 국제 자본시장에 접근하는 데 긴요하지 않았다. 오히려 생산과 고용을 더 악화시켰을 뿐이다. 한국이 어려운 시기를 이용해 자본시장 개방, 무역장벽 축소 등 무역과 투자 관련 정책을 관철한 건 IMF 파워의 남용이다.

컬럼비아대학 교수 제프리 삭스(Jeffrey Sachs)도 IMF가 위기에 처한 국가들의 취약점을 강조함으로써 국제 투자자들을 더 불안하게 만든 잘

못을 범했고, IMF의 잘못된 접근 방법 때문에 한국·태국 등 외환위기 국가들의 어려움이 더 가중됐다고 주장했다. 삭스 교수는 IMF와 미국이 조용한 방법으로 단기 외채의 중장기 전환을 도와주고 연준이 위기 발생 국가의 중앙은행에 신용을 제공했더라면 큰 위기를 피할 수 있었을 것이라고 진단했다.[35]

금융위기 소방수, 미국의 줄타기

동아시아 금융위기는 일본에도 영향을 미쳤다. 1998년 1분기에 일본 GDP는 5% 하락하고, 국채 등급은 강등됐다. 이 와중에 일본 장기신용은행(Long Term Capital Bank, LTCB)이 그해 여름 파산에 직면했다. 서머스는 장기신용은행을 국유화한 후 다시금 민영화할 것을 요구했다. 일본이 개혁을 수용하며 국제적으로 변모했다는 걸 외부 세계에 보여줄 필요가 있다는 게 미국의 주장이었다. 일본 관료들은 이를 받아들였다. 폴 볼커가 장기신용은행을 인수하는 데 관심을 보이는 미국의 사모펀드 리플우드(Ripplewood)의 고문이 되어 자문해 주었다.

10년 전, 미쓰비시부동산이 뉴욕의 록펠러센터를 매입한 사건은 일본이 미국을 장악했다는 것을 상징했다. 그런데 루빈은 이제 허약해진 일본에 대해 미국 금융 기업이 경쟁력, 자본력, 전문성을 갖추고 일본 시장에 진출하면 일본의 금융 시스템이 훨씬 강해질 것이라고 주장했다. 잠시나마 미국을 위협했던 일본을 향해 진격하려고 한 것이다.

1998년, 아시아의 금융위기는 러시아까지 전염된다. 경제위기를 겪은 아시아의 수요가 감소하면서 유가가 하락하자 러시아의 재정 적자가 악화되었던 것이다. 이로 인해 1998년 봄, 10억 달러 규모의 단기 채권 만기 연장이 어려워졌다. IMF는 이번에도 구제금융을 제안했지만, 러시아 연방의회의 하원인 국가두마에서 IMF가 조건으로 요구한 최소한의 재정 개혁마저 거부했다. 이번에도 립튼이 러시아로 가서 협상했지만, 러시아 정부에서는 어느 누구도 상황의 심각성을 알지 못했다. 그렇다고 러시아에만 여러 조건을 부과하지 않고 지원한다면 IMF의 신뢰성에 손상이 갈 것이었다. 결국 구제금융은 불가능했고, 러시아의 채무 불이행은 예정된 수순이었다.

월가에서도 금융위기로 인한 여파를 피할 수 없었다. 러시아 디폴트로 채권과 외환시장 및 파생상품시장에서의 리스크가 급격히 커지면서, 대량의 자금이 안전자산인 미국 국채로 몰렸다. 미국 상업어음시장은 이미 혼란한 상황이었다. 게다가 노벨 경제학상 수상자 두 명이 창립 멤버이고, 놀라울 만큼의 고수익을 올려왔던 헤지펀드 롱텀캐피털운용(Long Term Capital Management, 이하 LTCM)이 갑자기 붕괴에 직면했다. 월가의 대형 은행에서 차입한 돈으로 매입한 자산들로 구성된 1,250억 달러짜리 포트폴리오에 막대한 손실이 발생하자, 1조 달러에 이르는 LTCM의 장외파생상품 계약의 불이행이 당장 눈앞에 닥쳤다.[36] 만약 모든 계약 당사자가 LTCM과의 거래를 정리하려 들면 신용시장이 전반적으로 얼어붙을 위험이 있었다.

월가의 주요 금융기관 대표들이 다시금 뉴욕 연준은행에 있는 맥도너의 사무실로 소환됐다. 연준의 압력하에 월가의 금융기관 열네 곳이 채권자 컨소시움을 구성해 LTCM을 인수하고 그 채무를 부담하기로 합의했다. 공적자금을 투입하지 않고 민간 기관들이 주도적으로 구제한 것이다. 마치 1907년의 위기를 떠올리게 하는 상황이었다. 러시아가 아니라 일개 헤지펀드가 대마불사였던 셈이다.

미국 재무부와 연준에서 LTCM의 위기를 성공적으로 관리하는 것을 보고, 의회는 글래스-스티걸법을 폐지하여 후유증이 발생하더라도 이를 관리할 수 있다는 자신감이 생겼다. 1997~1998년에 미국 재무부와 연준은 구시대적 장애를 제거하기 위해 노력하는 한편, 위기 발생 시 신속하고 효과적으로 대응하기 위해 정보를 바로 획득할 수 있는 장치 또한 필요하다고 인식했다.

1999년, 그램-리치-빌리법이 글래스-스티걸법을 대체했다. 이 법은 은행 합병에 관한 규제를 단순화하고, 상업은행과 투자은행의 상호교류를 확장하도록 했다. 분명한 것은 국가가 변동성이 강한 금융시장이 발전하도록 장려하면서, 이로 인해 불가피하게 일어나는 금융위기를 관리하고 제어해야 했다는 것이다. 1987년에 미국 주식시장이 붕괴한 후로 20년 넘도록, 미국 정부의 이런 줄타기 능력은 월가가 전 세계에서 자금을 끌어들이는 데 중요하게 작용했다.

미국 금융시장은 법령의 수, 정부 감시의 정도, 법 집행에 대한 열의만 두고 보면 아마도 가장 고도로 규제된 시장이 아닐까 싶다. 신자유주의 시대의 국가와 시장의 관계는 금융에 대한 국가 개입을 최소화한다는 의미로 이해하기보다는, 금융화가 규제기구를 통해 진행되었다고 보는 게 더 타당하다. 1990년대에 접어들면서 금융 소방수로서 국가의 역할은 점점 강화되었다.

한편 미국 재무부는 국채에 대한 파생상품 거래가 리스크 헤지를 가능하게 해 국채의 신뢰성을 높여 그 보유를 늘리는 데 유용했다고 판단했다. 국제적으로 1980년대와 1990년대 내내 금융시장이 폭발적으로 성장하면서 새로운 파생상품 계약이 장외에서 이뤄지기 시작했는데, 재무부, 연준, 증권거래위원회, 상품선물거래위원회 등은 이를 규제하길 꺼렸다. 그러나 파생상품시장이 커지는 만큼 이에 대한 우려도 커졌다.

1997~1998년에 상품선물거래위원회 의장이었던 브룩슬리 본(Brooksley Born)은 장외파생상품시장의 리스크에 대해 수차례 경고했다. 상품선물거래위원회는 파생상품에 대한 규제를 요청했지만 의회와 연준은 이에 반대했다. 결국 일부 장외파생상품시장은 상품선물거래위원회의 관할 범위에서 제외되었다.

대출채권의 유동화(증권화)와 점차 늘어나는 파생상품으로 규제 당국이 자본 적정성을 조사하는 것이 매우 어렵고 복잡해지면서, 리스크를 효과적으로 관리하기가 힘들어졌다. 이런 이유로 연준, 재무부, BIS는 대형 은행의 자율적인 리스크 관리에 의존했다. 제때 경고등만 켜지면 규제 당국이 위기에 대처할 수 있을 것이라 기대했던 것이다. 하지만 경쟁의 압력이 거세지면서 대형 은행들은 위기 관리에 무관심해졌다.

국제금융 시스템 관리의 허실

1990년대에 발생한 경제위기로 선진국과 신흥시장을 연결하는 동시에 선진국이 신흥시장을 통합하는 제도적 장치가 필요해졌다. 로버트 루빈은 신흥시장이 해외 투자를 유치할 때 선진적인 제도가 필수적인 전제조건이라고 생각했다. 그는 한국과 IMF의 구제금융 협약 체결을 10시간이나 늦췄는데 그 이유는 한국의 은행과 기업이 더 나은 회계 기준을 채택하도록 하기 위해서였다.[37]

1998년 초, 루빈은 아시아 금융위기를 통해 몇몇 발전된 국가들의 금융 부문의 하자와 국제 투자자들의 부적절한 리스크 평가가 중대한 영향을 미친다는 사실이 드러났다고 지적했다. 서머스 역시 자본시장의 자유화가 규제 및 감독 능력을 갖추고 강력한 국내 금융 인프라를 갖추는 속도에 맞춰서 진행되어야 한다고 주장했다.

1998년 4월, 미국 재무부는 G7과 아르헨티나, 호주, 브라질, 중국, 홍콩, 인도, 한국, 말레이시아, 멕시코, 폴란드, 러시아, 싱가포르, 남아공, 태국의 재무부 장관과 중앙은행장을 포함하여 BIS, IMF, OECD 그리고 세계은행 대표가 옵서버로 참여하는 회의를 워싱턴 D.C.에서 개최했다. G22로 불리기도 한 이 회의에서 3개의 워킹그룹을 창설해서 국제금융 시스템을 강화하기 위해 필요한 조치에 대한 보고서를 작성했다. 투명성과 책임성 제고, 금융 시스템 강화, 국제 금융위기 관리가 주요 내용이었다. 그러나 LTCM의 실패 사례가 보여주듯이, 선진국의 업무 방식으로도 위기 발생을 완벽히 막기란 어렵다는 것이 명백했다.

새로운 국제금융 시스템에 관한 의견들이 쏟아져 나왔다. 미국의 저명한 투자자이자 소로스펀드매니지먼트 회장 조지 소로스(George Soros)는 국제채무보험기구를 제안했다. 그는 민간 자본이 가장 높은 이익을 찾아 전 세계를 이동하도록 허용하는 자유롭고 경쟁적인 자본시장이 금융위기의 근본 원인이라는 사실을 인정했다.[38] 한편 국제금융을 개혁하기 위한 다양한 제안을 실천하려면 IMF가 신흥시장의 차입뿐만 아니라 국제은행들의 대출을 더욱 규제할 필요가 있었다. 하지만 많은 국가가, 특히 미국이 그런 권한을 국제기구에 위임할 가능성은 없었다.[39]

새로운 금융 시스템이란 기치 아래 현실화된 건 신흥국들이 선진국 기준을 준수하는지 여부를 IMF가 모니터링하는 것뿐이었다. 그리고 미국 재무부가 동아시아 국가들에 요구하는 것은 구조조정을 통해 자본에 개방적인 태도를 유지하는 것뿐이었다.

동아시아 금융위기 후에도 자본의 이동에 관한 제약은 아무것도 없었다. 1998~2000년에 자본에 대한 통제를 완화하는 속도는 둔화됐지만, 금융자유화의 흐름은 21세기까지 계속됐다. 1997년 이후 10년 사이에 전 세계에서 1,938건의 해외 투자 관련 법령이 개정되었는데, 이중 90%가 FDI에 유리했다. 세계는 한국이 자본 통제를 하지 않고도 말레이시아보다 금융위기에서 더 빨리 회복했다는 점에 주목했다. 말레이시아의 자본 통제 사례를 따르는 국가는 없었다. 무엇보다 미국은 신흥국들이 금융자유화에 역행하는 것을 확고히 반대했다.[40]

이런 흐름은 1999년 6월의 G20 창설로 강화됐다. G20은 G22에서 파생됐는데, 사우디아라비아, 터키, 인도네시아가 추가되고 말레이시아, 홍콩, 싱가포르, 태국, 폴란드가 제외됐다. G20 출범 후 금융과 생산이 더욱 통합되었다.

세계를 구한 위원회

1990년대 국제 자본 이동이 증가하면서 미국이 금융위기를 제어하는 데 핵심적인 역할을 담당하자, 미국 재무부와 연준의 역할은 더 커지고 강해졌다. 1994년 멕시코, 1997년 동아시아, 1998년 러시아, 1999년 브라질의 금융위기를 관리해 낸 연준의장 그린스펀, 재무부 장관 루빈, 재무부 차관 서머스는 '세계를 구한 위원회'의 멤버라고 칭송받았다.

미국 재무부와 연준의 최고책임자들은 글로벌 자본주의의 확장 과정에서 시스템이 붕괴할 수도 있다는 걸 인정한다. 그래서 무엇보다 중요한 것은 새로운 위기에 대응할 수 있는 유연한 조직을 갖추는 것이라고 본다. 루빈은 골드만삭스에서 자본주의 금융은 위기의 연속이라고 배웠다. 시장은 항상 과열되는 성향이 내재되어 있기 때문이다.[41] 어쩌면 루빈은 하이먼 민스키(Hyman Minsky)의 '불안정한 경제의 안정화' 이론을 학습한 것처럼 보인다.

이제 국가의 핵심적 역할은 실패를 예방하기보다는 제어하는 데 있었다. 연준과 함께 미국 재무부는 세계의 최종 대부자 역할을 자처했고, 때로 의회와 마찰을 일으키곤 했다. 미국 재무부는 의회의 반대에 부딪칠 때마다 "불이 났을 때 소방서에 물의 공급을 끊을 수는 없다"고 주장했다.

세계의 금융화는 특히 놀라웠다. 1990~2007년에 세계 무역은 연 8.7% 증가했는데, 국제적 자본 이동은 연 14.5%로 성장했다. 그 결과 연간 국제적 자본 이동은 1990년 1.1조 달러에서 2007년 11조 달러 이상으로 증가했다. 특히 금리와 외환 관련 파생금융상품의 일일 거래량이 2004년 3조 달러에서 2007년에 5조 달러로 증가했다. 주식, 예금, 국채의 증가와 함께 글로벌 금융자산은 폭발적으로 증가했고, 총 규모는 2007년에 200조 달러에 달했다. 연금펀드, 뮤추얼펀드, 보험회사 등이 74조 달러 이상을 운용했고, 헤지펀드와 사모펀드가 추가로 12조 달러를 운용했다.

신흥시장 국가들도 국채를 발행하여 자본시장을 육성하고 소비자 신용을 확대했으며 선진국의 금융 기법을 도입했다. 그와 더불어 금융화도 빠르게 진행했다. 모기지 대출과 신용카드 발급 등을 통해 노동자층을 금융 시스템에 통합했다. 신흥시장에서 자본 이동 규모가 증가했고, 대외준비자산을 더 확충하기 위해 미국 국채를 매입하는 등의 노력을 한 결과 자본 유출도 늘었다.

글로벌 금융 서비스 기업 중에는 미국 기업의 비중이 높았다. 2007년에는 미국 투자은행 5개가 채권 인수, IPO, 주식 거래, 신디케이트론, 장외파생상품으로 발생한 수입의 35%를 차지했다. 전 세계 연금, 보험, 뮤추얼펀드의 절반 이상을 미국 금융회사가 운영했고, 헤지펀드와 사모펀드도 3분의 2는 미국 기업의 것이었다. 미국 기업들은 자사주 매입, 회사채 발행, 상업어음 발행, 단기 금융시장에서의 잉여자금 운용 등 더욱 깊게 금융시장에 관여했다. 소비자 신용을 제공하는 자회사, 근로자 연금 플랜 등을 통해 금융시장과 관련되면서 산업 활동은 더욱 금융화되었다. 게다가 비금융기업들은 외환과 금리 리스크를 파생상품을 통해 헤지했다. 이로써 과거에는 분명했던 금융과 비금융 활동의 경계가 모호해졌다.

한편 중국이 WTO에 가입한 후 미국의 국제수지 상황은 변했다. 미국은 수출이 부진해져서가 아니라 수입이 증가하면서 무역수지 적자가 늘었다. 소비가 증가한 원인은 소득 증가와 현시적 소비 경향, 인구 증가, 소비자 부채 증가 등이었다. 이러한 무역 적자를 메운 건 미국 시장으로 유입된 국제 자금이었다. 2007년 미국은 전 세계 FDI 자금이 가장 많이 유입된 나라였다. 미국 다국적 기업의 해외 부문은 전체 수익의 30%를 차지했다.

미국의 무역 적자만을 보고 달러의 가치가 훼손되고 세계통화로서의 위상이 저하됐다고 판단하는 건 성급하다. 무역수지가 아닌 자본수지가 달러의 가치를 결정한다. 자본 유입은 달러의 약화를 나타내는 게 아니다. 오히려 미국의 무역 적자를 상쇄하면서 미국 은행과 다국적 기업이 글로벌 경제에서 중심적인 역할을 한다는 사실을 보여준다. 또한 신흥시장 국가들이 미국 소비자와 금융시장에 의존하는 정도를 보여준다.

13장

연준, 최악의 금융위기에
글로벌 최종 대부자 되다

2007년부터 2008년 사이에 역사상 최악의 금융위기가 미국과 유럽을 중심으로 발생한다. 이는 단지 서브프라임 문제가 아니었다. 좀 더 근원적인 원인으로 '그림자금융' 시스템의 붕괴가 있었다.

규제와 보호의 사각지대에서 성장해 온 그림자금융은 레포 거래, ABCP 등을 주된 도구로 이용했는데, 고도의 신뢰를 기반으로 한 이 시스템에 불신이 싹트자 단시간에 대형 금융기관들이 주로 의존하던 단기 금융시장이 마비되고, 그 결과 리먼브라더스 등이 쓰러진 것이다.

또 한 가지 특징은 유럽의 대형 금융기관들이 이 위기의 또 다른 주역이었다는 점이다. 미국 재무부는 부실자산구제프로그램 등을 통해 위기에 대응했다. 연준은 최종 대부자를 넘어 최종 딜러가 되어, 마비된 금융 시스템을 다시 작동하게 했다. 또 통화스와프를 통해 주요 중앙은행들에게 달러를 공급했다.

이 과정에서 연준은 글로벌 최종 대부자로 위상을 정립하고, 정작 위기의 발원지가 미국이었음에도 불구하고 안전자산으로서 달러에 대한 수요는 더 늘었다. 한국도 대규모 단기 외채로 위기를 겪었지만 연준이 달러를 공급해 고비를 넘겼다.

역사상 최대 규모의 파산

2008년 9월 15일, 리먼브라더스가 파산 절차를 개시했다. 바로 리먼 쇼크다. 리먼브라더스는 당시 미국 4위 규모의 증권사이자 투자은행으로, 총자산이 6,910억 6,300만 달러에 이르는 거대한 회사였다. 직원 수도 2만 8,000명에 달했다. 독일 남부에서 이주한 유태인 리먼 형제들이 1850년에 창업한 후 1994년에 재독립해, 서브프라임 모기지 관련 사업을 하면서 성장했다. 그러나 2000년대에 접어들어 부동산 버블 붕괴로 경영이 급속히 악화되면서 파산하기에 이르렀다. 역사상 최대 규모의 파산이었다.

리먼브라더스의 파산은 글로벌 금융위기를 본격화한 결정적인 방아쇠였다. 이날 다우지수는 최대 낙폭을 기록했고, 전 세계 주식시장의 주가가 순식간에 폭락했다.

2008년 9월 3일에 한국 산업은행은 리먼브라더스의 주식 25%를 5~6조 원에 취득하는 걸 검토하고 있었으나, 9월 10일에 출자 협의를 중단했다. 당시 "월스트리트로 가는 금융 고속도로"라는 표현까지 써가며 리먼브라더스 인수를 강력히 주장하는 국내 여론도 있었지만, 부채가 너무 심각하다는 지적과 더불어 전문가들이 위험성을 경고하자 결국 한국 정부도 발을 뺐다.

미국 주택금융시장 구조

리먼브라더스의 도산으로 상징되는 금융위기를 이해하기 위해서는 먼저 미국 주택금융시장의 구조를 알아야 한다. 미국 주택 가격은 2006년까지 10년 새 거의 두 배나 올랐다. 이로 인해 가계 자산은 6조 5,000억 달러나 상승했고, 늘어난 부는 미국과 세계 경제를 견인했다. 금융위기 발생 시 미국 가구의 70%인 8,000만 호 이상이 주택을 소유하고 있었다.

부동산은 부를 축적하는 방법이기도 하지만, 차입할 때 가장 중요한 담보이기도 하다. 그래서 부동산담보대출이 늘어나면 경제가 확대되고 결국 주택 가격 사이클과 금융위기는 연결된다. 1990년대부터 2007년의 금융위기 사이에 미국의 주택금융은 큰 변화를 겪었다. 부동산담보대출채권이 유동화되고, 금융계에서 고위험을 추구하며 담보대출을 확장했다. 또 새로운 자금 원천을 활용하기 위해 부동산금융이 국제화되었다.

1930년대 이후, 미국 주택금융은 상업은행과 저축대부조합이 담당했다. 이들은 고정금리로 장기 대출을 실행했다. 그렇게 주택을 소유한 사람들에게 브레턴우즈 체제가 해체된 후 고정금리는 오히려 횡재였다. 장기 고정 저금리만 납부하면 됐기 때문이다. 반면 대출해 준 금융기관, 특히 저축대부조합에는 이 사태가 재앙이었다. 그 결과 1980년대 초에는 거의 4,000개에 달하는 저축대부조합 대부분이 채무 초과로 자본 잠식 상태에 이르렀다. 이 와중에 상업은행들은 살아남았으나 1,000개 이상의 저축대부조합이 파산했고 나머지 대부분은 구제되거나 합병됐다.

저축대부조합 사태 이후 미국 담보대출 시스템의 주역은 정부지원기관이었다. 그중 패니메이(Fannie Mae, Federal National Mortgage Association)는 뉴딜정책의 일환으로 주택저당채권의 유통시장을 제공하기 위해 1938년에 설립되어, 주로 상업은행에서 주택저당채권을 매입했다.

패니메이는 정부지원기관이었으므로 채무는 연방정부의 부채로 기록됐다. 그런데 베트남전쟁 동안 재정 압박이 커지자 연방정부의 채무를 줄이기 위해 패니메이가 민영화되었다. 그리고 공무원과 퇴직군인을 대상으로 대출을 전담하는 지니메이(Ginnie Mae, Government National Mortgage Association)가 자회사로 신설됐다.

민영화된 패니메이는 정부 보증과는 무관하게 일정 기준을 충족하는 주택저당채권이라면 어떤 것이든 매입할 수 있었다. 1970년에 의회는 제3의 기관인 프레디맥(Freddie Mac)을 설립했는데, 여기서는 저축대부조합에서 주택저당채권을 매입했다. 패니메이, 지니메이, 프레디맥은 소위 정부지원기업으로 이들이 발행한 채권, 즉 '기관채'가 금융시장에서 중요한 역할을 한다.

1990년대 후반, 패니메이와 지니메이가 전체 주택담보대출시장의 50%를 지원했다. 정부지원기관의 매입 기준을 충족해야 대출해 주는 적격대출이 미국 주택대출제도의 근간이 됐다. 패니메이와 프레디맥은 매입 적격 요건을 엄격히 설정했다. 정부지원기관들은 2005~2006년에 부실화되기 시작한 저급의 서브프라임 대출은 지원하지 않았다. 이런 악성 대출은 2000년대 초 민간 대출자들이 주도한 새로운 담보대출의 산물이었다. 민간 대출자들이 훨씬 더 공격적으로 부적격자에게 대출해 주며 악성 대출은 최고조에 이르렀다.[1] 이런 의미에서 금융위기의 일차적 책임을 정부지원기관에 묻기는 어렵다.

부동산금융 혁신

정부지원기관에서는 두 가지를 혁신했는데, 대출 후 판매와 대출채권의 유동화였다. 공교롭게도 이것이 위기의 배경이 되었다. 대출 후 판매 방식은 담보대출자가 대출을 해준 후 주택저당채권을 곧바로 정부지원기관에 판매하는 방식이다. 그들은 사실상 수수료를 받는 브로커가 되었다. 정부지원기관들은 주택저당채권을 매입할 자금을 조성하기 위해 채권을 발행했다. 정부지원기관의 신용등급은 매우 높아서 저리로 자금을 조달할 수 있었고, 이 자금이 전체 시스템을 뒷받침했다.

1970년대의 금리 변동 시대를 맞자, 정부지원기관들은 투자은행들의 조력을 받아 먼저 유동화를 시행했다.[2] 매입한 주택저당채권을 투자자들에게 매각하는 것이다. 이를 위해 여러 주택저당채권들을 모아서 이를 기초로 한 증권을 매각하는 방식을 도입했다.

1970년 지니메이가 처음으로 유동화를 실행했는데 단순한 자동이체형 모델로, 주택저당채권 집합체에서 발생한 수입이 정부지원기관을 통해 투자자에게 그대로 이전되는 방식이었다. 1980년대 금리 쇼크 여파로 유동화가 본격적으로 진행됐다. 낮은 금리의 대출채권 포트폴리오를 보유한 담보대출자는 채권들을 유동화한 후 처분하는 방식으로 얼마라도 손해를 만회하려 했다. 1980년에 미국의 주택저당채권의 67%를 대출은행이 보유하고 있었는데, 1990년대 말이 되면 채권은 유동화되어 널리 분산됐다. 정부지원기관, 은행, 나아가 연금과 보험회사도 채권을 보유했다.

1980년대 이후, 정부지원기관들은 투자은행들과 함께 다계층증권(Collateralized Mortgage Obligations, 이하 CMO)이라는 것을 개발했다. CMO는 주택저당채권을 모아 리스크를 몇 개 등급으로 구분한 상품, 즉 트랑슈(tranche)였다. 이것이 소위 구조화금융의 기원이었다. 1990년대가 되면 주택저당채권은 투자자에게 팔리기 전에 여러 기관을 거쳤는데, 주요 관심사는 규모와 수수료였을 뿐 누구도 담보채권의 질에는 관심을 두지 않았다. 바로 이런 왜곡된 이해관계로 인해 악성 대출이 대규모로 이뤄진 것이다.

최상급 트랑슈는 차입자들이 납부하는 원리금에 대해 우선적인 권리를 가졌기에 부도 위험이나 조기상환 위험이 낮았다. 낮은 등급의 트랑슈일수록 고위험 투자를 원하는 투자자의 몫이었다. 최고 등급 트랑슈는 신용평가기관에서 AAA등급을 받았는데, 전체 트랑슈의 80%가 AAA등급이었다. 주택저당증권에 높은 등급을 부여한 탓에 금융위기가 발생한 후 신용평가기관들의 역할이 논란의 도마에 올랐다.

1990년대에 무디스와 S&P가 글로벌 채권등급평가 업무의 80%, 피치가 15%를 점유했다. 엄청난 규모의 주택저당채권을 기반으로 하여 수만 종류의 트랑슈가 발행됐는데, 소수의 회사가 이 발행 시장을 과점했던 것이다. 그래서 신용평가기관에서는 수수료를 지급하는 이들을 도와야 했다.

주택저당증권은 예측 가능한 자산, 즉 정상적인 주택저당채권을 묶은 것이므로 신용평가기관에서는 부도 위험을 일일이 평가할 필요가 없었다. 대신 주택저당채권들의 통계적 특성에 대해 표준적인 금융수학을 적용해 리스크를 평가하면 그만이었다. 나중에 미국 의회 청문회에서 드러났듯이, 무디스나 S&P 등 신용평가회사의 직원들은 그들이 키워낸 괴물의 존재를 인식하고 있었다. 단지 돈에 눈이 어두워 리스크에 눈을 감았을 뿐이었다.

2000년대 초 서브프라임 열기가 뜨거웠을 때, 업계에는 다시 변화가 일어났다. 정부지원기관들은 최상위의 적격 주택저당채권을 매입했지만 새로운 플레이어들이 시장에 진입해서 훨씬 공격적으로 사업을 펼쳤다. 그들은 리스크 분산에 관심도 없었고, 유동화 과정 전체를 통합했다.

그중 하나가 투자은행이었다. 1990년대 말이 되자, 머니마켓펀드로 1조 달러에 달하는 돈이 몰렸다. 펀드를 운용하는 기관들은 거액의 자금을 운용할 기회를 찾았고, 이들이 도매자금시장에 제공한 유동성은 투자은행을 성장시키는 고성능 연료였다. 투자은행은 거대한 자금시장이 등장하자, 새로운 파생상품으로 리스크를 관리할 수 있다고 믿고 덩치를 키웠다. 소위 '새로운 월가'가 형성되었다.

리먼브라더스와 베어스턴스처럼 이전에는 소매 고객들과는 거리가 멀었던 투자은행들도 이 판에 뛰어들었다. 베어스턴스는 담보대출 및 추심 회사인 EMC를 인수해서 시장에 진입했고, 리먼브라더스는 4개의 작은 담보대출회사를 인수해 시장에 진출했다.

두 번째가 상업은행이었다. 이들도 주택담보대출 및 유동화 시장에 참여해 포괄적 서비스를 제공하고 싶어 했다. 그러려면 투자은행과 상업은행을 분리한 뉴딜 시대의 규제 장벽을 허물어야 했는데, 마침내 1999년 클린턴 정부 때 규제가 풀렸다. 그러자 시티그룹과 뱅크오브아메리카 등 상업은행들도 주택담보대출 사업에 깊이 관여하기 시작했다.

여기에 더해 2000년대 초 주택담보대출 붐에 뛰어든 제3의 그룹이 있었다. 저축대부조합 사태에서도 살아남은 워싱턴뮤추얼 같은 은행과 컨트리와이드 같은 담보대출회사다. 이들은 이미 1990년대부터 주택 담보대출 사업을 하고 있었다. 정부지원기관에 대한 채권 공급자로서 그들은 대출 업무만 담당했지만, 그들도 생각을 바꿔 관련된 다른 분야 에도 진출하길 원했다.

결국 1990년대 후반에서 2000년대 초에 투자은행, 상업은행, 담보대 출회사는 모두 동일한 논리를 따랐다. 즉, 정부지원기관 중심으로 사업 을 하되, 담보대출 및 유동화 관련 서비스의 전 과정을 통합하여 제공하 려 한 것이다.

부동산위기가 금융위기로

닷컴 버블● 이후 2001년 9·11 테러 사태가 이어지자, 연준은 금리 를 1%대로 인하했다. 그린스펀은 금리를 인하하여 장기 담보대출을 받 은 사람들이 가능한 한 낮은 금리로 다시 차환하도록 유도했다. 이는 기 존의 대출자들에게는 고통을 안겨주었다. 하지만 그 덕분에 소비 지출 이 늘고, 담보대출업계의 수수료도 대폭 늘었다. 2001년 신규 담보대출 은 1조 달러였는데, 2003년에는 3조 8,000억 달러로 늘었다. 이 중 2조 5,300억 달러가 차환이었다. 이 거대한 붐의 시기에 정부지원기관들은

● 1995년부터 2000년까지 인터넷 관련 산업이 발전하면서 생긴 거품 경제 현상을 말한다.

최우량 프라임 담보대출 분야를 독점했고, 시장점유율은 2003년 최고 조에 달해 57%에 달했다. 하지만 거기까지였다.

2000년대 초, 업계가 폭발적으로 성장하면서 정부지원기관들은 불투명성 문제에 봉착했다. 회계 문제와 규제 위반 문제가 쌓였던 것이다. 2001년, 기록적인 매출 성장세와 이익 대부분이 회계조작의 산물이란 것이 밝혀지면서, 거대 에너지 기업인 엔론이 파산한 사건은 큰 충격을 줬다. 또 다른 엔론 사태를 우려한 당국은 프레디맥과 패니메이의 자본금 요건을 엄격히 강화했다. 자본금을 채우기 위해 신규 자본을 조달하든지 아니면 자산을 매각해야 했다. 프레디맥과 패니메이는 후자를 선택했고, 자산이 축소되자 사업을 확대하기가 어려워졌다.[3]

마침내 민간 사업자들에게 기회의 문이 열렸다. 이들은 1990년대 정부지원기관 중심의 사업 모델을 버리고 적격 대출 대신 비적격자를 대상으로 한 열등한 대출인 서브프라임과 알트A(Alt-A)를 선택했다. 놀랍게도 민간 사업자가 발행한 비적격 주택저당증권도 상당 부분이 AAA 등급을 받을 수 있었는데, 그 비결은 구조화금융에 있었다.

통상 기초 자산인 주택저당채권의 질을 고려할 때, 모든 트랑슈가 좋지는 않았다. 투자은행들은 이를 보완하기 위해 부채담보부증권(Collateralized Debt Obligation, CDO)을 고안했다. 유동화된 주택저당증권들 중 중간 등급을 다시 묶어서 이를 기반으로 새 증권을 발행하는 것이었다. 이들을 상호 결합하고 다시 구분해, BBB등급 자산으로 구성된 거대한 집합체에서 추가로 AAA등급의 트랑슈를 뽑아내는 것이다. 나아가 CDO의 낮은 등급을 다시 모아서 다시 한번 트랑슈를 발행하면 이는 CDO-제곱(CDO-Squared)이 되었다. 기초 자산인 채권들 간에 상호의존성이 없다는 점, 즉 리스크의 독립성이라는 논리와 신용평가기관의 관대함이 결합되면서 트랑슈 중 일부는 다시 AAA등급을 받았다. 모래를 섞어놓았을 뿐인데 금이 되었다. 중세의 연금술사들도 놀랄 만한 연금술이었다.

이렇게 생산된 상품을 살 매입자가 필요했다. AAA등급이라면 안전자산을 찾는 투자자들에게는 미국 국채와 같은 급의 상품이었다. 리스크를 기피하거나 독립적으로 상품을 조사·평가할 능력이 부족한 투자자에게 이런 자산은 매우 인기가 있었고, 연금, 보험회사, 자산운용사 등은 높은 등급의 자산을 보유할 의무가 있었다. 안전자산에 대한 수요가 폭증하면서 거대한 자금이 유입되자 주택담보대출은 더욱더 쉽게 늘어났다. 그 결과 장기 금리는 횡보하고 비적격 차입자가 지불해야 할 프리미엄인 스프레드는 하락했다.

한편 수억 달러의 민간 주택저당증권 중 일부는 담보대출을 한 기관과 이를 유동화한 기관의 대차대조표에 쌓였다. 유동화의 전 과정에 참여한 사업자들은 자신들의 사업 모델을 확신했다. 자금 조달 비용을 고려한다면 주택저당증권을 보유하는 건 수익성이 있는 사업이었다. 그러나 이는 이후 금융위기를 초래하는 화약고가 되었다.

대형 주택담보대출기관들과 가장 공격적으로 확장한 상업은행, 즉 시티그룹, 뱅크오브아메리카, 워싱턴뮤츄얼 그리고 작은 투자은행인 리먼브라더스와 베어스턴스 등이 최대의 리스크를 껴안았다. 반대로 J. P. 모건은 2006년 초에 이미 주택저당증권 사업을 정리하고, 크레디트디폴트스와프(CDS)를 최대한으로 매입해 안전장치를 확보했다. 골드만삭스 역시 위험관리에 들어갔다. 주택시장이 붕괴할 것을 믿어 의심치 않았기 때문이다.[4]

주택저당증권을 대량 보유한다는 것 자체가 자산 측면에서 위험을 야기하는 것은 아니지만, 문제는 자금 조달에 있었다. 컨트리와이드 같은 담보대출 사업자는 예금을 받지 않았고, 리먼브라더스도 마찬가지였다. 대신 단기 도매금융시장에서 자금을 구했다. 이 사실이 위기의 핵심에 있는 치명적 메커니즘이었다.

주택저당증권을 보유하기 위해 자금을 조달하는 최고의 방법은 자산담보부기업어음(Asset-Backed Commercial Paper, 이하 ABCP)으로, 이 어음의 3대 발행자는 뱅크오브아메리카, 시티그룹, JP모건이었다.[5] 이를 운영하기 위한 도구가 구조화투자회사(Structured Investment Vehicles, 이하 SIV)인데, 이는 스폰서인 은행들이 최소 자본금으로 설립한 일종의 페이퍼컴퍼니다. SIV는 스폰서 은행들의 대차대조표에는 기록되지 않고 별도로 회계 처리된다. 은행들은 이 점을 활용했다.

은행들은 SIV에 대량의 주택저당증권, 자동차대출채권, 신용카드대출채권, 학자금대출채권 등 자산을 양도하고, SIV는 ABCP를 발행해 조달한 자금으로 은행에 자산의 매입대금을 지불했다. 그래서 ABCP는 3개월 이내의 단기로 현금을 잠시 운용하려는 투자자에게는 최고의 단기금융상품으로 떠올랐고 ABCP시장은 단기 미국 국채시장보다 커졌다. 이곳에서 민간 기관의 주택저당증권과 단기 도매금융시장이 만나면서 ABCP는 부동산시장의 위기가 금융위기로 확대되는 기폭제가 되었다.

SIV가 보유하는 자산의 만기는 통상 3~5년이고, 발행하는 기업어음의 만기는 길면 3개월, 짧으면 며칠이다. 은행 입장에서도 SIV가 보유한 고위험 자산의 수익률과 기업어음에 지불하는 낮은 이자의 차이(스프레드)가 매력적인 요소다. 어디까지나 일이 잘되면 그렇다는 말이다.

사각지대에 있는 그림자금융

2007~2008년의 미국 금융위기에는 새로 등장한 그림자금융(shadow banking)이 결정적인 역할을 했다. 예일대학 개리 고튼 교수는 이에 관해 다음과 같이 분석한다.[6]

금융위기는 금융 시스템이 필요한 자본을 보완하기 위해 자산을 처분하려 해도 자산의 규모가 너무 커서 이를 매입할 민간 기구가 없는 경우에 발생한다. 그런데 미국에는 1934년에 연방예금보험제도가 도입된 후 2007~2008년의 금융위기까지 73년간 큰 금융위기가 일어난 적이 없었다.

왜 미국 금융 시스템에는 패닉이 일어나지 않았을까? 우선 1934년에 연방예금보험제도를 도입했기 때문이다. 또한 은행 허가제가 중요한 역할을 했다. 은행업 신규 진입이 제한돼 있었기에, 은행은 한 지역에서 예금 수취를 독과점할 수 있었고 금리상한제로 다른 은행과 무리하게 경쟁하지 않아도 되었다. 은행은 예금을 수취해 대출해 주는 것으로 충분했다. 지급준비금, 자본금 요건 등의 은행 규제는 채찍인 동시에 당근이기도 해서 은행들은 위험을 무릅쓰지 않았다. 그래서 자율적으로 규제했고, 모럴해저드에 빠지지 않았다.

그런데 1990년대 초부터 상황이 변했다. 뮤츄얼펀드, 정크본드 등 비은행과의 경쟁이 가열되고, 금리상한제 폐지 등 규제 완화로 인해 은행 허가의 가치가 흔들리게 된 것이다. 규제 당국은 점차 채찍에만 의존했고, 당근은 없애기 바빴다. 은행들은 리스크를 늘리고 자본을 줄이기 시작했고, 그 결과 이 시기에 그림자금융이 발전하기 시작했다.

그림자금융이 무엇일까? 이는 일반적인 은행 시스템 밖에서 이루어

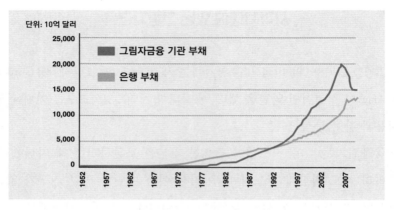

단위: 10억 달러

- 그림자금융 기관 부채
- 은행 부채

그림 5 그림자금융 기관과 은행의 부채 추이

지는 금융중개 혹은 금융중개기관을 일컫는다. 금융안정위원회에 의하면 그림자금융은 은행 부문에 의한 여신 활동을 제외한 금융중개 활동을 총칭한다. 채권운용회사 핌코(PIMCO)의 수석 이코노미스트인 폴 맥컬리(Paul McCulley)가 2007년에 처음으로 이 단어를 사용했다.

그림자금융은 은행이 제공하지 못하는 다양한 기능을 수행하여 수요자들이 효율적으로 금융을 이용하도록 하고, 은행의 자금 중개 기능을 보완한다. 그러나 은행과는 달리 엄격한 건전성 규제를 받지도 않고 중앙은행의 지원이나 예금보험기구의 보호도 받지 않는 사각지대에 있으며, 합법적이긴 해도 기존의 규제가 미치지 않는다.

한편, 그림자금융은 자금을 중개하는 과정에 복수의 금융기관이 연계되어 있어서 시스템 리스크를 초래할 가능성이 높다. 대부분 기초 자산의 담보 가치를 바탕으로 하는 대출을 통해 투자가 이루어지므로 자기자본 대비 투자액이 많아 원금손실의 위험이 일반 금융상품에 비해 높다.

2007년 12월 영국 《파이낸셜타임스》는 서브프라임 모기지 부실로 촉발된 글로벌 신용위기는 세계적인 투자은행들이 경쟁적으로 매달려 온 그림자금융의 폐해라고 지적하기도 했다. 그렇다면 그림자금융의 폐해는 구체적으로 어떤 것이 있었을까? 이를 알기 위해서는 레포 시장을 이해하는 것이 먼저다.

레포시장의 발전

그림자금융시장에서 핵심적인 역할을 하는 레포 거래(repurchase agreement)는 장래의 어느 시점에 채권 등을 환매하기로 합의하고 채권과 자금을 교환하는 거래를 말한다. 다시 말해 약정 기간 후에 채권 환매 형태로 자금을 변제하는 환매조건부채권매매다. 이 거래에서 채권은 실질적으로 자금 대출의 담보가 된다. 채권의 소유권을 법적으로 이전함으로써 신용 위험을 보호받는 특징이 있어서 선호되는 경우가 많다. 실질적으로 담보대출인데, 대부분이 1~3일짜리 초단기 대출이나, 만기는 계속 연장될 수 있다.

레포시장은 원래 미국 국채만 담보로 사용했으나, 금융위기 이전 25년간 광범위한 채권을 담보로 받아들였다. 정부 이외의 공적 기관이 발행하는 채권은 물론이고 주택저당증권, 채무담보부증권과 같은 구조화 상품, 대기업이 발행하는 사채, 주식 등도 담보가 될 수 있었다. 레포시장에서 중추적 역할을 하는 것은 대형 딜러은행이다.

레포시장은 1980년대에 자금 조달을 위해 투자은행과 증권회사가 활발히 이용하면서 지금과 같은 큰 규모로 발전했다. 게다가 1990년대 이후에는 유동화를 중심으로 하는 금융 변화가 일어나 거래 채권의 종류, 거래 규모, 시장 참가자 등 모든 면에서 레포시장이 폭발적으로 팽창했다. 레포시장의 중요성은 그 크기에서 알 수 있는데, 공식적인 통계는 없지만 추정하기로는 2007년에 약 10조 달러 규모였던 것으로 보인다. 이는 당시 미국 은행업계의 총자산과 비슷하다.[7] 레포 거래의 중심은 대형 투자은행과 상업은행이며, 미국에서는 전자가 총 거래의 약 3분의 2를, 후자가 나머지를 차지하고 있다.

레포 거래에서 은행은 차입하려고 하고 대기업, 은행, 보험회사, 연금 펀드, 기관 투자자, 헤지펀드 등의 대출자는 안전한 곳에 예치해서 자금을 보존하려 한다. 예금보험의 상한을 넘는 거액은 보호받지 못하기 때문에 단기간에 거액을 예치해야 하는 이들에게 요구불예금은 쓸모가 없었다. 그러나 레포시장에서는 이 돈을 예치해 주고 채권을 담보로 취득한다. 예금자는 이 채권을 수령해 다른 곳에 사용할 수도 있으니, 요구불예금에 비해 훨씬 안전하고 유용하다.

레포 거래에서 예금자가 취득한 담보에는 헤어컷(haircut) 혹은 마진이 존재한다. 헤어컷은 담보의 시장가치와 대출 자금의 차액으로, 100달러의 담보를 제공하고 95달러를 수령했다면 5%의 헤어컷이 적용된 셈이다. 헤어컷으로 예금자는 차입자의 채무불이행에 대해 추가로 보호받으며, 헤어컷의 크기는 차입자의 신용과 담보의 위험도에 따라 결정된다.

레포 거래의 또 다른 특징은 담보 재이용이다. 이는 담보로 제공된 증권이 새로운 차입의 담보로 중복 이용되는 것을 말한다. 담보가 재이용되는 빈도가 높을수록 더 많은 신용이 창출되며, 딜러은행이 가장 활발하게 담보를 재이용한다.[8]

2000년대가 되자 뉴욕 레포시장에 제공된 담보는 매일 수조 달러에 달했다. 레포시장에는 양자 간 레포와 3자 간 레포가 있는데, 둘 다 전문가들을 위한 장외시장으로 중앙은행이나 규제 당국의 감시는 느슨하다. 3자 간 레포에서는 제3자가 거래를 관리하는데, 대표적으로 JP모건이나 뉴욕멜론은행이 있다. 이들은 레포 기간 동안 담보를 보관한다.[9] 3자 간 레포에서 이용되는 담보는 최우량으로, 대부분 미국 국채나 정부지원기관이 발행한 주택저당증권이다. 머니마켓펀드 같은 자산운용 기관은 3자 간 레포 거래를 한다.

3자 간 레포에서는 민간 기관이 발행한 주택저당증권을 취급하지 않는다. 그래서 이는 양자 간 레포시장에서 이용된다. 양자 간 레포시장은 3자 간 레포시장의 세 배 정도의 규모다.[10] 투자은행이나 헤지펀드가 이곳을 이용하기 때문에 담보로 이용되는 자산의 종류가 훨씬 다양하고 폭이 넓다. 투자은행들이 민간 기관에서 발행한 주택저당증권이나 부채담보부증권을 매입할 자금을 조달하는 방식은 ABCP와 무보증 차입도 있지만 레포 거래도 있다. 2007년 봄에는 양자 간 레포 거래에서 미국 국채의 헤어컷은 2.25%였고, 열등한 자산담보부채권의 경우에는 10% 이상이었다.

예금자는 레포 만기를 연장하지 않고 담보로 제공된 채권을 반환하고 자금을 회수할 수도 있고, 담보에 대한 헤어컷을 추가로 요구하면서 자금 일부를 회수하기도 한다. 레포는 다른 형태의 예금은행 제도이지만, 패닉에 처할 위험성을 잠재적으로 내포하고 있다. 그래서 어떤 면에서 보면 그림자금융은 미국에서 예금보험제도를 도입하기 이전의 금융 시스템과 유사하다.

금융위기의 도화선, 서브프라임 모기지

2007~2008년의 금융위기는 서브프라임 모기지의 몰락이 레포시장에 영향을 미쳐 발생했다. 2005~2006년 서브프라임 모기지의 규모는 총 1조 3,000억 달러로 컸지만, 시스템 전체에 위기를 초래할 정도는 아니었다. 그런데 서브프라임 모기지는 주택 가격에 민감하게 반응하도록 설계되어 있어서 주택 가격이 떨어져 쇼크가 발생하면 이와 관련된 파생금융상품과 유동화 상품이 영향을 받는다. 주택 가격이 떨어져 서브프라임의 펀더멘털이 악화되기 시작하고 수개월이 지난 2007년 8월, 서브프라임 관련 자산 이외의 다른 자산들이 은행 간 시장에서 문제가 생겼다.

문제의 핵심은 서브프라임 관련 자산뿐만 아니라, 이와 무관한 자산의 가격도 폭락했다는 점이었다. 어떤 자산의 가격이 폭락했는지 알아야 하는데 시장이 불투명하다 보니 쇼크의 원인을 정확히 알 수 없었다. 어느 회사가 어느 정도로 리스크에 노출됐는지가 불분명해서 시장 전체를 불신하게 됐다.[10] 안갯속에 감춰진 문제의 근원은 레포시장이었다.

금융위기가 일어나기 전에 레포 헤어컷은 크지 않았다. 그러나 레포 예금자가 담보로 제공된 채권 등 증권의 유동성을 우려하여 은행의 채무 이행 능력을 신뢰하지 못하자 레포 헤어컷이 상승했다. 레포 헤어컷 평균 상승률이 20%였고 레포시장의 규모가 10조 달러였던 것을 고려하면 은행 시스템은 약 1.6~2조 달러를 조달해야 했다. 그러나 이 자금을 공급할 만한 투자자가 없었고, 유일한 대안은 자산을 매각하는 것뿐이었다. 급매로 대량의 자산이 시장에 나오자 자산 가격이 하락했고, 덩달아 담보 가치도 하락했다. 어느 민간 기구도 시장에 대량으로 쏟아지는 자산을 매입할 만한 자금 여력이 없었다. 악순환이 지속되자, 금융회사는 자본이 잠식되었고 채무 이행 불능 상태에 빠졌다.

헤어컷 상승으로 담보가 부족해지자, 안전자산은 더욱 선호되었다. 최고의 안전자산인 미국 국채에 대한 수요가 과다해지면서 미국 국채가 담보로 제공된 레포 실패가 급증했다. 레포 실패는 채권 보유자가 채권을 담보로 재사용했는데 레포 만기 시에 반환할 채권을 확보하지 못하는 것을 말한다. 2008년 10월, 미국 국채의 레포 실패는 5조 1,000억 달러에 달했다. 리먼브라더스의 파산 이후 시장은 더욱 악화되었다. 헤어컷은 상승했고, 일부 자산은 레포 거래에서 더 이상 담보로 받아들여지지 않았다. 2007년 2분기에서 2009년 1분기 사이에 레포시장을 통한 자금은 1조 3,000억 달러나 감소했다. 규제를 받지 않거나 덜 받는 외국의 금융기관, 헤지펀드 등은 레포시장을 외면했다.[11]

기업어음과 마찬가지로 레포는 심각한 자금 조달 리스크를 안고 있었다. 만기 연장이 불가능할 수도 있었다. 특히 리먼브라더스나 베어스턴스 같은 투자은행이 투자 손실을 입은 것처럼 보이면 시장의 신뢰를 잃었다. 이때 3자 간 레포 거래의 당사자가 될 자격을 상실하고 중요한 단기 금융시장에서 배척될 수 있는데, 그로 인한 잠재적 리스크는 어마어마했다.

2007년 말, 리먼브라더스는 6,910억 달러의 자산 중 약 50%가 레포를 통해 조달한 자금으로 매입한 것이었다. 골드만삭스, 메릴린치, 모건스탠리는 약 40%가 이런 자산이었다.[12] 이 투자은행들 중 어느 한 곳이 레포시장에 접근할 수 없게 되면, 일순간에 비즈니스가 붕괴되는 구조였다. 주택저당증권 사업뿐만 아니라 파생금융상품, 통화 및 금리 스와프 등 전체 사업이 무너지는 것이다.

미국 주택담보대출시장은 놀랍도록 뜨거워졌다. 1999~2003년에 신규 담보대출의 약 70%는 여전히 정부지원기관이 설정한 기준에 부합하는 적격 대출이었다. 그런데 2006년에는 신규 담보대출의 약 70%가 서브프라임, 즉 비적격 대출이었다. 이 주택저당채권들의 유동화는 정부지원기관이 아니라 민간 기관들이 담당했다.

2005년과 2006년에는 비적격 담보대출이 1조 달러나 이뤄졌다. 이는 2001년의 1,000억 달러에 비해 현저히 증가한 금액이었다. 2006년에는 컨트리와이드가 미국 전체 담보대출의 20%를 담당할 정도였다.[13] 정부지원기관들은 대출부터 유동화까지 서비스의 전 과정에 참여하는 리먼브라더스 같은 투자은행과도 경쟁했다. 2005년에 리먼브라더스가 발행한 1,330억 달러 규모의 주택저당증권과 CDO 중 3분의 2가 자신의 서브프라임 대출회사가 실행한 대출에서 유래했다. 월가의 정상급 회사가 등급이 가장 낮은 주택저당채권까지 그러모았다.

이런 기업들의 행보가 보내는 메시지는 명확하다. 더 많은 담보대출이 필요하고, 채권의 등급이 나쁠수록 더 좋다는 것이다. 서류도 제대로 갖추지 못한 낮은 등급의 고수익 채권이 갑자기 AAA등급의 최상품으로 둔갑했다. 투기가 과열되는 시기에는 언제나 기만적이고 범죄적인 행태가 이뤄지기 마련이다. 2004년부터 서브프라임 모기지의 절반이 서류가 불완전하거나 아예 서류가 없었다. 그리고 대출의 30%는 대출금을 상환할 가망이 없는 사람들을 대상으로 이뤄졌다.[14]

금융계는 많은 돈을 벌었다. 2000년대 초, 미국 GDP의 35%를 금융부문이 생산했다. 뉴욕 금융회사의 보너스는 2006년에 600억 달러였고, 2007년에는 660억 달러에 달했다.[15] 특히 레포와 ABCP시장에서 활동하던 헤지펀드 매니저들은 천문학적인 액수의 수입을 벌어들였다.

월가 기업뿐 아니라, 주택 소유자들도 주택 가격이 오를 것이라 기대하고 차입해서 투자했다. 그 당시에 부동산 투기는 대중적인 스포츠나 다름없었다.

2007년 여름에는 민간 기업의 자산담보부증권이 5조 2,130억 달러나 발행됐다. 여기엔 비적격 주택저당채권으로 만든 주택저당증권, 신용카드채권, 학자금대출채권, 자동차판매채권 등이 포함된다. 이 중에서도 가장 위험한 서브프라임 주택저당증권이 약 1조 3,000억 달러에 달했다. 미국 전체 모기지시장의 12%에 불과하지만, 2003년 이후에 한꺼번에 생산되었다는 점이 중요하다. 이렇게 생산된 서브프라임 주택저당증권이 레포시장을 비롯한 그림자금융시장의 악성 종양이 됐다.

버블의 징후

매년 8월이 되면 와이오밍에서 열리는 잭슨홀 미팅에서는 중앙은행가들과 경제학자들이 모여 주요 이슈를 논의한다. 2005년 8월, 앨런 그린스펀의 퇴임을 축하하는 자리에서 시카고대학 교수이자 IMF 수석 경제학자인 라구람 라잔(Raghuram G. Rajan)은 낙관적이었던 당시 분위기를 깨고 금융위기를 경고했다. 당시 그가 발표한 논문의 제목은 「금융발전으로 세계가 더 위험해졌는가?(*Has Financial Development Made the World Riskier?*)」였다. 라잔은 급격히 발전한 현대 금융이 높은 리스크를 추구한다고 지적했다.

1960년대 이후 글로벌 자본시장이 출현하고 브레턴우즈 체제가 해체된 후, 금리와 자본 이동에 대한 규제를 완화하는 흐름이 유지되었다.

바로 40년간의 규제 완화, 자유화 추진이었다. 경쟁적인 자본 이동이 그 이후로 모든 걸 규정했다. 이런 흐름이 발전으로 칭송되면서, 이에 대한 비판은 발전에 대한 역행으로 받아들여졌다. 금융 시스템의 리스크를 언급하는 것 자체가 금기시되던 분위기였던 것이다. 게다가 그린스펀은 규제 완화, 자유화의 화신이나 다름없었다. 그런데 그의 퇴임을 축하하는 자리에서 리스크를 거론하는 건 어쩌면 불경스러운 행동이었다. 하지만 돌이켜보면 규제 완화, 자유화 움직임으로 금융불안이 더 커지던 당시는 자유화에 대한 성찰이 필요한 때였다. 그러나 오랜 관성으로 인해 위험을 감지한 사람들은 극소수에 불과했다.

월가는 주택 버블이 꺼지지 않고 영원할 것이라고 착각했다. 2004년 서브프라임 모기지가 대량으로 양산될 때, 규제 당국은 스폰서 은행의 대차대조표에 기록할 경우 필요한 자본금의 10%만 확보되면 SIV 보유 자산에 대한 자본금을 더 이상 요구하지 않기로 했다. 이는 시티그룹, 뱅크오브아메리카 같은 거대 상업은행에는 특히 매력적인 규제 완화 조치였다.

규제가 느슨해진 후로 ABCP시장은 6,500억 달러 규모이던 것이 1조 달러를 넘어섰다.[16] 2007년 여름, 시티그룹은 ABCP를 927억 달러나 보증했다. 이는 시티그룹의 기본자본*을 초과하는 수준이었다. 레포시장에서도 규제를 완화했다. 2005년에는 법률이 개정되면서, 도산 절차 중에 채권자들이 강력한 보호를 받는 자산의 종류에 미국 국채와 정부기관의 기관채뿐 아니라 은행양도성예금증서, 은행인수어음, 주택저당증

---

* BIS 자기자본비율의 분자를 구성하는 자기자본 중 보통주자본(CET1, Common Equity Tier 1)과 기타기본자본(AT1, Additional Tier 1)을 함께 일컫는 말이다.

권도 포함됐다. 이후 비적격 주택저당증권으로 담보된 양자 간 레포 거래가 대폭 늘어난 건 당연했다.[17]

연준이 금리를 조정해 버블을 제어할 수는 없었을까? 2004년 6월에는 1%였던 금리를 연준은 여러 차례 올렸고 2006년 6월에는 금리가 5.25%가 되었다. 이는 정교한 조절이었다. 그런데도 대출 붐은 멈출 기색도 없이 지속됐고, 미국의 안전자산에 대한 수요와 그림자금융 부문의 확장도 줄어들지 않았다.

문제는 서브프라임 담보대출은 2~3년이 지나면 금리가 급격히 오르는 형태라는 점이었다. 2007년, 저소득층 차입자들이 선호했던 미국의 변동금리부 대출은 연이율 7~8%였던 것이 10~10.5%로 올랐다. 이미 시장 트레이더들 중 일부는 2006년 8월부터 2009년 8월까지 3년 동안 7,380억 달러의 모기지가 상환되는 데 문제가 있을 것으로 전망했다.[18]

이자율 상승이 가시화될수록 부도의 물결이 거세지는 것은 불가피했다. 일단 부도 사태가 발생하면 상승하던 주택 가격이 떨어지면서 시장이 전환되는 건 시간문제였다. 그때가 되면 수백만 건의 부동산 투기는 실패할 것이 자명했다. 서브프라임 모기지는 연준의 금리 조정과는 무관하게 작동하는 자폭 장치가 내재돼 있었던 것이다. 주택 가격이 계속해서 상승하지 않는 한, 그 폭탄은 폭발이 예정되어 있었다.

2006년, 미국 전역에서 금융긴축의 효과가 드러나면서 부도가 증가했다. 머지않아 AAA등급을 받은 열등한 CDO를 회의적으로 바라보기 시작했다. 몇몇 역투자자들은 '빅 쇼트(big short)'● 포지션을 취했는데,

---

● 서브프라임 사태 때 부동산시장의 몰락을 예측하고 거액의 관련 금융 상품을 매도한 사건을 말한다.

대표적으로 도이치은행의 그레그 리프먼(Greg Lippmann), JP모건, 골드만삭스와 여러 헤지펀드 등이다. 나중에 이들은 큰돈을 벌었다.

북대서양 금융 시스템

유동화된 미국 주택저당증권 시스템은 외국 자본을 미국 금융시장에 끌어들이기 쉽도록 설계된 것이었다. 외국 은행들은 이 기회를 놓치지 않고 신속히 움직였다. 2008년, 유동화된 미국 주택저당증권의 약 4분의 1을 외국 투자자가 보유했다. 패니메이, 프레디맥은 5조 4,000억 달러 규모의 주택저당증권 포트폴리오 중 1조 7,000억 달러의 매입 자금을 외국에서 조달했다. 중국은 당시 기관채의 최대 투자자로, 약 5,000~6,000억 달러 상당의 기관채를 보유했다. 기관채보다 리스크가 높은 주택저당증권 부문은 유럽 투자자들이 주도했다. 이들은 비적격의 고위험 주택저당증권을 약 29%나 보유했다.[19] 유럽 은행들이 미국 금융시장에 침투한 과정을 살펴보자.

2006년 미국의 주택저당증권 유동화 붐이 절정에 이르자, 신규로 발행된 민간 주택저당증권의 약 3분의 1을 영국이나 유럽의 은행들이 사들였다.[20] 유동화 사슬에서 유럽 은행들은 아주 중요한 위치를 차지했고, 유동화 사슬의 가장 약한 고리인 ABCP시장과도 깊숙이 관련됐다.

2007년 여름, SIV 자산의 최대 보유자는 시티그룹이었지만 전체 시장을 지배한 것은 유럽 은행들이었다. 달러 표시 기업어음의 57%를 유럽 은행들과 이들이 후원하는 SIV가 발행했다. 유럽 은행들은 신용등급은 높았지만, 달러 예금을 수취할 수 없어서 주택저당증권 붐에 편승하기 위해서는 단기 도매금융시장에서 자금을 구할 수밖에 없었다. 유럽 은행들 중에서도 특히 독일의 금융기관들이 적극적이었다. 독일의 최대 은행인 도이치은행은 월가의 핵심 플레이어였고, 그다음으로 큰 드레스트너은행도 적극적으로 참여했다.

문제는 이보다 더 규모가 작은 독일의 지역은행들이 미국 투기 붐에 베팅했다는 점이다. 2000년대 초 지역은행들은 지방정부 보증 혜택도 더 이상 받지 못하면서 자금 조달 비용이 올라간 상황이었다. 지역은행들은 금융공학을 이용해 일종의 도박을 했다. 작센금융그룹(Sachsen-Finanzgruppe), 베스트주립은행(WestLB), IKB독일산업은행, 드레스트너은행은 자본금의 몇 배 규모에 달하는 ABCP를 미국에서 발행했다.

유럽 은행들은 증권 거래로 만족하지 않았고 공급 사슬의 처음부터 끝까지 참여하려 했다. 도이치은행은 담보대출회사인 컨트리와이드나 아메리퀘스트와 밀접한 관계를 맺었고, 2006년에는 서브프라임 전문 기업인 모기지IT홀딩스앤채플펀딩사를 인수했다. 1990년대 중반부터 영국 은행인 HSBC도 미국 모기지시장에 공격적으로 진출했다. 2000년대 초에 스위스의 크레디트스위스도 ABS, CDO 운용에 적극적으로 나섰다.

미국의 ABCP시장은 미국과 유럽을 중심으로 한 시스템이었다. ABCP를 발행하는 회사는 미국과 유럽의 유동화된 증권을 매입했고 이를 담보로 단기 기업어음을 발행했으며 이를 미국의 운용사가 매입했다. 2008년에 미국 머니마켓펀드의 절반 정도인 1조 달러가 유럽 은행들과 그들이 스폰서가 된 SIV가 발행한 기업어음이나 채권에 투자됐다.[21]

그 결과 독일 은행 등 유럽 은행은 다양한 통화로 된, 만기가 서로 다른 자산과 부채를 보유했다. 에너지 부국인 중동의 투자자들은 미국에

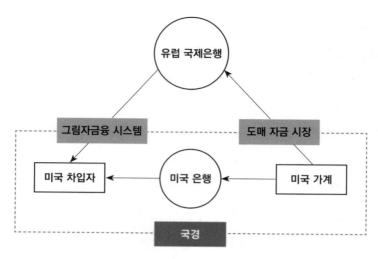

그림 6 유럽 국제은행들의 미국 내 금융중개

직접 자금을 투자하기보다는 유로달러시장을 경유했다. 그 결과 21세기 초 국제금융은 미국-유럽을 중심으로 한 북대서양 시스템의 형태를 띠었다. 이 시스템에서는 뉴욕의 월가와 런던의 런던시티(City of London)가 중심이었다.[22]

1986년 영국의 마거릿 대처가 금융규제를 대폭 철폐하는 금융 빅뱅을 실행한 후, 국제 금융시장에서 런던의 비중이 커졌다. 2007년, 매일 글로벌 외환 거래의 35%인 1조 달러의 거래가 런던시티에서 이뤄졌다.[23] 런던은 장외금리파생상품 거래의 중심지가 되었다. 금리파생상품의 연간 거래 규모는 600조 달러가 넘는데 이 중 런던이 43%, 뉴욕이 24%를 차지했다.[24]

런던시티의 규제가 느슨한 것을 보여주는 단적인 예가 담보의 재이용이다. 미국에서는 1934년의 규제로 담보의 재이용은 보유 담보의

140%로 제한되었지만, 영국에선 제한이 없었다. 그래서 런던시티에서는 미국보다 더 높은 레버리지가 가능했다. IMF의 분석에 의하면, 런던의 은행들은 담보 재이용 비율이 400%에 달했다. 이는 추가로 4조 5,000억 달러의 자금을 허공에서 만들어 공급한 셈이다.[25]

1980년대 이후 스위스, 독일, 프랑스, 네덜란드의 은행들은 런던시티의 금융회사를 공격적으로 인수해 영국으로 진출했고 이곳을 발판 삼아 미국 시장에 진출했다. 1989년 도이치은행은 모건그렌펠그룹을, 1999년에는 뱅커스트러스트를, 2002년에는 미국의 자산운용사인 스커더인베스트먼트를 인수했다. 2007년 런던시티에는 250여 개의 외국 은행과 지점이 있었는데, 이는 뉴욕의 두 배 규모였다.[26] 한편 뉴욕의 상위 20개 브로커-딜러 중 12개 회사가 외국인 소유였는데, 이들은 총자산의 50%를 보유했다.[27]

공격적인 유럽 은행들

이렇듯 미국에 유입된 거대한 유동성의 상당 부분은 유럽 은행들이 제공한 것으로, 이것이 금융위기를 촉진했다.[28]

2000년대 유럽 은행들은 더 위험하고 단기인 채권을 매입했다. 또 유럽 은행들이 민간 주택저당증권을 많이 발행하고 인수했다. 스코틀랜드로열은행(RBS)의 자회사 그린위치가 리먼브라더스나 베어스턴스보다 시장점유율이 높았다. 유럽계인 그린위치, 크레디트스위스, 도이치은행, UBS, 바클레이즈, HSBC가 35~40%를 점유했다.[29] 이 6개 유럽 은행들은 2007년 말에 2억 5,100만 달러의 민간 주택저당증권을 보유

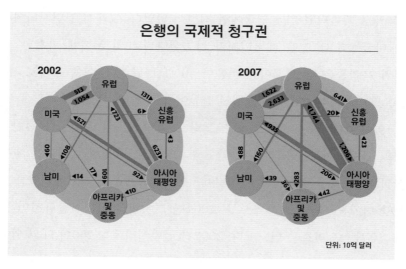

그림 7 은행들의 국제 거래 규모 변화

하고 있었다. 이 과정에서 유럽 은행들은 레버리지를 높였다.

악명 높은 ABCP시장은 금융위기 때 1조 2,000억 달러로 불어나 미국 국채시장보다 규모가 커졌다. 2007년 기준, 미국 은행이 매입을 보장하거나 신용 공여를 약정한 ABCP는 31%에 불과했고, 영국 은행이 16%, 나머지 유럽 은행들이 46%의 ABCP의 신용 공여를 약정했다.[30] 2007~2008년에 유럽 은행들은 미국 채무자들의 채권을 40%나 더 보유했다. 이는 명백한 유럽의 금융과잉이었다.

BIS에 보고하는 은행들의 해외 자산은 2000년 말에서 2007년 중반 사이에 11조 달러에서 31조 달러로 증가했고, 이 중 유럽 은행들이 차지하는 비중이 높았다.[31] 유럽은 '미국에 대한 은행가'이자, 비미국 당사자들을 위한 달러 자금 중개의 주된 행위자가 되었다.

2007년 자산을 기준으로 세계 3대 은행은 RBS, 도이치은행, BNP파리바로 모두 유럽 은행들이었다. 이들의 자산을 합하면 글로벌 GDP의 17%에 달했다. 아일랜드의 상황은 극단적이어서 은행 부채의 총계는 GDP의 700%에 이르렀다. 프랑스와 네덜란드는 400%, 독일과 스페인은 300% 수준이었다. 문제는 유럽 은행들이 미국 은행들에 비해 매우 변동성이 높은 도매시장 기반의 단기 금융에 의존했다는 사실이다. 미국의 뮤추얼펀드가 비미국 은행에 절반 정도를 투자했는데, 대부분이 유럽 은행들이다. 이외에도 유럽 펀드가 1,800억 달러를, 중앙은행들이 3,800억 달러를 추가로 유럽 은행들에 공급했다. 또 외화 스와프시장을 통해서도 자금을 조달했다.

유럽 은행들은 결코 리먼브라더스의 희생자에 불과한 게 아니었다. 유럽 은행들의 문제는 궁극적으로 악성 자산을 생산한 동시에 투자했다는 것이다.

2005년, 벤 버냉키는 글로벌 저축 과잉으로 미국에 유동성이 공급됐다고 주장했다.[32] 주로 아시아 무역 흑자국의 중앙은행들이 미국 국채 등을 대량으로 매입해서 미국에 유동성이 과잉으로 공급됐다는 말이다. 그러나 2003~2007년에 아시아와 중동의 흑자국은 미국 국채와 정부지원기관 채권을 약 1조 달러만 사들였을 뿐이다. BIS의 경제 고문이자 연구팀 책임자인 신현송 박사는 유럽 은행들이 미국 금융시장에 과잉 유동성을 공급한 것을 금융위기의 원인 중 하나로 지적한다. 다시 말해 미국의 과잉 유동성의 주범은 글로벌 금융과잉이지, 글로벌 저축 과잉이 아니라는 것이다.[33]

바젤 협약으로 자본적정성을 규제하다

1980년대 초에 나라별로 다른 규제 수준이 글로벌 공정 경쟁을 저해한다는 주장이 제기되자, 1980년대 중반 이후 바젤위원회는 국제적으로 통용될 수 있는 자본적정성 규제 원칙을 마련하는 데 골몰했다. 1988년 7월 발표된 '자기자본 측정 및 자기자본에 대한 국제적 통일 기준'(바젤 I)은 위험가중자산 대비 8%의 자본 비율을 국제적으로 영업을 하는 은행들이 준수해야 할 최소 자본건전성 수준으로 제시했다. 하지만 바젤 I의 느슨한 규제 덕에 은행들은 상당한 자산을 특별목적회사(Special Purpose Vehicles, 이하 SPV) 혹은 SIV에 보유하고 대차대조표에는 기록하지 않을 수 있었다. SPV나 SIV 보유 자산 매입 자금은 ABCP를 이용해 조달했다.

바젤 I 협약의 문제점을 보완하기 위해 바젤 II 협약이 탄생했다. 바젤 II는 회계장부에 계상되지 않아 관리 대상에서 제외되던 부외 리스크(부외 자산)를 은행의 회계장부에 계상하도록 했다. 대신 계상된 자산에 대해서는 스스로 정한 리스크 배분 모델을 적용하도록 허용하고 이에 상응한 자본금을 확보하게 했다. 그 결과, 은행들은 민간 신용평가회사들의 평가에 더 많이 의존하게 됐다.[34] 바젤 II는 명목상 자기자본비율 8% 규정을 유지했지만, 대형 은행들은 허술한 리스크 배분 모델만 적용해 과거 어느 때보다 더 많은 자산을 확보했던 것이다.

바젤 I은 주택저당증권 자산을 상대적으로 안전하다고 분류해서 필요 자본금을 50%만 계상하게 했다. 그런데 바젤 II는 주택저당증권의 자본금 비중을 오히려 35%로 낮췄다. 이로써 고수익 주택저당증권이 더 매력적인 상품이 됐다.[35] 민간 회사 주도로 유동화 붐이 타오르던 그

시점에 규제마저 완화된 것이다.[36]

자기자본비율을 관리하는 방법 중 하나는 위험자산에 대한 CDS를 구입하는 것이다. 미국의 거대 보험회사 AIG는 2007년 말, 주요 유럽 은행들이 보유한 자산에 대해 3,790억 달러의 보험을 제공했다. AIG의 보험 덕분에 이들은 자본금을 160억 달러나 절약할 수 있었다. 또한 바젤 I, II는 모국 규정을 채택했기에, 감독이 느슨한 국가의 은행이 외국 시장에서 자국의 규제에 따라 영업하도록 허용했다. 그 결과 유럽 은행들은 미국에서 적절한 규모의 자본금을 확보하지 않아도 상관없었다.[37]

미국에서는 연방예금보험공사가 제동을 걸면서 유럽에 비해 자본 규제가 엄격해졌다. 그 영향으로 미국과 유럽 은행들의 레버리지 비율은 차이가 있었다. BIS의 계산에 의하면, 도이치은행, UBS, 바클레이즈 등 가장 공격적인 유럽 은행들은 레버리지 비율이 40 대 1을 넘었다. 미국의 주요 은행들은 20 대 1이었다. 2007년, 도이치은행과 USB의 레버리지 비율은 무려 50 대 1에 달했다.[38]

유럽 은행들의 무모한 도박이 실패할 경우 어떻게 될까. 미국과 유럽은 엄연히 다른 처지에 놓일 것이었다. 미국 은행들은 연준의 무제한적 자원으로 구제받을 것이다. 반면 EU는 유로를 단일통화로 채택해 통화를 통합했지만 은행 통합에 필요한 규제·감독 시스템이 없었다. 금융위기가 발생해도 EU에는 신속히 대응할 시스템이 마련돼 있지 않았던 것이다. 그런데 유럽 은행의 자산과 부채는 여러 통화로 구성돼 있었다. 긴급한 상황이 닥치면 어디서 달러를 확보할 것인가? 누가 유럽 은행들에 최종 대부자가 되어줄 것인가?

2007년 말이 되자, 유럽 은행들의 달러 자산과 달러 부채의 미스매치는 1조 1,000억~1조 3,000억 달러 정도였다.[39] 자국의 은행들이 미국에서 공격적으로 영업을 하는데도, 정작 영국과 스위스 중앙은행의 달러 보유액은 채 500억 달러도 되지 않았다. 유럽중앙은행은 유로존의 은행 시스템을 지원하기 위해 2,000억 달러를 보유했지만, 충분한 규모는 아니었다. 유럽 금융 당국은 위기가 발생하면 연준이 지원해 주지 않을까 막연히 기대했을 뿐이다. 지극히 무책임한 발상이었다.

최악의 금융위기 시작

2006년 여름, 미국의 부동산 가격은 정점에 달했다. 그리고 천천히 하락하기 시작했다. 주택 가격이 하락하자 경제 역시 하락세로 접어들었다. 금융공학 이론이 맞다면 유동화를 통해 이런 리스크는 경제 전반에서 흡수할 수 있어야 했다. 그러나 2007년 여름, 이론과 현실은 다르다는 사실이 명백해졌다. 주택저당증권은 여전히 널리 팔렸지만, 악성 리스크가 가장 취약한 일부 그림자금융 분야에 쌓이고 있었다.

2007년 1월, 메릴린치의 유동화 사업에 담보대출채권을 공급하던 오운잇모기지솔루션(Own it Mortgage Solutions)이 무너졌다. 2007년 2월, HSBC는 모기지 투자로 인한 손실을 충당하기 위해 106억 달러를 적립한다고 발표했다. 그러나 그다음 달에도 벤 버냉키는 낙관적이었고, 서브프라임 문제는 제어할 수 있다고 여겼다. 하지만 좋지 않은 뉴스가 이어졌다. 4월에는 대형 서브프라임 대출회사인 뉴센트리파이낸셜이 쓰러졌다. 5월에는 스위스의 메가뱅크인 UBS가 헤지펀드 중 하나를 폐쇄한다고 발표했다. 6월 22일, 베어스턴스가 주택저당증권에서 막대한 손실을 입은 2개의 펀드를 구제했다. 그쯤 되자 금융 기반 자체가 흔들리고 있음이 명백해졌다. 여름에 접어들자, 전면적 금융위기의 징후는 더 뚜렷해졌다. 7월 29일, 독일계 대출회사인 IBK독일산업은행이 파산 위기에서 간신히 구제됐다. 8월 8일, 독일 지역은행인 베스트주립은행 이 부동산투자펀드로 인해 거대한 손실을 입어 지불을 중단한다고 선 언했다. 며칠이 지나자 작센주립은행도 그 뒤를 이었다.

그러나 가장 큰 파문을 일으킨 결정적 사태는 2007년 8월 9일, 프랑 스 최고 은행인 BNP파리바가 운영하던 펀드 3개를 동결하겠다고 발표 한 사건이었다. BNP파리바는 미국 유동화시장의 특정 분야에서 유동성 이 악화되어 자산의 질이나 신용등급과는 무관하게 일부 자산을 공정 하게 평가할 수 없다고 발표했다. 자산에 대한 가치 평가를 할 수 없다 면 그 자산은 담보로 이용할 수 없다. 담보가 없으면 자금을 조달할 수 없다. 자금이 없다면 모든 은행에 문제가 생긴다. 전반적으로 유동성이 고갈되는 상황은 대형 은행의 예금 인출 사태, 즉 뱅크런과 같다. 어느 은행도 안전하지 않았다. BNP파리바의 선언 이후, 유럽 은행 간 자금시 장에서 차입 비용이 급상승했다.[40]

8월 9일, 유럽중앙은행은 유럽 은행들에 948억 유로를 공급하고, 다 음 날 추가로 500억 유로를 공급했다. 그러나 당시의 유럽중앙은행은 유럽 은행들이 서브프라임에 얼마나 관련되어 있는지 정확히 알지는 못했다.

3주 후인 9월 14일, 영국의 최대 담보대출 회사인 노던록이 무너졌 다. 비슷한 시기에 수조 달러에 달하는 글로벌 자금시장도 얼어붙었 다.[41] 노던록은 부채 비율이 매우 높은 현대적 금융기관이었다. 그런데 80%의 자금이 예금이 아닌 글로벌 도매 자금시장에서 낮은 이자로 조 달된 것이었다. 8월 9일의 BNP파리바 사태로 은행 간 자금시장은 작동하지 못했고, 자산담보부 기업어음시장도 얼어붙었다. 자금시장이 마비되자 전체 유동화 사업은 굴러가지 않았다. 특히 ABCP를 적극적으로 발행한 유럽 은행들은 타격이 컸다.

잉글랜드은행은 노던록의 곤경을 초기에는 방관했지만 8월 말에 노던록의 유동성 문제가 영국 전체의 생사가 달린 문제가 되자 심각성을 깨달았다. 9월 13일, 영국 BBC가 이 사태를 보도하자 영국 정부는 그제야 위기 대응에 나서 예금을 보장하겠다고 선언했지만, 예금자들은 이미 예금을 대거 인출했다. 하지만 예금 인출 사태는 위기의 본령이 아니었다. 컴퓨터를 통해 모든 거래가 이뤄지는 시대였으니, 전 세계 자금시장이 순식간에 마비됐던 것이다. 은행들이 서로 불신하게 되자 자금을 구하기 어려워졌다. 은행들에 필요한 건 마비된 자금시장을 대신해 유동성을 공급해 줄 기관이었다.

신용을 잃은 베어스턴스

ABCP시장은 그림자금융 시스템에서 가장 약한 고리였다. 담보를 기반으로 한 레포 거래는 안전한 것으로 여겨졌고, 초기에는 실제로 그랬다. 그런데 미국의 투자은행 중 가장 소규모였던 베어스턴스가 2007년 1분기에 회사 역사상 최초로 손실을 기록했다고 보고했다. 주택저당증권 유동화 사업에 큰 규모로 참여했던 베어스턴스는 기업어음시장에서 신용을 잃었다.

2006년 말, 베어스턴스는 ABCP를 210억 달러나 발행했는데 1년 후에는 40억 달러로 추락했다. 그래도 초기에는 레포시장에서 690억 달러에서 1,020억 달러로 조달 자금을 늘려 부족한 자금을 메울 수 있었다. 2008년 3월 10일까지도 베어스턴스는 180억 달러 규모의 유동성이 매우 높고 질이 아주 좋은 증권을 보유하고 있었다. 그런데 문제는 레포 거래마저 어려워진 것이었다.

ABCP시장의 마비와 달리 레포시장이 작동하지 않는 사태, 즉 '레포런(run on repo)'의 영향력은 놀라웠다.[42] 영국과 미국 법에서 레포 담보를 보유한 사람은 부도가 일어나도 다른 채권자보다 우선해서 채권을 확보할 수 있다. 베어스턴스의 포트폴리오에 대량의 악성 주택저당증권이 포함돼 있어도, 그 회사의 레포는 문제없었다. 미국 국채는 누가 소유하든 미국 국채일 뿐이었기 때문이다. 그런데 베어스턴스는 초우량 담보인 미국 국채 같은 담보를 보유하고 있었는데도 레포 거래를 할 상대를 찾을 수 없었다. 법적으로는 안전하다고 해도 번거로울뿐더러 예측할 수 없는 비용을 부담할 수도 있었기 때문이다.

주택저당증권에 문제가 있다고 알려지자, 양자 간 레포시장에서 베어스턴스에 요구하는 헤어컷이 매우 높아졌다. 베어스턴스는 3자 간 레포시장에는 접근조차 할 수 없었다. 3월 13일, 유동성이 20억 달러로 감소한 상황에서 레포시장은 베어스턴스에 140억 달러 규모의 레포에 대한 만기 연장이 어렵다고 통보했다. 베어스턴스는 다음 날이면 전액을 현금으로 지불해야 하는 상황에 처했지만 돈이 없었다. 과거 뱅크런과는 다른 현대판 은행 실패였다. 베어스턴스는 시장의 의심을 받자 단기 도매자금시장에서 배척됐고, 생존이 어려워졌다.

상황은 점점 악화됐다. 부실한 은행들의 불확실성이 커지면서 전체 시스템으로 불안이 확산됐다. 2008년 봄과 6월, 양자 간 레포 거래의 헤어컷은 모든 담보와 거래 당사자에 대해 전체적으로 크게 올랐다.[43]

이는 전체 금융 시스템에서 기존의 금융자산을 보유하는 데 필요한 자본이 급격히 늘었다는 의미였다. 미국 국채나 정부지원기관이 발행한 주택저당증권을 담보로 한 레포 거래가 그나마 가장 영향을 덜 받았다.

벼랑 끝에 몰린 리먼브라더스

베어스턴스 다음으로 위험한 곳이 리먼브라더스였다. 리먼브라더스도 주택저당증권 유동화 사업의 전 과정에 참여했다. 2008년 초부터 리먼브라더스의 주가는 73%나 하락했다. 기업어음 발행량도 2007년 80억 달러에서 2008년 40억 달러로 감소했다. 2008년 5월 31일, 리먼브라더스는 여전히 450억 달러의 유동성을 유지했다. 2008년 6월에도 투자자들은 신규로 60억 달러를 투자했다.

리먼브라더스를 벼랑 끝으로 몰고 간 것은 불안해진 채권자들이 추가 담보를 요구한 것이었다. 리먼브라더스의 주가가 하락하자 JP모건은 3자 간 레포 거래 리스크를 줄이기 위해 리먼브라더스에 추가로 대규모의 담보를 요구했다. 9월 9일, 리먼브라더스의 유동성은 220억 달러로 감소했지만 이틀 후인 9월 11일에도 리먼브라더스는 레포시장에서 1,500억 달러의 담보를 제공하고 있었다.[44]

그런데 갑자기 신뢰가 무너졌다. 3대 신용평가회사들이 리먼브라더스의 신용등급을 강등한 것이다. 리먼브라더스의 주가가 폭락하면서 레포시장에서의 신뢰도 급락했다. 200억 달러의 레포에 대해 만기 연장이 이뤄지지 않았고, JP모건은 레포 거래를 계속하려면 추가로 50억 달러의 담보를 제공하라고 리먼브라더스에 요구했다. 9월 12일, 불과

몇 시간 만에 리먼브라더스의 유동성은 14억 달러로 감소했다. 주말에 긴급구제가 이뤄지지 않으면 도산할 수밖에 없는 처지에 놓였다.

베어스턴스와 리먼브라더스는 너무 위험하게 경영했다. 경쟁 압력 때문에 고위험을 택하면서 주택저당증권 중에서도 가장 악성 증권에 베팅했다. 위험하게 경영한 건 그들만이 아니었다. 메릴린치도 부동산 관련 증권에 거액을 투자했다. 그 결과 자금이 부족해진 메릴린치는 2008년 여름에 1,940억 달러의 자산을 보유하는 데 필요한 자금을 단기 금융시장에서 조달해야 했다.

리먼브라더스가 도산하기 전에 총 2조 5,000억 달러의 담보가 3자간 레포시장에 매일 제공됐다. 그런데 이 천문학적 규모의 자금 흐름이 불과 몇 시간 만에 혼란에 빠질 수 있다는 게 밝혀졌다. 이전에는 상상하기 힘든 일이었다. 거대한 플레이어마저 이 시스템에서 언제든 축출될 수 있었다. 사람들은 현대 금융이 얼마나 취약하고 위험한 기반 위에 서 있는지 깨닫게 되었다.

부도 직전의 AIG

리먼브라더스 다음으로 그림자금융에서 취약한 곳이 보험회사인 AIG였다. AIG의 금융상품 부서는 파생상품시장의 주요 플레이어였다. 2007년에 이 회사는 장부상으로 2조 7,000억 달러의 파생상품 계약을 보유하고 있었다. CDS는 5,270억 달러 규모였는데 700억 달러가 주택저당증권에 관한 것이었고, 그중 550억 달러가 위험한 서브프라임 저당증권에 관련됐다.

부동산시장 상황을 잘 알고 있던 AIG는 이미 2005년에 신규 CDS의 판매를 중단했다. 그런데도 AIG 금융부가 보유하고 있던 4만 4,000건의 파생상품 중 일부 CDS가 악성이어서 문제가 된 것이다. 겨우 125건의 악성 주택저당증권 CDS로 인해 AIG는 115억 달러의 손실을 입었다. 그나마 AIG는 워낙 큰 회사였기에 이 정도 손실은 감당할 수 있었다. 게다가 손해가 현실화되는 데도 시간이 걸렸다. 최초의 크레디트 디폴트 사건은 2008년 12월에야 발생했다.

AIG에는 다른 문제도 있었다. AIG는 보유하던 증권을 대여해 주고 받은 현금을 고위험, 고수익의 주택저당증권에 투자해 수익을 극대화하려 했다. 2007년 여름, AIG의 증권대여사업 부서는 고수익 주택저당증권에 450억 달러를 투자하고 있었는데 유동화 사업이 붕괴하면서 이 자산을 매각하기가 어려워졌다. 그래서 현금 반환을 요구하는 증권 차입자에게 지불할 자금을 구하기가 힘들어졌다. AIG에 주도적으로 담보를 요구한 회사는 골드만삭스였다.[45]

2008년 6월 30일, 골드만삭스는 추가 담보로 75억 달러를 요구했다. 9월 15일, AIG의 신용등급이 강등되자 마진콜이 급증해 AIG에 대한 요구 금액은 320억 달러에 달했다. 통상의 경로로 자금을 조달할 수 없었던 AIG가 자산을 급매하면 손실을 기록하므로 재무 상황은 더 악화될 것이었다. 9월 16일, AIG는 부도 일보 직전이었다.

전 세계에서 동시에 진행된 경제위기

ABCP, 레포, CDS시장이 위기에 빠진 상황에서 그다음으로 취약한 곳이 머니마켓펀드였다. 9월 10일, 리먼브라더스가 도산하기 전 머니마켓펀드는 개인과 연금펀드 및 다른 기관 투자자의 자산까지 3조 5,800억 달러를 운영하고 있었다.[46] 이 펀드는 통상의 저축보다 더 많은 수익을 제공했고, 무슨 일이 벌어져도 원금은 보장되리라 믿었다. 그런데 리먼브라더스 사태 이후 이 신화가 깨졌다.

미국에서 가장 오래되고 명성이 좋은 펀드 중 하나였던 리저브프라이머리펀드는 620억 달러 규모의 자산을 운용했다. 그런데 이 펀드가 연준에 원금을 보장해 줄 수 없다고 통보했다. 2007년 8월, 리저브프라이머리펀드는 수익을 늘리고 투자자를 모집하기 위해 운용 자금 중 60%를 ABCP를 매수하는 데 투자했다. 다른 투자자들은 ABCP시장을 떠나던 때였다. 돈을 구하려는 절박한 차입자들로 인해 펀드 수익률은 상승했고, 자산 규모도 1년 만에 두 배로 늘었다. 하지만 이 펀드는 투자자들에게 큰 리스크를 안겨줬다.

운용자산 중 1.2%가 고수익의 리먼브라더스 ABCP에 투자됐는데, 9월에 그 가치는 폭락했다. 펀드가 입은 손해는 크지 않았지만, 9월 15일 이후 투자자들은 투자금을 회수하지 못할까 봐 불안해했다. 머니마켓펀드에서 5,000억 달러가 이탈하여 안전자산인 미국 국채로 몰렸다.

2007년 8월부터 단기 도매금융시장은 극적으로 규모가 줄었고, 본격적인 위기로 발전했다. 양자 간 레포시장에서 저등급 담보에 대한 헤어컷은 2008년 여름에 25%에서 45%로 상승했다. 가장 건실한 투자은행이었던 골드만삭스도 유동성이 대폭 감소했다. 신용 공급도 급격히 위축됐다. 2007년 2분기에 7,020억 달러였던 신디케이트론이 2008년 4분기에는 1,500억 달러로 감소했다. 고수익·고위험 기업들에 대한 대출금리는 23%로 상승했다.[47] 모든 경제활동이 마비됐다. 신용을 확보하기 어려워진 기업들이 기존의 크레디트 라인에서 자금을 인출하자, 은행들은 더욱 압박을 받았다.

머니마켓펀드, 레포, ABCP, CDS 등이 모두 이전처럼 작동하지 않자, 이 쇼크는 미국을 넘어 유럽으로 확산됐다. 미국의 머니마켓펀드는 유럽 은행들이 발행한 채권을 선호했고, 이는 유럽의 대형 은행으로서는 달러 자금을 구하는 소중한 통로였다.[48] 그런데 머니마켓펀드가 경색되자 유럽 은행들은 자금을 구하기가 어려워졌다. 또 은행 간 대출시장도 얼어붙어서 유럽 은행들은 각종 변칙적인 방법을 찾아야 했다.

유럽 은행들은 비싼 이자를 지불하고 유로, 스털링, 엔화, 스위스프랑, 호주달러 등을 구해서 이를 달러로 교환했다. 원래 이런 거래에는 프리미엄이 붙지 않지만, 달러 자금시장이 경색되자 프리미엄이 2~3%로 상승했다. 수조 달러의 재무제표를 가진 은행들에 이를 적용하면 큰 부담이 된다. 유럽 은행들은 필요한 자금을 구하기 어려워지자 한때 수천억 달러로 평가되던 자산을 팔아야 했다. 하지만 이런 자산을 거래할 시장이 제 기능을 못했다.

리먼브라더스가 도산한 다음 날인 2008년 9월 16일, 심각해진 유럽 은행들의 자금 문제가 연준 공개시장운영위원회의 중요 의제로 올랐다.[49] 영국의 HBOS와 RBS, 베네룩스의 포티스(Fortis), 덱시아(Dexia), 독일의 부동산금융회사 휘포부동산(Hypo Real Estate), 아일랜드의 앵글로아이리시은행(Anglo Irish Bank), 스위스의 UBS와 크레디트스위스 등이 도산 위기에 직면했다. 2007년 하반기부터 독일, 프랑스, 영국, 스위스, 베네룩스 은행들이 손실을 입자 대출이 급락했다. 은행 부문이 압박을 받았고, 이 압박이 비금융기업들과 개인으로 확산됐다. 유로존에서 10~15%이던 신규 대출 증가율이 제로가 됐다. 유럽의 성장이 멈춘 건

2010년의 국가 부채 위기 때가 아니라, 2008년 북대서양 금융위기가 발생할 때부터였던 것이다.

미국은 주택담보대출이 감소했을 뿐 아니라 주택 건설시장도 급속히 얼어붙었다. 주택 가격이 하락하고 금융시장이 붕괴되면서 개인의 자산도 감소했다. 2009년 여름 IMF의 추산에 따르면 미국 가계의 손실은 11조 달러에 달했다.[50] 2006년에 정점을 찍었던 미국 주택 가격은 2009년에 3분의 1이 하락했다. 최악의 위기 상황에 미국 주택담보대출의 10%가 연체 상태였고, 전체 담보대출 주택의 4.5%에 대해 강제집행이 이뤄졌다. 900만 가구 이상이 집을 잃을 위험에 직면했다. 전체 담보대출 주택의 4분의 1가량이 부채보다 가격이 낮았다.[51]

이런 와중에 빈부 격차는 더 벌어졌다. 2007~2010년에 미국 가구의 평균 순자산은 56만 3,000달러에서 46만 3,000달러로 하락했는데, 특히 소수 인종과 저소득층의 타격이 컸다. 2008년에는 미국의 소비뿐 아니라 생산과 고용도 감소했다. 2008년 10월, 자동차 회사인 크라이슬러와 제너럴모터스가 도산 직전까지 갔다. 2008년 초까지만 해도 GM은 세계 최대 자동차 회사였는데 같은 해 11월에 정부 지원이 없으면 다음 해 여름에는 미래를 장담할 수 없는 처지에 놓인 것이다.

미국의 자동차 회사뿐만 아니라 일본과 유럽의 회사들도 타격을 입었다. 2008년의 쇼크로 전 세계 공급망이 연쇄적으로 타격을 입었다. 아시아의 제조기업들도 수요가 줄어들면서 생산을 줄여야 했고, 독일도 2008년 2분기에서 2009년까지 수출이 34%나 감소했다. 1949년에 독일이 건국된 후 최악의 경제 쇼크였다. 튀르키예, 멕시코 등 신흥시장도 큰 타격을 입었다.

2008년의 경제위기는 전 세계에서 동시에 진행됐다는 점이 특징이

다. WTO의 104개국 전부가 2008년 2분기에서 2009년 1분기에 무역 감소를 겪었다.[52]

방관할 것인가, 개입할 것인가

2008년 9월, 미국의 대응은 절박했다. 리먼브라더스가 몰락한 후, 재무부 장관 헨리 폴슨(Henry M. Paulson)은 이 사태를 "경제 9·11"이라고 표현했다. 9월 20일 아침, 미국 재무부는 의회에 신속하게 조치를 취하지 않으면 5조 5,000억 달러의 자산이 오후 2시에 사라질 것이며 24시간 내에 세계 경제가 붕괴될지도 모른다고 경고했다.[53]

국제 투자 흐름을 보면 사태는 놀라울 정도로 심각했다. 위기가 발생하기 전, 자본 이동은 글로벌 GDP의 33% 선이었다. 대부분 선진국과 신흥시장의 거래가 아니라 선진국 간의 거래였다. 위기가 최고로 고조되었던 2008년 4분기에서 2009년 1분기에 자본 흐름의 90%가 감소하면서 글로벌 GDP의 3% 이하로 떨어졌다.[54] 2008년 하반기에는 선진국 간의 자본 이동은 17조 달러에서 1조 5,000억 달러로 축소됐다.

1929년 대공황을 깊이 연구했던 벤 버냉키는 사태가 심각하다는 것을 깨달았다. 1929년 대공황과는 규모가 달랐다. 그는 나중에 2008년 9월, 10월은 지구 역사상 최악의 금융위기였다고 회고했다.[55] 1929년 대공황 때는 전 세계적으로 동시에 위기가 진행되지도, 최대의 은행들이 도산 위험에 직면하지도 않았다. 사태가 악화되는 속도는 전례를 찾아볼 수 없을 만큼 급격했다. 뉴욕 연준은행장이었던 티모시 가이트너(Timothy Geithner)도 중압감을 느꼈다.

문제는 2008년 위기의 성격이었다. "위기에 처한 시스템은 과연 어느 시스템이었는가? 누가 피해자이고, 보호받아야 하는가?" 등등의 질문이 이어졌다. 처음엔 주택 투기 버블이 터지면서 시작됐고 이 위기로 북대서양의 수백만 가구가 영향을 받았지만, 2007년 여름 은행 실패와 자금시장 경색을 계기로 부동산 위기는 문제도 아니게 됐다. 이제는 은행의 도산을 막아야 했다. 2008년 9월, 개별 은행이 아닌 전체 금융 시스템의 구제가 절대 과제가 됐다. 레포시장, ABCP, 머니마켓펀드 등 모두가 지원 대상이었다. 금융 시스템의 붕괴로 경제 전체가 무너지지 않도록 막아야 했다. 그 무렵에는 최고 우량 기업마저 단기 자금을 구하기가 힘들었다. 맥도날드는 거래은행에서 당좌대월도 이용하기 어려웠고, 제너럴일렉트릭이나 하버드대학도 유동성 문제를 겪는다는 소문이 돌았다.

그런데 전력을 다해 금융 시스템을 구제하는 게 정말 실물경제를 위해 필요한 일일까? 당시 위기 해결을 담당한 당국자들은 이런 질문은 제쳐놓고 우선 금융 시스템을 구제하는 데 전력을 기울였다. 월가를 먼저 수리해야 경제를 살릴 수 있다는 것이 그들의 인식이었다. 1970년대 이래 자유시장과 규제 최소화를 외쳐대던 금융업계에서 이제는 국가의 모든 자원을 동원해 금융 시스템을 구제해 달라고 호소하고 있었다. 자유주의와 시장주의 논리의 근원적 한계는 이렇게 여지없이 드러났다.

2008년 위기는 매우 위중해서 자본주의 역사상 전례가 없을 만큼 국가의 개입이 절실했다. 어리석음과 탐욕으로 도산할 위기에 처한 은행들을 구제하기 위해 국민들의 돈을 수조 달러나 동원하는 건 공정하지 않았다. 그러나 연달아 문제가 생길 위험성이 매우 높은데 국가가 수수방관해야 할까? 이것도 답하기 어려운 문제였다. 이렇게 적극적으로 국가가 개입한 후에 과연 시장은 다시 시장지상주의, 자유방임주의 이념으로 회귀할 수 있을까?

이는 1970년대 이래 여러 국가를 움직인 기본 이념에 대한 근원적 도전이나 다름없었다. 그 도전이 다름 아닌 자본주의 경제의 심장인 미국과 유럽에서 발원한 것도 아이러니했다. 《파이낸셜타임스》의 수석 칼럼니스트인 마틴 울프(Martin Wolf)는 2008년 3월 4일, 베어스턴스 구제가 발표된 날을 글로벌 자유시장과 자본주의가 사망한 날이라고 말했다.[56]

미국과 유럽의 통합된 금융 시스템에 대해 구제가 이뤄졌다. 7조 달러 이상이 동원된 사상 최대 규모였다. 구제는 은행에 대한 대출, 자본 보강, 자산 매입, 은행 예금 및 은행 부채 혹은 은행의 재무제표에 대한 정부의 보증이라는 네 가지 방법으로 이뤄졌고, 구제 기관들은 중앙은행, 재무부, 은행 감독 당국 등이었다.

위기가 나타나는 양상은 국가별로 달랐다. 아일랜드와 아이슬란드는 지나치게 비대해진 자국의 금융 부문이 처한 위기를 구제할 자원이 없었고, 결국 전반적인 위기를 겪었다. 스위스는 금융 부문이 매우 거대했지만 그런대로 큰 손실 없이 위기를 넘겼다. 초기에 문제가 있는 UBS를 집중적으로 관리했기 때문이다. 은행은 국유화되지는 않았지만 사실상 정부 관리하에 들어갔다. 영국, 독일, 프랑스, 벨기에, 네덜란드 같은 더 큰 유럽 국가들과 상대적으로 은행 시스템 비중이 낮은 국가들의 대응은 최악도, 최선도 아니었다. 위기의 규모는 컸지만 대응할 자원이 있었다. 그러나 전체가 협력해 공동으로 대응하기보다는 개별적으로 대응했기에 그 효과는 제한적이었다.

파월 독트린처럼 압도적인 해결

이러한 위기에서 미국은 세계 최대의 금융 부문을 지원하고 전반적인 해법을 찾아내어 이를 실행할 능력을 가진 유일한 나라였다. 미국의 위기 대응팀은 군사작전을 수행하듯 움직였다. 가이트너는 압도적인 군사력으로 적을 공격하라는 파월 독트린을 금융위기 해결에도 적용하겠다고 발표했다. 점진적 해결은 공격적 행동보다 비용이 많이 들고 위험도 크다는 것이었다. 그 결과 미국 경제는 유럽에 비해 신속히 회복되었고, 미국 금융계의 리더십은 재정립됐다. 미국은 두 번째 대공황을 막는 데 성공했다.

2007년만 해도 미국 정부 당국이 구상한 최선의 시나리오는 민간 부문에서 스스로 문제를 해결하는 것이었다. 하지만 최대 은행이었던 시티그룹이 소극적으로 나서면서 민간 은행 주도의 구제 플랜은 좌절되었다. 2008년 3월 13~14일에 베어스턴스가 도산 직전에 이르렀다. 이들이 보유하던 2,000억 달러의 자산담보부증권과 CDO가 시장에 급매로 나오면 그 결과는 파멸적일 것이었다. 시장 혼란으로 다른 은행들도 막대한 손해를 입을 수 있었다.

그때 JP모건이 베어스턴스 인수에 관심을 보이며 당국에 베어스턴스의 일부 구제를 요구했고, 뉴욕 연준은행이 가장 악성인 자산을 300억 달러에 인수했다. 또, 베어스턴스의 레포 거래 만기가 도래했을 때 뉴욕 연준은행이 JP모건에 129억 달러를 대출해 주었고, 이는 베어스턴스로 흘러들어가 레포 거래를 청산하는 데 쓰였다. 이렇게 베어스턴스는 JP모건에 인수됐다. 당국의 지원으로 베어스턴스 문제가 처리되자, 일부에서는 이를 본 시장이 모럴해저드에 빠지면서 리먼브라더스 사태를 초래했다고 비판한다.

그다음으로 패니메이와 프레디맥의 구제가 문제가 되었다. 2008년 여름, 민간 기관의 유동화 사업이 멈춘 상태에서 두 기관이 미국 신규 주택담보대출의 약 75%를 지원하고 있었고 이들의 자산은 대부분 가장 우량한 적격 담보대출채권이었다. 2008년, 패니메이와 프레디맥은 1조 8,000억 달러 상당의 주택저당증권을 보유하고, 추가로 3조 7,000억 달러의 증권을 보증했다. 문제는 패니메이의 자본금이 고작 412억 달러였고, 프레디맥 역시 129억 달러에 불과했다는 것이다. 민간 회사라면 상상할 수 없는 레버리지 비율이었다.

2008년 여름은 위기가 본격화되는 시점이었던 만큼 두 기관이 조금만 손실을 입어도 바로 자본잠식● 상태에 빠질 수 있었다. 그들이 쓰러지면 부동산 대출시장이 무너지고 미국 경제에 대한 근본적인 의문이 제기될 것이었다. 더 큰 문제는 그들이 발행한 대량의 주택저당증권을 보유한 외국인 투자자들이었다. 당시 외국인 투자자들은 정부지원기관이 발행한 8,000억 달러의 증권을 보유하고 있었는데, 그중 상당 부분은 중국의 몫이었다.[57] 미국과 중국 사이의 금융사슬 중에서 약한 고리가 드러난 것이다. 두 기관의 몰락은 자칫 미중 간의 마찰로 번질 수 있었다.

상황을 통제하기 위해 미국 재무부는 2008년 봄부터 이미 의회로부터 두 기관을 개혁할 권한을 확보하려 애썼다. 하지만 여름이 되어도 의회는 비협조적이었다. 재무부는 정부의 차입 한도 내에서 두 기관을 지원해야 한다고 주장했고, 외국의 채권 보유자들을 안심시키려고 총력을 기울였다. 무엇보다 중국이 놀라서 그들이 보유한 미국 국채나 기관

● 기업의 적자가 누적되어 자본총계가 자본금보다 작아지는 상황.

채를 시장에 투매할까 두려워했다.[58] 그래서 여러 채널을 통해 중국을 안심시키고 이 사태를 막으려 노력했다.

공화당 지지자들은 신용이 부족한 무자격자들이 담보대출을 받아서 생긴 문제라며 이 기관들에 지원해 주는 것에 반발했다. 그러나 재무부 장관 폴슨으로서는 금융 시스템을 구제해야만 했다. 부시 대통령도 폴슨을 지지했다. 임기 말의 부시 행정부는 구제에 반대하는 공화당 대신 찬성하는 민주당과 동거했다. 기묘한 상황이었다. 두 기관에 대한 전면적 구제 조치는 2008년 7월 26일에 의회를 통과했지만, 4분의 3에 달하는 공화당 의원은 반대했다.

특히 공화당의 강경 우익 진영은 두 기관의 국유화에 강력히 반발했다.[59] 2008년 9월 7일, 패니메이와 프레디맥은 정부의 관리하에 들어가면서 사실상 국유화되었다. 연준은 두 기관이 매각하는 주택저당증권을 매입하고 신용도 공급하기로 했다. 극단적인 조치를 취한 것이다. 이렇게 연준이 개입한 것은 채권자들, 특히 외국인 채권자들을 안정시키기 위해서였다.

남은 문제는 리먼브라더스였다. 재무부는 리먼브라더스가 매수자를 찾는 동안 조심스럽게 지켜봤다. 9월 둘째 주가 되자 선택지는 없었다. 한국 산업은행과의 협상도 중단됐고, 다른 매수인은 나서지 않았다. 리먼브라더스의 백기사가 되어주리라 여겼던 뱅크오브아메리카가 9월 13~14일에 메릴린치를 인수했고, 마지막 희망이었던 영국의 은행 바클레이즈도 영국 정부의 반대로 인해 매수를 포기했다. 리먼브라더스는 파산하게 됐다.

베어스턴스 때처럼 연준과 재무부가 나서서 도울 수도 있지 않았을까? 연준은 우량한 담보를 제공하고 상환 능력이 있는 은행만 지원하기 때문에 리먼브라더스를 도울 수 없었다고 주장했다. 리먼브라더스가 채무 초과 상태로 상환 능력이 없었고 담보도 충분하지 않았던 건 사실이지만 이는 변명에 불과하다. 재무부 장관이었던 폴슨은 처음부터 리먼브라더스를 구제할 생각은 없었던 것으로 보인다.[60] 연준은 도산을 통해 불확실성을 제거하는 게 오히려 시장을 안정시킬 것으로 예상했다. 하지만 이는 아주 심각한 오판이었다.[61]

리먼브라더스가 도산하자, 몇 시간도 지나지 않아 그 충격이 미국과 전 세계 경제를 강타했다. 바로 다음 날 폴슨, 버냉키, 가이트너는 머리를 맞대고 AIG 문제를 어떻게 처리할지 논의해야 했다. 처음엔 민간 기관을 이용한 해법을 모색했지만, 상황이 여의치 않자 구제에 나섰다. 금융시장은 두 번째 충격을 견디기 힘들어 보였다. 게다가 AIG는 파생상품, 레포, 증권대여 등을 통해 리먼브라더스보다 금융시장에 더 깊게 관련됐다. 이 회사가 무너지면 금융시장이 무너져 내릴 것이었다.

연준은 베어스턴스 때와 마찬가지로 적극적으로 개입했다. 뉴욕 연준은행이 850억 달러를 지원하는 대신 미국 정부가 AIG의 주식을 상당 부분 취득했다. CDS 포트폴리오는 AIG가 보험을 판매한 악성 CDO를 매입해 정리했다. CDS 거래 상대들은 악성 주택저당증권의 액면가인 622억 달러를 고스란히 수령했다. 이 증권들의 당시 시장가치는 272억 달러에 지나지 않았으니, 얼마나 큰 이익을 취했는지 알 수 있다. 이 과정에서 미국 기업들만이 아니라 AIG와 거래한 유럽 은행들도 이익을 봤다.

머니마켓펀드에서 돈이 빠져나가자, 재무부는 9월 19일 달러의 환율 안정을 위해 설립된 외환안정기금 500억 달러를 활용해 머니마켓펀드를 지원했다. 재무부가 즉시 활용할 수 있는 수단이었다. 이는 또 다른 임기응변이었다.

모건스탠리와 골드만삭스도 엄청난 자금 압박에 처했다. 리먼브라더스가 도산하고 일주일 후, 당국은 두 회사를 상업은행 지주회사로 지정하고 그들이 연방예금보험공사의 지원을 받을 수 있도록 길을 열어줬지만 역부족이었다. 모건스탠리는 일본의 미쓰비시UFJ은행(MUFG Bank)이 90억 달러를 투자한 덕에 큰 위기에서 벗어났고, 골드만삭스는 워런 버핏이 50억 달러 증자에 참여하면서 겨우 한숨을 돌렸다. 한편, 9월 25일 연방예금보험공사는 워싱턴뮤추얼을 매각했다. 2,440억 달러 상당의 담보대출채권을 보유한 워싱턴뮤추얼은 미국 역사상 도산한 상업은행 중 최대 규모였다.

은행들에 보조금을 준 구제금융

9월 20일, 미국 재무부는 의회에 금융시장 안정을 위해 7,000억 달러를 지원할 권한을 부여해 달라고 요구했다. 재무부의 자유 재량에 따라 이 자금을 사용하겠다는 입장이었다.

재무부의 요구에 켄터키주의 짐 버닝 공화당 의원은 "미국적인 금융 사회주의"라며 질타했다.[62] 대선 중이었기에 이 이슈는 폭발력이 있었다. 민주당 후보인 버락 오바마가 아니라, 공화당 후보 존 매케인이 문제였다. 그는 시스템의 구제와 포퓰리즘적 지지자들 사이에서 모호한 태도를 취했다. 그가 공화당 반대파에 가담하면 법안이 통과되기는 힘들었다. 9월 28일, 재무부 장관 폴슨은 민주당 측의 요구를 일부 수용하고 부실자산구제프로그램(TARP)을 포함하는 긴급경제안정화법을 통과시키려 했다. 하지만 9월 29일, 법안 통과는 실패했다. 시장의 반응은 공포 그 자체였다. 다우지수는 777p 폭락했다. 이는 9·11 때보다 더한 낙폭이었다. 이 쇼크는 미국에 대한 신뢰에 결정적인 타격을 가했다.

다른 선택지는 없었다. 재무부는 긴급경제안정화법을 재차 통과시키려 시도했다. 폴슨은 내용을 일부 수정해서, 구제금융 자금을 대통령의 요청에 따라 의회가 승인하는 조건으로 사용할 것을 제안했다. 은행 지원과 더불어 중산층과 주택 소유자에 대한 지원도 포함시켰고, 재무부에 대한 감독도 강화됐다. 10월 3일, 의회에서 법안이 통과됐다. 민주당 의원의 74%가 찬성했으나, 공화당 의원의 찬성률은 46%에 그쳤다.

하지만 10월 초에 미국과 유럽 시장이 급변하면서 부실자산구제프로그램을 원래 계획대로 추진하기가 어려워졌다. 재무부는 시장이 공포에 휩싸인 시기에 수억 달러에 달하는 불확실한 자산을 매입할 수 없었다. 고가에 매입하면 국민들의 세금을 오용하는 셈이 되고, 저가로 매입하면 은행들이 망할 것이었다. 처음 재무부는 자산 매입 용도로 자금을 확보했지만, 이제는 목적을 변경해서 자본 보강으로 길을 선회했다. 유럽으로 자금이 이전되지 않도록 연방예금보험공사가 예금 보장을 더 강화하도록 했다.

10월 13일, 미국 금융 당국은 9개 주요 은행장들을 모아놓고 각 은행에 대한 정부의 자본 참여 액수를 통보했다. 그 대가로 은행들은 연방예금보험공사의 강력한 보장을 받았고, 부분적으로 국유화된 셈이었다. 은행들은 정부의 제안을 거절할 수 없었다. 9개 은행은 정부에 우선주를 발행하고 1,250억 달러를 지원받았다.

미국 당국은 주주로서 투표권도 행사하지 않았고, 우선주에 대한 배당도 5% 미만으로 받았다. 미국 재부무는 어느 은행이 진짜 위기에 처해 있는지 외부에서 알 수 없게 하기 위해 모든 은행이 참여하도록 했다. 만약 문제가 있는 은행들을 특정해 그들에 대해서만 자본 참여를 한다고 선언하면 낙인이 찍힌 은행들은 신뢰를 잃고 더 악화될 우려가 있었기 때문이다. 그래서 상대적으로 건전한 JP모건과 불건전한 시티그룹이 모두 참여했다.

재무부의 자본 보강은 은행들에는 보조금이나 다름없어서 그들의 기업 가치는 1,310억 달러나 증가했다.[63] 첫 수혜자는 시티그룹이었다. 자본 보강을 비판하는 사람들은 사실상 이 방안이 시티그룹을 구제하기 위한 것이 아니냐며 의혹을 제기했다. 그런데도 10월의 안정화 대책만으로는 부족했다. 11월에 시티그룹은 거대한 손실을 발표하고 대규모 감원에 나섰다. 시티그룹은 레포시장에 접근하기도 어려워졌다. 11월 22~23일에 시티그룹과 당국의 긴급 협상을 통해 추가로 200억 달러의 자본을 보강했다. 뱅크오브아메리카도 곤경에 빠졌고, 메릴린치 역시 위태로워지면서 구제 대책이 실행됐다.

그러고도 금융위기는 제어되지 않았다. 그나마 다행인 것은 정치적 불확실성은 사라졌다는 점이었다. 11월 4일 대선에서 오바마가 승리하고, 민주당이 상하 양원에서 다수당이 되었다. 이는 월가에도 좋은 소식이었다. 오바마와 민주당은 부시 행정부를 위해 2008년 위기 대책에 필요한 정치적 지원을 했다. 11월 23일, 재무부가 시티그룹에 대한 구제책을 발표할 무렵 오바마 팀은 새 재무부 장관으로 뉴욕 연준은행장이던 가이트너를 지명했다. 그는 루빈과 서머스의 정책 노선을 이어갈 것으로 기대됐다. 서머스가 국가경제위원회의 의장이 되었고, 오바마 집권 후 국정운영 전략을 입안한 해밀턴 프로젝트의 또 다른 핵심 인물 피터 오재그(Peter Orszag)가 예산실의 책임자가 됐다.

유럽의 달러 부족

유럽은 독일의 거부로 인해 금융위기에 공동 대응하지 못하고 국가별로 대응해야 했다. 이는 2010년 이후 유로존 위기로 연결되었다. 하지만 2008년 가을, 당시의 더 근본적인 문제는 유럽 은행들이 미국에 지나치게 의존하고 있다는 것이었다. 전 세계적으로 은행 간 단기 자금 시장과 단기 도매금융시장이 경색되면서 그로 인한 압박을 제일 심하게 받는 곳이 유럽이었다. 이런 압력이 거대한 대서양 위기로 폭발하지 않은 건 유럽이 아니라 미국의 결정 덕이었다. 연준에서 미국 금융 시스템을 보호하기 위해 유럽 은행들과의 상호연관성을 인정하고 위기에 대응했던 것이다. 연준은 의회나 다른 부처와의 협의 없이 단독으로 세계를 향한 최종 대부자 역할을 떠맡았다.

2007년 8월 9일에 유럽중앙은행은 950억 유로를 공급했고, 2008년 가을에는 유럽중앙은행과 잉글랜드은행이 또다시 대규모 유동성을 공급했다. 하지만 이는 구제책이 아니라 중앙은행들이 단기 금융시장에서 행하는 거래 수준이었다. 담보가 제공되면 중앙은행들은 유동성을 제공하는데, 폐쇄된 단일 경제에서는 그것만으로 충분하다. 문제는 중앙은행은 외국 통화를 조달해서 제공할 수 없다는 점이다. 잉글랜드은행은 파운드, 유럽중앙은행은 유로만 제공할 수 있었다. 그러나 유럽 은행들이 절박하게 필요로 한 건 달러였다. 그래서 연준이 유로달러 금융 시스템을 위해 유동성을 공급한 것이다.

2007년에 독일의 수출 기업들은 미국에서 50억 달러의 흑자를 기록했고, 2008년 9월엔 유로존 전체가 미국에 약 83억 달러의 무역 흑자를 기록했다. 그러나 유럽 은행들이 필요로 하는 자금은 고작 그런 규모가 아니었다. 금융위기가 오기 전 유럽 은행들은 미국의 머니마켓펀드에서 1조 달러를 조달해 그 자금으로 사업을 했다. 게다가 은행 간 시장에서 4,320억 달러, 외환스와프시장에서 3,150억 달러, 통화 당국으로부터도 단기로 3,860억 달러를 조달해서 총 2조 달러 이상을 차입했다.[64] 바로 이런 양상 때문에 무역을 기반으로 국제 경제를 분석하는 접근은 비현실적이다. 금융거래까지 포함해서 분석해야 비로소 금융위기의 실체를 파악할 수 있다.

미국 단기 금융시장이 경색되자 모든 유럽 은행들이 달러 구하기에 혈안이 됐다. 은행들끼리 서로 달러를 빌리려고 하면서 국제 금융시장에서 단기 금리가 급상승했다. 또 통화스와프시장도 한쪽으로 쏠려서 달러를 구하려는 기업이 압도적으로 많았다. 2008년 9월 리먼브라더스 도산 이후, 그리고 AIG 위기 당시 시장에서 달러에 굶주린 것은 특히 유럽 은행들이었다.

유럽 중앙은행들의 달러 보유액은 은행들의 수요에 비해 턱없이 부족했다.[65] 2008년 가을, 잉글랜드은행의 달러 보유액은 고작 100억 달러였다.[66] 금융위기가 진행될수록 달러의 가치는 상승했는데, 이는 표준적인 거시경제학 모델의 예측과 상반됐다. 2008년 가을, IMF는 자금조달에 압박을 받는 국가들에 수백억 달러의 단기 유동성을 제공하는 프로그램을 구상했지만 이는 조 달러 규모의 국제금융 시대에는 충분하지 않은 금액이었다.

유럽 은행들의 달러 유동성 문제는 미국에도 큰 영향이 있었다. 만약 유럽 은행들이 무너져서 미국에서 대출을 축소하고 달러 자산을 급매로 처분하면 곧바로 미국이 타격을 입을 것이었다. 연준이 움직여야 할 이유가 이것이었다. 외국 은행들이 미국에서 달러 자산을 그대로 보유하도록 하기 위해, 2007년 말부터 연준은 미국 은행뿐만 아니라 전 세계 은행 시스템에, 특히 유럽 은행들에 전례 없는 규모로 달러를 제공했다. 2008년에는 달러의 흐름이 너무 거대해서 미국과 유럽 위기를 분리하기가 어려울 정도였다.[67]

글로벌 최종 대부자이자 딜러, 연준

연준의 유동성 공급 프로그램은 그림자금융의 핵심 고리인 ABCP시장, 레포시장, 주택저당증권시장 그리고 통화스와프 등에 집중됐다. 전통적으로 연준이 통화정책을 운용하기 위해 사용하던 금리정책은 큰 의미가 없었다. 대신 연준은 민간 부문에서 시장경색으로 거래가 안 되는 자산을 매입했다. 결과적으로 연준의 자산 규모가 크게 늘었다.[68] 위기가 심화되자 은행들의 은행인 연준이 시장 기반 금융에 직접 참여해 거래하는 딜러가 된 것이다. 연준을 축으로 한 단기 금융시장이 형성됐다. 이제 연준은 최종 대부자를 넘어 최종 딜러가 됐다.[69]

연준의 유동성 공급은 규모가 엄청난 데다 방식도 다양했다. 먼저 어려움에 처한 은행들이 우선 연준의 대출 창구에 접근하면, 중앙은행은 대출 창구를 통해 증권을 매입하는 방식으로 현금을 공급했다. 원래 은행은 긴급할 때만 이를 이용했다. 연준 대출 창구를 이용했다는 낙인이 찍힐 수 있었기 때문이다. 그런데 2008년에는 연준의 대출 창구를 자금이 급히 필요한 주요 금융기관들인 AIG, 리먼브라더스, 컨트리와이드, 메릴린치, 시티그룹 등이 이용했다. 외국 은행, 특히 프랑스-벨기에의 덱시아, 독일 휘포부동산의 아일랜드 자회사인 데파(Depfa)도 창구를 두드렸다.[70]

나아가 2007년 가을, ABCP시장이 사실상 기능을 못하게 되자 연준은 새로운 방식을 도입할 필요가 있다고 판단했다. 먼저 기간입찰대출을 도입했다. 유동성이 부족한 금융기관이 보유한 다양한 증권을 담보로, 입찰 형식으로 은행들에 만기 30일 안팎의 단기 자금을 공급한 것이다. 기업 입장에서는 ABCP시장을 통해 구할 수 없는 자금을 구할 통로가 생겼다. 담보 대상은 ABS, CDO 등을 포함해 광범위했고, 더 많은 은행들이 이용했다. 2007년 12월부터 2010년 3월까지 이 방식으로 거대한 자금이 공급됐다. 2009년 봄이 되자, 대출 규모는 거의 5,000억 달러에 육박했다. 수백 개의 중소 은행들이 이를 이용했다. 최대 수혜자는 미국과 유럽의 거대 은행인 뱅크오브아메리카, 바클레이즈, 웰스파고, 스코틀랜드은행 등이었고, 대규모 차입자 중 외국 기관의 비중은 50%를 넘었다.[71]

베어스턴스 위기 이후 레포시장도 무너졌다. 2008년 여름, 연준은 레포시장이 사라진 공백을 메우기 위해 스스로 레포 거래의 최종 딜러가 되었고, 프라임 담보를 제공하면 28일 기간의 레포 거래를 제공했다. 2008년 12월까지 총 8,550억 달러가 대출됐고, 주요 유럽 은행들이 70% 이상 이용했다. 특히 스위스의 크레디트스위스는 연준이 공급한 유동성의 30%를 활용할 정도였다.

3자 간 레포시장에서 가장 선호되는 담보는 미국 국채였다. 2008년, 연준은 이 시장을 활성화시키기 위해 새로운 프로그램인 기간증권대출제도를 운영했다. 연준이 최고 등급인 미국 국채를 다양한 주택저당증권(민간 발행 증권 포함)과 교환해 28일간 대출해 주는 것이다. 이 제도를 통해 총 2조 달러의 국채가 시장에 공급됐다. 이 중 51%는 외국 은행이 이용했는데, 특히 유럽 은행인 RBS, 도이치은행, 크레디트스위스가

8,000억 달러 이상을 활용했다.

금융위기 중 연준이 레포시장에 제공한 최대 지원은 프라이머리딜러 대출로, 연준법 제13조 제3항 긴급대출제도에 의거해 베어스턴스 사태 이후 도입됐다. 이는 레포시장의 핵심 플레이어들에게 광범위한 담보를 제공받고, 연준이 하루짜리 신용을 공급하는 것이다. 이 제도에 의한 대출은 8조 9,510억 달러에 이르렀다. 이 제도는 주로 메릴린치, 시티그룹, 모건스탠리, 뱅크오브아메리카 등 미국 은행들이 이용했다. 이 은행들의 런던 지점도 이 제도를 이용했으므로, 사실상 영국의 레포시장을 미국의 제도가 지원한 셈이다.

머니마켓펀드시장에 위기가 닥치자, 연준은 전례 없는 조치를 취했다. 은행과 머니마켓펀드를 단순히 지원하는 데 그치지 않고 직접 대출 사업에 나섰다. 연준은 기업어음자금대출제도를 운용해 우량한 단기기업어음을 매입했고, 이 제도를 통해 총 7,370억 달러를 공급했다.[72] 이 제도의 최대 활용자는 스위스의 UBS로 총 대출 자금의 약 10%를 이용했고, 덱시아가 7.3%, 포티스와 RBS가 5%를 이용했다. 유럽 은행 중 심각한 어려움을 겪던 일부 은행들이 전체 대출의 약 27%를 이용했고, 유럽 은행 전체의 이용률은 40%였다.

2008년 11월 25일, 얼어붙은 자산담보부증권시장을 활성화하기 위해 연준은 기간자산담보부증권대출제도를 운영하기 시작했는데, 이는 자동차대출채권, 학자금대출채권, 신용카드채권, 중소기업대출채권 등을 증권화한 자산을 담보로 제공한 차입자들에게 5년 만기로 대출해 주는 것이었다. 총 대출액은 711억 달러로 그리 크지 않았던 이 제도는 모건스탠리, 핌코, 캘리포니아공무원연금(CalPERS) 등 미국 기업이 주로 이용했다.[73]

2009년 초에 접어들자, 연준은 긴급 유동성 공급에서 1차 양적 완화 (QE1) 단계로 넘어갔다. 연준은 통상적인 수준을 크게 넘어서는 광범위한 자산을 매입했다. 2010년 7월까지 미국 국채를 사들였고, 정부지원 기관이 발행한 주택저당증권을 1조 8,500억 달러나 매입했다.[74] ABCP 시장 같은 곳에서 큰 손해를 유발했던 금융기관들의 만기불일치 문제도 장기 자산을 매입하는 방식으로 도왔다. 연준이 매입한 주택저당증권의 52%를 외국 은행들, 특히 유럽 은행들이 매도했다. 도이치은행, 크레디트스위스가 최대 매도인이었고, 바클레이즈, UBS, BNP파리바가 각각 8위, 9위, 10위였다.[75]

하지만 대서양 금융 네트워크의 모든 기관들이 연준의 지원을 이용한 건 아니다. 연준이 요구한 담보를 보유하지 않은 기관도 있었기 때문이다. 이런 기관들의 경우에도 연준은 담보가 없다는 이유로 지원을 거부해서 혼란을 방치할 수는 없었다. 2007년부터 연준은 통화스와프제도를 재활용했다. 스와프라인은 1970년대에 사용이 중단되었고 2001년 9·11 이후 잠시 부활했다. 그런데 대서양 금융 시스템이 붕괴될 위기에 처하자 다시 이용된 것이다. 이는 외국 중앙은행이 아니라 거대 은행들의 자금 수요 때문이었다. 위기에 봉착한 유럽 은행들에 직접 달러를 공급하는 데 한계가 오자, 연준은 유럽중앙은행, 잉글랜드은행, 스위스중앙은행, 스칸디나비아 국가의 중앙은행들에 달러를 공급했고, 각 중앙은행은 이를 유럽 거대 은행에 제공했다.[76]

스와프라인의 활용은 연준이 주도했다. 2007년 8월 BNP파리바의 지급 불가능 선언 이후 유로달러시장의 자금 조달 비용이 급격히 상승하자, 이로 인해 미국 시장에 혼란이 생길 것으로 판단한 연준은 유럽 은행들을 지원할 수밖에 없었다. IMF나 유럽중앙은행에는 그럴 만한 자원이 부족했고, 유럽중앙은행은 보유하던 달러의 사용을 꺼렸다. 그래서 상황을 진정시키기 위해 연준이 유럽중앙은행 등에 스와프라인 활용을 제안한 것이다. 연준으로서는 외국 중앙은행과의 스와프 거래가 외국의 문제 은행들과 직접 거래하는 것보다 훨씬 안전했을 뿐더러, 미국 내의 정치적 비난에서도 상대적으로 자유로웠다. 초기에 유럽중앙은행의 대응은 소극적이었다. 달러와 관련된 문제이므로 유럽 은행들이 엮여 있어도 미국의 문제라는 인식이 강했던 것이다.[77] 그러나 머지않아 유럽 중앙은행들도 현실을 인식하고 태도를 바꾸었다.

2007년 12월, 연준은 유럽중앙은행과 스위스중앙은행에 처음으로 달러 스와프라인을 통해 자금을 제공했다. 2008년 9월, 점점 위기가 심화되자 스와프는 급속히 확대되어 총 6,200억 달러에 달했다. 10월, 위기가 더 진행되자 스와프라인에 한계가 사라졌다. 유럽중앙은행, 잉글랜드은행, 일본은행, 스위스중앙은행 등은 무제한으로 달러에 접근할 수 있었다. 2008년 10월 후반, 연준은 스와프라인을 통해 8,500억 달러를 공급했다. 이 자금 덕에 잉글랜드은행, 유럽중앙은행, 스위스중앙은행은 자신들이 보유한 외환 보유액을 소진하지 않고 달러 수요에 대응할 수 있었다. 만약 통화스와프가 없었다면 2008년 9월부터 2009년 5월 사이에 달러 수요가 넘쳐, 유럽중앙은행은 보유하던 달러를 진작에 소진했을 것이다.

유럽 은행들은 유럽 정부가 생각조차 하지 않던 엄청난 리스크를 취했다. 그런데도 연준은 유럽 은행들의 위기에 대응할 책임을 지고 아무 조건 없이 유럽 은행들을 지원했다. 스와프라인과 별개로 유럽 은행들은 기간입찰대출제도를 이용해 계속해서 저리로 자금을 조달했다. 유로달러 시장을 발판으로 비대해진 유럽 은행들이 역설적으로 미국 통화정책의 자율성을 제약하게 된 것이다.[78] 유럽 은행들의 행태가 미국 금융 시스템에 바로 위험을 안겨줬기에 미국으로서도 이를 방관할 수 없게 되었다.

남은 문제는 통화스와프 약정을 맺지 못한 신흥국들은 어디서 달러를 구해야 할 것인가였다. 10월 29일, 연준은 브라질, 한국, 멕시코, 싱가포르 4개의 신흥국 중앙은행에 스와프라인을 허용하여 총 14개국 중앙은행들이 스와프라인을 이용하게 됐다.[79] 한때는 스와프거래가 연준의 대차대조표의 35%에 달하기도 했다. 그 덕택에 여러 중앙은행들이 자국의 단기 금융시장에 달러를 공급했다. 유럽 은행들의 통화 미스매치를 중앙은행들이 떠안아 위기 확산을 막을 수 있었다. 2011년 9월, 스와프제도하의 총 대출 및 상환 액수는 100조 달러에 달했다. 통화스와프제도를 이용한 대출은 모두 상환됐고, 연준은 2008~2009년에 이 대출을 통해 약 40억 달러의 이익을 거뒀다.

이 위기를 통해 연준은 세계의 기축통화로서 달러의 위상을 다시금 확인했고, 미국의 중앙은행을 달러 네트워크의 불가결한 중심으로 확립했다. 연준의 여러 프로그램은 전 세계 중앙은행들과 거대 다국적 은행들에 민간 자금시장이 갑자기 경색되면 달러를 무제한 공급해 시스템을 안정시킬 행위자가 있다는 사실을 각인시켰다. 이는 글로벌 최종 대부자이자 딜러의 역할이었다. 위기 이전에 대서양 유로달러 시스템은 명시적 중심이 없었고 국가의 규제와 간섭을 피해 역외시장으로 발달했는데, 2008년 이후로 유로달러시장의 중심은 연준임이 분명해졌다. 2008년 연준이 제어하려고 했던 위기는 미국과 유럽 각각의 위기가 아니라, 달러 기반의 북대서양 금융 시스템에서 발생한 거대한 쓰나미였다. 어떤 의미에서 유럽은 연방준비제도의 13번째 지역이 됐다.[80]

연준의 대응에서 두드러진 점은 최대한 노출을 피하고 정치적 논쟁에 휩쓸리지 않았다는 것이다. 어쩌면 이는 연준의 대응이 성공한 이유 중 하나인지도 모른다.

매크로금융

2008년 금융위기를 겪으며 일부에서는 달러 시스템에 대한 비판이 쏟아졌다. 미국의 과도한 특권이 빚어낸 참극이라는 시각을 드러내는 이도 있었다.

달러 기반의 금융 시스템이 중차대한 위기를 겪은 것은 사실이지만, 도이치은행, BNP파리바 같은 유럽의 거대 은행들이 연준에 의존해서 위기를 극복했던 사실과 연준이 유럽중앙은행에 제공한 거대한 스와프 라인을 떠올리면 달러 중심 체제에 대한 객관적 인식이 필요하다.

21세기 초의 달러는 더 이상 1944년 브레턴우즈 체제에 근거하여 지배적인 위상을 구축한 것이 아니었다. 글로벌 달러의 기초는 민간 금융 시장 네트워크였고, 이는 월가와 런던시티를 중심으로 형성됐다. 거대한 유로달러 시스템은 국가의 통제에서 벗어나 미국과 유럽의 금융계가 공동으로 만든 것이다. 2008년 가을에 발생한 금융위기 사태는 달러의 상대화가 아니라 오히려 미국 중앙은행의 기축적 역할을 극적으로 보여준 셈이었다. 달러는 힘이 약화된 게 아니라, 연준의 대응으로 글로벌 달러로서 새로운 위상을 획득했다.

달러 시스템에 대한 불만이 드러나면서 대외 준비통화로서 달러의 대안을 모색해야 된다는 견해도 있었지만, 미국 통화정책은 달러의 역할, 그리고 글로벌 중앙은행으로서 연준의 위상에 심각한 손실을 입히지는 않았다.[81] 미국은 글로벌 금융위기의 진원지였지만, 오히려 달러는 가장 안전한 통화로 인식됐다. 중국 중앙은행인 인민은행 관계자는 이런 상황이 모순적이라고 지적했다.[82] 다른 한편 유럽 은행들이 금융위기의 한복판에 있는데도 유럽의 금융 당국이 이 위기를 관리하는 데 실패하자, 유로가 달러에 도전할 것이라는 기대는 사라졌다.

2008년 글로벌 금융위기를 이해하기 위해서는 매크로금융 차원에서 경제를 살펴봐야 한다. 국가경제 간의 상호작용이라는 고립된 모델이 아니라, 초국가적으로 활동하는 은행과 은행 간의 상호 연계된 대차대조표를 중심으로 바라봐야 하는 것이다.[83]

정부의 재정 적자나 경상수지 불균형으로는 금융위기가 발생할지 예측할 수 없다. 글로벌 은행의 자금 이동은 엄청난 규모로 순식간에 이뤄지므로 이를 포착해야 하는 것이다. 아시아에서는 중국과 한국에 끼친 영향을 중심으로 당시의 상황을 알아보겠다.

차이메리카

중국 국부펀드인 중국투자공사의 사장인 가오 시칭(Gao Xiqing)은 2008년 금융위기에 미국 당국이 적극적으로 개입해서 금융기관들을 구제한 것을 두고, 자본주의적 민주주의가 아니라 "미국적 특성을 가진 사회주의"라고 힐난했다.[84] 중국이 원했던 것은 패니메이와 프레디맥 채권에 대한 전면적인 보증이었다. 미국 재무부 장관 폴슨은 두 기관을 사실상 국유화함으로써 이 요구를 받아들였다. 중국이 미국 경제정책에 영향력을 행사한 것이다. 이는 두 나라의 관계가 깊어졌음을 보여주는데, 좀 더 자세히 살펴볼 필요가 있다.

중국의 미국 국채 매입은 증가했다. 2007년 총 9,220억 달러를 보유하고 있던 것이 2년 후에는 1조 4,640억 달러로 증가했다. 금융위기 시, 미국 국채는 가장 안전한 자산이었기에 중국의 선택지는 제한적이었다. 일본이나 유럽 국가들의 국채는 유동성이 떨어졌다. 투자와 무역의 측면에서 미국과 중국은 원하든 원치 않든 엮일 수밖에 없었다. 그러다 보니 미국이 위기를 겪으면 중국도 피해를 입었다.

하버드대학의 니얼 퍼거슨(Niall Ferguson) 교수와 파리정치대학의 모리츠 슐라리크(Moritz Schularick) 교수는 미국과 중국의 공생 관계를 '차이메리카(Chimerica)'라고 표현했다.[85] 서머스는 재무부를 떠나 하버드대학의 총장으로 있을 때, 중국과 미국의 금융 의존 관계를 "금융 테러의 균형(balance of financial terror)"이라고 지칭했다.[86] 중국으로서는 미국의 금융 실패로 거대한 손해를 입기 때문에 실패를 조장하지 않을 것이라는 뜻이다. 처음부터 미국과 중국의 금융 관계는 정치화되어 대국 간의 외교 문제가 되었다. 아무도 단순한 비즈니스 문제로 인식하지 않았다. 금융 테러의 균형은 유지됐다.

한국의 위기

한국은 2008년 글로벌 금융위기를 비켜가지 못하고 크게 충격을 겪었다. 은행권의 단기 외채 차환이 어려워지면서 달러 품귀 현상이 일어났다. 2007년 11월 2일 902원이었던 환율은 2009년 3월 3일 1,574원까지 급등했다. 외환 보유액도 2008년 3월 말에는 2,642억 달러이던 것이 11월 말에는 2,005억 달러가 되어 8개월 만에 637억 달러가 감소했다. 단기간에 외환 보유액이 대규모로 감소한 것은 큰 문제였다. 2007년 10월 말 2,065p로 사상 최고치를 기록했던 종합주가지수도 2008년 10월 24일 939p로 반토막이 났다.

한편 한국의 총외채는 2005년 말에 1,879억 달러였는데, 리먼브라더스 사태가 발생한 2008년 3분기 말에는 4,255억 달러로 두 배 이상 증가했다. 단기 외채는 총외채보다 더욱 빠른 속도로 증가했다. 2005년 말 659억 달러였던 단기 외채는 2008년 3분기 말에는 거의 세 배에 가까운 1,896억 달러로 증가했다.

총외채/GDP 비율은 2006년부터 본격적으로 상승하기 시작하여 2008년 3분기 말에는 175%를 기록했으며, 2009년 1분기에는 1997년 외환위기와 같은 수준인 209%에 달했다. 단기 외채/총외채 비율은 2005년부터 상승세를 보이기 시작했다. 이 비율은 2008년 3분기 말에는 45%를 기록했는데, 이는 1997년 1분기의 48%에 근접한 수준이다. 단기 외채/외환 보유고 비율은 2005년 이후 꾸준히 상승하여 2008년 3분기 말에는 79%에 달했다.[87] 1997년 외환위기에 비해서는 나았지만 국제적 기준으로는 위험한 수준이었다. 이런 상황을 지켜본 영국의《이코노미스트》는 2009년 2월 28일, 한국을 남아공, 폴란드와 헝가리 다음으로 외환위기 발생 가능성이 높은 국가로 지목했다.

이렇게 단기 외채 비중이 높은 상황에서 글로벌 금융위기가 최고조에 달했던 2008년 4분기에 은행 등 국내 금융기관에 대한 외화 대출금 회수가 급격하게 큰 폭으로 이뤄져 외화 유동성 부족 사태를 야기했다. 외환 보유고가 큰 폭으로 감소하자 환율은 큰 폭으로 올랐다.

당시 국내 은행과 외국 은행 지점을 포함한 은행 부문 단기 외채의 규모와 비중이 크게 증가했다. 은행 부문 단기 외채 규모는 2005년 말 513억 달러에서 2008년 3분기 말에는 1,597억 달러로 증가했다. 이에 따라 같은 기간 중 전체 단기 외채에서 은행 부문이 차지하는 비중이 77.8%에서 84.2%로 증가했다.[88]

2005년 이후 은행 부문 단기 외채 증가분의 상당 부분은 수출 기업과 해외투자펀드의 환헤지를 위한 선물환 매도(달러선물 매도) 수요에 대응하여 선물환 순매수 포지션을 취한 은행들이 리스크를 관리하는 과정에서 발생한 것이다. 달러 선물환 매수를 한 은행은 미래 달러 매수 초과 포지션으로 환위험에 노출되므로, 이를 헤지하기 위해서 달러를 차입하고 이를 현물환시장에서 원화로 환전하여 원화채권에 투자한다. 이 과정에서 달러 차입이 발생하는데, 선물환의 만기가 1년 미만이면 단기 외채가 발생하는 것이다.

2005년 이후 선물환 매도● 수요가 급증한 주된 원인은 무엇보다도 조선업을 비롯한 국가 전체의 수출이 크게 증가했기 때문이다. 특히 조선업은 수주 계약으로부터 인도 및 대금 수령까지 상당한 기간이 걸리므로 장기적인 원화 가치 상승 추세가 지속되면 수익에 큰 영향을 받는다. 그래서 대부분의 조선업체는 수주 후 바로 선물환 헤지를 했다. 조선 수주 금액이 2005년의 284억 달러로부터 2006년, 2007년에는 각각 486억 달러와 973억 달러로 급증함에 따라 선물환 매도 규모가 크게 늘었다.

또한 이 시기에 펀드를 통한 해외 투자가 빠른 속도로 늘어난 것도 선물환 매도가 크게 증가한 원인이다. 해외 투자 펀드는 원화 가치가 상승할 경우 원화 표시 수익률이 하락하게 된다. 이와 같은 환위험을 회

● 미래의 일정 기간 내에 일정 금액, 일정 종류의 외환을 일정 환율로 매도할 것을 약속한 거래.

피하기 위해 해외 펀드 투자 증가는 선물환 매도를 증가시킨다. 특히 2007년 6월 1일부터 시행된 해외 투자펀드 비과세 조치로 인해 해외 투자펀드 가입이 급증했고 이에 따라 해외 증권 투자로 인한 선물환 매도가 크게 늘었던 것이다.

선물환 매도가 급증함에 따라 금리재정거래● 기회가 확대되었고 이를 이용하기 위한 차익 거래가 늘어난 것도 외채를 증가시켰다. 특히 달러 조달 면에서 유리한 외국 은행 지점의 경우 단기 외채 규모가 2005년 말 258억 달러에서 2008년 3분기 말 941억 달러로 683억 달러 증가했다.[89] 게다가 2006년부터 2008년 3월 사이에 국내 은행의 외채도 576억 달러나 증가했다. 이처럼 국내 은행의 외채가 크게 증가한 것은 선물환 매수 포지션의 헤지나 차익 거래에도 원인이 있지만, 국내 은행 간 경쟁 심화로 인해 외채로 조달한 자금으로 대출 규모를 키우려 한 것도 중요한 원인으로 작용했다.

이런 경위로 증가한 단기 외채가 글로벌 금융위기 중 외환시장을 불안정하게 했다. 글로벌 금융시장이 경색되면서 달러 부족 사태가 벌어지자 원화는 폭락했다. 원화 가치의 하락 정도는 다른 아시아 신흥시장 국가들보다 훨씬 컸다. 환율뿐 아니라 한국 정부가 발행한 외국환평형기금채권(2013년 만기 10년물 기준) 가산금리도 리먼브라더스 사태 이후로 급등하여 2008년 10월 27일에는 751bp까지 상승했는데 이는 1997년 외환위기 당시 해외 한국물 채권(산업금융채권 10년물 기준)의 가산금리 660bp보다 높은 수준이다.[90]

● 국가 간의 금리 차가 존재할 경우 저금리국으로부터 고금리국으로 자금을 이동시켜 금리차익을 얻으려는 거래.

심지어 정부 지분이 있는 은행마저 레포시장에서 배척됐다. 수출 감소, 원화 절하, 대규모 유동성 압박을 동시에 겪은 건 아시아에서 한국이 유일했다. 달러 자금시장의 경색을 상쇄하기 위해 한국 정부는 2008년 10월 1,000억 달러 대출에 대해 보증하고, 최소 300억 달러의 유동성을 지원했다. 수출 대기업들은 보유하던 달러를 외환시장에 매각하면서 원화에 대한 압박을 줄였다. 국민연금은 은행채를 매입해 자금 조달을 도왔다. 그러나 원화 붕괴를 결정적으로 막은 건 외부의 도움이었다.[91] 이번에는 IMF가 아니라 미국 연준이 나섰다.

2008년 10월 29일, 한국은행은 연준과 300억 달러의 스와프라인을 개설했으며 확보한 달러는 입찰을 통해 매각하겠다고 발표했다. 외환시장이 안정되자, 한국은 은행 부문을 복원했다. 2009년 초에 한국 정부는 은행 간 대출 시장에 추가로 550억 달러의 유동성을 공급하고, 은행 구조조정과 부실채권 정리를 위해 230억 달러를 확보했다.

연준이 한국과 스와프라인을 개설한 이유는 한국 경제 규모가 크고 세계 경제 시스템에서 중요한 위치를 차지하고 있다고 판단했기 때문이다.[92] 한국은 미국에서 시작된 글로벌 금융위기의 여파로 일시적인 유동성 위기를 겪고 있을 뿐이라고 본 것이다. 한국은 신속히 위기에서 벗어났고, 외국 자본이 다시 유입됐다.

대체 불가의 달러

2009년 3월, 중국인민은행 총재 저우 샤오츄안(Zhou Xiaochuan)은 새로운 브레턴우즈 협정이 필요하다고 역설했다. 그는 통화가치의 안정성을 확보하려면 1944년에 케인스가 제안했듯 특정 국가의 통화가 아닌 초국가적 통화 단위가 필요하다고 주장했다. 그가 후보로 내세운 건 IMF의 SDR이었다. 중국은 1994년부터 런민비 환율을 달러에 고정했고, 일부 경제학자들은 이를 '브레턴우즈 2'라고 지칭했다.[93]

그런데 이런 제안을 한 것은 미국에 대한 중국의 인내심이 바닥에 이르렀다는 의미였다. 중국의 제안에 프랑스와 러시아도 동조했다. 이 조치는 노벨 경제학상 수상자 조지프 스티글리츠(Joseph E. Stiglitz)가 UN의 요청으로 제안한 SDR 기반의 글로벌 통화 플랜과도 일치했다.[94]

미국은 앞으로도 달러가 세계 경제의 축이어야 한다고 반박했다. 사실 2008년 금융위기 후 달러의 위상은 오히려 강화됐다.[95] 안전자산인 미국 국채에 대한 수요가 늘면서 통화시장에서 달러 가치가 올라갔다. 연준이 글로벌 금융 시스템에 유동성을 공급했던 것은 공공연한 사실이었다. 이런 상황에서 다른 대안을 모색한다는 것은 유럽 국가들로서는 현실적으로 불가능했다. 결국 2009년 런던에서 열린 G20에서 새 국제통화 창설 문제는 안건이 되지 못했다.

그 대신 런던 G20 회의에서는 금융안정위원회를 신설하기로 했는데, 이 위원회를 통해 금융규제를 개선하고 민간 신용평가기관의 규율을 구체화하기로 했다. G20는 사실상 바젤위원회, IMF와 기타 다른 국제기구의 안건을 정하는 선도 기구로 자리 잡았다. 런던 G20 회의 이후 각국은 경제 회복을 위해 대대적으로 재정을 풀었다. 2008~2010년 금융위기를 극복하기 위해 1조 8,700억 달러가 지출되는데, 이는 역사적으로 전례가 없는 규모였다. 특기할 만한 사실은 2009년과 2010년 위기에 가장 적극적으로 재정 지출에 나선 지역이 중국 등 아시아였다는 점이다. 반면 유럽의 재정 지출은 미미했고, 서방 국가 중 적극적인 나라는 미국뿐이었다.

오바마 정부는 경제 회복을 위해 총 8,200억 달러를 투입했다. 오재그와 루빈은 2004년 재정 적자가 민간 투자를 억제할 뿐만 아니라 부정적 신뢰와 기대를 낳게 하므로 금융시장에 패닉을 유발할 수 있다고 주장했다.[96] 다시 말해 재정 적자가 누적되면 국채에 대한 신뢰가 하락할 우려가 있다는 것이었다. 그러나 서머스를 비롯하여 이에 반대하는 견해가 옳았다. 개인들은 저축을 다시 늘렸으며, 뮤추얼펀드는 위험한 주택저당증권에서 이탈했고, 누구나 안전한 미국 국채를 원했다.

모든 경제 주체가 저축을 하면 경기는 침체된다. 이럴 때 국가는 최종 차입자로서 채권을 발행해 금융시장에 안전한 자산을 제공해야 한다.[97] 그렇게 조달한 돈으로 지출을 늘려 총수요를 일정 수준으로 유지하는 게 국가의 역할이었다.

2008년 쇼크 이후 전 세계는 어느 때보다 안전자산으로 관심이 쏠렸다. 민간이 발행한 AAA등급의 증권들이 결코 안전하지 않다는 게 이미 밝혀졌다. 그래서 국채에 대한 수요가 늘었다. 미국인들만 미국 국채를 원한 게 아니다. 2007년 여름부터 2009년 말까지 일반 대중이 보유한 미국 국채는 2조 9,000억 달러가 증가했는데, 이 중 외국인이 절반 이상을 차지했다. 중국의 미국 국채 보유액은 4,180억 달러가 늘었다.

뻔뻔한 월가

금융위기가 진정되는 추세였지만, 2009년 봄에도 뱅크오브아메리카, 시티그룹 등 미국 최대의 상업은행들은 여전히 위태로웠다. 2009년

5월, 시티그룹의 주식은 97센트에 거래되는 상황이었고, 뉴욕 연준은행은 추가 구제 플랜을 준비하고 있었다.

그런데 2008년 금융위기 구제로 정치적 논란을 일으킨 장본인인 은행들은 이익 나누기에 여념이 없었다. 수백억 달러의 손실을 입고서도 2008년에 월가는 직원들에게 184억 달러의 보너스를 지급했고, 메릴린치도 40~50억 달러를 지급했다. 가장 황당한 건 AIG였다. 2008년 4분기 손실이 617억 달러였는데 2009년 3월 금융상품부에 1억 6,500만 달러의 보너스를 지급했던 것이다. 시민들은 격분했고, 국가에서 천문학적 자금을 투입해 다시 살려놓으니 이익 차지하기에만 혈안이 된 금융계의 뻔뻔함에 치를 떨었다.

2009년 봄, 그 와중에도 오바마와 가이트너는 금융계에 대해 최후의 수호자 역할을 했다. 오바마 정부는 보너스 등에 관해 자발적으로 자제하도록 월가에 경고했을 뿐이었다. 그런데 우익 포퓰리스트들은 티파티 운동을 전개했고, 분노의 화살을 백악관으로 돌렸다. 그러나 가이트너는 흔들리지 않았다. 가이트너에게 금융 시스템의 안정성을 유지하는 것은 공익이었고, 그렇지 않으면 경제가 무너질 것이라고 믿었다.

여전히 문제가 많은 시티그룹 등을 국유화해야 하는가에 관해 논쟁이 일었다. 2009년 2월, 자유시장주의의 여신인 에인 랜드(Ayn Rand)●를 열렬히 추종하던 앨런 그린스펀마저 신속하고 질서 있는 구조조정을 위해 일부 은행을 국유화할 필요가 있다고 말했다.[98]

하지만 오바마는 정부가 필요한 조치를 취하더라도 시장이 주도적으

● 러시아 출신 미국 작가이자 철학가. 『우리, 살아 있는 자들(We the living)』 『우리는 너무 평등하다(Anthem)』 등을 썼다. 이성의 가치와 극단적 개인주의를 강조하는 사상으로 유명하다.

로 문제를 해결해야 한다는 입장이었다. 가이트너는 처음부터 국유화는 옵션에 넣지도 않았다. 재무부의 해법은 감독을 강화하고 규제 당국의 운영 능력을 제고하는 것이었다.

은행에 스트레스 테스트를 하다

2009년 2월, 가이트너는 스트레스 테스트를 도입하겠다고 발표했다. 연준과 재무부가 모든 주요 은행의 건전성을 조사해 인증하겠다는 것이었다. 구체적으로 연준과 재무부가 일종의 신용평가기관이 되어, 민간 기관에 대한 신뢰를 공적으로 판정하고 미국 금융 시스템에 대한 신뢰를 수호하겠다는 계획이었다. 재무부와 연준에게 중요한 건 1,000억 달러 이상의 자산을 가진 19개 주요 은행들의 시스템 안정성이었다. 이들의 총자산 규모는 10조 달러에 이르렀다. 이를 위해 미국의 모든 대형 은행이 회계 정보를 제공했다.

스트레스 테스트를 마친 2009년 5월, 당국은 시티그룹, 웰스파고, 뱅크오브아메리카 등이 총 750억 달러를 증자해야 한다는 내용의 결과를 발표했다. 테스트 이후 은행들에 대한 금융시장의 신뢰는 올라갔고 자금 조달 비용도 낮아졌으며 주가도 상승했다. 우량 은행들은 즉시 200억 달러를 추가로 조달할 수 있었다. 6월 19일에는 9개 은행이 부실자산구제프로그램에 전액을 상환하고 졸업했다. 8개 은행이 그 뒤를 이었다. 2009년 12월, 시티그룹, 뱅크오브아메리카, 웰스파고는 총 490억 달러를 증자했다.

스트레스 테스트를 통해 미국 정부와 대형 은행들 사이에는 긴밀한 유대가 형성됐다. 당국으로서는 번거로운 데다 비용이 많이 드는 일이었고, 은행들에게도 힘든 일이었다. 그러나 결과적으로 미국 정부는 이 테스트를 통해 일종의 특권을 은행들에게 부여하게 됐다. 테스트를 통과한 은행은 미국 당국으로부터 안전하다는 인증을 받은 셈이었으니 말이다. 이런 은행에 위기가 닥치면 당국은 외면하기가 어렵다. 이렇게 리스크가 사라지자 자본을 조달하기가 훨씬 쉬워졌고, 이는 미국의 2009년 1분기 기준 자산 규모가 1,000억 달러 이상인 대형 은행 지주회사들에 매해 최소 340억 달러의 보조금을 주는 것과 같은 효과가 있었다.[99]

한편 가이트너는 새로운 금융개혁 법안을 통과시켜야 했다. 하원 금융서비스위원회 위원장인 바니 프랭크, 상원 은행위원회 위원장 크리스 도드가 핵심 인사였다. 의회뿐 아니라 연방예금보험공사의 협력도 중요했다. 그 결과 탄생한 것이 849페이지짜리 법안이다. 「월가 개혁 및 소비자보호법」, 통칭 '도드-프랭크법'으로 알려진 이 법은 위기 진단에 관한 내용을 포함했다. 하지만 주요 조항은 2008년의 금융위기를 일으킨 그림자금융 시스템의 붕괴와는 무관했다.

재무부는 더 많은 자본금, 낮은 레버리지, 높은 유동성을 원했고, 새로운 위기에 대응하기 위해 재무부과 연준에 권한이 집중되길 바랐다. 하지만 연방예금보험공사와 의회는 연준과 재무부가 월가의 공모자라는 의심의 눈길을 거두지 않았으므로, 더 많은 권한을 부여하길 꺼렸다. 그래서 탄생한 것이 금융안정감독위원회였다. 재무부가 의장을 맡지만 주요 규제 기관이 모두 포함되어 있고, 감독과 통제의 영향은 미국 내에서 영업하는 외국 은행에도 미쳤다.

금융위기에 대응하는 과정에서 연준의 위상에 흠집이 생겼다. 버냉키는 민주당과 공화당 양쪽에서 인기가 없었다. 그래도 오바마는 그의 공적을 높이 사서 연임을 공표했고 《타임》은 2009년의 인물로 버냉키를 선정했다. 의회의 비판과 부정적인 여론을 무마하기 위해 연준과 재무부는 한발 물러섰고, 그 결과가 소비자금융보호청의 설립이었다. 신용카드와 소비자대출 규제를 담당하는 소비자금융보호청은 금융개혁의 중요한 성과이기도 했다. 그렇다고 해도 재무부와 연준이 500억 달러 이상의 자산을 가진 은행들에 대한 감독 권한을 가지고 있는 한, 그들의 위상이 낮아진 건 아니었다.

시스템적으로 중요한 금융기관

2011년 11월, 바젤위원회가 전 세계 29개 금융기관을 '시스템상 중요한 금융기관'으로 지정하고, 바젤 III 규제를 받게 했다. 시스템상 중요한 금융기관은 미국, 유럽, 일본, 중국 등에 있었으며, 총자산이 46조 달러로 전 세계 금융자산의 약 22%를 차지했다. 이들에 대해서는 바젤위원회에서 특별히 감독하고, 우량 유동자산을 충분히 보유하도록 했다.

금융기관들의 자본력 강화에 대해 여러 의견이 쏟아지는 가운데 타협이 이뤄졌다. 새 규칙은 위험가중자산에 대해 보통주자본을 7%로 유지하도록 규정했다. 그러나 29개의 시스템상 중요한 금융기관에 대해서는 2014년 11월에서 2019년 1월 사이에 중요도에 따라 자기자본비율을 8%에서 12.5% 사이로 상향하도록 했다.[100]

바젤 II의 한계는 자산의 부실화 가능성만을 주로 고려하고, 단기 부채로 인하여 발생할 수 있는 유동성 위험을 과소평가한 것이었기에 바젤 III은 위기 상황에서 단기 부채를 갚을 수 있는 단기 유동성을 충분히 확보하는 데 중점을 두었다. 자기자본의 질적 강화를 도모한 것이다.

거대한 위기가 지난 후 은행들은 여전히 대마불사였다. 규모를 줄이거나 분할되기는커녕 2013년이 되자 JP모건, 골드만삭스, 뱅크오브아메리카, 시티그룹, 웰스파고, 모건스탠리는 2008년보다 규모가 37% 더 늘어났다.[101] 가이트너가 주장한 대로 미국의 정책 목표가 금융 안정성 회복이라면 그 실적은 명백하다. 2009~2012년에 상위 18개 미국 은행이 보통주자본을 4,000억 달러에서 8,000억 달러로 증액했고, 현금 및 국채, 기타 유동성이 높은 자산의 비중이 14%에서 23%로 증가했다.[102]

국가의 자원은 경영진과 주주들의 이익에 부합하게끔 쓰였다. 미국 은행들은 비상 상태에서 벗어났지만, 그것이 국가 경제 전체의 이익과 시민들의 정의감에 부합하는지는 별개의 문제였다.

14장

유럽 재정위기와
더욱 공고해진 달러

금융위기에 이어 유럽에 재정위기가 발생한다. 그리스, 포르투갈, 스페인, 이탈리아 등이 위기를 겪었는데, 유럽의 대응 능력은 부족했다. EU 내 다른 회원국의 재정난에 대한 지원을 꺼리는 독일 정부의 소극적 입장과 유럽중앙은행의 제한적 역할로 위기가 심화된다. 결국 혼란 끝에 유럽중앙은행이 주도적으로 나서는 미국식 해법을 택하면서 시장은 가까스로 안정을 되찾는다.

한편, 미국은 금융위기 후에 경제가 부진하자 양적 완화 등을 통해 경제 회복을 시도한다. 하지만 위기 후 양극화는 더욱더 진행되고, 그로 인한 사회적 불만이 정치적으로 표출돼 2016년 미국 대선에서는 트럼프가 당선된다. 이는 브렉시트와 더불어 신자유주의적 세계화에 대한 반대를 상징했다.

금융위기에 대한 반작용의 또 다른 모습이 비트코인 등 크립토통화의 출현이다. 기존의 화폐 질서에 대한 불만으로 국가와 은행을 배제하고 기술에 기반한 새로운 화폐 시스템을 구축하려는 시도였다. 그러나 크립토통화는 사적화폐가 공적화폐를 대체하는 데 필요한 정치적 힘과 사회적 신뢰를 얻는 데 실패한다.

누적된 그리스 국가 부채

미국 금융위기와 유럽 재정위기는 1945년 이후 유럽의 정치경제사에서 중요한 변곡점이었다.

2008년 금융위기 후, 그리스, 아일랜드, 포르투갈의 재정 상황이 악화됐다. 그리스와 아일랜드는 매우 심각했다. 그리스의 국가 부채는 구조조정하기엔 너무 많았고, 아일랜드는 국가가 은행 부채를 보증하는 바람에 국가 부채가 급속히 늘었다.

그리스 부채의 특징은 유로존에 가입하기 전인 1980~1990년대에 누적됐다는 점이다. 2008년 금융위기가 발생하고 그리스 정부가 재정 규율을 느슨하게 하자, 그리스의 금리가 상승했다. 2009년의 부채 비율은 GDP 대비 99%에서 115%로 상승할 것으로 전망됐다. 2010년에만 530억 유로를 부채 상환에 써야 했다. 문제는 유동성이 아니라 지불 능력 자체가 없었다는 점이었다.

그리스의 문제를 미국이 외면하기 어려웠던 건 대서양 금융 시스템 때문이다. 미국의 뮤추얼펀드가 유럽 은행, 특히 프랑스 은행에 수억 달러를 투자했는데, 하필 이 은행들이 그리스에 물려 있었던 것이다. 이 은행들의 미국 지점은 미국 개인과 기업에 대한 주요 대출자이기도 했다. 그래서 유로존에 금융위기가 발생하면 미국은 바로 타격을 입을 수밖에 없었다. 미국은 그리스 부채를 없애기 위해서가 아니라 금융위기가 더 이상 미국으로 번지지 않도록 하기 위해 관심을 기울였다.

2010년 3월, EU 정상들은 유럽중앙은행, IMF, EU(이후 이 셋은 트로이카로 불림)가 주도적으로 그리스 문제를 처리하는 데 합의했다. 채무 조정은 원천적으로 배제했고, 신규 차입으로 기존 부채를 상환하도록 했다. 2010년 4월, 그리스는 긴급구제를 요청했다. 그러나 유럽중앙은행이 그리스 국채를 매입하길 거부하자, 금융시장은 다시 동요하며 미국 국채로 돈이 몰렸다.

리먼브라더스 사태가 일어나고 18개월 후, 그리스에 대한 구제가 늦어지자 제2의 위기가 발생할 것이라는 우려가 확산됐다. 그리스가 위기를 겪는 와중에도 머뭇거리던 유로존은 전 세계 각국 지도자들이 압력을 가하자 5월 9일에 대책을 내놓았다. 구제 펀드의 규모는 상당했다. EU가 600억 유로를, 유럽 각국 정부가 4,400억 달러를, IMF가 2,500억 유로를 출연하기로 했다.

펀드 조달 방식은 유럽금융안정기구라는 SPV를 조세 회피 지역에 설립하고 여기에 각국 정부가 약정한 금액을 납부하도록 하는 것이었다. 유럽 채권시장을 안정시키기 위해 유럽중앙은행이 개입하도록 했다. IMF도 개입했는데 이는 유럽이 그리스 위기에 대처하지 못했을 때 국제금융 시스템에 불똥이 튈까 염려했기 때문이다.

유럽의 재정위기

그리스 문제를 해결하려면 유럽중앙은행이 그리스 국채를 매입해야 했다. 하지만 유럽중앙은행은 그럴 생각이 없었다. 오히려 그리스에 긴축재정을 요구했다. 그리스는 실업이 늘어나고 생산까지 위축되자 경기 진작을 포기했고, 그 결과 경제 회복은 지연됐다. 2010년 5월, 그리스에 유입된 구제금융 자금은 다시 채권자들에게 흘러갔다. 적자가 확대되고 부채 부담은 커진 상황에서, 그리스가 다시 자본시장에서 돈을 구하기는 어려웠다. 2010년 8월, 그리스 10년물 국채의 독일 국채에 대한 스프레드는 937p로 상승했다.

아일랜드의 상황은 더 심각했다. 아일랜드는 극히 무책임한 은행들과 그 투자자들로 인해 발생한 손해를 국민들이 부담해야 하는 상황이었다. 11월 28일에 아일랜드는 850억 유로의 긴급대출을 받았다. 그중 635억 유로는 트로이카에서, 나머지는 다른 EU 회원국, 주로 영국에서 대출했다. 12월 7일, 아일랜드 정부는 재정 지출을 대폭 삭감했다.

유럽의 금융위기는 규모가 큰 데다 서로 긴밀히 연결돼 있어서 개별 국가 차원에서는 해결될 수 없었다. 유럽 전역의 투자자들이 손실을 부담하든지, 유럽 전역이 협조적인 구제를 하든지, 해결책은 둘 중 하나였다. 국가별로 처리한다면 은행위기를 재정위기로 전환하는 셈이라 오히려 불확실성을 증폭시킬 따름이었다. OECD의 추산에 따르면, EU 국가들의 채권 위기로 인한 유럽 은행들의 잠재적 손해는 1,650억 달러에 달했고, 그중에서도 그리스, 아일랜드, 포르투갈, 스페인의 금융 시스템이 가장 취약했다.

제2차 양적 완화

한편 2010년, 미국의 상황은 매우 복잡했다. 오바마 정부는 2년 차에 접어들어 중간 평가를 앞두고 있었는데, 실업률은 10%에 가까웠고 미국인 다섯 명 중 네 명이 경제 상황을 부정적으로 평가했다. 특히 금융 위기를 극복하는 과정에서 이뤄진 대규모 구제금융에 대해 비판적이고 '작은 정부'를 지향하는 티파티 운동이 세를 얻었다. 이 운동은 워싱턴 D.C.의 권력 엘리트들에 반대하는 보수적이고 국익 중심 노선을 표방했다. 심지어 민주당 지지자들 사이에서도 2008년의 구제금융을 비판하는 목소리가 상당했다. 11월 2일, 화가 난 유권자들의 표심은 민주당을 심판했고 그 결과 공화당이 하원에서 63석을 추가로 얻으며 대승을 거뒀다. 이는 미국 정치에 중대한 분기점이 되었다.

2010년 11월, 경기 침체 국면에서 벗어나지 못하고 중간선거의 충격까지 겪은 연준은 2011년 2분기까지 매월 750억 달러씩 국채 등을 매입하겠다고 선언했다. 두 번째 양적 완화가 시작된 것이다. 연준은 2008년 11월에 첫 양적 완화를 도입했는데, 금리가 거의 제로에 가까운 상황에서 금융권이 보유한 자산을 매입해 금융시장에 달러를 공급함으로써 유동성 함정을 방지하려는 의도였다. 높은 실업률에도 불구하고 의회의 부정적 태도로 인해 재정을 투입하기 어려운 시기에는 양적 완화 정책의 효과를 기대할 수밖에 없었다.

그렇지만 양적 완화가 작동하는 방식은 여전히 논쟁의 대상이었다.[1] 원래는 단기 채권을 대량으로 매입하면 단기 금리가 내려가고 이에 따라 장기 금리도 내려갈 것이므로 투자를 촉진할 것으로 기대했다. 그러나 이는 기업들의 투자 의지에 의해 좌우되므로, 금융위기가 닥쳤을 때 실제 이 시나리오대로 되리라고 보장할 수는 없다. 양적 완화의 가장 직접적 효과는 금융시장을 통해서 드러난다. 채권 수익률이 내려가면 자산 운영자들은 고수익을 노리고 다른 자산으로 이동하고, 특히 채권에서 주식으로 자금이 이동하면 주식시장은 활기를 띠고 주식 보유자들의 부는 증가한다.

두 번째 양적 완화에 대해서는 반대도 심했다. 일부 사람들은 연준이 매월 수백억 달러를 찍어낸다고 비난하면서 연준 폐지를 주장했다. 외국, 특히 독일에서는 보수파들이 이런 통화 실험을 적극적으로 반대했다. 그럼에도 오바마가 서울에서 열리는 G20 회의에 참석하기 며칠 전, 연준은 두 번째 양적 완화를 발표했다.

그러나 양적 완화 정책은 실제 자금을 필요로 하는 실물경제 분야에 통화를 충분히 공급하지 못했다. 은행들은 양적 완화 덕택에 현금 보유량이 늘었지만, 정작 기업과 개인에 대한 대출에는 소극적이었다. 리스크를 고려한 것이었다. 게다가 기업과 가계도 부채를 줄이려 해서 대출 수요는 감소했다. 따라서 금리가 낮아도 대출은 늘지 않았고 시중에 돈이 돌지 않았다. 인플레이션은 낮아졌고, 유가와 1차 생산품 가격도 하락했다. 오히려 양적 완화로 인해 자산에 버블이 발생하며 자산 소유자만 부유해졌고 필연적으로 불평등만 심화됐다. 자산가들의 투자와 소비는 늘어날 수 있지만, 이런 간접적 효과는 불확실했다.

급기야 브라질의 새 대통령 당선자는 통화전쟁을 경고했다.[2] 중국은 연준의 행태가 자본시장을 안정화시킬 의무를 저버린 것으로 해석했고, 독일 재무부 장관 볼프강 쇼이블레(Wolfgang Schäuble)도 미국의 양적 완화를 비판했다.[3] 그러자 미국 재무부 장관 가이트너는 세계 경제의 불균형은 미국의 통화정책 탓이 아니라 중국과 독일의 중상주의적 무역 정책 때문이라고 반박했다. 연준이 고의적으로 달러를 절하하는 게 아니며, 양적 완화는 국내 상황을 겨냥한 것이지 환율을 겨냥한 것은 아니라는 입장이었다.[4] 다른 나라들이 통화가치 상승을 억제하려면 연준의 저금리 정책에 맞춰 확장 정책을 실시하면 그만이고, 그러면 통화전쟁이 일어나는 게 아니라 세계에서 전반적으로 통화확장이 이뤄지고 경기 침체를 저지할 수 있다는 게 미국의 입장이었다.

이런 상황에서 미국의 양적 완화에 가장 적극적으로 참여한 은행은 또다시 유럽 은행들이었다.[5] 그들은 미국 채권 등을 매각하고 현금을 확보했다. 유로존이 위기로 치닫는 가운데 유럽 은행들은 유럽 자금시장에서 돈을 빼고, 미국 영업을 축소하고 부채를 줄였다. 이는 경제를 확장하는 방법이 아니었지만, 유로존 위기에 대한 해법이 없는 상황에서 최소한의 안전판을 제공했다.

유럽의 혼돈

2011년 봄, 유럽에 긴축재정의 그림자가 짙게 드리웠다. 재정 지출 삭감과 증세로 수요는 감소하고 경제활동은 위축됐다. 유로존의 실업률은 10%에 달했다. 2011년 4월, 트로이카의 지원을 받는 세 번째 나라가 된 포르투갈에서는 긴축재정에 대한 시민들의 불만이 고조됐다. 2011년 6월, 스페인에서는 300만 명이 참여하는 대규모 시위가 발생했다. 이들은 정치 개혁, 실업 해소, 금융규제 등을 외쳤다. 그리스에서도 좌익, 우익을 가리지 않고 시민들의 대규모 저항이 일어났다. 시민들은 세금과 벌금 납부도 거부했다.

채권시장 안정을 위해 유럽 공동의 펀드를 조성하는 건 독일 총리 메르켈에게는 정치적 독약이었다. 이는 유럽 국가들이 국채를 연대해 보증한다는 뜻이었고, 독일인들은 이에 결코 동의하지 않았다. 유럽중앙은행이 채권시장을 안정시키는 역할을 떠맡는 수밖에 없었다. 그러나 유럽중앙은행도 곤란한 상태였다. 몇 개월 동안 여러 나라의 국채를 매입했는데, 2011년 봄에 정크 수준의 그리스 국채를 무려 15%나 보유했던 것이다.

도리어 2011년 4월과 7월에 유로존 금융위기가 한창일 때 유럽중앙은행은 금리를 인상했고, 이는 매우 잘못된 정책이었다.[6] 유럽중앙은행의 결정은 유럽 각국 정부에 채권시장의 안정화가 각국의 책임이라는 메시지를 보낸 셈이었다. 그 전인 3월 중순, 이미 유럽중앙은행은 유로존의 국채 매입을 중단했고, 열등한 국채의 레포에 대해서는 차별화된 헤어컷을 적용했다.[7] 2011년 후반으로 갈수록 유럽 은행들의 자금 사정은 악화됐고, 특히 프랑스 은행들은 심각했다. 유로화의 몰락에 베팅하는 투자자도 등장했다. 유럽에서 은행 간 대출은 2007~2008년 쇼크에서 결코 회복되지 않았다.

2011년 6월 29일, 그리스 정부는 민영화, 증세, 연금 삭감 등이 포함된 네 번째 긴축안을 의회에 제출했다. 하지만 그리스 국채 문제를 해결하기 위해서는 긴축재정만으로는 부족했고 채권자들이 어느 정도 채무를 탕감해 줘야 했다. 6월 27일부터 그런 논의가 시작됐지만 채권자들의 태도는 소극적이었다. 이 무렵 S&P는 그리스 국가 신용등급을 CCC로 강등했다. 이런 가운데 이탈리아의 부채 규모가 1조 8,000억 유로에 달했다. 2011년 7월, 이탈리아는 700억 유로의 긴축 프로그램을 채택했다. 2011년 8월, 이탈리아에서 외국인 투자자들이 이탈했고, 차입 비용도 4.25%에서 5.54%로 상승했다. 금융위기가 이제는 그리스, 아일랜드, 포르투갈을 넘어 스페인, 이탈리아를 포함한 남유럽의 위기로 발전했다. 2011년 9월, 이탈리아와 스페인에 대한 CDS 스프레드는 상대적으로 신용도가 낮은 것으로 인식되던 이집트보다 높았다.[8] 유럽 위기가 심화되는 와중에 유럽에서 이탈한 자금은 미국 국채로 몰렸다.

7월 20일, 프랑스 대통령 사르코지와 독일 총리 메르켈, 유럽중앙은행 총재 장 클로드 트리셰(Jean-Claude Trichet), EU 유럽위원회 대표 헤르만 판 롬파위(Herman Van Rompuy) 등의 합의로 새로운 구제 플랜이 마련된다. 그리스는 추가로 1,090억 유로를 지원받고, 채권자들도 양보하여 21% 수준에서 채무를 탕감해 주기로 했다. 다만 다른 국가들에 대해서는 채무 조정을 허용하지 않기로 했다.

위기 확산을 막기 위해 유럽금융안정기구의 역할이 강화되면서, 유럽금융안정기구는 유통시장에서 국채를 매입하고 스페인, 이탈리아 등에도 신용을 공급했다. 드디어 효과적인 해법들이 마련됐고, 은행들에 대해 자본을 보강해 줄 필요성에도 공감했다. 이제 자금만 확보하면 문제는 해결될 것이었다.

미국 부채 한도 위기

그런데 2011년 여름, 미국에는 심각한 위기가 닥쳐왔다. 공화당은 다수당이 되자 의회에서 실력을 행사하기 시작했고 양당은 장기적인 재정긴축에 대해 합의를 이루지 못했다. 예산안이 성립되지 못하자, 연방정부는 문을 닫아야 할 지경에 이르렀다.

이미 5월 16일, 연방정부의 부채는 한도인 14조 3,000억 달러에 이르렀다. 조세 수입으로 경상 지출의 60%만 커버하는 상황인데, 연방정부가 차입 한도에 도달하자 재무부는 보유 현금 사용, 외국환평형기금 운영 중단 등 비상수단을 동원해야 했다. 하지만 그 효과는 일시적이어서 8월 2일 이후 연방정부는 공무원의 급여를 지급하든가, 채권자들에게 이자를 지급하든가, 둘 중 하나를 선택해야 했다. 더 나쁜 상황으로 치달아 국채가 부도날 수도 있었다. 민주당과 공화당의 의견 차이는 컸다. 민주당은 증세와 재정 지출 감축을 동시에 추진하자는 입장이고, 공화당은 재정 지출만 감축해야 한다고 맞섰다. 8월에 재무부는 약 5,000억 달러에 달하는 채권의 만기를 연장해야 했다.[9]

머니마켓펀드가 보유한 미국 국채의 평균 만기는 2010년 1월에 95일이던 것이 2011년 7월에는 70일로 단축됐다.[10] 그만큼 미국 국채의 위험을 회피하는 경향이 커졌다. 또 금융시장에서는 미국 국채에 대한 CDS를 구상하기도 했다. 가장 안전한 자산의 부도 위험을 보장하기 위한 상품이라니, 어불성설이었다. 그런데 이런 말도 안 되는 상황이 현실이 됐다.

2011년 7월 31일, 마침내 예산안이 타협을 이뤘다. 연말까지 양당이 합의에 이르지 못하면 자동적으로 긴축안이 실시되도록 잠정적으로 합의한 것이다. 강경한 티파티 세력도 일보 후퇴했다. 그러나 상처는 남았다. 티파티 강경론자들은 농담이 아니라 진짜 정부를 문 닫게 할 생각이었다.[11] 이 문제는 앞으로도 미국의 미래에 관한 중요한 암시가 되었다.

8월 3일, 중국의 신용평가기관인 다공국제신용평가(大公国际资信评估有限公司)는 미국의 신용등급을 A+에서 A로 강등하면서 미국의 정치 시스템이 경제에 미치는 부정적 측면을 강조했다.[12] 그해 말, 중국은 미국 국채를 대량으로 매각했다. 미국 국채에 대한 열광은 식었다. 중국이 보유한 포트폴리오는 1조 2,000억~1조 3,000억 달러에서 안정됐다. 급기야 8월 5일에는 상상할 수 없는 일이 생겼다. 미국의 신용평가기관 S&P가 미국의 신용등급을 AAA에서 AA+로 강등한 것이다. 정치적 대립으로 미국의 국정 운영과 정책 결정이 안정적이지도 효과적이지도 않고 예측할 수 없다는 게 그 이유였다.[13] 미국 정치 시스템의 문제와 약점을 공식적으로 지적한 것이다. 미국 정치가 제대로 기능하지 못하는 가운데 미국 대다수 시민들의 삶은 힘들었다.

월가와 정치권에 대한 저항 운동

2011년 9월 17일, 뉴욕시 맨해튼 주커티 공원에서 "월가를 점령하라"라는 구호가 울려 퍼졌다. 월가점령운동의 시작이었다. 이를 필두로 한동안 월가와 정치권에 대한 시민들의 조직적 저항 운동은 지속됐다. 그들은 정부의 금융기관 구제, 부유층에 대한 우대 조치를 비판하고, 법을 개정해 금융규제를 강화하라고 요구했다. 그들은 "우리가 99%다"라고 외치면서 극단적인 부의 편중으로 오직 1%만을 위한 사회가 됐다고 비판했다.

실제로 2007년 최상위 1%가 미국 자산의 34.6%를 소유했다. 심각한 금융위기를 겪으며 대형 금융기관들의 탐욕이 폭로되고 미국 정부의 정책이 자산 계층에 유리하게 펼쳐지자, 이에 대한 대중의 분노가 드러난 것이다.

물론 미국의 월가점령운동은 유럽의 긴축반대운동에 비해서는 소규모였다. 2011년 10월 15일 발생한 유럽의 대규모 시위에는 스페인에서 약 100만 명, 로마에서 20~40만 명, 포르투갈에서 수만 명이 참가한 데 비해, 뉴욕 시위에는 약 3만 5,000~5만 명이 참여했다. 하지만 뉴욕 시위는 상징성이 컸다. 미국 자본주의 심장에서 반대를 외쳤기 때문이다. 미국의 필라델피아, 오클랜드, 보스턴, 시애틀 등지에서도 활동이 이어졌다. 전 세계 900여 개 도시에서 동조하는 시위가 벌어졌다. 여기서 중요한 점은 급진적인 소수의 분노에 미국의 상당수 여론이 동조했다는 점이다.

2011년 10월의 한 여론 조사에 따르면, 절반 이상의 응답자가 월가 점령운동에 공감했다. 3분의 2는 부가 좀 더 공평하게 분배되어야 한다고 생각했다.[14] 고작 11%의 미국인만이 정부가 올바르게 움직일 거라고 믿었고, 84%는 의회를 불신했다. 대다수 시민들이 느낀 무력감과 경제적 어려움, 정치권에 대한 불신은 이후 미국의 정치 지형에 많은 변화를 불러왔다.

유로존 붕괴 위험

한편 2011년 가을, 유럽의 은행들은 낭떠러지로 향하고 있었다. 2007~2008년에 입은 손실이 여전히 남아 있었다. IMF의 추산으로 유럽 은행들은 최소 2,670억 달러를 증자해야 했다.[15] 미국 재무부가 추산했을 때 유로존에는 최소 1조 유로의 자금이 필요했고, 1조 5,000억 유로라면 이상적이었다.[16] 유럽 은행들은 돈이 드는 증자 대신, 부채와 대출을 줄이는 방식으로 위험을 최소화하려 했다. 4,800억~2조 유로 규모의 자산 수축이 예상됐다. 신규 대출 수요도 감소했다. 그만큼 경제가 어려워진 것이다. 유럽 은행들은 미국 단기 금융시장에서 자금을 구하기 어렵게 되자 미국 사업을 축소했다. 이는 미국 은행들에 영향을 미쳤고 2011년 가을이 되자 미국 은행들에 대한 CDS 프리미엄이 오르기 시작했다.[17]

10월 23일, 유럽 정상들은 다시 모여 안정화 플랜을 구상했다. 독일도 이에 합류해 10월 26일에는 그리스에 대한 세 번째 구제안이 확정됐다. 그리스 국채를 50% 탕감해 주기로 하면서 그리스 국가 부채는 GDP 대비 120% 이하로 떨어졌다. 신규로 1,300억 유로의 자금을 지원하여, 2010년 이래 지원 규모는 2,400억 유로에 달했다. 이는 그리스 GDP보다 큰 금액이었다. 유럽금융안정기구는 그 규모를 1조 2,000억 유로로 확대하고, 유럽 은행들은 1,060억 유로 규모의 자본 보강을 하기로 했다. 마침내 유럽은 문제의 근본을 다루기 위해 대책을 마련한 것이다.

그런데 그리스 총리 게오르기오스 파판드레우가 그리스 구제안을 국민투표에 붙이겠다고 발표했다. 우여곡절 끝에 힘겹게 도출된 구제안에 대한 그리스 정부의 반응에 유럽은 반발했다. 결국 이 여파로 미국에서 공부한 경제학자이자 유럽중앙은행 출신 루카스 파파데모스가 그리스 총리 자리에 올랐다.

이탈리아 안정화를 위한 논의도 쉽지 않았다. IMF가 800억 유로의 구제 프로그램을 엄격한 조건을 붙여 제안하자 실비오 베를루스코니 총리는 이를 거절했고, 프랑스와 독일은 그를 축출하는 데 나섰다. 2011년 11월 12일, 이탈리아 연립정부가 무너지면서 베를루스코니가 사임하고 마리오 몬티가 등장했다.

11월 중순, 유로존에 속한 두 나라 정부를 민주적 선출 과정을 거치지 않고 시장친화적인 사람들이 장악했다. 이들 중 몬티, 마리오 드라기, 메르켈의 경제 자문관인 오트마르 이싱 등은 모두 골드만삭스에서 일한 경력이 있다.[18]

시장과 G20의 비유럽 국가들은 유럽 국가들의 위기를 해결하기 위해서 더 높은 수준으로 유럽이 통합되기를 바랐다. 유럽금융안정기구를 확대할 필요가 있었지만, 독일의 반대를 극복할 수 있을지가 관건이었다. 2011년 11월, G20 회의에서 오바마는 유럽중앙은행이 채권을 매입하는 게 시장을 안정시키는 길이라고 조언했다. 유럽중앙은행이 연준처럼 행동해야 한다는 것이다. 분데스방크가 재정정책과 금융정책의 경계를 허문다는 이유로 채권 매입을 반대한다면, 유럽은 정부가 후원하는 대규모의 채권 매입 펀드를 선택할 수밖에 없었다. 최소 1조 유로 이상, 이상적으로는 1조 5,000억 유로 이상의 규모여야 했다. 그러나 오바마의 압력에도 독일의 반대는 굳건했다.

급기야 2011년 11월 23일, 독일 국채인 분트가 매각에 실패했다. 독일의 상황도 불안해진 것이다. 사르코지는 최악의 경우 유로존이 붕괴하리라고 전망했고, 그게 현실이 될 경우 유로존 내 주변부의 약한 나라들부터 쓰러질 것이었다. 유럽 내부에서도 유로본드, 즉 EU에서 채권을 발행할 필요성이 제기됐다. 독일의 사민당은 이에 조심스럽게 긍정적인 입장을 내비쳤지만, 메르켈이 소속된 기민당은 적극적으로 반대했다. 독일이 유일하게 양보한 것은 2012년 7월부터 임시로 만든 유럽금융안정기구를 영구 조직인 유럽안정기구로 대체하는 데 동의한 것이다. 이 기구는 국채 유통시장에 개입할 수 있었다.

은행들은 단기 도매금융시장에 접근하기 어려워지면서 엄청난 압력을 받았다. 특히 달러 자금이 매우 부족했다. 이 상황은 2008년을 떠올리게 했다. 프랑스은행은 비상대책으로 보유하던 달러를 프랑스의 은행들에 공급했다. 11월 30일, 연준과 유럽의 중앙은행들은 2008년에 개설했던 스와프라인을 재가동했다. 유럽중앙은행은 2011년 10월에 유럽 은행들에 우대금리로 장기 대출을 제공하겠다고 선언했다.[19] 12월에는 추가로 우대금리의 3년 장기 대출을 더 낮은 등급의 담보로도 제공하겠다고 했다.[20] 2011년 12월 21일에 523개 은행이 4,890억 유로를 공급받았다. 다음 해 2월에는 5,000억 유로를 800개 은행이 제공받았다. 주로 이탈리아, 스페인, 아일랜드, 그리스 은행들이었다. 유럽중앙은행의 장기 대출로 공급된 대규모 자금은 은행들의 국채 매입에도 쓰였다. 유럽중앙은행은 간접적으로 국채 수요를 늘리고 수익률을 낮춰 국채시장을 안정시켰다.

유럽 금융판 파월 독트린 선언

2012년 1월 20일, S&P는 유로존 국채의 등급을 강등했다. 곧이어 멕시코시티에서 열린 G20 회의에서 유로존 국가들은 비유로존 G20 회원국들이 3,000~4,000억 달러의 자금을 IMF에 제공하고, IMF가 이 자금을 유로존 위기 해결에 지원할 수 있도록 해달라고 요청했다. 개발도상국도 아니고 선진국이라는 유럽 국가들이 지원을 요구하는 것 자체가 이상했다.

미국, 중국, 브라질 등 비유럽 국가들은 이를 받아들일 수 없었다. 유럽은 스스로 충분한 노력을 기울이지 않았다. 그리스의 경제 상황은 더 악화됐고, EU는 그리스 도산으로 인해 회원국이 입을 피해의 구제 방안을 여전히 마련해 두지 않았다. 2012년 2월, 일본과 중국은 유럽이 먼저 최선을 다하면 IMF의 지원을 위한 자금 제공에 협력하겠다고 밝혔다. 3월 말이 되자, 마침내 유럽안정기구의 규모 확대가 결정되면서 EU는 8,000억 유로의 방화벽을 구축했다.[21]

EU는 그리스와의 재협상에 여전히 주저했다. 더 이상 개입하기도 힘들었고, 그리스와 채권자들이 알아서 할 문제로 보였기 때문이다. 채권단 대표와 그리스 정부는 2월부터 협상을 시작했고, 채무 탕감 폭을 50%에서 53.5%로 높였다. 2012년 4월, 그리스 국채 중 1,992억 유로는 297억 유로짜리 단기 채권(유럽금융안정기구의 보증)과 624억 유로짜리 장기 채권으로 대체됐다. 그리스의 민간 채권자들은 1,070억 유로의 채권을 포기했는데, 장기 채권의 현재 가치를 고려하면 그리스 국채는 65%가 감경된 셈이었다.

2012년의 조정 결과, 그리스 국가 채무는 3,500억 유로에서 2,850억 유로로 겨우 19% 줄어들었다. 이제 80%의 채무는 유럽금융안정기구, 유럽중앙은행, IMF 등 공적 기관에 상환하는 것으로 바뀌었다. 민간 채권자들에 대한 채무 1,616억 유로를 공적 기관에 대한 채무 988억 유로로 전환한 셈이었다. 그리스가 지원받은 총 2,267억 유로 중 고작 11%만 그리스 정부의 재정 적자 보완과 국민들 이익에 쓰였고, 나머지는 모두 채권자들에게 돌아갔다. 금융위기로 그리스 경제는 심각한 타격을 입었고 실업률은 25%로 상승했다.

그리스 구제가 끝나자 스페인의 문제를 해결할 일이 남아 있었다. 2012년 6월 14일, 무디스는 스페인의 신용등급을 Baa3로 강등했다. 스페인 위기가 심각해지자 6월 28일, 유럽이사회는 회의를 개최했다. 회의 3일 전, 스페인은 은행들의 자본 보강과 구조조정을 위해 1,000억 유로의 지원이 필요하다고 했다. 독일은 단기적으로 스페인 은행을 구제하는 데 동의했다.

그러나 국채시장의 불안정 문제는 해결되지 않았다. 이탈리아와 스페인의 국채시장이 안정되지 않고는 국채 문제를 해결할 수 없었다. 독일이 즉각 채권 매입에 동의하게 하려면, 스페인은 우선 연금을 개혁하고 재정 균형에 대한 확고한 의지를 보여야 했다. 스페인은 GDP의 11.2%에서 5.4%로 재정 적자를 축소하는 데 안간힘을 쏟았다. 6월 29일, 마침내 메르켈이 한발 물러서면서 유럽안정기구가 국채시장 안정을 위해 지원하는 데 동의했다. 마침내 유럽의 큰 벽이 제거된 것이다.[22]

2012년 7월, 유럽중앙은행 총재 드라기는 글로벌 시장에 중요한 메시지를 전달했다. 그는 유로를 뒷받침하는 정치적 결의를 금융시장이 과소평가하고 있다고 지적하면서, 유럽중앙은행은 유로를 유지하기 위해 무슨 일이든 할 것임을 런던시티에서 확고하게 표명했다. 이는 유럽의 미래에 대한 런던 금융계의 깊은 회의를 불식시키기 위한 것이었다. 유럽 금융판 파월 독트린을 선언한 셈이기도 했다. 이는 사실 미국이 2010년 이후로 계속 요구하던 것이었다. 미국에서 교육받은 경제학자이자 골드만삭스에서 일했던 드라기가 마침내 미국식 해법으로 유로존 위기를 끝내는 결정타를 날리자 시장은 급속히 안정됐다. 이 발언은 사전에 유럽 지도자들과 상의한 게 아니었지만, 이후 유럽의 주요 지도자들은 드라기의 발언에 힘을 실어주었다.

분데스방크의 강경한 반인플레이션론자들은 유럽중앙은행의 채권 매입 구상에 반대했다. 하지만 메르켈은 차악을 선택할 수밖에 없었다. 마침내 메르켈과 볼프강 쇼이블레가 찬성하면서 유럽중앙은행은 조건부 최종 대부자의 역할을 공식화했다. 핵심 조건은 지원 대상 국가가 긴축재정에 동의하고 유럽안정기구가 승인한 지원 프로그램에 동의하는 것이었다. 그러나 유럽중앙은행의 조건부 채권 매입은 시장을 안정시키는 데 그쳤고 유로존 경제에 활력을 제공하지는 못했다. 유럽판 양적완화는 독일 보수주의자들이 있는 한 상상할 수도 없었다.[23] 연준과 달리 유럽중앙은행의 자산은 축소되었고, 유럽은 두 번째 경기 침체로 빠져들었다.

오바마의 리더십

한편 미국의 경제 회복이 더디자, 2012년 9월 13일에 연준은 세 번째 양적 완화를 결정했다. 이는 역대 최대의 확장 정책이었다. 연준은 패니메이와 프레디맥의 기관채를 매월 400억 달러씩 매입하겠다고 했다. 거기에 더해 실업률이 6.5% 이상이고 예상 인플레이션이 2.5%를 넘지 않는 한, 기준금리를 거의 제로로 유지하겠다고 선언했다. 2012년 12월 12일, 연준은 채권 매입 규모를 매월 400억 달러에서 850억 달러로 인상했다. 이 양적 완화에는 종료 시한이 정해지지 않아 'QE 인피니티'라는 별명이 붙었다.

2007년 이후 역사적 위기에 직면한 오바마 정부는 21세기에 강력한 리더십을 보여주었다. 미국이 주도하는 경제 회복과 통화정책을 실행했고, 연준의 대규모 유동성 공급으로 제2차 세계대전 이후 최악의 위기를 맞은 유럽을 도왔다. 글로벌 경제는 위기를 극복했고, 미국은 패권을 정립했다. 2012년 재선에 도전한 오바마는 금융위기를 극복한 공을 내세우며 미국의 우월성을 역설했다. 미국이 세계에서 단 하나의 불가

결한 국가라고 주장했고, 오직 미국만이 세계의 여러 사태에서 핵심적 역할을 할 수 있다고 선언했다.[24]

국제 경제 정책에 관한 한, 2012년 11월 오바마의 대선 승리, 버냉키의 양적 완화, 드라기의 연설은 그런 주장의 정당성을 확인해 준다. 중도적 자유주의의 위기관리가 승리했다. 하지만 표면상의 승리에도 불구하고 대서양 양쪽에서는 물밑에서 깊은 균열이 발생하고 있었다. 이탈리아와 그리스의 정부는 교체됐고, 아일랜드와 포르투갈은 트로이카의 관리하에 있었으며, 스페인은 간발의 차이로 위기를 벗어났다. 비록 국채 위기는 끝났지만 2년간의 혼란을 겪은 후에 소비자와 기업의 신뢰는 회복되지 않았다. 여전히 높은 실업률로 인해 수요는 부진했다.

미국 정부 셧다운

2008년 금융위기는 국가 경제 정책이 거대한 초국적 은행들의 요구에 의해 얼마나 좌우되는지를 여실히 보여줬다. 이제 경제 회복이 저조한 가운데 과연 국가 경제가 전 미국인에게 공통의 이익을 제공하는가 하는 근원적 의문이 제기됐다. 1977~2014년 국민소득 중 소득 상위 1%의 몫은 88.8% 상승했고, 재정적 재분배를 해도 81.4% 상승했다. 세금과 복지 정책만으로는 소득 하위 50% 계층의 몫이 25.6%에서 19.4%로 하락하는 걸 막을 수는 없었다.[25]

워런 버핏은 지난 20년간 자산을 가진 계층과 갖지 못한 계층 간의 차이가 커진 점을 우려했다.[26] 그는 너무 놀란 나머지 2011년에 미국 최상위 소득자들에게 최하 35%의 세금을 부과하자고 했고, 오바마 정부가 이를 추진했지만 공화당이 저지했다.

한편 2012년 1월 양당 특별위원회가 재정 적자 축소를 위한 합의에 이르지 못하자, 2013년 1월부터 자동적으로 지출 삭감이 이뤄졌다. 그 규모는 한 해에 5,630억 달러에 이르는 거액이었다. 국방비를 비롯해 전체 재정 지출이 영향을 받을 수밖에 없었다. 경기 침체가 예견됐다. 공화당 내 티파티 그룹은 지출 삭감에 대해 확고한 입장을 견지했다. 특히 그들은 건강보험 개혁법, 일명 오바마케어를 사회주의적 위협이라고 지칭하며 이와 관련된 예산 삭감을 주장했다. 건강보험개혁법은 오바마 정부의 중점 정책이었는데 약 5,000만 명에 달하는 것으로 알려진 건강보험 미가입자에 대해 일정 소득 이상인 3,200만 명의 건강보험 가입을 의무화하고 저소득층에 대해서는 정부가 보조금을 지원하는 제도다.

급기야 2013년 10월 1일에는 연방정부가 부분적으로 문을 닫아야 했다. 민주당이 다수당인 상원과 공화당이 다수당인 하원이 9월 30일 밤늦게까지 오바마 대통령의 건강보험개혁법 예산을 놓고 대치했지만, 2014 회계연도(2013년 10월~2014년 9월) 예산안을 통과시키지 못했던 것이다. 이는 클린턴 행정부 이후 17년 만이었다. 의회가 잠정 예산안에 합의할 때까지 200만 명의 연방 공무원 중 약 80만여 명이 휴직했다. 핵심 서비스를 제외한 공공 프로그램도 중단됐다. 대통령의 해외여행도 연기되면서 오바마는 인도네시아에서 열린 APEC 회의에 참석할 수 없었다.

문제는 연방정부의 부채 한도였다. 2013년 5월 19일, 연방정부의 부채는 한도인 16조 7,000억 달러에 이르렀다. 그 후 재무부는 특별 수단을 통해 재정을 운용했는데, 의회 내 대립으로 이 부채 한도가 인상되지 않았다. 비상 상황에 대비해 공화당 주류는 미국 국채 보유자들에게는 지불이 이뤄지도록 하는 법안을 제출했지만 민주당과 오바마 정부가 이런 분리 처리에 반대했다.

재무부의 자금 운용 수단이 다 소진하는 10월 17일 이후에도 정치권의 대립으로 부채 한도 인상 합의에 실패할 경우, 연방정부가 채무 불이행 상태에 빠지면서 금융시장에 큰 혼란이 발생할 수 있었다. 사상 초유의 국가부도 사태가 일어나거나 미국의 국가 신용도가 추락할 수도 있는 일이었다. 결국 국가부도를 외면할 수 없었던 양당은 10월 16일 합의에 이르렀고, 연방정부는 16일 만에 정상화됐다.

이 과정에서 글로벌 투자자들은 미국 의회가 과연 국채를 제때 상환할 의지가 있는지 우려했다. 특히 일부 의원들은 미국 부도가 금융시장과 경제에 나쁘지만은 않다고 발언해 불안을 더 키웠다.[27] 이 사태를 지켜본 신용평가사 피치는 미국에 대한 평가를 '부정적 관찰 대상'으로 하향 조정했다.

더 강해진 연준

한편, 연준의 세 번째 양적 완화로 주식시장은 뜨거워졌다. 경제의 기초 여건보다는 연준의 유동성이 주가를 좌우했다. 세계 500대 자산운용사의 자산이 70조 달러 이상이고, 이 중 1%만 재조정해도 7,000억 달러의 자산에 변화가 생긴다. 그런데 전문가들이 운용하는 펀드가 신흥시장에 대한 주식 및 채권에 투자하면서, 그 규모가 2008년 9,000억 달러에서 2014년 1조 4,000억 달러로 증가했다.[28] 갑자기 신흥시장에서 자금이 이탈하면 그 후폭풍은 감당하기 어려울 것이었다.

2013년, 여러 신흥시장에서 자본이 지나치게 유입되지 않도록 제어하기 시작했다. 브라질, 한국, 태국, 인도네시아 등이 자금 유입 속도를 늦추고 통화가치가 오르는 것을 저지했다. 국제 자본을 제어하는 것은 자유화 정책에 역행하는 조치였지만, 시장 혁명의 주창자들은 1990년대 신흥시장의 위기를 예견하지도, 양적 완화와 같은 대규모의 통화정책을 예측하지도 못했다. 그러니 글로벌 자본의 거대한 흐름, 특히 연준의 위기 대처로 규모가 확대된 흐름에 직면해 자본 유입에 대한 통제는 필요한 것으로 보였다. IMF마저 이를 인정했다.[29]

2013년 봄, 미국 경제가 다시 회복돼 실업률이 6.5% 이하로 내려갈 조짐이 보이자 연준은 양적 완화의 축소를 암시했다. 그렇다고 급격히 축소할 생각은 없었다. 이는 미묘한 게임이었다. 2013년 6월 19일, 버냉키는 경제 상황이 긍정적으로 지속된다는 전제하에 연준이 9월 회의에서 매달 채권 매입액을 850억 달러에서 650억 달러로 축소할 것이라고 발표했다. 2014년 중반에는 채권 매입을 종료할 것이라고도 밝혔다. 버냉키의 깜짝 발표에 채권 수익률은 2.17%에서 2.3%로 급상승했고, 이틀 후에는 2.55%를 넘어 2.66%까지 올랐다. 기존의 채권 보유자들은 큰 손해를 입었고, 주식시장도 며칠 새 4.3% 하락했다.

신흥시장의 반응은 격렬했다. 연준이 양적 완화를 축소하고 금리를 인상하면 차입 비용뿐만 아니라 달러 가치도 상승할 것이었다. 신흥시장 차입자들은 달러 부채를 커버해야 하기 때문에 달러를 더 구입했다. 이로 인해 해당 국가의 통화가치는 더 하락하고, 달러 차입자들에 대한 압력은 가중됐다. 튀르키예, 브라질, 인도, 남아공, 인도네시아의 통화에 압력이 커졌고, 서방 투자자들은 자금을 회수했다.[30] 자본 유입을 통제해도 자본 유출을 막지는 못했다.

2013년, 세인트피터스버그에서 열린 G20 회의에서 브라질, 인도네시아 등은 버냉키에게 명확한 태도를 표명할 것을 요구했다. 무역뿐 아니라 거대한 양의 달러 채권으로 미국과 엮인 중국도 목소리를 높였다. 세계의 상호의존성을 부정할 수는 없었다. 미국 통화정책이 신흥시장과 글로벌 경제에 미치는 영향을 고려해, 미국 통화 당국에서 경기부양책을 종료하거나 축소할 때는 미국의 경제 상황뿐만 아니라 신흥시장의 상황도 주시할 필요가 있다는 게 신흥시장의 요구였다.[31] 2008년 금융위기를 경고했던 경제학자 라잔은 인도 중앙은행의 총재가 되어 미국 측에 협력을 촉구했다.

하지만 연준이 그런 요구를 들어줄 이유는 없었다. 2008년 금융위기 당시 연준이 전 세계에 유동성을 공급하고 경제 회복을 위해 최선을 다한 것은 사실이지만, 연준의 책임 범위는 미국 경제일 뿐 세계 경제는 아니었다. 스와프라인을 가동한 건 미국 경제에 대한 부작용을 줄이기 위한 것이었다. 유럽의 거대 은행은 미국에 부정적인 영향을 미칠 게 명백했지만, 신흥시장은 아니었다. 인도나 인도네시아가 미국의 금융 안정에 무슨 영향력이 있는가? 세계화 시대의 상호의존성은 결코 대칭적이지 않았다. 연준에는 미국의 국내 정치 상황이 신흥시장보다 더 중요했고, 신흥시장을 무시할수록 연준의 애국심은 오히려 돋보였다.

그런 상황에서 2013년 9월 18일에 나온 연준의 결정은 의외였다. 연준은 금리를 올리지 않고 계속 채권을 매입하기로 했고, 시장을 불안하게 만든 양적 완화의 중단은 없었던 일이 되었다. 왜 이런 결정을 내렸을까? 처음 긴축재정을 고려한 2013년 봄과 결정이 이뤄진 9월 사이에 경제 전망이 어두워졌기 때문이다.[32] 연준의 평판과 신뢰에 흠이 가더라도 경제가 우선이었다. 양적 완화를 중단하지 않기로 하자, 신흥시장에 대한 압박은 줄었고 인도의 루피는 가치가 상승했다.

2013년 10월 31일, 연준과 주요 국가의 중앙은행은 양자 간 잠정적 통화스와프 협정을 상설화하기로 합의했다. 세계 금융시장 안정에 매우 중요한 역할을 했던 스와프라인은 이제 항구적 제도가 되었다. 그러나 취약한 신흥시장은 그 대상에 포함되지 않았다. 대신 지역별 하위 네트워크가 형성되었다.

같은 시기, 연준의 긴축재정에 대한 우려가 커지자 인도는 일본과 스와프라인을 확대했고, 인도네시아, 필리핀도 그 뒤를 이었다. 일본은 싱가포르, 태국, 말레이시아와도 협상하겠다고 나섰다. 당시 일본은 달러를 많이 보유하고 있었기에 아시아 내의 달러 공급자로 나선 것이다. 또 일본은행은 연준과 항구적인 스와프라인이 있었으므로 필요하다면 추가로 달러를 공급할 수 있었다.

새로운 통화 질서를 만들어서 탈미국화된 세계를 만들자는 구호는 이렇게 현실과는 동떨어진 구호가 됐다. 금융위기 후 5년이 지났지만 글로벌 달러 시스템은 전례 없을 만큼 확장된 기반을 구축했다. 스와프라인의 효율성은 의심의 여지가 없다. 무엇보다 스와프라인의 개설과 운용은 미국 의회나 시민들의 감시를 받지 않고 연준이 자체적으로 결정할 수 있어서, 막강한 미국의 파워를 소리 없이 지탱하고 보여주었다.

분열하는 유럽

2013년, 유럽 통합에 회의적인 독일대안당이 처음으로 등장했다. 이 정당은 메르켈의 난민 정책에 대한 공격을 주도하지만, 실제로는 유로존에 대한 메르켈의 타협에 불만을 품고 시작된 것이었다.

2012년의 위기에서 빠져나온 후 2년이 지났지만, 유럽은 진퇴양난의 상황에 처했다. 유로존이 더 원활히 작동하기 위해서는 통합이 진전되어야 했지만, 대중들의 반발이 커지고 경제적 불확실성이 여전한 가운데 통합을 이룰 만한 정치적 동력을 찾기 어려웠다. 유럽의 경제가 부진한 가운데 EU에 대한 유럽인들의 지지도 약해졌다. 2014년 5월, EU 의회 선거에서 유럽 통합에 회의적인 민족주의 당들이 대거 약진했다. 영국에서 영국독립당이, 프랑스에서 국민전선이 승리했다. EU 의회 선거 후, 유럽에서 민족주의적 세력은 더 강해지면서 EU의 개입이 강해지는 것도, 독일의 지배력이 강해지는 것도 반대했다. 특히 영국과 폴란드에서 유럽 통합에 회의적인 세력이 힘을 얻어 EU에 거세게 도전했다.

2015년 1월 22일, 마리오 드라기 유럽중앙은행 총재가 마침내 전면적 양적 완화를 선언했다. 드라기는 유로존 인플레이션이 안정화될 때까지 유럽중앙은행이 매월 600억 유로 상당의 국채를 매입하겠다고 선언했다. 드라기가 무엇이든 하겠다고 선언한 후 무려 2년 6개월이 지난 후였다. 2012~2014년 유럽중앙은행은 긴축정책을 취했지만, 2015년 디플레이션 위험이 커지면서 태도를 바꿀 수밖에 없었다.

브렉시트

금융위기 후, 영국의 금융개혁은 도드-프랭크법을 훨씬 뛰어넘었다. 통합금융감독기구(FSA)는 폐지되고, 은행 감독은 잉글랜드은행이 맡았다. '거시건전성(macroprudentialism)'이라는 새로운 개념이 등장하면서,

규제와 경제 정책을 명확히 분리하기가 어려워졌다. 2013년 은행개혁법은 은행의 기능과 소매금융 활동을 분리했다. 금융 분야가 영국의 성공이라는 신화도 깨졌다. 하지만 월가와 달리, 영국 은행들의 규제 강화는 곧 런던시티에 대한 제약을 의미하지는 않았다.

미국 금융 당국은 미국 은행들이 미국에서보다 런던에서 더 높은 리스크를 안고 금융 활동을 했음을 깨달았다. 그래서 도드-프랭크법에서 미국 당국은 미국에서 활동하는 외국 은행뿐 아니라 해외에서 활동하는 미국 은행에 대한 규제도 대폭 강화했다. 런던시티와 월가를 연결하던 유럽 은행들, 바클레이즈나 도이치은행, UBS, 크레디트스위스 등은 거대한 압력에 봉착했다. 2015년이 되자, 한때 월가에서 최상위에 올라 있던 유럽 은행 중에 글로벌 투자은행 랭크 최상위권에 남아 있는 것은 도이치은행뿐이었다. 거대 미국 은행들은 여전히 런던에서 영업했다. 2014년, 처음으로 명성 높은 지엔그룹(Z/Yen Group)의 보고서는 런던시티에 앞선 글로벌 금융센터로 뉴욕을 선정했다.[33]

런던은 어떻게 다시금 경쟁력을 확보할 것인가? 런던시티는 과거 미국에 대해 그랬듯, 중국에 대해 세계로 향하는 금융 관문이 되겠다고 나섰다. 미중 간의 경쟁 관계에서 비켜나 중국과 특수한 관계를 구축하면 런던의 경쟁력이 회복되리라고 여긴 것이다. 2012년이 되자, 영국 HSBC는 최초로 런민비 표시 채권을 발행했고, 런던은 중국 밖에서 이뤄지는 런민비 지불 업무의 62%를 차지했다. 2013년 6월, 점점 커가는 런민비 사업을 뒷받침하기 위해 잉글랜드은행은 중국인민은행과 스와프약정을 맺었다. 2014년 10월, 영국 재무부는 30억 런민비 규모의 채권을 발행했다.[34]

이 과정에서 잉글랜드은행은 1970년대 유로달러시장의 성공 사례를 중국 측에 설명했다. 다만 과거 유로달러 발전 시에 영국은 이 시장이 정부 규제를 피할 수 있도록 했지만, 런민비 국제화를 추진하는 과정에서 런던시티와 영국 정부는 중국 당국과 긴밀히 협력했다. 자국의 정책과 시장에 막강한 영향력을 행사하는 중국 정부를 무시할 수 없었기 때문이다.

한편, 2008년 금융위기로 영국과 EU의 관계에 균열이 생겼다. 금융불안의 원인이 런던시티라고 여기고 비우호적인 태도를 보이던 프랑스 사르코지 대통령은 물론, 많은 EU 회원국들이 금융거래세를 부과하는 데 찬성했다. 세금이 도입되면 금융 중심인 런던시티가 세수의 62%를 담당할 것으로 추정됐다. 이는 영국과 EU 분쟁의 도화선이 됐다. 2011년 12월, 영국의 캐머런 총리는 런던시티를 보호하기 위해 적극적으로 나섰다. 그는 독일의 메르켈 총리에게 런던시티를 가혹하게 규제하지는 말아달라고 요청했다. 하지만 유로존의 위기를 극복하려면 독일은 프랑스의 도움이 필요했고, 영국 편을 들어주기는 어려웠다.

영국은 EU의 행로를 바꿀 수 있다는 착각에 빠졌다. 유로존 국가들은 통합 심화를 향해 나가고 있는데, 영국은 EU와 거리를 두었다. 영국 보수당 정부로서는 EU가 금융허브로서 런던시티의 역외적 위상을 항구적으로 인정하도록 하는 게 시급한 과제였다. EU가 위기를 거쳐 새로운 틀을 만들 때 영국은 그 기회를 활용하려고 했다.

2013년 1월 23일, 캐머런 총리는 중대한 연설을 한다. EU 시민들이 영국으로 이민하는 것을 제한하고, 그들이 영국에서 주장할 권리를 제약할 것이며, EU 회원국 중 비유로존이 향후 통합에 관한 결정에서 보호받길 원한다는 내용이었다. 그는 영국의 EU 탈퇴, 즉 브렉시트에 관한 국민투표가 늦어도 2017년에 실시될 것이라고 선언했다. 브렉시트

가능성을 열어두면 EU 측에서 양보할 것으로 기대한 것이다.

브렉시트 국민투표일은 다가오는데, EU가 영국에 양보할 것은 없었다. 영국 재무부는 브렉시트가 발생할 경우 가구당 연간 2,600~5,200파운드의 손해를 입을 것이며, 2030년 GDP는 6% 하락하고, 정부는 200~450억 파운드의 조세 수입이 감소할 것이라고 추정했다. 브렉시트의 위험성을 경고한 것이다. 외국 투자자들 역시 브렉시트를 반대했다. 그중 미국 투자은행들의 반대가 강력했는데, 그들의 사업에는 영국이 EU 회원이라는 지위가 중요하게 작용했기 때문이다. 런던은 유럽으로의 관문이었다. 따라서 골드만삭스, JP모건, 모건스탠리 등은 영국의 EU 잔류를 위해 일찍부터 상당한 노력을 기울였다.[35] 미국 정부도 영국이 EU에 잔류하길 원했다. 브렉시트에 찬성하는 건 런던시티에서 가장 자유주의적인 그룹뿐이었다.

2016년 6월 23일, 역사적 국민투표가 실시됐다. 결과는 브렉시트 찬성표가 근소하게 많았다. 찬성파들이 내세운 이민 문제와 외국인 혐오 이슈가 먹혔던 것이다. 브렉시트 투표는 민족주의자들에게 힘을 실어 주었다. 이는 세계화에 대한 반대였기 때문이다. 브렉시트에 찬성한 사람들은 유럽을 이탈하는 게 영국의 위대함과 자유를 되살리는 길이라 믿었다. 이들에게 브렉시트는 영국이 세계에서 유럽과 무관하게 더 큰 역할을 해야 한다는 생각의 발로였다.

투표 결과가 나오자, 파운드는 역사상 최고의 일일 낙폭을 기록했고 그날 글로벌 주식시장에서는 2조 달러의 가치가 증발했다. 자금은 미국 국채 같은 안전자산으로 몰렸다.[36] 파운드의 급락에도 스와프라인 덕에 달러 유동성 부족은 없었다.

투표 결과는 런던 금융계와 재계에 충격이었다. 런던시티가 1970년대 이래 누렸던 지위를 상실하는 순간이라고 보는 사람도 있었다. 금융 부문과 강한 파운드 사이의 연결 고리가 끊어졌다. 한편으로는 파운드가 절하되면서 영국 제조업이 다시 경쟁력을 회복할지 모른다는 기대감도 조성되었다.[37]

브렉시트 이후 런던시티는 글로벌 금융허브의 지위를 유지할 수 있을까? 유로 거래의 청산과 유로 파생상품의 중심지가 될 수 있을까? 이런 질문이 이어졌다. 종전처럼 런던 은행들이 유로존에 있는 은행처럼 운영하도록 허용하는 패스포팅약정이 유지되지 않으면, 유로 지역과의 사업이 사라져 320~380억 파운드의 거대한 손실을 보고 6만 5,000~7만 5,000명의 실업자가 발생할 것으로 전망됐다.[38] 미국의 대형 은행들은 유럽 관련 사업을 런던에서 다른 지역으로 이전하려 구상했다. 런던은 매력적이었지만, 영국의 정치가 문제였다.

미국우선주의자 트럼프와 사회주의자 샌더스

2008년 금융위기는 2012년 미국 대선보다 2016년 대선에 더 큰 영향을 미쳤다. 버니 샌더스의 부상은 금융위기의 후유증이 여전히 강하다는 강력한 증거였다. 그는 자칭 민주적 사회주의자로, 월가의 숙적이었다. 2008년에 그는 구제금융에 반대했고, 은행가들이 감옥에 가고 새로운 금융규제가 부활되기를 원했다. 샌더스가 강력한 대선 후보로 부상했다는 사실은 30세 이하 청년들이 자본주의보다 사회주의를 더 긍정적으로 본다는 여론 조사 결과를 반영하고 있기도 했다.[39] 2008년의 분노는 여전히 살아 있었고, 평범한 미국 시민들은 여전히 경제 불황에서 벗어나지 못하고 힘들어했다. 샌더스는 여기에 부채질을 했다. 그는 2015년 9월, 연준이 7년 전 월가를 구제했듯이 사라지는 중산층을 재건하기 위해 위기감을 갖고 행동해야 할 때라고 강조했다.[40]

반면 힐러리 클린턴은 기득권 이너서클의 중심으로, 전 국무부 장관이자 뉴욕주의 상원의원이었고 월가와 깊게 연관된 인물이었다.[41] 2016년 봄, 힐러리 클린턴과 샌더스는 도드-프랭크법을 놓고 대결했다. 샌더스는 대형 은행들을 해체하고 싶어 했고, 힐러리 클린턴은 도드-프랭크법은 준수되어야 한다고 목소리를 높였다. 힐러리는 금융계에 매우 우호적이었다.[42]

공화당도 혼란스러웠다. 2008년 부시 정부 시절의 쇼크와 금융위기로 촉발된 티파티 운동의 여파로부터 벗어나질 못하고 있었다. 공화당 내부의 분열로 2011년과 2013년, 의회에서 예산 위기가 발생했다. 공화당이 심하게 내분을 겪는 바람에 기존 후보들이 힘을 쓰지 못하는 사이에 트럼프가 공화당 지지자들의 마음을 파고들었다. 그는 공화당의 반이민 주장 세력을 적극적으로 대변했다. 외국인 혐오, 미국우선주의, 미국 상황에 대한 종말론적 진단이 핵심적인 주장이었다. "미국을 다시 위대하게"가 그의 슬로건이었다.

공화당은 1980년대에 레이건 정부가 주창한 NAFTA를 부시 정부가 이어가며 세계화를 추진했고, 1990년대에는 민주당의 루빈파와 함께 세계화를 추진했다. 그런데 트럼프가 경제적으로 미국우선주의를 표방하며 세계화 기조를 공격하고 나섰다.

트럼프의 외침에 호응하는 시민들이 속속 나타났다. 세계화가 급속히 추진되면서 미국 내에는 소외된 계층이 생겼는데, 제조업이 공동화되고 일자리의 질도 저하됐던 것이다. 이런 상황이 트럼프가 반세계화와 미국우선주의를 내세우는 토양이 되었다. 공화당 지지 기반 중 백인 노동자층이 트럼프의 우군이 됐다. 불법 이민자들을 축출해 블루칼라 계층의 일자리를 다시 미국인에게 돌려주겠다는 그의 공약이 먹혔다. 더 이상 자유무역은 의미가 없었다. 트럼프 진영은 미국의 글로벌리스트들로부터 권력을 탈환하는 게 목표였고, 트럼프의 보호주의가 공화당 내부 싸움에서 승리했다. 미국의 글로벌 기업들은 공화당과 거리를 두었고, 금융계는 트럼프와 엮이려고 하지 않았다.

2008년 금융위기는 샌더스와 트럼프 모두에게 유리한 토대가 되었다. 공화당 내부의 분열로 부시 정부는 민주당과 협력해 위기 극복 대책을 실행했다. 그러나 대다수 시민들은 금융계에 거액을 쏟아부어 문제를 일으킨 자들은 구제됐는데, 평범한 시민들은 집을 뺏기고 일자리를 잃은 상황에 분노했다. 이제 그 정치적 대가를 치를 차례였다. 한쪽에서는 사회주의자 샌더스가, 한쪽에서는 배타적 미국우선주의자 트럼프가 지지를 얻었다. 공화당의 기득권층인 글로벌리스트들은 오히려 힐러리 클린턴을 지지해야 할 상황이었다.

2007년, 앨런 그린스펀은 미국 정치 권력을 누가 장악하는지는 중요하지 않다고 말했다. 미국의 정책은 글로벌 시장의 힘으로 결정되며, 국가 안보 전략 외에는 누가 대통령이 되든 큰 차이가 없다는 입장이었다.[43] 세계화는 1940년대 이래 미국의 정치인, 재계, 정책 전문가가 모두 연합해 추진했는데, 2016년 대선은 2008년 금융위기로 이 동맹이 무너졌다는 사실을 드러냈다. 가장 근본적으로 이 위기는 그린스펀이 말하는 '시장이 지배하는 세계'가 허구임을 폭로했다. 글로벌 금융 시스템이 붕괴되면서 시장에 대한 통제가 필요해졌다. 시장을 규율하고 질서를 잡아줄 누군가가 필요했고, 이를 국가가 담당한 것이었다. 이 과정에서 누가 국가 권력을 운영하고, 누가 정치인들의 후원자인지가 드러나면서 선거와 정치가 중요하다는 걸 모두 인식하게 됐다.

그린스펀은 2016년 대선을 방관할 수만은 없었다. 힐러리 클린턴을 공개적으로 지지하지는 않았지만, 미치광이들이 미국을 해칠 것을 우려했다. 그가 말하는 미치광이는 트럼프와 그 지지자들이었다. 10년 전의 믿음과는 달리, 이제 그는 정치의 중요성을 인정했다.[44] 트럼프 진영은 그린스펀을 맹렬히 비난하며, 그린스펀 세대가 추진하던 프로젝트가 파탄 났다고 주장했다. 그린스펀과 그의 동료들이 공들여 제도화한 금융 국제화가 사실은 의식적으로 만든 정치적·법률적 제도에 불과하며, 그로 인해 부와 권력이 불공정하게 배분되었다고 폭로했다. 금융자유화를 핵심 내용으로 하는 신자유주의는 그 주창자들이 외치듯이 인위적 개입이 필요 없는 자연스러운 과정이 아니었다. 신자유주의를 실현하기 위해서는 법적 제도가 갖춰져야 하고 이를 가능하게 할 정치력 역시 중요했던 것이다.[45]

2016년 여름, 미국 경제계와 정치계 기득권층은 트럼프와 샌더스를 유령처럼 취급했다. 힐러리 클린턴이 민주당 경선에서 샌더스를 격파하고 대선 후보가 되자 트럼프가 패배할 것처럼 보였다. 하지만 결과는 놀랍게도 트럼프의 승리였다. 오바마는 트럼프의 승리가 브렉시트와 같은 세계화에 대한 항의라고 진단했다.[46] 오바마에게 투표했던 700만 명이 이제 트럼프를 찍었다. 그들은 기득권층을 대변하지 않는 새로운 후보를 원했던 것이다.

그런데 트럼프는 당선 후 태도를 바꾸었다. 무엇보다 놀라운 건 월가를 그렇게 공격해 놓고 정작 정부 요직을 인선할 때는 월가 인물을 발탁한 점이었다. 처음에는 JP모건의 제이미 다이먼을 재무부 장관 후보로 검토하다가 나중에는 골드만삭스 출신을 택해서 재무부 장관에는 스티브 므누신을, 차관에는 짐 도너번을 앉혔다. 국가경제위원회 위원장으로 골드만삭스 사장 출신 개리 콘을 지명한 데다, 증권감독위원회 수장으로 골드만삭스가 거래하는 로펌인 설리반앤크롬웰 출신을 골랐다. 그나마 도너번은 물러났지만, 기득권 세력이 다시 운전대를 잡았으니 정책 면에서 큰 변화를 기대하기 어려웠다. 고위 공직과 기업 사이를 오가는 회전문 인사는 골드만삭스 같은 회사의 고위직 인사에게는 필요한 의례였다.

공화당은 오바마케어를 폐지하려 했지만 여의치 않았다. 2017년 봄, 다시 연방 부채가 한도에 달했다. 백악관은 의회의 민주당이나 중도파에 양보할 생각이 없었다. 공화당 내 강경파들의 극단적인 지출 삭감에 다수는 동의하지 않았다. 놀랍게도 대통령인 트럼프는 정부의 채무 불이행도 고려할 수 있다는 입장이었다. 2017년 5월, 그는 '좋은 셧다운'이라는 트윗을 올렸다.[47] 이때 공교롭게도 허리케인 하비가 텍사스 등지를 휩쓸었다. 결국 트럼프와 민주당은 민생을 우선시하는 모습을 보여야 했고, 트럼프는 입장을 번복해 민주당과 협상을 타결했다.

예상치 못하게 트럼프가 당선된 후 시장에서는 트럼프 정부가 대대적인 인프라스트럭처 사업을 벌이고 조세 개혁으로 경기를 진작하면 연준은 금리를 올릴 것이라고 예상했다. 그래서 2016년 겨울부터 2017년에 채권을 매각했으며, 채권 수익률은 상승했다. 유럽중앙은행과 일본 중앙은행인 일본은행이 모두 양적 완화 정책을 실시하는 상황이라 더욱더 달러는 상승하고, 전 세계 달러 차입자들에게는 불확실성이 커졌다. 그러나 트럼프 정부의 국정 운영이 혼란스러운 데다 공화당 의회가 원활히 기능을 하지 못하자 트럼프 정부에 대한 기대는 식었다.

한편 연준은 계속해서 금리를 조금씩 올리겠다고 했지만 채권시장의 동요는 없었다.[48] 미국 국채시장이 비교적 안정된 건 2000년대 초 부시 정부 시절의 재정 적자 때와 같은 맥락에서 이해할 수 있다. 긴축재정과 양적 완화로 증권 포트폴리오에 중대한 변화가 생기면서 안전자산에 대한 글로벌 수요가 일었다. 유럽과 일본의 상황을 보건대, 가까운 장래에 그 나라들이 큰 규모로 국채 발행을 통해 안전자산을 공급하기란 어려웠다. 향후 5년간 전 세계에서 미국만이 국채 수준의 안전자산을 전 세계에 공급할 수 있었다. 트럼프 정부에 대한 평가가 어떻든, 대량의 자금을 묻어둘 곳은 미국 국채밖에 없었던 것이다. 또한 미국 국채는 레포 거래나 파생상품 거래에서 가장 우량한 담보로 쓰여 시장에서 수요가 많았다.

세계의 균열

금융위기 후 10년이 지났지만, 미국 금융계는 미국인들에게 여전히 인기가 없었다. 2017년 여름의 여론 조사에서 60%의 미국인들은 월가가 미국 경제에 해가 된다고 답했고, 87%의 공화당 지지자, 90%의 무당파 시민들이 금융규제를 선호했다.[49] 월가는 도드-프랭크법에 반대하는 로비를 펼쳤고 오바마 정부는 은행에 대한 대중들의 거센 저항을 제어했다. 트럼프 정부 역시 금융계에 우호적으로 변했다. 정치인이나 월가는 트럼프를 대통령으로 만든, 분노한 유권자들에게는 다시 눈길을 주지 않았다.

도드-프랭크법을 무력화하기 위해 공화당이 주도하는 하원은 2017년 6월 8일에 소위 금융선택법을 통과시켰다. 이는 볼커 룰을 형해화하고 매년 실시되던 스트레스 테스트도 2년에 한 번 실시하는 것을 골자로 했다. 이들은 놀랍게도 선택의 자유를 앞세워 금융소비자보호청도 없애려 했다.[50] 그러나 상원에서 이 법안은 좌초됐다. 므누신이 이끄는 재무부는 은행계의 로비에 취약했고, 재무부가 입안한 새로운 규제안에 은행들의 제안 중 75%가 반영됐다. 결국 재무부는 은행계에 보다 우호적인 태도를 취하게 됐다.[51]

한편 일방적인 미국우선주의 정책을 펼치는 트럼프와 브렉시트를 겪은 후 유럽은 더 이상 미국과 영국을 동맹으로 여길 수 없음을 명확히 인식했다. 메르켈은 유럽 스스로 운명을 개척해야 한다고 역설했다.[52] 트럼프 정부는 중국뿐만 아니라 독일과의 무역 적자에도 불만을 표시했다. 그런데 이는 독일이 해결할 수 있는 문제가 아니었다. 2017년 4월, 독일 재무부 장관인 볼프강 쇼이블레는 유럽중앙은행의 양적 완화 정책 때문에 독일의 무역 흑자가 늘었다고 설명했다. 유럽중앙은행은 완화 정책을 유지했고, IMF도 이를 지지했다. 연준은 긴축으로 돌아섰는데 뒤늦게 유럽중앙은행이 확장 정책에 나서는 바람에 미국과 유럽의 불균형이 커졌다.

세계 무역은 2008~2009년의 불황에서 회복되었지만, 2010년 이후 무역 규모는 정체하더니 2015년에는 하락했다. 이는 한편으로는 비즈니스 사이클 때문이기도 했지만, 다른 한편으로는 여러 외생변수들이 작용한 결과였다. 금융긴축과 원자재 가격 하락으로 신흥시장은 타격을 입었다. 또한 보호주의 정책이 강화되면서 특히 비관세 장벽이 높아졌다.[53] 조세 제도, 보조금, 수출 신용 시스템 등을 통해, 그리고 중국의 국가자본주의를 통해, 세계 무역은 기업의 가치사슬뿐만 아니라 국가 개입에도 영향을 받기 시작했다. 미국 무역 적자의 상당 부분은 중국의 무역 차별뿐만 아니라, 역외 조세 회피 지역(카리브해와 EU)을 통해 누출된 수출 소득 때문이었다.[54] 이런 의미에서 세계화는 불가피하고도 자연적인 과정이라는 가정도 점차 설득력을 잃어갔다.

미국의 이익만을 앞세우는 트럼프 정부에 대해 세계의 여러 국가들은 어떻게 대응해야 할지 난감해했다. 2008년의 미국은 위기의 진앙이었지만, 미국과 G20 국가들이 전례 없는 노력으로 세계 경제를 안정시켰다. 2017년, 이제 미국은 다시 국제적 관심국이 됐다. 과연 금융위기가 재발하면 트럼프 정부가 국제적 리더십을 발휘할 수 있을지 누구도 장담할 수 없었다. 그래도 당시 미국 경제는 꾸준히 성장했다. 실업률도 위기 이전 수준으로 낮아졌다. 금융시장도 활황이었다. 유럽 경제도 마침내 회복됐다. 임박한 위기는 보이지 않았다. 그런데 이제 중국과 신흥시장이 문제였다.

중국, 시장친화적인 방향으로 선회하다

2017년 1월, 다보스에서 열린 세계경제포럼에 참석한 시진핑은 중국이 '세계화의 앵커'가 되겠다고 선언했다. 트럼프와 극명히 대조되는 발언이었다. 그런데 이는 중국이 심각한 통화 및 금융 위기를 겪은 후에 나온 것이었다. 유럽, 미국의 성장세도 강하지 않은 가운데 중국의 성장이 세계 경제에 지속적인 활력을 제공하고 있었다. 그러던 2015년, 돌연 문제가 발생했다.

2015년 6월, 서방이 그리스, 우크라이나 문제로 고민할 때 중국 주식 시장이 하락하기 시작했다. 3주 만에 상하이종합지수는 최고점인

5,166p에서 30%가 하락했다 중국 정부의 개입으로 하락세는 잠시 안정됐지만, 8월 중순에는 위안화 절하에 대한 우려가 커지는 가운데 9월 상하이종합지수는 새로운 최저점인 3,000p에 근접했다. 그리고 2016년 1월 4일에 하락은 다시 재개돼, 2월에는 2,737p까지 하락했다. 8개월 만에 거의 절반이나 하락한 것이다. 중국 정부로서는 여간 곤혹스러운 일이 아니었다. 2013년에 시진핑이 '중국몽'을 내세우며 임기를 시작했고, 수억 명의 중국인들이 저축한 돈을 주식 시장에 투자했는데 경제가 무너졌다.

한편 중국 인민은행은 2015년 8월 11일부터 시장친화적인 방향으로 환율을 결정하기로 했다. 2005년에 관리변동환율제도가 도입된 이래 기준환율은 인민은행의 재량으로 결정했는데, 이제 전 영업일의 환율을 참고하고 타통화의 수급과 시장 동향을 고려해 결정하는 것으로 방침을 변경한 것이다. 10년 만에 환율제도 개혁에 나선 셈이다. 그런데 환율 결정 방식이 바뀜으로써 기준환율과 시장환율의 괴리가 한꺼번에 해소되면서 위안화가 일시에 절하됐다. 당시 위안은 시장환율에 비해 고평가돼 있었다. 2015년 8월 11일, 위안은 약 1.9% 절하됐다. 이는 1994년 이후 최대의 절하폭이었다. 며칠 사이에 추가로 3%가 더 하락했다.

일부에서는 중국 당국이 부진한 수출 경쟁력을 회복하기 위해 위안화를 절하했다고 의심했다. 그러나 중국 당국은 이 조치는 금융개혁의 일환으로, 특히 위안화가 IMF의 SDR 통화 배스킷에 포함되기 위한 사전 준비라고 설명했다. SDR에 편입되기 위해서는 해당 통화가 '자유롭게 사용될 수 있는', 즉 광범위하게 사용되고 거래되는 것이어야 했다. 중국에는 이것이 주된 장애물이었다. 중국 당국은 위안화 사용을 확대하기 위해 노력해 왔는데 환율 결정에 시장환율을 반영한다고 선언했으니 이제 중국은 자국 통화가 자유롭게 사용될 수 있거나, 적어도 그런 방향으로 움직인다고 주장할 수 있게 되었다. IMF는 이 점을 긍정적으로 평가했다. 시장이 결정하는 위안화의 환율이 SDR 운영에 도움이 된다는 입장으로 바뀌었다.[55]

결국 2015년 11월, IMF는 SDR 통화 배스킷에 위안을 포함시켰다. 이로써 위안의 국제적 지위는 훨씬 높아졌다.

하지만 위안화 절하는 전 세계에 불안을 조성했다. 미국, 유럽, 아시아 등 주요 주식시장은 위안화 절하 소식에 하락했다. 중국 경제의 복합적 문제가 표면화되던 중, 위안화 절하 사태가 기름을 부어 중국에서는 2015년에만 5,000억 달러 이상의 자본이 유출되었다.[56] 그해 3분기에 2,250억 달러, 4분기에 1,500억 달러가 각각 유출됐다.

중국 인민은행은 위안화 절하 후 시장이 패닉에 빠지자, 이를 안정시키기 위해 외환시장에 적극 개입해 환율을 방어했다. 중국 당국도 급격한 절하는 원하지 않았다. 환율이 급격히 절하되면 많은 외국 투자자들과 내국인들이 중국 외부로 자본을 유출할 것이었다. 중국 기업들은 부채 비율이 높아서 달러 부채 상환 비용이 조금만 올라도 자산을 매각해야 하거나 파산 위험에 봉착할 수 있었다. 이는 추가로 자본 유출을 부추기고, 위안화 가치를 더 압박할 것이 분명했다. 또 중국 정부는 글로벌 통화전쟁에 대한 우려를 불식하기 위해서라도 위안화를 방어할 필요가 있었다.

중국 당국의 개입 결과, 중국 외환 보유고는 2015년에 5,126억 달러 감소해 연말에 3조 3,300억 달러가 됐다. 기록적인 감소였다. 12월 한 달에만 1,079억 달러가 감소했다.[57] 연간 감소분의 3분의 2가 8월에서 12월 사이에 집중됐다. 외환시장 개입 정도를 짐작할 수 있다. 중국이 아직 자본 자유화를 실시하지 않은 상태에서 대규모로 자본이 유출됐다는 것은 중국이 자본 도피의 위험과 변덕스러움에서 자유롭지 않다는 의미였다. 무엇보다 중국 경제가 이미 글로벌 경제에 깊숙이 통합돼 있다는 뜻이었다.

글로벌 금융시장에 통합된 중국

문제의 원인은 중국 내부에 있었다. 2008년 이후 중국 정부의 막대한 신용 공급으로 중국의 중공업은 설비가 과잉됐다. 부동산 분야도 건설 과잉으로 부담이 커졌다. 주식시장은 '비이성적 과열'로 뜨거워졌고, 위험한 신용 거래가 늘었다. 중국에는 과열된 그림자금융시장이 있었다. 그러나 무엇보다 중국에서 주목할 만한 점은 매월 수억 달러가 안전한 곳을 찾아 중국에서 이탈한다는 점이었다.[58] 거대한 무역 흑자를 기록하고 외환 보유액도 막대한데, 왜 중국에 통화위기의 조짐이 드러났을까?

2008년의 금융위기 시, 중국은 완전히 세계 금융 시스템에 통합되지는 않은 상태였다. 중국의 세계화는 아직도 무역이 주도했다. 그러나 2008년 이후 중국이 성장하고 현대화가 진행되면서, 중국은 점차 글로벌 금융 시스템에 통합됐다. 중국 금리는 낮았지만, 연준의 양적 완화로 인해 달러의 금리는 더 낮았다. 그러니 위안의 가치는 상승해야만 했다. 이 두 가지 사실을 이용하여, 달러로 빌려서 위안으로 투자하면 수익성 있는 '캐리 트레이드'가 가능해진다. 그리고 중국 경제에서 발생한 수익으로 상승한 위안의 가치를 근거로 산정한 달러 차입금을 상환하면 달러 차입액은 감소한다.

중국의 외환 당국이 미국 달러 유입을 어렵게 해도 한두 단계를 더 밟아 이를 우회할 수 있었다. 우선 달러로 빌려서 원자재를 매입하고 원자재 매각으로 발생한 수입을 담보로 위안을 빌려 중국에 투자하는 것이다. 그러면 중국에서 얻는 수입과 달러 차입 비용의 차이, 달러 가치 하락, 중국의 수요 증가로 인한 원자재 가격의 상승 가능성으로 이익을 얻을 수 있었다.

　BIS의 추정에 따르면, 2014년 말 중국의 외환 보유액은 4조 달러에 이르렀고 중국 기업에 대한 외국 채권은 1조 1,000억 달러로 상승했는데, 이 중 대부분은 달러 표시였고 8,000억 달러 이상의 채권을 서방의 대형 은행들이 보유했다.[59] 전체적으로 중국 채무의 약 25%가 달러 표시 채무였는데, 기업 수익의 8%만이 달러 표시였다. 이런 불균형은 잠재적으로 수익성이 있을지는 몰라도 위험했다. 금리, 환율, 원자재 가격 등이 변하면 이런 사업 모델은 손해를 볼 수밖에 없었다. 아니나 다를까, 2015년에 금리, 환율, 원자재 가격이 모두 변했다. 연준이 양적 완화에서 후퇴하자 금리가 변했고, 2014년 유가 하락으로 원자재 가격 흐름이 변했으며, 시진핑 정부의 반부패 단속으로 중국 자산가들이 자산을 외국으로 빼돌리자 위안의 가치가 하락한 것이었다. 1조 1,000억 달러의 달러 표시 채무를 부담한 기업들로서는 악재였다. 그러자 갑자기 한꺼번에 중국에서 자금이 이탈할 가능성이 높아졌다.[60]

　2015년 겨울부터 2016년에 신흥시장의 붐은 급속히 꺼졌고, 세계화의 흐름도 약해지면서 중앙아시아, 브라질, 남아공은 모두 침체에 빠졌다. 위안이 하락하고 투자자들이 중국에서 이탈하는 상황에서, 중국 경제의 침몰은 세계 경제를 침체로 빠지게 할 수 있었다. 중국의 자금 이탈과 막대한 과잉 생산 능력으로 세계에 디플레이션이 발생할 수도 있고, 그러면 2008년 금융위기보다 심각해질 수 있다는 분석도 나왔다. 공업 제품 생산자, 원자재 생산자가 부도를 낼 수도 있었다. 동시에 위안이 고정환율을 이탈해 가치가 하락하면 달러 캐리 트레이드가 무너져 금융 위기를 유발할 수도 있었다. 서방의 은행들도 이 손해를 피할 수 없었다.

2015년 중국 정부의 초기 대응은 2008년 금융위기처럼 기민하고 단호한 태도와는 거리가 있었고 국내외에 안정감을 주지 못했다. 상하이 증시를 안정시키는 데 실패하자, 세계는 중국 정부의 능력을 불신하기 시작했다. 중국적 특색을 가진 양적 완화도 성공적이지 못했다. 그래도 2015년 8월의 환율제도 개선 후 중국 정부의 대응 의지는 확고했다. 인민은행은 환율을 일정 수준에서 지켰고, 자본 통제가 강화됐다. 중국 외환 보유액은 2014년 여름에 최고 수준인 약 4조 달러에서 2017년 초에는 약 3조 달러로 하락했다. 중국은 수요를 진작시키기 위해 2016년 초에 신용을 공급하고 재정 지출을 늘렸다. 동시에 중공업 분야의 과잉 생산 능력도 조정했다. 다시금 원자재 가격이 상승하고 아시아의 제조업이 회복되면서 글로벌 디플레이션의 위협은 사라졌다.

금융으로 엮인 미국과 중국

한편 연준은 2014년 12월에 양적 완화를 종료했을 때의 흐름을 이어 갈 것인지가 고민이었다. 연준은 금리를 인상할 예정이었고, 문제는 그 폭과 시기였다. 미국 경제가 점차 완전고용 수준을 향해 회복되자, 연준은 제로 금리에서 벗어나고자 했다. 다음에 경제 후퇴가 발생했을 때 움직일 공간을 확보할 필요가 있었던 것이다. 전반적으로 금융정책을 정상화해야 한다는 요구가 컸다. 장기 침체 가능성을 우려하는 목소리도 있었지만, 제로금리나 연준의 팽창한 자산 규모가 항구적으로 유지되는 것은 받아들이기 어려웠다. 그런데 중국 경제에 대한 위협이 정상화를 가로막았다.

다수 분석가들은 2015년 9월에 연준이 금리를 올릴 것으로 전망했다. 그때 위안의 평가절하와 상하이증시의 두 번째 하락 쇼크 소식이 전해졌다. 연준의 책임은 미국 내에 한정되어 있지만, 세계화된 금융시장에서 중국의 위협은 파괴력이 있었다. 8월 24일, 미국 다우지수가 1,000p나 하락했다. 연준은 물러섰고, 미국 금융정책 정상화는 유보됐다. 중국의 불안정성이 핵심적인 이유였다. 금융 경로를 통해 미국과 중국은 그만큼 깊이 연결됐던 것이다. 미국은 2013년에 인도나 튀르키예가 위험에 처했을 때는 무시할 수 있었지만, 중국의 부정적인 영향은 무시할 수 없었다. 중국이 초래할 잠재적 디플레이션 효과는 세계 경제에 매우 큰 영향을 미칠 것이었으므로 이를 무시하면서까지 금리를 급히 인상할 이유는 없었다.[61]

미국 연준의 금리 인상 유보 조치에 중국은 안도했다. 연준이 상호 의존성을 인정한 것이었다. 중국 재정부 장관 러우 지웨이(Lou Jiwei)는 2015년 10월, 달러는 글로벌 통화이므로 미국이 세계적 책임을 부담해야 한다고 주장했다.[62] 연준이 중국의 상황까지 고려해 앞으로의 행보를 정하자, 연준의 다음 행보는 예측하기가 더 어려워졌다. 2015~2016년 중국 경제의 혼란은 중국 정부가 아무리 유능해도 경제문제는 예상치 못하게 다가온다는 사실을 보여줬다. 글로벌 통합으로 인한 구조적이고 완만한 긴장에 더해, 갑작스러운 파열도 발생하는 게 국제 경제의 현실이었다.

2015년 12월, 미국의 고용 사정이 호조를 보이자 마침내 연준은 금리를 인상했다. 2006년 이후 처음으로 인상한 것인데도 미국 내 반발이 거셌다. 샌더스의 지지자들은 여전히 수백만의 미국인들이 힘들다고 주장했다. 반대로 보수층에서는 연준이 좀 더 일찍 움직이지 않는다며 비판했다. 그런데 중국과 신흥시장의 불확실성, 유가의 하락 등이 다시 부각됐다. 2016년 2월, S&P는 11% 하락했고, 여름에는 브렉시트로 시장이 크게 흔들리면서 연준이 움직이기 어려웠다. 2008년 금융위기 후 8년이 지난 시점에 버니 샌더스, 힐러리 클린턴, 도널드 트럼프가 정치 권력을 놓고 경쟁했지만, 경제는 호황이 아니었다. 경제 전망이 너무 불확실해서 연준은 그해 말까지는 금리 인상을 유보했다.

2017년, 연준은 본격적으로 금리를 인상하고 양적 완화 시대에 축적한 거대한 자산을 정리하기 시작했다.[63] 2016년 12월에도 금리를 인상했던 연준은 2017년 3월과 6월에 연이어 금리를 인상했다. 2017년 말, 연준은 추가로 2018년에 적어도 세 차례 금리를 인상할 것임을 예고했다. 트럼프는 연준의 새로운 의장으로 투자은행가 출신 제롬 파월을 지명했다. 그는 경제학자가 아니라 순자산이 1억 달러가 넘는 부자였고 매우 실용적인 사람이었다.

코로나 팬데믹으로 인한 2020년 금융위기

다음 금융위기는 전염병과 함께 찾아왔다. 코로나19가 확산되자, 금융시장은 2020년 2월 21일부터 흔들리기 시작했다. 이탈리아 당국이 지역 봉쇄를 발표하자, 주가는 폭락하고 회사채 수요도 사라졌다. 사람들은 최고로 안전한 자산에만 투자했다. 시장이 불안해지자, 연준은 3월 3일에 금리를 약 1%로 인하했다. 2008년 금융위기 후 최초의 비상조치였다.

3월 11일, 세계보건기구가 공식적으로 팬데믹을 선언하자 당일 오전 시장에서는 패닉이 발생했다. 연준은 연이어 대책을 발표하면서, 처음엔 은행에 현금을 주입하고 다음엔 국채를 매입하기로 했다. 그러나 3월 13일, 미국 국채시장에 문제가 발생했다. 투자자들이 가장 안전한 자산인 미국 국채를 매입하지 않고 팔기 시작한 것이다. 10년물 국채 수익률이 오르기 시작했다. 투자자들은 현금을 원하지, 국채를 원하지 않았다.[64] 자금이 필요한 외국 중앙은행과 헤지펀드, 기업에서 미국 국채를 매각했고, 회사채, 상업부동산 채권시장에도 문제가 생겼다.

연준에 불안감이 엄습했다. 2008년 금융위기 때도 미국 국채시장만은 붕괴되지 않았는데 2020년 위기에는 전혀 다른 양상을 보인 것이다. 연준은 3월 15일 일요일에 비상회의를 개최하고, 이날 오후 대규모의 자산 매입 프로그램을 발표했다. 5,000억 달러의 국채와 2,000억 달러의 주택저당증권을 매입하기로 한 것이다. 얼마 지나지 않아 금융 시스템의 약점이 드러났다. 투자자들이 프라임 단기 자금 뮤추얼펀드에서 대거 자금을 빼내가자, 펀드가 자금을 확보하기 위해 단기 회사채시장에서 발을 뺐다. 은행은 새 증권의 매입과 보유에 소극적이었고, 회사채든 국채든 매각이 어려웠다. 3월 18일, 연준은 단기 자금시장 구제 계획을 발표하고, 매각이 곤란한 증권은 연준에서 매입하겠다고 선언했다.

그러나 3월 21일과 22일에도 혼란이 계속되었고, 연준은 미국 국채를 무제한 매입하겠다고 발표했다. 상업부동산 저당증권도 매입하겠다고 발표했다. 3월 23일, 연준은 회사채도 매입하기로 하고 역사상 처음으로 중소기업에도 자금을 공급하겠다고 발표했다. 그제야 연준의 조치가 효과를 발휘했고 현금 확보 경쟁은 사라졌다.

2008년과 2020년 위기의 유사점과 차이점

2008년과 2020년 위기의 유사점과 차이점을 살펴보자. 우선 유사점을 보면, 주식시장이 폭락했다. 2020년 2~3월에 발생한 팬데믹 위기로 S&P500지수는 수주 만에 30%나 폭락했다. 2007년 10월에 S&P500지수가 신고점에서 49% 하락해 2009년 3월에 저점에 달했던 것과 비교된다. 외국 기관의 달러 수요가 증가한 것도 같았다. 2020년 3월 19일, 연준은 2008년처럼 한국을 포함한 14개국 중앙은행과 일시적으로 스와프라인을 개설했다. 단기 자금시장이 경색된 것도 유사했다. 2008년 9월 15일이 속한 그 주에만 주요 머니마켓펀드에서 전체의 14%에 달하는 약 3,000억 달러의 환매 요구가 쇄도했다. 2020년 금융위기 때도 기관 투자자들이 프라임 펀드에서 대규모로 자금을 인출해서 펀드 보유 자산 가격이 30%나 하락했다.

무엇보다 금융 당국의 공표가 효과를 발휘한 점이 같았다. 2020년 봄, 연준은 총 3조 달러 이상의 긴급대출을 선언했지만 실제 제공한 신용은 극히 일부였다. 기업 신용과 지방정부 유동성 제공, 중소기업 대출 프로그램은 2020년 연말에 중단됐고, 그때까지 고작 370억 달러를 제공했을 뿐이었다. 이는 총 가용 자원의 2%에 불과했다. 그렇지만 연준이 개입을 선언한 것만으로도 시장의 불안은 해소되었고 민간 투자자들이 다시 시장에 참여했다.

두 위기의 차이점도 있다. 우선, 2020년에는 코로나19로 인한 쇼크의 반응 속도가 매우 빨랐고 미국 국채시장마저 흔들렸다. 3월 11일 세계보건기구의 팬데믹 선언 후, 시장 패닉은 정점에 달했다. 2020년 3월, 미국 국채시장 유동성이 고갈되자 연준은 바로 엄청난 유동성을 공급했다. 연준은 프라이머리 딜러를 대상으로 무제한 국채담보대출을 시행했다. 또 스와프라인을 개설하지 못한 외국 중앙은행을 대상으로 외국통화당국과의 레포제도(FIMA repo facility)를 운용해 미국 국채를 담보로 달러를 공급했다.

한편 연준은 미국 국채를 대량으로 매입하기 시작했다. 2019년 8월 2조 1,000억 달러어치를 보유한 것이 2021년 1월 13일 기준 4조 7,000억 달러로 늘었다. 2020년, 연준은 13개 비상대출제도를 두 달 만에 신속히 출범시켰다. 또 하나 다른 점이 있다면 은행계가 2020년 위기 시에 상대적으로 건전했다는 것이다. 2008~2009년 은행 실패 규모는 2008년 1조 7,000억 달러, 2009년 2조 1,000억 달러 규모였는데 2020년에는 4,580억 달러에 그쳤고 은행 파산도 네 건에 그쳤다.[65] 2008년 금융위기 후에 은행 자본금, 유동성 등 약점을 보완한 덕에 은행의 복원력은 크게 증가했던 것이다.

신흥시장의 달러 부채

2010년 이후 신흥시장에서는 기업, 은행, 정부가 대량의 달러 표시 채권을 발행했다. 그러나 팬데믹이 발생하자 펀드매니저들은 신흥시장이 발행한 채권을 기피했고, 수출 감소로 수익이 감소한 신흥시장의 정부, 기업의 자금 수요가 확대되었다.[66] 그 결과 신흥시장이 발행한 달러 표시 채권의 수익률이 치솟았다. 대신에 달러 가치가 상승하면서 헤지하지 않은 신흥시장의 달러 차입자는 채무 부담이 증가했다. 신흥시장과 산유국 투자자들은 미국 국채를 매각해 필요한 자금을 일부 조달했다.

신흥시장의 달러 표시 부채가 급증한 가장 큰 원인은 중국이었다. 중국의 비금융기업이 유로달러시장에서 발행한 달러 표시 채권 액수는 2010년대에 급증했고, 2020년에는 발행 잔액이 5,900억 달러로 신흥시장 전체의 36%를 차지했다. 이는 중국 GDP의 4%, 외환 보유액의 19%에 해당한다. 채무자는 헝다집단(恒大集団) 등 주로 부동산 개발업자와 지방정부가 자금 조달을 위해 만든 사업체로, 채권 발행의 40%를 차지했다. 채무자들에게는 달러 수입이 없었기 때문에 달러 표시 부채는 헤지되지 않았다. 이와 같이 헤지되지 않은 달러 캐리 트레이드는 달러 환율이 상승하여 발생하는 리스크에 취약하다.[67] 실제로 2015~2016년에는 미국의 양적 완화 정책이 종료되면서 달러 캐리 트레이드의 되감기가 발생하여 중국에서 자본 유출에 일부 기여했다.[68]

2017년과 2018년에 미국은 통화긴축을 실시했다. 달러 환율이 상승하여 달러 표시, 위안화 표시 모두 차입 비용이 급증했다. 2018년에 회사채의 디폴트가 소규모로 증가했지만, 국유기업의 디폴트는 낮은 수준이었다. 2025년까지 중국은 4,880억 달러의 회사채를 상환해야 한다. 2020년 9월 말부터 10월에 중국 인민은행은 부동산시장의 거품을 억제하고 부동산 회사의 재무를 개선하기 위해, 부채 비율이 높은 기업에 대한 대출을 제한하기 시작했다. 이에 따라 헝다집단 등 부동산 개발업자는 채무불이행 위기를 맞았다. 2021년 6월 말에는 헝다집단 부채가 약 1조 9,665억 위안에 달했는데, 이는 당시 중국 GDP의 2%에 해당했다. 이 와중에 해외 투자자를 대상으로 발행된 달러 표시 채권은 195억 달러에 달했다.

21세기 민영화된 화폐, 비트코인 등장

1974년 12월 11일, 프리드리히 하이에크(Friedrich Hayek)는 스톡홀름 경제대학교에서 노벨경제학상을 수상한 후 서양의 주된 문제는 인플레이션 유령이라고 진단하고 경제학자의 과제는 인플레이션 위협을 제거하는 것이라고 연설했다. 그는 케인스주의적 복지주의를 비판하며, 자유주의의 핵심은 안정적 화폐라고 주장했다.

하이에크는 이미 1944년에 낸 『노예의 길(The Road to Serfdom)』에서 화폐는 인류가 발명한 가장 위대한 자유의 도구 중 하나라고 설명했다. 1976년에 낸 『화폐의 비국유화(The Denationalization of Money)』에서는 1975년 실업의 원인이 자본주의가 아니라 정부가 좋은 화폐를 생산할 권리를 기업에서 박탈했기 때문이라는 주장을 한 바 있다. 가장 중요한 시장 규제자인 화폐가 시장의 힘으로 움직이는 것을 배제한 결과가 경제위기이고 인플레이션이란 뜻이었다. 1970년대 인플레이션 쇼크 상황에서 정부의 화폐 독점을 철폐하고, 화폐 발행을 완전히 민영화할 때가 왔다는 것이 그의 생각이었다.

하이에크는 국가와 정치인, 경제학자의 손에 화폐를 맡겨두는 것은 너무 위험하다고 여겼고, 정치로부터 화폐를 보호하는 것이 안전한 화폐를 얻는 길이라고 확신했다.

2008년 금융위기로 글로벌 금융 시스템을 구제하기 위해 정부가 개입하자, 화폐는 중립적이라는 환상이 깨졌다. 국가는 금융 시스템의 손실을 사회화하는 방식으로 보조해야 했다. 유럽의 금융위기도 유로는 비정치적인 화폐가 아니며 회원국들의 정치적 개입이 불가피하다는 사실을 드러냈다.

중앙은행들은 화폐 공급과 신용 시스템을 통제하려 했지만, 방대한 글로벌 금융 시스템은 부분적으로 통제에서 벗어났다. 통화 공급은 중앙은행이 아니라 유로달러와 같이 민간 기관이 주도하는 글로벌 신용 공급 체제의 비중이 커졌다. 1970년대 후반 이후, 경제 세계화 그리고 금융시장의 국제적 통합으로 화폐금융 분야에서 개별 국가의 권한은 제약됐다. 화폐의 탈영토화가 진행된 것이다.[69]

민간이 자유롭게 통화를 발행하도록 하자는 하이에크의 주장, 즉 '경쟁하는 사적 통화'는 그의 생전에는 실현되지 못했다. 그런데 2008년 11월 1일 리먼브라더스가 몰락한 지 불과 몇 주 후, 익명의 인물인 나카모토 사토시가 온라인 게시판에 전자 크립토통화, 즉 비트코인을 제안했다. 가상화폐의 신비로운 주창자와 그의 열렬한 추종자들은 처음부터 새로운 전자화폐를 금처럼 희소성을 지닌 디지털 골드로 구상했다. 하이에크가 국가로부터 화폐를 탈환하려 했다면, 비트코인은 화폐로부터 국가와 은행을 모두 제거하려 했다. 이는 신뢰가 무너진 시대의 화폐였기에, 인간 사회의 신뢰에 의존하지 않는 전자거래 시스템이 중심을 차지한 점이 특징이었다.

이처럼 인간 불신과 이성의 취약성이라는 어두운 인간관을 바탕으로 한 비트코인의 배후에는 시장이 운영하는 사적 화폐의 우월성을 강조한 하이에크의 그림자가 짙게 드리워져 있다. 하이에크는 화폐 민영화의 이상적 도구로 은행을 상정했지만, 나카모토 사토시는 심각한 금융위기를 겪으면서 은행도 정부와 마찬가지로 오염되었다고 여겼다. 은행은 의도한 대로 기능하지 못했고 금융 시스템을 몰락 직전까지 몰고 갔다.

은행들은 정작 어려운 시기에는 중앙은행에서 공적 지원을 받거나 국유화됐다. 이에 실망한 나카모토 사토시는 탈국가화되고 민영화된

21세기의 화폐는 은행 시스템 밖에 존재해야 한다고 주장한다. 하이에크의 탈국가화된 화폐라는 열망은 비트코인에서도 강하게 느껴진다. 그와 동시에 '채굴(mining)'이란 표현이 암시하듯, 금속화폐 시대를 그리워하는 모습도 보인다.

크립토통화의 모순과 한계

크립토통화는 무정부주의적이고 기술을 통한 자유지상주의적 기획이지만, 오히려 기존의 국가 권력을 배척하려는 점에서 매우 정치적이다. 정부와 은행이 화폐를 통제하는 권능을 잃으면 국가가 조세와 신용 창출에 대한 통제력을 상실할 테고, 최악의 경우에는 전비 조달도 불가능하다.

문제는 비트코인은 스스로 주장하는 바와 달리 탈중앙화되고 효율적인 통화가 아니라는 점이다. 대부분은 통화로 사용되지는 않는 투기 자산으로, 소수가 엄청난 에너지를 사용하여 채굴한다. 설령 비트코인이 화폐의 민영화에 성공한다고 해도, 이는 기본적으로 공공재여야 할 화폐를 소수가 사유화하는 결과를 초래하는 것이고, 이는 민주적 원리에 반한다. 민주적으로 구성된 정부의 규제기구가 이를 용인할 이유는 없다.

비트코인 옹호자들은 디지털 장부라는 '탈중앙화된 신뢰' 시스템이 인간관계의 취약성을 보완할 기술적인 해법을 제공한다고 주장한다. 그들은 힘있는 기구나 그룹의 영향력으로부터 벗어나, 탈중앙화된 금융, 즉 디파이(Decentralised finance, DeFi)를 크립토 세계에서 구현하려 한다. 하지만 기존의 크립토통화는 검증할 수도, 변화할 수도 없는 사실상의 비공공적인 지배구조를 출현시켰다. 기존의 크립토통화는 이를 채택한 공동체의 신뢰에 의존하며, 결국 디지털 장부의 질은 공동체에 속한 회원의 질에 따라 결정된다. 비트코인 커뮤니티는 초기에 서로에 대한 회원들의 신뢰가 형성되자 비로소 출범할 수 있었고, 로저 버(Roger Ver) 같은 강력한 오피니언 리더들의 역할이 컸다.

화폐의 정치화가 불가피하듯이 블록체인 시스템도 신뢰가 필요하다. 코드의 진실성에 대한 신뢰, 예외를 인정할 권한에 대한 신뢰, 각 자산의 유동성에 대한 신뢰 등이 전제되어야 기능한다는 뜻이다. 그리고 신뢰는 기술의 영역이 아니라 궁극적으로 정치와 사회의 영역이다.

비트코인 알고리즘은 거대 채굴 기업에 유리하므로, 비트코인의 생성이나 지불 확인은 탈중앙화되었다기보다는 오히려 매우 중앙화되어 있다. 그래서 소수의 채굴자가 과점 구조로 운영하는데, 이는 글로벌 은행 시스템과 유사하다. 탈중앙화되었다는 믿음 때문에 숨겨진 중앙기구의 존재가 은폐됐고, 오피니언 리더들의 영향력이나 네크워크 파워의 우월적 힘이 가려진 것이다.

크립토통화는 흔히 미래 지향적 기술 혁신으로, 화폐를 탈중앙화함으로써 중앙집권적 국가권력으로부터 해방을 추구한다고 말하지만 이는 사실과 다르다. 그보다는 크립토통화의 배후에 있는 정치적 비전을 이해할 필요가 있다. 크립토통화는 금융화 시대에 화폐의 정치적 위상을 놓고 벌이는 투쟁의 일부이며, 크립토통화 지지자들은 자신들의 야망을 정치적 매력으로 제시한다. 하지만 화폐를 정치적 통제로부터 벗어나게 하려는 시도 자체가 매우 정치적 행동이며, 이들은 공공재의 공동 공급과 집단적 자치라는 민주적 이상과 결별하려 하고 있다. 사적 통화인 크립토통화가 공적 권력을 기초로 창출된 공적 통화를 대체할 가능성은 거의 없다.

새로운 화폐는 기존에 확립된 통화 시스템과 경쟁해야 한다. 국가는 조세 납부 등 공적 채무 이행은 물론 민간 채무 이행에도 공적 통화인 법정통화를 강제하므로 새 화폐가 설 자리는 좁기만 하다. 기존의 통화 시스템에는 이러한 기득권 효과가 있으므로, 이를 극복하려면 새 시스템이 제공하는 이익이 새로운 통화로 전환하는 데 드는 비용보다 많아야 한다. 그러나 비트코인이 기득권 통화를 제칠 만큼 유용하다는 사실은 증명되지 않았다.

결정적으로 비트코인은 가격 변동성이 커서 화폐 단위로 사용하기 어렵다. 더구나 비트코인은 투자 목적으로 보유하는 경우가 많아 유통되지 않으므로, 교환이나 지불의 수단으로 널리 사용될 수 없다. 높은 거래 비용과 긴 처리 시간 때문에 비트코인은 사실상 지불 시스템으로선 현실적이지 않은 대안이다. 대신 조세를 회피하거나 범죄 수익을 은닉하는 데 이용하기 좋다.

크립토통화가 투기 자산으로 성공했던 이유는 초기에 규제가 가벼웠기 때문이다. 이를 이용해 금융 사기와 가격 조작이 이뤄져서 정보가 부족한 일반 투자자에게 매우 높은 가격에 팔 수 있었다. 블록체인이 본질적으로 중앙화, 규제 당국의 감독, 민주적 지배 등을 배제할 근거가 없다. 또 기존의 글로벌 금융 시스템의 일부로 편입되지 않을 이유도 없다. 이미 중앙은행이나 상업은행에서는 블록체인 기술을 이용해 새로운 디지털화폐를 만들고 감독 및 통제를 하려 한다. 어느 경우든 기술적 문제가 아니라 정치적 이유와 힘의 문제로 귀결된다.[70]

매일같이 전 세계에서 20억 회가 넘는 디지털 지불이 상품 및 서비스 구입과 금융거래를 위해 이뤄진다. 모든 거래는 기존의 지배적 통화 시스템을 바탕으로 하고, 그 시스템은 통화 거래를 가능하게 하는 제도와

협약으로 이뤄진다.

화폐 시스템에 대한 신뢰는 궁극적으로 중앙은행과 국가에 대한 신뢰라고 할 수 있다. 그리고 중앙은행은 혼자서 운영되지 않는다. 상업은행들과 여러 다른 민간 기관들이 복잡한 생태계를 구축해 금융거래와 화폐의 유통을 뒷받침한다. 그런데 디지털 혁신으로 새로운 화폐와 금융 시스템이 가능할 수 있다는 생각이 출현했다.

그러나 최근의 사태는 비전과 현실의 커다란 간극을 드러낸다. 테라USD스테이블코인(TerraUSD stablecoin)의 몰락, 그 쌍둥이 코인인 루나(Luna)의 붕괴는 투기 목적으로 거래하던 코인 시스템의 약점을 드러냈다. 크립토 세계는 혼란에 빠졌다. 대부분 덜 알려진 코인은 2021년의 피크타임에 비해 가격이 90% 이상 하락했다.

크립토통화와 디파이는 구조적인 한계를 가지고 있어서 제대로 된 통화 시스템에 필요한 효율성, 안정성, 신뢰성을 구현하기 어렵다. 1만 개 이상의 블록체인을 기반으로 하는 코인이 등장한 것은 크립토 세계가 세분화되고 수많은 조각들로 파편화됐다는 의미다. 자유은행 시대의 수많은 은행권들을 연상시킨다. 한편 규제되지 않는 중간자들도 문제다. 이들은 탈중앙화된 시스템의 내적 한계를 보여주고 크립토의 화폐성에 중대한 문제를 제기한다.

불안정한 스테이블코인

이와 같은 한계에도 불구하고 스테이블코인이 확산된 이유는 달러나 다른 일반 통화에 가치를 고정하여 가치의 변동성을 극복하려 했기 때문이다. 이는 크립토통화가 중앙은행이 발행한 화폐의 신뢰성을 활용할 필요가 있다는 사실을 인정한 것이기도 하다. 하지만 스테이블코인은 발행자들이 주장하는 것보다 덜 안정적이다. 기껏해야 견고한 국가 통화의 불완전한 대체물일 뿐이다.

화폐는 강력한 네트워크 효과를 통해 사회에 유용성을 제공하는 협력 도구로, 특정한 화폐를 사용하는 사람들이 많을수록 더 많은 사용자가 몰린다. 이런 이유로 화폐는 '승자독식'의 세계다. 이는 스테이블코인이 지닌 근원적 한계다.

디파이는 중간자를 제거해 비용을 낮춰 금융 시스템을 재구축하려고 한다. 그런데도 디파이의 주된 금융 활동 형태는 전통적인 금융 영역, 즉 대출, 거래, 보험 등이다. 여기서 스테이블코인이 핵심 역할을 담당한다. 이들은 통상 미국 달러 같은 계산화폐에 고정되며, 다른 통화나 금 같은 자산 가격에 고정할 수도 있다.

스테이블코인의 두 가지 주된 형태는 자산담보부 코인과 알고리즘 기반 코인이다. 대표적인 자산담보부 스테이블코인은 테더(USDT)와 US달러코인(USDC), 바이낸스US달러(Binance USD) 등이 있는데, 담보로는 국채, 단기 회사채, 은행 예금, 다른 크립토통화 등이 사용된다. 알고리즘 기반 스테이블코인은 테라USD가 대표적으로, 복잡한 알고리즘을 이용해 타깃 통화나 자산에 대한 상대 가치를 유지하도록 공급을 조절한다. 하지만 스테이블코인, 특히 알고리즘 기반 코인은 발행자들이 주장하는 것보다 안정적이지 않았다. 2022년 5월, 테라USD가 몰락하고, 다른 알고리즘 기반의 스테이블코인도 그 뒤를 이어 무너져내렸다. 자산담보부 스테이블코인도 대량 환매가 발행하면서 고정 가치를 상실했다.

분석가들은 스테이블코인 발행자들이 위험한 자산에 투자하려는 내적 이해 충돌에 빠졌다고 본다.[71] 역사상 실패한 수많은 사적 통화 사례와 마찬가지로, 스테이블코인도 준비자산의 질과 투명성을 결여하여 미래 통화 시스템의 기초가 되는 데 필요한 요건을 갖추지 못했다. 은행예금과 같은 규제나 보호의 혜택도 없고, 최종 대부자인 중앙은행의 지원도 받지 못한다. 크립토통화가 사회적 유용성을 얻기 위해서는 규모를 확대할 수 있어야 하고, 안전성이 보장되며, 탈중앙화를 실현해야 한다. 하지만 이 세 가지 조건은 동시에 구현하기 힘들다.

최근 일부 중앙은행에서는 분산원장기술(Distributed Ledger Technology, DLT)을 활용해 중앙은행디지털화폐(CBDC)를 개발함으로써 국내외에서 신속하고 안전하며 저렴한 지불 및 결제 시스템을 제공하려 한다. 민간의 기술 혁신을 활용해 공적 시스템을 혁신하는 것이다. 결국 민간이 발행하는 크립토통화는 설 자리가 아주 좁아지고, 그 기술을 활용해 국가권력의 중추인 중앙은행이 통화 시스템을 개선하는 데 나선 것이다.

미국 재무부 금융안정감독위원회는 2022년 10월에 발행한 보고서에서 전통적인 금융 시스템과의 상호관련성이나 전체적 규모를 적절히 규제하지 않은 채 크립토 자산 거래가 늘어난다면 미국 금융안정성에 위험을 야기할 것이라고 지적했다. 특히 스테이블코인 거래는 전통적 금융시장과 연결될 가능성이 높아지고 있다며 크립토 자산이 미국 금융 시스템의 안정성을 해칠 수 있으므로 규제가 필요하다고 강조한다.[72] 따라서 앞으로 미국을 비롯한 여러 나라에서는 크립토 자산을 더 강력히 규제할 것으로 보인다.

15장

달러의 권위에 맞서는
세계의 도전자들

달러 중심의 글로벌 통화 체제를 대체할 경쟁자가 있는가? 한때 유로가 유력한 후보로 떠올랐지만 여러 한계로 인해 지금은 유로존 내에서만 지배적 위상을 차지하고 있다. 중국은 지정학적 야심을 갖고 달러 체제에서 벗어나려 하고 있다. 하지만 아직 중국 금융시장의 깊이와 넓이는 제한적이고, 자본시장과 외환시장에 대한 규제 때문에 국제 투자자들의 신뢰를 얻기에는 많이 부족하다. 러시아 등 브릭스 회원국들은 달러 의존도를 낮추기 위한 여러 시도를 하고 있지만 아직은 달러에 대한 결정적 위협이 되지 못하고 있다.

현재로서는 글로벌 안전자산으로서의 위상 때문에 달러 체제가 쉽게 무너지기는 어렵다. 하지만 미국의 재정 적자가 과도하게 누적되면서, 미국이 국가 부채를 갚을 능력이 있는지, 즉 가치 저장 수단이자 글로벌 금융거래에서 최고의 담보로 쓰이는 미국 국채의 안전성에 대한 의문이 제기된다. 이를 '신트리핀딜레마'라고 한다. 결국 미국의 재정 능력에 대한 신뢰가 흔들리면 달러는 근본적 위기를 맞게 될 것이다.

달러를 대체할 대안이 있을까?

1999년 1월 1일, EU 회원국 중 11개국에서 단일통화인 '유로'를 채택했다. EU 통합이 한층 더 진전된 것이다. 1990년 7월에 시작한 경제통화동맹(Economic and Monetary Union, EMU)의 최종 단계로 단일통화가 도입되면서, 통화 통합에 참여한 11개국은 유로존으로 불린다. 유로존의 경제 규모를 보면 인구가 약 2.9억 명(1997년), 명목 GDP 규모가 약 6.5조 달러(1998년)다. 미국(약 2.7억 명, 약 8.5조 달러)에 비견되는 거대한 통화권이 탄생한 것이다. 과연 유로가 달러를 대체하거나 달러와 동등한 위상을 차지할 수 있을지에 대해 출범 당시부터 많은 사람들이 뜨거운 관심을 보였다.

돌아보면 지난 수십 년 동안 달러의 몰락은 예견됐다. 1960년에 로버트 트리핀(Robert Triffin)은 이미 달러의 몰락을 경고했으며, 1971년 달러의 금 태환이 정지됐을 때 킨들버거는 달러는 끝났다고 확신했다. 배리 아이켄그린도 달러가 국제적 역할을 계속할 수 있을지 의심스럽다고 비관했다.[1] 벤저민 코헨(Benjamin J. Cohen)도 복수의 통화가 경쟁하며 뚜렷한 '리더가 없는 통화 시스템(leaderless currency system)'으로 이행할 것이라고 예측했다. 하지만 오늘날의 상황을 보면 달러는 과거와 다름 없이 지배적이고 사실상 유일한 글로벌 통화다. 2007~2008년의 대위기도 달러를 왕좌에서 끌어내리지 못했다.

통화 패권에 걸린 이해관계는 어마어마하다. 어느 화폐가 거래 대금 청구나 대출에 주로 사용되는지, 중앙은행들의 대외준비자산으로 쓰이는지 하는 단순한 문제가 아니다. 기본적으로 통화 패권은 정치적이며, 글로벌 세력 균형의 핵심적인 열쇠다. 클린턴 정부에서 외무부 장관을 역임한 매덜린 올브라이트(Madeleine Albright)는 미국을 "불가결한 국가(indispensable nation)"라고 칭했다. 정말 달러는 불가결한 통화일까? 달러 없이 세계가 제대로 돌아갈까? 이런 표현은 미국의 오만함이 아닐까?

초국가적 국제기구가 발행한 단일한 세계화폐가 없는 상황에서, 세계 경제는 개별 국가의 통화를 선택해 국제적인 화폐로 사용할 수밖에 없다. 실제로 선택받은 몇몇 통화만 자국 밖에서 광범위하게 수용되면서 국제적 지위를 얻었다. 과연 통화의 다극 체제가 가능할까? 2011년, 세계은행은 유로와 런민비가 달러와 함께 3극 체제를 이룰 것이라고 예측했다.

국제통화가 되기 위한 요건에는 몇 가지가 있다.[2] 먼저 경제 규모다. GDP가 크고 세계 무역에서 비중이 높으며 세계시장과 잘 통합된 대국의 통화에 대한 수요는 크다. 이는 네트워크 효과를 발생시킨다. 즉, 통화의 거래 네트워크가 넓을수록 다른 곳에서도 사용할 가능성이 높다. 세계 경제에서 차지하는 비중이 높을수록 통화는 자연히 이점을 갖는다. 그 통화의 인력이 커지는 것이다. 역사상 경제 리더가 되지 못한 나라의 통화가 국제적으로 우위를 점한 적은 없다.

다음으로 금융 발전이 필요하다. 외부 투자자와 중앙은행들이 어느 통화에 매력을 느끼기 위해서는 그 통화가 유동성을 갖추고 있으며 자산 가격을 합리적으로 예측할 수 있어야 한다. 그러려면 발전한 금융시장이 있어야 하고, 그 시장이 외부의 접근을 보장할 수 있도록 개방적이어야 한다. 시장의 거래 비용이 높아서도 안 되고, 진입장벽이 있어도 안 된다. 또한 깊이와 넓이, 회복력도 갖춰야 한다. '깊이'는 개별 자산의 가격에 중대한 영향을 미치지 않고 대량 거래가 가능한 것이고, '넓이'는 거래량과 경쟁이 충분해서 매도 호가와 매수 호가가 크게 차이가 나지 않는다는 뜻이다. '회복력'은 시장가격이 비정상적으로 큰 매도 혹은 매수 주문에서 신속히 회복하는 능력을 의미한다.

국제적 위상 또한 매우 중요하다. 지정학적 강국의 통화는 주변국이나 동맹국에서 준비자산이나 시장 개입을 위한 수단, 혹은 환율 고정을 위한 기축통화로 사용한다. 군사력 역시 중요하다. 군사 대국의 통화는 안전한 통화로 인식되기 때문에 안전 보장을 제공하는 국가의 통화는 피후견국에서 사용되기 쉽다.

이외에도 효과적인 경제 운영 능력, 즉 거시경제의 성공적인 운영 및 저물가 유지 능력도 필요하다. 정치적 안정성과 사유재산 보호제도, 법치 확립 여부도 중요하다. 이러한 조건을 충족할 수 있는지에 따라 달러에 대한 도전이 성공할 수 있는지 여부가 가려질 것이다.

유로의 미래

유로는 달러에 도전할 수 있을까? 노벨상 수상자 로버트 먼델(Robert

Mundell)은 유로가 달러의 강력한 도전자가 될 것이고, 힘의 구조를 바꿀 것이라고 예측했다.[3] 확실히 유로는 국제통화로 성장해 달러를 위협할 가능성이 있었다. 거대한 경제 기반, 정치 안정, 저인플레이션, 가장 보수적이고 힘있는 유럽중앙은행의 존재 등의 이유로 출범 당시에는 큰 기대를 모았다.

그러나 2008년의 금융위기와 그 이후의 유럽 위기를 겪은 후로 인식에 큰 변화가 생겼다. 포르투갈, 스페인, 그리스, 사이프러스 등의 국채위기로 신뢰가 추락했고, 유로는 2000년대 중반에 정점에 도달한 이후 국제적 사용량이 감소했다. 아직도 EU에서만 주로 사용되는데, 이는 달러가 전 세계에서 유통되는 것과 대조적이다. 달러에 대한 유로의 도전은 힘을 잃었고, 2013년 5월 25일《이코노미스트》는 유로가 달러의 라이벌이 되기는 어렵다고 진단했다.

가장 기본적으로 유럽통화동맹의 통화정책과 재정정책의 불일치가 문제다. 유럽은 회원 국가의 통화는 통일됐지만, 재정은 여전히 개별 정부의 몫이다. 처음부터 통화동맹이 회원국들 사이의 재정 불균형 리스크를 관리할 수 있는지에 대해 의문이 제기됐다. 각 회원국들은 가능하면 예산권과 특권을 최대한 보유하고 싶어 했다. 출범 당시부터 EU 회원국이 유럽중앙은행이나 EU 기구에 위임한 권한의 범위가 모호했다. 유로 운영상의 문제는 외교 협상으로 해결했는데 이는 문제를 해결하는 데 도움이 되지 않았다. 이런 이유로 유로에 대한 신뢰는 저하됐다.

미국의 해법은 건국 초기 알렉산더 해밀턴의 개혁에 근거해, 자동적인 리스크 공유를 원칙으로 한 이전 동맹(transfer union)을 제도화한 것이다. 이 자동 안정화 장치를 통해 시스템에 문제가 발생할 때 긴장을 완화하도록 했다.[4] 반면 유럽에서는 자동적인 재정 이전은 검토되지 않았다. 재정 적자는 국내 생산의 3%를 넘지 않고, 정부 부채는 GDP의 60%를 초과하면 안 된다는 원칙만 정했다. 하지만 이를 어겼을 때 벌칙이 부과되는 것은 아니다.

근본적 원인은 EU는 진정한 연방이 아니고 주권국가의 연합에 불과하다는 점이다. 즉, 결정 권한이 국가에서 연합으로 실질적으로 이전되지 않았다. 그 결과 국가들 간의 모순적 목표로 인한 혼란을 피할 수 없었다. 항구적이고 자동적인 이전 동맹인 연방 체제가 아니라면 심각한 불균형이 발생할 때마다 새롭게 협상해야 한다. 채권자가 우위에 설 수밖에 없으므로, 채무국은 불리한 입장이다. EU 회원국 간에는 무역과 자본 통제가 불가능하고, 독립적 통화정책과 환율 절하도 배제된다. 사실상 남은 건 긴축 재정밖에 없다. 그러다 보니 일부 국가에게는 채무불이행이 더 매력적으로 보일 수도 있는 것이다.

하버드대학 경제학 교수 마틴 펠드스타인은 유로에 대해 비관적이다.[5] 반면 학습 과정을 통해 유로가 발전할 것이라는 낙관론도 있다.[6] 지금까지 현실은 빛나는 성공도 아니고, 완전한 실패도 아니다. 유로의 성공 여부는 정치적 통합이 관건이다. EU 28개 회원국의 총 경제 규모는 미국과 비슷하다. 5억의 인구에 1인당 소득도 유사하다. EU는 세계 최대 무역 블록으로 전 세계 무역의 16%를 차지하여 미국의 두 배다.

그러나 EU가 세계 생산에서 차지하는 비중은 하락했다. 구매력은 1990년대의 약 25%에서 약 18% 수준으로 낮아졌고, 미래 전망도 밝지 않다. 고령화와 0.2%라는 낮은 인구 증가율로 노동인구 감소가 예상되기 때문이다. 또 연구 개발 투자 감소로 생산성 하락도 예상된다. 2008년 이후 장기화된 실업으로 인적 자본이 저하되면 성장 잠재력이 감소할 수도 있다.

2008년 금융위기 이전의 10년 동안 2.6% 성장했는데, EU는 앞으로 잘해야 1.5% 이하의 성장이 예측된다. 이런 상황에서 무역 거래에서 유로 사용이 증가할 가능성은 낮다. EU 회원국이 관여하지 않는 제3국 간 거래에서 유로를 사용하는 비중은 높아지지 않고, 세계 경제에서 유럽의 비중이 저하되면서 국제통화로서의 위상도 낮아질 것으로 보인다.

국제 금융시장에서의 비중도 예상보다 저조해졌다. 출범 초기에 유로는 자본시장, 특히 국제 채권시장에서 단기간에 사용이 급증했다. 그러나 이는 오래가지 않았다. 2005년 정점에 이른 후에는 유로의 비중은 감소해서 최근에는 4분의 1로 감소했는데, 달러는 채권시장에서 50% 이상을 차지한다. 차입자와 투자자 모두 유로 사용자는 대부분 EU 지역에 국한된다.

달러가 계속해서 지배적 위상을 차지하는 이유에는 유동성과 편리성 면에서 미국 국채시장에 대적할 만한 보편적인 금융 상품이 유럽에 존재하지 않은 것도 있다. 미국 연방정부에 필적할 만한 통합 정부가 없는 한 이 결점을 해소하기 어렵다. 미국과 달리 단일한 국채, 공적 기관이 발행한 공채시장이 없고, 각 회원국별로 별도의 시장이 운영된다. 회원국들 간의 신용 및 유동성 리스크의 차이, 제도적 차이로 유로존 국채시장의 단일화는 요원하다.

유럽 국채 위기가 시작되자 EU의 자본시장은 더 파편화되었다. 그 결과 유로는 투자 수단 혹은 준비자산으로 광범위하게 사용되지 못했다. 가치 저장 수단으로서의 매력도 기대에 미치지 못했다.

미국과 비교해 유럽의 국제 정치적 위상과 군사력도 약하다. 안보 면에서 유럽은 제2차 세계대전 이후 미국의 군사력에 의존하는 데다, 국방은 개별 국가의 영역에 속하므로 유럽은 통일된 군사력을 갖추기 어렸다. 2009년 EU는 외교 정책을 관장하는 부서를 신설했지만, 실제로는 28개 회원국 전체의 동의를 얻어야만 입장을 표명할 수 있어서 독자적 행동이 어렵다. 이렇듯 유럽의 국제 정치적 위상이 낮은 것도 유로의 사용 확대를 제약하는 요인 중 하나다.

중국의 금융민족주의

중국의 런민비는 과연 달러의 위상에 도전할 수 있을까? 일부는 런민비의 국제화는 숙명이라고 본다. 중국 경제가 성장하면서 필연적으로 국제통화가 되리라는 것이다. 예를 들면 인도 경제학자이자 전 인도 정부 수석 경제고문이었던 아르빈드 수브라마니안(Arvind Subramanian)은 런민비가 2020년대 중반이면 달러를 대신해 주요 준비통화가 될 것이라고 예측했다.[7] 중국의 런민비 국제화에 대한 입장을 이해하기 위해서는 국제금융에 대한 중국의 경험을 살펴볼 필요가 있다.

과거 손문(孫文)은 1920년에 개발은행을 설립해 외국 자본을 들여와 중국 경제를 발전시키려고 했다. 이와 대조적으로 20세기 초 양계초(梁啓超)는 외자 도입이 중국에 대한 지배 도구로 이용될 수 있다고 보았다.[8] 양계초는 당시 중국의 취약성을 우려했던 것이다.

19세기와 20세기 초에 출현한 금융민족주의는 근대 중국 민족주의의 중요한 부분이었다. 과거에는 내부 지향적이고 방어적이었다면, 현재는 외부 지향적으로 변모했다. 국가화폐를 창설하려고 시도했던 과거와 달리, 현재 중국은 런민비의 국제화를 적극적으로 추진하고 있다. 아직도 손문과 양계초의 관점이 둘 다 받아들여지는데, 해외 차입이 제로섬인지, 포지티브섬인지의 차이다. 제로섬 입장을 견지하는 측에서는 외국 금융기관들이 중국 시장에 진입하는 것을 제한하고, 서방이 지배하는 국제 금융기구와 경쟁해야 한다고 강조한다. 포지티브섬 입장에서는 중국 금융 시스템의 자유화 및 외국과의 경쟁을 환영하며 국제 금융기관과의 협력이 중요하다고 본다.

중국은 1949년 공산당이 집권한 후, 외국 금융기관에 문호를 닫았다. 1980년대 초에야 소수의 외국 금융기관이 제한적으로 진출했다. 2001년에 WTO에 가입한 후에는 외국 기관을 단계적으로 수용했지만, 여전히 외국 기관보다 자국 기관을 우대한다. 2016년 기준 외국 은행의 자산은 중국 은행 총자산의 고작 1.2%에 불과했다. 외국 기관 투자자들이 채권 시장에서 차지하는 비중도 1.2%에 그쳤다.[9]

과거 청나라와 중화민국 시절, 중국 민족주의자들은 외국 금융기관들이 중국을 지배하는 상황을 목도했다. 그럴 우려는 줄었다고 하지만, 중국 내 전문가들은 여전히 미국의 금융패권에 저항해야 한다는 입장이다. 중국은 금융주권을 수호하는 데 민감해서 금융기관을 여전히 강하게 통제한다.

그런데 점차 중국이 많은 달러 자산을 보유하고 국제금융과 깊은 관련을 맺으면서, 중국 민족주의자들은 금융자원을 대외 목표 달성을 위해 어떻게 사용해야 할지 집중적으로 탐구했다. 2015년에 출간된『금융국책론(金融国策论)』은 금융은 도구이자 무기이고, 금융은 시장이자 전쟁터라는 견해를 밝혔다. 이 책에서는 색깔혁명과 금융의 관계를 분석한 후, 대(對)테러 전쟁, 국제적 제재, 국가주권 문제 등을 논하면서 금융상품이 대외 전략에서 담당하는 역할에 주목한다. 금융은 국제 경쟁의 무대이고, 금융 파워를 제어하는 자가 세계를 제어한다는 견해다.

같은 해에 출간된 『금융과 국가 안전(金融与国家安全)』은 미국이 달러의 지배적 위상과 미국 금융시장의 우월성을 이용해 국익을 최대화하는 현상을 분석한다. 미국의 역사적 경험으로부터 도출된 교훈에 근거해, 중국도 금융 수단을 이용해 인접국들과의 경제적 상호 의존을 확충하여 신뢰와 존중을 확보해야 한다고 주장한다.

그러면서 금융외교라는 개념이 중국에서 확산되었다. 대국들이 금융 자원을 활용해 해외에서 국익을 증진하듯, 중국도 그래야 한다는 것이다. 해외 대출을 할 때도 국가의 외교 정책상 우선순위를 고려해야 한다고 강조하면서, 경제 자원 확보와 정치 영향력 확보가 대외 대출 정책의 근저에 있어야 한다는 입장이다. 중국이 아프리카, 남미 등 신흥시장에 투자를 대폭 늘린 것도 이 지역에서 서방 국가들의 입지를 줄이고 중국의 힘을 강화하려는 의도에서다. 그리고 중국이 미국 국채를 대량 보유하는 것이 미국에 대한 경제적, 정치적 지렛대를 강화한 것인가에 대해서도 논의하기 시작했다.

한편 중국은 국제 금융기구에 주요 출연자로 등장했다. 세계은행과 IMF 같은 기존 기구에도 출연했다. 하지만 신흥시장 국가들의 발언권이 약하다는 점을 비판하며 새로운 다자금융기구 창설에 나섰다. 브릭스 국가들이 창설한 신개발은행(New Development Bank), 일대일로 전략과 연관된 아시아인프라투자은행(Asian Infrastructure Investment Bank, AIIB) 등이 그 예다. 중국은 이들 기구에서 주도적 역할을 한다.

최근 중국은 금융시장을 더 개방해서 금융기관의 외국인 소유 지분 제한을 완화했다. 일부 전문가들은 이런 조치가 중국 금융기관들의 국제 경쟁력을 높이고, 런민비 국제화에도 도움이 될 것이라고 판단한다.

중국의 지정학적 야심

1970년대 서독, 1980년대 일본도 국제통화에 도전할 만했지만 도리어 이를 기피했다. 그런데 중국은 왜 도전할까? 국제사회에서 우월한 지위를 차지하고 유지하려는 지정학적 야심 때문이다. 통화의 국제화 전략은 지정학적 이점과 자주성 중에 하나를 선택하는, 이를테면 창과 방패를 선택하는 문제다. 국제적 영향력을 확보할 것인가, 외부 압력을 차단할 것인가? 중국은 창을 선택했다.

서독, 일본과 중국의 차이는 세계 정치에 대한 인식에서 비롯됐다. 서독과 일본은 자국의 통화 지위 상승을 통해 국제 정치적으로 강대국이 되겠다는 야심을 품지 않았다. 그들은 제2차 세계대전에서 패배한 후, 침략자였다는 역사적 제약 때문에 국제적 행동에 한계가 있었다. 그래서 미국의 안전보장 우산 아래 있는 것으로 만족하며 자국의 경제 발전에만 집중했다.

하지만 중국은 지정학적 야심이 매우 강하다. 서방에 굴복했던 굴욕의 세기를 뒤로하고, 다시 새롭게 대국의 반열에 오르려 한다. 이런 맥락에서 런민비의 국제화는 중국의 지정학적 파워를 증대시키므로 가치가 있다고 여긴다. 서독과 일본은 통화정책의 자주성은 매우 중요했으나, 통화 국제화로 얻을 지정학적 잠재적 이득은 치러야 할 대가에 비해 중요하지 않았다. 즉, 그들은 인플레이션 억제와 환율 변동성 관리 능력을 더 중시했다.[10]

그러나 중국은 외부 시장 변동성으로부터 국내 경제와 금융 시스템을 보호하는 것이 우선순위가 아니다. 처음부터 중국은 견고한 금융보호주의를 실시해 왔기에 서독이나 일본과는 비교할 수 없을 만큼 많은 규제와 통제가 시행되고 있다. 그래서 중국은 서독과 일본에 비해 국내 상황을 걱정할 필요가 없다. 다른 한편으로 중국이 런민비 국제화를 추진하는 근저에는 국가적 불안이 깔려 있다. 서방이 지배하는 달러 중심의 세계에서 중국의 취약성을 극복하려는 것이다.

중국은 경제성장과 함께 무역 흑자로 벌어들인 돈은 대부분 미국 국채나 기타 달러 자산을 취득하는 데 사용했다. 그런데 2008년 금융위기 후 중국은 미국 경제 문제가 중국의 투자 자산에 미치는 영향력을 실감했다. 당시 중국 총리였던 원자바오는 미국이 약속을 지키고 중국이 소유한 자산의 안전을 보장해 주길 희망한다고 분명히 말했다. 또 중국의 전문가들은 미국의 양적 완화 정책이 중국에 미치는 파급효과에 대해 논의한 결과, 런민비를 국제 준비통화로 육성하는 것이 중국의 취약성을 줄이고 장기적으로는 자주성을 확보하는 길이라고 판단한 것이다.

또 중국인들에게 런민비 국제화는 국력의 신장을 상징하며, 이들은 이것이 중국의 국제적 위상과 경쟁력을 높일 것이라고 믿는다. 2015년 런민비가 SDR 배스킷 통화에 포함되자 중국이 열광한 것도 이런 맥락에서다.

런민비 국제화를 향해서

1980년대 후반부터 중국 학계가 공식적으로 런민비 국제화 논의를 시작했다. 덩샤오핑의 개혁개방이 일차적으로 성공한 후, 런민비가 국제통화로 쓰이는 것이 바람직하다는 점에 대해서는 의견이 일치했다. 문제는 언제, 어떻게, 무엇을 해야 하는가였다. 아시아 금융위기 후에도 중국 정부는 여전히 주저했다.

결정적인 전환점은 2006년 중국 인민은행에서 「런민비 국제화 시기, 경로, 전략(*The Timing, Path, and Strategies of RMB Internationalization*)」이라는 보고서를 발간한 후였다. 이 보고서에서는 런민비를 국제화할 시기가 도래했고, 이를 바탕으로 중국의 국제적 위상과 경쟁력이 현저히 제고될 것이며 국제 경제에 미치는 영향력도 증대할 것이라고 분석했다. 그러므로 런민비의 국제화는 불가피하다고 결론지었고, 중국 지도자들과 관료들도 이에 동의했다.

하지만 중국 엘리트들이 모두 동조한 건 아니었다. 그 장단점에 관해 의견이 갈렸던 것이다. 찬성파는 인민은행이 주도했다. 이들은 국제화를 자유주의적 금융개혁 수단으로 간주했다. 환율의 급변동에 따른 위험관리도 목적 중 하나였다. 2008년 금융위기로 인한 취약성은 중국이 미국 달러 자산을 방대하게 보유했기 때문이었다. 이들은 런민비 국제화가 중국의 달러 의존도를 줄일 수 있다고 보았다. 반면에 오랫동안 정부의 금리 통제와 신용 할당으로 수혜를 입은 생산자 계층과 국영 은행 등은 런민비 국제화에 반대했다.

이런 중국 내부의 의견 차이로 인해 런민비 국제화는 중국의 공식적 정책으로 선언되지 못했다.[11] 하지만 중국 정부의 행동을 살펴보면 누가 토론의 승자인지 분명했다. 런민비 국제화가 중국 정부의 우선적인 통화 전략이란 사실은 의심할 여지가 없다.

중국은 이 야심찬 전략을 어떻게 실행하려 할까? 인민은행이 런민비 국제화에 대한 보고서를 발간하기 전까지 중국은 전 세계에서 가장 폐쇄적으로 관리통화제를 운영했다. 통화 교환이 쉽지 않았으니 런민비 사용을 국제적으로 확대할 수도 없었다. 그래서 중국 정부는 두 가지 경

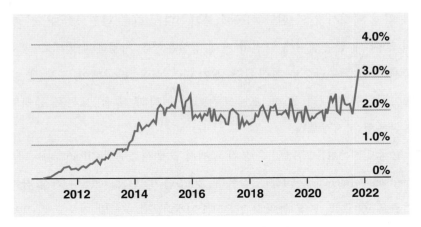

그림 8 런민비의 국제 결제 점유 추이

로로 이를 추진했다.

하나는 대외 무역에서 런민비를 사용하도록 장려하는 것으로, 외국 중앙은행들과 통화스와프 협정을 늘려서 런민비를 지불 수단으로 널리 사용되도록 했다. 2016년 중반에 약 36개 협정이 체결되면서 그 규모는 총 3.3조 런민비(약 4,800억 달러)에 달했다. 민간 차원에서는 수출입 결제를 런민비로 하도록 점차 규제를 완화했다. 또 하나는 런민비를 국제금융에서 가치 저장 수단으로 사용하도록 하는 것이다. 그러기 위해 런민비 예금과 런민비 표시 채권을 주로 홍콩 역외시장에서 활성화하려 했다.

현재까지는 무역 분야에서 성과가 좀 더 드러나서, 2016년 중국 무역 거래의 약 30%가 런민비로 결제됐다. 10년 전에는 거의 제로였던 것에 비하면 비약적으로 성장한 셈이다. 하지만 대부분 지역 내 거래였다. 런민비 결제의 70%가량은 중국과 홍콩 간에 이뤄졌는데, 이는 중국 본사와 역외 자회사 간의 현금 이동에 불과했다.[12] 다른 한편 중국은 전 세계 20여 개 금융센터에 런민비 거래 청산은행을 지정해 런민비를 점차 국제적 결제 수단으로 확산했다. 싱가포르, 서울, 타이베이, 도쿄 등 아시아뿐만이 아니라, 도하, 프랑크푸르트, 취리히, 런던, 토론토 등에도 청산은행을 지정했다.

중국 인민은행은 2015년 은행 간 국제적 결제 시스템인 CIPS(Crossborder Interbank Payment System)를 도입했다. 2020년 말 현재, CIPS의 직접 참여 기관은 총 43개, 간접 참여 기관은 1,159개다. 2020년 말 기준으로 CIPS는 매일 1,357억 위안을 처리했고, 연간 거래 규모는 45조 3,000억 위안에 달했다. CIPS를 통해 글로벌 은행들은 역외의 런민비 청산은행을 통하지 않고도 중국 내에서 직접 청산이 가능해졌다. 이는 SWIFT의 대안 시스템으로 기능할 수 있지만, CIPS는 아직 SWIFT와 단절하지 않고 현재도 SWIFT를 이용한다. 2021년 CIPS는 약 80조 위안(11조 4,400억 달러)을 처리했지만, 아직 SWIFT를 대체할 정도는 아니다.

한편, 중국의 유니온페이(UnionPay)는 2002년에 출범한 독립적인 은행카드 네트워크다. 국제적으로 확산되면서 75억 개 이상 카드가 발급되어 최대의 은행 지불카드 공급자가 되었다. 2021년 3월 현재, 유니온페이 네트워크는 180개 국가 및 지역에 걸쳐 사용된다. 그중 절반 이상이 유니온페이 모바일 지불을 이용하며, 중국 본토 외 67개 국가 및 지역에서 1억 5,000만 개 이상의 유니온페이 카드가 발행되었다.[13]

유니온페이는 특히 브릭스 국가들에서 널리 수용되고 있다. 브라질에는 2006년에 처음 도입돼, 2021년 3월 유니온페이 은행카드 수용률은 70%에 이른다. 러시아에는 2016년에 도입되었고 인도, 남아공에도 널리 보급되었다.

금융 부문의 성과도 어느 정도 있었다. 중국은 금융센터로서의 홍콩의 지위를 활용했다. 홍콩은 역외에 있는 실험실이었다. 과거 국내에서는 엄격히 금융을 통제하면서, 자국 통화를 위한 역외시장을 의도적으로 발전시킨 나라는 없었다. 홍콩 금융감독청(Hong Kong Monetary Authority, HKMA)의 지휘하에 런민비 예금과 역외 발행 런민비 표시 채권시장이 상당히 발전했지만 그 규모는 국제적 기준으로 보면 소액이다.

중국은 공급 측면에서는 현재까지 어느 정도 성과를 거뒀으나, 수요 측면에서는 그다지 성적이 좋다고 볼 수 없다. 아직도 런민비의 위상은 낮아서 2022년 말 글로벌 대외준비자산의 2.69%에 불과하다.

또 SWIFT에 의하면 2022년 1월 기준 위안은 글로벌 결제 시장에서 3.20%를 차지했는데, 그해 12월에는 2.15%로 하락했다. 2022년 12월 기준으로 영국 파운드 6.08%, 유로 36.34%, 달러 41.89%에 비하면 여전히 갈 길이 멀다. 중국의 야심은 크지만, 런민비는 현재로서는 달러의 지배력에 도전할 위치가 아니다. 그래서 런던대학 교수 파올라 수바치(Paola Subacchi)는 런민비가 아직은 난쟁이 통화라고 평가한다.[14]

런민비에 대한 수요 제한 및 확대 전략

중국의 기본 전략은 옳았다. 중국은 무역에서 시작해 투자 분야에서 자리를 잡도록 하고, 그 이후 준비통화 지위를 얻기 위해 노력했다. 그런데 이런 전략을 성공시킬 만한 자원을 갖추고 있을까? 전망은 모호하다. 긍정적인 면이 있다면 경제 규모가 커서 무역에서 런민비 사용 빈도를 높일 수 있다는 점이다.

중국의 주요 강점은 지난 30년간에 걸친 개방 덕택에 방대한 거래 네트워크를 구축했다는 점이다. 중국은 세계 최대 수출국이자 2위의 수입국이다. 이는 중국의 흡인력이다. 또 다른 강점은 외교력의 확대, 전략적 투자, 양국 간 지원 프로그램, 통화스와프 협정 등을 통해 외국과의 우호적 관계를 증진했다는 점이다. 다른 나라에서 런민비를 준비자산으로 보유하는 데는 중국과의 정치적 관계가 크게 작용한다. 중국의 대외 전략에 우호적인 나라들일수록 런민비를 보유하려는 경향이 있다.

그러나 중국의 도전에는 아직도 한계가 있다. 먼저 글로벌 금융 시스템의 중심국으로서 갖춰야 할 정치적, 법적, 규제 환경 면에서 중국에 대한 신뢰는 강하지 않다. 권위적인 정치 체제 때문만은 아니다. 아직도 중국은 재산권 보호, 계약상 권리 보장 측면에서 부족한 점이 있다. 이런 이유로 외부 투자자들과 중앙은행들이 아직은 중국을 자산의 안전한 보관처로 여기기 힘들다.

무엇보다 중국 금융 부문의 발달 수준이 아직은 낮고, 다른 자본시장과의 통합이 미진하다. 중국 국내의 주식 및 채권시장은 아직도 깊이, 폭, 회복력을 제공하지 못한다. 유동성은 낮고, 자산 가격은 변동성이 크며, 우량한 증권이 적다. 외국의 통화 당국이 준비자산으로 중국 국채를 취득하기에는 물량이 부족하다.

런민비가 투자통화, 준비통화로 사용되려면 자본계정의 통화교환성이 확대되어야 한다. 최소한 시장 참여자와 외국 중앙은행들이 런민비 표시 은행계정을 개설하고, 중국 채권이나 주식을 거래할 자유가 있어야 한다. 파생금융상품도 허용되어야 하지만, 중국은 자본 통제를 위해 이를 규제할 가능성이 있다. 중국 국내의 금융시장 개혁도 필요하다.

또한 중국은 아직도 제한적으로만 금융 분야를 개방하고 있다. 2002년부터 소수의 국제 투자자에게 자본시장에 직접 참여하는 것을 허용했다. '자격 있는 외국 기관 투자자(Qualified Foreign Institutional Investor, QFII)'가 그들이다. 2014년에는 상하이-홍콩 주식시장 연계(Shanghai-Hong Kong Stock Connect)를 허용해, 홍콩 시장에서 상하이거래소의 주식을 간접적으로 구입할 수 있게 됐다. 그러나 모든 투자는 엄격하게 쿼터가 적용되고, 행정적 통제하에 있으며, 투자액도 제한적이다. 그나마 최근에는 20조 달러 규모의 국내 채권시장을 외국 기관 투자자들에게 점진적으로 개방함으로써 런민비 국제화에 대한 중국의 의지를 보이고 있다.

홍콩 시장에서 런민비 은행 예금과 딤섬채권 발행도 증가했지만, 홍콩은 런민비 국제화라는 임무를 수행하기엔 소규모다. 그리고 대부분의 런민비 예금은 중국 본사와 역외 자회사 간의 거래로 외국 기업이 관여하는 거래도 소규모다.[15] 딤섬채권도 4분의 3은 중국과 홍콩 회사들이 이용한다. 홍콩을 포함한다고 해도 중국은 글로벌 금융센터가 되기에는 아직 부족한 데다, 중국 내 금융시장은 자본 통제와 여러 제약으로 인해 역외시장과 단절돼 있다. 투자는 인가된 금융기관을 통해 관련 기관의 승인을 얻은 후에야 할 수 있다. 런민비는 자본 거래를 위해서는 그 교환성이 제한된 통화인 셈이다. 그러므로 중국이 금융 분야를 대대적으로 개혁하고 개방하지 않는 이상, 런민비가 투자통화나 준비자산이 될 가능성은 제한적이다.[16]

그럼에도 중국의 노력은 그치지 않는다. 먼저 원유 등 에너지 시장에서 런민비 비중을 높이려 한다. 세계 원유 가격 벤치마크인 WTI와 브렌트유 모두 달러로 표시한다. 1조 7,000억 달러 규모의 원유 시장에서 달러가 아닌 다른 화폐를 사용하면, 이는 페트로달러 시스템에 대한 중대한 도전이 될 것이다.

2018년 브릭스 정상회담 후 중국은 상하이국제에너지거래소에서 런민비 표시 오일선물 거래를 시작했다. 이는 런민비로 표시되고, 상하이 금거래소와 홍콩금거래소에서 금으로 전환할 수 있다. 중국에 수출하면 런민비로 대금을 수령한 후 금으로 전환할 수 있는 것이다. 아직 상하이원유선물은 런던의 브렌트유선물이나 뉴욕의 WTI 선물에 비해 거래량은 적지만, 도쿄나 두바이 거래소에 비해서는 상당히 앞섰다.

또한 최근 중국은 최대 원유 수입국이란 점을 내세워 런민비의 위상을 높이려 한다. 2022년 초부터 러시아는 중국으로부터 런민비를 받고 원유를 공급한다. 또, 시진핑 중국 국가주석은 2022년 12월 걸프협력회의(GCC) 국가 정상들과 만나서, 이들이 중국에 판매하는 원유는 런민비로 결제해 달라고 요청했다. 중국은 미국과 무역전쟁을 치르면서 페트로위안, 즉 런민비 표시 오일 거래를 촉진하고 있는 것이다. 러시아, 이란, 베네수엘라는 전 세계 원유 매장량의 약 40%를 차지하는데, 이들은 중국에 원유를 팔고 그 대금을 런민비로 수령한다. 중국은 향후 3~5년 사이에 더 많은 원유와 가스 구입 대금을 런민비로 지급하고, 이란, 사우디아라비아, GCC 국가들에 대한 투자에도 런민비를 사용하려고 한다. 이는 달러의 힘을 약화시키고, 미중 간의 갈등이 격화될 시 미국의 제재를 피하기 위해서다.

중국은 또 중앙은행이 발행한 디지털화폐(Central Bank Digital Currency, CBDC)를 활용해 런민비의 사용 확대를 시도한다. 프로젝트 엠브리지(Project mBridge)는 중국 인민은행, 태국은행, 홍콩 금융청, UAE 중앙은행이 참여해 실시간으로 CBDC를 이용해 외환 거래를 하는 시스템이다. 여기에 달러나 서방 은행의 개입은 배제된다. CBDC를 통해 중앙은행들의 네트워크로 달러 네트워크를 대체하려는 아이디어는 아직 초보적이지만 매우 혁명적이다.

프로젝트 엠브리지는 분산원장기술을 기반으로 한 공통의 플랫폼을 사용해 국제적인 지불 시스템을 구축하려는 실험이다. 여기에서 다수의 중앙은행들이 각자 CBDC를 발행하고 교환할 수 있다. 효율적이고 저비용이면서 공통된 멀티 CBDC 플랫폼이다. 여기에서 중앙은행과 상업적 참여자들이 직접적으로 연결된 네트워크를 통해 국제적 거래를 크게 증진할 수 있을 것으로 기대한다. 2022년 8월 15일부터 9월 23일까지, 20개 상업은행(홍콩, 중국, UAE, 태국)이 고객들을 위해 엠브리지 플랫폼에서 각자의 중앙은행이 발행한 CBDC를 이용해 거래했다. 실험 결과, 멀티 CBDC 플랫폼이 오늘날 국제 지불 시스템의 한계를 극복하는 솔루션으로서 현실적이고 달성 가능한 목표임이 밝혀졌다.[17] 중국은 GCC 국가들이 이 플랫폼에 참여하여 런민비 사용을 확대하길 바란다.

브릭스의 탈달러화 시도

2009년 브릭스 정상회담에서 더욱 안정적이고 예측 가능하며 다양한 국제통화 시스템이 필요하다는 공통적인 인식에 도달하면서, 브릭스 국가들은 국제 금융제도 개혁에 나서겠다고 천명했다. 최초의 기념비적 사건은 신개발은행(New Development Bank, 이하 NDB)과 위기대응기금(Contingent Reserve Arrangement, 이하 CRA)의 설립이다. 2014년에 설립된 두 기구는 서방 주도의 브레턴우즈 체제에 브릭스 국가들이 좌절하면서 세계은행과 IMF에 대응하는 기구로 설립한 것이다. 이는 자금 조달 면에서 달러와 IMF에 대한 의존도를 줄이려는 시도다.

NDB는 세계은행의 축소판으로 대출 조건이 더 까다롭지 않고, 달러가 아닌 개별 국가통화로 대출이 이뤄져 달러 부채가 늘어나지 않는다. CRA는 브릭스의 IMF로, 1,000억 달러 기금을 조성해 소규모 국제수지 위기에 직면한 회원국에 자금을 지원한다.

NDB는 달러가 아니라 개별 국가의 통화로 자금을 조성하고, 차입자의 환위험을 줄이기 위해서 국가통화로 대출해 준다. 동시에 개별 국가의 자본시장 발전을 지원한다. NDB의 신용등급은 AA+로, 중국을 제외한 브릭스 회원국들보다 높은 등급이기 때문에 브릭스 회원국은 NDB를 통해 글로벌 자본시장에서 더 낮은 금리로 자금 조달이 가능해진 것이다. NDB는 개별 국가통화로 우선적으로 대출하고, 유로나 스위스프랑으로 대출하기도 한다.

NDB는 또 중국에서는 AAA등급을 받아 중국 자본시장에서 런민비 본드, 즉 판다본드를 발행해 자금을 조달한다. NDB는 2021년 3월 현재 180억 위안 상당의 판다본드를 발행했다. NDB는 다른 브릭스 회원국의 역내 자본시장에서도 자금을 조달하려 한다. 2019년 4월에는 남아공에서 채권을 발행했고, 11월에는 러시아에서도 1,000억 루블 상당의 루블채권을 발행했다. 인도에서도 역내 채권을 발행할 계획이다. 2019년 말, NDB 대출 중 국가통화 대출은 약 27%이며, 12억 미국달러에 상당하는 랜드(rand) 표시 대출도 실행했다.

하지만 브릭스 국가들이 달러 의존도를 낮추는 가장 직접적인 방법은 자국 통화를 국제 거래에서 사용하는 것이다. 2019년 현재 중국 런민비는 국제 거래에서 여덟 번째로 사용 빈도가 높은 통화이지만, 그 비중은 4.3%에 불과하다. 인도 루피, 러시아 루블, 브라질의 헤알, 남아공의 랜드는 각각 16위, 17위, 20위, 33위로, 점유율 면에서 아직 미미하다. 브릭스 회원국들의 통화가 국제적으로 사용되는 비중은 브릭스 회원국 전체의 경제가 세계에서 차지하는 비중에 비해 아직 낮다. 이 문제를 어떻게 풀어나갈지가 앞으로의 과제다.

러시아는 미국과의 지정학적 대결 때문에 아주 적극적으로 브릭스를 통한 탈달러화를 추진한다. 푸틴은 브릭스 회원국들이 협력하여 국제 금융개혁을 추진해야 하고, 소수의 준비통화가 과도하게 지배하는 구도를 극복해야 한다고 강조했다.

브라질의 루이스 이나시우 룰라 다 시우바(Luiz Inacio Lula da Silva) 대통령은 한때 러시아의 탈달러화를 지지하면서, 브릭스는 방어가 아니라 공격 도구가 되어야 한다고 주장했다. 미국에 대한 수출은 브라질 전체 수출의 17%에 불과한데도 브라질 수출 대금 결제는 무려 94%를 달러가 차지한다.[18] 하지만 아직까지 브라질은 달러에 대한 의존도가 높아서 공개적으로 탈달러화를 지지하지 않고 있다.

인도는 브릭스의 탈달러화 동맹에 소극적이었다. 인도는 IMF의 SDR을 늘리는 식의 온건한 접근을 선호한다. 하지만 개별 국가통화의 사용을 늘리는 데는 관심이 많아서, 산유국과의 거래에 루피 사용을 늘리려 한다. 또한 브릭스의 금융 협력을 증진하고 금융기구 창설에는 적극적이다. 인도는 달러에 매우 의존적이다. 미국으로부터 직접적인 수입은 5%에 불과한데 전체 수입의 86%가 달러로 이뤄지고, 미국에 대한 수출도 전체 수출의 15%에 불과하지만 전체 수출의 86%가 달러 거래다.[19] 달러의 변동성은 인도가 달러로부터 벗어나려는 이유이기도 하다. 그래서 주로 자국 통화 사용을 늘려서 달러 의존도를 낮추려고 한다.

남아공은 탈달러화에 대한 강한 의지는 없지만, 러시아와 중국이 주도하는 탈달러화 시도를 반대하지는 않는다. 남아공은 개별 국가통화

사용을 늘리는 노력을 지지하며, 런민비 사용을 넓게 수용하면서 준비
통화에 런민비도 포함시켰다. 2015년 6월 현재, 남아공과 중국/홍콩 간
거래에서 런민비 비중은 31.3%에 이른다.

러시아의 탈달러화 시도

러시아의 탈달러화 움직임은 2014년의 미국 제재 후 본격화되었다.
비자와 마스터카드가 러시아를 상대로 거래를 중단했기 때문이다. 이
상황을 타개하기 위해, 먼저 러시아는 비자와 마스터카드를 대체할 독
자적 지불 시스템을 갖췄다. 러시아의 독자적 신용카드인 미르(MIR)는
2017년 1,390만 개나 발급됐고, 2019년 러시아의 312개 은행이 이 시
스템에 가입했다.

또한 러시아판 SWIFT인 SPFS(System for Transfer of Financial Messages)
를 출범시켰고, 2019년에 8개 외국 은행, 34개 기관이 협정에 서명했
다. 2019년 러시아와 이란은 각자의 금융메시징 시스템을 연결했고, 유
라시아경제동맹(Eurasian Economic Union, EEU)에도 SPFS를 도입했다. 이
SPFS는 중국의 CIPS와 연계될 수 있다. 인도는 현재 독자적인 금융메시징
시스템은 구축하지 않았지만, 러시아의 SPFS와 연계를 할 계획은 있다.

특히 러시아는 글로벌 원유 거래에서 달러 사용을 줄이는 데 관심이
크다. 러시아의 주요 에너지 기업이 미국의 제재하에 있기 때문이다.
2014년 크림반도 합병과 2022년 우크라이나 침공 후, 러시아는 달러
거래를 사실상 중단하고 있다. 오일과 가스가 러시아 수출의 60%를 차
지하므로, 탈달러화의 필요성은 매우 크다.

그러나 러시아 홀로 달러 체제를 흔들기에는 역부족이다. 러시아의 저명한 싱크탱크인 발다이국제토론클럽(Valdai Discussion Club)에서 낸 보고서「달러의 신용 지배를 넘어서: 지정학적 경제(*Beyond the Dollar Creditocracy: A Geopolitical Economy*)」는 중국의 적극적인 역할을 기대한다.[20] 오늘날의 분열된 세계에서는 케인스가 구상했던 방코르나 국제청산동맹은 실현하기 어렵지만, 제3세계 국가들을 포함한 중국-러시아-이란 중심의 블록에서는 부채 디플레이션과 긴축 재정을 피하려는 국가들이 참여하여 케인스의 구상을 적용할 수 있다고 제안한다. 금을 준비자산으로 사용하는 건 한계가 있으므로, 참여 국가들이 다른 참여 국가의 통화를 준비자산으로 보유하는 스와프 협정이 대안이 될 것으로 본다.

또 중국 같은 채권국이 채무국이나 후진 국가의 경제 건설을 도와서 상품과 서비스가 균형 있게 유통되도록 해야 한다고 제안한다. 이는 흑자국이 국제수지를 개선할 의무를 부담하는 시스템이다. 사실 이는 중국이 일대일로 플랜을 통해 구현하려고 하는 구상과도 상통한다. 결국 중국이 주도적으로 일정한 책임을 부담하면서 나서야 된다는 것이다. 나아가 이 시스템이 작동하려면 쌍무적 관계를 벗어나 지역 수준의 은행을 창설해 화폐를 발행하고 이 화폐로 개발 자금을 조달할 필요가 있다고 지적한다. 유로존은 이런 확장적 국제 신용 시스템을 구축하지 못했지만, 중국-러시아가 주도한다면 가능하다는 것이다. 하지만 이런 제안이 구체적으로 실현될지는 아직 미지수다.

탈달러화 프로젝트, 브릭스페이

현재 브릭스가 집단적으로 추진하는 야심찬 탈달러화 프로젝트는 '브릭스페이(BRICS Pay)' 시스템이다. 브릭스페이는 최신 핀테크 기술을 이용해 브릭스 개별 회원국의 독자적 지불 시스템을 통합하려는 것이다. 브릭스 국가 시민들의 크레디트 혹은 데빗 카드를 온라인 월렛에 연결하고, 스마트폰 모바일 앱을 통해 실시간 접근이 가능하도록 하려 한다.

2019년 4월, 남아공에서 시험 프로젝트가 시작됐다. 브릭스페이의 최대 장점은 브릭스 회원국들의 개별 통화를 대외 지불을 위한 거래 기초로 사용할 수 있다는 것이다. 브릭스 회원국들 간의 대외 결제 및 청산 과정에 미국 은행이 개입하지 못하도록 하려는 것이다. 브릭스페이 시스템으로 SWIFT나 비자, 마스터카드 등 국제적인 지불 시스템에 대한 의존도를 낮출 수 있으므로, 브릭스 회원국들이 글로벌 금융시장에서 경쟁력을 확보할 수 있을 것으로 기대한다.

또한 브릭스는 블록체인 기술을 이용해 브릭스 디지털통화를 만들려고 한다. 2017년 브릭스 정상회의에서 회원국들 간에 브릭스 크립토통화로 결제하여 달러를 대체할 가능성을 논의했다. 2019년 브릭스 정상회담에서는 블록체인과 디지털 경제를 우선하기로 했다. 브릭스 회원국들은 각자 CBDC 개발에도 나섰다.

중국과 러시아는 브릭스를 넘어서 탈달러화 노력을 확대하려 하고 있다. 4개 대륙에 걸쳐 35개 국가들을 포함한 브릭스 지역 파트너들과 협력하여 확대된 플랫폼을 구축한 것이 브릭스플러스다. 중국-러시아의 탈달러화 미니 동맹이 출현하면서, 동맹에 참여할 국가가 늘어날 가능성이 있다. 특히 이란처럼 미국의 제재를 받는 국가들은 동맹에 합류할 가능성이 높다.

그러나 브릭스의 탈달러화 노력은 여전히 많은 한계가 있다. 브릭스 국가 내에서 중국의 유니온페이 네트워크를 제외하면, 현재 글로벌 수준에서 사용 가능한 대체 지불 시스템은 없다. NDB의 능력에도 한계가 있어서 브릭스 국가들이 필요한 자금을 조달하기 위해 거대한 국제 달러시장을 외면할 수는 없다. 그러므로 현재로서는 브릭스 회원국들이 달러 기반의 금융 인프라를 전면적으로 이탈할 가능성은 낮다. 게다가 중국과 인도의 경쟁처럼 브릭스 회원국 간의 내부 지정학이나 미국과의 관계로 인해 브릭스가 공식적으로 탈달러화 동맹을 결성하는 데는 한계가 있다.

악화되는 미국 재정 적자

달러를 위협할 만한 경쟁 통화가 없다고 해서 달러의 위상에 변화가 없을까? 그건 아니다. 달러를 지탱하는 미국의 재정 능력에 문제가 생긴다면 달러의 지위는 흔들릴 수 있다. 특히 미국의 국가 부채를 주목해야 한다.

2001년에 9조 7,000억 달러로 GDP의 55%에 불과했던 미국 연방정부 부채는 2022년 말 30조 9,300억 달러로 GDP의 124%에 이른다. 미국이 지급할 이자는 계속 늘어서, 2022년에만 4,750억 달러를 이자로 지불했다. 전년에 3,520억 달러를 이자로 지출한 데 비해 현저히 증가한 것이다. 의회 예산처는 2029년에는 순이자 지불액이 국방비를 넘어설 것이라고 예측했다. 이자 비용은 2033년경에는 연방정부 수입의 약

20%, 2053년에는 약 35%에 이를 전망이다.[21]

31조 달러인 연방정부 채무를 상환하기 위해 의회는 인프라, 기후위기, 국방비 등에 쓸 돈을 줄여야 한다. 그동안 미국의 재정 적자와 국가 채무는 크게 문제가 아니었지만, 이제는 문제가 된다. 카르멘 라인하트(Carmen Reinhart)와 케네스 로고프(Kenneth Rogoff) 하버드대학 교수는 국가 부채가 GDP의 90%를 넘으면 저성장한다고 주장한다.[22]

미국 경제 비중이 계속 하락하면서 국가 부채의 증가는 결국 재정 능력을 심각하게 제약할 것이다. 미국의 재정 능력이 악화되면 미국 국채에 대한 신뢰도 저하될 것이고, 이는 궁극적으로 달러에 대한 신뢰를 흔들 것이다. 과연 미국은 이 문제를 어떻게 해결할 것인가.

『커런시 워(Currency Wars)』의 저자 제임스 리카즈(James Rickards)는 인플레이션이 부채의 실질 가치를 감소시키므로 금값 인상을 통해 인플레이션 기대를 변화시켜 미국 부채를 줄이자고 제안한다.[23] 1933년 루스벨트 대통령은 금값을 온스당 20.76달러에서 35달러로 75%나 인상했고, 이 조치는 성공하여 미국 경제는 1934~1936년에 강하게 성장했다. 1971년 닉슨이 달러 금 태환을 정지한 후 금은 9년도 안 돼서 온스당 35달러에서 800달러로 상승했고, 미국 달러는 인플레이션을 겪으며 1977~1981년에 50% 이상 하락했다. 이런 역사적 선례로 미뤄 보건대, 금값 인상이 전반적인 인플레이션을 유발하기 위한 최단의 방법이라는 것이다.

예를 들어 연준이 나서서 금값이 4,950달러 이하이면 사고, 5,050달러 이상이면 파는 방법으로 금값을 온스당 5,000달러로 상승시키면 달러가 대폭 절하되고, 이로써 인플레이션이 유발된다는 것이다. 하지만 이런 극단적 방식은 미국 국채 및 달러에 대한 신뢰를 무너뜨리고 금융

시장 및 세계 경제에 큰 혼란을 초래할 것이므로, 연준이나 미국 정부가 이 방식을 택할 가능성은 낮다.

세계의 안전자산 달러

달러가 세계의 안전자산으로서 예외적 지위를 차지하고 있으므로 미국의 재정적자나 경상수지 적자가 달러의 지위를 위협하지 않을 것이라는 강력한 반론도 있다. 즉, 달러 체제의 존속에는 좀 더 심층적인 힘이 작동한다는 것이다. 글로벌 금융의 중심 국가가 나머지 세계에 대해 안전한 가치 저장 수단, 즉 글로벌 경제 하락 시 우월한 수익을 제공하는 자산을 제공하는 핵심적 역할을 한다는 점에 주목할 필요가 있다.

국제통화 시스템은 대규모의 글로벌 안전자산 생산자를 중심으로 운영된다. 이는 근원적으로 비대칭적이다. 변동환율제로 이행한 1973년 이후에도 미국이 글로벌 안전자산 제공자였기 때문에, 달러 자산에 대한 수요가 집중됐다. 자본 이동이 증가하고 통화 변동성이 커지자, 경제 성장을 이룩한 신흥시장의 달러 자산에 대한 수요는 더 늘었다.[24]

세계 총생산에서 미국의 비중은 2016년 15.5%에서 2024년 13.7%로 변할 것이고, 인도는 7.3%에서 9.8%로, 중국은 17.6%에서 21.4%로 변화할 것이다. 그럼에도 불구하고 미국은 글로벌 안전자산의 주요 공급자 지위를 유지할 가능성이 높다.[25]

미국 금융의 영향력은 GDP 비중에 비해 훨씬 크다. 2021년 현재, 미국 주식시장 시가총액은 글로벌 시가총액의 40% 이상으로, 2위를 다투는 중국에 비해 네 배 이상이다. 미국 채권시장도 2021년 말에 49조

1,000억 규모로, 이는 유로존이나 중국의 두 배 이상이다.[26] 이러한 미국의 금융파워는 안전자산이라는 달러의 지위와 밀접한 관계가 있다.

또 달러는 현재 지배적인 매개통화다. 매개통화 역할은 그 통화의 유동성과 밀접한 관계가 있다. 달러 시장의 깊이와 넓이는 압도적이다. 전세계 민간 투자자는 대량 거래 시 가장 가격 변동폭이 작은 통화인 달러를 선택한다. 매개통화는 대부분 시장 참여자가 사용하기 때문에 긴급 자금 조달 시에도 사용되고, 중앙은행이 시장 개입 시 사용하는 개입통화가 되기도 한다.

또 달러는 가치 저장 수단으로 사용된다. 민간 투자자들은 단기 투자를 위해 가장 안전한 자산인 달러를 이용한다. 투자자들은 일반적으로 자국통화로 발행된 자산을 선호하지만, 미국 달러 자산은 예외다. 비거주자의 달러 차입도 늘어난다. 개입통화이자 가치 저장 통화이기 때문에 자연스럽게 준비통화가 된다. 이런 달러의 예외적 위상 때문에 미국의 부채와 무관하게 그 지위를 계속 유지할 수 있을 것이라고 본다.

글로벌 금융통합

달러의 지배적 위상 때문에 변동환율제 시행 이후 미국 경제 정책은 금융 채널을 통해 다른 국가 경제에 영향을 미친다. 예컨대 미국 장기 금리 상승이 외국의 장기 금리에 영향을 미친다.

1990년대 중반 이후, 선진국은 금융자유화를 통해 전례 없는 수준의 금융통합을 이뤘다. 신흥국들 역시 제한적이지만 상당한 규모의 자유화를 실시했다.

변동환율제로 옮겨온 후, 무역 금융 수요를 훨씬 넘어 자본 이동이 비약적으로 확대됐다. 환율 결정에도 자본 이동이 더 중요해졌다. 지난 10년간 글로벌 자본 유출입은 연간 약 5조 달러 규모로 성장했다.[27] 글로벌 경상수지 불균형은 이에 비하면 미미하다. 이런 거액의 금융흐름이 국내 자산시장과 실물경제에 영향을 미친다. 2008년 금융위기 이후, 자산 가격, 레버리지, 자본 흐름 등 여러 면에서 세계 경제가 동조화됐는데, 이를 미국이 주도했다.

신흥시장의 대외 부채 80% 이상은 달러 부채인데, 강달러는 채무자에 불리하다. 위험 회피 흐름이 세계적으로 강화되면 투자자들은 안전자산을 선호하므로 달러는 강세를 보인다. 강달러 시 세계 무역도 감소한다. 신흥시장 경제는 선진국 경제보다 달러와 더 밀접한 관계가 있다. 국제 금융시장 발전으로 그 영향이 커졌기 때문이다.

신트리핀딜레마

달러 자산, 특히 미국 국채가 글로벌 안전자산으로 기능하기 위해서는 중요한 전제가 있다. 달러와 미국에 대한 신뢰다. 트리핀딜레마는 미국의 금 보유량을 문제 삼았지만 근본적으로 외국 투자자들이 미국 달러에 대한 신뢰를 상실할 가능성을 문제 삼은 것이다. 비록 달러가 더이상 금과 연계돼 있지 않지만 달러에 대한 신뢰는 여전히 문제되므로 트리핀딜레마의 유령은 여전히 배회하고 있다. 이를 '신트리핀딜레마'라고 한다.[28]

미국이 글로벌 유동성 제공자이자 보험자로 기능할 능력은 주로 미국 국채인 안전자산을 발행할 능력에 의해 좌우된다. 현재 국제금융계의 수요에 부응할 대규모의 안전자산은 미국 국채밖에 없다. 그 발행 능력에 대한 신뢰는 미국이 국채 상환을 제대로 할 수 있는 재정 능력을 갖고 있는지에 따라 결정된다.

그런데 미국 국채 발행 규모는 날로 커지는데, 미국의 재정 능력은 그만큼 강해지지 못하고 있다. 버클리대학 교수 출신의 IMF 경제고문이자 연구팀 책임자인 피에르 올리비에 구란샤(Pierre-Olivier Gourinchas)는 이 불균형 때문에 어느 순간 미국이 세계의 은행가 겸 보험자로서의 역할을 중단할지 모른다고 진단한다.[29] 과거 '달러런(run on dollar)'으로 인해 브레턴우즈 체제가 붕괴되었듯이, 미국 국채에 대한 신뢰가 사라지면 기존의 체제 또한 흔들릴 것이다. 존스홉킨스대학의 교수 앤서니 엘슨(Anthony Elson)은 신트리핀딜레마가 현실화될 수 있는 시점이 빠르면 2030년 이전이 될 것이라고 섬찟한 예측을 한다.[30]

미국은 이미 연방정부 부채상한 한도 인상을 놓고 격렬한 정치적 대립을 수차례 보여줬다. 미국 국가의 부채가 더 커질수록, 재정 지출에서 이자 지불이 차지하는 비중이 커질수록 미국 정치인들의 갈등은 더 심해질 것이다. 미국이 돈을 찍어 채무를 상환하려는 순간 신뢰는 바로 무너질 것이다. 만약 국내외 채권자들이 미국 국채를 버리고 외면하면 달러의 지위는 어떻게 되겠는가.

미국 의회 예산처는 외국 투자자가 미국 국채 매입을 중단하면 달러가 폭락하고, 금리와 물가가 상승하며, 주식시장이 붕괴하고, 소비가 감소할 것이라고 분석한다.[31] 미국 국채에 대한 외면은 달러의 몰락이고, 이는 미국의 쇠락을 의미한다.

또 미국의 지정학적 경쟁도 달러의 지위에 영향을 미친다. 미중 간의 지정학적 갈등이 더욱 고조돼, 중국이 미국에 대한 보복으로 보유하던 미국 국채를 대량 매각하면 우선 미국의 채권 금리가 오르고 달러 가치는 하락할 것이다. 하지만 중국도 심각한 피해를 감수해야 한다. 보유하는 미국 국채 가치와 달러 가치 하락으로 런민비 가치가 상승하면 런민비로 환산한 미국 국채 가치는 더 하락한다. 중국 자신도 큰 피해를 각오하지 않는 한 미국 금융시장을 위협하기는 힘들다. 그러나 때로는 정치가 경제보다 앞선다. 대만 분쟁에 미국이 직접 개입할 경우 중국은 피해를 보더라도 미국 국채를 투매할 가능성이 있다.[32] 미국 국채시장 혼란은 다른 금융시장에도 혼란을 초래할 것이고, 안전자산을 찾아 오히려 외부에서 미국 국채시장으로 자금이 유입될 수도 있다. 연준 또한 적극적으로 개입해 국채시장을 안정시키면, 중국은 의도한 효과를 거두지 못할 수 있다.

미국의 달러 무기화도 문제다. 2016년 미국 재무부 장관인 잭 류(Jack Lew)는 달러와 미국 금융 시스템을 이용하여 제재를 남용할수록, 다른 국가들이 다른 통화나 금융 시스템으로 이전할 위험은 더 커진다고 경고했다.[33] 달러를 이용한 과도한 제재의 부작용과 한계를 지적한 것이다. 한편 킨들버거는 전쟁은 무역과 금융의 연계를 단절하고, 전쟁 당사국들이 새로운 시스템을 만들게 한다고 했다.[34] 우크라이나전쟁으로 미국 등 서방 측과 러시아의 대립이 심화될수록 러시아는 달러를 이용하지 않는 새로운 채널을 구축하려고 할 것이다. 미국의 금융 제재를 받고 있거나 받을 위험이 있는 나라들도 이에 동참할 것이다. 달러 무기화는 길게 보면 의도하지 않은 역효과를 유발할 수 있다.

또 트럼프 정부의 미국우선주의나 바이든 정부의 인플레이션감축법 같은 정책은 협애한 민족주의이자 외국 기업에 대해 배타적인 보호주의다. 이런 정책이 강화되면 머지않아 자본 통제가 이뤄지지 않을까 하는 불안감이 싹틀 수도 있다. 이처럼 미국의 자국 우선주의는 중장기적으로 달러의 위상에 타격이 된다. 이렇게 미국이 자국의 이익을 위해 달러를 정치적·경제적 도구로 삼을수록 달러로부터 이탈하려는 국제적 원심력이 커질 것이다.

사랑받지 못하는 달러본위제

이러한 위험과 불확실성에도 불구하고 노벨경제학상 수상자 폴 크루그먼(Paul Krugman)은 현재로서는 글로벌 민간 투자 기관과 금융시장이 안전자산으로서 미국 국채 같은 달러 자산을 대체할 대안이 없다고 말한다.[35] 글로벌 금융시장에 패닉이 발생하면 최소한 단기적으로는 다시 달러 자산으로 돈이 몰릴 것이다. 그러므로 당분간은 달러의 몰락을 상상하기 힘들다.[36]

달러 체제에 도전하는 미국의 경쟁국들이 풀어야 할 과제는 바로 국제 금융시장의 투자자들이 믿고 선택할 수 있는 안전자산을 공급하는 것이다. 또 유로달러 시스템이 보여주듯, 달러 중심의 체제는 미국 정부의 의지만으로 이뤄진 게 아니라 국제적 민간 금융자본이 개별 국가들과 상호작용하면서 진화해 왔다. 이 체제에 이해관계를 갖고 있는 거대한 민간자본이 달러가 아닌 다른 화폐를 중심으로 한 새로운 시스템으로 바로 전환하기에는 비용이 너무 크다. 미국이 재정위기로 스스로 달러런을 초래하든지, 세계 전쟁과 같은 극단적 충격으로 미국의 위상이 흔들리고 달러를 회피하는 상황이 되지 않는 한 전환은 쉽지 않을 것이다.

달러의 지배가 지속되는 건 나머지 국가들에게 미국이 갖춘 제도와 금융시장, 그리고 달러 중심의 유로달러 시스템을 대체할 능력이 없었기 때문이다. 이러한 글로벌 금융의 관성으로 달러가 중심인 체제가 쉽게 해체되지는 않겠지만, 미국의 문제로 인한 금융 안정성에 대한 위협은 이미 세계가 인식하고 있다. 달러 기반 시스템의 작동을 인정한다는 것이 이 시스템을 좋아한다는 의미는 결코 아닌 것이다. 그래서 스탠퍼드대학 교수 로널드 매키넌(Ronald McKinnon)은 "사랑받지 못하는 달러 본위제(unloved dollar standard)"라고 했다.[37] 어떤 계기로든 달러런이 발행하면 그 파괴력은 엄청날 것이다. 글로벌 금융시장 전체가 크게 흔들릴 것이다.

언제, 무슨 계기로 달러에 대한 신뢰가 무너질지 예측하기는 어렵다. 하지만 미국이 이런 리스크를 방치하고 소극적인 자세로 일관하는 건 무모해 보인다. 수십 년간의 적자가 쌓여 있고 계속해서 부채는 천문학적으로 늘어가는데도 미국은 달러의 특권을 당연히 여기는 듯하다. 미국의 전 계층이 달러의 우월한 지위로부터 이익을 얻는 게 아니라, 금융계와 외교 분야가 주로 이익을 얻고 평범한 미국인들은 불이익을 받고 있다는 견해도 있다.[38]

하지만 존 코널리가 말했듯, 대부분의 미국인은 "달러는 우리의 통화이지만 당신들의 문제다"라는 발언에 공감하는 듯 보인다. 미국인들은 과도한 특권에 익숙해진 듯, 소비를 줄이고 수출을 늘리는 대신 더 많은 달러를 수출한다.[39] 미국이 언제까지 '눈물 없는 적자'를 누리며 '과도한 특권'을 즐길 수 있을지 의문이다.

그동안 미국은 달러에 대한 수요를 이용해 국제수지 적자를 메워왔다. 이러한 정책 기조를 계속 이어갈지, 아니면 새로운 변화를 시도할지는 미국 정치에 달려 있다. 배리 아이켄그린이 지적한 대로 달러 몰락 시나리오는 투자자들의 변덕이 아니라 미국 정책의 문제가 될 가능성이 높다.[40]

달러에 대한 도전은 계속될 것이다. 언젠가 혹시 아직 난쟁이에 불과한 런민비나 또 다른 나라의 화폐가 달러를 위협하는 상황이 된다면 이는 중국이나 그 나라의 전략이 성공해서라기보다는 미국의 정책 실패 때문일 가능성이 높다.[41] 그만큼 미국의 손에 달러의 미래가 달려 있다.

달러를 중심으로 한 글로벌 금융 체제는 내적으로 불안정하고 언제든 위기가 발생할 수 있다. 어찌 보면 모래성 같은 이 체제의 불안정성을 줄이기 위해 전 세계적인 노력이 필요하지만 강대국들 간의 대립이 격화되고 있는 지금 그 실현 가능성은 불확실하다. 지금과 같은 달러 체제는 결코 완전하지도 않고, 전 세계 모든 국가에 있어서 최선은 아니다. 대안이 없어서 지속되는 차선의 시스템일 뿐이다. 그럼에도 이 달러 체제의 미래가 우리의 미래를 결정할 것이다. 더 깊게 살피고 날카롭게 그 동향을 지켜봐야 한다.

부록

1690년	매사추세츠 식민지 신용증권 발행	1900년	금본위제법 제정
1764년	영국 법정통화인 지폐 발행을 금지하는 통화법 제정	1907년	금융위기
1775년	콘티넨털 달러 발행	1913년	연방준비법 제정, 미국의 중앙은행 탄생
1776년	미국 독립선언	1914년	제1차 세계대전 발발
1791년	미합중국은행 설립	1919년	파리평화회의
1792년	화폐주조법 제정, '달러'를 미국의 화폐 명칭으로 규정하고 금은 복본위제 채택	1923년	독일 하이퍼인플레이션
1803년	루이지애나 지역 매입	1924년	도스 플랜 실행
1816년	재2차 미합중국은행 설립	1925년	영국 금본위제 복귀
1832년	은행 전쟁 시작	1929년	대공황 시작
1837년	자유은행 시대 시작	1931년	영국 금본위제 이탈
1861년	남북전쟁 시작	1932년	루스벨트 대통령 당선
1862년	그린백 발행	1939년	제2차 세계대전 발발
1863년	국법은행 탄생	1941년	미국 무기대여법 통과
1873년	은화 주조 중단	1944년	브레턴우즈 회의
1893년	금융공황	1947년	마셜 플랜 입안
1896년	본위제 대결인 미국 대선에서 금본위제 진영 승리	1949년	NATO 설립
		1950년	유럽결제동맹
		1957년	유로달러 출현

1958년	유럽 국가들 통화교환성 회복
1961년	골드풀제 실시
1963년	최초 유로본드 발행
1969년	SDR 도입
1971년	미국 금태환 정지
1973년	변동환율제도 시작, 브레턴 우즈 체제 붕괴
1974년	미국-중동 산유국 원유 결제 통화로 달러 사용, 페트로달러로 미국채 매입 합의, 독일 헤르슈타트은행 사태
1975년	미국 금융규제 완화, 월가 빅뱅
1976년	영국 IMF 지원 조건 수용
1979년	볼커 쇼크, 고금리 시대
1982년	남미 부채 위기
1983년	프랑스 미테랑 정부 유턴
1985년	플라자 합의
1987년	루브르 합의, 증시 폭락, 런던 금융 빅뱅
1994년	멕시코 외환위기
1997년	한국 및 동아시아 외환 및 금융 위기
1998년	롱텀캐피털매니지먼트 사태
1999년	미국 투자은행, 상업은행

	겸업 허용, G20 창설
2007년 8월	BNP파리바 펀드 환매 중단
2008년 9월	리먼브라더스 파산
2008년 10월	비트코인 제안
2009년	미국 1차 양적 완화, 그리스 국가 부채 위기
2010년	미국 2차 양적 완화
2011년	미국 부채 한도 인상 사태, 월가점령운동
2012년	미국 3차 양적 완화
2013년	미국 연방정부 일부 업무 정지
2015년	유럽중앙은행 양적 완화, 중국 환율제도 변경
2016년	브렉시트, 트럼프 대통령 당선
2020년	코로나 팬데믹, 금융위기

1부 달러는 어떻게 탄생했는가

1장 무소불위의 화폐, 달러의 위력

1 Juan C. Zarate, 『*Treasury's War: The Unleashing of a New Era of Financial Warfare*』, PublicAffairs, 2013.

2 임종식, 구갑우, 「미국의 세컨더리 보이콧 금융제재의 의도와 실행전략: 방코델타아시아 사례의 제재 효과와 메커니즘」, 《통일정책연구》 제28권 제1호, 통일연구원, 2019.

3 Juan C. Zarate, 『*Treasury's war: The Unleashing of a New Era of Financial Warfare*』, Public Affairs, 2013.

4 Juan C. Zarate, 「Harnessing the Financial Furies: Smart Financial Power and National Security」, 《*The Washington Quarterly*》 Vol. 32 Issue 4, Center for Strategic and International Studies, 2009.

5 Suzanne Katzenstein, 「Dollar Unilateralism: The New Frontline of National Security」, 《*Indiana Law Journal*》 Vol. 90 Issue. 1, Indian University, 2015.

6 Juan C. Zarate, op. cit.

7 Josh Meyer and Greg Miller, "U.S. Secretly Tracks Global Bank Data", 《*Los Angeles Times*》, 2006.06.23.

8 Suzanne Katzenstein, op. cit.

9 Carol Bertaut, Bastian von Beschwitz and Stephanie Curcuru, "The International Role of the U.S. Dollar", 《*FEDS Notes*》, FEDS, 2023.06.23.

10 Ibid.

11 이강국, "킹달러의 충격이 온다", 《한겨레》, 2022.09.26.

2장 식민지 핍박 속에서 피워낸 미국의 화폐제도

1 아사바 요시마사(浅羽 良昌), 『식민지 미국 화폐사론(アメリカ植民地貨幣史論)』, 《오사카부

립대학경제연구총서》 제75책, 오사카부립대학 경제학부, 1991.

2 Ernest L. Bogart and Donald L. Kemmerer, 『*Econic History of the American People*』, Longmans Green and Co., 1946.

3 Jonathan Barth, 『*The Currency of Empire: Money and Power in Seventeenth-century English America*』, Cornell University Press, 2021.

4 Ibid.

5 Ibid.

6 Christine Desan, 「The Market as a Matter of Money: Denaturalizing Economic Currency in American Constitutional History」, 《*Law&Social Inquiry*》 Volume 30 Issue 1, Winter 2005, American Bar Foundation, pp. 1~60.

7 Edmin J. Perkin, 「Conflicting Views on Fiat Currency: Britain and Its North American Colonies in the Eighteenth Century」, 《*Business History*》 Volume 33 Issue 3, Liverpool University Press, 1991.

8 Christine Desan, 「From Blood to Profit: Making Money in the Practice and Imagery of Early America」, 《*Journal of Policy History*》 Volume 20 Issue 1, Cambridge University Press, 2008.

9 Ibid.

10 Mary M. Schweizer, 「State-Issued Currency and the Ratification of the U.S. Constitution」, 《*The Journal of Economic History*》 Vol. XLIX No. 2, Cambridge University Press, 1989.

11 Edmin J. Perkins, op. cit.

12 Joseph Albert Ernst, 「Genesis of the Currency Act of 1764: Virginia Paper Money and the Protection of British Investments」, 《*The William and Mary Quarterly*》 Third Series Vol. 22 No. 1, January 1965.

13 L. Randall Wray, 「Debt-free Money Part 4: American Colonial Currency」, 《*Neweconomicperspective*》, 2016.02.15.

3장 해밀턴, 미국 경제의 밑그림을 그리다

1 Richard Sylla, 「The Transition to a Monetary Union in the United States, 1787-1795」, 《*Financial History Review*》 Volume 13 Issue 01, April 2006.

2 Richard Sylla, 「Early US Struggles with Fiscal Federalism: Lessons for Europe?」,

《*Comparative Economic Studies*》 56, Association for Comparative Economic Studies, 2014.

3 Christian Desan, 「From Blood to Profit: Making Money in the Practice and Imagery of Early America」, 《*Journal of Policy History*》 Volume 20 Issue 1, Cambridge University Press, 2009.

4 Ben Baack, 「Forging a Nation State: The Continental Congress and the Financing of the War of American Independence」, 《Economic History Review》 Volume 54 Issue 4, Wiley-Blackwell, November 2001.

5 Ibid.

6 Richard Sylla and David J. Cowen, 「Hamilton and the U.S. Financial Revolution」, 《*Journal of Applied Corporate Finance*》 Volume 31 Number 4, Wiley-Blackwell, Fall 2019.

7 Richard Sylla, 「The Transition to a Monetary Union in the United States, 1787-1795」, 《*Financial History Review*》 Vol. 13 Issue 1, Cambridge University Press on behalf of The European Association for Banking and Financial History, April 2006.

8 Mary M. Schweitzer, 「State-Issued Currency and the Ratification of the U.S. Constitution」, 《*The Journal of Economic History*》 Vol. XLIX, No. 2, June 1989.

9 Farley Grubb, 「The U.S. Constitution and Monetary Powers: an Analysis of the 1787 Constitutional Convention and How a Constitutional Transformation of the Nation's Monetary System Emerged」, 《*Working Paper 11783*》, National Bureau of Economic Research, 2005.

10 Richard Sylla, 「The Transition to a Monetary Union in the United States, 1787-1795」, 《*Financial History Review*》 Vol. 13 Issue 1, Cambridge University Press on behalf of The European Association for Banking and Financial History, April 2006.

11 Ibid.

12 Jane Knodell, 「Chapitre 3 / Central Banking in the Early U.S. And the Diffusion Of the U.S. Dollar, 1781-1834」, 《*Les banques centrales et l'Etat-nation*》, Presses de Sciences Po., 2016.

13 Barry Eichengreen, Asmaa El-Ganainy, Rui Esteves and Kris James Mitchener, 「*In Defense of Public Debt*」, Oxford University Press, 2021.

14 Carl C. Winnerlind, 「The Humean Paternity to Adam Smith's Theory of Money」, 《*History of Economic Ideas*》 Vol. 8 No. 1, Accademia Editoriale, 2000.

15 Charles J. Reid, 「America's First Great Constitutional Controversy: Alexander Hamilton's Bank of the United States」, 《*University of St. Thomas Law Journal*》 Volume 14 Issue 1, 2018.

16 Ibid.

17 Ibid.

18 Ibid.

19 Ibid.

20 Richard Sylla, 「Early US Struggles with Fiscal Federalism: Lessons for Europe?」, 《Comparative Economic Studies》 56, Association for Comparative Economic Studies, 2014.

21 Richard Sylla, 「The Transition to a Monetary Union in the United States, 1787~1795」, 《Financial History Review》 Vol. 13 Issue 1, Cambridge University Press on behalf of The European Association for Banking and Financial History, April 2006.

22 Jane Knodell, op. cit.

23 Ibid.

24 John Ferling, 『Adams vs. Jefferson: The Tumultuous Election of 1800』, Oxford University Press, 2004, pp. 190~192.

4장 미합중국은행을 둘러싼 권력 충돌, 은행 전쟁

1 필라델피아 연준은행 홈페이지(https://www.philadelphiafed.org/education/the-first-bank-of-the-united-states-a-chapter-in-the-history-of-central-banking).

2 필라델피아 연준은행 홈페이지(https://www.philadelphiafed.org/education/the-first-bank-of-the-united-states-a-chapter-in-the-history-of-central-banking).

3 Jane Knodell, 「The Nation-Building Purposes of Early US Central Banks」, 《Review of Keynesian Economics》 Vol. 1 No. 3, Autumn 2013, pp. 288~299.

4 Ibid.

5 Larry Neal, 『A Concise History of International Finance: From Babylon to Bernanke』, Cambridge University Press, 2015.

6 필라델피아 연준은행 홈페이지(https://www.philadelphiafed.org/education/the-first-bank-of-the-united-states-a-chapter-in-the-history-of-central-banking).

7 필라델피아 연준은행 홈페이지(https://www.philadelphiafed.org/education/the-second-bank-of-the-united-states-a-chapter-in-the-history-of-central-banking).

8 필라델피아 연준은행 홈페이지(https://www.philadelphiafed.org/education/the-second-bank-of-the-united-states-a-chapter-in-the-history-of-central-banking).

9 Jane Knodell, 「Chapitre 3 / Central Banking in the Early U.S. and the Diffusion of the U.S. Dollar, 1781-1834」, 《Les banques centrales et l'État-nation》, Presses de Sciences Po., 2016.

10 James A. Morrison, 「This Means (Bank) War! Corruption and Credible Commitments in the Collapse of the Second Bank of the United States」, 《Journal of the History of Economic Thought》 Volume 37 Number 2, Cambridge University Press, June 2015.

11 Stephen W. Campbell, 「Funding the Bank War: Nicholas Biddle and the Public Relations Campaign to Recharter the Second Bank of the U.S., 1828-1832」, 《American Nineteenth Century History》, Volume 17 Issue 3, 2016.

12 Eric Hilt and Katharine Liang, 「Andrew Jackson's Bank War and the Panic of 1837」, 《Econometric Analysis》, Harvard University, 2020.

13 Peter Temin, 「The Economic Consequences of the Bank War」, 《Journal of Political Economy》, Vol. 76 No. 2, University of Chicago Press, 1968.

14 Eric Hilt and Katharine Liang, op. cit.

15 Larry Neal, op. cit.

16 Gary B. Gorton, 『Misunderstanding Financial Crises: Why We Don't See Them Coming』, Oxford University Press, 2012.

5장 남북전쟁의 승패를 좌우한 링컨의 개혁

1 Roger Lowenstein, 『Ways and Means: Lincoln and His Cabinet and the Financing of the Civil War』, Penguin Press, 2022.

2 Ibid.

3 Ibid.

4 Ibid.

5 Ibid.

6 Ibid.

7 David K. Thomson, 『The Cambridge History of the American Civil War Volume II: Affairs of the State』, Cambridge University Press, 2019.

8 Jenny Wahl, 「Give Lincoln Credit: How Paying for the Civil War Transformed the United States Financial System」, 《Albany Government Law Review》 Vol. 3 Issue 2, Albany Law School, 2010.

9 채권판매액수, 남부 측 실수령 액수 등에 관해서는 논란이 있다. 이에 관해서는 Judith Fenner Gentry, 「A Confederate Success in Europe: The Erlanger Loan」, 《*The Journal of Southern History*》 Vol. 36 No. 2, Southern Historical Association, 1970 참조.

10 Lowenstein, Roger, op. cit.

11 Carissa Peterson, 「Daddy 'War' Bucks: How Lincoln Funded the Civil War and Fathered the Modern System of American Finance」, 《*Lincoln Memorial University Law Review*》, Volume 7 Issue 1, Lincoln Memorial University, Spring 2020.

12 Ibid.

13 David K. Thomson, op. cit.

14 Rose Razaghian, 「Financng the Civil War: The Confederacy' 2 Financial Strategy」, 《*Yale ICF Working Paper*》 No. 04-45, Yale University, January 2005.

15 Roger Lowenstein, op. cit.

16 Hepburn v. Griswold, 75 U.S.(8 Wall.) 603(1870), 1870년 2월 7일 연방대법원 선고.

17 Carissa Peterson, op. cit.

6장 금·은·지폐의 각축전, 화폐전쟁의 시대

1 Gretchen Ritter, 『*Goldbugs and Greenbacks: The Antimonopoly Tradition and the Politics of Finance in America, 1865-1896*』, Cambridge University Press, 1997.

2 Ibid.

3 Ibid.

4 Ibid.

5 Michael Hiltzik, 『*Iron Empires: Robber Barons, Railroads, and the Making of Modern America*』, HarperCollins and Blackstone Publishing, 2020.

6 Hugh Rockoff, 「The "Wizard of Oz" as a Monetary Allegory」, 《*Journal of Political Economy*》 Vol. 98 No. 4, University of Chicago Press, August 1990.

7 Milton Friedman, 『*Money Mischief: Episodes in Monetary History*』, Harcourt Brace Jovanovich, 1992.

8 Gretchen Ritter, op. cit.

9 Ibid.

10 Ibid.

11 Ibid.

12 Sanders, Elizabeth. 「Farmers and the State in the Progressive Era」, 《The Progressive Era in the USA: 1890-1921》, Routledge, 2017, pp. 41~63.

7장 미국 화폐금융제도의 근간, 연방준비제도

1 Roger Lowenstein, 『America's Bank: The Epic Struggle to Create the Federal Reserve』, Penguin Books, 2015.

2 Gary B. Gorton, 『Slapped by the Invisible Hand: The Panic of 2007』, Oxford University Press Inc., 2010.

3 Ibid.

4 Walter Bagehot, 『Lombard Street: A Description of the Money Market』, Scribner, Armstrong & Co., 1874.

5 Roger Lowenstein, op. cit.

6 Ibid.

7 Ibid.

8 Paul M. Warburg, 『The Federal Reserve System: Its Origin and Growth』, The Macmillan Company, 1930.

9 Roger Lowenstein, op. cit.

10 Ibid.

11 Ibid.

12 Ibid.

13 Roger Lowenstein, 『America's Bank: The Epic Struggle to Create the Federal Reserve』, Penguin Books, 2015.

14 Ibid.

15 Ibid.

16 Ibid.

17 J. Lawrence Broz, 「Origins of the Federal Reserve System: International Incentives and the Domestic Free-rider Problem」, 《International Organization》 Vol. 53 Issue 01, December 1999.

18 Barry Eichengreen, 『Exorbitant Privilege: The Rise and Fall of the Dollar and the

Future of the International Monetary System』, Oxford University Press, 2011.

19 J. Lawrence Broz, op. cit.

20 Ibid.

21 Ibid.

2부 달러 패권은 어떻게 구축되었는가

8장 제1차 세계대전과 대공황, 달러의 도약

1 Liaquat Ahamed, 『*Lords of Finance: The Bankers Who Broke the World*』, Penguin Books, 2009.

2 Ibid.

3 Ibid.

4 Ibid.

5 Ibid.

6 Larry Neal, 『*A Concise History of International Finance: From Babylon to Bernanke*』, Cambridge University Press, 2015.

7 Liaquat Ahamed, op. cit.

8 Benn Steil, 『*The Battle of Bretton Woods: John Maynard Keynes, Harry Dexter White, and the Making of a New World Order*』, Princeton University Press, 2013.

9 Ibid.

10 Liaquat Ahamed, op. cit.

11 Ibid.

12 Ibid.

13 Gerald D. Feldman, 『*Iron and Steel in the German Inflation 1916-1923*』, Princeton University Press, 1977.

14 Liaquat Ahamed, op. cit.

15 Roberta Allbert Dayer, 「The British War Debts to the United States and the Anglo-Japanese Alliance, 1920~1923」, 《*Pacific Historical Review*》, Vol. 45 No. 4, November 1976, pp. 569~595.

16 Liaquat Ahamed, op. cit.

17 Ibid.

18 Ibid.

19 Ibid.

20 Ibid.

21 Barry Eichengreen, 『Globalizing Capital: a History of the International Monetary System』, Princeton University Press, 2008.

22 Liaquat Ahamed, op. cit.

23 Benn Steil, op. cit.

24 Barry Eichengreen, 『Exorbitant Privilege: The Rise and Fall of the Dollar and the Future of the International Monetary System』, Oxford University Press, 2011.

25 Barry Eichengreen, op. cit.

26 Priscilla Roberts, 「Benjamin Strong, the Federal Reserve, and the Limits to Interwar American Nationalism」, 《Economic Quarterly》 Volume 86/2, Federal Reserve Bank of Richmond, Spring 2000.

27 Liaquat Ahamed, op. cit.

28 Ibid.

29 Liaquat Ahamed, op. cit.

30 Liaquat Ahamed, op. cit.

31 Ibid.

32 Ibid.

33 Ibid.

34 Larry Neal, op. cit.

35 Catherine Schenk, 「The Sterling Area 1945~1972」, 『Handbook of the History of Money and Currency』, Springer Singapore, pp. 771~790.

36 Barry Eichengreen, op. cit.

37 Liaquat Ahamed, op. cit.

38 Ibid.

39 Ibid.

40 Priscilla Roberts, op. cit.

41 Barry Eichengreen, op. cit.

42 Liaquat Ahamed, op. cit.

43 Ibid.

44 Christopher Kopper, 「Banking in National Socialist Germany, 1933~39」, 《*Financial History Review*》 No. 5(1): 60, Cambridge University Press, April 1998.

45 J. Lawrence Broz, 「Origins of the Federal Reserve System: International Incentives and the Domestic Free-Rider Problem」, 《*International Organization*》 Vol. 53 No. 1, 1999, The MIT Press, pp. 39~70.

9장 제2차 세계대전 이후 국제금융의 중심에 서다

1 Benn Steil, 『*The Battle of Bretton Woods: John Maynard Keynes, Harry Dexter White, and the Making of a New World Order*』, Princeton University Press, 2013.

2 Ibid.

3 Elliot Zupnick, 「The Sterling Area's Central Pooling System Re-Examined」, 《*The Quarterly Journal of Economics*》 Vol. 69 No. 1, Oxford University Press, February 1955.

4 Benn Steil, op. cit.

5 Armand Dormael, 『*Bretton Woods: Birth of a Monetary System*』, Palgrave Macmillan, 1978.; R.E. LÜKE, 「The Schacht and the Keynes Plans」, 《*PSL Quarterly Review*》 Vol. 38 No. 152, PSL, 1985.

6 Takekazu Iwamoto, 「The Keynes Plan for an International Clearing Union Reconsidered」, 《*Kyoto University Economic Review*》 Vol. 65 No. 2, October 1995.

7 Robert Skidelsky, 「Keynes's Road to Bretton Woods: An Essay in Interpretation」, 『*International Financial History in the Twentieth Century: System and Anarchy*』, Cambridge University Press, 2003.

8 Ibid.

9 Ibid.

10 Richard N. Gardner, 『*Sterling-Dollar Diplomacy in Current Perspective(3rd Edition)*』, Columbia University Press, 1980.

11 Massimo Amato, Luca Fantacci, 「Back to Which Bretton Woods? Liquidity and clearing as Alternative Principles for Reforming International Money」, 《*Cambridge Journal of Economics*》 Vol. 38 No. 6, Cambridge Political Economy Society, 2014.

12 Fred Block, 『*The Origins of International Economic Disorder: A Study of United States International Monetary Policy from World War II to the Present*』, University of

California Press, 1978, p. 59.

13 John H. 「Williams, Currency Stabilization: The Keynes and White Plans」, 《Foreign Affairs》 Vol. 21 No. 4, July 1943.

14 마키노 히로시(牧野 裕), 「브레턴우즈 회의와 국제통화기금, 국제부흥개발은행의 창설(ブレトンウッズ会議と国際通貨基金, 国際復興開発銀行の創設)」, 《국제관계학연구》 40권, 쓰다주쿠대학, 2013.

15 Benn Steil, op. cit.

16 IMF, 「Articles of Agreement December 2004」, 2007.

17 Benn Steil, op. cit.

18 Louis Menand, "Buried Treasure", 《The New Yorker》, 2002.01.20.

19 Robert Skidelsky, 『John Maynard Keynes: Fighting for Britain, 1937~1946』, Macmillan, 2000.

20 James M. Boughton, 「Why White, Not Keynes? Inventing the Postwar International Monetary System」, 《IMF Working Paper》 No. 2002/052, IMF, 2002.

21 Harold James, 『International Monetary Cooperation Since Bretton Woods』, Oxford University Press, 1996, p. 66.

22 Kevin M. Casey, 『Saving International Capitalism During the Early Truman Presidency: The National Advisory Council on International Monetary and Financial Problems』, Routledge, 2001.

23 John Keith Horsefield, 『The International Monetary Fund, 1945-1965: Chronicle』, IMF, 1969.

24 Leo Panitch, Sam Gindin, 『The Making of Global Capitalism: The Political Economy of American Empire』, Verso Books, 2012.

25 Henry A. Kissinger, "Reflections on the Marshall Plan", 《The Harvard Gazette》, 2015.05.22.

26 Benn Steil, 『The Marshall Plan: Dawn of the Cold War』, Oxford University Press, 2018.

27 David Reynolds, 『From World War to Cold War: Churchill, Roosevelt, and the International History of the 1940s』, Oxford University Press, 2007.

28 Benn Steil, 『The Marshall Plan: Dawn of the Cold War』, Oxford University Press, 2018.

29 Ibid.

30 Ibid.

31 NATO 홈페이지(https://www.nato.int/cps/en/natohq/declassified_137930.htm).

32 Larry Neal, 『*A Concise History of International Finance: From Babylon to Bernanke*』, Cambridge University Press, 2015.

33 Barry Eichengreen, 『*Globalizing Capital: A History of the International Monetary System*』, Princeton University Press, 2015.

34 Ibid.

35 Roger Dingman, 「The Dagger and the Gift: The Impact of the Korean War on Japan」, 《*Journal of American-East Asian Relations*》 Vol. 2 No. 1, Brill Publishers, 1993.

10장 흔들리는 달러와 유로달러의 태동

1 Jonathan Kirshner, 『*Currency and Coercion: The Political Economy of International Monetary Power*』, Princeton University Press, 1995.

2 Raymond Aron, 『*The Imperial Republic: The United States and the World 1945~1973*』, Winthrop Publishers, 1974.

3 Gary Burn, 『*The Re-Emergence of Global Finance*』, Palgrave Macmillan, 2006.

4 Ibid.

5 Ibid.

6 Brewer, J. 『*The Sinews of Power: War, Money and the English State, 1688~1783*』, Harvard University Press, 1990.

7 Gary Burn, op. cit.

8 Ibid.

9 Jeremy Green, 『*The Political Economy of the Special Relationship: Anglo-American Development from the Gold Standard to the Financial Crisis*』, Princeton University Press, 2020.

10 Catherine R. Schenk, 「The Origins of the Eurodollar Market in London: 1955-1963」, 《*Explorations in Economic History*》 35, Academic Press, 1998, pp. 230~232.

11 Jeremy Green, op. cit.

12 Gary Burn, op. cit.

13 Seung Woo Kim, 「The Euromarket and the Making of the Transnational Network of Finance, 1959-1979」, 《*Ph.D. dissertation*》, University of Cambridge, 2018.

14 Scott Aquanno, 「US Power and the International Bond Market: Financial Flows and the

Construction of Risk Value」, 『*American Empire and the Political Economy of Global Finance*』, Palgrave Macmillan, 2009.

15 David M. Andrews, 「Kennedy's Gold Pledge and the Return of Central Bank Collaboration」, 『*Orderly Change: International Monetary Relations since Bretton Woods*』, Cornell University Press, 2008.

16 Francis J. Gavin, 「The Gold Battles within the Cold War: American Monetary Policy and the Defense of Europe, 1960-1963」, 《*Diplomatic History*》 Vol. 26, No. 1, Society for Historians of American Foreign Relations, Winter 2002.

17 Ibid.

18 Christopher S. Chivvis, 「Charles de Gaulle, Jacques Rueff and French International Monetary Policy under Bretton Woods」, 《*Journal of Contemporary History*》 Vol. 41 No. 4, Sage Journals, October 2006.

19 Ibid.

20 Ibid.

21 Emil Despres, Charles P. Kindleberger, and Walter S. Salant, "The Dollar and World Liquidity", 《*Economist*》, 1966.02.05.

22 Lawrence H. White, "The End of Bretton Woods, Jacques Rueff, and the 'Monetary Sin of the West'", 《*Alt-M*》, 2021.08.10.

11장 달러본위제의 시대, 더욱 긴밀해지는 세계

1 Jeffrey E. Garten, 『*Three Days at Camp David: How a Secret Meeting in 1971 Transformed the Global Economy*』, Harper, 2021.

2 Ibid.

3 Ibid.

4 Sebastian Edwards, 「Milton Friedman and Exchange Rates in Developing Countries」, 《*NBER Working Paper*》 No. 27975, NBER, October 2020.

5 Andrea Wong, "The Untold Story Behind Saudi Arabia's 41-Year U.S. Debt Secret", 《*Bloomberg*》, 2016.05.31.

6 Ryan C. Smith, 『*The Real Oil Shock: How Oil Transformed Money, Debt, and Finance*』, Palgrave Macmillan Cham, 2022.

7 Richard Roberts, 『*Take Your Partners: Orion, the Consortium Banks and the*

Transformation of the Euromarkets』, Palgrave Macmillan, 2001.

8 David E. Spiro, 「The Role of the Dollar and the Justificatory Discourse of Neoliberalism」, 『*Counter-Shock: The Oil Counter-Revolution of the 1980s*』, I B Tauris&Co Ltd., 2020.

9 Eric Helleiner, 『*States and the Reemergence of International Finance*』, Cornell University Press, 1996.

10 Paul A. Volcker, Toyoo Gyohten, 『*Changing Fortunes: The World's Money and the Threat to American Leadership*』, Times Books, 1992.

11 Leonard Seabrooke, 『*US Power in International Finance: The Victory of Dividends*』, Palgrave Macmillan London, 2001, p. 68.

12 Leo Panitch and Sam Gindin, 『*The Making of Global Capitalism: The Political Economy of American Empire*』, Verso Books, 2012.

13 Joan Edelman Spero, 『*The Failure of the Franklin National Bank: Challenge to the International Banking System*』, Beard Books, 1999.

14 Ethan B. Kapstein, 『*Governing the Global Economy*』, Harvard University Press, p. 42.

15 Leo Panitch and Sam Gindin, 『*The Making of Global Capitalism: the Political Economy of American Empire*』, Verso Books, 2012.

16 Kapstein, 『*Governing the Global Economy*』, Harvard University Press, 1994. p. 66.

17 Jeremy Green, 『*The Political Economy of the Special Relationship: Anglo-American Development from the Gold Standard to the Financial Crisis*』, Princeton University Press, 2020.

18 Ibid.

19 폴 볼커(ポール ボルカー), 「나의 이력서(私の 履歴書)」, 《일본경제신문》, 2004.10.20.

20 Paul A. Volcker, Toyoo Gyohten, op. cit.

21 Alan S. Blinder, Hard Heads, 『*Soft Hearts: Tough-Minded Economics for A Just Society*』, Basic Books, 1988.

22 Milton Friedman, 「Lessons from the 1979-1982 Monetary Policy Experiment」, 《*The American Economic Review*》 Vol. 74 No. 2, American Economic Association, May 1984.

23 Allan H. Meltzer, 『*History of the Federal Reserve*』, University of Chicago Press, pp. 989~990, 1086~1087.

24 Jeremy Green, op. cit.

25 Ibid.

26 연준역사 홈페이지(https://www.federalreservehistory.org/essays/latin-american-

debt-crisis).

27 R. Taggart Murphy, 『*The Weight of the Yen*』, W. W. Norton, 1997.

28 Greta R. Krippner, 『*Capitalizing on crisis: the political origins of the rise of finance*』, Harvard University Press, 2011.

29 Ibid.

30 Greta R. Krippner, 「The Financialization of the American Economy」, 《*Socio-Economic Review*》 Vol. 3 No. 2, Oxford Journals, May 2005.

31 Murphy, R. Taggart, 「Asia and the Meltdown of American Finance」, 《*Economic and Political Weekly*》 Vol. 43 No. 15~21, Sameeksha Trust, 2008.

32 Greta R. Krippner, op. cit.

33 R. Taggart Murphy, Akio Mikuni, 『*Japan's Policy Trap: Dollars, Deflation, and the Crisis of Japanese Finance*』, Brookings Institution Press, 2002.

34 Paul A. Volcker, Toyoo Gyohten, op. cit.

35 R. Taggart Murphy, Akio Mikuni, op. cit.

36 K. Osugi, 「Japan's Experience of Financial Deregulation since 1984 in an International Perspective」, 《*BIS Economic Papers*》 No. 26, BIS, January 1990.

37 타쿠미 미츠히코(佗美光彦), 「현대변동환율제분석(現代変動相場制分析) 1」, 《경제학계보 (経済学季報)》 53 (1/2), 릿쇼대학경제학회, 2003.

38 R. Taggart Murphy, Akio Mikuni, op. cit.

39 Yoichi Funabashi, 『*Managing the Dollar*』, Peterson Institute for International Economics, 1989.

40 R. Taggart Murphy, 「A Loyal Retainer? Japan, Capitalism and the Perpetuation of American Hegemony」, 《*The Asia Pacific Journal: Japan Focus*》 Vol. 8 No. 3, 2010.

41 Joel Kotkin, Euroko Kishimoto, 『*The Third Century: America's Resurgence in the Asian Era*』, Crown, 1988.

42 Michael Lewis, 『*Liar's Poker*』, Penguin, 1989.

43 Greta R. Krippner, 「The Making of US Monetary Policy: Central Bank Transparency and the Neoliberal Dilemma」, 《*Theory and Society*》 36, CrossRef, 2007, pp. 477~513.

44 Andrew Moravcsik, 『*The Choice for Europe*』, Cornell University Press, 1998.

45 Rawi Abdelal, 『*Capital Rules: The Construction of Global Finance*』, Harvard University Press, 2009.

46 Daniel Singer, 『*Is Socialism Doomed? The Meaning of Mitterrand*』, OUP, 1988.

47 Michael Moran, 「The State and the Financial Services Revolution: A Comparative Analysis」,《*West European Politics*》Vol. 17 No. 3, Elsevier, July 1994.

48 피터슨국제경제연구소 홈페이지(https://www.piie.com/blogs/realtime-economic-issues-watch/what-washington-consensus).

49 Jeffry A. Frieden, 『*Banking on the World: The Politics of American Internal Finance*』, Harpercollins, 1987.

50 Leo Panitch and Sam Gindin, 『*The Making of Global Capitalism: The political Economy of American Empire*』, Verso Books, 2013.

51 Carmen M. Reinhart, Kenneth S. Rogoff, 「This Time is Different: A Panoramic View of Eight Centuries of Financial Crises」,《*NBER Working Paper*》No. 13882, NBER, March 2008.

52 Stephen Grenville, 「Capital Flows and Crises」, 『*The Asian Crisis and the Architecture of Global Finance*』, Cambridge University Press, 2000.

12장 금융국제화의 직격탄을 맞은 한국의 외환위기

1 박대근, 「한국의 외환위기와 외채」,《경제분석》제5권 제1호, 한국은행조사부, 1999.

2 Ibid.

3 Ibid.

4 Jan A. Kregel, 「East Asia Is Not Mexico: The Difference between Balance of Payments Crises and Debt Deflations」,《*Working Paper*》No. 235, Jerome Levy Economics Institute, Bard College, 1998.

5 박대근, op. cit.

6 윤춘지(尹春志), 「금융패닉과 일본 문제로서의 동아시아 위기-동아시아 통화·금융위기와 구조적 취약성(金融パニックと日本問題としての東アジア危機—東アジア通貨·金融危機と構造的脆弱性)」(II) (1),《동아경제연구》58권 1호, 1999.

7 Ibid.

8 Ibid.

9 Ibid.

10 Ibid.

11 Ibid.

12 박대근, op. cit.

13 Ibid.

14 Andrew Sheng, 『From Asian to Global Financial Crisis: An Asian Regulator's View of Unfettered Finance in the 1990s and 2000s』, Cambridge University Press, 2011.

15 윤춘지(尹春志), 「금융패닉과 일본 문제로서의 동아시아 위기-동아시아 통화·금융위기와 구조적 취약성(金融パニックと日本問題としての東アジア危機―東アジア通貨·金融危機と構造的脆弱性)」(II) (2),《동아경제연구》58권 2호, 1999.

16 Ron Bevacqua, 「Whither the Japanese Model? The Asian Economic Crisis and the Continuation of Cold War Politics in the Pacific Rim」,《Review of International Political Economy》 Vol. 5 No. 3, Taylor & Francis, Autumn 1998.

17 Jan A. Kregel, op. cit.

18 Roberto Chang and Andres Velasco, 「Liquidity Crises in Emerging Markets: Theory and Policy」,《NBER Macroeconomics Annual》Vol. 14, NBER, 1999.

19 Ron Bevacqua, op. cit.

20 윤춘지(尹春志), 「금융패닉과 일본 문제로서의 동아시아 위기-동아시아 통화·금융위기와 구조적 취약성(金融パニックと日本問題としての東アジア危機―東アジア通貨·金融危機と構造的脆弱性)」(II) (2),《동아경제연구》58권 2호, 1999.

21 Michael R. King, 「Who Triggered the Asian Financial Crisis?」,《Review of International Political Economy》, Vol. 8 No. 3, Taylor & Francis, 2001.

22 윤춘지(尹春志), 「금융패닉과 일본 문제로서의 동아시아 위기-동아시아 통화·금융위기와 구조적 취약성(金融パニックと日本問題としての東アジア危機―東アジア通貨·金融危機と構造的脆弱性)」(II) (2),《동아경제연구》58권 2호, 1999.

23 이제민, 「한국 외환위기의 성격과 결과-그 논점 및 의미」,《한국경제포럼》9권 2호, 2016.

24 박대근, 「외환시장 안정화 정책과 국제공조전략」, 한국금융학회 G20 핵심금융과제 대토론 발표자료, 2010.

25 Barry Eichengreen and Ricardo Hausmann, 「Exchange Rates and Financial Fragility」,《NBER Working Paper》No. 7418, NBER, November 1999.

26 Paul Blustein, 『The Chastening: Inside The Crisis That Rocked the Global Financial System and Humbled the IMF』, PublicAffairs, 2003.

27 Saori N. Katada, 『Banking on Stability: Japan and the Cross-Pacific Dynamics of International Financial Management』, University of Michigan Press, 2001.

28 Leo Panitch and Sam Gindin, 『The Making of Global Capitalism: The Political Economy of American Empire』, Verso Books, 2013.

29 Robert E. Rubin, 『In an Uncertain World: Tough Choices from Wall Street to Washington』, Random House Trade Paperbacks, 2004.

30 Leo Panitch, Sam Gindin, 『The Making of Global Capitalism: The Political Economy of American Empire』, Verso Books, 2012.

31 Paul Blustein, op. cit.

32 Leo Panitch and Sam Gindin, op. cit.

33 이제민, op. cit.

34 Martin Feldstein, 「Refocusing the IMF」, 《Foreign Affairs》, Vol. 77, No. 2, Council on Foreign Relations, 1998.

35 Jeffrey Sachs, "The IMF and the Asian Flu", 《American Prospect》 No. 37, March–April 1998.

36 Roger Lowenstein, 『When Genius Failed: The Rise and Fall of Long-Term Capital Management』, Random House, 2000.

37 Bruce Cumings, 「The Asian Crisis, Democracy, and the End of 'Late' Development」, 《The Politics of the Asian Economic Crisis》, Cornell University Press, 1999.

38 George Soros, 「Capitalism's Last Chance?」, 《Foreign Policy》 No. 113, Carnegie Endowment for International Peace, Winter 1998~1999.

39 Barry Eichengreen, 『Towards a New International Architecture: A Practical Post-Asia Agenda』, Peterson Institute for International Economics, 1999.

40 Benjamin J. Cohen, 「Capital Controls: Why Do Governments Hesitate?」, 《Revue économique》 Vol. 52 Issue. 2, 2001.

41 Robert E. Rubin, op. cit.

13장 연준, 최악의 금융위기에 글로벌 최종 대부자 되다

1 D. Jaffee, J. M. Quigley, 「The Future of the Government Sponsored Enterprises: The Role for Government in the US Mortgage Market」, 《NBER Working Paper》 No. 17685, NBER, 2011.

2 Neil Fligstein and Adam Goldstein, 「A Long Strange Trip: The State and Mortgage Securitization, 1968-2010」, 《The Oxford Handbook of the Sociology of Finance》, Oxford University Press, 2012.

3 William Poole, 「The GSEs: Where Do We Stand?」, 《Federal Reserve Bank of St. Louis

Review》 Vol. 89 No. 3, November/December 2013.

4 Gillian Tett, 『*Fool's Gold: The Inside Story of J.P. Morgan and How Wall St. Greed Corrupted Its Bold Dream and Created a Financial Catastrophe*』, Free Press, 2010.

5 Viral V. Acharya, Philipp Schnabl and Gustavo Suarez, 「Securitization Without Risk Transfer」, 《*Journal of Financial Economics*》, Vol. 107 Issue. 3, 2013.

6 Gary B. Gorton, 『*Slapped by the Invisible Hand: The Panic of 2007*』, Oxford University Press, 2010.

7 Ibid.

8 Ibid.

9 Tobias Adrian, Brian Begalle, Adam Copeland and Antoine Martin, 「Repo and Securities Lending」, 《*Federal Reserve Bank of New York Staff Reports*》 No. 529, December 2011.

10 Gary B. Gorton and Andrew Metrick, 「Who Ran on Repo?」, 《*NBER Working Paper*》 No. 18455, NBER, 2012.

11 Ibid.

12 E. Callan, 「Lehman Brothers-Leverage Analysis」, Lehman Brothers, 2008.

13 Scott Olster, 「How the Roof Fell In on Countrywide」, 《*Fortune*》, 2010.12.23.

14 Ibid.

15 《이코노미스트》 홈페이지(https://www.economist.com/finance-and-economics/2008/01/26/ker-ching).

16 Viral V. Acharya, Philipp Schnabl and Gustavo Suarez, op. cit.

17 Edward R. Morrison and Joerg Riegel, 「Financial Contracts and the New Bankruptcy Code: Insulating Markets from Bankrupt Debtors and Bankruptcy Judges」, 《*American Bankruptcy Institute Law Review*》 Vol. 13, 2005.

18 「Shorting Home Equity Mezzanine Tranches: A Strategy to Cash In on a Slowing Housing Market」, Deutsche Bank Securities Inc., February 2007.

19 Daniel O. Beltran, Laurie Pounder and Charles Thomas, 「Foreign Exposure to Asset-Backed Securities of U.S. Origin」, 《*International Finance Discussion Papers*》 No. 939, Board of Governors of the Federal Reserve System, 2008.

20 Bank of England, 「Financial Stability Report」 Issue 22, Bank of England, April 2007.

21 Naohiko Baba, Robert McCauley and Srichander Ramaswamy, 「US Dollar Money Market Funds and Non-US Banks」, 《*BIS Quarterly Review*》, BIS, 2009.

22 Tony Norfield, 『*The City: London and the Global Power of Finance*』, Verso Books,

2017.

23 Monetary and Economic Department, 「Triennial Central Bank Survey: Report on Global Foreign Exchange Market Activity in 2010」, Bank for International Settlements, December 2010.

24 Lynton Jones, 『Current Issues Affecting the OTC Derivatives Market and Its Importance to London』, City of London, 2009.

25 Manmohan Singh and James Aitken, 「The (Sizable) Role of Rehypothecation in the Shadow Banking System」, 《IMF Working Paper》, IMF, 2010.

26 Leila Simona Talani, 「The Impact of the Global Financial Crisis on the City of London: Towards the End of Hegemony?」, 《Competition and Change》 Vol. 15 No. 1, Palgrave Macmillan, 2011.

27 Daniel K. Tarullo, 「Regulating Large Foreign Banking Organizations」, Speech at the Harvard Law School Symposium on Building the Financial System of the Twenty-first Century, 2014.

28 Robert McCauley, 「The 2008 Crisis: Transpacific or Transatlantic?」, 《BIS Quarterly Review》, BIS, December 2018.

29 Ibid.

30 Iain Hardie and Helen Thompson, 「Taking Europe Seriously: European Financialization and US Monetary Power」, 《Review of International Political Economy》 Vol. 28 Issue. 4, Taylor & Francis. 2021.

31 Ibid.

32 Ben S. Bernanke, 「The Global Saving Glut and the U.S. Current Account Deficit」, Remarks at the Sandridge Lecture, The Federal Reserve Board, 2005.03.10.

33 Hyun Song Shin, 「Global Banking Glut and Loan Risk Premium」, 《IMF Economic Review》 Vol. 60 No. 2, 2012.

34 Rawi Abdelal, 『Capital Rules: The Construction of Global Finance』, Harvard University Press, 2009.

35 Adrian Blundell-Wignall, Paul Atkinson and Se Hoon Lee, 「The Current Financial Crisis: Causes and Policy Issues」, 《Financial Markets Trends》, OECD, 2008.

36 Adrian Blundell-Wignall and Paul Atkinson, 「The Subprime Crisis: Causal Distortions and Regulatory Reform」, 『Lessons from the Financial Turmoil of 2007 and 2008』, Reserve Bank of Australia, 2008.

37 Matthias Thiemann, 「In the Shadow of Basel: How Competitive Politics Bred the

Crisis」, 《Review of International Political Economy》 Vol. 21 No. 6, Taylor & Francis, 2014.

38 Stephen G Cecchetti, 「Five Years in the Tower」, Speech at the 12th BIS Annual Conference, BIS, 2013.

39 Patrick McGuire and Goetz von Peter, 「The US Dollar Shortage in Global Banking」, 《BIS Quarterly Review》, BIS, 2009.

40 Wolfgang Munchau, 『The Meltdown Years: The Unfolding of the Global Economic Crisis』, McGraw Hill, 2009.

41 Hal S. Scott, 『Connectedness and Contagion: Protecting the Financial System from Panics』, MIT Press, 2016.

42 Gary B. Gorton and Andrew Metrick, 「Securitized Banking and the Run on Repo」, 《Journal of Financial Economics》 Vol. 104 Issue 3, Elsevier, 2012.

43 Gary B. Gorton and Andrew Metrick, 「Who Ran on Repo?」, 《NBER Working Paper》 No. 18455, NBER, October 2012.

44 Adam Copeland, Antoine Martin and Michael Walker, 「Repo Runs: Evidence from the Tri-Party Repo Market」, 《Federal Reserve Bank of New York Staff Reports》 No. 506, Federal Reserve Bank of New York, 2011.

45 Gretchen Morgenson and Louse Story, "Testy Conflict with Goldman Helped Push A.I.G. to Edge", 《New York Times》, 2010.02.06.

46 Patrick E. McCabe, 「The Cross Section of Money Market Fund Risks and Financial Crises」, 《Finance and Economics Discussion Series Paper》 No. 2010-51, Board of Governors of the Federal Reserve System, 2010.

47 Paul Krugman, 『End This Depression Now!』, W. W. Norton, 2012.

48 Patrick McGuire and Götz von Peter, 「The US Dollar Shortage in Global Banking and the International Policy Response」, 《BIS Working Paper》 No. 291, 2009.

49 Transcript of the Federal Open Market Committee Meeting on September 16, 2008.

50 Petya Koeva Brooks, 「IMF Survey: Households Hit Hard by Wealth Losses」, 《World Economic Outlook》, IMF Research Department, 2009.

51 Asha Bangalore, "US Housing Market: Share of Underwater Homes Trending Down", 《Market Oracle》, 2012.07.13.

52 Richard Baldwin(ed.), 『The Great Trade Collapse: Causes, Consequences and Prospects』, Centre for Economic Policy Research, 2009.

53 Matt Taibbi, "Secrets and Lies of the Bailout", 《Rolling Stone》, 2013.01.04.

54 Claudio Borio and Piti Disyatat, 「Capital Flows and the Current Account: Taking Financing (More) Seriously」, 《BIS Working Paper》 No. 525, BIS, 2015.

55 Matt Egan, "2008: Worse Than the Great Depression?", 《CNN Money》, 2014.08.27.

56 Martin Wolf, "The Rescue of Bear Sterns Marks Liberalisation's Limit", 《Financial Times》, 2008.03.26.

57 Brad W. Setser, "Too Chinese (and Russian) to Fail?", 《Council on Foreign Relations》, 2008.07.12.

58 Daniel W. Drezner, 「Bad Debts: Assessing China's Financial Influence in Great Power Politics」, 《International Security》 Vol. 34 No. 2, 2009.

59 Carl Hulse, "Behind a G.O.P. Revolt, Ideology and Politics", 《New York Times》 2008.07.26.

60 Thomas Ferguson, Robert Johnson, 「Too Big to Bail: The "Paulson Put," Presidential Politics, and the Global Financial Meltdown」, 《International Journal of Political Economy》 Vol. 38 No. 2, Taylor & Francis, 2009.

61 Adam Tooze, 『Crashed: How a Decade of Financial Crises Changed the World』, Viking, 2018.

62 Chris Isidore, "Bailout Plan Under Fire", 《CNN Money》, 2008.09.23.

63 Pietro Veronesi and Luigi Zingales, 「Paulson's Gift」, 《NBER Working Paper》, No. 15458, NBER, 2009.

64 Patrick McGuire and Goetz von Peter, 「The US Dollar Shortage in Global Banking」, 《BIS Quarterly Review》, BIS, March 2009.

65 William A Allen and Richhild Moessner, 「Central Bank Co-operation and International Liquidity in the Financial Crisis of 2008-9」, 《BIS Working Paper》 No. 310, BIS, 2010.

66 Maurice Obstfeld, Jay C. Shambaugh and Alan M. Taylor, 「Financial Instability, Reserves, and Central Bank Swap Lines in the Panic of 2008」, 《NBER Working Paper》 No. 14826, NBER, 2009.

67 J. Lawrence Broz, 「The Federal Reserve as Global Lender of Last Resort, 2007~2010」, Presentation at the 2012 Conference of the International Political Economy Society(IPES), University of Virginia, November 9~10, 2012.

68 Tobias Adrian and Hyun Song Shin, 「Prices and Quantities in the Monetary Policy Transmission Mechanism」, 《Federal Reserve Bank of New York Staff Reports》 No. 396, International Journal of Contral Banking, 2009.

69 Perry Mehrling, 『The New Lombard Street: How the Fed Became the Dealer of Last

Resort』, Princeton University Press, 2010.

70 Allen N. Berger, Lamont K. Black, Christa H.S. Bouwman and Jennifer Dlugosz, 「Bank Loan Supply Responses to Federal Reserve Emergency Liquidity Facilities」, 《*Journal of Financial Intermediation*》 Vol. 32 Issue C, Journal of Financial Intermediation, 2017.

71 Efraim Benmelech, 「An Empirical Analysis of the Fed's Term Auction Facility」, 《*Cato Papers on Public Policy*》 Vol. 2, Cato Institute, 2012.

72 Adam Tooze, op. cit.

73 Ibid.

74 Ibid.

75 Ibid.

76 Perry Mehrling, "Understanding the Fed's Swap Line", 《*Financial Times*》, 2008.11.18.

77 David Wessel, 『*In FED We Trust: Ben Bernanke's War on the Great Panic*』, Currency, 2010.

78 Iain Hardie and Helen Thompson, op. cit.

79 Michael J. Fleming and Nicholas J. Klagge, 「The Federal Reserve's Foreign Exchange Swap Lines」, 《*Current Issues in Economics and Finance*》 Vol. 16 No. 4, Federal Reserve Bank of New York, 2010.

80 Neil Irwin, 『*The Alchemists: Three Central Bankers and a World on Fire*』, Penguin Books, 2013.

81 Jeff Sommer, "Why Are Investors Still Lining Up for Bonds?", 《*New York Times*》, 2011.05.28.

82 Leo Panitch and Sam Gindin, op. cit.

83 Hyun Song Shin, 「Globalisation: Real and Financial」, Speech Delivered at the BIS 87th Annual General Meeting, 2017.

84 James Fallows, "Be Nice to the Countries That Lend You Money", 《*The Atlantic*》, December 2008.

85 Niall Fergusonw and Moritz Schularick, 「'Chimerica' and the Global Asset Market Boom」, 《*International Finance*》 Vol. 10 Issue. 3, 2007.

86 Lawrence H. Summers, 「The United States and the Global Adjustment Process」, Speech Delivered at the Third Annual Stavros Niarchos Foundation Lecture, 2004.

87 박대근, 「외환시장 안정화 정책과 국제공조전략」, 한국금융학회 G20 핵심금융과제 대토론 발표자료, 2010.

88 Ibid.

89 Ibid.

90 Ibid.

91 Naohiko Baba and Ilhyock Shim, 「Policy Responses to Dislocations in the FX Swap Market: The Experience of Korea」, 《BIS Quarterly Review》, BIS, 2010.

92 Federal Open Market Committee, 「Minutes of the Federal Open Market Committee October 28-29, 2008」, 2008.

93 Michael Dooley, David Folkerts-Landau and Peter Garber, 「The Revived Bretton Woods System: The Effects of Periphery Intervention and Reserve Management on Interest Rates & Exchange Rates in Center Countries」, 《NBER Working Papers》 No. 10332, 2004.

94 Joseph E. Stiglitz, 『The Stiglitz Report: Reforming the International Monetary and Financial Systems in the Wake of the Global Crisis』, The New Press, 2010.

95 Eswar S. Prasad, 『The Dollar Trap: How the US Dollar Tightened Its Grip on Global Finance』, Princeton University Press, 2014.

96 Robert E. Rubin, Peter R. Orszag, and Allen Sinai, 「Sustained Budget Deficits: Longer-Run U.S. Economic Performance and The Risk of Financial and Fiscal Disarray」, AEA-NAEFA Joint Session, Allied Social Science Associations Annual Meetings, 2004.

97 Abba P. Lerner, 「Functional Finance and the Federal Debt」, 《Social Research》 Vol. 10 No. 1, 1943.

98 Krishna Guha and Edward Luce, "Greenspan Backs Bank Nationalization", 《Financial Times》, 2009.02.18.

99 Dean Baker and Travis McArthur, 「The Value of the 'Too Big to Fail' Big Bank Subsidy」, 《Issue Brief》, Center for Economic and Policy Research, 2009.

100 Financial Stability Board, 「Policy Measures to Address Systemically Important Financial Institutions」, 2011.11.04.

101 Barry Eichengreen, 『Hall of Mirrors: The Great Depression, the Great Recession, and the Uses-and Misuses-of History』, Oxford University Press, 2016.

102 Timothy F. Geithner, 『Stress Test: Reflections on Financial Crises』, Crown Publishers, 2014.

14장 유럽 재정위기와 더욱 공고해진 달러

1 Barry Eichengreen, 『Hall of Mirrors: The Great Depression, the Great Recession, and the Uses-and Misuses-of History』, Oxford University Press, 2016.

2 Jonathan Wheatley and Peter Garnham, "Brazil in 'Currency War' Alert", 《Financial Times》, 2010.02.28.

3 Michael Sauga and Peter Muller, "Interview with German Finance Minister Schäuble – The US Has Lived on Borrowed Money for Too Long", 《Spiegel Online》, 2010.11.08.

4 Ben S. Bernanke, 「Federal Reserve Policy in an International Context」, 《IMF Economic Review》 Vol. 65 No. 1, 2017.

5 Adam Tooze, 『Crashed: How a Decade of Financial Crises Changed the World』, Viking, 2018.

6 Ralph Atkins, "ECB Raises Rates for First Time Since 2008", 《Financial Times》, 2011.04.07.; Ralph Atkins, "ECB Raises Interest Rates to 1.5%", 《Financial Times》, 2011.07.08.

7 Daniela Gabor, 「The Power of Collateral: The ECB and Bank Funding Strategies in Crisis」, 《Digitales Archiv》, Social Science Research Network, 2012.

8 Carlo Bastasin, 『Saving Europe: Anatomy of a Dream』, Brookings Institution Press, 2015.

9 Jay Powell, Shai Akabas, Loren Adler and Chris Hildebrand, 「Debt Limit Analysis」, Bipartisan Policy Center, July 2011.

10 Neel Krishnan, Antoine Martin and Asani Sarkar, 「Pick Your Poison: How Money Market Funds Reacted to Financial Stress in 2011」, 《Liberty Street Economics》, Federal Reserve Bank of New York, 2013.

11 Brady Dennis, Alec MacGillis and Lori Montgomery, "Origins of the Debt Showdown", 《Washington Post》, 2011.08.06.

12 Buttonwood, "US Credit Rating Downgraded", 《The Economist》, 2011.08.03.

13 Mark Jickling, 「Standard & Poor's Downgrade of U.S. Government Long-Term Debt」, 《Congressional Research Service》, 2011.

14 Jeff Zeley and Megan Thee-Brenan, "New Poll Finds a Deep Distrust of Government", 《New York Times》, 2011.10.25.

15 Adam Tooze, op. cit.

16 Timothy F. Geithner, 『Stress Test: Reflections on Financial Crises』, Crown Publishers,

2014.

17 Bespoke Investment Group, "A Look at Bank and Broker Credit Default Swap Prices", 《Seeking Alpha》, 2017.02.15.

18 Stephen Foley, "What Price the New Democracy? Goldman Sachs conquers Europe", 《Independent》, 2011.11.18.

19 European Central Bank, "ECB Announces Details of Refinancing Operations from October 2011 to 10 July 2012", European Central Bank, 2011.10.06.

20 Ralph Atkins and Tracy Alloway, "ECB Launches New Support for Banks", 《Financial Times》, 2011.12.09.

21 Simone Foxman, "European Firewall Capacity Raised to €800 Billion", 《Business Insider》, 2012.03.30.

22 Carsten Volkery, "Monti's Uprising – How Italy and Spain Defeated Merkel at EU Summit", 《Spiegel International》, 2012.06.29.

23 Allan Hall, "EU Summit: How Germany Reacted to Merkel's 'Defeat'", 《Telegraph》, 2012.06.30.

24 Kent Klein, "Obama: US 'The One Indispensable Nation in World Affairs'", 《Voice of America》, 2012.05.23.

25 Robert J. Shapiro, 「The Politics of Widening Income Inequality in the United States, 1977 to 2014」, 《Georgetown McDonough School of Business Research Paper》 No. 3084843, Georgetown University, 2017.

26 Greg Sargent, "There's Been Class Warfare for the Last 20 Years, and My Class Has Won", 《Washington Post》, 2011.09.30.

27 Mark Zandi, 「A Budget Battle Postmortem」, 《Moody's Analytics》, 2013.

28 IMF, 「Navigating Monetary Policy Challenges and Managing Risks」, 《Global Financial Stability Report》, April 2015.

29 IMF, "IMF Survey: IMF Adopts Institutional View on Capital Flows", 2012.12.03.

30 Ken Miyajima and Ilhyock Shim, 「Asset Managers in Emerging Market Economies」, 《BIS Quarterly Review》, BIS, 2014.

31 Simon Kennedy, Joshua Zumbrun and Jeff Kearns, "Fed Officials Rebuff Coordination Calls as QE Taper Looms", 《Bloomberg》, 2013.08.26.

32 Kevin J. Lansing and Benjamin Pyle, 「Persistent Overoptimism about Economic Growth」, 《FRBSF Economic Letter》, Federal Reserve Bank of San Francisco, 2015.

33 Richard Florida, "According to at Least One Index, New York Has Overtaken London

as the World's Leading Financial Center", 《Bloomberg》, 2014.03.21.

34 Reuters Staff, "UK to Become First Western Government to Issue Renminbi Bond", 《Reuters》, 2014.09.13.

35 Jill Treanor, "JPMorgan Backs Campaign to Keep Britain in the EU", 《Guardian》, 2016.01.21.

36 Roger Blitz and Leo Lewis, "Pound Tumbles to 30-Year Low as Britain Votes Brexit", 《Financial Times》, 2016.06.24.

37 Ben Broadbent, 「Brexit and the Pound」, Speech Given at Imperial College, Bank of England, 2017.03.23.

38 Hector Sants, Matt Austen, Lindsey Naylor, Patrick Hunt and Dawn Kelly, 「The Impact of the UK's Exit from the EU on the UK-Based Financial Services Sector」, 《Oliver Wyman》, 2016.

39 Margaret Talbot, "The Populist Prophet", 《New Yorker》, 2015.10.05.

40 Adam Tooze, op. cit.

41 Nicholas Confessore and Susanne Craig, "2008 Crisis Deepened the Ties Between Clintons and Goldman Sachs", 《New York Times》, 2016.09.24.

42 Amy Chozick, Nicholas Confessore and Michael Barbaro, "Leaked Speech Excerpts Show a Hillary Clinton at Ease With Wall Street", 《New York Times》, 2016.10.07.

43 Alan Greenspan, "Ich bin im falschen Jahrhundert geboren", 《Zürcher Tages-Anzeiger》, 2007.09.19.

44 Michal Adday, "Alan Greenspan Doesn't Want 'Crazies' to Undermine the U.S.", 《Fortune》, 2016.09.16.

45 Quinn Slobodian, 『Globalists: The End of Empire and the Birth of Neoliberalism』, Harvard University Press, 2018.

46 Carol E. Lee and Nektaria Stamouli, "Trump's Win, Brexit Vote Stem from Mishandling of Globalization, Obama Says", 《Wall Street Journal》, 2016.11.16.

47 Rebecca Savransky and Jordan Fabian, "Trump: US 'Needs a Good Shutdown", 《The Hill》, 2017.05.02.

48 Jeff Sommer, "Clouds Are Forming over the Bond Market", 《New York Times》, 2017.06.30.

49 Adam Tooze, op. cit.

50 Geoff Bennett, "House Passes Bill Aimed at Reversing Dodd-Frank Financial Regulations", 《NPR》, 2017.06.08.

51 John Dizard, "The Trump Era of Light-Touch Regulation Dawns", 《Financial Times》, 2017.07.02.

52 Jon Henley, "Angela Merkel: EU Cannot Completely Rely on US and Britain Any More", 《Guardian》, 2017.05.28.

53 Simon J. Evenett and Johannes Fritz, 「Will Awe Trump Rules? The 21st Global Trade Alert Report」, 《Centre for Economic Policy Research》, 2017.

54 Brad W. Setser, "Dark Matter. Soon to Be Revealed?", 《Council on Foreign Relations》, 2017.02.02.

55 Benjamin J. Cohen, "The Value of China's Devaluation", 《Project Syndicate》, 2015.08.19.

56 Reuters Staff, "China Capital Outflows to Top $500 Billion in 2015: IIF", 《Reuters》, 2015.12.13.

57 Reuters Staff, "China Forex Reserves Fall $512.66 Billion in 2015, Biggest Drop on Record", 《Reuters》, 2016.01.07.

58 Ibid.

59 BIS, 「Highlights of the BIS International Statistics」, 《BIS Quarterly Review》, December 2014.

60 Robert N. McCauley, 「Capital Flowed Out of China Through BIS Reporting Banks in Q1 2015」, 《BIS Quarterly Review》, September 2015.

61 Patrick Gillespie and Heather Long, "Janet Yellen Invokes China 16 Times in 1 Hour", 《CNN Money》, 2015.09.18.

62 Reuters Staff, "Fed Should Not Raise Interest Rates Just Yet: China FinMin", 《Reuters》, 2015.10.12.

63 Ben S. Bernanke, "Shrinking the Fed's Balance Sheet", 《Brookings》, 2017.10.26.

64 Jeanna Smialek, "The Financial Crisis the World Forgot", 《New York Times》, 2021.03.16.

65 Mark E. Van Der Weide and Jeffery Y. Zhang, 「Tale of the Tape: Lessons from the 2008 and 2020 Financial Crises」, 《Stanford Journal of Law, Business, and Finance》 Vol. 26 No. 2, Stanford University, 2021.

66 Sally Davies, Christopher Kent, 「US Dollar Funding: an International Perspective」, 《BIS CGFS Papers》 No. 65, 2020.06.18.

67 Valentina Bruno and Hyun Song Shin, 「Currency Depreciation and Emerging Market Corporate Distress」, 《BIS Working Papers》 No. 753, 2018.

68 IMF, 「Global Financial Stability Report, April 2016: Potent Policies for a Successful Normalization」, 2016.

69 Stefan Eich, 「Old Utopias, New Tax Havens: The Politics of Bitcoin, Historical Perspective」, 『Regulating Blockchain: Techno-Social and Legal Challenges』, Oxford University Press, 2019.

70 Ibid.

71 BIS, 「Annual Economic Report 2022」, 2022.06.26.

72 Financial Stability Oversight Council, 『Report on Digital Asset Financial Stability Risks and Regulation 2022』, Nimble Books, 2023.

15장 달러의 권위에 맞서는 세계의 도전자들

1 Benjamin J. Cohen, 「The Demise of the Dollar?」, 《Association Recherche et Régulation》 Vol. 18, Revue de la Régulation, 2015.

2 Ibid.

3 Robert A. Mundell, 「The Euro and the Stability of the International Monetary System」, 《Springer Science+Business Media》, 2000.

4 Benjamin J. Cohen, 『Currency Power: Understanding Monetary Rivalry』, Princeton University Press, 2015.

5 Martin Feldstein, 「The Failure of the Euro: The Little Currency that Couldn't」, 《Foreign Affairs》 Vol. 91, No. 1, Council on Foreign Relations, January/Febrary 2015.

6 C. Fred Bergsten and Jacob Funk Kirkegaard, 「The Coming Resolution of the European Crisis」, 《Policy Brief》 12-1, Peterson Institute for International Economics, 2012.

7 Arvind Subramanian, 『Eclipse: Living in the Shadow of China's Economic Dominance』, Peterson Institute for International Economics, 2011.

8 Eric Helleiner and Hongying Wang, 「The Richness of Financial Nationalism: The Case of China」, 《Pacific Affairs》, Vol. 92 No. 2, June 2019.

9 Ibid.

10 Benjamin J. Cohen, 「Renminbi Internationalization: A Conflict of Statecrafts」, 《Research Paper》, The Royal Institute of International Affairs, 2017.

11 Ibid.

12 Ibid.

13 Zongyuan Zoe Liu and Mihaela Papa, 『Can BRICS De-Dollarize the Global Financial System?』, Cambridge University Press, 2022.

14 Paola Subacchi, 『*The People's Money: How China is Building a Global Currency*』, Columbia University Press, 2016.

15 Robert Cookson, "Renminbi Threat to Dollar Could be Stalling", 《*Financial Times*》, 2011.11.23.

16 Paola Subacchi, op. cit.

17 BIS 홈페이지(https://www.bis.org/about/bisih/topics/cbdc/mcbdc_bridge.htm).

18 Zongyuan Zoe Liu and Mihaela Papa, op. cit.

19 Ibid.

20 Radhika Desai and Michael Hudson, 「Beyond the Dollar Creditocracy: A Geopolitical Economy」, 《*Valdai Papers*》 No. 116, Valdai Discussion Club, July 2021.

21 피터슨재단 홈페이지(https://www.pgpf.org/analysis/2023/07/higher-interest-rates-will-raise-interest-costs-on-the-national-debt).

22 Carmen Reinhart and Kenneth Rogoff, 「Growth in a Time of Debt」, 《*American Economic Review*》 Vol. 100 No. 2, 2010.

23 James Rickards, "The Only Way out of the Death Trap", 《*The Daily Reckoning*》, 2021.02.11.

24 Pierre-Olivier Gourinchas, 「The Dollar Hegemon? Evidence and Implications for Policymakers」, 《*The Asian Monetary Policy Forum: Insights for Central Banking*》, World Scientific Publishing Co. Pte. Ltd., 2021.

25 Ibid.

26 Maurice Obstfeld and Haonan Zhou, 「The Global Dollar Cycle」, 《*The Brookings Papers on Economic Activity*》, Brookings Institution, 2022.08.25.

27 Ibid.

28 Pierre-Olivier Gourinchas, Hélène Rey and Maxime Sauzet, 「The International Monetary and Financial System」, 《*NBER Working Paper*》 No. 25782, NBER, 2019.

29 Ibid.

30 Anthony Elson, 『*The Global Currency Power of the US Dollar: Problems and Prospects*』, Palgrave Macmillan, 2021.

31 Congressional Budget Office, 「The Long-Term Budget Outlook」, Congressional Budget Office, 2005.

32 Eswar S. Prasad, 『*The Dollar Trap: How the U.S. Dollar Tightened Its Grip on Global Finance*』, Princeton University Press, 2014.

33 카네기국제평화재단 홈페이지(https://carnegieendowment.org/2016/03/30/u.s.-treasury-secretary-jacob-j.-lew-on-evolution-of-sanctions-and-lessons-for-future-event-5191).

34 Charles P. Kindleberger, 『A Financial History of Western Europe』, Allen&Unwin, 1984.

35 Rich Miller, "Paul Krugman Warns US Debt-Cap Talks Risk Harming Future Prosperity", 《Bloomberg》, 2023.05.26.

36 Eswar S. Prasad, op. cit.

37 Ronald I. McKinnon, 『The Unloved Dollar Standard: From Bretton Woods to the Rise of China』, Oxford University Press, 2012.

38 Matthew C. Klein and Michael Pettis, 『Trade Wars Are Class Wars: How Rising Inequality Distorts the Global Economy and Threatens International Peace』, Yale University Press, 2020.

39 David P. Calleo, 「Twenty-First Century Geopolitics and the Erosion of the Dollar Order」, 『The Future of the Dollar』, Cornell University Press, 2009.

40 Barry Eichengreen, 『Exorbitant Privilege: The Rise and Fall of the Dollar and the Future of the International Monetary System』, Oxford University Press, 2012.

41 Benjamin J. Cohen, op. cit.

그림 출처

그림 1   미국혁명박물관 홈페이지(https://www.amrevmuseum.org/collection/continental-currency-3-dollars).

그림 2   셔터스톡.

그림 3   Charles P. Kindleberger, 『*The World in Depression 1929-1939*』, University of California Press, 1973.

그림 4   Zvi Bodie, Alex Kane, Alan J. Marcus, 『*Essentials of Investments*』(5th edition), The McGraw-Hill, 2003.

그림 5   세인트루이스 연준은행(https://www.stlouisfed.org/publications/regional-economist/october-2011/is-shadow-banking-really-banking).

그림 6   Stefan Avdjiev, Robert N McCauley, Hyun Song Shin, 「Breaking free of the triple coincidence in international finance」, 《*BIS Working Papers*》 No 524, BIS, October 2015.

그림 7   Robert N McCauley, 「The 2008 crisis: transpacific or transatlantic?」, 《*BIS Quarterly Review*》, BIS, 2018.

그림 8   SWIFT RMB Tracker, Payne Lubbers, Alexandre Tanzi, Wenjin Lv, "Yuan's Global Popularity Keeps Rising With Usage at Record High", 《*Bloomberg*》, 2022.02.16. 재인용.

달러의 힘

초판 1쇄 2023년 11월 15일

지은이 | 김동기
펴낸이 | 송영석

주간 | 이혜진
편집장 | 박신애 **기획편집** | 최예은 · 조아혜
디자인 | 박윤정 · 유보람
마케팅 | 김유종 · 한승민
관리 | 송우석 · 전지연 · 채경민

펴낸곳 | (株)해냄출판사
등록번호 | 제10-229호
등록일자 | 1988년 5월 11일(설립일자 | 1983년 6월 24일)

04042 서울시 마포구 잔다리로 30 해냄빌딩 5 · 6층
대표전화 | 326-1600 **팩스** | 326-1624
홈페이지 | www.hainaim.com

ISBN 979-11-6714-074-6